ULENSPIEGEL
LITERATUR · KUNST · SATIRE

U

Kapitel 3: Das Ende des Ost-West-Konflikts und die deutsche Einheit . . . 130

Kapitel 4: Entwicklungen und Brennpunkte der Gegenwart in historischer Perspektive . . . 162

Serviceanhang

Lernen und arbeiten mit dem *Kursbuch Geschichte Baden-Württemberg 2*

Das vorliegende *Kursbuch* ist für den Geschichtsunterricht in der Jahrgangsstufe 12 konzipiert und deckt alle Kompetenzanforderungen und Inhalte des baden-württembergischen Bildungsplans ab. Im Zentrum des Halbjahres 12.1 steht die Geschichte Deutschlands nach 1945 im internationalen und europäischen Kontext: die Besatzungszeit (1945–1949), Politik und Gesellschaft im geteilten Deutschland zur Zeit des Kalten Krieges (1949–1989), die Wiedervereinigung im Rahmen der internationalen Politik. Im Halbjahr 12.2 werden Brennpunkte und Entwicklungen der Gegenwart in historischer Perspektive untersucht. Das *Kursbuch* will auch methodisch auf alle Anforderungen der Oberstufe vorbereiten. Es bietet daher in jedem Kapitel **Methodenseiten**, **Zusammenfassungen** sowie eine Sonderseite zur **Geschichtskultur**. Darüber hinaus stehen im Anhang ein ausführliches **Abiturtraining** inklusive Probeklausur und Tipps für das mündliche Abitur (S. 198–213) zur Verfügung. Der Aufbau des Buches bzw. der Kapitel umfasst folgende Elemente:

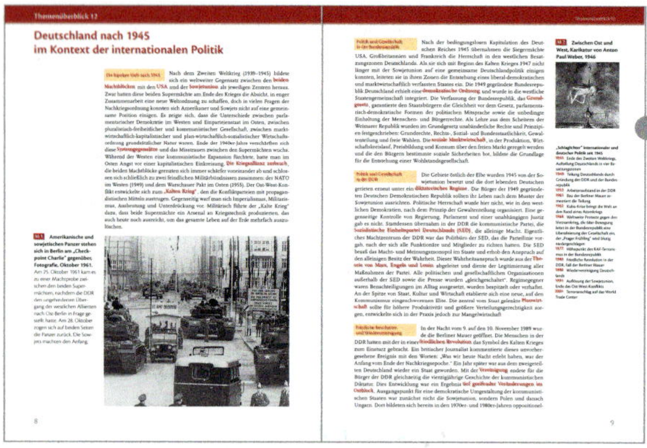

Themenüberblick (rote Kolumne) führt in die historischen Zusammenhänge und Strukturen der Themen der 12. Jahrgangsstufe ein.

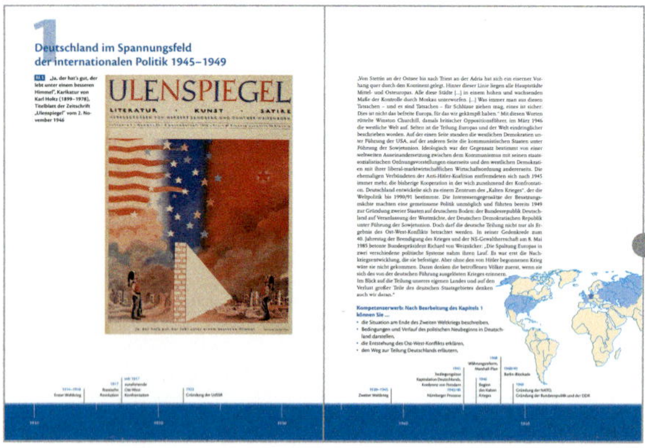

Auftaktseiten mit Bildern und Kurztext, Zeitstrahl und Orientierungskarte dienen als Einstieg in ein Kapitel. Die zu erwerbenden Kompetenzen sind übersichtlich aufgelistet.

Geschichtskultur (blauer Reiter): Diese Sonderseite geht von der Frage aus, wie ein Geschichtsthema im Alltag, in der Politik oder in den Medien wahrgenommen wird.

Themeneinheiten bilden den „Kern“ jedes Kapitels. Sie enthalten die Darstellungen mit erschließenden Arbeitsaufträgen, Arbeitshilfen in der Marginalspalte und die Materialien. Die Arbeitsaufträge folgen dem baden-württembergischen „Basisoperatorenkatalog“ und bieten darüber hinaus Angebote für Gruppenarbeiten, Internetrecherchen, Präsentationen und Hausarbeiten.

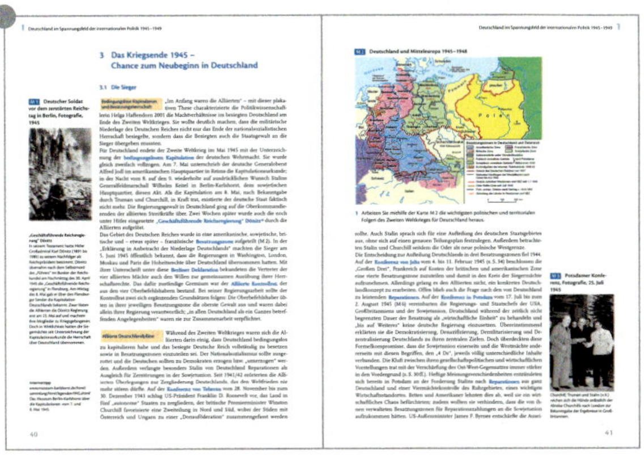

Methodenseiten (gelber Fond) mit Übungen unterstützen das Fachmethodentraining.

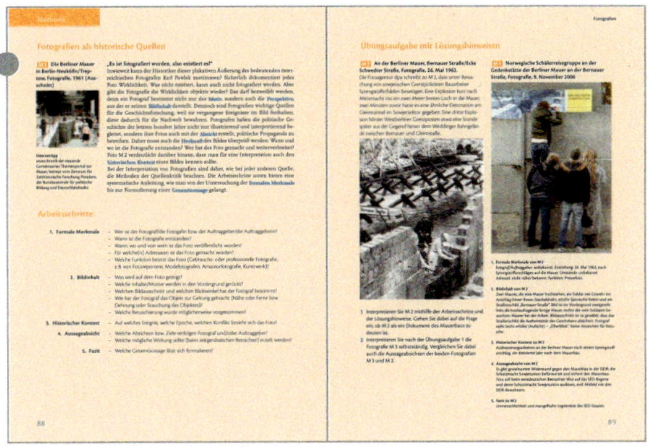

Zusammenfassungen (blauer Reiter): Die vier Elemente dieser Doppelseite ermöglichen eine kompakte Wiederholung der Kapitelinhalte.

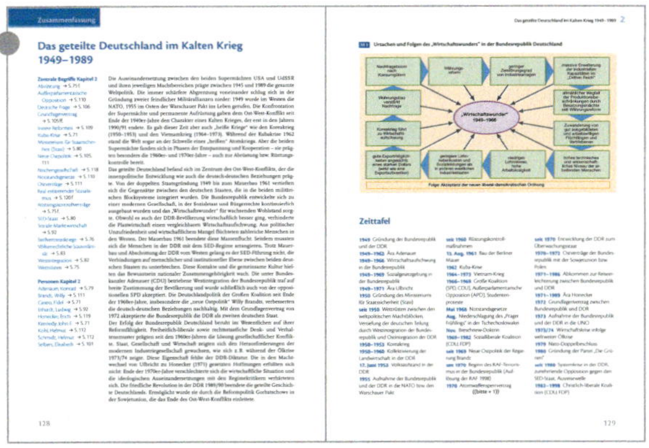

Projekt (blauer Reiter) bietet Darstellungen, Basismaterialien und zahlreiche Vorschläge für selbstständige Projektarbeit.

Abiturtraining (gelber Fond): Auf den Seiten 198–213 findet sich ein umfassendes Abiturtraining mit Vorbereitungsübungen, Probeklausur und Tipps für das mündliche Abitur.

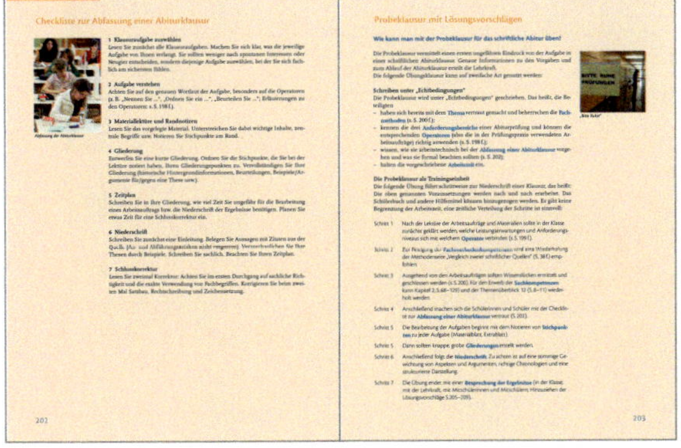

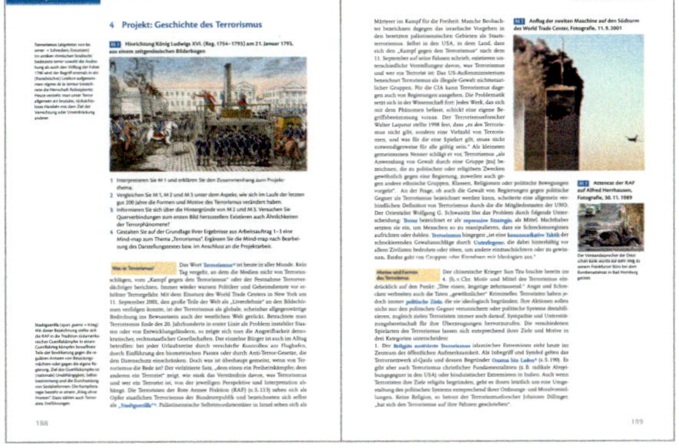

Deutschland nach 1945 im Kontext der internationalen Politik

Die bipolare Welt nach 1945

Nach dem Zweiten Weltkrieg (1939–1945) bildete sich ein weltweiter Gegensatz zwischen den **beiden Machtblöcken** mit den **USA** und der **Sowjetunion** als jeweiligen Zentren heraus. Zwar hatten diese beiden Supermächte am Ende des Krieges die Absicht, in enger Zusammenarbeit eine neue Weltordnung zu schaffen, doch in vielen Fragen der Nachkriegsordnung konnten sich Amerikaner und Sowjets nicht auf eine gemeinsame Position einigen. Es zeigte sich, dass die Unterschiede zwischen parlamentarischer Demokratie im Westen und Einparteienstaat im Osten, zwischen pluralistisch-freiheitlicher und kommunistischer Gesellschaft, zwischen marktwirtschaftlich-kapitalistischer und planwirtschaftlich-sozialistischer Wirtschaftsordnung grundsätzlicher Natur waren. Ende der 1940er-Jahre verschärften sich diese **Systemgegensätze** und das Misstrauen zwischen den Supermächten wuchs. Während der Westen eine kommunistische Expansion fürchtete, hatte man im Osten Angst vor einer kapitalistischen Einkreisung. **Die Kriegsallianz zerbrach**, die beiden Machtblöcke grenzten sich immer schärfer voneinander ab und schlossen sich schließlich zu zwei feindlichen Militärbündnissen zusammen: der NATO im Westen (1949) und dem Warschauer Pakt im Osten (1955). Der Ost-West-Konflikt entwickelte sich zum **„Kalten Krieg“**, den die Konfliktparteien mit propagandistischen Mitteln austrugen. Gegenseitig warf man sich Imperialismus, Militarismus, Ausbeutung und Unterdrückung vor. Militärisch führte der „Kalte Krieg“ dazu, dass beide Supermächte ein Arsenal an Kriegstechnik produzierten, das auch heute noch ausreicht, um das gesamte Leben auf der Erde mehrfach auszulöschen.

M1 Amerikanische und sowjetischen Panzer stehen sich in Berlin am „Checkpoint Charlie“ gegenüber, Fotografie, Oktober 1961. Am 25. Oktober 1961 kam es zu einer Machtprobe zwischen den beiden Supermächten, nachdem die DDR den ungehinderten Übergang der westlichen Alliierten nach Ostberlin in Frage gestellt hatte. Am 28. Oktober zogen sich auf beiden Seiten die Panzer zurück. Die Sowjets machten den Anfang.

Politik und Gesellschaft in der Bundesrepublik

Nach der bedingungslosen Kapitulation des Deutschen Reiches 1945 übernahmen die Siegermächte USA, Großbritannien und Frankreich die Herrschaft in den westlichen Besatzungszonen Deutschlands. Als sie sich mit Beginn des Kalten Krieges 1947 nicht länger mit der Sowjetunion auf eine gemeinsame Deutschlandpolitik einigen konnten, leiteten sie in ihren Zonen die Entstehung eines liberal-demokratischen und marktwirtschaftlich verfassten Staates ein. Die 1949 gegründete Bundesrepublik Deutschland erhielt eine **demokratische Ordnung** und wurde in die westliche Staatengemeinschaft integriert. Die Verfassung der Bundesrepublik, das **Grundgesetz**, garantierte den Staatsbürgern die Gleichheit vor dem Gesetz, parlamentarisch-demokratische Formen der politischen Mitsprache sowie die unbedingte Einhaltung der Menschen- und Bürgerrechte. Als Lehre aus dem Scheitern der Weimarer Republik wurden im Grundgesetz unabänderliche Rechte und Prinzipien festgeschrieben: Grundrechte, Rechts-, Sozial- und Bundesstaatlichkeit, Gewaltenteilung und freie Wahlen. Die **soziale Marktwirtschaft**, in der Produktion, Wirtschaftskreislauf, Preisbildung und Konsum über den freien Markt geregelt werden und die den Bürgern bestimmte Soziale Sicherheiten bot, bildete die Grundlage für die Entstehung einer Wohlstandsgesellschaft.

Politik und Gesellschaft in der DDR

Die Gebiete östlich der Elbe wurden 1945 von der Sowjetunion besetzt und die dort lebenden Deutschen gerieten erneut unter ein **diktatorisches Regime**. Die Bürger der 1949 gegründeten Deutschen Demokratischen Republik sollten ihr Leben nach dem Muster der Sowjetunion ausrichten. Politische Herrschaft wurde hier nicht, wie in den westlichen Demokratien, nach dem Prinzip der Gewaltenteilung organisiert. Eine gegenseitige Kontrolle von Regierung, Parlament und einer unabhängigen Justiz gab es nicht. Stattdessen übernahm in der DDR die kommunistische Partei, die **Sozialistische Einheitspartei Deutschlands (SED)**, die alleinige Macht. Eigentliches Machtzentrum der DDR war das Politbüro der SED, das die Parteilinie vorgab, nach der sich alle Funktionäre und Mitglieder zu richten hatten. Die SED besaß das Macht- und Meinungsmonopol im Staate und erhob den Anspruch auf den alleinigen Besitz der Wahrheit. Dieser Wahrheitsanspruch wurde aus der **Theorie von Marx, Engels und Lenin** abgeleitet und diente der Legitimierung aller Maßnahmen der Partei. Alle politischen und gesellschaftlichen Organisationen außerhalb der SED sowie die Presse wurden „gleichgeschaltet". Regimegegner waren Benachteiligungen im Alltag ausgesetzt, wurden bespitzelt oder verhaftet. An der Spitze von Staat, Kultur und Wirtschaft etablierte sich eine neue, auf den Kommunismus eingeschworenen Elite. Die zentral vom Staat gelenkte **Planwirtschaft** sollte für höhere Produktivität und größere Verteilungsgerechtigkeit sorgen, entwickelte sich in der Praxis jedoch zur Mangelwirtschaft

Friedliche Revolution und Wiedervereinigung

In der Nacht vom 9. auf den 10. November 1989 wurde die Berliner Mauer geöffnet. Die Menschen in der DDR hatten in einer **friedlichen Revolution** das Symbol des Kalten Krieges zum Einsturz gebracht. Ein britischer Journalist kommentierte dieses unvorhergesehene Ereignis mit den Worten: „Was wir heute Nacht erlebt haben, war der Anfang vom Ende der Nachkriegsepoche." Ein Jahr später war aus dem zweigeteilten Deutschland wieder ein Staat geworden. Mit der **Vereinigung** endete für die Bürger der DDR gleichzeitig die vierzigjährige Geschichte der kommunistischen Diktatur. Diese Entwicklung war ein Ergebnis **tief greifender Veränderungen im Ostblock**. Ausgangspunkt für eine demokratische Umgestaltung der kommunistischen Staaten war zunächst nicht die Sowjetunion, sondern Polen und danach Ungarn. Dort bildeten sich bereits in den 1970er- und 1980er-Jahren oppositionel-

M2 Zwischen Ost und West, Karikatur von Anton Paul Weber, 1946

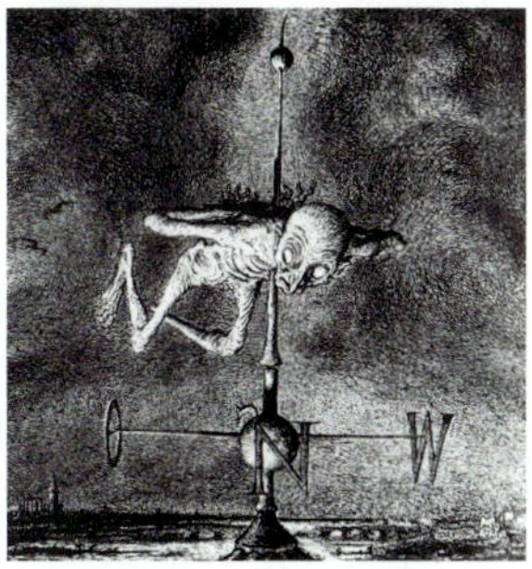

„Schlaglichter" internationaler und deutscher Politik seit 1945

1945 Ende des Zweiten Weltkriegs, Aufteilung Deutschlands in vier Besatzungszonen
1949 Teilung Deutschlands durch Gründung der DDR und der Bundesrepublik
1953 Arbeiteraufstand in der DDR
1961 Bau der Berliner Mauer zementiert die Teilung
1962 Kuba-Krise bringt die Welt an den Rand eines Atomkriegs
1968 Weltweite Proteste gegen den Vietnamkrieg, die 68er-Bewegung leitet in der Bundesrepublik eine Liberalisierung der Gesellschaft ein, der „Prager Frühling" wird blutig niedergeschlagen
1977 Höhepunkt des RAF-Terrorismus in der Bundesrepublik
1989 Friedliche Revolution in der DDR, Fall der Berliner Mauer
1990 Wiedervereinigung Deutschlands
1991 Auflösung der Sowjetunion, Ende des Ost-West-Konflikts
2001 Terroranschlag auf das World Trade Center

M3 Berlinerinnen und Berliner feiern den Fall der Mauer in der Nacht vom 9. auf den 10. November 1989, Fotografie

le Gruppen. Sie forderten Interessenvertretungen für die Arbeiter sowie größere politische und wirtschaftliche Freiheiten für alle Bürger. Großen Auftrieb erhielt diese Opposition, als im Jahre 1985 **Michail Gorbatschow** in der Sowjetunion die Macht übernahm. Sein Ziel war, den Sozialismus zu reformieren und die erstarrten Machtstrukturen zu überwinden. Bei den Reformkräften gewannen zunehmend diejenigen die Oberhand, die die Reformfähigkeit des kommunistischen Systems bezweifelten und nach einer grundlegenden Alternative suchten. Zum dramatischen Höhepunkt wurde das Jahr 1989. Besonders in Polen, Ungarn und Rumänien rief die Bevölkerung auf eindrucksvollen Demonstrationen nach freien Wahlen und verlangte das Ende der kommunistischen Diktaturen. Diese Aufbruchstimmung erfasste auch die Menschen in der DDR. Immer mehr Oppositionelle und Unzufriedene forderten eine Abkehr von der Unterdrückung grundlegender Freiheitsrechte. Im Herbst 1989 kapitulierte schließlich das alte System – der Weg für einen demokratischen Systemwechsel war frei.

Bilaterilismus (von lat. *bi* = zwei, *latus* = Seite)
Als bilateral werden Verhandlungen und Verträge zwischen zwei Staaten bezeichnet. Bilateralismus beschreibt die Weltordnung zur Zeit des Ost-West-Konflikts, in der die internationale Politik maßgeblich vom Verhältnis der beiden Supermächte USA und UdSSR geprägt war.

Neue Herausforderungen für die Weltpolitik im 21. Jh.

Die Weltordnung nach dem Ende des Ost-West-Gegensatzes unterscheidet sich grundlegend von derjenigen, die sich nach 1945 unter den Bedingungen des **Bilateralismus*** und der Blockbildung entwickelt hatte. Diese Ordnung schrieb ein bestimmtes Verhalten vor – nämlich die Gefolgschaft gegenüber dem jeweiligen Block und seiner Vormacht – und belohnte diese mit Schutz und positiven Sanktionen wie Auslandshilfe und Exportgarantien. Die internationale Politik wird im beginnenden 21. Jahrhundert zwar maßgeblich von der einzigen verbliebenen **Weltmacht**, den **USA**, bestimmt (**Unilaterialismus***). Doch das muss nicht so bleiben, da regionale Großmächte wie China oder Indien zu Weltmächten aufsteigen können. Das internationale System der Zukunft dürfte dann durch **Multipolarität** gekennzeichnet sein. Diese Welt muss nicht notwendig friedlicher sein als die bis 1989/90 existie-

Unilaterialismus (von lat. = *unus* „einer, einzig“, *latus* = „Seite“)
Unilaterales Vorgehen eines Staates bedeutet, dass er ohne Verständigung mit anderen Staaten international politisch handelt. Die USA nutzten zum Beispiel ihre Stellung als einzig verbliebene Weltmacht nach 1991 für eine stärker unilateral ausgerichtete Politik. Ein Beispiel ist der Einmarsch in den Irak als Reaktion auf die Anschläge vom 11. September 2001 ohne UN-Mandat.

rende Welt der Bipolarität. Dass mit dem Ende der Blockkonfrontation bei regionalen Konflikten der Krieg **wieder als ein Mittel der Politik** eingesetzt wird, haben beispielsweise die Kriege im ehemaligen Jugoslawien 1991–1999, der Afghanistankrieg 2001 und der Irakkrieg 2003 eindringlich vor Augen geführt. Auch der **israelisch-palästinensische Konflikt** wirkt sich weit über die Region hinaus auf die internationale Politik aus. Nach wie vor muss die Weltgemeinschaft nach Lösungen für ein dauerhaft friedliches Zusammenleben suchen. Die Vereinten Nationen (UNO) wie die einzelnen Gesellschaften stehen auch vor neuen Herausforderungen: Der **internationale Terrorismus** darf spätestens seit den Anschlägen islamistischer Terroristen in den USA am 11. September 2001 nicht mehr unterschätzt werden. Man stelle sich nur vor, Terroristen gelangten in den Besitz von Massenvernichtungswaffen wie Atombomben, biologischen oder chemischen Kampfmitteln. Aus diesem Grund wird die Bekämpfung des Terrorismus eine Aufgabe aller Staaten bleiben. Der Frieden könnte in Zukunft noch durch ganz andere Konflikte bedroht werden: **Klimaveränderungen** können in einigen Regionen Kriege um Wasser oder andere Rohstoffe auslösen. Die **Ungleichheit zwischen Arm und Reich** kann auf nationaler wie internationaler Ebene Unruhen hervorrufen. Regierungen und Nichtregierungsorganisationen sind aufgefordert, die seit dem ausgehenden 20. Jahrhundert beschleunigte **Globalisierung** so zu gestalten, dass der Wohlstand möglichst vielen Menschen zugute kommt.

M4 Die Flagge der UNO, Fotografie, 1997

Zwei Ölbaumzweige umfangen die stilisierte Darstellung der Kontinente, unter einem Netz von Längen- und Breitengraden, vom Nordpol aus gesehen.

1 Erklären Sie die Bedeutung des Begriffes „Kalter Krieg".
2 Stellen Sie die wichtigsten Merkmale der politischen und gesellschaftlichen Systeme der Bundesrepublik und der DDR in einer Tabelle gegenüber.
3 Interpretieren Sie die Karikatur M5. Erläutern Sie die Aussage der Karikatur anhand konkreter Beispiele internationaler Politik.
4 Erstellen Sie nach Bearbeitung der Kapitel 1–4 eine Grafik, die anhand wichtiger weltpolitischer Ereignisse den engen Zusammenhang zwischen internationaler und deutscher Politik in der Zeit des Kalten Krieges sichtbar macht (z. B. Tabelle, kommentierte Zeitleiste).

M5 Globalisierung, Karikatur von Luis Murschetz, 1998

1

Deutschland im Spannungsfeld der internationalen Politik 1945–1949

M1 **„Ja, der hat's gut, der lebt unter einem besseren Himmel", Karikatur von Karl Holtz (1899–1978), Titelblatt der Zeitschrift „Ulenspiegel" vom 2. November 1946**

1914–1918
Erster Weltkrieg

1917
Russische Revolution

seit 1917
Zunehmende Ost-West-Konfrontation

1920
Gründung des Völkerbunds

1922
Gründung der UdSSR

19
Ernennung Hitle
zum Reichskanz

1918–1933 Weimarer Republik

1910 1920 1930

„Von Stettin an der Ostsee bis nach Triest an der Adria hat sich ein eiserner Vorhang quer durch den Kontinent gelegt. Hinter dieser Linie liegen alle Hauptstädte Mittel- und Osteuropas. Alle diese Städte sind [...] der Kontrolle durch Moskau unterworfen. [...] Was immer man aus diesen Tatsachen [...] für Schlüsse ziehen mag, eines ist sicher: Dies ist nicht das befreite Europa, für das wir gekämpft haben." Mit diesen Worten rüttelte der britische Oppositionsführer Winston Churchill im März 1946 die westliche Welt auf. Selten ist die Teilung Europas und der Welt eindringlicher beschrieben worden. Auf der einen Seite standen die westlichen Demokratien unter Führung der USA, auf der anderen Seite die kommunistischen Staaten unter Führung der Sowjetunion. Ideologisch war der Gegensatz bestimmt von einer weltweiten Auseinandersetzung zwischen dem Kommunismus mit sozialistischer Planwirtschaft einerseits und den westlichen Demokratien mit einer liberal-marktwirtschaftlichen Wirtschaftsordnung andererseits. Die ehemaligen Verbündeten der Anti-Hitler-Koalition entfremdeten sich nach 1945 immer mehr, die bisherige Kooperation wich zunehmend der Konfrontation. Deutschland entwickelte sich zu einem Zentrum des „Kalten Krieges", der die Weltpolitik bis 1990/91 bestimmte. Die Interessengegensätze der Besatzungsmächte machten eine gemeinsame Politik unmöglich und führten bereits 1949 zur Gründung zweier Staaten auf deutschem Boden: der Bundesrepublik Deutschland und der Deutschen Demokratischen Republik. Doch darf die deutsche Teilung nicht nur als Ergebnis des Ost-West-Konflikts betrachtet werden. In seiner Gedenkrede zum 40. Jahrestag der Beendigung des Krieges und der NS-Gewaltherrschaft am 8. Mai 1985 betonte Bundespräsident Richard von Weizsäcker: „Die Spaltung Europas in zwei verschiedene politische Systeme nahm ihren Lauf. Es war erst die Nachkriegsentwicklung, die sie befestigte. Aber ohne den von Hitler begonnenen Krieg wäre sie nicht gekommen. Daran denken die betroffenen Völker zuerst, wenn sie sich des von der deutschen Führung ausgelösten Krieges erinnern. Im Blick auf die Teilung unseres eigenen Landes und auf den Verlust großer Teile des deutschen Staatsgebietes denken auch wir daran."

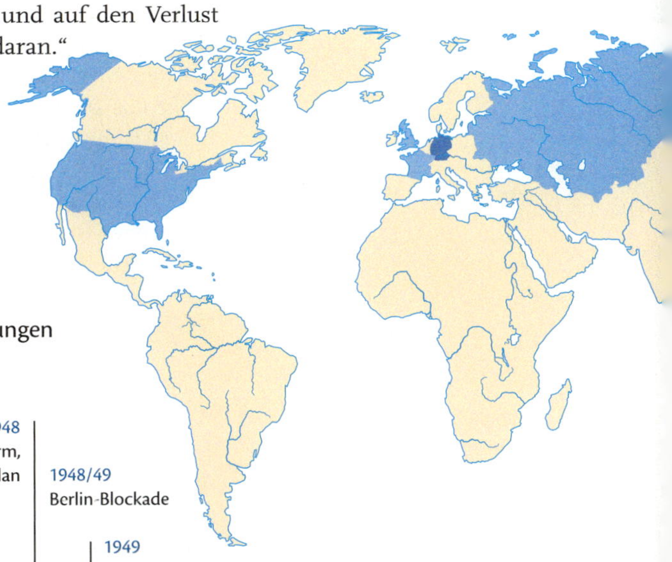

Kompetenzerwerb: Nach Bearbeitung des Kapitels 1 können Sie ...

- die Situation am Ende des Zweiten Weltkriegs beschreiben,
- Bedingungen und Verlauf des politischen Neubeginns in Deutschland darstellen,
- die Entstehung des Ost-West-Konflikts erklären,
- den Weg zur Teilung Deutschlands erläutern,
- die Abhängigkeit von innen- und außenpolitischen Entwicklungen erörtern,
- zwei schriftliche Quellen im Vergleich interpretieren.

1939 Hitler-Stalin-Pakt

1939–1945 Zweiter Weltkrieg

1941 Kriegseintritt der USA

1945 Bedingungslose Kapitulation Deutschlands, Konferenz von Potsdam

1945/46 Nürnberger Prozesse

1946 Beginn des Kalten Krieges

1948 Währungsreform, Marshall-Plan

1948/49 Berlin-Blockade

1949 Gründung der NATO, Gründung der Bundesrepublik und der DDR

1933–1945 Nationalsozialistische Diktatur

1945–1949 Besatzungszeit

1940

1950

1 Die USA und Russland als Weltmächte – ein Rückblick

1.1 Die USA im Zeitalter der Weltkriege

M 1 Woodrow Wilson (1856–1924), Fotografie, um 1920

seit 1890 Der Jurist und Nationalökonom lehrt an der Universität Princeton.
1902–1910 Präsident der Universität
1910 Wahl zum Gouverneur von New Jersey (Mitglied der Demokratischen Partei)
1912 Präsident der USA
1914 Wilson proklamiert die Neutralität der USA im Ersten Weltkrieg.
1917 Rechtfertigung des Kriegseintritts der USA als „Kreuzzug für die Demokratie"
1920 Ablehnung des Versailler Vertrags durch den US-Senat, Beitritt zum Völkerbund scheitert, Wilson erhält den Friedensnobelpreis für das Jahr 1919
1921 Aus gesundheitlichen Gründen verzichtet Wilson auf eine erneute Kandidatur für das Präsidentenamt.

USA und Europa zu Beginn des Krieges

Als im August 1914 der **Erste Weltkrieg** zwischen den europäischen Großmächten ausbrach, erklärte **Präsident Wilson*** zunächst die Neutralität der USA. Auch die Industrie und die Banken unterstützten diesen Kurs, doch die Sympathien der meinungsbildenden Ostküstenelite galten von Anfang an den Demokratien Großbritannien und Frankreich, mit denen man sich kulturell enger verbunden fühlte als mit den monarchisch-konservativen Mittelmächten Deutschland und Österreich-Ungarn. Zudem waren die wirtschaftlichen Beziehungen zwischen den USA und den Westmächten, vor allem zu Großbritannien, intensiver als zu den Mittelmächten. Frankreich und Großbritannien erhielten großzügige Kredite amerikanischer Banken, viele Amerikaner zeichneten Kriegsanleihen zugunsten der Westmächte und die amerikanische Regierung lieferte Nahrungsmittel und Industriegüter. Ein Sieg der Mittelmächte hätte amerikanische Kapital- und Wirtschaftsinteressen empfindlich getroffen.

Die **außenpolitischen Konzeptionen** der USA und des Deutschen Reiches waren schon lange vor Kriegsausbruch nicht mehr vereinbar. Die Bündnispolitik des Kaiserreichs, die auf eine Vormachtstellung in Europa zielte, und das zunehmend aggressive Auftreten auf der weltpolitischen Bühne stießen in den USA auf Misstrauen. Die Vereinigten Staaten lehnten Blockbildungen in Europa grundsätzlich ab, da sie ihre wirtschaftlichen Interessen gefährdeten. Die Grundsätze US-amerikanischer Politik gegenüber Europa waren geprägt von den Ideen des **Freihandels**, der **nationalen Selbstbestimmung** und der **friedlichen Konfliktregelung durch Schiedsgerichte**.

Kriegseintritt der USA

Als deutsche U-Boote 1915 das britische Passagierschiff Lusitania versenkten und dabei über hundert Amerikaner ums Leben kamen, schlug die öffentliche Meinung in den USA zugunsten eines Kriegseintritts um. Aufgrund scharfer Proteste der US-Regierung stellte das Deutsche Reich den U-Boot-Krieg zunächst wieder ein. Doch bald sahen sich die USA erneut provoziert, da Deutschland versuchte, Mexiko auf die Seite der Mittelmächte zu ziehen. Die deutsche Regierung versprach dem mittelamerikanischen Staat, seine Ansprüche auf die 1848 verlorenen Gebiete, also auf den ganzen Südwesten der USA, zu unterstützen. Im April 1917 wollte das Deutsche Reich schließlich eine schnelle Kriegsentscheidung erzwingen und verkündete den uneingeschränkten U-Boot-Krieg. Dies führte zur **Kriegserklärung der USA** (M6).

Wirtschaftliche Folgen des Krieges

Da die USA erst 1917 in den „Großen Krieg" eingetreten sind, überstanden sie den Krieg mit relativ geringen Verlusten. Zugleich konnten sie ihre Wirtschaftsleistung durch die militärischen Auseinandersetzungen in Europa erheblich steigern. Die Rüstungslieferungen an Großbritannien und Frankreich hatten das Land vom Schuldner zum größten Kreditgeber der Welt gemacht. Bei Kriegsende waren europäische Länder in den USA mit mehr als 10 Milliarden Dollar verschuldet. Europa benötigte Kapital für die Umstellung der Kriegs- auf Friedenswirtschaft, die Versorgung der Kriegsversehrten, den Wiederaufbau der Städte und – im Falle Deutschlands – für

Reparationszahlungen. Die USA entwickelten sich bis 1918 zum **größten Agrar- und Industriestaat** der Welt. Sie konnten Industrieerzeugnisse und Lebensmittel billiger herstellen als Europa und obendrein Überschüsse für den Export produzieren. Auf Importe waren die USA nicht angewiesen, sodass sie große Goldreserven anlegen konnten, die für Kredite an das vom Krieg zerstörte Europa zur Verfügung standen.

Außenpolitik: Rückkehr zum Isolationismus

Präsident Wilson hatte als **Kriegsziel der USA** 1917 die **weltweite Verbreitung von Frieden und Gerechtigkeit** erklärt und in seinen im Januar 1918 verfassten „14 Punkten" allen Völkern das Recht auf nationale Selbstbestimmung zugesichert. Ein **Völkerbund*** sollte in Zukunft die internationale Sicherheit garantieren, auf deutsche Reparationszahlungen sollte verzichtet werden. Doch Wilsons Vorstellung von einer aktiven Rolle der USA in der internationalen Politik **fand innenpolitisch keinen Rückhalt**. Als Wilson im Dezember 1918 zu den Friedensverhandlungen nach Frankreich fuhr, wurde er dort als erster US-Präsident auf europäischem Boden stürmisch begrüßt. Als er jedoch im September 1919 auf einer Vortragsreise durch die USA die amerikanische Öffentlichkeit für den Friedensvertrag und den Völkerbund zu gewinnen suchte, fand er keine Resonanz. Nach dem Krieg überwog in der amerikanischen Bevölkerung und der politischen Elite die Überzeugung, die USA sollten sich möglichst schnell aus Europa zurückziehen und sich an den Prinzipien George Washingtons (Präs. 1789–1797) aus der Gründerzeit orientieren. Dessen Grundsatz war, die USA sollten mit allen Handel treiben, sich aber politisch aus den Angelegenheiten der anderen heraushalten. In der amerikanischen Außenpolitik begann eine Phase des **Isolationismus**. Dem entsprach, dass der amerikanische Kongress 1921 **den Beitritt der USA zum Völkerbund ablehnte** (M 7).

Völkerbund
Der Völkerbund wurde von den Siegermächten des Ersten Weltkriegs 1920 als erste internationale Organisation zur Sicherung des Weltfriedens und der territorialen Unverletzlichkeit der Mitgliedsstaaten gegründet. Der Völkerbund war nur bedingt handlungsfähig, da jedes Mitglied ein Vetorecht besaß und die Weltmacht USA nicht Mitglied war. Erfolge auf humanitärem Gebiet waren die Eindämmung der Sklaverei, die Gründung des Internationalen Gerichtshofs und der Internationalen Arbeitsorganisation. Die Organisation mit Sitz in Genf wurde 1946 nach Gründung der UNO aufgelöst.

M 2 **Nacht des Waffenstillstands, Ölgemälde von George Luks, 1918**

1 Beschreiben Sie, wie der amerikanische Künstler George Luks das Ende des Ersten Weltkriegs darstellt (M 2).

M3 Verletzter US-Kriegsveteran bei einer Siegesparade nach dem Ersten Weltkrieg, zeitgenössische Fotografie

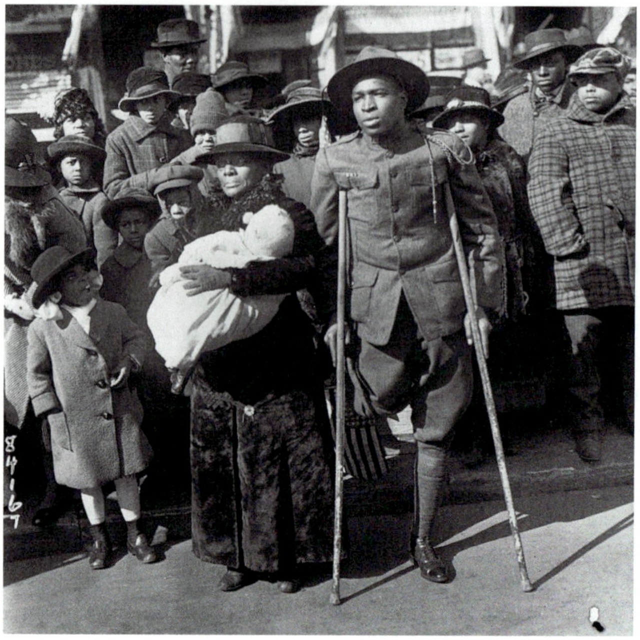

1 Vergleichen Sie die Fotografie (M 3) mit dem Gemälde von Luks (M 2). Berücksichtigen Sie insbesondere, welche Sicht vom Kriegsende jeweils vermittelt wird.

Rückkehr in die Weltpolitik

Das nationalsozialistische Deutschland, das faschistische Italien und das sich zur asiatischen Großmacht entwickelnde Japan bewirkten mit ihrer expansiven Politik im Laufe der 1930er-Jahre in den USA ein **Abrücken vom Isolationismus.** Japan forderte die USA zugleich wirtschaftlich heraus, weil der Textilmarkt in den USA von japanischen Produkten gleichsam überschwemmt wurde, etwa so wie heute die amerikanische Autoindustrie von der japanischen Konkurrenz überholt wird. Außerdem konkurrierten die USA im pazifischen Raum und in China mit Japan um Absatzmärkte. Deutschland stellte wegen seines antidemokratischen Systems zunehmend eine Herausforderung für die internationale Politik dar. Doch hielten sich die Vereinigten Staaten zunächst aus den politischen Verwicklungen Europas heraus. Dabei blieb es vorerst auch, als Hitlers „Machtergreifung“ 1933 eine Radikalisierung der deutschen Politik einleitete. Die Vereinigten Staaten von Amerika ließen sich weder 1935 durch den Einfall Italiens in Äthiopien von ihrer Haltung abbringen, noch griffen sie in den 1936 beginnenden Spanischen Bürgerkrieg ein. Vielmehr verpflichtete sich die US-Regierung zur strikten politischen Neutralität. Sie wollte nicht schon wieder in einen großen Krieg verwickelt werden.
Erst nachdem Japan 1937 in China einmarschiert war und das Deutsche Reich mit dem „Anschluss“ Österreichs 1938 immer aggressiver seine expansiven Pläne verwirklichte, gaben die Vereinigten Staaten von Amerika ihre isolationistische Politik allmählich auf. Mit der sogenannten Quarantäne-Rede (M 10) signalisierte Präsident Roosevelt 1937 die Bereitschaft der USA, die Demokratie zu verteidigen und von ihrer Zurückhaltung in der internationalen Politik abzurücken. Nach dem japanischen Angriff auf China (1937) und der Konferenz von München (1938), auf der die westlichen Demokratien vor Hitler zurückgewichen waren und die Tschechoslowakei geopfert hatten, **beganen die USA mit der Aufrüstung** (M12). Zwar verfügten die Vertreter des Isolationismus noch über starken Rück-

halt in der öffentlichen Meinung und im Kongress und auch die Regierung wahrte bis zum Kriegseintritt im Dezember 1941 offiziell ihre Neutralität. Aber gleich nach Ausbruch des Krieges in Europa 1939 erhielt Großbritannien Rüstungs- und Wirtschaftshilfe und die **Atlantikcharta*** vom August 1941 war auch eine Erklärung britisch-amerikanischer Kriegsziele. Eine Umfrage unter der amerikanischen Bevölkerung vom Sommer 1941 ergab, dass die Amerikaner es nun für wichtiger hielten, Deutschland zu besiegen, als die Vereinigten Staaten aus dem europäischen Krieg herauszuhalten.
Die Amerikaner rechneten zwar mit einem Kriegseintritt, der Auslöser aber überraschte viele. Durch den Sieg Deutschlands über die Kolonialmächte Frankreich und Niederlande (1940) war in Ostasien, wo Franzosen und Niederländer Kolonien besaßen, ein Machtvakuum entstanden. Japan nutzte diese strategisch günstige Lage, besetzte die rohstoffreichen Kolonien Südostasiens und rückte weiter nach China vor. Als die USA den Rückzug Japans aus China forderten und ein Ölembargo verhängten, griffen japanische Flugzeuge am **7. Dezember 1941** den amerikanischen Flottenstützpunkt **Pearl Harbor** auf Hawaii an. Drei Tage später erklärten Deutschland und Italien den USA den Krieg.

Atlantikcharta
Die gemeinsame Erklärung von Winston Churchill und Franklin D. Roosevelt vom 14. August 1941 schrieb u. a. als Grundsätze für die Nachkriegsordnung fest:
- Verzicht auf Gebietserweiterungen,
- freie Entscheidung der Bevölkerung bei Grenzverschiebungen,
- freie Wahl der Regierungsform,
- freier Zugang zu Rohstoffen und zu den Weltmeeren für alle Völker,
- Sicherheit, Frieden, Freiheit von Not und Furcht für die Bevölkerung.

Die Atlantikcharta wurde Grundlage für die Gründung der Vereinten Nationen 1945.

Die US-Gesellschaft während des Krieges

Obwohl die Amerikaner während des Krieges kaum militärischen Angriffen ausgesetzt waren, veränderte der Krieg auch die amerikanische Gesellschaft. Rund 14 Millionen Männer und Frauen dienten in den Streitkräften, weitere 10 Millionen kamen in neu geschaffenen zivilen Arbeitsplätzen unter. Durch die Mobilisierung der wirtschaftlichen und militärischen Kräfte des Landes **wuchs die Industrieproduktion** auf das Zweieinhalbfache des Vorkriegsniveaus und bewirkte einen **Abbau der Arbeitslosigkeit**. Im Westen der USA entstanden durch Schiff- und Flugzeugbau neue Industriezentren, die Arbeitskräfte aus den ländlichen Regionen des Südens anzogen. Die Einkommen stiegen: Betrug der durchschnittliche Wochenlohn 1939 rund 24 Dollar, waren es 1945 rund 44 Dollar. Erstmals seit der Weltwirtschaftskrise 1929 stieg der Lebensstandard breiter Bevölkerungsschichten. Die großen sozialen Unterschiede innerhalb der US-Gesellschaft wurden durch die Einführung einer progressiven Einkommenssteuer abgemildert. Auch wurden durch den Krieg mehr Frauen in den Erwerbsprozess integriert, und zwar im Gegensatz zum Ersten Weltkrieg nun dauerhaft (M 4, M 5). Der Grundsatz der gleichen Bezahlung für gleiche Arbeit konnte sich in der Praxis jedoch nicht durchsetzen.
Der Krieg hatte die **Spannungen zwischen den ethnischen Gruppen** erhöht. Einwanderer italienischer und deutscher Herkunft waren zwar anders als während des Ersten Weltkriegs keinen rassistischen Übergriffen ausgesetzt. Amerikaner japanischer Herkunft wurden jedoch als Angehörige einer „feindlichen Rasse" (*enemy race*) in Lagern interniert. Bürger mexikanischer Herkunft und die 13 Millionen schwarzen Amerikaner litten weiterhin unter den Diskriminierungen. 1940 forderten daher Bürgerrechtsorganisationen den Abbau aller Benachteiligungen in der Wirtschaft und in den Streitkräften. Tatsächlich ordnete die Bundesregierung im Juni 1941 an, Diskriminierungen in der Rüstungsindustrie zu beenden; 1940 wurde der erste schwarze General in die Armee berufen. Die wirtschaftliche Lage der Schwarzen verbesserte sich wegen des 1942 einsetzenden Arbeitskräftemangels. Aber immer noch verdiente 1945 eine schwarze Familie nur halb so viel wie eine weiße.

Literaturtipp
Willi Paul Adams, Die USA im 20. Jahrhundert, München 2000.
Ein Standardwerk zur Geschichte der USA mit Überblicksdarstellung und aktuellem Forschungsstand.

1 Erarbeiten Sie Grund und Anlass für das Eingreifen der USA in den Ersten und Zweiten Weltkrieg.
2 Erklären Sie die im Darstellungstext genannten Grundsätze der US-Außenpolitik in der ersten Hälfte des 20. Jahrhunderts.

M4 Plakat aus den USA, um 1942

M5 Fotografie aus den USA, um 1942 (Ausschnitt)

1 Erläutern Sie die wirtschaftlichen und gesellschaftlichen Folgen der Weltkriege für die Vereinigten Staaten (Darstellungstext, M 4, M 5).
2 Analysieren Sie M 4 und M 5 hinsichtlich der Rolle der Frauen in der amerikanischen Gesellschaft während des Zweiten Weltkriegs.

M6 Aus der Kriegsbotschaft Woodrow Wilsons vom 2. April 1917

Ein beständiges Zusammenspiel für den Frieden kann nicht anders erhalten werden als durch eine Partnerschaft demokratischer Nationen. Keiner autokratischen Regierung könnte man vertrauen, dass sie ihm die Treue hält und seine Abkommen beachtet. Es muss ein Bund der Ehre, eine Partnerschaft der Meinung sein. Die Intrige würde seine Lebenskraft verzehren; die Anschläge engerer Kreise, die planen könnten, was sie wollten, und niemandem Rechenschaft ablegten, wären eine Verderbnis, die ihm am innersten Herzen säße. Allein freie Völker können ihre Zwecke und ihre Ehre stetig auf ein gemeinsames Ziel richten und die Interessen der Menschheit jedem engeren Eigeninteresse verordnen. [...] Die Welt muss sicher gemacht werden für die Demokratie. Ihr Friede muss auf den erprobten Grundlagen politischer Freiheit errichtet werden. Wir haben keine selbstischen Ziele, denen wir dienen. Wir verlangen nach keiner Eroberung, keiner Herrschaft. Wir suchen keinen Schadenersatz für uns selbst, keine materielle Entschädigung für die Opfer, die wir bereitwillig bringen werden. Wir sind lediglich einer der Vorkämpfer für die Rechte der Menschen. Wir werden befriedigt sein, wenn diese Rechte so gesichert sein werden, wie die Redlichkeit und die Freiheit der Nationen sie eben sichern können. [...] Es ist eine fürchterliche Sache, dieses große friedfertige Volk in den Krieg zu führen, in den schrecklichsten und verheerendsten aller Kriege, in dem die Zivilisation selbst auf dem Spiele zu stehen scheint. Aber das Recht ist wertvoller als der Friede und wir werden für die Dinge kämpfen, die wir stets unserem Herzen zunächst getragen haben – für die Demokratie, für das Recht jener, die der Autokratie unterworfen sind, für ein Mitspracherecht bei ihrer Regierung, für die Rechte und Freiheiten kleiner Nationen, für eine allgemeine Herrschaft des Rechts durch ein Konzept der freien Völker, das allen Nationen Frieden und Sicherheit bringen und die Welt selbst endlich frei machen wird.

Charles A. Conant, The United States in the Orient. The nature of the economic problem, übers. v. Johannes Hohlfeld, Boston/New York 1900, S. 92 ff.

1 Nennen Sie die Gründe dafür, dass die USA ihre Neutralität im Ersten Weltkrieg aufgaben (M 6).
2 Erläutern Sie die Ziele Präsident Wilsons im Ersten Weltkrieg.

M7 Kritik des amerikanischen Staatssekretärs des Auswärtigen, Robert Lansing, am Versailler Vertrag, 8. Mai 1919

Gestern wurden die Friedensbedingungen den deutschen Bevollmächtigten übergeben, und zum ersten Male in diesen Tagen fieberhaft erregter Vorbereitung hat man Zeit, den Vertrag als ein vollständiges Schriftstück in Augenschein zu nehmen. Der Eindruck, den er macht, ist enttäuschend, erweckt Bedauern und Niedergeschlagenheit. Die Friedensbedingungen erscheinen unsagbar hart und demütigend, während viele von ihnen mir unerfüllbar scheinen. Der durch den Vertrag geschaffene Völkerbund soll – darauf vertraut man – den künstlichen Aufbau am Leben erhalten, der auf dem Wege des Kompromisses der widerstreitenden Interessen der Großmächte errichtet wurde, und ein Keimen der Kriegssaat, die in so vielen Paragrafen ausgesät ist und unter normalen Bedingungen bald Früchte tragen würde, verhindern. Der Bund könnte ebenso gut das Wachstum der Pflanzenwelt in einem tropischen Dschungel verhindern. Kriege werden früher oder später entstehen. Man muss von vornherein zugeben, dass der Bund ein Werkzeug der Mächtigen ist, um das normale Wachstum nationaler Macht und nationaler Bestrebungen bei jenen aufzuhalten, die durch die Niederlage machtlos geworden sind. Prüft den Vertrag, und ihr werdet finden, dass Völker gegen ihren Willen in die Macht jener gegeben sind, die sie hassen, während ihre wirtschaftlichen Quellen ihnen entrissen und anderen übergeben sind. Hass und Erbitterung, wenn nicht Verzweiflung, müssen die Folgen derartiger Bestimmungen sein. Es mag Jahre dauern, bis diese unterdrückten Völker imstande sind, ihr Joch abzuschütteln, aber so gewiss, wie die Nacht auf den Tag folgt, wird die Zeit kommen, da sie den Versuch wagen. Dieser Krieg wurde von den Vereinigten Staaten geführt, um für immer Zustände zu vernichten, die ihn hervorbrachten. Diese Zustände sind nicht zerstört worden. Andere Zustände, andere Bedingungen haben sie verdrängt, die nicht minder als jene den Hass, die Eifersucht, den Argwohn wecken. Anstelle des Dreibundes[1] und der Entente[2] hat sich der Fünfbund erhoben, der die Welt beherrschen soll. Die Sieger in diesem Kriege gedenken ihren vereinten Willen den Besiegten aufzuzwingen und alle Interessen ihren eigenen unterzuordnen. Es ist wahr, dass sie, um die wach gewordene öffentliche Meinung der Menschheit zu befriedigen und dem Idealismus des Moralisten etwas zu bieten, die neue Allianz mit einem Heiligenschein umgeben und „Bund der Völker" genannt haben. Doch wie man ihn auch nennen oder sein Wesen verkleiden mag, er bleibt eine Allianz der fünf großen Militärmächte. Wozu die Augen vor der Tatsache verschließen, dass die Macht, durch Anwendung vereinter Kraft der „Fünf" Gehorsam zu erzwingen, das

M8 Die USA und die wirtschaftlichen Folgen des Ersten Weltkriegs

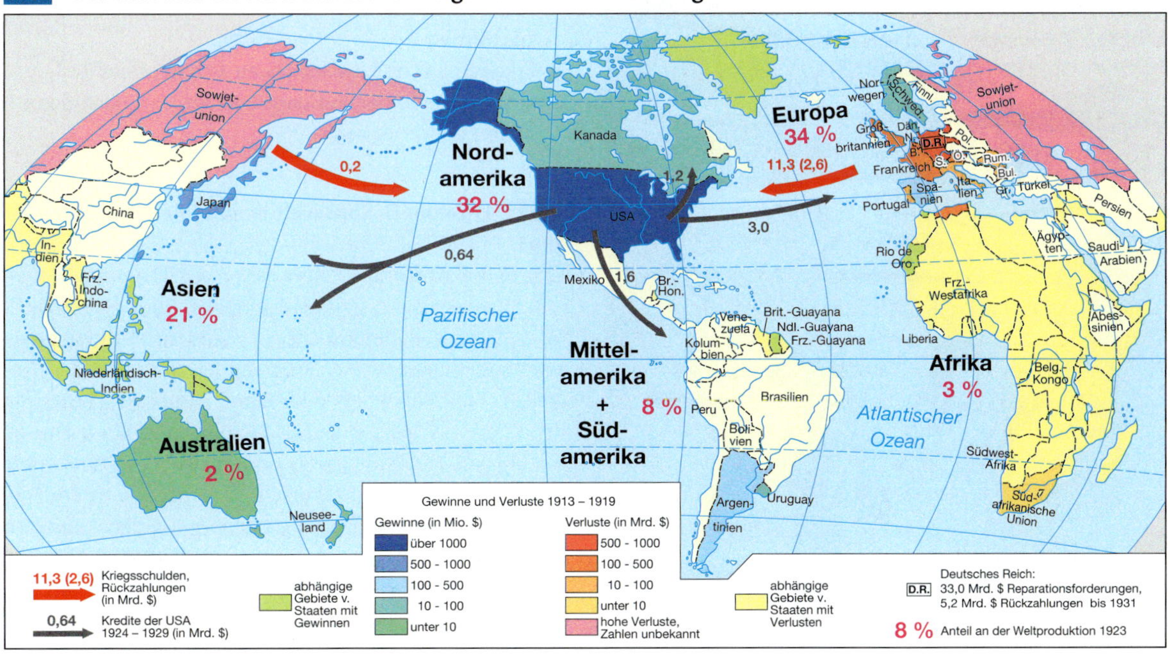

1 Erarbeiten Sie anhand der Karte (M 8) die ökonomischen Beziehungen zwischen den Staaten.
2 Erläutern Sie die besondere Position der USA.
3 Für diese Karte wurde eine andere Darstellung als die übliche europazentrische gewählt. Nehmen Sie Stellung zu dieser Form der Darstellung.

Grundprinzip des Bundes ist. Gerechtigkeit kommt in zweiter Linie, die Macht geht vor. Der Bund, wie er jetzt besteht, wird der Habgier und Intrige anheim fallen; und die Bestimmung der Einstimmigkeit im Rate, die eine Schranke hiergegen bieten könnte, wird durchbrochen werden oder die Organisation machtlos machen. Sie soll dem Unrecht den Stempel des Rechts aufdrücken. Wir haben einen Friedensvertrag, aber er wird keinen dauernden Frieden bringen, weil er auf dem Treibsand des Eigennutzes gegründet ist.

Günter Schönbrunn (Hg.), Weltkriege und Revolutionen: 1914–1945, Geschichte in Quellen, Bd. 6, 4. Aufl., bsv, München 1989, S. 128 f.

1 gemeint ist das Bündnis der Mittelmächte Deutsches Reich, Österreich-Ungarn, Italien (bis 1915)
2 *Entente* (franz. = Einvernehmen): Bezeichnung für die Kriegskoalition gegen die Mittelmächte

1 Erarbeiten Sie die Argumente, mit denen Lansing seine Ablehnung des Völkerbunds begründet (M 7).
2 Erklären Sie mithilfe des Darstellungstextes, welche Tradition der amerikanischen Außenpolitik dadurch aufgegriffen wird.

M 9 Die USA am Scheideweg, Karikatur, USA, März 1939

1 Interpretieren Sie die Karikatur M 9 vor dem Hintergrund der weltpolitischen Lage Ende der 1930er-Jahre.

M 10 Der amerikanische Präsident Franklin D. Roosevelt in einer Rede am 5. Oktober 1937 in Chicago („Quarantäne-Rede")

Ich bin gezwungen und Sie sind gezwungen, in die Zukunft zu blicken. Friede, Freiheit und Sicherheit von neunzig Prozent der Menschheit werden von den übrigen zehn Prozent gefährdet, durch die der Zusammenbruch aller Ordnung und allen Rechts im internationalen Leben droht. Die Situation ist zweifellos für die ganze Welt von größter Bedeutung. Unglückseligerweise scheint die Epidemie der Gesetzlosigkeit sich auf der Welt auszubreiten. Wenn eine Krankheit sich epidemisch ausbreitet, beschließt die Gemeinschaft, um sich vor Ansteckung zu schützen, die Patienten in Quarantäne zu legen. Der Krieg ist eine Seuche, ob er nun erklärt ist oder nicht. Er kann Staaten und Völker verschlingen, die vom ursprünglichen Schauplatz der Feindseligkeit weit entfernt sind. Wenn die Zivilisation bestehen bleiben soll, müssen die Grundsätze des Friedensfürsten wieder hochgehalten werden. Das Vertrauen zwischen den Völkern muss wiederhergestellt werden. Am allerwichtigsten ist, dass der Wille zum Frieden von Seiten der friedliebenden Völker so deutlich zum Ausdruck kommt, dass Völker, die vielleicht in Versuchung geraten, ihre Verträge und die Rechte anderer Völker zu verletzen, davon Abstand nehmen. Es müssen positive Bestrebungen vorhanden sein, den Frieden zu bewahren.

1 Fassen Sie den Inhalt der Rede Roosevelts (M 9) kurz zusammen.
2 Erklären Sie, ob bzw. inwieweit sich in dieser Rede ein Wandel in der Außenpolitik der USA nach dem Ersten Weltkrieg zeigt.

M 11 Franklin D. Roosevelt in einer Rede am 6. Januar 1941

Unsere Politik läuft auf Folgendes hinaus: Erstens haben wir uns zu einer allumfassenden Landesverteidigung verpflichtet. – Zweitens haben wir uns zur vollen Unterstützung aller jener standhaften Völker verpflichtet, die überall den Angreifern entschlossenen Widerstand leisten und hierdurch den Krieg von unserem Erdteil fernhalten. – Drittens haben wir uns aus Moralprinzipien und in der Sorge um unsere eigene Sicherheit dazu verpflichtet, niemals zu einem Frieden unser Einverständnis zu geben, der von den Angreifern diktiert und von Beschwichtigungspolitikern unterstützt wird. Wir wissen, dass ein dauernder Friede nicht um den Preis der Freiheit anderer Völker erkauft werden kann. Für die Zukunft, die wir zu sichern versuchen, erhoffen wir eine Welt, die sich auf vier wesentliche menschliche Freiheitsrechte gründet. Das erste ist die Freiheit der Rede und der Meinungsäußerung – überall in der Welt. Das zweite ist die Freiheit für jeden, Gott auf seine Weise zu verehren – überall in der Welt. Das dritte ist die Freiheit von Not – was, international gesehen, so viel heißt wie wirtschaftliche Abkommen, die der Bevölkerung jedes Landes gesunde Friedensverhältnisse sichern – überall in der Welt. Das vierte ist die Freiheit von Furcht – was, international gesehen, so viel heißt wie eine die ganze Welt betreffende Abrüstung bis zu dem Grade und so gründlich, dass keine Nation in der Lage sein wird, einen Angriffsakt gegen ein Nachbarland zu begehen – überall in der Welt.

M10 und M11 zit. nach: Franklin D. Roosevelt, Links von der Mitte. Briefe, Reden, Konferenzen, hg. v. Donald Day, Fischer, Frankfurt/M. 1951, S. 135.

1 Erarbeiten Sie die außenpolitischen Prinzipien Roosevelts 1941 (M 11).
2 Erläutern Sie Wandlungen in der US-Außenpolitik angesichts der weltpolitischen Veränderungen zwischen 1937 und Januar 1941 (M 10, M 11 und Darstellungstext).
3 Vergleichen Sie Roosevelts Haltung (M 11) mit der Position Wilsons (M 6) und begründen Sie Unterschiede bzw. Gemeinsamkeiten.

M 12 Verteidigungsausgaben der USA 1930–1938 (in Mio. Dollar zum Wert von 1990)

Jahr	Ausgaben
1930	699
1933	570
1934	803
1935	806
1936	932
1937	1 032
1938	1 131

Quelle: Paul Kennedy, Aufstieg und Fall der großen Mächte, übers. v. Catharina Jurisch, 4. Aufl., Fischer, Frankfurt/Main 2003, S. 447.

M 13 Rüstungsausgaben der USA im Vergleich zu anderen Ländern 1940–1943 (in Mio. Dollar zum Wert von 1944)

Jahr	USA	Großbrit.	UdSSR	Summe Alliierte (USA, GB, UdSSR)
1940	1 500	3 500	5 000	3 500
1941	4 500	6 500	8 500	19 500
1943	37 500	11 100	13 900	62 500
	Dtschl.	**Italien**	**Japan**	**Summe Achsenmächte (D, I, J)**
1940	6 000	750	1 000	6 750
1941	6 000	1 000	2 000	9 000
1943	13 800	–	4 500	18 300

Ebd., S. 530.

1 Beschreiben Sie die Entwicklung der Verteidigungsausgaben in den USA in den 1930er-Jahren (M 12).
2 Bewerten Sie, ausgehend von M 13, die Rolle der USA im Zweiten Weltkrieg.
3 Erläutern Sie mithilfe des Darstellungstextes die Auswirkungen der Rüstungsanstrengungen auf Wirtschaft und Gesellschaft der USA.

M 14 Plakat, USA, 1943.

Frankreich erkannte 1778 als erster Staat die USA an und unterstützt sie im Unabhängigkeitskrieg gegen Großbritannien.

1 Interpretieren Sie das Plakat M 14.
2 Diskutieren Sie die Aussage des Plakats im Hinblick auf die US-Intervention im Ersten und Zweiten Weltkrieg.
3 **Recherche und Diskussion:** Das Plakat will eine historische Linie aufzeigen.
a) Überprüfen Sie anhand Ihnen bekannter Beispiele aus der jüngsten Geschichte, ob bzw. inwiefern dieser politische Grundsatz bis heute die Außenpolitik der USA bestimmt. (Erste Informationen finden Sie zum Beispiel auf den Internetseiten des Auswärtigen Amtes.)
b) Diskutieren Sie die Legitimität dieses Grundsatzes.

1.2 Russland seit 1917: Zwischen Oktoberrevolution und Stalinismus

Russland im Ersten Weltkrieg (1914–1917)

Schon wenige Monate nach dem Eintritt Russlands in den Ersten Weltkrieg zeigte sich, dass das Land **den Mittelmächten militärisch deutlich unterlegen** war. Anfangserfolge in Ostpreußen riefen entschlossene Gegenoffensiven hervor. Ab 1915 verlief die Front im eigenen Land und erstarrte zu einem zermürbenden Stellungskrieg. Zunehmend machten sich Rohstoff- und Energiemangel, Transport- und Versorgungsprobleme bemerkbar. Die heimische Industrie hatte Schwierigkeiten, den Materialbedarf des modernen Krieges zu decken. Neu eingezogene Mannschaften kamen immer schlechter ausgerüstet und oft kaum ausgebildet an die Front. Kriegsopfer in Millionenhöhe ließen das Vertrauen in die militärische Führung schwinden. Im Sommer 1916 glaubten nur noch wenige an einen Sieg; immer mehr Soldaten verweigerten Befehle oder wurden fahnenflüchtig.

Auch hinter der Front führte der Verlauf des Krieges zu **Unmut und Kriegsmüdigkeit**. Der größte Teil des russischen Heeres rekrutierte sich aus der Landbevölkerung. Fast die Hälfte aller männlichen Dorfbewohner im arbeitsfähigen Alter wurde eingezogen. Die Erträge der Höfe gingen zurück, weil Pferde und oft auch Milchkühe an die Armee abgetreten werden mussten. Die **Armut in den Dörfern** verschlimmerte sich und führte zu bäuerlicher Unruhen. Noch bedrohlicher für die Stabilität des russischen Reiches war die **soziale Entwicklung in den Städten.** Zwar stiegen die Löhne, doch wurden sie durch eine galoppierende Inflation entwertet. Zugleich verschlechterten sich die Arbeitsbedingungen durch die Konzentration aller Kräfte in den kriegswichtigen Bereichen der Wirtschaft. Zusätzlich verschärfte sich die Wohnungsnot durch die kriegsbedingte Zuwanderung von Landarbeitern und Flüchtlingen aus den Kampfgebieten. Die größten Probleme bereitete die sich zuspitzende Versorgungslage. Lebensmittel wurden zur Mangelware und die Behörden des Zarenreiches zeigten sich unfähig, wirkungsvolle Maßnahmen zur Linderung der Not zu ergreifen.

1917 – Revolution in Russland

Während der Kriegsjahre verschärften sich die gesellschaftlichen Gegensätze im Zarenreich immer mehr und entluden sich im Frühjahr 1917 in einer Welle von Streiks und Demonstrationen **(Februarrevolution)**. Zar Nikolaus II., der die Aufstände militärisch niederschlagen wollte, musste schließlich dem wachsenden Druck der protestierenden Arbeiter weichen. Am 15. März dankte er auf Drängen der militärischen Führung ab. Die 400-jährige Zarenherrschaft in Russland war zu Ende.

Überall im Land bildeten sich nun **Arbeiter-, Bauern- und Soldatenräte (Sowjets)**, die Verwaltungs- und Ordnungsfunktionen übernahmen. Gleichzeitig setzte die Duma, das russische Parlament, eine **Provisorische Regierung** ein, die hauptsächlich aus liberalen Politikern bestand. In den Sowjets dominierten gemäßigte Sozialrevolutionäre und Menschewiki, die zur Zusammenarbeit mit der Provisorischen Regierung bereit waren, um Ordnung und Stabilität im Land herzustellen. Die radikalrevolutionären **Bolschewiki*** waren zunächst eine Minderheit in den Sowjets. Uneinig war man sich allerdings über eine Fortsetzung des Krieges. Die Arbeiter, Bauern und Soldaten in den neuen Räten setzten sich für einen sofortigen Friedensschluss ein. Die Provisorische Regierung dagegen glaubte noch im Sommer 1917, den Krieg siegreich beenden zu können, obwohl auch die kriegsmüde Bevölkerung große Not litt und Frieden forderte. Zudem nahm sie innenpolitische Reformen wie beispielsweise die dringend notwendige Umverteilung des Landes nur halbherzig in Angriff, sodass große Teile der Arbeiter und Bauern enttäuscht waren von den Ergebnissen der Februarrevolution. In dieser Situation

Bolschewiki (russ. = „Mehrheitler") Bezeichnung für die Anhänger der marxistisch-leninistischen Lehre. 1903 kam es bei einem Parteikongress der russischen Sozialdemokraten zur Spaltung der Arbeiterbewegung. Eine knappe Minderheit (Menschewiki) trat für eine demokratisch organisierte Massenpartei ein. Die Mehrheit der Abgeordneten (Bolschewiki) entschied sich jedoch für Lenins revolutionären Kurs. Danach musste an der Spitze einer revolutionären Partei eine Avantgarde mit politischem Führungsanspruch stehen. Die Bolschewiki (wie später alle kommunistischen Parteien) verstanden sich als streng von oben nach unten gegliederte Kaderpartei. Sie sollte in allen gesellschaftlichen Organisationen leitende Funktionen übernehmen und ein kommunistisches Herrschafts- und Gesellschaftssystem errichten. Von den Bolschewiki leitet sich der Begriff des **Bolschewismus** ab, der im weiteren Sinne mit Kommunismus gleichgesetzt wird.

gewannen die Bolschewiki an Zulauf. Sie forderten „alle Macht den Räten“, sofortigen Frieden, Mitbestimmungsrechte in den Fabriken, eine grundlegende Agrarreform und das Selbstbestimmungsrecht für alle nichtrussischen Völker. Im April 1917 war der Vorsitzende der bolschewistischen Partei, **Wladimir Iljitsch Lenin*** aus dem Schweizer Exil zurückgekehrt. Gestützt auf die wachsende Zustimmung in der Bevölkerung, stürzten Lenin und seine Anhänger im Oktober die Provisorische Regierung, die Macht ging auf die Sowjets über, in denen die Bolschewiki nun die Mehrheit bildeten.

Die **Oktoberrevolution 1917** leitete einen radikalen Systemwechsel in Russland ein. An die Stelle der autokratischen Zarenherrschaft trat jedoch keine parlamentarische Demokratie. In den Sowjets setzten sich die **Bolschewiki** gegen die gemäßigten Kräfte durch und errichteten eine **totalitäre Diktatur** (M 8). Kennzeichnend für das neue Regime wurde die Alleinherrschaft der Staatspartei und ihrer allmächtigen Bürokratie, die das gesamte gesellschaftliche Leben kontrollierte.

Im Vergleich mit dem übrigen Europa, war Russland zu Beginn des 20. Jahrhunderts wenig industrialisiert. Planwirtschaft und die Kollektivierung der Landwirtschaft sollten eine **„Modernisierung von oben“** einleiten, die jedoch mit enormen sozialen Kosten verbunden war. Um Kapital für die Industrialisierung freizusetzen, wurde der größte Teil der Bevölkerung auf einem niedrigen Lebensstandard gehalten. Der Investitionsgüterindustrie wurde absoluter Vorrang vor der Konsumgüterindustrie eingeräumt, vor allem die Rüstungsindustrie wurde gefördert. Ein ausschließlich technikorientiertes Entwicklungskonzept und der skrupellose Machtbehauptungswille der Führungselite lähmten die Kräfte der Gesellschaft und beschnitten die Rechte des Einzelnen. Aber auch die Unabhängigkeitsbestrebungen der zahlreichen Nationalitäten in dem Vielvölkerstaat wurden nach wie vor radikal unterdrückt.

M 2 Zweiter Allrussischer Kongress der Arbeiter- und Soldatenräte in Petrograd in der Nacht zum 26. Oktober 1917, Gemälde von A. Kukalow, o. J.

1 Interpretieren Sie das Gemälde.
2 Stellen Sie mithilfe des Darstellungstextes begründete Hypothesen über Entstehungsdatum und Auftraggeber des Gemäldes auf.

M 1 Wladimir Iljitsch Lenin (1870–1924), Fotografie, um 1916

1887 Nach der Hinrichtung seines Bruders wegen eines Attentatsplans auf den Zaren schließt sich der Sohn eines zaristischen Beamten der revolutionären Bewegung an.
seit 1893 Tätigkeit als Rechtsanwalt
1895–1900 Haft (in Sibirien) wegen politischer Agitation
seit 1900 Exil in Westeuropa
1905 Rückkehr nach Russland zur Unterstützung revolutionärer Aufstände; nach deren Niederschlagung erneute Emigration
1913 endgültige Abspaltung der bolschewistischen Kaderpartei von den Sozialdemokraten
1917 Rückkehr nach Russland, im Nov. Ausrufung der Räterepublik
1918 Lenin wird bei einem Attentat schwer verletzt.
1919 Gründung der Kommunistischen Internationale (Komintern)
1921 „Neue Wirtschaftspolitik“ (NEP) wegen Not und Unruhen im Land
1924 Lenin stirbt nach langer Krankheit, seine Leiche wird einbalsamiert und im Mausoleoum auf dem Roten Platz aufgebahrt.

M3 Leo Trotzki (1879 bis 1940), Fotografie, 1918

Der Sohn eines jüdischen Bauern war enger Mitarbeiter Lenins.
1898 Verhaftung wegen Verbreitung verbotener politischer Bücher
1902 Flucht nach London
1905 Teilnahme an revolutionärem Aufstand in Petersburg, erneute Verhaftung
1907 Flucht nach Westeuropa
1917 Rückkehr nach Russland, Beitritt zur bolschewistischen Partei, Vorsitzender des Petrograder Sowjets, Organisation der Roten Armee
Dez. 1917 Volkskommissar des Äußeren, Friedensverhandlungen mit dem Deutschen Reich
1918–1920 Kriegskommissar an der Front im Bürgerkrieg
ab 1924 Machtkampf mit Stalin, Entmachtung Trotzkis
1940 Ermordung in Mexiko

Kommunismus
Seit dem 19. Jh. Bezeichnung für eine politische Ideologie und Bewegung, die durch eine Revolution die bürgerliche Gesellschaft beseitigen und durch eine klassenlose Gesellschaft ohne Privatbesitz an Produktionsmitteln ersetzen will. Die Lehre des Kommunismus wurde vor allem durch Karl Marx und Friedrich Engels begründet.

1918 – das Ende des Ersten Weltkriegs

Lenin brauchte nach der Machtübernahme in der Oktoberrevolution nichts dringender als den Frieden, um die Masse der Bevölkerung für seine Ziele einzunehmen und Zeit für deren Umsetzung zu gewinnen. Er befürwortete deshalb die Annahme der überaus **harten Friedensbedingungen**, die Mitte Dezember 1917 von der deutschen Heeresleitung übermittelt wurden. Angesichts des völligen Zusammenbruchs der russischen Armee, des Ausbleibens der erhofften Revolution in Deutschland und Österreich-Ungarn sowie der Fortsetzung des Vormarsches der Mittelmächte gab es jedoch keine andere Wahl. Um ein Ende der Kampfhandlungen und die Räumung besetzter Gebiete zu erreichen, musste Russland im **Frieden von Brest-Litwosk** am 3. März 1918 der Abtretung von Finnland, Polen, Litauen und der Ukraine zustimmen. Es verlor damit 32 % des anbaufähigen Landes, 26 % seines Eisenbahnnetzes, 54 % der Textilindustrie und 89 % seiner Eisenindustrie und Kohlebergwerke. Der Brester Diktatfriede erschütterte die Machtposition der Partei Lenins, der angesichts der neuen Westgrenze seinen Regierungssitz von Petrograd (ab 1924 Leningrad) nach Moskau verlegte.

Der russische Bürgerkrieg (1918–1920)

Das Schicksal der Russischen Revolution entschied sich im **Bürgerkrieg** (1918–1920). Eine gegenrevolutionäre Bewegung von „Weißen“ entstand, die eine eigene Armee aufstellten und mit militärischen Mitteln den Sturz des Sowjetregimes betrieben. Zu den **„Weißen“** gehörten neben den alten Oberschichten auch große Teile des Mittelstandes, der Bauern und der zaristischen Armee. Gegen die „Weißen“ kämpfte die bolschewistische **„Rote Armee“**, die **Leo Trotzki*** innerhalb kurzer Zeit aufbaute. Eine Welle von Gewalt überzog das tief gespaltene Land. Die „Weißen“ verbanden sich mit den nationalen Minderheiten, die seit Ende 1917 nach Unabhängigkeit strebten (u. a. Balten, Ukrainer, Polen, Georgier, Armenier).
Die Gegner der Bolschewisten wurden von Anfang an durch die Westalliierten gefördert. Sie wollten das kommunistische Experiment bereits im Keim ersticken, da sie eine Ausbreitung der Revolution bzw. des **Kommunismus*** nach Westeuropa fürchteten. Zudem hofften sie, in Russland erneut patriotische Politiker an die Macht zu bringen, die durch den Wiedereintritt in den Weltkrieg eine Truppenverlegung der Mittelmächte nach Westen verhindern würden. Die Westalliierten unterstützten die „Weißen“ zunächst mit Geld, Waffen und militärtechnischem Wissen und griffen im März 1918 auch direkt militärisch in den Bürgerkrieg ein. Dennoch erkämpfte die „Rote Armee“ 1920 schließlich einen **Sieg der Bolschewiki**. Der Bürgerkrieg war von zahlreichen Bauernaufständen begleitet und stürzte das Land in die bislang größte Krise seiner Geschichte. Die Kämpfe wurden von allen Seiten mit höchster Grausamkeit geführt. Elf Millionen Menschen fielen ihnen zum Opfer, darunter sechs Millionen Bauern, die durch die Beschlagnahmung von Nahrungsmitteln vonseiten der Krieg führenden Parteien dem Hungertod preisgegeben waren.
Die „Rote Armee“ ging auch gegen die Unabhängigkeitsbewegungen im Vielvölkerstaat vor und konnte sich außer in Polen, Finnland und den baltischen Staaten überall durchsetzen. Die übrigen Regionen mit nichtrussischer Bevölkerung wurden in die **1922 gegründete UdSSR** (**U**nion **d**er **S**ozialistischen **S**owjetrepubliken) eingegliedert.

Die Herrschaft Stalins

Nach dem Tod Lenins im Januar 1924 begann in der Parteispitze der kommunistischen Partei ein erbitterter **Machtkampf um die Nachfolge. Josef W. Stalin*** hielt sich in diesen Auseinandersetzungen zunächst im Hintergrund. Er war seit 1922 Generalsekretär der Partei und empfahl sich an Lenins Grab als Wahrer von dessen geistigem Erbe.

Lenin hatte aber in einem politischen „Testament", das nach seinem Tod dem Parteitag vorgelegt werden sollte, die Ablösung Stalins verfügt. Für ihn war **Leo Trotzki** der fähigste Mann der Partei, Stalin war er stets mit Argwohn begegnet. Starke Kräfte innerhalb der Partei schlossen sich jedoch mit Stalin gegen Trotzki zusammen und warfen ihm „Linksopposition" und „Parteischädigung" vor. Trotzki wurde aus allen wichtigen Entscheidungsgremien ausgeschlossen und 1927 schließlich auch aus der Kommunistischen Partei. Viele seiner Anhänger mussten Moskau verlassen. Er selbst wurde nach Zentralasien verbannt, 1929 des Landes verwiesen und 1940 in Mexiko von einem Agenten Stalins ermordet. Im Gegensatz zu Stalin vertrat Trotzki die These von der **„permanenten Revolution"**. Er ging davon aus, dass der Agrarstaat Russland unmöglich im Alleingang zum Sozialismus finden könne. Erforderlich hierzu sei die Unterstützung des internationalen Proletariats und der Weltrevolution. Dem stellte Stalin 1925 mit seiner These vom **„Aufbau des Sozialismus in einem Land"** eine nationale Antwort entgegen und betrieb damit eine entscheidende Weichenstellung für die sowjetische Entwicklung. Die Partei und ihre Anhänger motivierte Stalin durch diese konkret erreichbare Perspektive. Zwar blieb die Hoffnung auf die Weltrevolution lebendig, doch sollte die russische Entwicklung nicht mehr vom feindlichen Ausland abhängen. Nationale Autarkie zu erreichen, konnte nach Stalin in der rückständigen Sowjetunion nur auf zwei Wegen möglich sein: **der Kollektivierung der Landwirtschaft** und des **massiven Ausbaus der Industrie**. Für die Herrschafts- und Gesellschaftsordnung, die sich in den 1920er- und 1930er-Jahren in der Sowjetunion herausbildete, hat sich in der Geschichtswissenschaft der Begriff **„Stalinismus"** eingebürgert. Gestützt auf den zentralistischen Staats- und Parteiapparat, war die Herrschaft Stalins durch diktatorische Unterdrückung, Terror und Personenkult gekennzeichnet. Nach 1945 wurde diese Herrschaftsform auf die ostmitteleuropäischen Staaten übertragen.

M4 Josef W. Stalin (1879–1953), Fotografie, 1945

Sohn eines georgischen Schuhmachers
1899 Wegen revolutionärer Aktivitäten wird der Sohn eines georgischen Schuhmachers aus dem orthodoxen Priesterseminar ausgeschlossen.
nach 1903 mehrfache Verbannung des Anhängers der Bolschewiki nach Sibirien
1917 nach der Machtübernahme der Boschewiki verschiedene Ämter in Partei und Staat
Ab 1929 nach Ausschaltung aller politischen Gegner uneingeschränkte Herrschaft bis zu seinem Tod

Außenpolitik Stalins

Stalin betrieb eine **doppelbödige Außenpolitik**. Einerseits verlangten die radikalen Umbrüche in der Industrie und in der Landwirtschaft Ruhe und Sicherheit. So war die sowjetische Außenpolitik bis zum Zweiten Weltkrieg gekennzeichnet von **Nichtangriffspakten**, vom **Eintritt in den Völkerbund** (1934) und von Bemühungen um bessere wirtschaftliche Beziehungen zum Westen. Ende der 30er-Jahre ließ Stalin sich auch von den Nationalsozialisten umwerben, gegen die er noch 1935/36 auf dem III. Weltkongress der **Komintern*** eine antifaschistische Einheitsfront initiiert hatte. Kommunisten sollten darin zusammen mit Sozialdemokraten und bürgerlichen Parteien die Demokratie gegen den Faschismus verteidigen. Andererseits knüpfte die Sowjetführung mit dem Abschluss des Hitler-Stalin-Paktes (1939) an den **Imperialismus** des Zarenreiches an und marschierte 1939 in Polen und Bessarabien, 1949 im Baltikum ein. Die Kriegserklärung des nationalsozialistischen Deutschlands an die Sowjetunion und der Überfall deutscher Truppen im Juni 1941 trafen Stalin trotz vorausgegangener westlicher Warnungen unvorbereitet.

Komintern
Abkürzung für „Kommunistische Internationale". Die Vereinigung aller kommunistischen Parteien wurde auf Anregung Lenins 1919 in Moskau gegründet und bestand bis 1943. Ziel war die weltweite Verbreitung der kommunistischen Idee. Die Komintern entwickelte sich zu einem Instrument der sowjetischen Außenpolitik.

Die UdSSR im Zweiten Weltkrieg

Die Armee Hitlers drang tief in die Sowjetunion ein und überzog das Land mit den Schrecken eines grausamen Eroberungskrieges. Leningrad wurde von September 1941 bis Januar 1943 eingeschlossen und seine Bevölkerung dem Hungertod preisgegeben. Erst 50 km vor Moskau konnte der Vormarsch der deutschen Wehrmacht gestoppt werden. Stalins erste Maßnahme bei Kriegsbeginn galt den Industriebetrieben. Etwa 1500 Fabriken wurden demontiert und unter höchstem Krafteinsatz hinter den Ural verlegt. Der Schwerpunkt der Industrie verlagerte sich in den Osten nach Westsibirien und Kasachstan. Mehr als 10 Millionen Menschen wurden aus den gefährdeten westlichen Gebieten evakuiert. Stalin rief dazu auf, den deutschen Soldaten „verbrannte Erde" zu hinterlassen. Maschinen, Häuser, kurz, alles, was nicht mitgenommen werden konnte, sollte zerstört werden. Nicht überall jedoch wurde Stalins Losung befolgt. Mancherorts, wie etwa in der Ukraine, begrüßte die Bevölkerung die deutschen Besatzer als „Befreier". Diese Einschätzung änderte sich aber meist im Laufe der Besatzung. Während des weiteren Vordringens der deutschen Armee richtete Stalin einen Appell an die Bevölkerung, sich mit einer gewaltigen Anstrengung gegen Hitlers Truppen zu stellen. Der Aufruf zum **„Großen Vaterländischen Krieg"** (M 5) – ein Begriff aus der Zeit der Befreiungskriege gegen Napoleon – beschwor die militärischen Helden der Vergangenheit und wandte sich auch an die russisch-orthodoxe Kirche, die Stalin bisher verfolgt hatte. Er leitete dadurch die Normalisierung des Verhältnisses von Staat und Kirche ein, die das Kriegsende überdauern sollte. Nicht-russische Völkerschaften wurden dagegen ausgegrenzt (u. a. Wolgadeutsche, Tschetschenen, Krimtartaren). Sie wurden verdächtigt, den nationalen Verteidigungskampf zu sabotieren. Viele wurden vertrieben und nach Mittelasien deportiert.

M 5 „Die Mutter Heimat ruft!", Plakat von Irakli M. Toidse, 1941

Aufruf zum Großen Vaterländischen Krieg

Innenpolitisches Resultat des Kampfes gegen das nationalsozialistische Deutschland war die **Kriegsdiktatur**. Das Gesetz über den Ausnahmezustand (Juni 1941) erlaubte dem Militär, die gesamte exekutive und judikative Gewalt auszuüben. Es konnte Betriebe beschlagnahmen, Zwangseinquartierungen und Deportationen vornehmen. Die Staatsorgane mussten diese Maßnahmen „widerspruchslos" und „unverzüglich" ausführen. In der Armee sorgten „Kriegskommissare" für die Überwachung und Kontrolle der Militärführung. Zugleich weitete Stalin seine eigenen Machtbefugnisse aus: Im Juli 1941 wurde er „Volkskommissar für die Verteidigung", im August 1941 „Oberkommandierender der Armee", im März 1943 „Marschall der Sowjetunion". Im Juni 1945 ließ er sich zum „Generalissimus der UdSSR" proklamieren. Nach der Wende des Krieges in der **Schlacht um Stalingrad** im Winter 1942/43 veringerten sich jedoch der innere Druck und die verschärfte Kontrolle. Die Kriegskommissare wurden wieder abgeschafft. Ab Herbst 1943 begann eine Phase der Liberalisierung in Wirtschaft, Kultur und Bildung.

Die UdSSR nach 1945

Der siegreiche Kampf gegen den Nationalsozialismus verlieh dem russischen Nationalismus großen Aufschwung (M 11). Aber die Sowjetunion hatte **enorme Kriegsschäden** zu tragen. Etwa 20 Millionen Menschen bezahlten den Kampf gegen Deutschland mit ihrem Leben. Entsprechend schwierig gestaltete sich der Wiederaufbau des Landes nach 1945. Die Umstellung von Kriegs- auf Friedenswirtschaft bereitete große Mühe. Der kurzzeitige Vorrang der Konsumgüterindustrie wich im Fünfjahresplan von 1946 der gewohnten Förderung der Schwerindustrie, die dadurch schnell wieder das Vorkriegsniveau erreichte. Ein Aufschwung der im Krieg zerstörten Landwirtschaft sollte durch die Reorganisation der Kolchosen und eine straffere Parteiaufsicht erreicht werden. Die Zusammenlegung von Einzelkolchosen zu Großkollektiven seit 1950 stieß jedoch auf den Widerstand der Bauern und führte zu einem weiteren Produktionsrückgang. Die Versorgung der Bevölkerung mit Lebensmitteln war dadurch erneut gefährdet.
Trotz liberaler Tendenzen während des Krieges blieb der **Terror** auch nach 1945 **Kennzeichen für Stalins Innenpolitik**. Wieder begann er mit einer „Säuberung" der Parteieliten. Jeder Kontakt mit dem Ausland wurde bestraft, um westliche Einflüsse auszuschließen. So wurden auch geflohene und heimkehrende Kriegsgefangene in Straflager verbracht. An erster Stelle jedoch stand die Bekämpfung des antirussischen Nationalismus der Ukrainer und Balten. In der sogenannten Ärzteverschwörung (1953) zeigte sich zudem eine deutlich antisemitische Haltung.

Literaturtipps

Archie Brown, Aufstieg und Fall des Kommunismus, Berlin 2009.
Gut lesbare Darstellung der kommunistischen Idee vom „Kommunistischen Manifest" 1848 bis in die Gegenwart.

Manfred Hildermeier, Russische Revolution, Frankfurt 2004.
Fundierter Überblick über die Ereignisse der Revolution mit Vertiefungen zu einzelnen thematischen Aspekten.

Den jüdischen Kremlärzten wurde vorgeworfen, in Verbindung mit dem Ausland die Ermordung der sowjetischen Führer geplant zu haben. Durch die „Säuberungen“ wollte Stalin neue Loyalitäten schaffen und jede Machtposition ausschalten, die ihm gefährlich hätte werden können. Stalin starb am 5. März 1953. Er hatte die die Sowjetunion in fast drei Jahrzehnten Alleinherrschaft in allen Bereichen radikaler verändert als die Oktoberrevolution. Er hinterließ das Land in einem katastrophalen Zustand. Die Versorgungslage der Bevölkerung war dürftig, die Landwirtschaft drohte zusammenzubrechen. Die Nachfolger Stalins mussten sich entscheiden zwischen der Einführung wirtschaftlicher und gesellschaftlicher Reformen oder der Fortsetzung eines totalitären Herrschaftssystems.

1 Erstellen Sie eine Zeitleiste der Geschichte Russlands bzw. der Sowjetunion von der Revolution bis zum Ende des Zweiten Weltkriegs.
2 Erarbeiten Sie auf der Grundlage des Darstellungstextes die wirtschaftlichen und gesellschaftlichen Folgen der Russischen Revolution.
3 Erstellen Sie eine „politische Biografie“ Stalins. Berücksichtigen Sie dabei unterschiedliche Phasen seiner Herrschaft.
4 Erarbeiten Sie eine Definition des Begriffs „Stalinismus“. Überprüfen Sie Ihre Definition mithilfe eines Lexikons.

M6 Sowjetisches Propagandaplakat, 1932.
„Arbeiterin und Bäuerin, kämpfe gegen Relikte der alten Zeit! Baue eine neue sozialistische Lebensweise.“

M7 Flüchtlinge im Wolgagebiet, Fotografie, 1921.
Folgen der Zwangkollektivierung: Wegen einer Hungersnot verließen die Menschen ihr Gouvernement.

1 Interpretieren Sie M6.
2 Vergleichen Sie das Plakat M6 mit M7 und erklären Sie die Diskrepanz der Motive.

M 8 Geschichte kontrovers: Die bolschewistische Politik nach der Revolution

a) Ein Kommentar des russischen Dichters Maxim Gorki in seiner Zeitung Novaja Žizn' („Neues Leben"), 1918:

Lenin, Trotzki und Genossen sind schon von Fäulnisgiften der Macht infiziert; davon zeugt ihr schändliches Verhalten gegen die Freiheit des Wortes und der Person und gegen den ganzen Komplex der Rechte, für deren Sieg die Demokratie kämpfte. Blinde Fanatiker und gewissenlose Abenteurer rennen Hals über Kopf den Weg dahin, der angeblich zur sozialen Revolution, in der Tat aber zur Anarchie, zum Untergang des Proletariats und der Revolution führt [...].

Lenin und Genossen zwingen das Proletariat, der Abschaffung der Pressefreiheit zuzustimmen, und erheben damit das Recht der Gegner der Demokratie, ihr den Mund zu verstopfen, zu einem Gesetz; indem sie allen, die mit der Lenin-Trotzkischen Despotie nicht einverstanden sind, mit Hunger und Pogromen drohen, rechtfertigen diese „Führer" die Despotie der Gewalt, gegen die die besten Kräfte des Landes so furchtbar lange gekämpft haben. [...] Die Arbeiter, die die Tragik des Moments begreifen, sind von der größten Sorge um das Schicksal der Revolution erfüllt. [...] Das Proletariat hat nicht gesiegt; im ganzen Land tobt der Bürgerkrieg; Hunderte und Tausende von Menschen morden einander hin. Tollgewordene Menschen hetzen in der „Prawda": „Schlagt die Bourgeois tot! (Schlagt die Anhänger Kaledins[1] tot!)". Die Bourgeois und die Anhänger Kaledins sind aber dieselben Bauern und Arbeiter; sie werden hingemordet und morden ihrerseits die Rotgardisten. [...] Am meisten erstaunt und erschreckt mich aber, dass die Revolution keinerlei Anzeichen einer geistigen Wiedergeburt des Menschen in sich trägt, dass sie die Menschen weder ehrlicher macht, noch ihre Selbsteinschätzung und die moralische Wertung ihrer Arbeit hebt. [...] Das Menschenleben wird ebenso niedrig eingeschätzt wie vorher. Die Gewohnheiten des alten Regimes verschwinden nicht. Die „neue Obrigkeit" ist ebenso grob wie die alte und hat sogar noch schlechtere Manieren als diese. In den neuen Polizeirevieren schreit man und stampft man mit den Füßen genauso wie früher. Die neuen Beamten lassen sich auch ebenso gerne bestechen und schicken die Leute herdenweise ins Gefängnis. Alles Alte und Hässliche ist noch lange nicht verschwunden.

Maxim Gorki, Ein Jahr Russische Revolution, übers. v. Paul Nikolaus Cossmann, Oktoberheft 1918 der Süddeutschen Monatshefte, S. 20ff.

1 Alexei M. Kaledin: General in der Zarenarmee und im Bürgerkrieg, Anführer einer Erhebung gegen die Bolschewiki

b) Lenin im Gespräch mit Maxim Gorki, 1917:

„Was wollen Sie? Ist in einem so unerhört heftigen Kampfe Menschlichkeit überhaupt möglich? [...] Europa blockiert uns, die vonseiten des europäischen Proletariats erwartete Hilfe ist ausgeblieben – und wir? Sollen wir uns etwa nicht wehren und kämpfen [...]? Einmal [wird] die Grausamkeit unseres Lebens, die durch die Umstände erzwungen ist, verstanden und gerechtfertigt werden.

Zit. nach: Gerhard von Rauch, Lenin: Grundlegung des Sowjetsystems, Musterschmidt Verlag, Göttingen 1957, S. 66.

c) Lenin erklärt in seinen Schriften, 1919:

Dieses Ziel, den Sozialismus zu errichten, [...] jeglicher Ausbeutung der Menschen durch den Menschen den Boden zu entziehen, kann nicht auf einmal verwirklicht werden, es erfordert eine ziemlich lange Übergangsperiode [...].

Wladimir Iljitsch Lenin, Werke, Band 29, Dietz Verlag, Berlin (Ost) 1955–1964, S. 377.

d) Aus einer Rede Lenins vor dem Parteitag, 1920:

Weiß etwa jeder Arbeiter, wie der Staat zu regieren ist? [...] Wir haben nicht einmal das Analphabetentum liquidiert [...]. Wer von den Arbeitern hat eine Leitungstätigkeit ausgeübt? Einige Tausend in ganz Russland, nicht mehr.

Zit. nach: Hans Joachim Lieber/Karl Heinz Ruffmann (Hg.), Der Sowjetkommunismus,. Dokumente Bd. 1, Kiepenheuer & Witsch, Köln, Berlin 1963, S. 173.

1 a) Erarbeiten Sie auf der Grundlage des Zeitungsartikels (M 8 a) Gorkis Haltung zur Politik Lenins.
b) Fassen Sie die Argumente Lenins zusammen (M 8 b–d).

2 Vergleichen Sie die beiden Positionen und ergreifen Sie begründet Partei für eine Seite.

M 9 Lenin verkündet den Sieg der Revolution, Szenenbild aus dem Propagandafilm „Oktober" des Regisseurs Sergej Eisenstein, 1927

1 Interpretieren Sie das Szenenbild (M 9).

2 Vergleichen Sie mit der Darstellung Lenins in M 1.

M 10 Der Verfassungshistoriker Karl Loewenstein über „autokratische" und „totalitäre" Herrschaft

Das totalitäre Regime: Im Gegensatz zum Autoritarismus bezieht sich der Begriff „Totalitarismus" auf die gesamte politische, gesellschaftliche und moralische Ordnung der Staatsdynamik. Er ist eine Lebensgestaltung und nicht nur Regierungsapparatur. Die Regierungstechniken eines totalitären Regimes sind notwendigerweise autoritär. Aber das Regime erstrebt weit mehr als nur die Ausschaltung der Machtadressaten von ihrem legitimen Anteil an der Bildung des Staatswillens. Es versucht das Privatleben, die Seele, den Geist und die Sitten der Machtadressaten nach einer herrschenden Ideologie zu formen, einer Ideologie, die denen, die sich ihr nicht aus freien Stücken anpassen wollen, mit den verschiedenen Hilfsmitteln des Machtprozesses aufgezwungen wird. Die geltende Staatsideologie dringt in die letzten Winkel der Staatsgesellschaft ein; ihr Machtanspruch ist „total". Es ist klar, dass ein totalitärer Staat nur mit den Mitteln des Befehlens und Gehorchens arbeiten kann. Das wichtigste Instrument zur Erzwingung der Gleichschaltung mit den ideologischen Grundsätzen ist der allgegenwärtige und allwissende Polizeiapparat, der die Sicherheit des Regimes zu garantieren und jeden potenziellen Widerstand auszumerzen hat. Nach innerer Notwendigkeit ist der totalitäre Staat ein Polizeistaat; daher die übliche Gleichstellung der beiden Begriffe. Ein anderes unentbehrliches Instrument der Herrschaftsausübung ist die Einheitspartei. Sie fungiert nicht nur als freiwilliger Polizeiapparat auf denkbar breiter Basis, sondern stellt auch das vom Staat gelenkte Werkzeug für die ideologische Indoktrination, Koordination und Integration dar. In der Einheitspartei unterscheiden sich die modernen totalitären Staaten von den historischen Formen der Autokratie.

Karl Loewenstein, Verfassungslehre, 4. Aufl., Mohr, Tübingen 2000, S. 55.

1 Worin unterscheidet sich nach M 10 die „Autokratie" vom „Totalitarismus"?
2 Inwieweit kann man die Begriffe auf die UdSSR im 20. Jahrhundert anwenden?

M 11 Stalin bringt nach dem Sieg über Deutschland einen Toast auf das russische Volk aus, 1945

Genossen, erlauben Sie mir, noch einen letzten Trinkspruch anzubringen. Ich möchte einen Toast ausbringen auf das Wohl unseres Sowjetvolkes und vor allem auf das des russischen Volkes. (Stürmischer, lang anhaltender Beifall, Hurrarufe.) Ich trinke vor allem auf das Wohl des russischen Volkes, weil es die hervorragendste Nation unter allen zur Sowjetunion gehörenden Nationen ist. Ich bringe einen Toast auf das Wohl des russischen Volkes aus, weil es sich in diesem Krieg die allgemeine Anerkennung als die führende Kraft der Sowjetunion unter allen Völkern unseres Landes verdient hat. Ich bringe einen Toast auf das Wohl des russischen Volkes aus, nicht nur, weil es das führende Volk ist, sondern auch, weil es einen klaren Verstand, einen standhaften Charakter und Geduld besitzt. Unsere Regierung hat nicht wenige Fehler gemacht. In den Jahren 1941 bis 1942 gab es Augenblicke, in denen unsere Lage verzweifelt war: als unsere Armee zurückging und unsere heimatlichen Dörfer und Städte der Ukraine, Weißrusslands, der Moldau, des Leningrader Gebiets, der baltischen Länder und der Karelisch-Finnischen Republik räumte, weil es keinen anderen Ausweg gab. Ein anderes Volk hätte zu seiner Regierung sagen können: Ihr habt unsere Erwartungen nicht gerechtfertigt, macht, dass ihr fortkommt, wir werden eine andere Regierung einsetzen, die mit Deutschland Frieden schließt und uns Ruhe sichert. Doch das russische Volk hat nicht so gehandelt, denn es glaubte daran, dass die Politik seiner Regierung richtig war, und brachte Opfer, um die Niederwerfung Deutschlands zu gewährleisten. Und dieses Vertrauen des russischen Volkes zur Sowjetregierung hat sich als der entscheidende Faktor erwiesen, der den historischen Sieg über den Feind der Menschheit, über den Faschismus, gewährleistet hat. Dem russischen Volk sei für dieses Vertrauen gedankt! Auf das Wohl des russischen Volkes! (Stürmischer, nicht enden wollender Beifall.)

Erwin Oberländer (Hrsg.), Sowjetpatriotismus und Geschichte: Dokumentation, Verlag Wissenschaft und Politik, Köln 1967, S. 80.

1 Arbeiten Sie die Begründungen für die These Stalins heraus, die russische Nation sei die hervorragendste Kraft unter den Sowjetvölkern (M 11).
2 Versetzen Sie sich in die Rolle eines kritischen russischen Journalisten und verfassen Sie einen Kommentar zu Stalins Rede.

M 12 Rosen für Stalin, Ölgemälde von Boris E. Wladimirski, 1949

1 Interpretieren Sie das Gemälde M12.
2 Erläutern Sie den Begriff „Personenkult" (M 9, M 12).

2 Der Ost-West-Gegensatz und die Entstehung des Kalten Krieges

2.1 Der Ost-West-Gegensatz

„Epochenjahr" 1917

Anzeichen für **amerikanisch-russische Spannungen*** gab es bereits **im 19. Jahrhundert**. Aber erst seit 1917 bestimmte der Ost-West-Gegensatz zunehmend die Weltpolitik. In diesem Jahr gaben die Vereinigten Staaten von Amerika ihre Zurückhaltung gegenüber Europa auf und traten aufseiten Großbritanniens und Frankreichs in den Ersten Weltkrieg (1914–1918) ein; die amerikanischen Truppen entschieden 1918 den Krieg. Nach zwei aufeinanderfolgenden Revolutionen, der Februar- und der Oktoberrevolution (s. S. 22 f.), riefen die Bolschewisten in Russland 1917 den ersten **kommunistischen Staat*** der Welt aus. Diese beiden Ereignisse veränderten die Welt von Grund auf. Nach dem Ersten Weltkrieg verloren die west- und mitteleuropäischen Staaten an internationalem Gewicht. Dagegen entwickelten sich die **„Flügelmächte" USA und Russland**, das 1922 in Sowjetunion bzw. UdSSR umbenannt wurde (s. S. 24), zu den entscheidenden **weltpolitischen Führungsmächten**. Beide Staaten waren nicht nur Groß-, sondern auch Weltmächte. Ihre politischen, wirtschaftlichen und militärischen Fähigkeiten garantierten ihnen eine bestimmende weltpolitische Rolle. Außerdem strebten sie nach Einflusssphären, die über ihren unmittelbaren Herrschafts- und Machtbereich hinausgingen. USA und Sowjetunion untermauerten ihren weltweiten Anspruch auch ideologisch. Während die Amerikaner für **liberale Demokratie und Marktwirtschaft** kämpften, trat die Sowjetmacht als Vorkämpferin einer kommunistischen Staats- und Gesellschaftsreform auf.

Grundlage für die Weltmachtpolitik der USA war vor allem ihre politisch-militärische und wirtschaftliche Stärke. Darüber hinaus galten sie vielen Nichtamerikanern aber auch als das Geburtsland der modernen Demokratie, das durch Glaubens- und Religionsfreiheit sowie durch seine wirtschaftliche und politische Freiheit nachahmenswert schien.

Russland war dagegen wie alle anderen Staaten außer den USA ökonomisch geschwächt aus dem Ersten Weltkrieg hervorgegangen. Die Ausstrahlung der Sowjetunion beruhte zeitweilig auf der Verheißung der marxistisch-leninistischen Ideologie, eine klassenlose Gesellschaft ohne Ausbeutung, Unterdrückung und Gewalt aufzubauen. Diese Ideologie ist jedoch spätestens mit dem Zusammenbruch des Sowjetimperiums 1989/90 endgültig entzaubert worden.

Nach dem Angriff des nationalsozialistischen Deutschland auf die Sowjetunion 1941 stellten die USA und die Sowjetunion ihre machtpolitischen und ideologischen Interessensgegensätze zurück. Ihr **„unnatürliches Bündnis"** basierte auf der Überzeugung, dass das NS-Regime unter Hitler für beide Staaten die größere Gefahr darstelle. Bis zur bedingungslosen Kapitulation Deutschlands 1945 blieb der Sieg über den Nationalsozialismus der wichtigste gemeinsame Nenner der ungleichen Bündnispartner.

1945–1989/90

Nach dem Zweiten Weltkrieg (1939–1945) bauten die USA und die Sowjetunion ihre weltpolitische Stellung aus. Zwar erklärten beide Staaten bei Kriegsende 1945, dass sie in enger Zusammenarbeit eine neue Weltordnung schaffen wollten. Aus der Kooperation während des Weltkrieges entwickelte sich jedoch schon bald danach eine immer schärfer werdende Konfrontation, die Ende der 1940er- und Anfang der 1950er-

Amerikanisch-russische Spannungen im 19. Jahrhundert
Erste Anzeichen gab es, als die USA 1823 die Monroe-Doktrin verkündeten. Mit ihr wollten die US-Amerikaner verhindern, dass der amerikanische Doppelkontinent zum Ziel europäischer Großmachtpolitik werde. So sollte u. a. Russland daran gehindert werden, seine pazifischen Stützpunkte von Alaska aus nach Süden auszubauen. Indem die USA die Monroe-Doktrin zu einer politischen Kampfansage der amerikanischen Demokratie gegen die europäischen „Despotien" erklärte, verliehen sie ihrer Machtpolitik eine grundsätzliche ideologische Ausrichtung. Und als im Jahrzehnt nach der Ermordung des Zaren Alexander II. 1881 in Russland die Unterdrückung revolutionärer Bewegungen zunahm, verurteilten die USA erneut mit aller Schärfe das despotische Herrschaftssystem des Zarenreiches, das durch eine Demokratie ersetzt werden müsse.

Kommunismus
siehe S. 24

Jahre zur Abgrenzung der beiden Supermächte und der von ihnen beherrschten Machtblöcke führte. Amerikaner und Sowjets konnten und wollten sich bei der Gestaltung der Nachkriegsordnung immer weniger zu einer gemeinsamen Position durchringen. Ihre Vorstellungen über die zukünftige Organisation von Staat, Gesellschaft und Wirtschaft klafften zu stark auseinander. Das verschärfte die Spannungen zwischen Washington und Moskau. Die Gegensätze zwischen parlamentarischer Demokratie im Westen und Einparteienstaat im Osten, zwischen pluralistisch-freiheitlicher und kommunistischer Gesellschaft, zwischen marktwirtschaftlich-kapitalistischer und planwirtschaftlich-sozialistischer Wirtschaftsordnung waren grundsätzlicher Natur. Das wachsende Misstrauen, das zum Auseinanderbrechen ihrer Kriegsallianz führte, erhielt zusätzliche Nahrung durch die Angst des Westens vor kommunistischer Expansion bzw. die Furcht der UdSSR vor kapitalistischer Einkreisung. Bis 1990/91 bestimmte der **Systemgegensatz** zwischen westlicher Demokratie und Industriekapitalismus auf der einen, von den USA geführten Seite und kommunistischer Diktatur und Planwirtschaft auf der anderen, von der Sowjetunion beherrschten Seite die weltpolitische Auseinandersetzung.

M 1 Die Illusion des „One-world-Gedankens", Karikatur von Daniel R. Fitzpatrick, veröffentlicht im „St. Louis Post-Dispatch" vom 12. März 1947

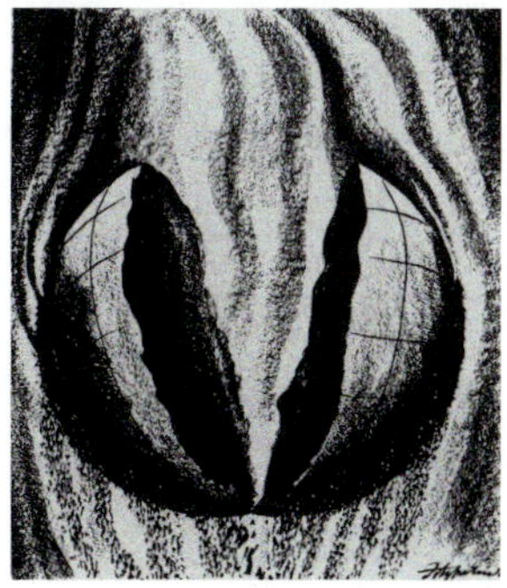

Begriffsdefinitionen

Für den Begriff **„Ost-West-Konflikt"** gibt es eine enge und eine weite Definition. Die weite bezieht sich auf die Auseinandersetzungen zwischen beiden Mächten seit 1917. Nach dieser Begriffsbestimmung standen von 1917 bis 1990/91 die demokratisch und marktwirtschaftlich verfassten Länder des „Westens" den diktatorisch regierten Ländern der kommunistischen Staatenwelt des „Ostens" gegenüber. Nach der engeren Definition begann der Ost-West-Konflikt 1945 mit dem Ende des Zweiten Weltkrieges und endete 1990/91 mit dem Zusammenbruch des Sowjetimperiums. Während dieser Zeit besaß die Konfrontation zwischen den feindlichen Blöcken in Ost und West nicht nur eine starke militärische Ausrichtung, sondern geriet in der Kubakrise 1962 (s. S. 71) sogar hart an den Rand eines Atomkrieges. Weil sich in der zweiten Hälfte des 20. Jahrhunderts zwei hochgerüstete Macht- und Militärblöcke gegenseitig bedrohten, bezeichnen einige Historiker und Politikwissenschaftler diese Zeit als **Kalten Krieg**. Mit dieser Wortwahl soll verdeutlicht werden, dass die internationalen Beziehungen zwischen den Blöcken durch intensive Feindseligkeit geprägt war, die jedoch unterhalb der Schwelle kriegerischer Auseinandersetzungen blieb. Es gibt aber auch Forscher, die diese Definition ablehnen und den Begriff des Ost-West-Konfliktes bevorzugen. Sie argumentieren, dass es während des Kalten Krieges auch „heiße" Kriege wie den Korea- oder den Vietnamkrieg gegeben habe (M 3).

Bipolare Weltordnung

Historiker und Politikwissenschaftler charakterisieren die Struktur des internationalen Staatensystems während des Ost-West-Konfliktes zwischen 1945 und 1990/91 als bipolar. In einer bipolaren Ordnung bestimmen **zwei einander feindlich gegenüberstehende Machtzentren bzw. Führungsmächte** allein die internationalen Beziehungen und kontrollieren damit die Außenpolitik anderer Staaten. Tatsächlich erschien vielen Nationen während des Ost-West-Konfliktes die Gefolgschaft gegenüber dem jeweiligen Block und seiner Vormacht vorteilhaft. Die jeweilige Supermacht belohnte diese Unterordnung mit Schutz und positiven Sanktionen wie Auslandshilfen und Exportgarantien. Allerdings ordneten sich nicht alle Staaten den politisch-militärischen Zusammenschlüssen der beiden Supermächte unter. Diese nicht paktgebundenen Staaten betonten ihre politisch-gesellschaftliche Eigenständigkeit und forderten die Gleichberechtigung aller Staaten. Nach einer ersten gemeinsamen Konferenz in Indonesien 1955 organisierte sich die Bewegung 1961

Internettipp
www.kalter-krieg-im-radio.de
Präsentation des RBB zum Kalten Krieg mit Fotos, Videos, historischen Radio-Tönen und Glossar.

M2 Die blockfreien Staaten

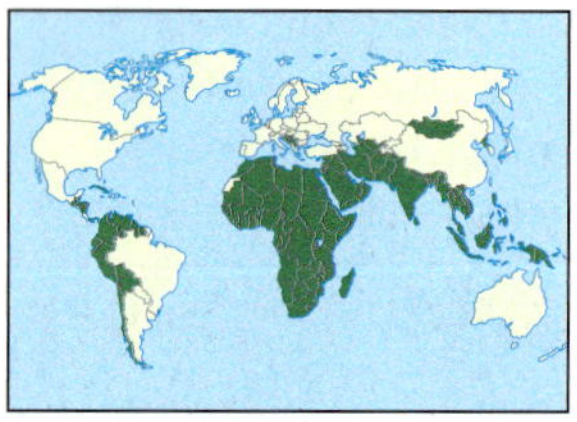

Internettipp
www.nam.gov.za/background/background.htm
Die offizielle, englischsprachige Seite der Bewegung der blockfreien Staaten, unterhalten vom Informationssystem der südafrikanischen Regierung.

auf ihrem ersten offiziellen Gipfeltreffen im jugoslawischen Belgrad als **„Organisation der Blockfreien"**, die heute über 100 Mitglieder zählt. Die entscheidenden Anstöße zu dem lockeren Zusammenschluss der blockfreien Staaten gingen Ende der 1940er- und in den 1950er-Jahren von dem jugoslawischen Partei- und Staatschef Josip Broz, genannt Tito, dem indischen Premierminister Jawaharlal Nehru und dem ägyptischen Minister- und Staatspräsidenten Gamal Abd el-Nasser aus. Viele Mitglieder der Blockfreien-Bewegung teilten die Erfahrung der kolonialen Ausbeutung. Von einer Einbindung in einen der beiden Machtblöcke versprachen sie sich für ihre politische Emanzipation und wirtschaftliche Entwicklung wenig Vorteile. Die Bewegung der Blockfreien konnte das bipolare aber nicht zu einem multipolaren internationalen System umformen, bei dem es mehrere Machtzentren bzw. Führungsmächte gibt. „Tatsächlich war", urteilt der Historiker Bernd Stöver 2003, „die politische Wirkung der Blockfreien-Bewegung im Kalten Krieg fast durchgängig zu schwach. Im günstigsten Fall wird ihr zugestanden, den Blick für die Länder der Dritten Welt und den Nord-Süd-Konflikt geschärft zu haben. Der Versuch, die Industriestaaten zu wirtschaftlichen Zugeständnissen zu zwingen, scheiterte ebenso wie der Vorstoß, den Ölpreis wirksam als Waffe einzusetzen. Die Supermächte standen der Blockfreiheit ohnehin skeptisch gegenüber. [...] Blockfreiheit und wirtschaftlicher Pragmatismus wurden in den Machtzentren des Kalten Krieges als politische Unentschiedenheit wahrgenommen."

1 Skizzieren Sie mithilfe des Darstellungstextes die wichtigsten Phasen und Streitpunkte des Ost-West-Konfliktes im 20. Jahrhundert.

M3 Der Historiker Jost Dülffer über die Begriffe „Ost-West-Konflikt" und „Kalter Krieg", 2004

Die Geschichte Europas nach dem Zweiten Weltkrieg muss insgesamt zwar welthistorisch eingebettet werden, aber zentral die Wechselwirkungen zwischen „Westen" und „Osten" berücksichtigen. [...] Gemeinhin wird dieses Beziehungsgeflecht als „Kalter Krieg" bezeichnet. In einer gängigen Lesart dieses Kalten Krieges kam es noch im, dann aber vor allem nach dem Zweiten Weltkrieg, zu einer „Teilung der Welt" [...] – und damit auch Europas –, die bis 1989/90 andauerte. Dieser Begriff „Kalter Krieg" wird seither häufig gebraucht, ist jedoch problematisch. Kalter Krieg bezeichnet einen Zustand des Staatensystems, der kriegsähnlich ist, bei dem sich aber die beiden Seiten unter amerikanischer bzw. sowjetischer Führung nicht direkt militärisch bekämpften. [...] Tatsächlich wurde aber auch im Kalten Krieg zwischen den Blöcken geschossen: Das galt etwa in Korea 1950–53, in Vietnam in den Sechziger- und Siebzigerjahren, sodann in einer Reihe von weiteren, „Stellvertreterkriege" genannten Konflikten in der Dritten Welt während des gesamten Zeitraums. Der Kalte Krieg schloss also herkömmliche, „heiße" Kriege ein. Ferner fanden mehrere Aufstände im sowjetischen Machtbereich statt, die auch mit Kriegen und dem Ost-West-Problem zu tun hatten. Diese Aufstände weiteten sich nur deswegen nicht zu Bürgerkriegen aus, weil die sowjetische Macht die von ihr gestützten Regierungen mit militärischen Mitteln schützte – so vor allem in der DDR 1953, in Ungarn und Polen 1956, in der ČSSR 1968. Der Begriff Kalter Krieg ist schließlich deswegen problematisch, weil er ein hohes Maß an Geschlossenheit und Permanenz für die Zeit zwischen 1945 und 1990 signalisiert und den ständigen Wandel der Beziehungen zwischen den „Blöcken" vernachlässigt. „Kalter Krieg" wird zwar weiter als Epochenbezeichnung gebraucht, ist aber ein vereinfachender Begriff für wesentlich komplexere Vorgänge. Besser sollte man von einem Ost-West-Gegensatz sprechen, der allerdings zwischen 1945 und 1990 in Europa dreimal akut bedrohlichen Charakter annahm. Nur diese Phasen können tatsächlich als „Kalte Kriege" bezeichnet werden – in ihnen drohte zeitweilig die Eskalation zu einem heißen Krieg. Zunächst war dies die Krise um die Berlin-Blockade 1948/49, die mit dem Koreakrieg in seiner Anfangsphase 1950 im ersten Kalten Krieg kulminierte. Berlin stand auch beim zweiten Kalten Krieg 1958 bis 1962 im Mittelpunkt, gefolgt von der Kubakrise 1962. Es gab sodann als dritten Kalten Krieg einen Streit um die Mittelstreckenraketen von etwa 1979 bis 1982/83. Zwischen diesen Phasen gab es aber Perioden geringerer Intensität des Konfliktes oder eben auch der „Entspannung". Der häufig gebrauchte Begriff „Kalter Krieg" akzentuiert demgemäß eher die fortlaufenden strukturellen Bedingungen der Jahrzehnte nach dem Zweiten Weltkrieg, während die Bezeichnung Ost-West-Konflikt den Blick stärker für situative Aspekte und Wandel in dieser Zeit öffnet.

Jost Dülffer, Europa im Ost-West-Konflikt 1945–1990, Oldenbourg, München 2004, S. 4 f.

1 Erarbeiten Sie die zentralen Merkmale der Begriffe „Ost-West-Konflikt" und „Kalter Krieg" (M 3).
2 Diskutieren Sie die Vor- und Nachteile beider Begriffe.

2.2 Der Weg zur Teilung Europas und der Welt

Kontroverse

Über die Entstehung der bipolaren internationalen Ordnung nach 1945 gibt es unterschiedliche Auffassungen. In den Staaten des Ostblocks mussten sich die Historiker bis 1990/91 an der Meinung der Kommunistischen Partei in der Sowjetunion orientieren. Danach waren die Vereinigten Staaten von Amerika der Feind und damit auch Urheber des Ost-West-Konfliktes. Dagegen streiten in den westlichen Demokratien bis heute Politiker und Wissenschaftler über die Ursachen der Ost-West-Konfrontation. Die traditionelle, in den 1950er-Jahren entstandene Auffassung macht die aggressive Expansionspolitik der kommunistischen Sowjetunion dafür verantwortlich. Seit den 1960er-Jahren sprechen einige amerikanische Forscher den USA eine Mitverantwortung zu: Die US-Regierung habe die durch den Zweiten Weltkrieg geschwächte Sowjetunion unter Druck gesetzt, zum einen militärisch durch ihr Atomwaffenmonopol und zum anderen wirtschaftlich durch ihre Forderung nach freiem Zugang zu allen Märkten („*Open Door Policy*"). Das liberal-kapitalistische Wirtschaftsystem der USA erfordere zur Vermeidung von Krisen die Erschließung immer neuer Märkte; dies führe indirekt auch zur Ausdehnung des politischen Einflussbereiches. Ende der 1970er- bzw. Anfang der 1980er-Jahre kam eine dritte Deutung hinzu, die die „Teilung der Welt" auf wechselseitige Fehleinschätzungen und Misstrauen der führenden Außenpolitiker in den USA und der UdSSR zurückführt (M 4 a–c).

Ziele der Alliierten

Die ungleichen Verbündeten USA und Sowjetunion besaßen schon während des Zweiten Weltkrieges abweichende Vorstellungen über die zukünftige Friedensordnung, stellten ihre Meinungsverschiedenheiten jedoch zurück, um den Sieg über Deutschland, Italien und Japan nicht zu gefährden. Die **amerikanische Politik** beruhte auf der Überzeugung, dass Demokratie und Freihandel die besten Garanten für den Weltfrieden seien. Die US-Regierung setzte sich daher für einen einheitlichen freien Weltmarkt in einer demokratischen Welt ein. In der Atlantikcharta vom August 1941 (s. S. 17) formulierte Präsident **Franklin D. Roosevelt*** zusammen mit dem britischen Premierminister **Winston Churchill*** (1874–1965, Premierminister 1940–1945 und 1951–1955) die Prinzipien für ein System der kollektiven Sicherheit, das „vier Freiheiten" Geltung verschaffen sollte:

- dem Selbstbestimmungsrecht der Völker bei der Wahl ihrer Regierungsformen,
- der Garantie der Unabhängigkeit und Souveränität der einzelnen Staaten,
- ihrer wirtschaftlichen Gleichberechtigung und
- dem Verzicht aller Staaten auf jede Form von Gebietserweiterungen.

Diesen Forderungen schlossen sich alle Kriegsgegner Deutschlands und Japans an. Roosevelts außenpolitische Vorstellungen waren getragen von seiner Vision einer gemeinsamen Weltordnung nach dem Krieg („*one world*"), die eine Rückkehr in den Isolationismus – wie nach dem Ersten Weltkrieg – ausschloss.

Die Außenpolitik der **Sowjetunion** wurde seit dem Überfall der deutschen Truppen 1941 durch ein ausgeprägtes Sicherheitsbedürfnis bestimmt. Hinzu kam das Bestreben, die durch den Krieg geschwächte Wirtschaft zu regenerieren. Außerdem wollte Josef W. Stalin (s. S. 25) die Weltmachtstellung seines Landes erhalten und weiter ausbauen. Deswegen errichtete er Ende des Zweiten Weltkrieges in Mittelosteuropa einen Sicherheitsgürtel, ohne sich um die freiheitlich-demokratischen Prinzipien der Atlantikcharta zu kümmern. So setzte der Diktator 1944/45 in Rumänien, Bulgarien und Ungarn sowjetfreundliche Regierungen ein und verschob 1945 in Polen freie Wahlen, die er ursprünglich zugesagt hatte.

M 1 Franklin Delano Roosevelt (1882–1945), Fotografie, 1936

1900–1907 Jurastudium
1910 Wahl in den Senat von New York; Beginn der politischen Karriere
1933–1945 US-Präsident
1933–1935 Reformprogramm des „New Deal", mit dem Roosevelt die USA aus der Weltwirtschaftskrise führen wollte.
ab Oktober 1939 Roosevelt gibt schrittweise die Neutralität der USA im Zweiten Weltkrieg auf.
1941 Eintritt in den Zweiten Weltkrieg aufseiten der Westmächte

M 2 Winston Churchill (1874–1965), Fotografie, 1950

seit 1900 Der Journalist, Offizier und Politiker bekleidet verschiedene politische Ämter in Großbritannien.
seit 1940 Parteiführer der Konservativen
1940–1945 Premier- und Verteidigungsminister; Ablehnung der Appeasement-Politik gegenüber Hitler; Initiator der Alliance zwischen Großbritannien, USA und UdSSR.
1945 Rücktritt als Premierminister nach Wahlniederlage seiner Partei
1951–1955 Churchill wird erneut Premierminister und setzt sich für eine Entspannung im Ost-West-Konflikt ein.

M3 Harry S. Truman (1884–1972), Fotografie, um 1945

1944 Der Jurist und Angehörige der Demokratischen Partei wird Vizepräsident der USA.
1945–1953 US-Präsident
seit 1947 Eindämmungspolitik gegenüber der sowjetischen Expansion (Truman-Doktrin)
1950 Die USA treten in den Koreakrieg ein.
1955 Verzicht auf erneute Präsidentschaftskandidatur
1956 Truman veröffentlicht seine Memoiren.

Auf die Frage, welche seiner außenpolitischen Entscheidungen er für die denkwürdigste halte, sagte Truman 1961 durchaus mit Blick auf die Bundesrepublik Deutschland: „Wir haben unsere Feinde vollständig besiegt und zur Kapitulation gezwungen. Und dann haben wir ihnen geholfen, ihre Länder wiederaufzubauen, demokratisch zu werden und der Völkergemeinschaft beizutreten. Zu so etwas war nur Amerika in der Lage."

Alliierte Kriegskonferenzen

Die Interessengegensätze zwischen der Sowjetunion einerseits und den USA sowie Großbritannien andererseits zeigten sich auf den Kriegskonferenzen der Alliierten in den Jahren 1944/45. Auf der **Konferenz von Jalta** im Februar 1945 wollten sich Roosevelt, Churchill und Stalin auf eine neue Friedensordnung verständigen. Übereinstimmung erzielten diese „Großen Drei" über die Gründung der UNO (s. S. 164 ff.), die Einteilung Deutschlands in Besatzungszonen und die Einrichtung einer alliierten Kontrollbehörde in Berlin zur Überwachung der Entmilitarisierung und Entnazifizierung Deutschlands sowie die Aufnahme Frankreichs in den Kreis der Siegermächte. Andere wichtige Probleme blieben ungelöst, wie z. B. der endgültige Verlauf der deutsch-polnischen Grenze. Roosevelt und Churchill konnten das Prinzip des Selbstbestimmungsrechts der Völker nicht durchsetzen und stimmten der Umsiedlung der deutschen Bevölkerung aus Polen zu. Genauere Bestimmungen sollten später ausgehandelt werden. Stalin scheiterte mit dem Versuch, die Anbindung Polens an die Sowjetunion durchzusetzen. Als sich Stalin, Churchill und **Harry S. Truman***, der nach dem Tod Roosevelts im April 1945 das Präsidentenamt übernahm, im Juli und August auf der **Konferenz von Potsdam** trafen, überwog Konfliktbereitschaft in den Verhandlungen. Im Unterschied zur Vorgängerregierung setzten der neue US-Präsident und sein Beraterkreis weniger auf Kooperation mit der kommunistischen Supermacht, sondern eher auf Konfrontation. So gaben die USA während der Konferenz bekannt, dass sie einen Tag vor dem Zusammentreffen den ersten erfolgreichen Atombombentest in der Wüste von New Mexico durchgeführt hatten. Mit dem Tag der deutschen Kapitulation am 8. Mai 1945 hatte Washington die Lieferungen von Rüstungs- und Versorgungsgütern an die Sowjetunion nach dem Pacht- und Leihgesetz (*Land-Lease Act*) von 1941 eingestellt und weitere Kredite zurückgehalten. Bei den Führern der Sowjetunion bewirkten diese aus einer Position der Stärke heraus getroffenen Maßnahmen keine Nachgiebigkeit, sondern verstärkten das Misstrauen und verhärteten die Fronten. Die Sowjetunion schuf bei der Westverschiebung Polens vollendete Tatsachen und begann mit der Aussiedlung und Vertreibung der deutschen Bevölkerung. Verhandlungen darüber lehnte die sowjetische Führung ab.

Ergebnisse der Potsdamer Konferenz

Das Ziel der „Großen Drei", einen „gerechten und dauerhaften Frieden" zu schaffen, war damit schwieriger geworden. Anders als ursprünglich beabsichtigt endete die Potsdamer Konferenz nicht mit einem völkerrechtlich verbindlichen „Abkommen", sondern mit einem gemeinsamen „Kommuniqué". Darin legten die Alliierten die Grundzüge der Behandlung Deutschlands fest. Sie sollte auf den Prinzipien **Demokratisierung, Denazifizierung, Demilitarisierung** und **Dezentralisierung** – den sogenannten **„4 Ds"** – beruhen. Hauptziele einer weltweiten allgemeinen Friedensordnung waren die Errichtung demokratischer Staaten, die Beseitigung des Faschismus, Abrüstung und die Verhinderung wirtschaftlicher Machtzusammenballung in den Händen weniger. Das wachsende Misstrauen zwischen den Westalliierten und der Sowjetunion verhinderte jedoch weitere Vereinbarungen.

Die Konflikte um die Nachkriegsordnung verstärkten die gegenseitigen Fehlwahrnehmungen, sodass die Ängste der beiden Supermächte voreinander zunahmen. Je intensiver die Amerikaner auf dem Selbstbestimmungsrecht – besonders in der Polenfrage – beharrten, desto größer wurde die Furcht der Sowjetunion vor möglichen Bedrohungen ihrer Sicherheit. Und je massiver die kommunistische Führung die Sowjetisierung der Länder betrieb, in denen die Rote Armee stand, desto stärker wuchsen bei Amerikanern und Briten die Ängste, dass die Sowjetunion das Selbstbestimmungsrecht generell ausschalten wollte und nur auf eine Gelegenheit wartete, ihr Machtgebiet weiter nach Westen auszudehnen.

Internettipp
http://www.lpb-bw.de/geschichte/kriegsende.php3
Die Landeszentrale für politische Bildung Baden-Württemberg bietet viele Informationen und weiterführende Links rund um den 8. Mai 1945.

„Truman-Doktrin" und „Zwei-Lager-Theorie"

Die in den USA nach Kriegsende rasch wachsende Furcht vor dem Kommunismus beruhte auf der Überzeugung, dass die Politik der UdSSR immer noch auf den Untergang des Kapitalismus und die Eroberung des gesamten europäischen Kontinents ziele. Um Westeuropa vor dem Kommunismus zu schützen, verstärkten die Amerikaner dort ihr Engagement: Im September 1946 stellte der amerikanische Außenminister James F. Byrnes klar, die drei Westzonen Deutschlands seien zum Selbstbestimmungsrecht zurückzuführen. Ein halbes Jahr später erklärte Präsident Harry S. Truman, Amerika sei verpflichtet, allen vom Kommunismus bedrohten demokratischen Staaten zu helfen. Mit dieser **„Truman-Doktrin"** (M 1, S. 38 f.) begründete er die sogenannte **Politik der „Eindämmung"** (engl. = *containment*) des Kommunismus, die fortan zu einem Grundprinzip amerikanischer Außenpolitik wurde. Der **Marshall-Plan***, ein Programm zum Wiederaufbau Europas, versprach 1948 allen kooperationswilligen Staaten amerikanische Finanz- und Wirtschaftshilfe. 1949 wurde der Plan um ein Hilfsprogramm für die unterentwickelten Länder der Dritten Welt erweitert. Im gleichen Jahr übernahm das westliche Verteidigungsbündnis, die 1949 gegründete NATO (*North Atlantic Treaty Organization*), die militärische Sicherheitsgarantie für die westeuropäischen Staaten. Ähnlich wie in den USA wurden nach Kriegsende auch in der Sowjetunion die alten Feindbilder reaktiviert. Der Kreis um Stalin betrachtete die amerikanische Politik zunehmend als **globalen Klassenkampf** gegen die kommunistischen Parteien der UdSSR und der mit ihr befreundeten Staaten. Ausdrücklich lehnte die Sowjetunion eine Beteiligung der osteuropäischen Länder an dem wirtschaftlichen Hilfsprogramm des Marshall-Plans ab. Dieser war aus sowjetischer Sicht nur ein wirtschaftliches Instrument zur Ausbreitung des Kapitalismus bzw. zur Eindämmung des Kommunismus. Mit der Zunahme der Spannungen zwischen der westlichen und östlichen Supermacht seit den ausgehenden 1940er-Jahren nahm die antiwestliche Propaganda der Sowjetunion zu, die auf der **„Zwei-Lager-Theorie"** (s. M 2, S. 39) des Stalin-Vertrauten Andrei Shdanow beruhte. Um die Reihen innerhalb des sozialistischen Lagers zu schließen, organisierte die Sowjetunion den festen Zusammenschluss aller kommunistischen Parteien unter Führung der UdSSR im 1947 gegründeten Kommunistischen Informationsbüro **(„Kominform")***. Schnell zeigte es sich, dass die Kominform ein Mittel zur Durchsetzung der politischen Linie der stalinistischen Sowjetunion in den anderen kommunistischen Parteien war.

Marshall-Plan
Dieses nach dem amerikanischen Außenminister bezeichnete wirtschaftliche Hilfsprogramm zum Wiederaufbau Europas hieß offiziell „European Recovery Program/ERP". Durch die Stärkung der europäischen Wirtschaft und die Öffnung der europäischen Staaten für den Welthandel sollten auch die politischen Verhältnisse stabilisiert und so die Anfälligkeit dieser Länder für die kommunistische Ideologie vermindert werden.

Kominform
Abkürzung für „Informationsbüro der Kommunistischen und Arbeiterparteien", das 1947 auf Initiative Stalins gegründet wurde. Mitglieder waren die KPdSU sowie die Kommunistischen Parteien Jugoslawiens (bis 1948), Bulgariens, Polens, Rumäniens, Ungarns, der Tschechoslowakei, Frankreichs und Italiens. Mit der Entstalinisierung in der Sowjetunion wurde das Informationsbüro 1956 aufgelöst.

Geteilte Welt

Mit der Integration der westeuropäischen und osteuropäischen Staaten in jeweils **feindliche Militärbündnisse** verstärkte sich die **Blockbildung** (M 5): Die Sowjetunion schloss mit ihren osteuropäischen Satellitenstaaten zweiseitige „Freundschafts- und Beistandsverträge" ab. Und im Westen entstand mit dem zwischen Großbritannien, Frankreich und den drei Benelux-Staaten geschlossenen Brüsseler Vertrag vom Mai 1948 das erste Verteidigungsbündnis in Europa gegen einen möglichen Angriff der UdSSR. Eine wirksame militärische Abschreckung der Sowjetunion war jedoch nur möglich mithilfe der Nuklearmacht USA, die daher in das westeuropäische Sicherheitskonzept mit eingebunden werden musste. Mit der Gründung der **NATO** im April 1949 übernahmen die USA diese Sicherheitsgarantie für die westeuropäischen Staaten. Nachdem 1955 die Bundesrepublik Deutschland in die NATO aufgenommen worden war, gründete die Sowjetunion im gleichen Jahr den **Warschauer Pakt**, dem auch die DDR beitrat. Die Blockbildung machte nicht vor den Toren Europas Halt, sondern erfasste die gesamte Welt. Zwei Ereignisse stachelten im Westen die Furcht vor dem Kommunismus dramatisch an: 1949 riefen die chinesischen Kommunisten die „Volksrepublik China" (s. S. 180 ff.) aus und schienen das kommunistische Lager zu stärken. Seit 1949 verfügte auch die Sowjetunion über die Atombombe. Beide Supermächte reagierten auf die wachsende Konfrontation, indem sie weltweit nach Unterstützung für ihre Politik suchten. Immer mehr Staaten wurden politisch, militärisch und wirtschaftlich in die jeweiligen Machtblöcke der Supermächte eingebunden. Das heizte nicht nur den weltweiten Rüstungswettlauf an, sondern beschleunigte auch die Aufteilung der Welt in feindliche Blöcke.

1 Skizzieren Sie auf der Grundlage des Darstellungstextes die jeweiligen außenpolitischen Leitlinien der USA bzw. UdSSR von 1941 bis 1955.

M4 Geschichte kontrovers: Der Kalte Krieg in der historischen Diskussion

a) Die Deutung des amerikanischen Historikers John Lukacs, 1970:

Schon vor Kriegsende stand es außer Frage, dass Russland als eine der großen Weltmächte aus dem Krieg hervorgehen würde. Es war klar, dass es nicht nur sein Ansehen, sondern in noch stärkerem Maße seine Macht und seine Besitzungen vermehren würde; es stand ebenfalls außer Frage, dass sein Hauptehrgeiz nicht das internationale Prestige des Kommunismus betraf, sondern in erster Linie auf die Beherrschung Osteuropas gerichtet war. All das gab Stalin selbst lange vor Jalta und noch im Anfangsstadium des Krieges zu verstehen. Es stand außer Frage, dass die Westalliierten in Anbetracht des großen russischen Beitrags zum Kriege und ihrer eigenen geografischen Lage es nicht würden umgehen können, einzelne der russischen Forderungen zu erfüllen. Die Tragödie war, dass sie – insbesondere die Vereinigten Staaten – der Situation erst ins Gesicht sahen, als es schon zu spät war, denn die Russen besaßen bereits größere Gebiete, als ihre Verbündeten und vielleicht auch sie selbst jemals erwartet hatten [...]. Hier liegt der Ursprung des Kalten Krieges.

John Lukacs, Konflikte der Weltpolitik nach 1945. Der Kalte Krieg, übers. v. Ursula Bethke, Editions Recontre, Lausanne 1970, S. 17 f.

b) Die Interpretation des amerikanischen Historikers William Appleman Williams, 1973:

Nicht der Besitz der Atombombe war es, der die amerikanischen Führer zu einer harten Haltung gegenüber Russland veranlasste, sondern ihre Perspektive der Offenen Tür, in deren Licht die Bombe[1] als die letzte Garantie dafür erschien, dass sie künftig noch schneller auf dem Weg zur Vorherrschaft in der Welt voranschreiten konnten. Lange bevor noch jemand wusste, dass die Bombe funktionieren würde, operierten die Führer Amerikas aufgrund dreier Prämissen oder Ideen, welche die Welt unter dem Gesichtspunkt des Kalten Krieges definierten. Die erste besagte, dass Russland zwar böse, aber schwach sei. [...]

Die amerikanischen Führer, die weit davon entfernt waren, mit einem unmittelbar bevorstehenden Angriff Russlands zu rechnen, [...] konzentrierten sich [...] darauf, den amerikanischen Einfluss in Osteuropa wiederherzustellen und die Russen auf ihre traditionellen Grenzen zurückzudrängen. [...] Eine weitere Grundauffassung der amerikanischen Führer definierte die Vereinigten Staaten als das Symbol und den Agenten des Positiven, Guten, im Gegensatz zum sowjetischen Übel, und unterstellte, dass die Kombination von amerikanischer Stärke und russischer Schwäche es ermöglichen würde, die Zukunft der Welt in Übereinstimmung mit dieser Beurteilung zu gestalten. [...]

Der dritte wesentliche Aspekt der Perspektive der Offenen Tür, der ebenfalls vor dem Ende des Zweiten Weltkriegs in Erscheinung trat, war die Befürchtung, dass das Wirtschaftssystem Amerikas in eine schwere Depression geraten würde, wenn es nicht seine Expansion in Übersee fortsetzte. [...] Präsident Harry S. Truman war ein begeisterter und militanter Verfechter der Vorherrschaft Amerikas auf der Welt.

William Appleman Williams, Die Tragödie der amerikanischen Diplomatie, übers. v. Nils Lindquist, Suhrkamp, Frankfurt/M. 1973, S. 261–271.

1 gemeint ist die Atombombe

c) Die Deutung des deutschen Historikers Wilfried Loth, 1999:

Was 1955 an sein Ende gekommen war, war der Prozess der Blockbildung in Ost und West: der Prozess der Etablierung einer neuen internationalen Ordnung nach dem Zusammenbruch des europäischen Staatensystems infolge der nationalsozialistischen Expansion – ein Prozess, der vom machtpolitischen und ideologischen Gegensatz der USA und der UdSSR dominiert wurde, von der gesellschaftlichen Verfassung der beteiligten Staaten ausging und auf diese polarisierend zurückwirkte, von der wechselseitigen Furcht vor einem Übergreifen der Gegenseite auf die eigene Sicherheitssphäre geprägt wurde und darum zur Zweiteilung Deutschlands und Europas, zu Mentalitäten und Praktiken eines permanenten Belagerungszustands und zu weltweiter Konkurrenz um Einflusssphären führte. [...]

Der Prozess der Blockbildung vollzog sich so nach dem Prinzip der „self-fulfilling prophecy"[1]: Die westliche Politik der Kooperationsverweigerung und Pressionen provozierte die Abschließung und einheitliche Ausrichtung des Sowjetblocks, die die antikommunistischen Dogmatiker schon zuvor behauptet hatten; die Monolithisierung[2] Osteuropas und die Obstruktion[3] des Marshall-Plans riefen die westliche Blockbildung hervor, gegen deren vermutete Folgen sie gerichtet waren; und beide Seiten fanden in der gegnerischen Blockbildung Anlass, die Überschätzung der Kräfte der Gegenseite bestätigt zu sehen – so wenig die Thesen vom prinzipiellen Imperialismus der Gegenseite jemals tatsächlich berechtigt waren. Die Teilung Deutschlands war eine notwendige Folge dieses Prozesses: Zwar strebte sie niemand als politisches Primärziel an, doch war auch niemand bereit, das ganze Deutschland der Gegenseite zu überlassen, konnte in Anbetracht der Bedeutung des deutschen Potenzials auch niemand dazu bereit sein. Während die Furcht vor einer Dominanz der Gegenseite (und auf amerikanischer Seite zunächst mehr noch die Furcht vor einer Einbeziehung Frankreichs in den sowjetischen Einflussbereich) eine gemeinsame Deutschlandregelung blockierte, entstanden im besetzten Deutschland zwei unterschiedliche, auf die Interessen der jeweiligen Besatzungsmacht ausgerichteten Gesellschaftssysteme, und als die Blockbildung so weit fortgeschritten war, dass eine Verständigung nur noch als Neutralisierung Deutschlands denkbar war, erschien nicht nur einer Mehrheit der Entscheidungsträger in Ost und West das Risiko einer solchen Neutralisierung zu hoch, sondern votierten auch die meisten Westdeutschen ebenso wie natürlich die neuen Machteliten in der sowjetischen Zone für die Beibehaltung des unterdessen erreichten Status quo.

Wilfried Loth, Die Teilung der Welt. Geschichte des Kalten Krieges 1941–1955, 10. Aufl., dtv, München 2002, S. 344, 348.

1 self-fulfilling prophecy (engl.): sich selbst erfüllende Prophezeihung
2 monolithisch: aus einem Block
3 Obstruktion: Verschleppung (der Arbeiten), Verhinderung (der Beschlussfassung)

1 **a) Arbeiten Sie die Ursachen heraus, die nach Auffassung der verschiedenen Forscher in M 4 a–c zum Kalten Krieg geführt haben.**
b) Ordnen Sie die Thesen der Forscher einer der drei im Darstellungstext genannten Positionen (S. 33 oben) zu und begründen Sie Ihre Entscheidung.

2 **Vergleichen Sie die unterschiedlichen Positionen in M 4 a–c miteinander. Stellen Sie Unterschiede und Gemeinsamkeiten heraus.**

M5 Die militärische Blockbildung im Ost-West-Konflikt

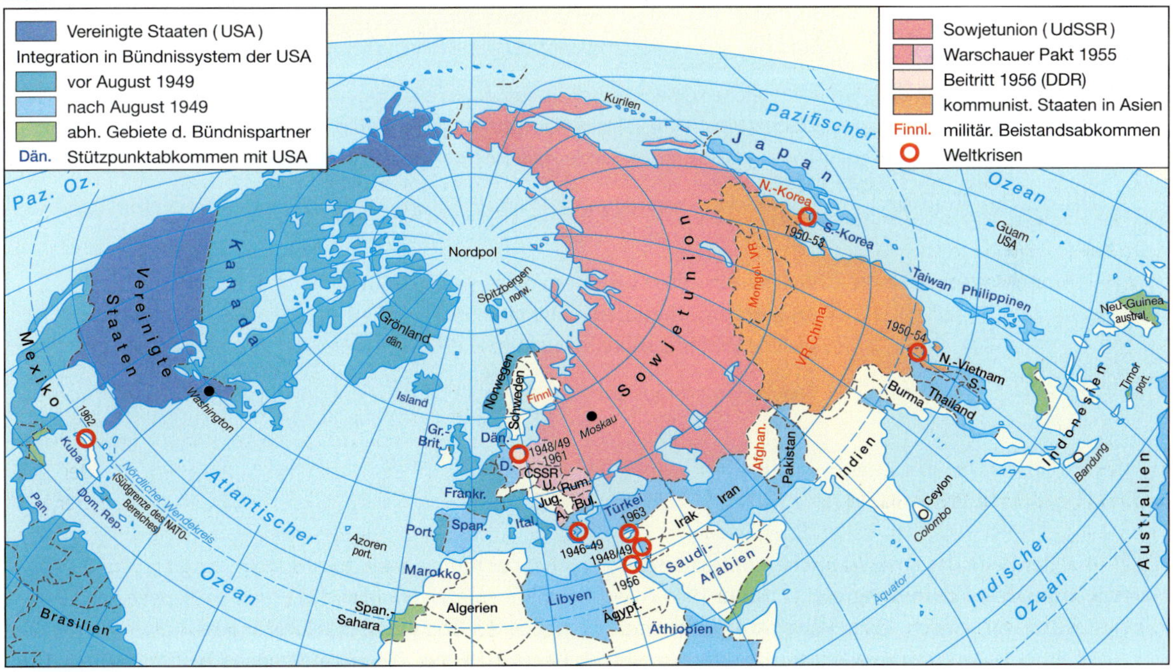

1 Erläutern Sie mithilfe der Karte M 5 die These des Darstellungstextes: „Die Blockbildung machte nicht vor den Toren Europas Halt, sondern erfasste die gesamte Welt."

Recherche und Präsentation:

2 Untersuchen Sie in arbeitsteiliger Gruppenarbeit mithilfe dieses Lehrwerkes sowie von Lexika und historischen Handbüchern die in der Karte eingezeichneten Weltkonflikte. Analysieren Sie dabei jeweils die Rolle der Supermächte. Präsentieren Sie anschließend Ihre Ergebnisse (z. B. Referat, Wandzeitung).

Vergleich zweier schriftlicher Quellen

Bei der Auswertung schriftlicher Quellen muss der Historiker Korrektheit, Herkunft sowie inhaltliche Zuverlässigkeit eines Textes prüfen. Dazu wenden sie die Methoden der Quellenkritik an. Die **äußere Quellenkritik** klärt Entstehungszeit und -anlass, Autorenschaft, Vorarbeiten und Informanten. Bei der **inneren Quellenkritik** analysieren Historiker inhaltliche Zuverlässigkeit und Aussagewert einer Quelle. Dieser lässt sich ermitteln durch den Vergleich mit anderen Quellen, Institutionen, Vorgängen der Zeit, aus der sie stammt, sowie durch Kenntnisse der Biografie, der sozialen Position, des politischen Standorts und des Verhältnisses zu den wichtigsten Bezugspersonen des Autors. So lassen sich Fehleinschätzungen und Irrtümer vermeiden, Auslassungen und Zusätze erkennen. Für die Erforschung der Neuzeit steht dem Historiker eine **Vielzahl schriftlicher Zeugnisse** zur Verfügung: Urkunden und Akten, Gesetzestexte, Lebensbeschreibungen, Grabinschriften, Annalen, Briefe und Memoiren, wissenschaftliche und literarische Werke. Die Texte M 1 und M 2 sind zentrale Quellen für die Geschichte des Ost-West-Konfliktes. Sie beleuchten die Situation Ende der 1940er-Jahre, als aus den Verbündeten des Zweiten Weltkrieges USA und Sowjetunion Gegner, ja Feinde werden. Die Rede von Shdanow (M 2) ist dabei eine direkte Antwort auf die Rede Trumans (M 1). Ein Vergleich der Quellen ist daher zum Verständnis des Ost-West-Gegensatzes unerlässlich.

Arbeitsschritte für den Vergleich

1. Historische Einordnung
- Wer sind die Autoren oder Auftraggeber?
- Wann sind die Texte entstanden?
- Aus welchem Anlass sind die Texte verfasst worden?
- Sind die Texte veröffentlicht bzw. geheim gehalten worden?

2. Textinhalt
- Mit welchem Inhalt beschäftigen sich die Texte?
- Gibt es inhaltliche Gemeinsamkeiten bzw. Unterschiede zwischen den Texten?
- Wie sind die Unterschiede zwischen den Texten zu erklären?

3. Historischer Kontext
- Auf welches Ereignis bzw. auf welche historische Epoche beziehen sich die Texte?
- Auf welchen Konflikt spielen die Dokumente an?

4. Aussageabsicht
- Welche Absichten verfolgten die Urheber der Texte?
- An welchen Adressaten richten sich die Texte?
- Welche Wirkung sollte bei dem bzw. den Adressaten der Texte erzielt werden?

5. Fazit
- Welche Gesamtaussage lässt sich über Ursache und Wirkung der Texte formulieren?

Übungsaufgabe mit Lösungshinweisen

M 1 Aus der Rede des amerikanischen Präsidenten Harry S. Truman vor dem Kongress, 12. März 1947

In jüngster Zeit wurden den Völkern einer Anzahl von Staaten gegen ihren Willen totalitäre Regierungsformen aufgezwungen. Die Regierung der Vereinigten Staaten hat immer wieder gegen den Zwang und die Einschüchterungen in Polen, Rumänien und Bulgarien protestiert, die eine Verletzung der Vereinbarungen von Jalta darstellen. […]

Im gegenwärtigen Zeitpunkt der Weltgeschichte muss fast jede Nation zwischen alternativen Lebensformen wählen. Nur allzu oft ist diese Wahl nicht frei. Die eine Lebensform gründet sich auf den Willen der Mehrheit und ist gekennzeichnet durch freie Institutionen, repräsentative Regierungsform, freie Wahlen, Garantien für die persönliche Freiheit, Rede- und Religionsfreiheit und Freiheit von politischer Unterdrückung. Die andere Lebensform gründet sich auf den Willen einer Minderheit, den diese der Mehrheit gewaltsam aufzwingt. Sie stützt sich auf Terror und Unterdrückung, auf die Zensur von Presse und Rundfunk, auf manipulierte Wahlen und auf den Entzug der persönlichen Freiheiten. Ich glaube, es muss die Politik der Vereinigten Staaten sein, freien Völkern beizustehen, die sich der Unterwerfung durch bewaffnete Minderheiten oder durch äußeren Druck widersetzen. Ich glaube, wir müssen allen freien

Völkern helfen, damit sie ihre Geschicke auf ihre eigene Weise selbst bestimmen können. Unter einem solchen Beistand verstehe ich vor allem wirtschaftliche und finanzielle Hilfe, die die Grundidee für wirtschaftliche Stabilität und geordnete politische Verhältnisse bildet.

M2 Aus der Rede Andrei A. Shdanows auf der Gründungskonferenz des Informationsbüros der kommunistischen Parteien Europas („Kominform"), 30. September 1947

Shdanow war Sekretär des Zentralkomitees (ZK) der Kommunistischen Partei der UdSSR und enger Mitarbeiter Stalins.

Zwei entgegengesetzte Kurse der Politik nahmen [in der Nachkriegsperiode] Gestalt an: Auf der einen Seite strebte die Politik der UdSSR und der demokratischen Länder nach der Überwindung des Imperialismus und der Konsolidierung der Demokratie. Auf der anderen Seite strebte die Politik der Vereinigten Staaten und Großbritanniens nach der Stärkung des Imperialismus und der Abwürgung der Demokratie. Angesichts der Tatsache, dass die UdSSR und die Länder der neuen Demokratie die Verwirklichung der imperialistischen Pläne für den Kampf um die Weltvormachtstellung und um die Vernichtung der demokratischen Bewegungen verhinderten, wurde eine Kampagne gegen die UdSSR und die Länder der Demokratie proklamiert und von den eifrigsten imperialistischen Politikern in den USA und Großbritannien durch Drohungen verschärft.

So sind zwei Lager entstanden: das imperialistische, antidemokratische Lager, dessen Hauptziel darin besteht, die Weltvormachtstellung des amerikanischen Imperialismus zu erreichen und die Demokratie zu zerstören, und das antiimperialistische, demokratische Lager, dessen Hauptziel es ist, den Imperialismus zu überwinden, die Demokratie zu konsolidieren und die Überreste des Faschismus zu beseitigen. [...] Daher müssen die kommunistischen Parteien den Widerstand gegen die Pläne der imperialistischen Aggression und Expansion in jeder Hinsicht leiten, sei es nun auf der staatlichen, der politischen, der wirtschaftlichen oder der ideologischen Linie.

Beide Texte zit. nach: Helmut Krause/Karlheinz Reif (Hg.), Die Welt seit 1945, bsv, München 1980, S. 576 f. u. 460 f.

1 Vergleichen Sie M 1 und M 2 mithilfe der Arbeitsschritte.

Truman	Shdanow
1. Formale Merkmale	
Autoren: US-Präsident Truman	Stalin-Vertrauter, sowjetischer Chefideologe
Entstehung: 12. März 1947	3. September 1947
Anlass: Machtexpansion der Sowjetunion in Osteuropa, im Februar 1947 informierte britische Regierung USA, dass sie Griechenland und Türkei nicht länger wirtschaftlich unterstützen könne.	Rede Trumans, Gründung der „Kominform"
Textart: öffentliche Rede vor beiden Häusern des US-Parlaments	Rede vor Vertretern kommunistischer Parteien; veröffentlicht in „Deklarationen" der Kominform
2. Textinhalt	
Gemeinsamkeiten: Die Welt ist in zwei Machtblöcke geteilt, den westlichen unter Führung der USA, den östlichen unter Führung der UdSSR.	Die Welt ist in zwei Machtblöcke geteilt, den westlichen unter Führung der USA, den östlichen unter Führung der UdSSR.
Unterschiede: USA verstehen sich als Führungsmacht der freiheitlichen demokratischen Staaten bzw. als Gegner totalitärer Diktaturen.	Sowjetunion versteht sich als Führungsmacht der neuen Demokratien und Vorkämpferin gegen den Imperialismus.
Das Selbstbestimmungsrecht der Völker wird genannt.	Das Selbstbestimmungsrecht der Völker wird nicht erwähnt.
USA gewährt Wirtschafts- und Finanzhilfe.	Sowjetunion unterstützt kommunistische Parteien.
Erklärung: Truman argumentiert auf der Grundlage liberal-demokratischer und marktwirtschaftlicher Vorstellungen.	Vorstellungen von Shdanow beruhen auf der in der UdSSR allgemein verbindlichen Lehre des Marxismus-Leninismus bzw. der kommunistischen Ideologie.
3. Historischer Kontext	
Epoche: Beginn der Ost-West-Konfrontation bzw. des Kalten Krieges	
Konflikt: Die Sowjetunion dehnt ihren Machtbereich aus, um ihre Macht zu verstärken und ihre Sicherheit zu erhöhen; USA fühlen sich dadurch bedroht und wollen kommunistische Machtexpansion eindämmen bzw. Westen stärken.	
4. Aussageabsicht	
Intention: Sowjetunion soll für Kalten Krieg verantwortlich gemacht, die eigene antikommunistische Eindämmungspolitik begründet werden.	USA sollen für Kalten Krieg verantwortlich gemacht, Ausdehnung der UdSSR nach Osteuropa soll legitimiert werden.
Zielgruppe: Volksvertreter der USA und Weltöffentlichkeit	Vertreter und Sympathisanten der kommunistischen Parteien, Weltöffentlichkeit
Wirkung: Kampfansage an Sowjetunion, mit der die im Zweiten Weltkrieg begonnene Zusammenarbeit endgültig beendet wird; der Kalte Krieg ist eröffnet.	Einschwören der kommunistischen Parteien auf Kampf gegen kapitalistischen Westen, Herstellen von Geschlossenheit im kommunistischen Lager
5. Fazit	
Die Reden sind wichtige Dokumente für die Entstehung des Kalten Krieges. Aus ehemaligen Verbündeten werden Feinde. Dabei kehren die alten Feindbilder zurück: Die USA kämpfen für Freiheit und gegen Diktatur, die Sowjetunion kämpft gegen Kapitalismus und Imperialismus, für die neuen Volksdemokratien. Der Ton zwischen beiden Machtblöcken verschärft sich nachhaltig.	

3 Das Kriegsende 1945 – Chance zum Neubeginn in Deutschland

3.1 Die Sieger

M1 Deutscher Soldat vor dem zerstörten Reichstag in Berlin, Fotografie, 1945

Bedingungslose Kapitulation und Besatzungsherrschaft

„Im Anfang waren die Alliierten" – mit dieser plakativen These charakterisierte die Politikwissenschaftlerin Helga Haftendorn 2001 die Machtverhältnisse im besiegten Deutschland am Ende des Zweiten Weltkrieges. Sie wollte deutlich machen, dass die militärische Niederlage des Deutschen Reiches nicht nur das Ende der nationalsozialistischen Herrschaft besiegelte, sondern dass die Besiegten auch die Staatsgewalt an die Sieger übergeben mussten.

Für Deutschland endete der Zweite Weltkrieg im Mai 1945 mit der Unterzeichnung der **bedingungslosen Kapitulation** der deutschen Wehrmacht. Sie wurde gleich zweifach vollzogen. Am 7. Mai unterschrieb der deutsche Generaloberst Alfred Jodl im amerikanischen Hauptquartier in Reims die Kapitulationsurkunde; in der Nacht vom 8. auf den 9. wiederholte auf ausdrücklichen Wunsch Stalins Generalfeldmarschall Wilhelm Keitel in Berlin-Karlshorst, dem sowjetischen Hauptquartier, diesen Akt. Als die Kapitulation am 8. Mai, nach Bekanntgabe durch Truman und Churchill, in Kraft trat, existierte der deutsche Staat faktisch nicht mehr. Die Regierungsgewalt in Deutschland ging auf die Oberkommandierenden der alliierten Streitkräfte über.

Das Gebiet des Deutschen Reiches wurde in eine amerikanische, sowjetische, britische und – etwas später – französische **Besatzungszone** aufgeteilt (M 2). In der „Erklärung in Anbetracht der Niederlage Deutschlands" machten die Sieger am 5. Juni 1945 öffentlich bekannt, dass die Regierungen in Washington, London, Moskau und Paris die Hoheitsrechte über Deutschland übernommen hatten. Mit ihrer Unterschrift unter diese **Berliner Deklaration** bekundeten die Vertreter der vier alliierten Mächte auch den Willen zur gemeinsamen Ausübung ihrer Herrschaftsrechte. Das dafür zuständige Gremium war der **Alliierte Kontrollrat**, der aus den vier Oberbefehlshabern bestand. Bei seiner Regierungsarbeit sollte der Kontrollrat zwei sich ergänzenden Grundsätzen folgen: Die Oberbefehlshaber übten in ihrer jeweiligen Besatzungszone die oberste Gewalt aus und waren dabei allein ihrer Regierung verantwortlich; „in allen Deutschland als ein Ganzes betreffenden Angelegenheiten" waren sie zur Zusammenarbeit verpflichtet.

Alliierte Deutschlandpläne

Während des Zweiten Weltkrieges waren sich die Alliierten darin einig, dass Deutschland bedingungslos zu kapitulieren habe und das besiegte Deutsche Reich vollständig zu besetzen sowie in Besatzungszonen einzuteilen sei. Der Nationalsozialismus sollte ausgerottet und die Deutschen sollten zu Demokraten erzogen bzw. „umerzogen" werden. Außerdem verlangte besonders Stalin von Deutschland Reparationen als Ausgleich für Zerstörungen in der Sowjetunion. Seit 1941/42 erörterten die Alliierten Überlegungen zur Zergliederung Deutschlands, das den Weltfrieden nie mehr stören dürfte. Auf der **Konferenz von Teheran** vom 28. November bis zum 30. Dezember 1943 schlug US-Präsident Franklin D. Roosevelt vor, das Land in fünf „autonome" Staaten zu zergliedern, der britische Premierminister Winston Churchill favorisierte eine Zweiteilung in Nord und Süd, wobei der Süden mit Österreich und Ungarn zu einer „Donauföderation" zusammengefasst werden sollte. Auch Stalin sprach sich für eine Aufteilung des deutschen Staatsgebietes aus, ohne sich auf einen genauen Teilungsplan festzulegen. Außerdem be-

Internettipp
www.museum-karlshorst.de/html/sammlung/html/legenden1945.shtml
Das Museum Berlin-Karlshorst über die Kapitulationen vom 7. und 8. Mai 1945.

M2 Deutschland und Mitteleuropa 1945–1948

1 Arbeiten Sie mithilfe der Karte M 2 die wichtigsten politischen und territorialen Folgen des Zweiten Weltkrieges für Deutschland heraus.

trachteten Stalin und Churchill seitdem die Oder als neue polnische Westgrenze. Die Entscheidung zur Aufteilung Deutschlands in drei Besatzungszonen fiel 1944. Auf der **Konferenz von Jalta** vom 4. bis 11. Februar 1945 (s. S. 34) beschlossen die „Großen Drei“, Frankreich auf Kosten der britischen und amerikanischen Zone eine vierte Besatzungszone zuzuteilen und damit in den Kreis der Siegermächte aufzunehmen. Allerdings gelang es den Alliierten nicht, ein konkretes Deutschlandkonzept zu erarbeiten. Offen blieb auch die Frage nach den von Deutschland zu leistenden **Reparationen** als Wiedergutmachung für die Kriegsschäden. Auf der **Konferenz in Potsdam** vom 17. Juli bis zum 2. August 1945 vereinbarten die Regierungs- und Staatschefs der USA, Großbritanniens und der Sowjetunion, Deutschland während der zeitlich nicht begrenzten Dauer der Besatzung als „wirtschaftliche Einheit“ zu behandeln und „bis auf Weiteres“ keine deutsche Regierung einzusetzen (M 6). Übereinstimmend erklärten sie die Demokratisierung, Denazifizierung, Demilitarisierung und Dezentralisierung Deutschlands zu ihren zentralen Zielen. Doch überdeckten diese Formelkompromisse, dass die Sowjetunion einerseits und die Westmächte andererseits mit diesen Begriffen, den „4 Ds“, jeweils völlig unterschiedliche Inhalte verbanden. Die Kluft zwischen ihren gesellschaftspolitischen und wirtschaftlichen Vorstellungen trat mit der Verschärfung des Ost-West-Gegensatzes immer stärker in den Vordergrund (s. S. 30 ff.). Heftige Meinungsverschiedenheiten entzündeten sich bereits in Potsdam an der Forderung Stalins nach **Reparationen** aus ganz Deutschland und einer Viermächtekontrolle des Ruhrgebietes, eines wichtigen Wirtschaftsstandortes. Briten und Amerikaner lehnten dies ab, weil sie ein wirtschaftliches Chaos befürchteten; zudem wollten sie verhindern, dass die von ihnen verwalteten Besatzungszonen für Reparationszahlungen an die Sowjetunion aufzukommen hätten. US-Außenminister James F. Byrnes entschärfte die Auseinandersetzung vorläufig

M3 Potsdamer Konferenz, Fotografie, 25. Juli 1945

Churchill, Truman und Stalin (v. li.) reichen sich die Hände anlässlich der Abreise Churchills nach London zur Bekanntgabe der britischen Wahlergebnisse.

durch einen Kompromiss, nach dem jede Besatzungsmacht aus ihrer Zone Reparationen entnehmen durfte. Die Sowjetunion sollte außerdem 25 Prozent der für Reparationen beschlagnahmten Industrieausrüstungen aus den Westzonen erhalten.

M4 Plakat zur Bodenreform in der SBZ, 1945

Sowjetische Besatzungspolitik

Im April 1945 erklärte Stalin: „Dieser Krieg ist nicht wie in der Vergangenheit; wer immer ein Gebiet besetzt, erlegt ihm auch sein eigenes gesellschaftliches System auf. Jeder führt sein eigenes System ein, so weit seine Armee vordringen kann." Das Zitat scheint zu belegen, dass der sowjetische Diktator von Anfang an auf die Gründung eines sozialistischen deutschen Teilstaates zusteuerte. Doch die moderne Zeitgeschichtsforschung betont die Unentschiedenheit und **Mehrgleisigkeit der sowjetischen Deutschlandpolitik** während der Besatzungszeit zwischen 1945 und 1949. Das Maximalziel der sowjetischen Führung war die Vorherrschaft über ein vereinigtes und von westlichen Einflüssen befreites Deutschland, das sich eng an die UdSSR anlehne. Ließe sich eine solche gesamtdeutsche Lösung nicht verwirklichen, strebten die Sowjets als Minimallösung den Aufbau eines kommunistischen Systems in ihrer Besatzungszone an. Es sollte so attraktiv auf den Westen wirken, dass sich dieser ebenfalls zum kommunistischen Gesellschaftsmodell bekennen und auf einen deutschen Gesamtstaat nach sowjetischem Muster hinarbeiten werde. Da sich die Sowjetunion Reparationen aus den Westzonen erhoffte, trat sie für eine gesamtdeutsche Lösung ein. Doch gleichzeitig leitete die Sowjetunion in ihrer Besatzungszone Strukturreformen ein, die die Grundlagen für ein kommunistisches Herrschafts- und Gesellschaftssystem legten. Die am 9. Juni 1945 gegründete **Sowjetische Militäradministration in Deutschland (SMAD)** kontrollierte und verwaltete die **Sowjetische Besatzungszone (SBZ)**. Zu diesem Zweck wurden Anfang Mai 1945 drei „Initiativgruppen" deutscher Kommunisten aus dem Moskauer Exil nach Deutschland geflogen (s. S. 59) Sie erhielten in den Verwaltungen der Länder und in den neu geschaffenen elf Zentralverwaltungen entscheidende Positionen, sollten den sowjetischen Machthabern beim Aufbau eines Staats- und Parteiapparates behilflich sein und später schrittweise die Macht übernehmen. Die SMAD setzte im Oktober 1945 die **Beschlagnahmung des gesamten Eigentums** des deutschen Staates, der NSDAP und der Wehrmacht in der SBZ durch. Überdies legte sie die Grundlagen zur Verstaatlichung der Wirtschaft und damit für eine sozialistische Wirtschaftsordnung: 1945 wurden zahlreiche schwerindustrielle Betriebe in Sowjetische Aktiengesellschaften überführt, Banken und Sparkassen wurden verstaatlicht und andere Wirtschaftsunternehmen 1946 den deutschen Verwaltungsorganen unterstellt. Die SMAD war ebenfalls die treibende Kraft bei der Enteignung der Großgrundbesitzer, die 1945 den Kern der **Bodenreform** bildete (M 4, M 7).

Morgenthau-Plan
Im August 1944 verfasste US-Finanzminister Henry Morgenthau eine Denkschrift mit dem Titel „Programm, das verhindern soll, dass Deutschland einen dritten Weltkrieg anzettelt". Der Plan sah vor, Deutschland in drei Staaten zu gliedern, einen Nord- und einen Südstaat und eine Internationale Zone, bestehend aus dem Rheinland, Westfalen und einem Küstenstreifen. Kernpunkt des Programms war die vollständige Verwandlung Deutschlands in ein Agrarland. Der Plan fand kurzfristig die Zustimmung von US-Präsident Roosevelt, der ihn aber bereits nach wenigen Tagen wieder verwarf, da Außen- und Kriegsministerium protestiert hatten.

Besatzungspolitik der Westalliierten

Schon in den letzten beiden Kriegsjahren nahm bei den Regierungen der USA und Großbritanniens die Skepsis gegenüber solchen deutschlandpolitischen Konzeptionen zu, die auf eine nachhaltige Bestrafung des Deutschen Reiches zielten. Außen- und Kriegsministerium bewegten US-Präsident Roosevelt 1944 dazu, vom **Morgenthau-Plan*** abzurücken, der die Umwandlung Deutschlands in ein Agrarland vorsah. Ein britischer Planungsstab kam im Herbst 1944 zu dem Ergebnis: „Eine Zerstückelung würde eine Verarmung Deutschlands zur Folge haben, die Erholung der ganzen Welt von den Kriegsschäden verlangsamen und somit auf lange Sicht auch den britischen Wirtschaftsinteressen schaden." Allmählich setzte sich die Einsicht durch, dass ein in Kleinstaaten zerteiltes Deutschland für die Sieger eine wirtschaftliche Belastung und für die Neuordnung Europas eine schwere Bürde dar-

stelle. Eine kontrollierte deutsche Industrie würde bei gleichzeitiger Entmilitarisierung Deutschlands den Sicherheits- und Wirtschaftsinteressen der Alliierten besser entsprechen.
Als 1946 die Spannungen zwischen der Sowjetunion und den Westalliierten zunahmen, leiteten Briten und Amerikaner eine deutschlandpolitische Wende ein: Im September 1946 kündigte US-Außenminister Byrnes den raschen politischen und wirtschaftlichen Wiederaufbau Deutschlands an. Außerdem beschlossen die USA und Großbritannien im Januar 1947 die wirtschaftliche Verschmelzung der ihnen unterstellten Zonen zur **Bizone***. Im Juni 1947 verkündete Washington das Hilfsprogramm des **Marshall-Plans** (s. S. 35), der auch Deutschland zugute kommen sollte.

Währungsreform und Berlin-Blockade

1948 bereiteten die Westmächte mit deutschen Verwaltungsstellen unter strengster Geheimhaltung eine **Währungsreform** (s.S. 51) vor, die das Fundament für den ökonomischen Wiederaufbau Westdeutschlands legen sollte. Auch Frankreich, das anfangs auf eine dauerhafte und wirksame politische wie wirtschaftliche Schwächung seines deutschen Nachbarn hingearbeitet hatte, unterstützte nun diese Politik, die im Westen Deutschlands einen politischen, wirtschaftlichen und gesellschaftlichen Neuanfang ermöglichte. Die wachsende Ost-West-Konfrontation bzw. die zunehmenden Entwicklungsunterschiede der Westzonen und der SBZ traten während der **Berlin-Blockade** 1948/49 offen zutage. Um die Währungsreform im Westen, die aus Sicht der UdSSR zur Gründung eines Weststaates führen konnte, zu verhindern, verfügte die SMAD 1948 eine totale Blockade aller Land- und Wasserwege zu den Westsektoren Berlins. Das konnten und wollten die Westalliierten nicht hinnehmen, da sie damit ihre Herrschaftsrechte beschnitten sahen. Die USA entschieden sich gegen einen militärischen Konflikt mit der UdSSR. Stattdessen versorgten Amerikaner und Briten Berlin über eine **Luftbrücke** (M 5). An dieser anglo-amerikanischen Gegenwehr und dem Durchhaltevermögen der Westberliner Bevölkerung scheiterte schließlich 1949 die Berlin-Blockade.

M 5 Berlin-Blockade, Fotografie, 30. September 1948

Kinder beobachten die Landung eines amerikanischen „Rosinenbombers".

Bizone
Die Gründung der Bizone war eine Reaktion auf Versorgungsschwierigkeiten im „Hungerwinter" 1946/47. Sie sollte den wirtschaftlichen Wiederaufbau Deutschlands befördern und somit auch einer Ausbreitung des Kommunismus entgegenwirken. Die UdSSR und Frankreich protestierten gegen den Zusammenschluss, obwohl Briten und Amerikaner sie unter Berufung auf das Potsdamer Abkommen zum Beitritt aufgefordert hatten.

1 Überprüfen und erläutern Sie die These der Politikwissenschaftlerin Haftendorn „Im Anfang waren die Alliierten".
2 Stellen Sie in einer Übersicht die alliierten Deutschlandpläne zusammen.
3 Vergleichen Sie die Besatzungspolitik der UdSSR und der Westalliierten hinsichtlich ihrer kurzfristigen und langfristigen Folgen für die deutsche Wirtschaft und Gesellschaft.

M 6 Potsdamer Kommuniqué, 2. 8. 1945 (Auszug)

Es ist nicht die Absicht der Alliierten, das deutsche Volk zu vernichten oder zu versklaven. Die Alliierten wollen dem deutschen Volke die Möglichkeit geben, sich darauf vorzubereiten, sein Leben auf einer demokratischen und friedlichen Grundlage von Neuem wieder aufzubauen. Wenn die eigenen Anstrengungen des deutschen Volkes unablässig auf die Erreichung dieses Zieles gerichtet sein werden, wird es ihm möglich sein, zu gegebener Zeit seinen Platz unter den freien und friedlichen Völkern der Welt einzunehmen. [...]

A. *Politische Grundsätze*

1. Entsprechend der Übereinkunft über das Kontrollsystem in Deutschland wird die höchste Regierungsgewalt in Deutschland durch die Oberbefehlshaber der Streitkräfte der Vereinigten Staaten von Amerika, des Vereinigten Königreichs, der Union der Sozialistischen Sowjetrepubliken und der Französischen Republik nach den Weisungen ihrer entsprechenden Regierungen ausgeübt, und zwar von jedem in seiner Besatzungszone sowie gemeinsam in ihrer Eigenschaft als Mitglieder des Kontrollrates in den Deutschland als Ganzes betreffenden Fragen.

2. Soweit dieses praktisch durchführbar ist, muss die Behandlung der deutschen Bevölkerung in ganz Deutschland gleich sein.

3. Die Ziele der Besetzung Deutschlands, durch welche der Kontrollrat sich leiten lassen soll, sind:
(I.) Völlige Abrüstung und Entmilitarisierung Deutschlands

und die Ausschaltung der gesamten deutschen Industrie, welche für eine Kriegsproduktion benutzt werden kann, oder deren Überwachung. [...]

(II.) Das deutsche Volk muss überzeugt werden, dass es eine totale militärische Niederlage erlitten hat und dass es sich nicht der Verantwortung entziehen kann für das, was es selbst dadurch auf sich geladen hat, dass seine eigene mitleidlose Kriegsführung und der fanatische Widerstand der Nazis die deutsche Wirtschaft zerstört und Chaos und Elend unvermeidlich gemacht haben.

(III.) Die Nationalsozialistische Partei mit ihren angeschlossenen Gliederungen und Unterorganisationen ist zu vernichten; alle nationalsozialistischen Ämter sind aufzulösen; es sind Sicherheiten dafür zu schaffen, dass sie in keiner Form wieder auferstehen können, jeder nazistischen und militärischen Betätigung und Propaganda ist vorzubeugen.

(IV.) Die endgültige Umgestaltung des deutschen politischen Lebens auf demokratischer Grundlage und eine eventuelle friedliche Mitarbeit Deutschlands am internationalen Leben sind vorzubereiten.

5. Kriegsverbrecher und alle diejenigen, die in der Planung oder Verwirklichung nazistischer Maßnahmen, die Gräuel oder Kriegsverbrechen nach sich zogen oder als Ergebnis hatten, teilgenommen haben, sind zu verhaften und dem Gericht zu übergeben. Nazistische Parteiführer, einflussreiche Nazianhänger und die Leiter der nazistischen Ämter und Organisationen und alle anderen Personen, die für die Besetzung und ihre Ziele gefährlich sind, sind zu verhaften und zu internieren. [...]

9. Die Verwaltung Deutschlands muss in Richtung auf eine Dezentralisation der politischen Struktur und der Entwicklung einer örtlichen Selbstverwaltung durchgeführt werden. [...]

(II.) In ganz Deutschland sind alle demokratischen politischen Parteien zu erlauben und zu fördern, mit der Einräumung des Rechtes, Versammlungen einzuberufen und öffentliche Diskussionen durchzuführen. [...]

(IV.) Bis auf Weiteres wird keine zentrale deutsche Regierung errichtet werden. [...]

B. Wirtschaftliche Grundsätze

12. In praktisch kürzester Frist ist das deutsche Wirtschaftsleben zu dezentralisieren mit dem Ziel der Vernichtung der bestehenden übermäßigen Konzentration der Wirtschaftskraft, dargestellt insbesondere durch Kartelle, Syndikate, Trusts und andere Monopolvereinigungen.

[...]

14. Während der Besatzungszeit ist Deutschland als eine wirtschaftliche Einheit zu betrachten [...].

Zit. nach: Ernst Deuerlein (Hg.), Potsdam 1945. Quellen zur Konferenz der „Großen Drei", dtv, München 1963, S. 354 ff.

1 **Fassen Sie die gemeinsamen Ziele der Alliierten stichwortartig zusammen (M 6).**

M 7 Aus der Verordnung der Provinz Sachsen über die Bodenreform, 3. September 1945

Artikel 1

1. Die demokratische Bodenreform ist eine unaufschiebbare nationale, wirtschaftliche und soziale Notwendigkeit. Die Bodenreform muss [...] der Herrschaft der Junker und Großgrundbesitzer im Dorf ein Ende bereiten, weil diese Herrschaft immer eine Bastion der Reaktion und des Faschismus in unserem Lande darstellte und eine der Hauptquellen der Aggression und der Eroberungskriege gegen andere Völker war. Durch die Bodenreform soll der jahrhundertealte Traum der landlosen und landarmen Bauern von der Übergabe des Großgrundbesitzes in ihre Hände erfüllt werden. Somit ist die Bodenreform die wichtigste Voraussetzung der demokratischen Umgestaltung und des wirtschaftlichen Aufstieges unseres Landes. Der Grundbesitz soll sich [...] auf feste, gesunde und produktive Bauernwirtschaften stützen, die Privateigentum ihres Besitzers sind.

2. Das Ziel der Bodenreform ist:

a) das Ackerland der bereits bestehenden Bauernhöfe unter 5 Hektar zu vergrößern;

b) neue, selbstständige Bauernwirtschaften für landlose Bauern, Landarbeiter und kleine Pächter zu schaffen;

c) an Umsiedler und Flüchtlinge, die durch die räuberische, hitlerische Kriegspolitik ihr Hab und Gut verloren haben, Land zu geben [...].

Artikel 2

1. Zur Durchführung dieser Maßnahmen wird ein Bodenfonds aus dem Grundbesitz gebildet, der unter den Ziffern 2, 3 und 4 dieses Artikels angeführt ist.

2. Folgender Grundbesitz wird mit allen darauf befindlichen Gebäuden, lebendem und totem Inventar und anderem landwirtschaftlichen Vermögen, unabhängig von der Größe der Wirtschaft, enteignet:

a) der Grundbesitz der Kriegsverbrecher und Kriegsschuldigen mit allem darauf befindlichen landwirtschaftlichen Vermögen;

b) der Grundbesitz mit allem darauf befindlichen Vermögen, der den Naziführern und den aktiven Verfechtern der Nazipartei und ihrer Gliederungen sowie den führenden Personen des Hitlerstaates gehörte, darunter allen Personen, die in der Periode der Naziherrschaft Mitglieder der Reichsregierung und des Reichstages waren.

3. Gleichfalls wird der gesamte feudal-junkerliche Boden und Großgrundbesitz über 100 Hektar [...] enteignet.

Zit. nach: Rolf Steininger, Deutsche Geschichte. Darstellung und Dokumente in vier Bdn., Bd. 1: 1945–1947, Fischer, Frankfurt/M. 2002, S. 190 f.

1 **Erläutern Sie Ziele und Methoden der Bodenreform.**

2 **Überprüfen Sie mithilfe von M 7 die These des Historikers Hermann Weber (2006): „Die Bodenreform war eine radikale, aber keine kommunistische Maßnahme."**

3.2 Die Besiegten

„Stunde Null": Niederlage oder Befreiung?

Die Deutschen befreiten sich nicht aus eigener Kraft von der nationalsozialistischen Herrschaft. Erst die bedingungslose Kapitulation des Deutschen Reiches bedeutete Zusammenbruch und Untergang des „Dritten Reiches". Mit der Beendigung der Kampfhandlungen am **8. Mai 1945** ging in Europa auch der Zweite Weltkrieg zu Ende, der ca. 40 Millionen Menschen das Leben gekostet hat. Das Kriegsende haben die Zeitgenossen sehr unterschiedlich erlebt (M 5 a–c, M 7). Zur Charakterisierung dieser Reaktionen auf das Ende des NS-Regimes und des Zweiten Weltkrieges in Europa sind die **Begriffe „Niederlage" oder „Befreiung"** zu undifferenziert. Für einen Polen bedeutete die Befreiung von der NS-Diktatur etwas anderes als für viele Deutsche, mögen sie Hitler und die NSDAP noch so sehr verachtet oder gehasst haben. Ein großer Teil der Deutschen reagierte auf die Niederlage nicht mit Jubel.

Erinnerungskultur in Ost und West

Während der deutschen Teilung zwischen 1949 und 1989/90 waren die unterschiedlichen Erinnerungen an den 8. Mai 1945 geprägt durch die politischen und gesellschaftlichen Systeme, unter denen die Menschen lebten. In der **DDR** begingen die Sowjets jährlich am 8. Mai ihre Siegesfeiern. Auch die Staats- und Parteiführung der DDR organisierte in Berlin und an anderen Orten Kundgebungen und Kranzniederlegungen, an denen Angehörige der sowjetischen Streitkräfte oder sowjetische Ehrengäste teilnahmen. Schauplätze dieser Gedenkfeiern waren die zahlreichen sowjetischen Ehrenfriedhöfe und Denkmäler. Die jährlichen Feiern am „Tag der Befreiung", der bis 1967 gesetzlicher Feiertag in der DDR war, sollten eine eindeutige und für alle Bürger verbindliche politische Botschaft vermitteln, die der Historiker Jürgen Danyel so zusammengefasst hat: „Die DDR hat die historische Chance, die ihr mit der Befreiung 1945 gegeben wurde, genutzt. Zusammen mit den Kommunisten, die an der Seite der Roten Armee gekämpft hatten, waren die Ostdeutschen gewissermaßen auf die Seite der Sieger übergetreten und hatten die richtigen Lehren aus der Geschichte gezogen. In dieser geschichtspolitischen Konstruktion verblasste die konkrete Erinnerung an den Nationalsozialismus und den von den Deutschen verschuldeten Krieg nahezu völlig."

In der **Bundesrepublik Deutschland** war das Gedenken an den 8. Mai 1945 lange Zeit durch gemischte Gefühle geprägt. Die einen erinnerten sich in den 1950er- und 1960er-Jahren an Niederlage bzw. Zusammenbruch und beklagten das Ende des deutschen Nationalstaates. Andere feierten die Befreiung von der NS-Diktatur und den politischen Neubeginn. Aber auch für sie war der 8. Mai ein sperriger Gedenktag: Da sich das deutsche Volk nicht selbst vom Nationalsozialismus befreit hatte, markierte dieses Datum auch die beginnende Spaltung des deutschen Volkes in zwei Staaten, die feindlichen Bündnissystemen angehörten. Seit Mitte der 1980er-Jahre verbindet die große Mehrheit der Deutschen mit dem Ende des Zweiten Weltkrieges die Befreiung von einer menschenverachtenden und verbrecherischen Diktatur sowie einen demokratischen Neubeginn. Zu diesem Bewusstseinswandel trug maßgeblich Bundespräsident Richard von Weizsäcker (geb. 1920, Präs. 1984–1994) bei. Im Jahre 1985, anlässlich der 40. Wiederkehr des 8. Mai 1945, bezeichnete er in einer vielfach gerühmten Rede das Kriegsende als „Befreiung", weil damals der „Irrweg deutscher Geschichte" zum Abschluss gelangt sei. Differenziert würdigte er die Opfer des Nationalsozialismus ebenso wie den Widerstand gegen das NS-Regime. Das „historische Gedächtnis", mahnte Weizsäcker, müsse „als Leitlinie für unser Verhalten in der Gegenwart" genutzt werden. Das gelte für den Umgang mit Geisteskranken, Asylsuchenden, Dissidenten, aber auch mit dem Staat Israel und den östlichen Nachbarn.

M 1 Sowjetisches Ehrenmal in Berlin-Treptow, Fotografie, 1999

M 2 Umsiedlung, Flucht und Vertreibung der Deutschen aus Ost- und Südosteuropa 1939–1950

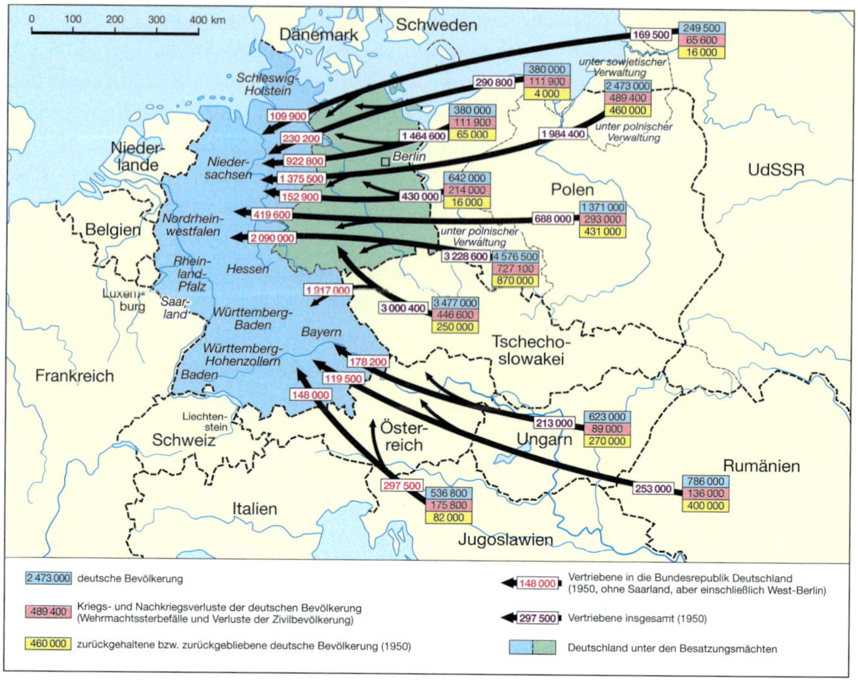

1 Analysieren Sie die Karte (M 2) im Hinblick auf die gesellschaftlichen Folgen, die die NS-Herrschaft für Deutschland nach 1945 hatte.

M 3 Notwohnung in München, Fotografie, 1947

Hausbewohner machen durch Aufschrift auf der Ruine eines zerstörten Hauses darauf aufmerksam, dass der Kellerraum bewohnt ist.

Alltagsnot

Deutschland war bei Kriegsende ein verwüstetes Land, in dem große Not herrschte. **Ruinen** bestimmten das Bild vieler Städte. In Westdeutschland war etwa ein Viertel der Wohnungen völlig zerstört, in der sowjetischen Besatzungszone ungefähr ein Zehntel. Die Verteilung von Nahrungs- und Versorgungsmitteln gehörte zu den schwierigsten Aufgaben, da 40 Prozent der Eisenbahnlinien und anderer Transportwege 1945 nicht mehr funktionsfähig waren. Mit den seit April 1945 unter polnischer Verwaltung stehenden Ostgebieten verlor Deutschland ein Viertel seiner bisherigen landwirtschaftlichen Nutzfläche, 17 Prozent der Steinkohlevorkommen und 6 Prozent der Industrieanlagen. **Kälte und Hunger** prägten das Leben der Menschen – besonders der harte Winter 1946/47 blieb den Menschen als „Hungerwinter" im Gedächtnis. Viele lebten in der unmittelbaren Nachkriegszeit am Rande des Existenzminimums oder darunter. Mindestens 2 000 Kalorien täglich für jeden wären notwendig gewesen, doch 1946 betrug die amtliche Zuweisung in der amerikanischen Zone lediglich 1 330 Kalorien, in der russischen 1 083, in der britischen 1 056 und in der französischen 900. Die Unterernährung führte zu Mangelkrankheiten und einer erhöhten Sterblichkeit. Viele Bewohner der größeren Städte fuhren zum **„Hamstern"** auf das Land, um sich dort mit dem Notwendigsten zu versorgen. Die Rationierung der Lebensmittel durch Lebensmittelkarten und der Mangel an Brennstoffen ließen einen **Schwarzmarkt** entstehen, auf dem knappe Güter gegen hohe Preise oder Naturalien erworben wurden und Zigaretten als heimliche „Währung" galten. In dieses Land, in dem sich viele nur mühsam die einfachsten Lebensgrundlagen sichern konnten, strömten bis zum Oktober 1946 über zwölf Millionen Menschen – Vertriebene aus Ost- und Südosteuropa, Flüchtlinge auf der Suche nach Sicherheit vor der Roten Armee und der Herrschaft Stalins und seiner Statthalter (M 2, M 4). Die Integration der heimatlos Gewordenen

stellte eine große wirtschaftliche und gesellschaftliche Herausforderung dar. Nach dem Unglück von Flucht und Vertreibung trafen die Heimatlosen, die buchstäblich alles – Heimat, Hab und Gut – verloren hatten, bei den Einheimischen häufig auf Ablehnung. Vielen galten die Vertriebenen als Eindringlinge, die von der Kommune per Einquartierungsschein in ihre Wohnungen „gesetzt" wurden. Das Zusammentreffen von Menschen unterschiedlicher Herkunft, Konfession und Bildung führte teils zu heftigen Spannungen.
Am Ende des Krieges befanden sich außerdem neun bis zehn Millionen Zwangsarbeiter, Kriegsgefangene und KZ-Häftlinge verschiedener Nationalitäten in Deutschland. Noch 1947 gab es eine Million solcher *„Displaced Persons"* in den vier Besatzungszonen. Sie waren während des Zweiten Weltkrieges von den deutschen Besatzungsbehörden in das Gebiet des Deutschen Reiches verschleppt worden oder dorthin geflüchtet. Nach Hause wollten auch die während des Krieges aus bombengefährdeten Städten evakuierten rund zehn Millionen Deutschen, überwiegend Frauen und Kinder, und die in Kriegsgefangenschaft geratenen Soldaten.

M4 Flüchtlingsfrau in Köln, Fotografie, 1945

1 Charakterisieren Sie den Alltag in der unmittelbaren Nachkriegszeit.
2 In seiner Rede von 1985 erklärte Bundespräsident Richard von Weizsäcker: „Wir haben wahrlich keinen Grund, uns am heutigen Tag an Siegesfeiern zu beteiligen. Aber wir haben allen Grund, den 8. Mai 1945 als das Ende eines Irrweges deutscher Geschichte zu erkennen, das den Keim der Hoffnung auf eine bessere Zukunft barg." Erörtern Sie, ausgehend von diesen Überlegungen, inwieweit die Begriffe „Niederlage" und „Befreiung" die Lage Deutschlands im Jahre 1945 angemessen charakterisieren.

M5 Erinnerungen an den 8. Mai 1945

a) Siegfried Unseld:

Unseld, geb. 1924, wurde 1942 zur Wehrmacht eingezogen. Nach dem Krieg studierte er u. a. Germanistik und Philosophie. Von 1959 bis zu seinem Tode 2002 war er Geschäftsführer des Suhrkamp Verlags, seit 1963 auch des Insel Verlags.

Dieser achte Mai 1945: Irgendwie war alles widersinnig. Man hatte als Deutscher für einen guten Ausgang des Krieges gekämpft, und nun musste man das Unvorstellbare, Niederlage und Kapitulation, herbeiwünschen, der Wahnsinn musste zu Ende sein. Ich sagte nicht die Wahrheit, wenn ich von Erleichterung oder Befreiung spräche. Irgendwie war alles zu Ende, und es war richtig so. Irgendwie musste es aber weitergehen, aber wie sollte es weitergehen? Nie wieder das, was war, das war sicher! Aber Gefühle von Schuld, Scham und Schande wurden erst später bestimmend. Ohnmacht und Bewusstlosigkeit vermischten sich mit dem selbstbewussten Gefühl, Gefahren, oft auf des Messers Schneide, überlebt zu haben und mit dem lebhaften Instinkt des Zwanzigjährigen weiterleben zu wollen. Man hatte Furcht vor der Gefangenschaft und Furcht vor der Freiheit. Für mich war dieser Tag Leere und Lehre zugleich. Es ist gut, sich daran zu erinnern. Wer das Böse vergessen will, lässt es dauern, nur wenn wir erinnern, vermögen wir uns von ihm zu lösen, uns zu erlösen.

b) Hildegard Hamm-Brücher:

Die FDP-Politikerin und promovierte Chemikerin, geb. 1921, gehörte zum weiteren Widerstandskreis um die „Weiße Rose".

In der Nacht des Waffenstillstandes am 8. Mai fingen ein großes Feiern und Freuen an. Erleichterung breitete sich aus, selbst bei Leuten, die nicht gerade zu den Nazigegnern gezählt hatten. Sie beteuerten, man sei ja schon immer dagegen gewesen. Die echten Nazis waren nicht mehr zu sehen. Ich weiß noch genau, dass sich wildfremde Menschen mit Tränen in den Augen um den Hals fielen [...]. Nie wieder in meinem Leben habe ich so intensiv gefühlt, was es heißt, weiterleben zu dürfen – frei leben zu dürfen –, ohne Ängste in unendlicher Dankbarkeit und in der unerschütterlichen Hoffnung auf eine bessere Zukunft. [...] Im Laufe dieses ersten begnadeten Nachkriegssommers reifte dann mein Entschluss, von nun an mein Leben dafür einzusetzen, wofür Freunde im Widerstand und ungezählte Millionen Juden und Nichtjuden ihr Leben geopfert hatten: für Freiheit und Menschenwürde. Gegen jede Form des Rassismus und nationalistischer Überheblichkeit! Der Entschluss, mich politisch zu engagieren! Als ich ein Kind war, pervertierte das deutsche Nationalbewusstsein zu folgenschwerem Größenwahn, der – als ich erwachsen wurde – zum Krieg, zur Zerstörung Europas und zum Holocaust führte. Als wir – vor nun 50 Jahren – besiegt und davon befreit waren, gab es für mich fortan nur einen politisch-moralischen Imperativ: NIE

WIEDER! Und zwar in zweierlei Hinsicht: die Einzigartigkeit der Verbrechen, die es zu sühnen und soweit möglich wiedergutzumachen galt – und die Einzigartigkeit des Versagens der Deutschen, zu denen ich ja auch gehörte.

c) Ralph Giordano:

Der Schriftsteller Giordano, geb. 1923, musste als Sohn einer jüdischen Mutter 1940 seine Schule in Hamburg verlassen und wurde mehrfach von der Gestapo misshandelt. Als die Mutter 1944 deportiert werden sollte, tauchte die Familie unter. Der Einmarsch der britischen Armee rettete sie.

Meine deprimierendsten Erfahrungen mit meiner deutschen Umwelt liegen eigentlich nach 1945, nicht vor 1945, als die Fronten klar gewesen waren. Es gab Feinde, Todfeinde. Es gab eine große indifferente Masse, und es gab Freunde, Bundesgenossen, die bereit waren, ihr Leben für die Verfolgten einzusetzen, wie in unserem Fall. Jetzt plötzlich danach gab es eine kollektive Grundhaltung, die so unwahrhaftig war, wie man es sich nur denken kann, das heißt, die überwältigende Mehrheit der deutschen Nation war angeblich und scheinbar vor 1945 im Widerstand gewesen. Niemand war Nazi gewesen. Jeder wollte einen Juden versteckt haben, das heißt, es war ein deutlich sichtbarer und hörbarer Vergeltungsschock da, das heißt, die Menschen hatten, ohne Ausmaß und Detail dessen zu kennen, was der Vernichtungsapparat angerichtet hatte, ein dunkles, tief schlechtes Gewissen, und das versuchten sie auf diese Weise zu kompensieren. Es war schauerlich. Und das ist eine Haltung, die sich leider, leider dann auf andere Weise, mit anderen Vorzeichen, fortgesetzt hat. [...] Ich spreche jetzt nicht von den Deutschen, sondern ich spreche, was die ältere Generation anbetrifft, von einer großen Mehrheit. Und diese Erfahrung war nicht gut, um es sehr, sehr vorsichtig auszudrücken. [...] Vor der Befreiung war für uns alle völlig klar: Wir würden dieses Deutschland so schnell wie möglich verlassen. [...] Wir haben ab 1939 nur von den Deutschen gesprochen. Wir haben uns überhaupt nicht zugehörig gefühlt. Die Isolierung begann gleich 1933, am ersten Tag, als wir die Schule besuchten und in Nichtarier und Arier geteilt wurden. Nein, das war für uns vollkommen klar: Wir würden Deutschland verlassen. Es ist dann nicht so gekommen, und zwar durch Umstände und Zustände, durch Motive, die wir vorher nicht so erahnen konnten. Zum Beispiel: Es war ja eine Zeit großer Not, was würde aus den Menschen werden, die uns geholfen hatten zu überleben? Konnten wir sie jetzt einfach im Stich lassen? Und nach diesem kurzen Vergeltungsschock war sehr schnell klar, dass die Ehemaligen, die Anhänger Hitlers, wieder Mut fassten, und das, was ich die zweite Schuld nenne, also Verdrängung, Verleugnung der ersten unter Hitler, als zweite Schuld nach 1945, das war ganz offensichtlich: die Täter würden davonkommen. Ich wäre mir wie ein Deserteur vorgekommen, wenn ich das verwirklicht hätte, was vor der Befreiung klar gewesen war, nämlich nach Amerika zu gehen. Es ging nicht. Weiter: Die deutsche Sprache war ja meine Muttersprache. [...] Das alles sind Bindungen gewesen, die stärker waren als die angerichteten Schäden. Es müssen starke Bindungen gewesen sein, denn die Schäden sind unheilbar.

M 8 a–c zit. nach: Hans Sarkowicz (Hg.), Als der Krieg zu Ende war. Erinnerungen, Insel, Frankfurt/Main 1995, S. 116 f., 198 ff., 173, 176, 126 ff.

1 Beschreiben Sie, wie die Zeitzeugen das Kriegsende 1945 erlebt und welche Konsequenzen sie aus dem Ende der NS-Diktatur gezogen haben (M 5 a–c).

M 6 „Durch die Straßen Bettlern gleich, Ziehn wir dank dem NAZI-Reich“, Plakat der Kölner Stadtverwaltung, 1945

1 Interpretieren Sie das Plakat M 6.

M 7 Eine Frau berichtet am 5. Juli 1945 über ihre Ausweisung aus Sorau[1] im Juni 1945

Am 23. Juni 1945 wurden wir nun vollkommen überraschend binnen zehn Minuten vom Polen ausgewiesen. Ich lebte damals wieder in meinem Haus, das ging immer hin und her, mal wurde man herausgeschmissen, dann wagte man sich wieder hinein, schaffte den schlimmsten Schmutz heraus, um dann doch bald wieder herausgeworfen zu werden. Niemand von uns hatte mit einer Ausweisung gerechnet. Wohl kamen eine Woche vorher die Zivilpolen und uns wurde gesagt, dass wir nun polnisch verwaltet würden. Die Zivilpolen benahmen sich anständig, sie plünderten wohl auch noch, aber viel hatte der Russe ja nicht übrig gelassen. Aber Vergewaltigungen kamen da kaum vor. Bis dann am Morgen des 23. Juni 1945 die polnische Soldateska erschien [...] und die gesamte Bevölkerung Soraus, gegen 29 000 Menschen, an diesem Tag auswies. Nur ganz wenige, die in den Fabriken für den Russen arbeiteten, durften bleiben. Mir ließen sie wie allen genau zehn Minuten Zeit. [...] Es war ein Elendszug, denn Züge gingen ja nicht, und so zogen, man kann wohl sagen drei Monate lang, die Ausgewiesenen Schlesiens und Ostbrandenburgs auf diesen Landstraßen entlang: Kinderwagen, Leiterwagen, Schiebkarren, Sportwagen, man sah die unmöglichsten Gefährte.

Dokumentation der Vertreibung der Deutschen aus Ost-Mitteleuropa, Bde. 1–2: Die Vertreibung der deutschen Bevölkerung aus den Gebieten östlich der Oder-Neiße, hg. v. Bundesministerim für Vertriebene, Bonn 1955, S. 688 f.

1 Stadt in der östlichen Niederlausitz, die 1945 polnisch wurde.

1 **Nennen Sie Gründe für die in M 7 geschilderte Härte gegenüber den Deutschen.**
2 **Erklären Sie den Unterschied zwischen Flucht und Vertreibung (M 7, M 8, Darstellungstext).**
3 **Erläutern Sie, inwiefern die Integration der Vertriebenen eine Herausforderung darstellte (Darstellungstext, M 4 und M 7).**

M 8 Aus einem Zeitungsartikel des amerikanischen Historikers Norman M. Naimark zur Verantwortung für die Vertreibungen, 2004

Die meisten Historiker sind sich darüber einig, dass man die Vertreibung im Zusammenhang der Zeitgeschichte betrachten muss. Zuerst war die brutale Bevölkerungspolitik des rassistischen Nazi-Staates in den Ostgebieten. Die Polen und Juden wurden aus den polnischen Gebieten vertrieben, die dem Reich angeschlossen wurden. Dann gab es den eliminatorischen Angriff der Nazis auf die polnische Elite; es folgte Hans Franks brutale Herrschaft über das Generalgouvernement. Die Nazis waren nicht nur für den Tod von drei Millionen Polen und drei Millionen polnischen Juden verantwortlich. Das Besatzungsregime wollte die Polen außerdem zu einer Nation von Sklaven machen und ließ keine Gelegenheit aus, sie zu erniedrigen und zu quälen.

Ein zweiter Zusammenhang darf nicht übersehen werden: die Politik der gezielten Zwangsausweisungen der polnischen Regierung. Von den Exilregierungen in London bis zur kommunistisch dominierten Regierung in Warschau waren alle Politiker fest entschlossen, die Deutschen von ihrem Staatsgebiet zu vertreiben. […] Man war sich einig, dass niemand außer einigen wenigen spezialisierten Arbeitskräften zurückbleiben sollte und dass es keinen Unterschied machte, ob die betroffenen Deutschen jung oder alt, Faschisten oder Antifaschisten, gute oder schlechte Vorkriegsbürger gewesen waren. Alle mussten das Land verlassen. So führte nicht die spontane Empörung von Bürgern am Ort zur Vertreibung. Sie wurde von der Regierung und deren Bevollmächtigten, von Paramilitärs, Justizorganen und Armee-Einheiten, geplant und ausgeführt.

Der dritte Kontext ist die internationale Gemeinschaft. Die Alliierten hatten gerade einen furchtbaren Krieg gekämpft; sie hatten daher nicht viel Mitleid mit den Deutschen in ihrer Notlage. Die Konversationen zwischen Stalin, Churchill und sogar Roosevelt legen eine Gefühllosigkeit gegen menschliches Leben offen, wenn immer es um die Deutschen ging. […] Die Alliierten beschäftigte in erster Linie die Frage, ob es für diese Flüchtlinge genug Platz in den vier Besatzungszonen gab. Auf der Potsdamer Konferenz im Sommer 1945 versuchten sie, die Übersiedlung zu verlangsamen und humaner zu gestalten. Aber die Konferenz setzte den brutalen Deportationen kein Ende. Stattdessen verschlechterten sich die Umstände noch, weil viele Deutsche bis zum Zeitpunkt ihrer Überführung interniert wurden.

Man kann Tausende Seiten furchtbarster Erinnerungen von Vertreibungsopfern lesen, ohne auch nur ein einziges Wort über den ersten Zusammenhang, die Verantwortung der Nationalsozialisten, zu finden. Die polnischen Presseberichte über Vertreibungen erwähnen kaum den zweiten Kontext, die Verantwortung der polnischen Regierung. Der dritte, internationale Kontext ist für alle Seiten attraktiv, aber besonders für die Polen, weil die Verantwortung für die Vertreibungen anderen zugeschrieben werden kann, nämlich den Alliierten und insbesondere Stalin und der Sowjetunion. […]

Frankfurter Allgemeine Zeitung vom 21. Januar 2004, S. 7.

1 **Stellen Sie begründet dar, wen Naimark für die Vertreibungen verantwortlich macht (M 8).**
2 **Erklären Sie die in M 8 dargestellte Perspektive der Polen bzw. der Deutschen.**
3 **Recherche und Diskussion:** Im März 2008 beschloss die Bundesregierung in Berlin ein „Zentrum gegen Vertreibung“ zu errichten, um das Schicksal der deutschen Heimatvertriebenen und anderer Bevölkerungsgruppen in Europa zu dokumentieren und aufzuarbeiten. Die geplante Erinnerungsstätte führte zu heftigen Debatten.
a) Recherchieren Sie im Internet nach den Hintergründen der Debatte und dokumentieren Sie die Pro- und Contra-Argumente.
b) Informieren Sie sich über den aktuellen Stand der Auseinandersetzung und der Planungen für das Zentrum.
c) Führen Sie anschließend in der Klasse eine Podiumsdiskussion zum Thema: „Brauchen wir ein Zentrum gegen Vertreibung?“
(Erste Informationen finden Sie unter: *www.cornelsen.de/sixcms/media.php/8/sbp_kursbuch_geschichte_aa11.pdf.*)

4 Die doppelte Staatsgründung

4.1 Von der Bizone zur Bundesrepublik

M1 Nürnberger Prozess gegen die Hauptkriegsverbrecher, Fotografie, 1946

Entnazifizierung und *Reeducation*

Die Alliierten stimmten darin überein, dass der Nationalsozialismus in Deutschland ausgerottet werden müsse. Diese Abrechnung mit der NS-Diktatur, die in den ersten Nachkriegsjahren oberste Priorität besaß, lag vor allem in den Händen der Siegermächte. Zu ihren ersten Maßnahmen gehörten die Auflösung der NSDAP sowie die Verhaftung und Internierung führender Parteifunktionäre, SS-Offiziere und leitender Beamter. Vom 20. November 1945 bis zum 1. Oktober 1946 verhandelte der **Internationale Militärgerichtshof in Nürnberg** – aus symbolischen Gründen wählten die Alliierten die Stadt der NS-Reichsparteitage – gegen führende NS-Größen wie Göring, Heß, von Ribbentropp (M 1, 1. Reihe von links) und Speer. Hitler, Himmler und Goebbels hatten sich bereits vor Kriegsende durch Selbstmord der Verantwortung entzogen. Die Siegermächte legten den Angeklagten die Vorbereitung und Führung eines Angriffskrieges, Kriegsverbrechen und Völkermord zur Last. Die Richter verkündeten zwölf Todesurteile, sieben langjährige Haftstrafen und drei Freisprüche. Die NSDAP, die SS, die Gestapo und der SD (Sicherheitsdienst) wurden zu verbrecherischen Organisationen erklärt; die Strafverfolgung ihrer Mitglieder wurde jedoch von einer nachweislichen persönlichen Schuld abhängig gemacht. Der Nürnberger Prozess führte der deutschen und der Weltöffentlichkeit erstmals die Verbrechen der NS-Diktatur vor Augen, denn Presse und Rundfunk berichteten ausführlich über Verlauf und Ergebnisse. Mit diesem Prozess endeten die Gemeinsamkeiten der Alliierten bei der Verfolgung und Bestrafung der NS-Führungselite. In allen vier Besatzungszonen gab es eine große Zahl weiterer Gerichtsverfahren gegen NS-Täter, die jedoch in die Zuständigkeit der jeweiligen Besatzungsmacht fielen. Die bis 1949 durchgeführten zwölf **Nürnberger Nachfolgeprozesse** (unter anderem gegen Juristen, Mediziner, Beamte, Generäle, Diplomaten und Wirtschaftsmanager) fanden vor US-Militärgerichten statt.

Die von den Alliierten organisierten politischen Säuberungen richteten sich nicht nur gegen Kriegsverbrecher, sondern zielten auch auf die umfassende **Entnazifizierung** Deutschlands. Hunderttausende NS-Funktionäre wurden zeitweilig interniert sowie ehemalige NSDAP-Mitglieder an Schulen, in der staatlichen Verwaltung und in Wirtschaftsunternehmen entlassen. Millionen Deutsche mussten mithilfe eines Fragebogens ihren beruflichen und politischen Werdegang in der NS-Zeit offenlegen. In den Westzonen stuften Spruchkammern in einem prozessähnlichen Verfahren die erfassten Personen je nach dem Grad ihrer individuellen Verantwortung in fünf Kategorien ein: Hauptschuldige, Belastete, Minderbelastete, Mitläufer und Entlastete. Die Strafen reichten von Haft über Vermögenseinzug und Geldbußen bis zum Entzug des Wahlrechts. Ab 1946/47 übertrugen die Militärbehörden die Entnazifizierung deutschen Spruchkammern, die manche Entlassung aus dem öffentlichen Dienst wieder aufhoben. Außerdem endeten Verfahren immer öfter mit dem Spruch „Mitläufer“ oder „Unbelasteter“. Ein Historiker hat die Entnazifizierung in den Westzonen daher einmal als „Mitläuferfabrik“ bezeichnet. Trotz dieser Schwäche der westlichen Entnazifizierungspolitik hatten die Alliierten durchaus Erfolge bei der politischen Säuberung Deutschlands vorzuweisen (M 10). Darüber hinaus wollten die Westmächte die deutsche Bevölkerung mit den Spielregeln einer modernen westlichen Demokratie vertraut machen. Hierfür entwarfen die USA das Konzept der **Reeducation** („Umerziehung“), dessen Schwerpunkte in der Umgestaltung des Kultur- und Bildungswesens lagen (M 11).

Internettipp
www.kriegsverbrecherprozesse.nuernberg.de
Die Stadt Nürnberg informiert über die Angeklagten, den Verlauf und die Bedeutung der Nürnberger Prozesse.

M2 Karikatur zur Entnazifizierung, Titelblatt der Zeitschrift „Das Wespennest“ (westliche Besatzungszonen) vom 7. Oktober 1948

Währungsreform und wirtschaftlicher Neubeginn

Ein bedeutender Schritt auf dem Weg zur Gründung der Bundesrepublik war 1948 die **Währungsreform** in den drei westlichen Besatzungszonen, die vor allem von den Amerikanern forciert wurde. Um die Versorgung der Bevölkerung in den Westzonen zu sichern, musste die Bevölkerung wieder Vertrauen in die Währung gewinnen. Zudem war eine stabile Währung die Voraussetzung, um mit dem Marshall-Plan einen nachhaltigen **Wirtschaftsaufschwung** einzuleiten. Die wirtschaftliche Situation nach Kriegsende war verheerend – die Industrieproduktion betrug 1945 nur noch 20 Prozent des Standes von 1936 –, doch die Ausgangsbedingungen für einen erfolgreichen Wiederaufbau waren günstig. Die Kriegsschäden an Fabriken und Maschinen waren weniger stark als zunächst befürchtet. Die Währungsreform veränderte die wirtschaftlichen Rahmenbedingungen grundlegend: Zwangsbewirtschaftung und Rationierung endeten, der freie Markt bestimmte nun das wirtschaftliche Denken und Handeln. Am 20. Juni 1948 brachten die Amerikaner 500 Tonnen neue Banknoten im Gesamtwert von 5,7 Milliarden DM (ca. 2,9 Mrd. Euro) über das deutsche Bankensystem in allen drei westlichen Zonen in Umlauf. Bereits am 1. März 1948 war die Bank deutscher Länder als Zentralbank durch eine britisch-amerikanische Gemeinschaftsinitiative gegründet worden. So wurde das Notenbanksystem zur ersten Einrichtung, die alle drei Westzonen umfasste. Die Umtauschrelation zwischen alter RM (Reichsmark) und neuer DM wurde auf 10:1 festgelegt. Jede Person erhielt einen „Kopfgeld“-Betrag von 40 DM (ca. 20 Euro). Für Löhne, Gehälter, Miet- und Pachtzinsen, Pensionen und Renten galt eine Relation von 1:1. Während Bank- und Sparkassenguthaben im Verhältnis 10:1 abgewertet wurden, blieben Produktivvermögen, Haus- und Immobilienbesitz unangetastet. Dadurch wurden besonders Flüchtlinge und Vertriebene benachteiligt, was jedoch durch die bereits im August 1948 als „Soforthilfe“ beginnende Lastenausgleichsgesetzgebung (s. S. 93) abgemildert wurde.
Der **psychologische Effekt der Währungsreform** war enorm. Die Lebensmittelkarten verschwanden und die Schaufenster füllten sich. Die Liberalisierung des Warenverkehrs und die Aufhebung des Lohnstopps im November 1948 boten einen Leistungsanreiz und steigerten die Arbeitsmoral. In der Erinnerung vieler Westdeutscher wurde die Währungsreform zum „eigentlichen“ Gründungsdatum der späteren Bundesrepublik.
Zwar wurde drei Tage später auch in der SBZ eine Währungsreform durchgeführt und die Ostmark eingeführt, aber weniger erfolgreich. Die Rationierung von Fleisch, Fett und Zucker endete erst 1958. Erst jetzt verschwanden die Lebensmittelkarten aus dem Leben der DDR-Bürger. Stalins unmittelbare Reaktion auf den wirtschaftlichen Zusammenschluss der Westzonen war die Blockade Berlins (s. S. 43), die bei Westdeutschen den Wunsch nach Integration in den „erfolgreichen“ Westen verstärkte. Aus Siegern wurden Freunde, aus Besatzern die Schutzmacht gegen den Kommunismus.

Politischer Neubeginn

Die Westmächte verfügten weder über ein einheitliches noch ein fest umrissenes Konzept für den Neuaufbau von Kommunen, Ländern oder Parteien. Viele Entwicklungen mussten anfangs aus dem Stegreif organisiert werden, um ein geordnetes gesellschaftliches Leben zu ermöglichen und die Bevölkerung mit dem Notwendigsten zu versorgen. Bei der Einsetzung von **Kommunalverwaltungen** griffen die zuständigen Militärbefehlshaber häufig auf örtliche Honoratioren wie Geistliche oder Lehrer zurück – soweit sie nicht Nationalsozialisten gewesen waren – und auf Kommunalbeamte aus der Weimarer Zeit, die von den Nationalsozialisten aus dem Dienst entfernt worden waren. Ein wichtiger Schritt zum Aufbau einer modernen Demokratie „von unten“ markierten die **Kommunalwahlen** von 1946. Zwar standen die

M3 Lebensmittelkarte, Bayern, ca. 1946 (Ausschnitt)

M4 Nach der Währungsreform füllen sich die Schaufenster, Fotografie, 1948

M5 Carl Reiser, „In die neue Zeit mit der Sozialdemokratie", Plakat, um 1946

M6 CDU-Plakat zu den Kommunalwahlen in Nordrhein-Westfalen im Juni 1946

Kommunen nach wie vor unter der Aufsicht der Militärverwaltungen, aber aus den bisherigen reinen Auftragsverwaltungen waren demokratisch legitimierte Organe der lokalen Selbstverwaltung geworden.

Unabhängig voneinander leiteten die Siegermächte 1945 bis 1947 die nächste Stufe der verfassungspolitischen Neuordnung ein, die **Gründung von Ländern**. Die ersten Länder Bayern, (Groß-)Hessen und Württemberg-Baden entstanden bereits 1945 in der amerikanischen Zone. Die Militärregierung hatte die ersten drei Ministerpräsidenten ernannt und ordnete im Frühjahr 1946 die Aufnahme von Verfassungsberatungen in Ausschüssen und gewählten Versammlungen an. Ende 1946 fanden die ersten Landtagswahlen statt, gleichzeitig stimmte die Bevölkerung über die **Länderverfassungen** ab. Die französische Regierung errichtete Ende August 1946 in ihrer Zone neben den schon bestehenden Ländern Baden und Württemberg-Hohenzollern das Land Rheinland-Pfalz. Das Saarland wurde Ende 1946 in das Wirtschaftsgebiet Frankreichs einbezogen. Die Verfassungen dieser Länder wurden in langwierigen Debatten in Ausschüssen und Kommissionen ausgearbeitet und im Frühsommer 1947 (mit Ausnahme des Saarlandes) in Volksabstimmungen angenommen. Die Landesverfassungen der im August 1946 durch Neugliederung der britischen Zone entstandenen Länder Nordrhein-Westfalen, Schleswig-Holstein, Niedersachsen und Hamburg wurden erst nach dem Inkrafttreten des Grundgesetzes verabschiedet.

Die Militärregierungen haben die Ländergründungen und den Prozess der Verfassunggebung zwar angestoßen, beobachtet und kontrolliert. Aber sie haben darauf verzichtet, den deutschen Ländern ihre eigenen Demokratiemodelle aufzuzwingen. Die Deutschen diskutierten und gestalteten ihre Verfassungen weitgehend eigenständig. Ähnlich wie bei den Beratungen für das Grundgesetz diente die Weimarer Verfassung als Vor- und Gegenbild: Im Mittelpunkt stand die Frage, welche Konsequenzen aus dem Scheitern der ersten deutschen Demokratie gezogen werden müssten, um die Wiederkehr diktatorischer Herrschaft zu verhindern. Bei der Einsetzung der ersten Landesregierungen und Landtage sowie bei der Genehmigung der ersten Parteien erleichterten die Westalliierten die Wiedereinsetzung von Politikern, die während der Weimarer Republik den stärkeren Parteien der politischen Mitte angehört hatten.

Der Gründung der Bundesrepublik Deutschland im Jahre 1949 ging neben der Entstehung der Länder auch die **Formierung der Parteien** voraus. Bei ihrer Genehmigung achteten die Besatzungsmächte genau darauf, dass keine rückwärtsgewandten oder neonazistischen Parteien das politische Leben bestimmen konnten. 1945/46 gab es sowohl Wiedergründungen von Parteien, die bereits in der Weimarer Republik bestanden, als auch Neugründungen, die nach ihrer politischen Zusammensetzung und Ausrichtung keine Vorgänger besaßen. Bei der **KPD** und der **SPD** handelt es sich um Wiedergründungen. Beide Parteien konnten auf alte Organisationsnetze zurückgreifen. In der Weimarer Zeit verfügten sie über einen voll ausgebauten Parteiapparat und einen umfangreichen Mitglieder- und Wählerstamm. Die **Liberalen** benötigten trotz ihrer Tradition längere Zeit für die organisatorische Zusammenfassung ihrer unterschiedlichen regionalen und programmatischen Strömungen in einer Partei. Uneingeschränkte Neugründungen waren organisatorisch wie programmatisch die überkonfessionell ausgerichtete **CDU** und die katholisch geprägte bayerische **CSU**.

Das Grundgesetz

Als die Westmächte seit Beginn des Kalten Krieges 1946/47 den Neuaufbau in ihren Besatzungszonen beschlossen, war die Teilung Deutschlands nicht ihr Ziel. Sie wurde als kleineres Übel in Kauf genommen, da mit der Sowjetunion keine gemeinsame Deutschlandpolitik mehr möglich war. Die Militärgouverneure hielten es für notwendig, das politische System Deutschlands in einer Verfassung zu regeln. Daher beauftragten sie am 1. Juli 1948 die Ministerpräsidenten ihrer Länder mit der Einberufung einer verfassunggebenden Versammlung. Diesen Auftrag konkretisierten sie in den „Dokumenten zur künftigen politischen Entwicklung Deutschlands", den **„Frankfurter Dokumenten"**, die die Ausarbeitung einer **demokratischen Verfassung** mit ausgeprägten **föderalistischen** Eigenschaften verlangten (M 12). Gegenüber der reinen Besatzungsherrschaft war diese Entwicklung zu größerer politischer Selbstständigkeit der Deutschen ein Fortschritt. Das würdigten die Ministerpräsidenten, die sich im Jahr 1948 auf mehreren Konferenzen mit der politischen Zukunft Deutschlands beschäftigten. Ziel war ein handlungsfähiger und in absehbarer Zeit auch souveräner westdeutscher Teilstaat, doch sollte eine spätere gesamtdeutsche Lösung nicht ausgeschlossen werden.

Der von den Ministerpräsidenten eingesetzte „Verfassungskonvent auf Herrenchiemsee" legte im August 1948 die Kriterien für die Wahlen zum Parlamentarischen Rat fest, einigte sich auf Bonn als Tagungsort, berief ein vorbereitendes Expertengremium ein und formulierte in dem „Bericht von Herrenchiemsee" einen Entwurf, der die ersten Umrisse des Grundgesetzes sichtbar machte. Der **Parlamentarische Rat** arbeitete dann von September 1948 bis Mai 1949 das Grundgesetz aus. Zu seinem Präsidenten wählte er den CDU-Politiker Konrad Adenauer (s. S. 79). Adenauer und der Sozialdemokrat Carlo Schmid, der den Vorsitz im wichtigen Hauptausschuss innehatte, prägten die Verfassungsberatungen nachhaltig. Die drei Militärregierungen beobachteten die Beratungen aufmerksam und hielten engen Kontakt zu den Abgeordneten. Am 8. Mai 1949, genau vier Jahre nach der bedingungslosen Kapitulation Deutschlands, verabschiedete der Parlamentarische Rat mit 53 zu 12 Stimmen das Grundgesetz (M 9). Die Militärgouverneure genehmigten es vier Tage später, sicherten sich aber ihre Zuständigkeit für West-Berlin. Das **Grundgesetz trat am 23. Mai 1949 in Kraft**, nachdem es die Landesparlamente mit Ausnahme Bayerns ratifiziert hatten. Die Bundesrepublik

Internettipp
www.bpb.de
Das Dossier der Bundeszentrale für politische Bildung informiert umfassend über das Grundgesetz und seine Geschichte (Suchbegriff: Parlamentarischer Rat).

M 7 „Bonn – Die neue deutsche Republik", Karikatur aus der Tageszeitung „Baltimore Sun", USA, 1948

1 Interpretieren Sie die Karikatur M 7.
2 Überprüfen Sie mithilfe des Darstellungstextes, inwieweit M 7 die Haltung der Siegermächte bei der Gründung der Bundesrepublik Deutschland zutreffend wiedergibt.

Deutschland besaß damit eine freiheitliche demokratische Verfassung, die das politisch-gesellschaftliche Leben regelte. Souverän war der westdeutsche Teilstaat jedoch nicht. Am 20. September 1949 trat das **Besatzungsstatut** in Kraft, das die Handlungs- und Entscheidungsfreiheit der Bundesregierung einschränkte. Die Westmächte behielten sich das Recht vor, in die Politik des jungen Staates ohne deutsche Zustimmung einzugreifen. Das galt für die Bereiche Außenpolitik, Abrüstung und Entmilitarisierung, Reparationen, Dekartellierung und Devisenbewirtschaftung. Sie waren vertreten durch zivile Hohe Kommissare, die an die Stelle der Militärgouverneure traten und die **Alliierte Hohe Kommission** bildeten. Durch ihre Streitkräfte garantierten die westlichen Alliierten die Sicherheit der Bundesrepublik Deutschland.

Grundprinzipien der zweiten deutschen Demokratie

Deutschland war seit 1949 ein geteiltes Land. Das Grundgesetz der Bundesrepublik Deutschland forderte jedoch in der Präambel das „gesamte deutsche Volk" ausdrücklich auf, in „freier Selbstbestimmung die Einheit und Freiheit Deutschlands zu vollenden". Das gelang erst mit der Wiedervereinigung Deutschlands in den Jahren 1989/90. Bis zu diesem Zeitpunkt lebten nur die Bürger im westlichen deutschen Teilstaat in einem demokratischen Staatswesen. Diese zweite deutsche Demokratie wurde 1949 mit dem festen Willen geschaffen, sie vor ihren inneren Feinden zu schützen. Das Grundgesetz sollte institutionelle Sicherungen errichten, um die Zerstörung der Demokratie bzw. die Errichtung einer Diktatur zu verhindern. Das **Bundesverfassungsgericht*** hat daher die Bundesrepublik einmal als „streitbare, wehrhafte Demokratie" bezeichnet, gestaltet „aus den bitteren Erfahrungen mit dem Schicksal der Weimarer Demokratie". Diese „streitbare Demokratie" diente aber auch als Schutzwall gegen die kommunistische Bedrohung der Gegenwart. Historiker, Sozialwissenschaftler und Juristen sprechen daher vom **„antitotalitären Geist" des Grundgesetzes**, der aus der doppelten Abwehr der totalitären Diktaturen des Nationalsozialismus und des Kommunismus entstand. Das Grundgesetz erlaubt ausdrücklich den Kampf gegen die Feinde der freiheitlich-demokratischen Grundordnung. Personen oder Vereinigungen können ihre grundgesetzlich verbürgten Grundrechte (z. B. Presse- und Versammlungsfreiheit, Freiheit der Meinungsäußerung) verlieren, wenn sie die vom Grundgesetz garantierte Staats- und Gesellschaftsordnung beseitigen wollen oder beeinträchtigen. Verfassungsfeindliche Vereine können von den Innenministern der Länder verboten werden, verfassungsfeindliche Parteien vom Bundesverfassungsgericht. Das Grundgesetz räumt überdies in Artikel 20 das **Recht zum „Widerstand"** gegen jeden ein, der es unternimmt, die verfassungsmäßige Ordnung zu beseitigen – vorausgesetzt, dass Abhilfe anders nicht möglich ist. Eine weitere Lehre aus dem Scheitern der Weimarer Demokratie und der Errichtung der menschenverachtenden NS-Diktatur zog der Parlamentarische Rat, indem er einen umfangreichen Katalog an **Grund- und Menschenrechten** im Grundgesetz verankerte. Dieser garantiert grundlegende Freiheitsrechte und verbietet in Artikel 79 deren Veränderung oder Abschaffung. Diese „Ewigkeitsklausel" schließt Änderungen an dem Grundgehalt des Grundgesetzes aus, auch solche Änderungen, „welche die Gliederung des Bundes in Länder, die grundsätzliche Mitwirkung der Länder bei der Gesetzgebung" betreffen. Die Demokratie des Grundgesetzes ist eine **repräsentative Demokratie**, in der die Volksvertretung, der Deutsche Bundestag, und der vom Parlament gewählte Bundeskanzler eine starke Stellung besitzen. Nach den Erfahrungen mit den Volksbegehren in der Weimarer Zeit verzichtet das Grundgesetz auf Bundesebene auf plebiszitäre Elemente. Anders als der vom Volk direkt gewählte Reichspräsident in der Weimarer Republik sollte der Bundespräsident der Bundesrepublik Deutschland kein „Ersatzkaiser" mehr sein. Er wird von der Bundesversammlung

Bundesverfassungsgericht
Das Bundesverfassungsgericht mit Sitz in Karlsruhe ist der oberste Hüter des Grundgesetzes. Es ist Gericht und zugleich Verfassungsorgan. Das Gericht untersteht keiner Dienstaufsicht. Sein Präsident ist oberster Dienstherr der Beamten des Gerichts. Die Entscheidungen des Bundesverfassungsgerichts binden die Verfassungsorgane des Bundes und der Länder sowie alle Gerichte und Behörden. In den dafür in Betracht kommenden Fällen erlangen sie sogar Gesetzeskraft.

Literaturtipps
Peter Zolling, Das Grundgesetz. Unsere Verfassung – wie sie entstand und was sie ist, München 2009.
Eine anschauliche Erklärung des Grundgesetzes und seiner Entstehungsgeschichte für junge Leser.

Christian Bommarius, Das Grundgesetz. Eine Biografie, Berlin 2009.
Kenntnisreiche, gut lesbare Darstellung der Geschichte des Grundgesetzes und seiner Entstehung im Spannungsfeld von Politik, Recht und Gesellschaft.

gewählt und besitzt überwiegend repräsentative Aufgaben. Eine der wichtigsten Entscheidungen des Parlamentarischen Rates bestand darin, die Parteien als unerlässliche Institutionen der politischen Willens- und Mehrheitsbildung anzuerkennen. Die aus dem Kaiserreich stammende Abwertung der Parteien, die auch das politische Leben der Weimarer Republik geprägte hatte, sollte überwunden werden. Von den Parteien verlangt die Verfassung das Bekenntnis zum Grundgesetz sowie innerparteiliche Demokratie. Um die Abgeordneten im Deutschen Bundestag zur Mehrheitsbildung zu zwingen, schreibt das Grundgesetz für die Ablösung einer Regierung das **konstruktive Misstrauensvotum** vor. Ein Bundeskanzler kann nach diesem Verfahren nur durch die Wahl eines neuen Kanzlers gestürzt werden. So sollen häufige Regierungswechsel wie in der Weimarer Zeit verhindert werden. Im Vergleich zur Weimarer Verfassung erhielt die Vertretung der Länder, der Bundesrat, mehr Befugnisse. Damit sollte die Mitwirkung der Länder bei der Gesetzgebung des Bundes gestärkt werden. Diese Forderung hatten nicht allein die Länder, sondern auch die Westalliierten erhoben. Erst nach massiver Mobilisierung der Öffentlichkeit gelang es den Frauen im Parlamentarischen Rat, besonders **Elisabeth Selbert** (1896–1986), die **allgemeine rechtliche Gleichstellung von Mann und Frau** – im Gegensatz zur rein politischen Gleichberechtigung wie in der Weimarer Verfassung – durchzusetzen.

1 Erarbeiten Sie Ziele und Maßnahmen der Entnazifizierung in den Westzonen.
2 Erstellen Sie eine Zeitleiste: Der Weg zur Gründung der Bundesrepublik.
3 Erörtern Sie die Bedeutung der Währungsreform für die Gründung der Bundesrepublik.
4 Erläutern Sie, welche Lehren aus dem Scheitern der Weimarer Republik gezogen wurden (Darstellungstext).

M8 Die vier weiblichen Mitglieder des Parlamentarischen Rates Friederike Nadig, Elisabeth Selbert, Helene Weber und Helene Wessel (v.l.n.r.), Fotografie, 1949

M9 Das Grundgesetz der Bundesrepublik Deutschland (mit Änderungen aufgrund der Vereinigung 1990)

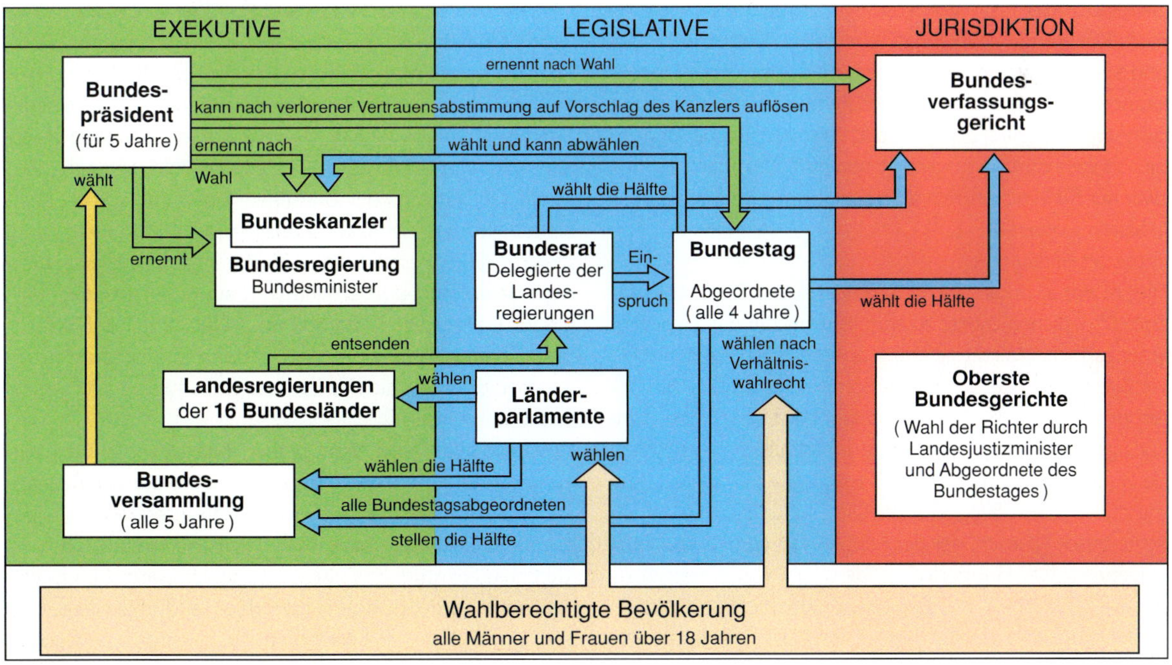

1 Arbeiten Sie die zentralen Merkmale des vom Grundgesetz bestimmten demokratischen Staates heraus.

M 10 Der Historiker Norbert Frei über die Folgen der Entnazifizierung in den Westzonen, 2005

Aus einem Band des Autors mit Aufsätzen zum Umgang der Deutschen mit der NS-Vergangenheit.

Die folgenden Stichworte mögen andeuten, dass es zu kurz greift, diese *Phase der Säuberungspolitik* [zwischen 1945 und 1949] allein unter dem vereinfachenden Begriff der „gescheiterten Entnazifizierung" zu betrachten, wie dies in der Historiografie lange üblich war. Denn zwischen 1945 und 1949 wurden nicht nur „Persilscheine" [= entlastende Bescheinigungen] ausgestellt, sondern auch Kriegsverbrecher hart bestraft, NS-Funktionäre zum Teil für Jahre interniert und sogenannte Mitläufer in durchaus spürbarer Weise zur Rechenschaft gezogen.

Stichwort justizielle Säuberung:

Neben und nach dem Nürnberger Prozess gegen 24 führende Repräsentanten von Partei, Staat und Wehrmacht und gegen sechs NS-Organisationen gab es in den drei westlichen Besatzungszonen Militärgerichtsprozesse gegen annähernd 5000 Angeklagte, von denen etwa 800 zum Tode verurteilt wurden; mindestens ein Drittel dieser Urteile wurde vollstreckt. In den sogenannten Nürnberger Nachfolgeprozessen, die die Amerikaner alleine durchführten, standen 184 ausgewählte Vertreter jener Funktionseliten vor Gericht, die zum Funktionieren des NS-Systems entscheidend beigetragen hatten; vier Fünftel dieser Angeklagten wurden verurteilt, und die Hälfte der 24 Todesurteile wurde vollstreckt.

Stichwort Internierung:

Gewissermaßen zur Vorbeugung nahmen die Alliierten nach Kriegsende massenhaft ehemalige Parteifunktionäre und SS-Mitglieder in „automatic arrest". Allein in der amerikanischen Zone belief sich die Zahl der Internierten gegen Jahresende 1945 auf etwa 100 000 Personen, und etwa doppelt so viele dürften insgesamt von den Westmächten teils zwar nur für Wochen, teils aber auch bis zu drei Jahre in Haft gehalten worden sein [...].

Stichwort Mitläufer:

Hier ist vor allem an die rigorose Politik der Entlassung aus dem öffentlichen Dienst zu erinnern, mit der besonders die amerikanische Militärregierung agierte: Nach zunächst frei verfügten Entlassungen, die im Sommer 1945 auch den Briten und Franzosen als ein probates Mittel erschienen, um etwaige politische Widerstände innerhalb der deutschen Verwaltung zu brechen und NS-Seilschaften zu zerschlagen, musste in der US-Zone schließlich jeder Beamte seinen Schreibtisch räumen, der der NSDAP vor dem 1. Mai 1937 beigetreten war. Hunderttausende waren von diesen Maßnahmen zumindest vorübergehend betroffen, und dass es dabei auch zu Ungerechtigkeiten kam, lässt sich leicht vorstellen. Den meisten Deutschen aber kamen diese Fehler, pointiert gesagt, gerade recht: Lieferten sie doch Ansatzpunkte für eine ebenso intransigente[1] wie rasch einsetzende Kritik, die sich dann noch vor Gründung des Weststaats zu einem Generalverdikt gegen das gesamte Projekt der politischen Säuberung auswuchs.

Norbert Frei, Deutsche Lernprozesse. NS-Vergangenheit und Generationenfolge seit 1945, in: ders., 1945 und Wir. Das Dritte Reich im Bewußtsein der Deutschen, C. H. Beck, München 2005, S. 28 f.

1 intransigent: starr, unnachgiebig

1 Fassen Sie die Wirkungen der Entnazifizierung zusammen (M 10).

M 11 Der Historiker Dennis Meyer über die „Reeducation" durch die Alliierten, 2007

Die Maßnahmen der Reeducation umfassten die durchgehende Akademisierung des Lehrerberufs, Lehrmittel- und Schulgeldfreiheit, die neunjährige Schulpflicht sowie die Umstrukturierung von Presse und Rundfunk. Nach der deutschen Kapitulation wurden zunächst alle Adolf-Hitler-Schulen, NS-Ordensburgen und die Nationalpolitischen Erziehungsanstalten geschlossen, Lehrkörper, -mittel und -pläne entnazifiziert [...]. Am 1. 10. 1945 wurde der reguläre Schulunterricht wieder aufgenommen. Aufgrund des durch die Entnazifizierung entstandenen Lehrermangels (örtlich waren bis zu zwei Drittel der Lehrerschaft entlassen worden) wurden Pensionäre und zu sogenannten „Schulhelfern" ausgebildete Studenten eingestellt; als Lehrmaterial dienten von den Alliierten bereits vor Kriegsende nachgedruckte Schulbücher aus der Weimarer Republik.

Das kulturelle Leben wurde schnell wieder aufgenommen. [...] Hinsichtlich der Presse und Rundfunkpolitik herrschte große Uneinigkeit unter den Alliierten. Nach dem dreimonatigen Presseverbot, dem sogenannten „Blick Out", wurden in den vier Zonen Presselizenzen ausschließlich an Verleger vergeben, die vor 1945 noch nicht publizistisch tätig gewesen waren. In der US-Zone waren nur überparteiliche Zeitungen erlaubt, in der britischen hingegen wurden auch Parteirichtungszeitungen zugelassen. [...] Beim Neuaufbau des Rundfunkwesens setzten die Amerikaner auf föderalistische Strukturen und errichteten Sender auf Länderebene. Briten, Franzosen [...] bauten nur jeweils eine Rundfunkanstalt in ihren Zonen auf. Mithilfe der neu errichteten Massenmedien sollte die demokratische [...] Erziehung vorangetrieben werden.

Die Reeducation umfasste jedoch nicht nur die Reformierung des Bildungs- und Kultursektors, sondern auch Maßnahmen, die direkt bei der Bevölkerung ansetzten. Vor allem die amerikanischen und britischen Alliierten versuchten, durch Aufklärung die Geisteshaltung der Deutschen zu verändern. In Filmvorführungen, Hörfunksendungen, Zeitungsartikeln und an Informationsabenden wurde die Bevölkerung mit den grausamen Verbrechen konfrontiert. Ein Fernbleiben von den Veranstaltungen, auf denen meist erschreckende Bilder von NS-Opfern gezeigt wurden, hatte

mitunter Kürzungen der Rationierung zur Folge. Als besonders drastische Reeducation-Maßnahme gilt die von den amerikanischen Besatzern angeordnete Besichtigung der Leichenberge im Konzentrationslager Buchenwald durch die Einwohner Weimars. [...]
In der zeitgenössischen Diskussion hatte der deutsche Begriff „Umerziehung“ [...] eine eindeutig negative Konnotation[1], wurde den Deutschen dadurch doch die moralische Niederlage, ja eine geistige Unterlegenheit vor Augen gehalten. Insbesondere beim älteren Teil der Bevölkerung erfolgte weniger eine Umerziehung als eine Anpassung an die neuen politischen Tatsachen. Für die junge bundesdeutsche Generation bedeutete die Reeducation jedoch – im Verbund mit der Aufnahme der Bundesrepublik in die westliche Staatengemeinschaft – eine Möglichkeit zur Überwindung der Vergangenheit: An die Stelle des nationalsozialistischen konnte ein demokratisches und zunehmend pluralistisches Weltbild treten. Die Reeducation stellt somit ein fundamentales Element der nachkriegsdeutschen Demokratie dar. Bedingt durch den sich abzeichnenden Kalten Krieg und das Bestreben, die Bundesrepublik als „Bollwerk gegen den Kommunismus“ aufzubauen, wurden viele Maßnahmen allerdings bereits Ende der 1940er-Jahre eingestellt.

Dennis Meyer, Artikel „Reeducation“, in: Torben Fischer, Matthias N. Lorenz (Hg.), Lexikon der „Vergangenheitsbewältigung“ in Deutschland. Debatten- und Diskursgeschichte des Nationalsozialismus nach 1945, transcript Verlag, Bielefeld 2007, S. 20.

1 Konnotation: Nebenbedeutung, Beiklang

1 Arbeiten Sie die wichtigsten Maßnahmen der Reeducation-Politik der Westalliierten heraus (M 11).
2 Erörtern Sie, ob sich Entnazifizierung und Reeducation ergänzten oder widersprachen.

M 12 Aus den Frankfurter Dokumenten, 1. Juli 1948

In Übereinstimmung mit den Beschlüssen ihrer Regierungen autorisieren die Militärgouverneure der amerikanischen, britischen und französischen Besatzungszone in Deutschland die Ministerpräsidenten der Länder ihrer Zonen, eine verfassunggebende Versammlung einzuberufen, die spätestens am 1. September 1948 zusammentreten sollte. [...]
Die verfassunggebende Versammlung wird eine demokratische Verfassung ausarbeiten, die für die beteiligten Länder eine Regierungsform des föderalistischen Typs schafft, die [...] geeignet ist, die gegenwärtig zerrissene deutsche Einheit schließlich wiederherzustellen, und die Rechte der beteiligten Länder schützt, eine angemessene Zentralinstanz schafft und die Garantien der individuellen Rechte und Freiheiten enthält. [...]
Die Militärgouverneure werden den deutschen Regierungen Befugnisse der Gesetzgebung, der Verwaltung und der Rechtsprechung gewähren und sich solche Zuständigkeiten vorbehalten, die nötig sind, um die Erfüllung des grundsätzlichen Zwecks der Besatzung sicherzustellen. Solche Zuständigkeiten sind diejenigen, welche nötig sind, um die Militärgouverneure in die Lage zu setzen:
a) Deutschlands auswärtige Beziehungen vorläufig wahrzunehmen und zu leiten;
b) das Mindestmaß der notwendigen Kontrollen über den deutschen Außenhandel [...] auszuüben, um zu gewährleisten, dass die Verpflichtungen, welche die Besatzungsmächte in Bezug auf Deutschland eingegangen sind, geachtet werden und dass die für Deutschland verfügbar gemachten Mittel zweckmäßig verwendet werden;
c) vereinbarte oder noch zu vereinbarende Kontrollen, wie z. B. in Bezug auf die Internationale Ruhrbehörde, Reparationen, Stand der Industrie, Dekartellisierung, Abrüstung und Entmilitarisierung und gewisse Formen wissenschaftlicher Forschung, auszuüben. [...]
Jede Verfassungsänderung ist den Militärgouverneuren zur Genehmigung vorzulegen. Sofern nicht anders bestimmt, [...] treten alle Gesetze und Bestimmungen der föderativen Regierung ohne weiteres innerhalb von 21 Tagen in Kraft, wenn sie nicht von den Militärgouverneuren verworfen werden.

Zit. nach: Johannes Hohlfeld (Hg.), Dokumente der deutschen Politik und Geschichte von 1848 bis zur Gegenwart, Bd. 6, Dokumenten-Verlag, Berlin 1951, S. 320 ff.

1 Nennen Sie die wichtigsten Elemente aus dem Verfassungsauftrag der Westalliierten an die Ministerpräsidenten (M 12). Untersuchen Sie, ob die Siegermächte inhaltliche Vorgaben gemacht haben.
2 Erläutern Sie anhand von M 9, wie diese Prinzipien verwirklicht werden.

M 13 Geschichte kontrovers: Das Grundgesetz im Urteil der Fachwissenschaft

a) Karlheinz Niclauß, Politikwissenschaftler, 1982:

Die Nachkriegsdiskussion über den Wiederaufbau demokratischer Institutionen stand unter dem Eindruck des Unterganges der Weimarer Republik. Nach 1945 vertraten Politiker und Verfassungsrechtler die Ansicht, dass neben anderen Faktoren auch die Konstruktion der Weimarer Reichsverfassung für die nationalsozialistische Machtergreifung verantwortlich war. Die Verfassung von 1919 habe die wirksame Regierungstätigkeit der demokratischen Parteien behindert und Hitler den Weg in das Amt des Reichskanzlers erleichtert. Vor der Einberufung des Parlamentarischen Rates bestand zwischen den westdeutschen Parteien bereits Übereinstimmung, dass man die Lehren aus dem Scheitern der Weimarer Demokratie beim politischen Neuaufbau Westdeutschlands berücksichtigen müsse. Die neue Verfassung sollte dem Angriff antidemokratischer Kräfte größeren Widerstand leisten als die Reichsverfassung von 1919. Der sozialdemokratische Abgeordnete Rudolf Katz erklärte hierzu bei den Bonner Grundgesetzberatungen: „Wir wissen genau, dass hinter der Krise des demokratischen Systems der Diktator lauert". In diesem Sinne ist das Grundgesetz als „Gegenverfassung" zur Weimarer Verfassung anzusehen. Die Nachkriegspolitiker hatten bei ihren Überlegungen vor allem die Jahre 1930 bis 1932 vor Augen – einen Zeitraum, den sie selbst miterlebt und teilweise in verantwortlicher Position in Parlamenten, Verwaltung und Wissenschaft mitgestaltet hatten. Als Auftakt zum Untergang der Republik bewerteten sie das Auseinanderbrechen der letzten Mehrheitsregierung unter dem Ministerpräsidenten Müller (SPD) im März 1930. Den Anlass für ihren Rücktritt gab damals die Kontroverse um die Beiträge zur Arbeitslosenversicherung, die durch die Folgen der Weltwirtschaftskrise zu erhöhten Ausgaben gezwungen war. Nach 1945 fragte man sich, ob die demokratischen Parteien damals nicht allzu bereitwillig den Bruch der „Großen Koalition" (im Sprachgebrauch der Weimarer Republik: DVP, DDP, Zentrum, Bayerische Volkspartei, SPD) in Kauf nahmen, obwohl sie damit rechnen mussten, dass die nächste Regierung unter Umgehung parlamentarischer Koalitionsverhandlungen gebildet würde. Die letzten Kabinette der Republik waren auf die Machtmittel des Reichspräsidenten angewiesen und konnten sich nicht auf die Mehrheit des Reichstages stützen. Das Recht des Reichspräsidenten zur Ernennung des Reichskanzlers und zur Auflösung des Parlaments sowie seine Notverordnungsbefugnisse ermöglichten schließlich im Jahre 1933 die scheinlegale Machtergreifung der Nationalsozialisten, obwohl diese Partei bei den letzten freien Reichstagswahlen im November 1932 nur 33 Prozent erreicht hatte.

Karlheinz Niclauß, „Restauration" oder Renaissance der Demokratie? Die Entstehung der Bundesrepublik Deutschland 1945–1949, Colloquium Verlag, Berlin 1982, S. 84 f.

b) Wolfgang Rudzio, Politikwissenschaftler, 2003:

Nach seiner Auflösung im Dritten Reich ist der Rechtsstaat, wie er bereits im Kaiserreich verwirklicht war, in der Bundesrepublik wiederhergestellt worden. Ihm entsprechen die Unabhängigkeit der Gerichte, die Gleichheit vor dem Gesetz, der Grundsatz des gesetzlichen Richters, das Verbot rückwirkenden Strafrechts und die richterliche Überprüfung von Festnahmen; auch darf die staatliche Exekutive nur aufgrund und im Rahmen von Gesetzen handeln.
Die Bundesrepublik Deutschland will jedoch mehr als nur traditioneller Rechtsstaat sein. Das Neuartige der Rechtsstaatskonstruktion des Grundgesetzes besteht in der herausgehobenen Rolle von Grundrechten und in der Errichtung eines Bundesverfassungsgerichts. In Abwendung von dem positivistischen Rechtsverständnis vor 1933, das Recht allein an der formellen Korrektheit des Rechtsetzungsverfahrens maß, sucht nämlich das Grundgesetz durch Grundrechte „Recht" bis zu einem gewissen Grade auch inhaltlich festzuschreiben und Mehrheitsentscheiden zu entziehen. Zwar hat auch die Weimarer Reichsverfassung Grundrechte und einen Staatsgerichtshof gekannt. Deren andersartiger Stellenwert in der Bundesrepublik wird jedoch darin deutlich, dass im Unterschied zur Weimarer Verfassung

- die Grundrechte betont an den Anfang des Grundgesetzes gestellt sind, was den Charakter der Bundesrepublik als „anthropozentrischer Staat" verdeutlichen soll;
- die Grundrechte mit verfassungsändernder 2/3-Mehrheit verändert werden können, als menschenrechtliches Prinzip aber unantastbar sind (Art. 19 GG);
- die Grundrechte „unmittelbar geltendes Recht" sind, über die Gerichtsinstanzen einklagbar bis hin zum Bundesverfassungsgericht (Art. 1 GG);
- das Bundesverfassungsgericht verbindlich auch über die Verfassungsmäßigkeit von Gesetzen und nicht nur über Rechtsstreitigkeiten zwischen Verfassungsorganen entscheidet (Art. 93 GG).

Materiell hingegen stellen die Grundrechte nichts Neues dar. Sie gehören in die westliche, auf die englische Verfassungsentwicklung, die Amerikanische und die Französische Revolution zurückgehende liberal-demokratische Tradition und lassen sich im Wesentlichen in zwei Gruppen gliedern:

- liberale „Abwehrrechte" gegenüber dem Staat, so Persönlichkeitsschutz und Menschenwürde, Glaubensfreiheit, Freizügigkeit, Berufsfreiheit, Wehrdienstverweigerung, Unverletzlichkeit der Wohnung, Eigentum, Staatsangehörigkeit, Postgeheimnis, Gleichheit vor dem Gesetz. Neben diesen Individualrechten zählen zu dieser Gruppe noch als institutionenbezogenen Rechte der Schutz der Familie und das Elternrecht.
- demokratische „Mitwirkungsrechte" am öffentlichen Leben, so Meinungs-, Versammlungs- und Vereinigungsfreiheit, Petitions- und Wahlrecht. Institutionellen Bezug hat hier die Pressefreiheit.

Wolfgang Rudzio, Das politische System der Bundesrepublik Deutschland, 6. überarb. Aufl., Leske + Budrich (UTB), Opladen 2003, S. 56 f.

1 **Arbeiten Sie die Gemeinsamkeiten und Unterschiede in den Beurteilungen des Grundgesetzes bei Niclauß und Rudzio heraus (M 13 a, b).**

2 **Der SPD-Politiker Carlo Schmid sagte im Parlamentarischen Rat: „Die Grundrechte müssen das Grundgesetz regieren", sie dürften nicht wieder ein „Anhängsel der Verfassung" bilden wie zur Weimarer Zeit. Erklären Sie diese Aussage.**

3 **Schreiben Sie anlässlich eines Jubiläumstags des Grundgesetzes einen Kommentar zu seiner historischen Bedeutung.**

4.2 Von der SBZ zur Deutschen Demokratischen Republik

Entnazifizierung und Sowjetisierung

Die **Sowjetische Militäradministration (SMAD)** leitete unmittelbar nach der Besetzung ihrer Zone, der **Sowjetischen Besatzungszone (SBZ)**, Maßnahmen zur Entnazifizierung und zur **Sowjetisierung** von Staat und Gesellschaft ein. Die Sowjets waren überzeugt, dass die Herrschaft des Nationalsozialismus eine Folge der kapitalistischen Wirtschaftsordnung gewesen sei. Um die Grundlagen nationalsozialistischer Politik zu beseitigen, musste nach dieser Auffassung der Kapitalismus abgeschafft und eine kommunistische Ordnung aufgebaut werden. Dies erforderte einen grundlegenden Umbau von Wirtschaft, Gesellschaft und Verwaltung nach der in der Sowjetunion verbindlichen marxistisch-leninistischen Ideologie. Eine Voraussetzung hierfür war die kompromisslose Entfernung der nationalsozialistischen Elite und die radikale Ausschaltung der nicht anpassungsfähigen Führungsschichten durch ihre Internierung in **„Speziallagern“***. Konsequent verknüpften die sowjetischen Sieger den Aufbau der Verwaltungen mit personellen Neubesetzungen: Bis August 1947 verloren 520 000 Personen ihren Arbeitsplatz, überwiegend in der öffentlichen Verwaltung. Nach offiziellen Angaben der SMAD wurden über 10 000 Mitglieder der SS, 2 000 Angehörige der Gestapo und 4 300 „politische Führer“ der NSDAP angeklagt, davon insgesamt 12 807 verurteilt (darunter 118 zum Tode). Die freigewordenen Positionen erhielten meist Gefolgsleute der KPD, später der Sozialistischen Einheitspartei Deutschlands (SED). Ziel der sowjetischen Besatzungsmacht war die Sowjetisierung der Gesellschaft, wie sie nach 1945 in allen ostmitteleuropäischen Ländern eingeleitet wurde.

„Speziallager“
Erst 1950 löste die sowjetische Geheimpolizei ihre Internierungslager auf deutschem Boden auf. Historiker schätzen, dass in diesen Lagern etwa 150 000 deutsche Gefangene festgehalten wurden, von denen 70 000 ums Leben gekommen sein sollen. Darunter befanden sich NS-Verbrecher, Nazi-Aktivisten, Minderbelastete und viele Mitläufer, aber auch viele denunzierte und willkürlich verhaftete Unschuldige. Ab 1946 wurden auch Sozialdemokraten, Demokraten und selbst oppositionelle Kommunisten interniert – ohne Rechtsschutz und auf unbestimmte Zeit.

Sozialistische Einheitspartei statt Parteienvielfalt

Bereits in den letzten Kriegstagen flogen die sowjetischen Militärs drei Gruppen ausgewählter **Exilkommunisten** von Moskau nach Sachsen, Mecklenburg-Vorpommern und Berlin ein. Sie sollten die Rote Armee bei der Errichtung und Durchführung der Besatzungsherrschaft unterstützen und in den neuen Verwaltungen Schlüsselpositionen besetzen. Während die KPD-Mitglieder die wichtigsten Posten – das waren vorzugsweise die Ressorts für Inneres, Bildung, Sicherheits- und Personalfragen – für sich selbst reservierten, wurden die anderen Positionen mit unbelasteten christlichen, liberalen oder sozialdemokratischen Deutschen besetzt. Nach Aussagen Wolfgang Leonhards, der der Berliner Gruppe angehörte und sich später vom Kommunismus lossagte, gab der Vorsitzende dieser Gruppe, **Walter Ulbricht***, die Losung aus: „Es ist doch ganz klar: Es muss demokratisch aussehen, aber wir müssen alles in der Hand haben.“

Die überraschend frühe Zulassung von politischen Parteien durch die SMAD am 10. Juni 1945 sollte der Besatzungsmacht die volle Kontrolle über das entstehende parteipolitische Leben garantieren und der im Neuaufbau begriffenen **KPD** einen Vorsprung sichern. Die SMAD verlangte von den Parteien eine „antifaschistische“ Ausrichtung und ein Bekenntnis zur „Demokratie“ sowie zu den „bürgerlichen Freiheiten“. In ihrem Gründungsaufruf vom 15. Juli 1945 kündigte die KPD die Errichtung einer parlamentarisch-demokratischen Republik mit allen demokratischen Rechten und Freiheiten für das Volk an. Die Einführung des Sowjetsystems lehnte die KPD offiziell ab, weil „dieser Weg nicht den gegenwärtigen Entwicklungsbedingungen in Deutschland“ entspräche. Im Juni und Juli konstituierten sich auch die **SPD**, die Christlich-Demokratische Union (**CDU**) und die Liberaldemokratische Partei Deutschlands (**LDP** bzw. **LDPD**). Allerdings konnten sich diese Parteien nicht frei entfalten. Am 14. Juli 1945 schlossen sie sich zur „Einheitsfront der antifaschistisch-demokratischen Parteien“, dem **Antifa-Block**, zusammen. Da Beschlüsse nur einstimmig gefasst werden durften, wurde die Frei-

M 1 Walter Ulbricht (1893–1973), Fotografie, um 1950

1912 Mitglied der SPD
1919 Mitbegründer der KPD
1928–1933 Mitglied des Reichstages
1933–1938 Exil in Paris und Prag
1938–1945 Aufenthalt in der Sowjetunion, Mitbegründer des „Nationalkomitees Freies Deutschland“
1945–1949 Rückkehr nach Deutschland („Gruppe Ulbricht“), führend am Aufbau der SED-Diktatur beteiligt
1949–1960 Stellvertretender Ministerpräsident der DDR
seit 1950 Generalsekretär der SED
ab 1953 Erster Sekretär der SED
1960–1973 Vorsitzender des Nationalen Verteidigungsrates und des Staatsrates
1971 Auf Betreiben seines Nachfolgers Erich Honecker wird Ulbricht als Parteichef gestürzt.

heit von SPD, CDU und Liberalen entscheidend eingeschränkt. Gegen oder ohne die KPD konnte keine Partei politische Ziele durchsetzen – aus kommunistischer Sicht ein entscheidender Durchbruch.
Die von der SMAD massiv unterstützte KPD erhielt – anders als von der kommunistischen Führung erwartet und erhofft – einen sehr viel geringeren Zulauf als die SPD und die bürgerlichen Parteien. Immer mehr Menschen wandten sich von ihr ab, da sie sich vorbehaltlos mit der unbeliebten, ja bei vielen verhassten sowjetischen Besatzungsmacht identifizierte. Daher forderte die KPD ab Oktober 1945 eine Vereinigung mit der SPD, die sie unmittelbar nach Kriegsende noch abgelehnt hatte. Unter dem Druck der Besatzungsmacht vollzogen beide Parteien am 22. April 1946 ihre Vereinigung zur **Sozialistischen Einheitspartei Deutschlands (SED)**, die sich zu einer kommunistischen **Partei „neuen Typs“** (M 9) entwickelte. Die Vereinigung war allerdings eine **Zwangsvereinigung**, da viele Sozialdemokraten die Fusion der beiden Arbeiterparteien ablehnten.

M 2 **SED-Wahlplakat kurz nach der Vereinigung von SPD und KPD, 1946**

Gründung der DDR

Bereits im Juli 1945 ordnete die SMAD die Bildung von elf Zentralverwaltungen an, die der Besatzungsmacht als Hilfsadministrationen dienten, da sie keine Gesetze oder Verordnungen erlassen durften. Gleichzeitig wurden fünf Landes- und Provinzialverwaltungen eingerichtet. Obwohl die sowjetischen Machthaber eine föderalistische politische Ordnung ablehnten und zentralistische Verwaltungsstrukturen bevorzugten, teilte die SMAD die SBZ in die Länder Sachsen, Sachsen-Anhalt, Brandenburg, Thüringen und Mecklenburg-Vorpommern auf. Ungeachtet mancher Gegensätze unter den Parteien verständigten sich diese im Frühjahr 1947 in allen fünf Länderparlamenten auf Verfassungen. Diese folgten einerseits parlamentarisch-demokratischen Traditionen, indem sie Grundrechte verankerten und die politischen Mitbestimmungsrechte der Landtage stärkten; andererseits konnte die SED ihre zentralistischen Vorstellungen verwirklichen, indem sie zum Beispiel die staatliche Lenkung der Wirtschaft festschrieb.
Um den Westalliierten zu zeigen, dass es sich bei der „antifaschistischen Demokratie“ in der SBZ um eine Demokratie handelte, setzte die sowjetische Besatzungsmacht 1946 Wahlen an. Die SED erzielte bei den Gemeindewahlen in den Ländern Anfang September 1946 etwa 57 Prozent der Stimmen. Aber diese Wahlen waren keineswegs frei, da den Vertretern der „bürgerlichen“ Parteien in zahlreichen Orten die Registrierung verwehrt worden war. Bei den weitgehend freien Wahlen zu den Kreis- und Landtagen im Oktober konnten LDPD und CDU zusammen mehr Stimmen auf sich vereinigen als die SED. Katastrophal endete für die SED die Wahl in Berlin, wo die SPD kandidieren konnte und fast die Hälfte der Wählerstimmen erhielt. Die SED lag mit 19,8 Prozent der Stimmen noch hinter der CDU mit 22,2 Prozent. Diese Wahlergebnisse machten SMAD und SED deutlich, dass ihre ständig propagierte „führende Rolle“ im politischen Leben nicht gesichert war. Die uneingeschränkte Vorherrschaft der kommunistischen Kräfte war jedoch für die grundlegende Umgestaltung von Politik, Gesellschaft und Wirtschaft unabdingbar.
Um ihre Vormachtstellung zu erhalten und auszubauen, organisierte die SED die **Volkskongressbewegung**, die den Weg ebnete zum zentralistischen Einheitsstaat in der SBZ und zur Gründung der DDR. Der erste „Deutsche Volkskongress für Einheit und gerechten Frieden“ im Dezember 1947 sollte zeigen, dass dem Aufruf der SED Vertreter aller Parteien, **Massenorganisationen*** und Betriebe aus der SBZ und teilweise auch aus den Westzonen folgten. Der Kongress entsandte eine Delegation an den Rat der Außenminister der vier Siegermächte, um die Herstellung der deutschen Einheit zu verlangen (M 8). Der Mitte März 1948 zusammengetretene zweite Volkskongress, der sich aus knapp 2 000 Delegierten der verschie-

Massenorganisationen
1948 wurden bisher unabhängige gesellschaftliche Verbände in der SBZ zu kommunistischen Massenorganisationen umgewandelt. Ihre Aufgabe bestand darin, alle Bürger zu erfassen und ihnen die Möglichkeit zur Formulierung ihrer Interessen zu gewähren – allerdings unter strikter Kontrolle der SED. Sie achtete darauf, dass die Bürger der Parteilinie folgten bzw. keine abweichenden Meinungen äußerten. Die Führungsrolle der SED war in den Statuten aller Massenorganisationen verankert.
Die bedeutendsten Organisationen in der SBZ bzw. DDR waren der Freie Deutsche Gewerkschaftsbund (FDGB), die Freie Deutsche Jugend (FDJ), der Demokratische Frauenbund (DFD), der Kulturbund (KB).

denen Parteien und Massenorganisationen zusammensetzte, wählte aus seiner Mitte einen aus 400 Mitgliedern bestehenden **„Deutschen Volksrat"**. Dieser sollte eine Verfassung für „eine unteilbare deutsche demokratische Republik" ausarbeiten. Am 19. März 1949 verabschiedete der Volksrat seinen Verfassungsentwurf, der anschließend von der sowjetischen Besatzungsmacht genehmigt wurde.
Nachdem das Grundgesetz für die Bundesrepublik Deutschland in Kraft getreten war, wählte die Bevölkerung der SBZ Mitte Mai 1949 den dritten Volkskongress. Zur Wahl standen allerdings nicht einzelne Kandidaten oder Parteien. Die Wähler besaßen lediglich die Möglichkeit, einer **Einheitsliste*** von Vertretern der Parteien und Massenorganisationen zuzustimmen oder diese abzulehnen. Am 30. Mai 1949 trat der so gewählte dritte Volkskongress zusammen und bestimmte den zweiten „Deutschen Volksrat". Dieser erklärte sich am 7. Oktober 1949 zur **„Provisorischen Volkskammer"**, d.h. zur legitimen Volksvertretung, zum Parlament, und setzte die **„Verfassung der Deutschen Demokratischen Republik"** nach der Bestätigung durch den Volkskongress in Kraft. Damit war die DDR gegründet und Deutschland staatsrechtlich in zwei Staaten geteilt.

Einheitsliste
In der DDR wurden den Parteien und den Massenorganisationen FDGB, FDJ, KB, DFD und seit 1985 VdgB (Vereinigung der gegenseitigen Bauernhilfe) bei Wahlen die Mandate nach einem bestimmten Schlüssel im Voraus zugewiesen. Die Nationale Front (Dachverband aller Parteien und gesellschaftlichen Gruppen) stellte eine Einheitsliste aller Kandidaten auf. Von der Möglichkeit, auf der Liste einzelne Kandidaten zu streichen und damit andere „hochzuwählen", machten nur wenige Wähler Gebrauch. Nach dem Wahlgesetz konnte geheim gewählt werden. Als „normaler" Wahlakt galt jedoch das öffentliche Einwerfen des unveränderten Stimmzettels („Zettelfalten"). Nach offiziellen Angaben wurden durchschnittlich über 99 % Ja-Stimmen abgegeben.

Partei und Staat in der DDR

Ähnlich wie das Grundgesetz erhob die DDR-Verfassung von 1949 den Anspruch, für ganz Deutschland zu gelten. Allerdings verabschiedete sich die DDR seit Beginn der 1970er-Jahre vom **Bekenntnis zur deutschen Nation**. In Artikel 1 ihrer Verfassung von 1968 hatte sich die DDR noch als „sozialistischer Staat deutscher Nation" definiert. In Artikel 8 dieser Verfassung bekannte sich die DDR zur Wiedervereinigung – allerdings unter sozialistischem Vorzeichen: „Die Deutsche Demokratische Republik und ihre Bürger erstreben [...] die Überwindung der vom Imperialismus der deutschen Nation aufgezwungenen Spaltung Deutschlands, die schrittweise Annäherung der beiden deutschen Staaten bis zu ihrer Vereinigung auf der Grundlage der Demokratie und des Sozialismus." Diese Passage entfiel in der Verfassung von 1974 ganz, die in Artikel 1 die DDR als „sozialistische[n] Staat der Arbeiter und Bauern" bestimmte.
Der Staat der DDR-Verfassung von 1949 war ein **zentralistischer Staat**, in dem die Gewaltenteilung zwischen Exekutive, Legislative und Judikative aufgehoben und alle Gewalt beim Parlament, der Volkskammer als „höchstem Organ der Republik" konzentriert war. Zwar garantierte die DDR-Verfassung die bürgerlichen Grundrechte (z.B. Rede-, Presse-, Versammlungs- und Religionsfreiheit, das Postgeheimnis), die „allgemeine, gleiche, unmittelbare und geheime Wahl" der Abgeordneten und das Streikrecht der Gewerkschaften. Die **Verfassungswirklichkeit** sah jedoch anders aus: Seit der Gründung der DDR schaltete die SED systematisch jede Opposition aus und vereinigte die Macht im Staate in ihren Händen (M 9). Für die strafrechtliche Verfolgung jeder Form von Opposition nutzte sie den Artikel 6 der Verfassung. Als „Verbrechen im Sinne des Strafgesetzbuches" definierte er außer der Bekundung von Glaubens-, Rassen- und Völkerhass sowie Kriegshetze auch „Boykotthetze gegen demokratische Einrichtungen und Organisationen [...] und alle sonstigen Handlungen, die sich gegen die Gleichberechtigung richten".

M 3 Plakat zur ersten Volkskammerwahl in der DDR, 1950

Wir stimmen am 15. Oktober für die Kandidiaten der Nationalen Front des demokratischen Deutschland.

Internettipp
www.dhm.de/lemo/html/teilung/JahreDesAufbausInOstUndWest/SEDStaat/index.html
Das Deutsche Historische Museum Berlin über den Aufbau des SED-Staates 1949–1955.

1 Nennen Sie die wichtigsten Stationen der Gründung der DDR.
2 Vergleichen Sie die Entnazifizierung in der SBZ und in den Westzonen.
3 Vergleichen Sie die beiden Staatsgründungen anhand wesentlicher Aspekte (z.B. gesellschaftspolitische Entwicklung, Entnazifizierung, Parteienbildung).
4 Beschreiben Sie die Mittel, mit denen sich KPD bzw. SED ihre Vorherrschaft in der SBZ/DDR sicherte.

M4 Plakat des FDGB vor der ehemaligen Leipziger Oper, Fotografie, 1948

1 Analysieren Sie das Plakat (M 4) und stellen Sie mithilfe des Darstellungstextes die Bedeutung der Massenorganisationen in der SBZ bzw. DDR dar.

M5 Über die Staatsgründung der DDR – Auszug aus einem weit verbreiteten DDR-Lehrbuch, 1974

Die deutsche antifaschistische Widerstandsbewegung, besonders die KPD und die mit ihr verbündeten Kräfte, verkörperte die progressive Linie deutscher Politik. Die konsequenteste politische Kraft dieser Bewegung, die KPD, führte vom ersten Tage der faschistischen Diktatur an organisiert und zentral geleitet den Kampf gegen Imperialismus und Kriegsvorbereitung, in dem sie von der Kommunistischen Internationale und den anderen Bruderparteien unterstützt wurde und in den sie immer neue Bundesgenossen einzubeziehen suchte. Das von der KPD mithilfe der Kommunistischen Internationale erarbeitete antifaschistische, demokratische Programm stellte eine echte Alternative zu faschistischer Barbarei und Krieg dar. [...] Ausdruck des Sieges der [...] Antifaschisten nach der Zerschlagung des Faschismus durch die Sowjetunion und die anderen Staaten der Antihitlerkoalition und der Niederlage des deutschen Imperialismus ist die Existenz der DDR, in der das Vermächtnis der Besten des deutschen Volkes, die im antifaschistischen Kampf ihr Leben einsetzten, verwirklicht wurde.

Zit. nach: Ian Kershaw, Der NS-Staat, Übers. Jürgen Peter Krause, Rowohlt, Reinbek 1999, S. 282.

1 Erläutern Sie (M 5), wie die deutschen Kommunisten die DDR-Gründung und ihre Herrschaft legitimierten.

M6 Der Historiker Günther Heydemann über die Entstehung der SED, 2003

Die Nähe zur sowjetischen Besatzungsmacht sicherte der KPD zwar einen permanenten Informationsvorsprung und damit zugleich die politische Initiative, diskreditierte sie aber bei der Masse der Bevölkerung, die in ihr deren Handlanger, die „Russenpartei" sah. Übergriffe von Rotarmisten, die weiter anhaltenden Demontagen, das ungewisse Schicksal von Angehörigen, Kriegsgefangenen und Flüchtlingen in sowjetischer Hand sowie die ablehnende Haltung der UdSSR gegenüber der von vielen Vertriebenen noch immer für offengehaltenen Frage der Oder-Neiße-Grenze trugen nicht dazu bei, Vertrauen bei der Mehrheit der Bevölkerung zu wecken. In dieser Situation gewann vor allem die SPD zunehmend an Mitgliedern. Bereits im Herbst 1945 übertraf sie mit ca. 300 000 Mitgliedern die KPD um etwa 50 000 und stieg damit wieder zur traditionell dominierenden politischen Kraft in Mitteldeutschland auf. Das Vertrauen auf die wachsende eigene Stärke sowie erste negative Erfahrungen mit der KPD ließen die Führung der SPD in der SBZ vom ursprünglichen Plan einer sofortigen Vereinigung abrücken. Demgegenüber beschleunigten die Kommunisten ihre Bemühungen um eine schnelle Fusion, zumal die SMAD Sorge trug, die KPD könne bei den 1946 anstehenden Gemeinde-, Kreis- und Landtagswahlen verlieren. In den folgenden Monaten gerieten die Sozialdemokraten immer mehr unter Druck. Mitglieder, die der propagierten Vereinigung skeptisch [...] gegenüberstanden, wurden von sowjetischen Kommandanturen entsprechend „bearbeitet". Gleichzeitig kam es zwischen der sozialdemokratischen Führung in den westlichen Besatzungszonen unter Kurt Schumacher und der SPD in der SBZ unter Otto Grotewohl[1] zu einem tief greifenden Dissens: Schumacher lehnte jede Vereinigung mit der KPD ab. Damit musste die Ost-SPD aufgrund der bestehenden politischen Verhältnisse in der SBZ ihren eigenen Weg gehen, obwohl Grotewohl gegenüber der KPD-Führung wiederholt erklärt hatte, eine Fusion beider Parteien sei nur auf „Reichsebene" politisch sinnvoll. Auf einer paritätisch besetzten Ausschuss-Konferenz, der sog. Sechziger-Konferenz [...], wurde nicht zuletzt auf Druck anwesender SMAD-Offiziere in einem gemeinsamen Kommuniqué der baldige Zusammenschluss propagiert. Danach verschärfte die KPD ihre Kampagne und die sowjetische Besatzungsmacht ihre Pressionen auf sozialdemokratische Einheitsgegner. Die Sozialdemokratie in der SBZ blieb in der Vereinigungsfrage gespalten, doch ihr Widerstand schwand schließlich. Ende Februar legte der „Sechziger-Ausschuss" den für die Vereinigung notwendigen Parteitag auf Ostern des Jahres 1946 fest. Am 21./22. April wurde die Vereinigung von KPD und SPD vollzogen. Durch die Gründung der SED, die schon durch ihre Mitgliederzahl von ca. 2 Millionen im Jahre 1948 die übrigen Parteien dominierte, trat ein entscheidender Umbruch in der Parteienstruktur der SBZ ein.

Hatten sozialdemokratische Befürworter gehofft, sie würden aufgrund ihrer Stärke in der neuen SED politisch tonangebend sein, so war die kommunistische Führung von Anfang an auf deren Subordination [= Unterordnung] und politische Ausmerzung ausgerichtet. Daher wurde die paritätische Besetzung aller Ämter und Aufgabenbereiche gemäß dem neuen Parteistatut bald zur Makulatur. Denn der Zwangsvereinigung folgte die Stalinisierung, begleitet von dem immer wieder erhobenen Verdacht des „Sozialdemokratismus" gegen Parteimitglieder, die abweichende Auffassungen vertraten.

Günther Heydemann, Die Innenpolitik der DDR, Oldenbourg, München 2003, S. 6 f.

1 Otto Grotewohl (1894–1964) war seit 1945 Vorsitzender des Zentralausschusses der SPD; nach dem Zusammenschluss von SPD und KPD zur SED war er von 1946 bis 1950 zusammen mit Wilhelm Pieck deren Vorsitzender.

1 **Stellen Sie Ursachen, Verlauf und Folgen der Vereinigung von SPD und KPD zur SED dar (M 6).**
2 **Erörtern Sie die Berechtigung des Begriffs „Zwangsvereinigung".**
3 **Analysieren Sie, welche Kräfte von der Vereinigung der beiden Arbeiterparteien zur SED profitierten.**

M 7 Aus den Grundsätzen des SED-Vereinigungsparteitages vom 21. April 1946

Das Ziel der Sozialistischen Einheitspartei Deutschlands ist die Befreiung von jeder Ausbeutung und Unterdrückung, von Wirtschaftskrisen, Armut, Arbeitslosigkeit und imperialistischer Kriegsdrohung. Dieses Ziel, die Lösung der nationalen und sozialen Lebensfragen unseres Volkes, kann nur durch den Sozialismus erreicht werden.
Die Sozialistische Einheitspartei Deutschlands kämpft für die Verwandlung des kapitalistischen Eigentums an den Produktionsmitteln in gesellschaftliches Eigentum, für die Verwandlung der kapitalistischen Warenproduktion in eine sozialistische, für und durch die Gesellschaft betriebene Produktion. In der bürgerlichen Gesellschaft ist die Arbeiterklasse die ausgebeutete und unterdrückte Klasse. [...] Erst mit dem Sozialismus tritt die Menschheit in das Reich der Freiheit und des allgemeinen Wohlergehens ein.
Die grundlegende Voraussetzung zur Errichtung der sozialistischen Gesellschaftsordnung ist die Eroberung der politischen Macht durch die Arbeiterklasse. Dabei verbündet sie sich mit den übrigen Werktätigen.
Die Sozialistische Einheitspartei Deutschlands kämpft um diesen neuen Staat auf dem Boden der demokratischen Republik. Die gegenwärtige besondere Lage in Deutschland, die mit der Zerbrechung des reaktionären staatlichen Gewaltapparates und dem Aufbau eines demokratischen Staates auf neuer wirtschaftlicher Grundlage entstanden ist, schließt die Möglichkeit ein, die reaktionären Kräfte daran zu hindern, mit den Mitteln der Gewalt und des Bürgerkrieges der endgültigen Befreiung der Arbeiterklasse in den Weg zu treten. Die Sozialistische Einheitspartei Deutschlands erstrebt den demokratischen Weg zum Sozialismus; sie wird aber zu revolutionären Mitteln greifen, wenn die kapitalistische Klasse den Boden der Demokratie verlässt.

Zit. nach: Matthias Judt (Hg.), DDR-Geschichte in Dokumenten. Ch. Links, Berlin 1997, S. 51.

1 **Nennen Sie die Hauptziele der SED (M 7).**
2 **Stellen Sie auf der Grundlage von M 7 dar, wie die SED ihren Führungsanspruch begründet.**

M 8 Aus dem Aufruf zu einem Deutschen Volkskongress, 26. November 1947

Leider sind alle Bemühungen zur Bildung einer gesamtdeutschen Beratung der Parteien über die Vertretung der Interessen des deutschen Volkes auf der Außenministerkonferenz an dem Widerstande führender Männer der Sozialdemokratischen Partei Deutschlands und bürgerlicher Parteien in den westlichen Besatzungszonen gescheitert. Schließlich hat auch noch der Führer der Christlich-Demokratischen Union in der sowjetischen Besatzungszone seine Zustimmung verweigert. In einem der entscheidendsten Augenblicke versagen die Führer dieser Parteien und lassen das deutsche Volk im Stich.
Die Sozialistische Einheitspartei Deutschlands kann und will sich mit diesem Zustande nicht abfinden. Sie erachtet es als ihre Pflicht, dem deutschen Volke die Möglichkeit zu geben, seinen Willen der Londoner Konferenz[1] kundzutun und seiner Stimme Gehör zu verschaffen. Die Sozialistische Einheitspartei Deutschlands ruft in letzter Stunde dazu auf, alles Trennende beiseite zu lassen.
Es geht nicht um Parteien, sondern um das Volk!
Aufgrund bereits vorliegenden Einverständnisses vieler Organisationen schlagen wir vor: Alle antifaschistisch-demokratischen Parteien, Gewerkschaften und andere Massenorganisationen, Betriebsräte und Belegschaften großer Betriebe, Organisationen der Bauernschaft, Vertreter der Wissenschaft und der Kunst in ganz Deutschland sollen ihre Stimme gemeinsam für das deutsche Volk erheben.
Wir laden ein zu einem Deutschen Volkskongress für Einheit und gerechten Frieden am 6. und 7. Dezember 1947 in Berlin, Staatsoper, Friedrichstraße 101/102.
Tagesordnung:
1. Der Wille des deutschen Volkes für einen gerechten Frieden, für Demokratie und Einheit Deutschlands. – Referate und Aussprache.
2. Wahl einer Delegation zur Londoner Außenministerkonferenz.
Allen Parteien, Organisationen und Großbetrieben empfehlen wir, sofort Stellung zu unserem Vorschlag zu nehmen und die Vorbereitungen für die Entsendung der Delegierten

zu diesem Volkskongress zu treffen. Weitere Verständigung zwischen den zur Teilnahme bereiten Organisationen soll unmittelbar erfolgen.

Zit. nach: Rolf Steininger, Deutsche Geschichte. Darstellung und Dokumente in vier Bdn., Bd. 2: 1948–1955, Fischer, Frankfurt/M. 2002, S. 98 f.

1 Nachdem die Konferenz der Außenminister der vier Siegermächte am 15. 12. 1947 in London ohne konkrete Ergebnisse in der Deutschlandfrage vertagt werden musste, begannen die drei Westmächte, ihre Besatzungszonen ohne Berücksichtigung der sowjetischen Zone aufzubauen. Aus Protest verlässt am 20. 3. 1948 der sowjetische Vertreter den Alliierten Kontrollrat, der damit faktisch seine Tätigkeit einstellt.

1 Erläutern Sie die Motive der SED für die Einberufung des Volkskongresses (M 8).

M 9 Eine Partei „neuen Typs" – Beschluss der 1. Parteikonferenz der SED vom 28. Januar 1949

Die Kennzeichen einer Partei neuen Typs sind:
Die marxistisch-leninistische Partei ist die bewusste Vorhut der Arbeiterklasse. Das heißt, sie muss eine Arbeiterpartei sein, die in erster Linie die besten Elemente der Arbeiterklasse in ihren Reihen zählt, die ständig ihr Klassenbewusstsein erhöhen. Die Partei kann ihre führende Rolle als Vorhut des Proletariats nur erfüllen, wenn sie die marxistisch-leninistische Theorie beherrscht, die ihr die Einsicht in die gesellschaftlichen Entwicklungsgesetze vermittelt. Daher ist die erste Aufgabe zur Entwicklung der SED zu einer Partei neuen Typus die ideologisch-politische Erziehung der Parteimitglieder und besonders der Funktionäre im Geiste des Marxismus-Leninismus. Die Rolle der Partei als Vorhut der Arbeiterklasse wird in der täglichen operativen Leitung der Parteiarbeit verwirklicht. Sie ermöglicht es, die gesamte Parteiarbeit auf den Gebieten des Staates, der Wirtschaft und des Kulturlebens allseitig zu leiten. Um dies zu erreichen, ist die Schaffung einer kollektiven operativen Führung der Partei durch die Wahl eines Politischen Büros (Politbüro) notwendig. […] Die marxistisch-leninistische Partei beruht auf dem Grundsatz des demokratischen Zentralismus. Dies bedeutet die strengste Einhaltung des Prinzips der Wählbarkeit der Leitungen und Funktionäre und der Rechnungslegung der Gewählten vor den Mitgliedern. Auf dieser innerparteilichen Demokratie beruht die straffe Parteidisziplin, die dem sozialistischen Bewusstsein der Mitglieder entspringt. Die Parteibeschlüsse haben ausnahmslos für alle Parteimitglieder Gültigkeit, insbesondere auch für die in Parlamenten, Regierung, Verwaltungsorganen und in den Leitungen der Massenorganisationen tätigen Parteimitglieder. Demokratischer Zentralismus bedeutet die Entfaltung der Kritik und Selbstkritik in der Partei, die Kontrolle der konsequenten Durchführung der Beschlüsse durch die Leitungen und die Mitglieder. Die Duldung von Fraktionen und Gruppierungen innerhalb der Partei ist unvereinbar mit ihrem marxistisch-leninistischen Charakter.

Zit. nach: Hermann Weber (Hg.), DDR, Oldenbourg, München 1986, S. 134.

M 10 Partei und Staat in der DDR (Stand: Ende der 1970er-Jahre)

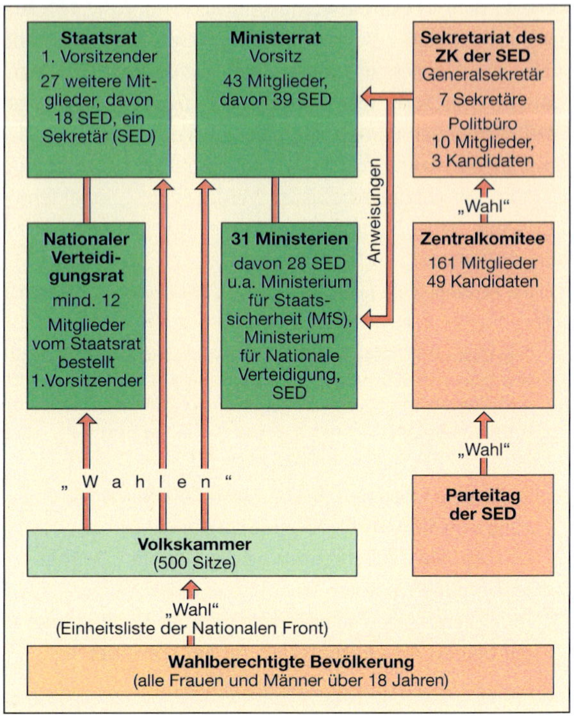

1 Arbeiten Sie die zentralen Merkmale einer Partei „neuen Typs" heraus (M 9).
2 Erläutern Sie mithilfe des Schemas M 10 den Begriff „demokratischer Zentralismus" (s. M 9, Z. 31).
3 Vergleichen Sie die SED als Partei „neuen Typs" mit den Parteien der Bundesrepublik Deutschland. Berücksichtigen Sie die Funktion der Parteien.

M 11 „10 Gebote", verkündet von Walter Ulbricht auf dem V. Parteitag der SED am 10. Juli 1958

10 Gebote für den neuen sozialistischen Menschen

1. Du sollst Dich stets für die internationale Solidarität der Arbeiterklasse und aller Werktätigen sowie für die unverbrüchliche Verbundenheit aller sozialistischen Länder einsetzen.
2. Du sollst Dein Vaterland lieben und stets bereits sein, Deine ganze Kraft und Fähigkeit für die Verteidigung der Arbeiter- und Bauernmacht einzusetzen.
3. Du sollst helfen, die Ausbeutung des Menschen durch den Menschen zu beseitigen.
4. Du sollst gute Taten für den Sozialismus vollbringen, denn der Sozialismus führt zu einem besseren Leben für alle Werktätigen.
5. Du sollst beim Aufbau des Sozialismus im Geiste der gegenseitigen Hilfe und der kameradschaftlichen Zusammenarbeit handeln, das Kollektiv achten und seine Kritik beherzigen.

6. Du sollst das Volkseigentum schützen und mehren.
7. Du sollst stets nach Verbesserung Deiner Leistungen streben, sparsam sein und die sozialistische Arbeitsdisziplin festigen.
8. Du sollst Deine Kinder im Geiste des Friedens und des Sozialismus zu allseitig gebildeten, charakterfesten und körperlich gestählten Menschen erziehen.
9. Du sollst sauber und anständig leben und Deine Familie achten.
10. Du sollst Solidarität mit den um ihre nationale Befreiung kämpfenden und den ihre nationale Unabhängigkeit verteidigenden Völkern üben.

Zit. nach: Dieter Vorsteher (Hg.), Parteiauftrag: Ein neues Deutschland, Ausstellungsbuch, DHM, Berlin 1996, S. 37.

1 Erklären Sie, wie Staat und Gesellschaft nach Ansicht der SED organisiert sein sollten (M 9 und M 11).
2 Beschreiben Sie die Rolle des Individuums im und sein Verhältnis zum Staat entsprechend der Vorstellung der SED (M 10).

M 12 Gregory Klimow, Offizier bei der Sowjetischen Militäradministration in Deutschland (SMAD) über das öffentliche Leben in der DDR, 1953

Die politische Verwaltung [= die Sowjetische Militäradministration] überwacht die Tätigkeit der politischen Parteien der Sowjetzone Deutschlands: Von hier aus werden den Führern der deutschen Kommunisten, dem Dreigespann Pieck, Grotewohl und Ulbricht, das vor den Wagen der SMAD gespannt ist, die direkten Moskauer Instruktionen erteilt. Zu den Pflichten der Politverwaltung gehört ferner die Propagierung und Verbreitung der sowjetischen Ideologie. Diesem Zweck dient sowohl das „Haus der Kultur der Sowjetunion" als auch die „Tägliche Rundschau" und der „Sowjetexportfilm" und als Gegenstück die Spezialabteilung Zensur für Presse, Film und Rundfunk. Eine Abteilung der Politverwaltung befasst sich mit Fragen der Aufklärung und der politischen Arbeit innerhalb der deutschen Jugend. Alle Lehrpläne und Lehrbücher für die deutschen Schulen werden nach den Richtlinien der Verwatung für Aufklärung der SMAD zusammengestellt, müssen aber außerdem, bevor sie in Druck gehen, der Politverwaltung nochmals zur Überprüfung und endgültigen Billigung vorgelegt werden. Das beweist, welch große Bedeutung der Erziehung der deutschen Jugend in sowjetischem Geist beigemessen wird.
Ohne Genehmigung der Politverwaltung kann niemand im öffentlichen Leben der deutschen Sowjetzone eine Rolle spielen. Selbst dort, wo – wie z. B. bei den Wahlen der Vertreter der deutschen Parteien und Gewerkschaften die Demokratie scheinbar aufrechterhalten wird, bestimmt die Politverwaltung den Ausgang der Wahlen im Voraus. Dabei bedient sie sich verschiedener Methoden, vorzugsweise einer Unterhaltung im Stab der SMAD, wo man mit den „demokratischen" Vertretern auch sonst nicht viel Federlesens macht und sie kurzerhand auffordert: „Legen Sie uns eine Liste ihrer Kandidaten zur Bestätigung vor." Ein anschauliches Beispiel bildet der Fall Dr. Friedensburgs, des früheren Vorsitzenden der deutschen Verwaltung für Brennstoffindustrie und gleichzeitig einer der führenden Persönlichkeiten der Christlich-Demokratischen Union der Sowjetzone. Als sich geringfügige politische Meinungsverschiedenheiten zwischen den Ansichten Dr. Friedensburgs und dem Standpunkt der Politverwaltung der SMA bemerkbar machten, wurde Dr. Friedensburg mit großem Krach seines Postens enthoben. Später nach der endgültigen Spaltung Berlins, wurde der „degradierte" Dr. Friedensburg als Bürgermeister in den Magistrat Westberlins gewählt.

Zit. nach: Ilse Spittmann (Hg.), Die SED in Geschichte und Gegenwart, übers. v. Irina Finkenauer-Fuess, Edition Deutschland Archiv, Köln 1987, S. 174.

1 Nennen Sie die Maßnahmen und Ziele der Beeinflussung des öffentlichen Lebens in der SBZ durch die Sowjetische Militäradministration (M 12).
2 Erklären Sie anhand des Darstellungstextes und M 12 den Begriff „Sowjetisierung".

M 13 Karikatur von Karl Holtz (1899–1978), 1947.

Bildunterschrift: „Der rechte Weg – Der linke Weg scheint doch der rechte zu sein, denn rechts haben wir uns bisher immer die Knochen blutig gelaufen …" Holtz wurde von einem sowjetischen Militärgericht für eine stalinkritische Karikatur, die er 1949 in der Schweiz veröffentlicht hatte, zu 25 Jahren Haft verurteilt.

1 Analysieren Sie die Aussage der Karikatur M 13.
2 Erläutern Sie die Bildunterschrift zur Karikatur.
3 Bewerten Sie die Position des Zeichners vor dem Hintergrund von M 12.

Deutschland im Spannungsfeld der internationalen Politik 1945–1949

Zentrale Begriffe Kapitel 1

Personen Kapitel 1

Der Ost-West-Gegensatz, der sich nach dem Zweiten Weltkrieg (1939–1945) zu einem „Kalten Krieg“ entwickelte, bestimmte bereits seit 1917 zunehmend die Weltpolitik. In diesem Jahr gaben die USA ihre Politik der Nichteinmischung auf und traten in den Ersten Weltkrieg ein. In Russland löste nach der Revolution ein kommunistischer Staat die Jahrhunderte währende Zarenherrschaft ab. Ihren weltpolitischen Führungsanspruch untermauerten die beiden Weltmächte auch ideologisch: Die USA wollten den Ideen von Demokratie und Marktwirtschaft weltweit Geltung verschaffen, die 1922 gegründete Sowjetunion sah sich als Vorkämpferin einer kommunistischen Staats- und Gesellschaftsordnung.
Im Zweiten Weltkrieg traten die Gegensätze zunächst hinter den gemeinsamen Kampf gegen das nationalsozialistische Deutschland und seine Verbündeten zurück. Doch bereits auf der Konferenz von Potsdam im Sommer 1945, auf der die USA, Großbritannien und die Sowjetunion über eine Nachkriegsordnung für das besiegte Deutschland berieten, wich die Kooperation einer zunehmenden Konfrontationsbereitschaft. Als „kleinsten gemeinsamen Nenner“ einigte man sich auf Demilitarisierung, Denazifizierung, Demokratisierung und Dezentralisierung des besetzten Landes. Deutschland wurde in vier Besatzungszonen aufgeteilt, die Regierungsgewalt einem Alliierten Kontrollrat übertragen.
Bald verschärften sich die Spannungen. 1946 beschlossen die USA und Großbritannien einen raschen wirtschaftlichen und politischen Wiederaufbau des vom Krieg zerstörten Landes, in dem Kälte und Hunger den Alltag prägten. Sie schlossen ihre Besatzungszonen 1947 zur Bizone zusammen und führten 1948 eine Währungsreform in den drei westlichen Besatzungszonen durch, die das Fundament für den Marshall-Plan bildete und eine marktwirtschaftliche Entwicklung einleitete. Die Sowjetunion reagierte mit der Blockade Berlins, dessen Bevölkerung in den folgenden Monaten über eine Luftbrücke versorgt wurde. Die Sowjetunion hingegen hatte bereits 1945 in der von ihr besetzten Zone mit einer Bodenreform und der Verstaatlichung von Banken eine planwirtschaftliche Entwicklung eingeleitet.
Die westlichen Besatzungsmächte legten den Grundstein für eine parlamentarische Demokratie durch die Zulassung von Parteien und die Durchführung von Kommunalwahlen. Die Gründung von Ländern bildete die Grundlage einer föderalistischen Ordnung. Ein Parlamentarischer Rat wurde mit der Ausarbeitung einer Verfassung für die drei westlichen Besatzungszonen beauftragt. Das Inkrafttreten des Grundgesetzes am 23. Mai markiert das Gründungsdatum der Bundesrepublik Deutschland. Im Osten etablierte die Sowjetunion mithilfe deutscher Kommunisten eine totalitäre Diktatur. Bald nach der Wiederzulassung politischer Parteien schlossen sich SPD und KPD in der sowjetischen Besatzungszone zur Sozialistischen Einheitspartei zusammen, die mithilfe ihrer Massenorganisationen die sozialistische Umgestaltung der Gesellschaft vorantreiben sollte. Am 7. Oktober 1949 verabschiedete die „Provisorische Volkskammer“ die Verfassung der Deutschen Demokratischen Republik.

M1 **Der Weg zur Teilung Deutschlands 1945–1949**

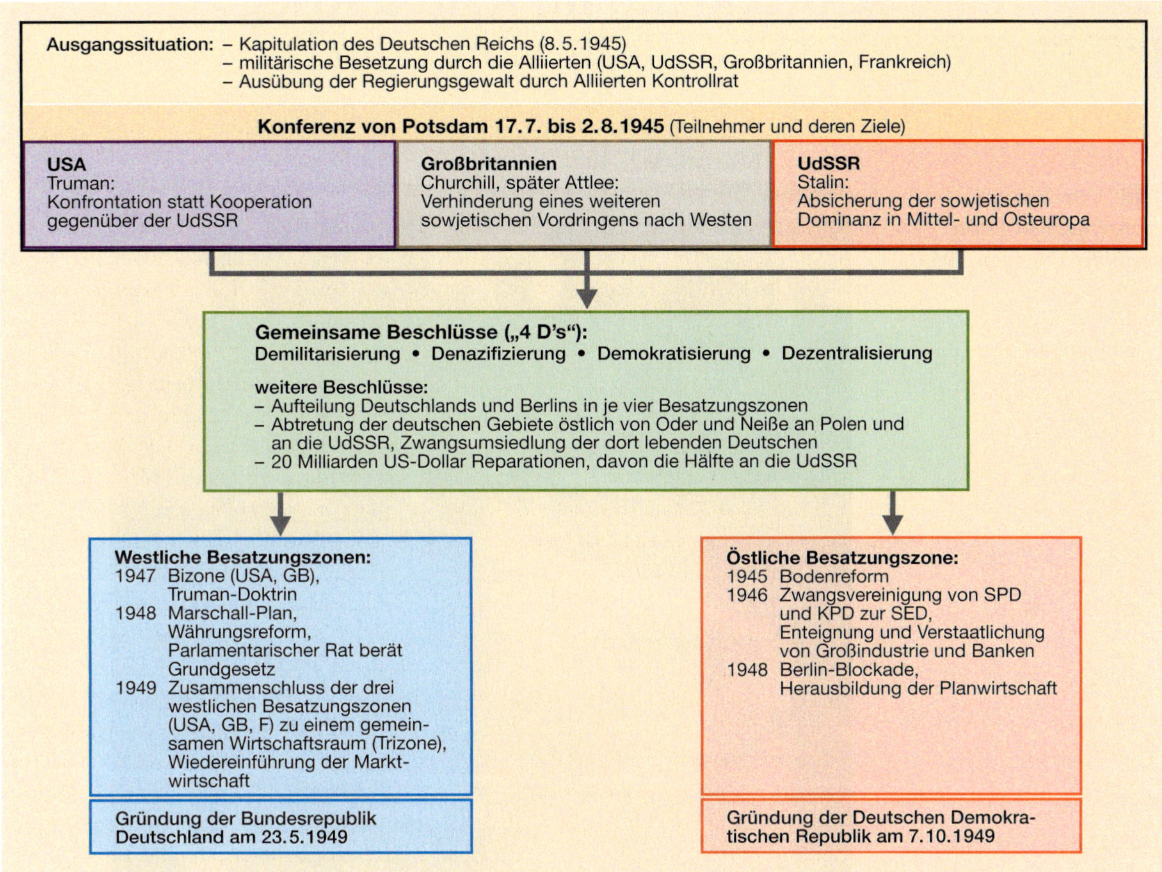

Zeittafel

1914–1918 Erster Weltkrieg
Apr. 1917 Kriegseintritt der USA
Okt. Russische Revolution
seit 1917 Zunehmender Ost-West-Gegensatz
1920 Gründung des Völkerbunds
1922 Gründung der UdSSR
1939–1945 Zweiter Weltkrieg
Jan. 1945 Bedingungslose Kapitulation Deutschlands, Übernahme der Macht durch die Alliierten in den vier Besatzungszonen
Aug. Konferenz von Potsdam
Sept. Grundlegung einer sozialistischen Wirtschaftsordnung in der SBZ: Bodenreform, Verstaatlichung von Banken, Beschlagnahmung von Betrieben
1945/46 Nürnberger Kriegsverbrecherprozesse, Vertreibungen aus den deutschen Ostgebieten
1946 Zunehmende Spannungen zwischen Westmächten und Sowjetunion, Beginn des Kalten Krieges
Jan. 1946 Kommunalwahlen in der amerikanischen Besatzungszone
Apr. Zwangsvereinigung der SPD und KPD zur SED
Okt. Landtagswahlen in der SBZ
1945–1947 Gründung von Ländern in den westlichen Besatzungszonen
1946/47 „Hungerwinter" in Deutschland
Jan. 1947 Vereinigung der amerikanischen und britischen Besatzungszone zur Bizone
März Verkündung der „Truman-Doktrin"
Juni 1948 Währungsreform in den westlichen Besatzungszonen, Marshall-Plan tritt in Kraft, Währungsreform in der SBZ
1948/49 Berlin-Blockade, Luftbrücke
Sept. 1848–Mai 1849 Ausarbeitung des Grundgesetzes durch Parlamentarischen Rat
März 1949 Erarbeitung eines Verfassungsentwurfs für die SBZ durch „Deutschen Volksrat"
Apr. Gründung der NATO, Erweiterung der Bizone zur Trizone durch Beitritt Frankreichs
23. Mai Inkrafttreten des Grundgesetzes, Gründung der Bundesrepublik
7. Okt. Inkrafttreten der Verfassung der Deutschen Demokratischen Republik, Gründung der DDR

2 Das geteilte Deutschland im Kalten Krieg 1949–1989

M1 Durchgang Südstern, Ölgemälde von Rainer Fetting (geb. 1949), 1988

1945
Kapitulation Deutschlands, Ende des Zweiten Weltkriegs, Potsdamer Konferenz

1948
Währungsreform, Berlin-Blockade

1949
Gründung der Bundesrepublik Deutschland und der DDR

1953
Volksaufstand in der DDR (17. Juni)

1955
Volle Souveränität von Bundesrepublik und DDR, Beitritt zur NATO bzw. zum Warschauer Pakt

1961
Bau der Berliner Mauer (13. August)

1962
Kuba-Krise

1964–1973
Vietnamkrieg der USA

1966–1969
APO, Studentenproteste

Notsta...
ge...

1949–1963 Ära Adenauer (CDU)

1949–1971 Ära Ulbricht

1966–
Große K...
(CDU...

1945 1950 1955 1960 1965

Auf die Frage, was auf dem linken Gemälde zu sehen sei, antwortete 1997 eine 15-jährige Schülerin spontan: „Eine gelbe Linie, eine Stadt." Was noch sieben Jahre zuvor sofort erkannt worden wäre, kam bei ihr erst auf Nachfrage in Erinnerung: die Berliner Mauer – Symbol der seit 1945 „geteilten Geschichte" Deutschlands. Diese wurde mit der Gründung der beiden deutschen Staaten 1949 besiegelt und mit ihrer Einbindung in die beiden militärischen Blocksysteme vertieft. Die Erfahrungen der Menschen diesseits und jenseits der Mauer wurden über vierzig Jahre geprägt von völlig unterschiedlichen Gesellschaftsordnungen: Demokratie und Marktwirtschaft in der Bundesrepublik, sozialistische Einparteienherrschaft und Planwirtschaft in der DDR. Historiker sind sich einig, dass die getrennte Entwicklung Deutschlands bis 1989 nur vor dem Hintergrund ihres Ursprungs verstanden werden kann. Christoph Kleßmann schreibt dazu 1995: „Unstrittig aber hat sich Deutschland mit der NS-Diktatur und dem von Hitler bis zum bitteren Ende durchgehaltenen Weltkrieg wie kein anderes Land aus dem Kreis der zivilisierten Völker ausgeschlossen. 1945 waren nicht nur die Alliierten, sondern auch alle deutschen Politiker mit der drängenden Frage konfrontiert, ob und wie eine Rückkehr in die Zivilisation und eine Wiederherstellung politischer Beziehungen zu den vergewaltigten europäischen Nachbarn möglich sein würde. Die Erinnerung an den Krieg musste auch alle außenpolitischen Überlegungen und Strategien mitprägen. Das betraf elementare Lehren, die das deutsche Volk aus der Katastrophe zu ziehen hatte; es betraf die Beziehungen zu den Besatzungsmächten [...], die im entstehenden Kalten Krieg die außenpolitische Orientierung vorgaben; und es betraf Wiedergutmachungsleistungen, die alle früheren Kriegsgegner erwarteten, oft aber nicht erhielten, weil auch dieser Teil der Kriegsfolgen zwischen die Fronten der globalen Konfrontation der ‚Teilung der Welt' geriet."

Kompetenzerwerb: Nach Bearbeitung des Kapitels 2 können Sie ...

- die weltpolitische Bedeutung der aus der Blockbildung erwachsenden Krisen erklären,
- den Einfluss des Kalten Krieges auf die Entwicklung im geteilten Deutschland erläutern,
- innenpolitische Grundlinien und Herausforderungen beider deutscher Staaten darstellen,
- die unterschiedlichen wirtschaftlichen und politischen Systeme und ihre Auswirkungen auf das gesellschaftliche Leben vergleichen,
- die Bedeutung der Entspannungspolitik im internationalen Kontext erörtern,
- Fotografien als historische Quelle auswerten.

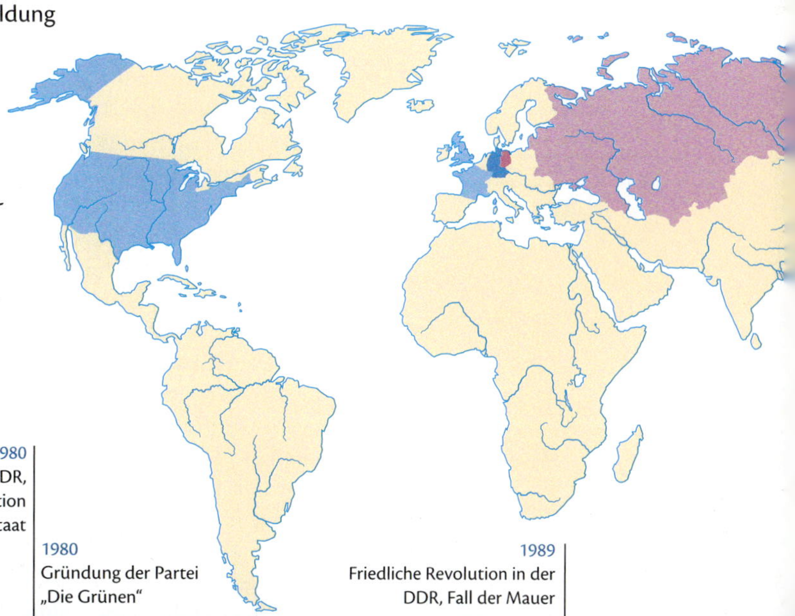

1970 Ostverträge

1972 Grundlagenvertrag

1973 Aufnahme der Bundesrepublik und der DDR in die UNO

1979 NATO-Doppelbeschluss

seit 1980 Systemkrise der DDR, zunehmende Opposition gegen den SED-Staat

1980 Gründung der Partei „Die Grünen"

1989 Friedliche Revolution in der DDR, Fall der Mauer

1969–1982 Sozial-liberale Koalition (SPD, FDP)

1971–1989 Regierung Honecker

1982–1998 Christlich-liberale Koalition (CDU, FDP)

1970 | 1975 | 1980 | 1985 | 1990

1 Internationale Politik im Zeichen des Ost-West-Konflikts

1.1 Brennpunkte des Kalten Krieges

Literaturtipp
Bernd Stöver, Der Kalte Krieg. Geschichte eines radikalen Zeitalters 1947–1991, C. H. Beck, München 2007, S. 117–124.

Ständige Kriegsgefahr?

Der Kalte Krieg war nach einer Definition des Historikers Bernd Stöver aus dem Jahre 2003 „ein permanenter und aktiv betriebener ‚Nicht-Frieden', in dem alles das eingesetzt wurde, was man bisher nur aus der militärischen Auseinandersetzung kannte. Hinzu kam etwas, was bisher unbekannt war: Dieser ‚Nicht-Frieden' konnte binnen Stunden zu einem unbegrenzten atomaren Krieg werden und einen Großteil der Menschheit vernichten." Tatsächlich prägte die Auseinandersetzung zwischen den beiden Supermächten von 1945 bis 1990/91 die gesamte Weltpolitik. Barg dabei jeder internationale Konflikt die Gefahr eines Krieges in sich und jeder Krieg die Gefahr atomarer Vernichtung? Diese Frage lässt sich nur angemessen beantworten, wenn man Ursachen, Verlauf und Ergebnis der Spannungen und Krisen zwischen den Machtblöcken in Ost und West genau untersucht. Im Folgenden werden daher ausgewählte Brennpunkte des Kalten Krieges vorgestellt.

M1 Der Koreakrieg 1950–1953

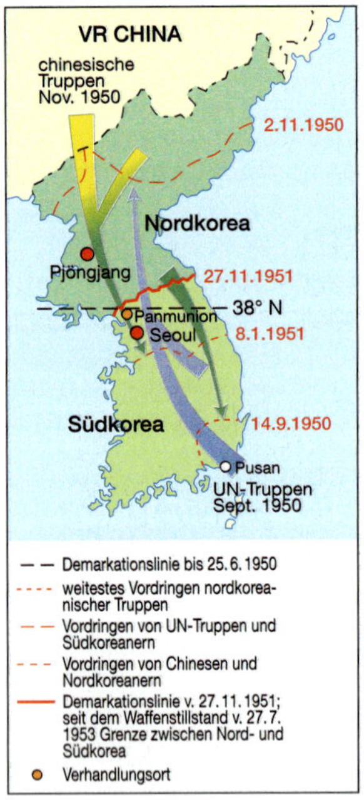

Koreakrieg

Einen der gefährlichsten Krisenherde des Ost-West-Konfliktes bildete Korea. Das Land war seit 1948 entlang des 38. Breitengrades geteilt: Die „Republik Korea" im Süden stand unter dem Schutz der USA, die „Demokratische Volksrepublik Korea" war – und ist bis heute – eine kommunistische Diktatur. Mit ausdrücklicher Billigung der Sowjetunion unter Stalin griffen 1950 nordkoreanische Truppen Südkorea an, um das Land unter kommunistischer Herrschaft wieder zu vereinigen. Im Auftrag der UNO intervenierten die USA und weitere westliche Staaten zugunsten Südkoreas, um den Vormarsch des kommunistischen Nordkorea aufzuhalten. Während des Krieges wuchs die Gefahr militärischer Auseinandersetzungen zwischen den USA und China, das Nordkorea unterstützte. Der kommandierende General der US-Armee MacArthur erwog sogar den Einsatz von Atomwaffen. Das lehnte US-Präsident Truman jedoch ab. Er wollte – wie auch die sowjetische Führung – **keinen Dritten Weltkrieg** riskieren. 1953 wurde die Teilung Koreas am 38. Breitengrad wiederhergestellt. Mit ihrem Kriegseintritt folgte die Außenpolitik der USA der Logik des Kalten Krieges. Im „Kampf der Systeme" betrachteten sie sich als Vormacht der „freien Welt", die Demokratie, Menschenrechte und die Freiheit des Individuums gegen den totalitären Herrschaftsanspruch des Sozialismus sowjetischer Prägung verteidigte. Das Engagement in Korea sollte aller Welt verdeutlichen, dass die Vereinigten Staaten überall dem Vormarsch der Kommunisten energisch entgegentraten. Diese Politik veränderte die Militärpolitik der US-Regierung nachhaltig: „Die USA starteten", schreibt der amerikanische Historiker Bruce E. Bechtol Jr. 2006, „zu dieser Zeit (1950–1953) ein umfangreiches Einberufungsprogramm, stationierten aber mehr Soldaten [...] in Europa, als sie auf der koreanischen Halbinsel gegen die Chinesen und Nordkoreaner ins Gefecht schickten. Als unmittelbare Folge bauten sie ihre konventionelle Armee aus und unterhielten so die größte Streitmacht in ihrer Geschichte in Friedenszeiten. Zudem stellte der Koreakrieg einen **Präzedenzfall für die ‚begrenzten Kriege'** dar, die Amerika im Kalten Krieg im Zug seiner Politik der Eindämmung bei gleichzeitiger Vermeidung einer direkten militärischen Konfrontation mit der UdSSR führen sollte." Unter dem Eindruck des Koreakrieges propagierte US-Außenminister John Foster Dulles eine Politik des **„Roll Back"**, in der die sowjetische Expansion nicht nur aufgehalten, sondern auch zurückgedrängt werden sollte.

Atomares Patt
Mit diesem Begriff wurde die Situation der beiden Atommächte USA und Sowjetunion seit Beginn der 1950er-Jahre bezeichnet. Beide Supermächte blockierten sich militärisch gegenseitig. Denn keine von ihnen konnte einen strategischen „Zug" durchführen, ohne die Gefahr auszuschließen, dass sie sich dadurch nicht selbst vernichtete.

Kubakrise

Waren von 1945 bis 1949 die USA im alleinigen Besitz der Atombombe, verfügte seit 1949 auch die Sowjetunion über diese Massenvernichtungswaffe. Mit dem Start des ersten sowjetischen Satelliten „Sputnik“, der 1957 auf einer Langstreckenrakete ins All geschossen wurde, zog die UdSSR im Rüstungswettlauf (s. S. 75 ff.) gleich („Sputnik-Schock“). Das Kräfteverhältnis im Ost-West-Konflikt war nun durch ein **atomares Patt*** geprägt. Wie dieses **„Gleichgewicht des Schreckens“** funktionierte, zeigte 1961 der Bau der Berliner Mauer (s. S. 83): Die Amerikaner protestierten zwar durch den Aufmarsch von Panzern, ohne jedoch militärisch einzugreifen. Der Friede war gefährdet, aber beide Weltmächte respektierten mit einer **Politik des Status quo** die jeweils anderen Einflusszonen.

Eine gefährliche Zuspitzung erfuhr die Situation 1962 in der **Kubakrise**. Durch die Stationierung sowjetischer Mittelstreckenraketen auf der Karibikinsel Kuba, die nur wenige Seemeilen vom US-amerikanischen Bundesstaat Florida entfernt liegt und seit 1959 von dem Sozialisten **Fidel Castro*** regiert wurde, hatte Moskau den machtpolitischen Status quo zu seinen Gunsten verändert. Das Staatsgebiet der USA war jetzt direkt bedroht. **US-Präsident John F. Kennedy*** (1917–1963, Präs. 1961–1963) reagierte scharf: Er mobilisierte die Streitkräfte und forderte den sowjetischen Staats- und Parteichef **Nikita S. Chruschtschow*** (s. S. 72) ultimativ zum Raketenabzug auf. Beide Seiten lenkten ein. Die UdSSR zog ihre Raketen ab. Im Gegenzug sicherten die Amerikaner zu, auf Kuba nicht zu intervenieren und ihre Raketen in der Türkei abzubauen, da diese unmittelbar auf die Sowjetunion gerichtet waren. Die Kubakrise markiert den **Wendepunkt im Kalten Krieg**. Beide Supermächte erkannten, dass die Konfrontation in einen Atomkrieg eskalieren könnte (M 6). Um dieses Risiko auszuschalten, waren sie zu militärpolitischen Absprachen und Verhandlungen gezwungen. Man ging in kleinen Schritten aufeinander zu, ohne die Aufrüstung grundsätzlich zu stoppen. So wurde 1963 eine direkte Nachrichtenverbindung zwischen Washington und Moskau („heißer Draht“) eingerichtet, um internationale Konflikte rascher entschärfen zu können.

Vietnamkrieg

Nach dem Rückzug der französischen Kolonialmacht, die den Kampf gegen die antikolonialistische Befreiungsbewegung nicht hatte gewinnen können, wurde Vietnam auf der Genfer Indochina-Konferenz 1954 – zunächst provisorisch – geteilt. Die USA engagierten sich von Anfang an auf südvietnamesischer Seite durch militärische Beratung und Wirtschaftshilfe. Das kommunistische Nordvietnam unterstützte den Guerillakrieg der „Nationalen Befreiungsfront“ **(Vietcong)** gegen die pro-westliche Regierung Südvietnams. Als 1964 amerikanische Kriegsschiffe im Golf von Tonking angeblich von nordvietnamesischer Marine beschossen wurden, entsandten die USA Truppen nach Südvietnam und begannen, Nachschubwege **(Ho-Chi-Minh-Pfad)** der Vietcong und ab 1965 auch Nordvietnam selbst zu bombardieren. Aber die USA konnten sich im **Guerillakrieg*** der Vietcong nicht durchsetzen. Ab 1969 zog Präsident Nixon die 543 000 in Südvietnam stationierten Soldaten nach und nach wieder ab und schloss 1973 mit Nordvietnam einen Waffenstillstand. Damit waren die Konflikte in Indochina jedoch nicht beendet. 1974 begann Nordvietnam eine Offensive gegen den Süden, der 1975 kapitulieren musste. Ganz Vietnam wurde kommunistisch, ebenso Laos und Kambodscha. Die Bilanz des Krieges war verheerend: Der Historiker Bernd Greiner geht von ungefähr 726 000 getöteten Soldaten aus und beziffert die Gesamtzahl der Kriegstoten auf 1 353 000 Menschen. Andere Autoren halten diese Angaben für untertrieben.

Die Supermächte verstanden den Vietnamkrieg von Anfang an als Teil der weltweiten Systemauseinandersetzung im Kalten Krieg. Die Sowjetunion – und auch China – unterstützten Nordvietnam mit „militärischen Beratern“, Waffen und er-

M2 Fidel Castro (geb. 1926), Fotografie, 1971

1953 Der promovierte Jurist beteiligt sich an Revolutionsversuch
1954 Exil in Mexiko und den USA
1956–1959 Beteiligung am Guerillakampf gegen die Militärdiktatur General Batistas
1959 Castro wird Ministerpräsident und setzt kommunistische Staats- und Gesellschaftsordnung durch.
1991 Nach Auflösung des Ostblocks: Wirtschaftskrise wegen starker Abhängigkeit Kubas von der Sowjetunion
1994 Wirtschaftsreformen, aber keine Demokratisierung des Landes

M3 John F. Kennedy (1917–1963, Präs. 1961 bis 1963), Fotografie, um 1960

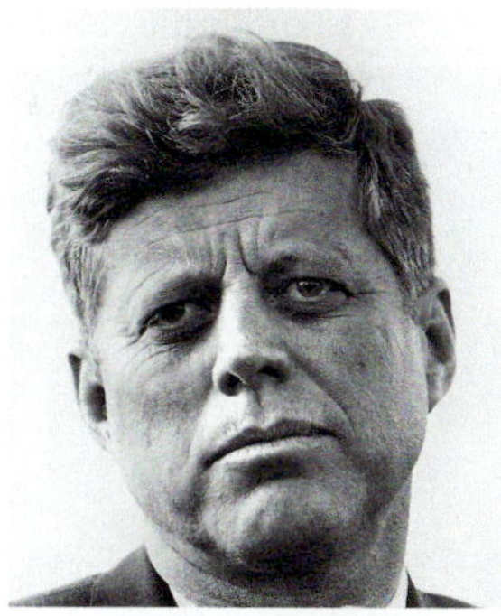

seit 1945 Mitglied der Demokratischen Partei
1960 Wahl zum Präsidenten der USA, Einleitung umfangreicher Sozialreformen
1962 Kennedy sorgte für die friedliche Beilegung der Kubakrise. Politische Ziele: Entspannung zwischen den Supermächten und Verbesserung der Entwicklungshilfe.

Guerillakrieg
Im Guerillakrieg (span.: kleiner Krieg) kämpfen irreguläre einheimische Kampfeinheiten gegen reguläre Truppen, die mit gezielten Aktionen aus dem Hinterhalt geschwächt werden sollen.

M4 Nikita Chruschtschow (1894–1971), Fotografie, 1960

1953 Vorsitzender der kommunistischen Partei nach Stalins Tod
seit 1956 Einleitung der Entstalinisierung in der Sowjetunion („Tauwetter"), Entspannungspolitik gegenüber den USA, aber brutales Vorgehen gegen Aufstandsbewegungen in den Ostblockstaaten
1964 Absetzung Chruschtschows

M5 Ho Chi Minh (1890 bis 1969), Fotografie, 1966

1941 Der vietnamesische Politiker gründet die kommunistische Unabhängigkeitsbewegung Vietminh gegen die französische Kolonialherrschaft.
1945 Ho Chi Minh proklamiert die Demokratischen Republik Vietnam, übernimmt als Staatspräsident die Führung des Landes.
1954 Nach der Teilung der Landes auf der Genfer Indochina-Konferenz bleibt Ho Chi Minh Präsident des kommunistischen Nordvietnam und unterstützt die südvietnamesische Befreiungsorganisation (Vietcong) im Kampf gegen die USA.

heblichen Geldern. Sie verfolgten das Ziel, die Überlegenheit und Macht des sozialistischen Modells zu bestätigen. Ein Scheitern der USA in Südostasien sollte außerdem andere kommunistische Aufstandsbewegungen in der „Dritten Welt" ermutigen, ihren Kampf gegen den Kapitalismus bzw. für den Kommunismus mit aller Kraft fortzusetzen. Ähnlich wie im Koreakrieg ging es den USA vor allem um ihre Glaubwürdigkeit sowohl als Weltmacht wie auch als westliche Führungsmacht. Den eigenen Verbündeten und befreundeten Nationen wollten die USA zeigen, dass auf sie Verlass sei, und der Sowjetunion und ihrem Lager wollten sie Willensstärke demonstrieren. Die Intervention der Vereinigten Staaten beruhte überdies auf der sogenannten **Dominotheorie**, die von US-Präsident Eisenhower 1954 verkündet worden war. Sie besagt: Wenn ein Staat „falle", also kommunistisch werde, dann fielen auch andere Staaten. Die USA fühlten sich daher verpflichtet, eine Niederlage Südvietnams im Kampf gegen die Kommunisten zu verhindern, weil sie eine Kettenreaktion, d. h. kommunistische Machtübernahmen in anderen ehemaligen Kolonialstaaten, befürchteten.

Konflikte im Ostblock

Im Juni 1953 kam es in der Tschechoslowakei und der DDR (s. S. 81) zu **Aufständen**, im Juni und Oktober/November 1956 folgten Polen und Ungarn. Gemeinsam war diesen Auseinandersetzungen hinter dem „Eisernen Vorhang" der Kampf für mehr nationale Unabhängigkeit. Die Sowjetunion sah durch diese Aufstände ihren Führungsanspruch im Ostblock gefährdet und sorgte für deren Niederschlagung bzw. setzte dabei eigene Truppen ein. Der Westen unterstützte zwar die osteuropäischen Protestbewegungen. Amerikanische und andere Radiostationen und Flugblätter machten der Opposition Mut für ihren Kampf gegen die kommunistischen Diktaturen. Aber zu direktem Eingreifen konnte sich der Westen nicht entschließen, weil er die militärische Konfrontation mit der Sowjetunion vermeiden wollte. Wie eng die Grenzen für eine eigenständige Politik im Ostblock waren, zeigte sich 1968 während des **„Prager Frühlings"**. In der Tschechoslowakei entstand in den 1960er-Jahren eine Reformbewegung, die für einen „Sozialismus mit menschlichem Antlitz" sowie für Pluralismus und Meinungsfreiheit eintrat. Mit Alexander Dubček gelangte 1968 ein Reformer an die Spitze der Kommunistischen Partei; auch andere wichtige Ämter wurden mit seinen Anhängern besetzt. Als diese Reformkräfte eine von der Bevölkerung getragene sozialistische Demokratie mit sozialistischer Marktwirtschaft einführen wollten, rieten die sozialistischen „Bruderparteien" nicht nur von einem Alleingang ab. Sie erklärten, dass sie einer solchen Politik nicht tatenlos zusehen könnten. Auch die Sowjetunion warnte vor den systemsprengenden Folgen und Rückwirkungen auf die kommunistischen Staaten des Ostblocks. Da die Parteiführung in der Tschechoslowakei nicht von ihrem Kurs abzuweichen bereit war, marschierten Truppen der Warschauer-Pakt-Staaten unter Führung der Sowjetunion ein und beendeten in einer großen Militäraktion den „Prager Frühling". Die Bevölkerung konnte dieser militärischen Macht nur gewaltlosen Widerstand entgegensetzen (M 8 a, b). Dubček und die Reformpolitiker wurden aus ihren Ämtern entfernt. Die weltweiten Proteste gegen die Verletzung des nationalen Selbstbestimmungsrechts in der Tschechoslowakei beantwortete Moskau mit der sogenannten **Breschnew-Doktrin**. Sie besagte, dass alle Staaten des sozialistischen Lagers nur eine begrenzte Souveränität in Anspruch nehmen könnten, wenn die Gefahr einer Loslösung aus der sozialistischen Gemeinschaft bestehe. Damit hatte die Sowjetunion erneut ihren weitreichenden Führungsanspruch in ihrem Machtbereich unterstrichen.

1 Stellen Sie anhand der ausgewählten Brennpunkte die internationale Dimension nationaler bzw. regionaler Konflikte oder Aufstände im Kalten Krieg dar.

M6 „Einverstanden Herr Präsident, wir wollen verhandeln ...", britische Karikatur, Oktober 1962

1 Beschreiben Sie mithilfe der Karikatur M6 die Beziehungen der Supermächte im Kalten Krieg.
2 Erläutern Sie die Überschrift zur Karikatur.
3 Diskutieren Sie anhand des Darstellungstextes und der Karikatur über Möglichkeiten und Grenzen der Kriegführung im Atomzeitalter.

M7 Der Historiker Bernd Stöver über die Doppelkrise Ungarn–Suez 1956, 2003

Auch in Ungarn waren die Kommunisten in der Bevölkerung verhasst geblieben. Der Mitte Oktober 1956 vorgelegte Forderungskatalog zeigte, was man wollte: Ernennung des Reformers Imre Nagy zum Ministerpräsidenten, Überprüfung der Arbeits- und Ablieferungsnormen, Mehrparteiensystem, freie Wahlen, bürgerliche Freiheiten, nationale Unabhängigkeit der Wirtschaft, Wiedereinführung der ungarischen Nationalsymbole und -feiertage.

Neu freigegebene Dokumente über die Entscheidungsfindung in Moskau zeigen, dass der ungarische Ministerpräsident Ernö Gerö am Abend des 23. Oktober den sowjetischen Militärattaché um Truppenunterstützung bat. Dies war [...] von Chruschtschow in einer telefonischen Diskussion mit Gerö zugesagt worden. Den Hintergrund für diese Entscheidung bildeten bereits die Probleme im Nahen Osten. Während es bis zum 29. Oktober zunächst so aussah, als würden die Sowjets eher bemüht sein, neben den militärischen auch die politischen Mittel auszuschöpfen, änderte sich diese Linie mit dem Beginn des Suez-Konflikts vollkommen. Moskau hatte seit 1955 sein Engagement in Ägypten erhöht und militärisch verstärkt. Als Israel am 29. Oktober, wenig später auch französische und britische Truppen den Nilstaat angriffen und die Gefahr bestand, im Nahen Osten die Position zu verlieren, wurde in Ungarn auf Chruschtschows ausdrückliche Veranlassung hin die harte Hand gezeigt. Eine nicht zu unterschätzende Rolle spielte dabei auch die sowjetische Version der „Dominotheorie". Man befürchtete 1956, wie 1968 auch im Fall der ČSSR, andere Länder könnten dem Beispiel folgen. In der DDR wurden während des ungarischen Aufstandes deshalb Einheiten unter sowjetischer Aufsicht sogar entwaffnet. Ab dem 4. November 1956 schlug die Rote Armee den ungarischen Aufstand erbarmungslos nieder. Die Kämpfe dauerten bis zum 11. November. Die ungarische Seite meldete nach der Niederschlagung 300 Tote und rund 1000 Verwundete. Die Sowjets sprachen von 669 Toten und 1540 Verwundeten. Auch in Ungarn war, wie in der DDR 1953, mit der Niederwerfung nicht das Ende des Widerstandes erreicht. Auch hier kam es im Anschluss an die Revolution noch monatelang zu Streiks. Was der Westen mit dem Aufstand zu tun hatte, ließ sich nur stückweise ermitteln. Offiziell blieb er untätig. Allerdings sendeten Rundfunkstationen Durchhalteparolen, und tatsächlich nahm wohl eine Emigranteneinheit [...] am Aufstand teil. Nach der Niederschlagung begann ein Massenexodus von etwa 200 000 Ungarn in den Westen. Am Suezkanal hingegen wurde der zeitlich parallele Konflikt bis zum 8. November 1956 von den USA und der UdSSR gemeinsam entschärft. Die Auseinandersetzung war in großen Teilen eine Fortsetzung der seit der Gründung des Staates Israel 1948 schwelenden israelisch-arabischen Kontroverse gewesen, die sich als Sonderkonflikt durch den gesamten Kalten Krieg zog. Einen Tag nach der Unabhängigkeitserklärung Israels am 14. Mai 1948 waren fünf arabische Staaten bis nach Jerusalem und Tel Aviv vorgerückt. Zwar war 1949 ein Waffenstillstand geschlossen worden, die Grenzen Israels wurden von den in der „Arabischen Liga" zusammengeschlossenen Staaten aber niemals anerkannt. Der Kriegszustand blieb erhalten, und beide Seiten fürchteten kontinuierlich einen Angriff. Mit dem eigentlichen Kalten Krieg war der Suez-Konflikt durch das Engagement der Supermächte in der Region verbunden. Für den Bau des Assuan-Staudamms war Ägypten zunächst amerikanisch-französische und britische Hilfe zugesagt worden. Sie wurde eingestellt, als der ägyptische Präsident Gamal Abd el Nasser sich 1955 dem gegen die Sowjetunion gerichteten Bagdad-Pakt nicht anschließen wollte und stattdessen im April an der Blockfreien-Konferenz von Bandung teilnahm. Noch im selben Jahr bezog Ägypten Waffenhilfe aus dem Ostblock, die ihm die USA verweigerten, gleichzeitig aber an Israel lieferten. Tatsächlich griff die israelische Armee Ende 1955 ägyptische Stellungen an, um palästinensischen Aktionen ein Ende zu setzen. Im Juli 1956 verstaatlichte Nasser den Suezkanal, nachdem die Briten und Franzosen abgezogen waren, und lehnte eine Internationalisierung kategorisch ab. Drei ergebnislose Konferenzen gingen dem am 9. Oktober 1956 beginnenden israelischen Angriff auf den Gazastreifen sowie der zwei Tage später folgenden britisch-französischen Intervention voraus. Der Zeitpunkt erschien günstig, da die Sowjets in Ungarn gebunden schienen. Die Supermächte USA und UdSSR waren allerdings nicht gewillt, den Konflikt zuzulassen. Chruschtschow drohte sogar mit dem Atomkrieg, und auch die USA übten erheblichen Druck auf die beteiligten

Staaten aus. Israel zog sich auf die Positionen des Waffenstillstands von 1949 zurück, das umkämpfte Gebiet wurde durch UN-Friedenstruppen besetzt. Eine Lösung war das nicht, und die Region wurde nun sogar noch deutlicher ein Schauplatz des Kalten Krieges. Die USA fürchteten einen verstärkten Einfluss der UdSSR. Die Eisenhower-Doktrin von 1957, die beinhaltete, dass die Vereinigten Staaten auch vor einer Intervention nicht zurückschrecken würden, wenn ihre lebenswichtigen Interessen in diesem Raum bedroht seien, war eine klare Warnung an Moskau. Tatsächlich blieb der Konflikt im Nahen und Mittleren Osten Sprengstoff im Kalten Krieg. Weil er jedoch ein Nebenkriegsschauplatz war, zeigten sich beide Supermächte auch in den folgenden Jahrzehnten gewillt, ihn keinesfalls zum Ausgangspunkt eines großen Konflikts werden zu lassen.

Bernd Stöver, Der Kalte Krieg, C. H. Beck, München 2003, S. 48 ff.

1 Beschreiben Sie mithilfe des Historikertextes M 7 Entstehung, Verlauf und Ergebnis des Ungarnaufstandes und der Suezkrise.

2 Erläutern Sie die Zusammenhänge zwischen beiden Konflikten.

3 Erläutern Sie die politische Brisanz von Ungarnaufstand und Suezkrise vor dem Hintergrund der Geschichte des Ost-West-Konfliktes.

Recherche und Präsentation (Gruppenarbeit):

4 „Aufstände hinter dem ‚Eisernen Vorhang' 1953 bis 1956". Vergleichen Sie Ursachen, Verlauf und Folgen der Aufstände in Polen, der DDR, Ungarn und der Tschechoslowakei zwischen 1953 und 1956.

M 8 Gewaltloser Widerstand in der Tschechoslowakei 1968

a) „Es braucht Mut, sich Panzern entgegenzustellen. Um sie aufzuhalten, braucht man Panzerabwehrwaffen." Sowjetischer Panzer in der Prager Innenstadt, im Vordergrund ein Demonstrant mit tschechischer Nationalfahne, Fotografie vom 21. August 1968

b) „Viele Tschechoslowaken sprachen Russisch und fragten die Eindringlinge, warum sie gekommen waren. Die Antwort: Wir führen nur Befehle aus." Ein Prager Demonstrant im Gespräch mit Soldaten, Fotografie vom 23. August 1968

1 Erläutern Sie die Bildüberschriften der Fotografien M 8 a und b.

2 Stellen Sie am Beispiel des „Prager Frühlings" Möglichkeiten und Grenzen nationaler Reformbewegung im Ostblock während des Kalten Krieges dar. Gehen Sie dabei auch auf die Strategie des gewaltlosen Widerstandes ein. Berücksichtigen Sie den Darstellungstext und die Bilder.

1.2 Konfrontation und Entspannung

Wettrüsten

Der Ost-West-Konflikt war eine Auseinandersetzung zwischen gegensätzlichen Staats- und Gesellschaftsformen. Aus Furcht vor Übergriffen der jeweils anderen Seite mündete die Systemkonkurrenz in einer ständigen Kampfbereitschaft. Ost- und Westblock rüsteten ihre Militärpotenziale auf und legitimierten diesen Rüstungswettlauf, indem sie Feind- und Zerrbilder vom jeweiligen Gegner entwarfen. War die Zeit zwischen 1945 und 1990/91 deswegen eine Epoche permanenter militärischer Konfrontation? Rückblickend lässt sich diese Frage eindeutig verneinen. Es gab in der Geschichte des Ost-West-Konfliktes nicht nur Phasen scharfer politisch-militärischer Rivalität, sondern auch Perioden der Entspannung und der Kooperation. Beide Supermächte bemühten sich außerdem, einen Atomkrieg zu vermeiden.

Aufrüstung

Das **Wettrüsten** zwischen den beiden Blöcken verlief **nicht gleichmäßig**. Die Rüstungsausgaben der Supermächte richteten sich vielmehr nach den wechselnden machtpolitischen Konstellationen (M 2). So erhöhten die **USA** nach 1950 ihren Verteidigungshaushalt beträchtlich, weil der Koreakrieg große Summen verschlang. Hinzu kam auf amerikanischer Seite die Überzeugung, dass der Westen in einer immer bedrohlicher werdenden Welt aufrüsten müsse. Während der Präsidentschaft **Dwight D. Eisenhowers*** verlangsamte sich der Anstieg der Rüstungsausgaben bzw. ging sogar zeitweilig zurück. Eisenhower wollte den **„militärisch-industriellen Komplex“*** stärker kontrollieren und verhindern, dass allzu hohe Ausgaben für das Militär Wirtschaft und Gesellschaft schadeten. Der Bau der Berliner Mauer 1961, die Kubakrise 1962 sowie das amerikanische Engagement in Vietnam nach 1964/65 veranlassten die US-Regierung zur Steigerung der Verteidigungsausgaben. Die **sowjetische Rüstungspolitik**, die auf geschätzten Zahlen beruht, interpretierte der amerikanische Historiker Paul Kennedy in seinem Buch „Aufstieg und Fall der großen Mächte“ (1989) so: „Ihr eigener Aufbau in den Jahren 1950–1955 [ist wahrscheinlich] auf die Sorge zurückzuführen, dass ein Krieg mit dem Westen zu verheerenden Luftangriffen auf russisches Territorium führen würde, wenn sie die Zahl ihrer Flugzeuge und Raketen nicht gewaltig aufstockten; die Reduzierung der Jahre 1955–1957 spiegelt Chruschtschows **Entspannungsdiplomatie*** und die Versuche wider, Gelder für den privaten Bedarf freizumachen; und die sehr starke Zunahme nach 1959–1960 zeigt das sich verschlechternde Verhältnis zum Westen, die Erniedrigung durch die Kubakrise und die Entschlossenheit, in allen Waffengattungen stark zu sein.“

Abrüstung und Rüstungskontrollverträge

Die 1960er-Jahre waren nicht nur durch Aufrüstung, sondern auch durch Maßnahmen zur **Abrüstung** und **Rüstungskontrolle*** geprägt. 1963 einigten sich die USA, Großbritannien und die Sowjetunion auf die Einstellung der Kernwaffenversuche in der Atmosphäre, im Weltraum und unter Wasser. Fünf Jahre später folgte der **Atomwaffensperrvertrag**, in dem sich die Mächte verpflichteten, keine Kernwaffen weiterzugeben. Er trat 1970 in Kraft und steht allen Staaten zum Beitritt offen. Der Atomwaffensperrvertrag erhöhte die Bereitschaft der Weltmächte zu Verhandlungen über die strategischen Nuklearwaffen. Im Mittelpunkt stand dabei die Frage, wie man bei den strategischen Rüstungen zu einer Begrenzung kommen könne (*Strategic Arms Limitation Talks*/**SALT**). Diese Verhandlungen überdauerten auch den Einmarsch der Warschauer-Pakt-Staaten in der Tschechoslowakei 1968 und den amerikanischen Kriegseinsatz in Vietnam (1964–1973).
In einer 1972 unterzeichneten Grundsatzerklärung über die amerikanisch-sowje-

M 1 Dwight D. Eisenhower (1890–1969), Fotografie, um 1955

seit 1942 Oberbefehlshaber der US-Truppen in Europa
1950–1952 Befehlshaber der NATO-Streitkräfte in Europa
1953–1961 US-Präsident; erreicht
1953 Waffenstillstand im Koreakrieg
1957 Eisenhower-Doktrin: Die US-Administration wird ermächtigt, militärisch gegen eine „vom internationalen Kommunismus gesteuerte Aggression“ eines Landes im Nahen Osten vorzugehen.

Militärisch-industrieller Komplex
Das von US-Präsident Eisenhower geprägte Schlagwort bezeichnet die enge Interessenverflechtung zwischen Politik, Militär und Rüstungsindustrie. Sie wird z. B. begünstigt durch den Wechsel von hohen Militärs in die Rüstungsindustrie. Wegen der großen Haushaltsmittel, die der militärisch-industrielle Komplex band, bedurfte er nach Eisenhower besonderer Aufmerksamkeit durch die demokratische Öffentlichkeit.

Abrüstung, Rüstungskontrolle
siehe S. 76

Entspannungsdiplomatie, friedliche Koexistenz
Das 1956 vom sowjetischen Parteichef Chruschtschow verkündete Prinzip einer friedlichen Koexistenz der beiden Machtblöcke löste die kommunistische Auffassung ab, nach der wegen der antagonistischen Interessenlage zwischen Ost- und Westblock ein Krieg unvermeidlich sei.

Abrüstung, Rüstungskontrolle
Unter Abrüstung versteht man die Beschränkung von Rüstung mit dem Ziel, Kriege zu verhindern bzw. den Frieden zu sichern. Beispiele für Abrüstungspolitik sind der Atomwaffensperrvertrag, die SALT-Abkommen oder der ABM-Vertrag. Da es bei diesen internationalen Vereinbarungen um die Beherrschung und aktive Steuerung von Militärpotenzialen geht, benutzen Forscher und Politiker auch den Begriff der „Rüstungskontrolle".

tischen Beziehungen bekannten sich beide Staaten zu ihrer besonderen Verantwortung in der Weltpolitik. Sie bekundeten ihre Bereitschaft, Konflikte mit friedlichen Mitteln beizulegen, auf den eigenen Vorteil zu verzichten und in gefährlichen Situationen Zurückhaltung zu üben. Diese Politik mündete 1972 in den **ABM-Vertrag** zur Beschränkung der land- und seegestützten Interkontinentalraketen und der Raketenabwehrsysteme. 1973 vereinbarten die beiden Supermächte, bei Gefahr eines Nuklearkrieges „sofortige Konsultationen" aufzunehmen. Da diese Verhandlungen von den USA ohne direkte Einbeziehung ihrer westeuropäischen NATO-Partner geführt wurden, weckten sie Befürchtungen vor einem Bilateralismus der Weltmächte auf Kosten der europäischen Sicherheit. Einen Hinweis dafür, dass die USA ihre Nukleargarantie für Westeuropa zurücknehmen wollten, sah Frankreich in dem Übergang der NATO von der Strategie der „massiven Vergeltung" zur Strategie der **„flexiblen Erwiderung"** (*flexible response*). Diese Strategie der NATO galt offiziell von 1967 bis 1990. Im Falle einer militärischen Provokation des Bündnisses sollten zunächst konventionellen militärische Mittel zum Einsatz kommen, danach erst strategische Atomwaffen. Bewusst wurde offengehalten, in welchem Fall Atomwaffen eingesetzt werden sollten, sodass eine flexible, für den Gegner nicht vorhersehbare Reaktion möglich war. Das Konzept setzte verstärkte Rüstungsanstrengungen voraus, weil man alle Arten von Waffen- und Trägersystemen brauchte. Frankreich trat daraufhin aus der militärischen Integration der NATO aus und begann den Aufbau einer eigenen Nuklearstreitmacht.

Konfrontation und Entspannung

Neue Spannungen und regional begrenzte Konflikte gefährdeten die Annäherung zwischen Ost und West in den 1970er- und 1980er-Jahren. Bereits 1975 hatte die Sowjetunion gemeinsam mit Kuba in den angolanischen Bürgerkrieg eingegriffen, Ende 1979 besetzten sowjetische Truppen **Afghanistan**, um die dortige kommunistische Regierung gegen Angriffe islamischer Guerillagruppen („Mudjahedin") zu unterstützen. Die US-Regierung verschärfte daraufhin ihren außenpolitischen Kurs, indem sie die

M 2 Verteidigungsausgaben der USA und der Sowjetunion 1948–1985 (Milliarden Dollar)

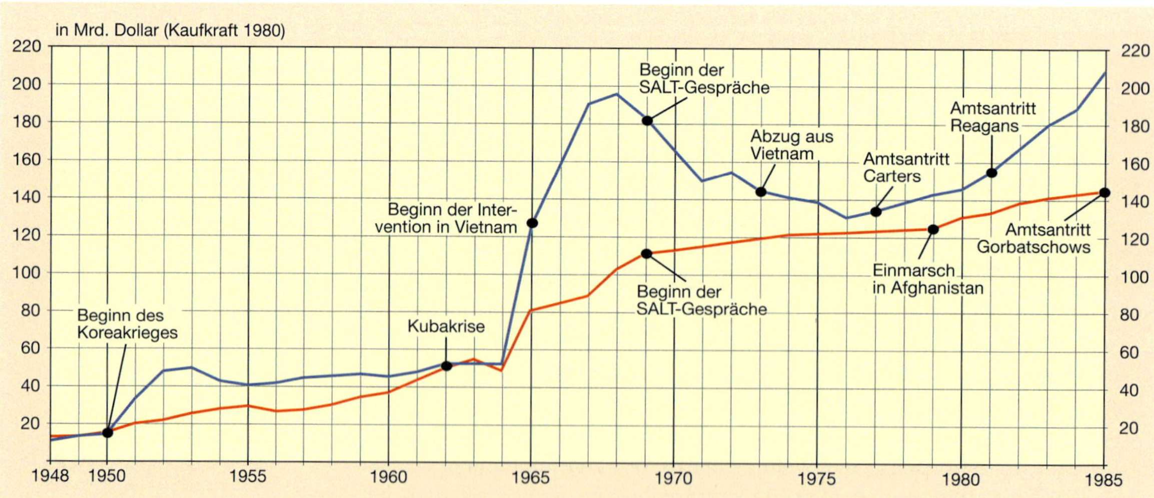

1 a) Untergliedern Sie den Rüstungswettlauf zwischen den USA und der Sowjetunion in abgrenzbare Phasen.
b) Arbeiten Sie mithilfe einer Tabelle heraus, wie sich in den jeweiligen Phasen die Rüstungsausgaben entwickelten und welche machtpolitischen Konstellationen den Rüstungswettlauf in diesen Phasen jeweils prägten. Ziehen Sie dafür auch den Darstellungstext heran.

Militärausgaben erhöhte und ein Weizenembargo gegen die UdSSR verhängte. Im Geheimen begann sie, die antikommunistischen Widerstandsgruppen finanziell zu unterstützen. Solche **„Stellvertreterkriege“*** wurden von den Supermächten während der Zeit des Kalten Krieges häufig geführt, um ihre Machtposition zu behaupten oder auszubauen.
Die harte amerikanische Haltung schien berechtigt angesichts der sowjetischen Weigerung, die seit der zweiten Hälfte der 1970er-Jahre in Osteuropa stationierten nuklearen Mittelstreckenraketen abzubauen, die die europäischen NATO-Staaten bedrohten und die im Dezember 1979 zum **NATO-Doppelbeschluss** führten. Der von den Außen- und Verteidigungsministern der NATO-Mitgliedsstaaten verabschiedete NATO-Doppelbeschluss sah zunächst Verhandlungen mit der Sowjetunion über den Abbau der Mittelstreckenraketen vor. Sollten die Gespräche scheitern, planten die USA ab 1983 ebenfalls die Stationierung atomarer Mittelstreckenraketen in Europa. Der Beschluss löste in vielen europäischen Ländern Proteste aus und bewirkte ein Erstarken der Friedensbewegung. Noch im Jahr seines Amtsantritts 1981 erhöhte **US-Präsident Ronald Reagan*** die Militärausgaben und beschleunigte die Entwicklung eines weltraumgestützten Raketenabwehrsystems (***Strategic Defense Initiative*/SDI**). Im Nahen Osten versuchten die USA, Israel und die arabischen Staaten in ihre globale Strategie gegen die Sowjetunion einzubeziehen. Für die Dritte Welt entwickelte Washington das Konzept einer „Kriegführung mit niedriger Intensität“. Der amerikanischen Exportindustrie wurden harte Beschränkungen im Osthandel auferlegt, und die westeuropäischen Bündnispartner wurden aufgefordert, ihre Geschäfte mit Moskau aufzuschieben.
Seit Mitte der 1980er-Jahre kam wieder Bewegung in die Beziehungen zwischen den Supermächten, die zum Abbau der Konfrontation beitrugen. Gefördert wurde die Entspannung durch den **KSZE-Prozess**, d.h. die Arbeit der „Konferenz für Sicherheit und Zusammenarbeit in Europa“. Die KSZE begann 1972 ihre Tätigkeit und verabschiedete 1975 die „Schlussakte von Helsinki“. 35 Staaten Europas und Nordamerikas unterzeichneten dieses Dokument. Sie verpflichteten sich darin zur Anerkennung des politischen Status quo in Europa und zur Einhaltung der Menschenrechte. Seitdem konnten die Oppositionsgruppen des Ostblocks ihre Freiheitsforderungen auf die von ihren Regierungen unterschriebene Schlussakte von Helsinki stützen. Da man in der finnischen Hauptstadt auch die Folgekonferenzen festlegte, blieb die KSZE ein wichtiges Forum für Gespräche zwischen Ost und West. Die **MBFR-Verhandlungen** (*Mutual balanced Force Reduction*), die die Rüstung betrafen, scheiterten allerdings zunächst und kamen erst nach 1989 weiter voran.
Die amerikanische Politik der Stärke verschärfte während der 1980er-Jahre den Rüstungswettlauf derart, dass er für die UdSSR wirtschaftlich ruinös wurde. Erst Michail Gorbatschow, der 1985 in der Sowjetunion die politische Führung übernahm, leitete eine neue Entspannungspolitik ein. Diese Entschärfung des internationalen Konfliktpotenzials erleichterte es den USA, seit Mitte der 1980er-Jahre wieder zur Kooperation zurückzukehren.

1 Stellen Sie tabellarisch Zusammenhänge zwischen den Spannungen bzw. der Entspannung in den Ost-West-Beziehungen einerseits und den Rüstungsanstrengungen der beiden Supermächte andererseits dar.

Stellvertreterkriege
Bezeichnung für indirekt, auf fremdem Territorium militärisch ausgetragene Konflikte zwischen den Supermächten während des Kalten Krieges. Bei Stellvertreterkriegen tragen die direkten Kriegsgegner neben eigenen Interessen die weltanschaulichen und politischen Gegensätze ihres jeweiligen Bündnispartners aus. Die Verbündeten leisten indirekt Unterstützung, z.B. durch Waffenlieferungen. Als erster Stellvertreterkrieg im Kalten Krieg gilt der Koreakrieg (1950–1953).

M3 Ronald Reagan (1911–2004), Fotografie, 1981

1928–1932 Studium der Soziologie, Wirtschaft und Theaterwissenschaften
seit 1937 Schauspieler in Hollywood
seit 1962 Mitglied der Republikanischen Partei
1981 Reagan wird bei Attentat schwer verletzt.
1981–1989 US-Präsident; während seiner Amtszeit betrieb er gegenüber der Sowjetunion zunächst eine kompromisslose Politik der Stärke. Für den massiven Ausbau der amerikanischen Rüstung nahm er eine hohe Staatsverschuldung in Kauf.
Ende der 1980er-Jahre sorgte er für den Abbau der Blockkonfrontation.

2 Die Vertiefung der Teilung: Deutschland 1949–1961

2.1 Staatlicher Wandel und politische Konflikte in Ost und West

Systemkonkurrenz und -integration

Mit der doppelten Staatsgründung waren für die beiden deutschen Teilstaaten grundlegende **Wechsel des politischen Systems** verbunden: Im Westen Deutschlands entstand unter dem Einfluss von Amerikanern, Briten und Franzosen eine parlamentarische Demokratie, im Osten setzte die Sowjetunion eine kommunistische Diktatur durch. Beide deutsche Staaten beanspruchten, die bessere demokratische Republik zu sein. Während die demokratische Ordnung im Westen auf breite Zustimmung in der Bevölkerung stieß, blieb der kommunistischen Parteidiktatur in der DDR diese politische Legitimität bis zu ihrem Ende versagt. Die **Systemkonkurrenz** entschied die Bundesrepublik Deutschland eindeutig zu ihren Gunsten. Die Anziehungskraft des westlichen Staats-, Gesellschafts- und Wirtschaftssystems **(„Magnettheorie“*)** zeigte sich nicht erst während der friedlichen Revolution in der DDR und der Wiedervereinigung 1989/90. In der Zeit des Kalten Krieges (s. S. 30 ff.) gehörten beide deutsche Staaten unterschiedlichen Machtblöcken an. Diese **Systemintegration** wurde auf politisch-militärischem Gebiet besonders deutlich: 1955 trat die DDR dem militärischen Zusammenschluss des Ostblocks, dem Warschauer Pakt, bei, die Bundesrepublik Deutschland bekannte sich zum Westen und schloss sich der NATO an. Während die DDR-Bevölkerung dem Bündnis mit der größtenteils ungeliebten Besatzungsmacht UdSSR skeptisch bis ablehnend gegenüber-

Magnettheorie in Ost und West
Während im Osten Deutschlands die Anziehungskraft der kommunistischen Staats- und Gesellschaftsordnung von der Parteiführung der SED behauptet wurde – die Bevölkerung wurde nicht um ihre Zustimmung gefragt –, waren im Westen politische Führung wie breite Bevölkerungsschichten von der Attraktivität sowohl der Demokratie als auch der Marktwirtschaft überzeugt.

M1 Karikatur von Hanns Erich Köhler, 1949

1 Interpretieren Sie die Karikatur. Nehmen Sie vor dem Hintergrund Ihres Wissens über das heutige Verhältnis von Ost- und Westdeutschen Stellung zur Einschätzung des Zeichners aus dem Jahre 1949.

stand, vollzog sich in der Bundesrepublik Deutschland ein tief greifender Einstellungswandel gegenüber den Westmächten: Aus vormaligen Besatzungsmächten entwickelten sich Schutzmächte, die Freiheit und Wohlstand der Westdeutschen garantierten.
Dazu trug entscheidend das Verhalten von Amerikanern und Briten während der Berlin-Blockade 1948/49 (s. S. 43) bei, in der sie durch ihre Luftbrücke die Existenz des freien Westberlins gewährleisteten. Aber auch Franzosen und Deutsche überwanden in den 1950er-Jahren ihre angebliche frühere „Erbfeindschaft" und pflegen seitdem besondere freundschaftliche Beziehungen.

„Bonn ist nicht Weimar"

Dieser Buchtitel des Schweizer Journalisten Fritz René Allemann von 1956 entwickelte sich zu einem geflügelten Wort. „Bonn", bis 1999 der Parlaments- und Regierungssitz der Bundesrepublik Deutschland, stand und steht für den gelungenen Versuch, nach dem Scheitern der Weimarer Republik eine stabile demokratische Ordnung in Deutschland zu errichten. Ein Grund dafür liegt in der Verfassungsordnung des **Grundgesetzes** (s. S. 52 ff.). Es räumt dem Bundeskanzler im Vergleich zum Reichskanzler der Weimarer Zeit eine relativ starke Position ein. Ihm fällt innerhalb der Regierung eine unbestreitbare Führungsrolle zu. Denn der Bundeskanzler wird als einziges Regierungsmitglied vom Bundestag gewählt und entscheidet über die Berufung und Entlassung der Minister. Die Bildung eines Präsidialkabinetts wie in der Endphase der Weimarer Republik ist damit unmöglich geworden. Anders als der Weimarer Reichstag kann der Deutsche Bundestag nicht mehr einzelne Minister durch Misstrauensvotum aus dem Kabinett entfernen und so die Regierung destabilisieren. Und mit der Einführung des konstruktiven Misstrauensvotums im Grundgesetz sollten die häufigen Koalitionskrisen und Regierungswechsel der Weimarer Zeit vermieden werden.
Konrad Adenauer*, der erste Bundeskanzler der Bundesrepublik Deutschland, nutzte energisch die grundgesetzlich garantierte Vorrangstellung des Regierungschefs (**„Kanzlerdemokratie"**): Bei ihm lag die Initiative der ersten wie der folgenden Regierungsbildungen. Die Entscheidung gegen eine Große Koalition mit der SPD und für die Kleine Koalition mit der FDP fällte im Jahre 1949 Adenauer. Seine Macht beruhte wesentlich auf seiner unangefochtenen Stellung als Parteivorsitzender der CDU, der größten Regierungspartei. Adenauer prägte maßgeblich die Bundestagsdebatten und Pressekonferenzen und dominierte auch die Außenpolitik, da es bis 1955 weder einen Außenminister noch einen Auswärtigen Ausschuss im Bundestag gab. Alle Kontakte zu den Alliierten liefen über ihn. Zu einem großen Teil beruhte Adenauers Erfolg darauf, dass er mit seinem patriarchalischen Regierungsstil und seinen oft volkstümlich-schlichten Formulierungen der Sehnsucht zahlreicher Menschen nach Führung in unsicheren Zeiten entsprach. Aber er schuf dadurch auch Vertrauen in die junge deutsche Demokratie. Die in der frühen Bundesrepublik Deutschland neue Erfahrung stabiler parlamentarischer Regierungen ist auch auf die Entwicklung der westdeutschen Parteien seit 1945 zurückzuführen. War die Weimarer Republik durch Parteienzersplitterung gekennzeichnet, konzentrierten sich die Wählerstimmen in der „Bonner Republik" zunehmend auf einige wenige Parteien (s. M 2, S. 109). Die Parteien selbst blieben nicht länger Weltanschauungsparteien mit einer fest umrissenen Wählerschaft, sondern wandelten sich zu Volksparteien, die sich als Vertreter des gesamten Volkes verstehen. Waren im ersten Deutschen Bundestag noch elf Parteien vertreten, bildete sich gegen Ende der 1950er-Jahre ein Zweieinhalb-Parteiensystem heraus, das bis in die 1980er-Jahre weitgehend stabil blieb. Es bestand aus den großen Volksparteien CDU (sowie der CSU in Bayern) und SPD sowie der FDP, die als „Zünglein an der Waage" mit beiden großen Parteien Koa-

M 2 Konrad Adenauer (1876–1967), Fotografie, 1961

1906–1909 Beigeordneter der Stadt Köln
1917–33 u. Mai–Oktober 1945 Oberbürgermeister von Köln
1918–32 Vorsitzender des Provinzialausschusses der Rheinprovinz
1920–33 Präsident des Preußischen Staatsrates
1946 Mitglied der CDU und 1. Vorsitzender der CDU in der britischen Besatzungszone
1946–50 Mitglied des Landtages Nordrhein-Westfalen
1946–67 Mitglied des Bundestages
1948/49 Vorsitzender des Parlamentarischen Rates
1949–63 Bundeskanzler
1950–66 CDU-Bundesvorsitzender
1951–55 Bundesminister des Auswärtigen

litionen einging. Die Parteienkonzentration wurde nicht nur durch die 1953 eingeführte Fünf-Prozent-Klausel begünstigt, die Splitterparteien den Einzug in die Parlamente erschwerte. Auch die für die „Adenauer-Ära“ charakteristische Polarisierung zwischen Regierungskoalition und Opposition trug zur Konzentration der politischen Kräfte bei. Die großen Volksparteien öffneten sich und integrierten die kleineren und Kleinst-Parteien.

M3 Plakat der SED zur 2. Bezirksdelegiertenkonferenz des Bezirks Dresden, 1954

Der SED-Staat – eine zweite totalitäre Diktatur?

Die Demokratie der Bundesrepublik Deutschland beruhte von Anfang an auf einem antitotalitären Grundkonsens. Staat und Gesellschaft wollten sowohl eine Wiederholung der nationalsozialistischen Diktatur verhindern als auch die junge Republik gegen die Bedrohung des Kommunismus schützen. Eine funktionsfähige parlamentarische Demokratie bot den besten Schutz gegen diktatorische Bestrebungen von rechts und links – das war im Westen Deutschlands die **Lehre aus der jüngeren deutschen Geschichte**. Die kommunistischen Machthaber der DDR dagegen glaubten, die richtigen Konsequenzen aus der Vergangenheit zu ziehen, indem sie Ostdeutschland zu einer sozialistischen Staats- und Gesellschaftsordnung nach dem Muster der stalinistischen Sowjetunion umgestalteten. Da nach dieser Auffassung der Kapitalismus die Ursache für das Scheitern der Weimarer Republik bzw. den Aufstieg des Nationalsozialismus war, musste die **antifaschistisch-demokratische Umwälzung** in der SBZ und der DDR den Kapitalismus beseitigen und der Arbeiterklasse sowie ihrer parteipolitischen Vertretung, der KPD bzw. SED, die gesamte Herrschaft sichern. Dementsprechend begann Ende der 1940er-Jahre in der SBZ die **Sowjetisierung** bzw. **Stalinisierung** (s. S. 59) des gesamten gesellschaftlichen Lebens. Wichtige Maßnahmen waren dabei die Zwangsvereinigung von SPD und KPD, die Umwandlung der SED in eine „Partei neuen Typs“ sowie die Unterordnung der Blockparteien und der Massenorganisationen unter die SED-Herrschaft (s. S. 59 ff.). 1950/51 kam es innerhalb der SED zu einer umfassenden Säuberungswelle. 150 000 Mitglieder wurden aus der Partei ausgeschlossen, viele von ihnen verhaftet und zu langjährigen Haftstrafen verurteilt. In allen staatlichen Verwaltungen, bei Polizei und Justiz sowie in den Betrieben und LPGs wurden Parteigruppen der SED gebildet, die den Herrschaftsanspruch der „Einheitspartei“ von oben nach unten durchsetzen sollten.

Bereits in den 1950er-Jahren diskutierten westliche Wissenschaftler über Ähnlichkeiten und Unterschiede der nationalsozialistischen und stalinistischen Diktaturen. Ob der SED-Staat **totalitären Charakter** wie das NS-Regime besaß, ist eine bis heute immer wieder erörterte Frage. Dabei werden Übereinstimmungen, aber auch grundlegende Abweichungen aufgezeigt (M 8). Moderne Diktaturen besitzen in der Regel eine Geheimpolizei, die das gesamte gesellschaftliche Leben überwacht und kontrolliert. Diese Aufgabe übernahm in der DDR das im Februar 1950 gegründete **Ministerium für Staatssicherheit (MfS bzw. Stasi)***, das direkt dem Politbüro der SED unterstellt war. Mithilfe eines weit verzweigten Netzes von Agenten spionierte die Stasi das öffentliche und private Leben seiner Bürger aus. Jede Opposition gegen den SED-Staat sollte auf diese Weise entdeckt und ausgeschaltet werden. Aufklärungsfunktionen waren bei dieser „Parteigeheimpolizei“ eng mit Überwachungs- und Unterdrückungsfunktionen verbunden. Das MfS, das von Anfang an bis zu seiner Auflösung 1989 unter der Führung und Kontrolle sowjetischer Geheimdienste und Sicherheitsorgane stand, wurde in den 1950er-Jahren rasch und systematisch ausgebaut. Gehörten ihm 1950 1 000 hauptamtliche Mitarbeiter an, arbeiteten 1957 bereits 17 500 Menschen für die Staatssicherheit. Ein weiteres Merkmal moderner Diktaturen ist eine **umfassende Ideologie**, an deren Lehrsätze sich alle Staatsbürger zu halten haben. Die Grundlage allen politischen und sozialen Handelns bildete in der DDR der **Marxismus-Leninis-**

Ministerium für Staatssicherheit (MfS bzw. Stasi)
Die Stasi hatte von Anfang an eine Doppelstruktur: Nach innen überwachte sie als Geheimpolizei Gegner der Parteidiktatur bzw. wen sie dafür hielt. Nach außen operierte sie als einer der weltweit erfolgreichsten Nachrichtendienste für Spionage und Spionageabwehr. Da sich die Stasi als Teil des globalen Systemkonflikts zwischen Sozialismus und „Imperialismus“ sah, kooperierten „Abwehr“ und „Aufklärung“ sehr eng und verwischten die Grenzen zwischen nachrichtendienstlicher Tätigkeit und innerer Repression.
Heute arbeitet die Behörde der Bundesbeauftragten für die Unterlagen des Staatssicherheitsdienstes die Geschichte des MfS wissenschaftlich auf. Auf ihrer Internetseite stellt sie Hintergrundwissen und Aktenfallbeispiele zur Verfügung (*www.bstu.bund.de*).

mus. Diese von Marx, Engels und Lenin (s. S. 23) abgeleitete Ideologie diente der Legitimation der Herrschaft der SED, die sich als Interessenvertretung der Arbeiterklasse und damit als fortschrittlichste politische Kraft verstand. Der Marxismus-Leninismus galt in der DDR als allgemeinverbindliche Weltanschauung mit absolutem Wahrheitsanspruch, an der alle Menschen ihr Denken und Handeln ausrichten sollten.

Der Volksaufstand vom 17. Juni 1953

Die SED konnte in den 1950er-Jahren ihre Herrschaft ausbauen und festigen, sie blieb aber von der Sowjetunion abhängig, die sie mit ihrem Militär stützen musste. Das zeigte sich während des Volksaufstandes vom 17. Juni 1953 in aller Deutlichkeit (M 4, M 9). Im Juli 1952 hatte die SED-Führung den „planmäßigen Aufbau des Sozialismus" verkündet. Die Schwer- und Grundstoffindustrie sollte zulasten der Konsumgüter- und Lebensmittelproduktion ausgebaut werden. Der Lebensstandard in der DDR sank in der Folge auf ein Niveau, das an die unmittelbare Nachkriegszeit erinnerte. Zusätzlich wurden im Mai 1953 die Arbeitsnormen um 10 Prozent erhöht. Aufgrund der wachsenden Unzufriedenheit in der Bevölkerung und auf Druck der neuen sowjetischen Machthaber, die nach Stalins Tod 1953 eine „Gesundung der DDR" propagierten, verkündete das Politbüro Anfang Juni 1953 den „Neuen Kurs": Die politische Unterdrückung wurde gelockert, die Konsumgüterproduktion erhöht und Preissteigerungen wurden zurückgenommen. In Kraft blieben jedoch die erhöhten Arbeitsnormen. Am 16. Juni 1953 legten daher die Bauarbeiter in der Berliner Stalinallee die Arbeit nieder und zogen in Demonstrationszügen zum Sitz der SED. Die Proteste breiteten sich über das ganze Land aus. Von Anfang an traten neben wirtschaftliche auch **politische Forderungen** wie der Rücktritt der Regierung, die Wiederherstellung der Einheit Deutschlands auf der Grundlage freier Wahlen, die Freilassung politischer Gefangener sowie die Zulassung freier Parteien und Gewerkschaften.

Literaturtipp
Ilko-Sascha Kowalczuk, 17. Juni 1953: Volksaufstand in der DDR. Ursachen – Abläufe – Folgen, Bremen 2003.
Eine gut lesbare, materialreiche Studie. Der Autor ist Mitarbeiter der Bundesbehörde für die Unterlagen des Staatssicherheitsdienstes.

M 4 Mit dem Knüppel gegen einen sowjetischen Panzer an der Berliner Sektorengrenze, Fotografie, 17. Juni 1953

1 Erörtern Sie ausgehend von M 4 die Handlungsspielräume der Protestbewegung bzw. die Machtverhältnisse in der DDR.

Am 17. Juni zogen in Berlin und anderen Orten sowjetische Panzer auf und drängten die Demonstranten mit Warnschüssen zurück. Die sowjetischen Stadtkommandanten verhängten in 167 Städten und Landkreisen den Ausnahmezustand. Mindestens 51 Menschen wurden bei den Demonstrationen getötet, 20 standrechtlich erschossen, über 6000 verhaftet, zwei zum Tode verurteilt. Fast zwei Drittel der Opfer des 17. Juni waren Arbeiter. Das sowjetische Militär hatte die DDR-Regierung vor dem Zusammenbruch gerettet. Zur Enttäuschung der Aufständischen schauten die Westmächte tatenlos zu – während des Ost-West-Konfliktes respektierten die Supermächte Eingriffe des jeweiligen Gegners in seinem eigenen Machtbereich. In der Bundesrepublik wurde der 17. Juni zum Feiertag („Tag der Deutschen Einheit") erklärt. Die SED-Führung reagierte auf die Volkserhebung mit einer Säuberungswelle gegen „feindliche Elemente" und baute den Repressionsapparat des Ministeriums für Staatssicherheit aus. Mit Paraden wurden bei Jahrestagen die sowjetische Waffenbrüderschaft und die Einheit von Partei und Volk beschworen. Allerdings drosselte die Partei das Tempo beim Aufbau der Schwerindustrie. Auch verzichtete die UdSSR ab 1954 auf direkte Reparationsleistungen. Obwohl sich die Versorgungslage der Bevölkerung langsam verbesserte, gaben viele Menschen die Hoffnung auf politische Reformen auf. Allein 1953 flohen über 330000 DDR-Bürger in die Bundesrepublik.

Die Wiederbewaffnung der DDR

3.7.1948 Die SMAD befiehlt die Aufstellung „Kasernierter Bereitschaften" innerhalb der Deutschen Volkspolizei. Personalbestand Ende 1948: 10000 Mann

1951 Umbenennung in „Volkspolizei-Dienststellen" als Einheiten im Innenministerium

1.7.1952 Umbenennung in „Kasernierte Volkspolizei" (KVP)

14.5.1955 Die DDR tritt dem Warschauer Pakt bei. KVP-Personalbestand: 100000 Mann

18.1.1956 Gesetz über die Nationale Volksarmee (NVA)

28.1.1956 Die Warschauer-Pakt-Staaten beschließen, die militärischen Verbände der NVA dem gemeinsamen Oberkommando zu unterstellen.

1.3.1956 Aufstellung der ersten Einheiten der NVA aus den Reihen der KVP, die selbst weiterhin bestehen bleibt; Bildung des Ministeriums für Nationale Verteidigung und der Militärbezirke

Ostintegration der DDR

Mit der Festigung der unterschiedlichen politischen Systeme in den 1950er-Jahren vertiefte sich die deutsche Teilung. Sie wurde zusätzlich verschärft durch die Integration der beiden deutschen Teilstaaten in die jeweiligen Machtblöcke, die sich im Kalten Krieg feindlich gegenüberstanden. Die **DDR** gehörte seit 1949/50 dem **Rat für gegenseitige Wirtschaftshilfe (RGW)** an. Die Gründung dieser Organisation wirtschaftlicher Zusammenarbeit innerhalb des Ostblocks im Jahre 1949 war eine Reaktion der Sowjetunion auf den Marshall-Plan, dem die Länder im sowjetischen Herrschaftsbereich nicht beitreten durften (s. S. 35). Der wichtigste Zusammenschluss der Ostblockstaaten war das 1955 gegründete Militärbündnis des **Warschauer Pakts**, dem die DDR im gleichen Jahr beitrat. Offiziell galt unter den kommunistischen „Bruderländern" der Grundsatz des „Sozialistischen Internationalismus", der die Gleichberechtigung und Souveränität der einzelnen Mitgliedsstaaten der „sozialistischen Staatengemeinschaft" betonte. In Wirklichkeit jedoch verfügte die UdSSR über die uneingeschränkte Vorherrschaft und nahm sich das Recht heraus, militärische Gewalt anzuwenden, wenn ein sozialistischer Staat von der sowjetischen Linie abwich. Mit dem Beitritt der DDR zum Warschauer Pakt waren die **Wiederbewaffnung der DDR*** und die Eingliederung ihrer Truppen in das östliche Bündnis verbunden.

Westintegration der Bundesrepublik Deutschland

1949 trat die Bundesrepublik Deutschland der *Organization for European Economic Cooperation* (OEEC, heute OECD) bei, die die Hilfen des Marshallplans koordinierte. Im gleichen Jahr unterzeichneten Adenauer und die Hohen Kommissare das **Petersberger Abkommen**, das die Aufnahme Westdeutschlands in die Internationale Ruhrbehörde regelte. Damit die Bundesrepublik Deutschland durch Vorleistungen bei den europäischen Nachbarn wieder Vertrauen erwerbe, wurde sie 1950 zunächst als nicht gleichberechtigtes und 1951 als vollgültiges Mitglied zum **Europarat** zugelassen – weitere Schritte vertieften die Integration Westdeutschlands in die europäische Staatengemeinschaft (s. S. 172 ff.). Mit der Unterzeichnung der Pariser Verträge 1954 (Inkrafttreten 1955) gelang Adenauer der **Beitritt zur NATO** und zur **Westeuropäischen Union (WEU)**. Außerdem wurde das Besatzungsstatut (s. S. 54) abgelöst: Dadurch erlangte die Bundesrepublik Deutschland die **völkerrechtliche Sou-**

Internettipp

www.nato.diplo.de

Homepage der Ständigen Vertretung der Bundesrepublik Deutschland bei der NATO in Brüssel; Informationen zur deutschen NATO-Politik, zu den Institutionen der NATO und zur Ständigen Vertretung selbst.

veränität* unter Einschränkung der alliierten Vorbehaltsrechte, die sich auf Deutschland als Ganzes, die Wiedervereinigung, auf einen Friedensvertrag und auf Berlin bezogen. Mit Frankreich vereinbarte Westdeutschland 1956 das **Saarabkommen**, das den Streit um die Zugehörigkeit des Saargebietes nach einer Volksabstimmung zugunsten Deutschlands beendete.

Mit dem Beitritt der Bundesrepublik Deutschland zu NATO und WEU stand der **westdeutschen Wiederbewaffnung** nichts mehr im Wege, die Adenauer 1950 nach Ausbruch des Koreakrieges (s. S. 70) angeboten hatte. Die 1956 gegründete Bundeswehr sollte die NATO verstärken, allerdings musste sie auf atomare Waffen verzichten. Die innenpolitische Debatte um einen deutschen Wehrbeitrag war durch heftige Kontroversen geprägt. Pazifistisch orientierte Gruppen lehnten die westdeutsche Wiederbewaffnung aus grundsätzlichen friedenspolitischen Erwägungen ab, viele Publizisten und sozialdemokratische Politiker gaben zu bedenken, dass sie eine Wiedervereinigung Deutschlands blockieren könne.

Diese Auseinandersetzung zeigt eindrucksvoll, dass es in den durch die Politik der Westbindung in den 1950er-Jahren ausgelösten Diskussionen um einen **politischen Zielkonflikt** ging: Adenauer und seine Anhänger gaben der **Westbindung** Vorrang vor der **Wiedervereinigung**. Sie betonten die Sicherheitsinteressen der zweiten deutschen Demokratie und das Bedürfnis der Bundesbürger nach einem Leben in politischer Freiheit. Die gleichberechtigte Integration des westdeutschen Teilstaates in das westliche Bündnis diente der Adenauer-Regierung auch dazu, der Bundesrepublik Deutschland staatliche Souveränität und internationale politische Mitsprache zu garantieren. Die oppositionelle SPD unter ihrem Vorsitzenden **Kurt Schumacher (1895–1952)** stellte dagegen das nationale Ziel der Wiedervereinigung in den Vordergrund. Sie argumentierte, die Westbindung eines deutschen Teilstaates verhindere die Wiedererrichtung eines deutschen Nationalstaates, und plädierte für ein neutrales Gesamtdeutschland als „dritte Kraft" zwischen Ost und West. Gegen den Widerstand der SPD setzte die Bundesregierung die Westintegration der zweiten deutschen Demokratie durch. Dieser Zielkonflikt bestimmte auch die Debatten um die **Stalin-Note von 1952** (M 11 a–c).

Souveränität
Rechtsbegriff für die völkerrechtliche Stellung eines Staates. Das Völkerrecht umfasst die Gesamtheit der Rechtsnormen, die die Beziehungen der Staaten in Krieg und Frieden regeln. Sie kommen durch Verträge, Abkommen und Gewohnheitsrecht zustande. Ein Staat ist dann völkerrechtlich souverän, wenn ihm von der Völkerrechtsordnung Rechte und Pflichten zugewiesen werden. Dadurch erreicht er eine Gleichstellung mit den übrigen Staaten der Völkergemeinschaft und kann unabhängig politisch handeln.

Mauerbau

Mit dem Bau der Berliner Mauer am 13. August 1961 schottete sich die DDR weitgehend von der Bundesrepublik Deutschland ab und zementierte die deutsche Teilung für drei Jahrzehnte. Die Mauer sollte den Flüchtlingsstrom eindämmen – zwischen 1950 und 1961 gingen insgesamt ca. 2,6 Millionen Menschen aus der DDR in den Westen. Die Flüchtlinge wollten sich dem politisch oder wirtschaftlich als unerträglich empfundenen Dasein unter der SED-Diktatur entziehen. Besonders hoch war der Anteil der Jugendlichen, Akademiker, Intellektuellen und qualifizierten Facharbeiter. Diese Fluchtbewegung, die einer „Abstimmung mit den Füßen" glich, zeigt die Ablehnung von SED-Herrschaft und Mangelwirtschaft in der DDR durch weite Teile der Bevölkerung sowie die politische und wirtschaftliche Anziehungskraft der Bundesrepublik Deutschland. Die SED drängte 1961 die Führung der Sowjetunion immer stärker zu konkreten Maßnahmen der Grenzkontrolle in Berlin, um ein „Ausbluten" der DDR durch den Flüchtlingsstrom zu verhindern. Nach geheimen Beratungen in Gremien des Warschauer Paktes wurde dann der Bau der Berliner Mauer beschlossen und von Erich Honecker in der DDR geleitet. Walter Ulbricht rechtfertigte den Mauerbau als „antifaschistischen und antiimperialistischen Schutzwall". In der Nacht vom 12. auf den 13. August 1961 sperrten Einheiten der Volkspolizei, der Nationalen Volksarmee sowie Betriebskampfgruppen die Sektorengrenze zwischen dem West- und Ostteil Berlins mit Barrikaden und Stacheldrahtverhauen ab (M 5, M 6).

Die Westmächte protestierten zwar gegen den Bruch der alliierten Vereinbarun-

M5 Flucht eines Soldaten der Nationalen Volksarmee, Fotografie, 15. August 1961

Internettipp
www.chronik-der-mauer.de
Interessantes Themenportal zur Berliner Mauer.

M6 Propaganda der DDR, Fotografie, 1961

gen von 1944/45, nahmen den Bau der Mauer aber letztlich hin. Die innerdeutsche Grenze war bereits seit Mitter der 1950er-Jahre durch ein Sperrgebiet, durch Zäune und einen teilweie verminten Kontrollstreifen immer stärker abgeriegelt worden. Später kamen Selbstschussautomaten hinzu: Die Flucht in den Westen wurde zu einem lebensgefährlichen Unternehmen. Mit dem Bau der Berliner Mauer endeten die Massenflucht und zugleich das Experiment, den Sozialismus in einem Land mit offener Grenze aufzubauen. Die Mehrheit der Bevölkerung musste sich mit dem Regime und der Teilung in zwei deutsche Staaten abfinden.

1 Stellen Sie die wesentlichen Ereignisse, die die deutsche Teilung in den Jahren 1949 bis 1961 vertieft haben, in einer Übersicht zusammen.

M7 Konrad Adenauer in einem Brief an den Duisburger Oberbürgermeister Heinrich Weitz (CDU) vom 31. Oktober 1945 zur Lage Deutschlands und Europas

Russland hat in Händen: die östliche Hälfte Deutschlands, Polen, den Balkan, anscheinend Ungarn, einen Teil Österreichs. Russland entzieht sich immer mehr der Zusammenarbeit mit den anderen Großmächten und schaltet in den von ihm beherrschten Gebieten völlig nach eigenem Gutdünken. In den von ihm beherrschten Ländern herrschen schon jetzt ganz andere wirtschaftliche und politische Grundsätze als in dem übrigen Teil Europas. Damit ist eine Trennung in Osteuropa, das russische Gebiet, und Westeuropa eine Tatsache. In Westeuropa sind die führenden Großmächte England und Frankreich. Der nicht von Russland besetzte Teil Deutschlands ist ein integrierender Teil Westeuropas. Wenn er krank bleibt, wird das von schwersten Folgen für ganz Westeuropa, auch für England und Frankreich sein. Es liegt im eigensten Interesse nicht nur des nicht von Russland besetzten Teiles Deutschlands, sondern auch von England und Frankreich, Westeuropa unter ihrer Führung zusammenzuschließen, den nicht russisch besetzten Teil Deutschlands politisch und wirtschaftlich zu beruhigen und wieder gesund zu machen.

Zit. nach: Konrad Adenauer, Briefe 1945–1947, hg. v. Rudolf Morsey/Hans-Peter Schwarz, Siedler, Berlin 1983, S. 130.

1 Charakterisieren Sie die Lageanalyse Adenauers.

M8 Der Historiker Klaus Schroeder über den Charakter des SED-Staates, 2000

Der von der stalinistischen Sowjetunion implantierte[1] Sozialismus hatte anfangs zweifellos eine totalitäre Gestalt. Spätestens ab Anfang der Fünfzigerjahre erfüllte die SBZ/DDR alle von der klassischen Totalitarismustheorie aufgestellten Kriterien: eine allgemeinverbindliche Ideologie mit endzeitlichem Anspruch; eine hierarchisch und oligarchisch organisierte Monopolpartei als ausschließlicher Träger der Macht; ein von der Partei und ihrer Geheimpolizei organisiertes und kontrolliertes physisches und psychisches Terrorsystem; ein nahezu vollkommenes Monopol der Massenkommunikationsmittel; ein Gewaltenmonopol sowie eine zentrale Kontrolle und Lenkung der gesamten Wirtschaft.

Auch wenn vor allem die frühe DDR die meisten dieser Eigenschaften mit dem nationalsozialistischen Deutschland gemein hatte, verbietet sich doch eine einfache Gleichsetzung beider Systeme. Weder hat der SED-Staat Millionen Menschen nahezu fabrikmäßig umgebracht, noch hat er einen Weltkrieg entfesselt. Die rechtstotalitäre Diktatur war zudem „hausgemacht", die linkstotalitäre fremdbeherrscht. SED wie NSDAP nutzten zwar alle Möglichkeiten zur Etablierung und Aufrechterhaltung ihrer jeweiligen Diktatur, aber nicht zuletzt wegen des mangelnden Zuspruchs mussten Ulbricht und Honecker die eigene Bevölkerung noch stärker kontrollieren und hatten – anders als Hitler – keine Möglichkeit und auch kein Machtpotenzial für eine eigenständige expansive und aggressive Politik nach außen. Eine derartige Gleichsetzung wird auch ernsthaft nicht behauptet […].

Die DDR als von der Sowjetunion dominierter und abhängiger Staat konnte allein aufgrund dieser Rahmenbedingung den totalitären Macht- und Gestaltungsanspruch nur im Inneren durchsetzen. Dies allerdings betrieb die SED unter dem Schutz der sowjetischen Besatzungsmacht mit erheblicher Energie und Erfolg. […] Indem die totalitäre Staatspartei SED ihre Prinzipien auf Gesellschaft und Staat übertrug, war die 1949 gegründete DDR ein totalitärer SED-Staat, der weder Gewaltenteilung noch kulturellen, sozialen oder politischen Pluralismus kannte.

Das Politbüro der SED avancierte zum unumstrittenen Führungszentrum in Staat und Gesellschaft. Wie eine Spinne zog die Parteiführung ein dichtes, ideologisch gewebtes Netz über Partei, Staat und Gesellschaft. Die Parteispitze beanspruchte, jede Regung innerhalb des Netzes zu steuern und zu kontrollieren. Hierzu baute sie ihren zentralen Parteiapparat als oberste Steuerungs- und Kontrollinstanz aus, instrumentalisierte den Staatsapparat und die gesellschaftlichen Massenorganisationen und stützte sich zur Durchsetzung der Parteimacht auf einen umfassenden Sicherheitsapparat. Wer sich den Anweisungen der Partei und ihrer

Untergliederungen widersetzte, wurde von einem der SED hörigen Justizapparat erbarmungslos verfolgt und verurteilt. Dies erfolgte auf Grundlage von Gesetzen, die die SED zur Sicherung ihrer Macht selbst verfasst hatte und jederzeit willkürlich auslegen konnte.
Die Fundamente des Staates waren auf Gewalt und Zwang sowie auf Fremdherrschaft gegründet, gleichzeitig konnte sich die Parteiführung auf eine große Zahl von Partei- und Staatsfunktionären verlassen, die zumeist ihren schnellen sozialen Aufstieg der rabiaten sozialistischen Umgestaltung und der damit einhergehenden Vertreibung der alten Funktionseliten verdankten. Doch die Wirkungsmöglichkeiten der totalitären SED-Politik waren in den Fünfzigerjahren durch die offene Grenze zur Bundesrepublik begrenzt. Vertreibung und Flucht von Millionen seiner Einwohner beeinträchtigte die Funktionsfähigkeit des Staates und zwang die SED zur vollständigen Schließung der Westgrenzen der DDR. Das von ihr installierte und in den nachfolgenden Jahrzehnten perfektionierte Grenzregime symbolisierte die fehlende Legitimation des Staates wie auch seine freiheits- und damit letztlich menschenverachtende Politik.

Klaus Schroeder, Der SED-Staat. Partei, Staat und Gesellschaft 1949–1990, Propyläen, München 2000, S. 644 f.

1 implantieren: einpflanzen

1 Analysieren Sie die Position und Argumentation des Autors zu der Frage, ob die DDR totalitäre Züge besaß.
2 Erläutern Sie mithilfe von M 8 die Unterschiede zwischen NS-Regime und SED-Staat.

M9 Der Volksaufstand vom 17. Juni 1953

a) Die Ereignisse des 17. Juni 1953 in dem DDR-Schulbuch „Lehrbuch für Geschichte der 10. Klasse der Oberschule, Berlin 1960“:

Das Beispiel des friedliebenden sozialistischen Aufbaus strahlte immer mehr auf Westdeutschland aus, und die Anfangsschwierigkeiten sowie einige Mängel und Fehler beim Aufbau des Sozialismus wurden überwunden. Die reaktionären Kräfte erkannten, dass die Einheit zwischen der Partei der Arbeiterklasse, der Staatsmacht und den breiten Massen des Volkes sich immer enger gestaltete und dass damit ihre Absichten zur „Aufrollung“ der Deutschen Demokratischen Republik immer aussichtsloser wurden. In dieser Situation versuchten sie, am 17. Juni 1953 einen faschistischen Putsch anzuzetteln, der die Arbeiter-und-Bauern-Macht stürzen sollte. Rowdys aus halbfaschistischen Organisationen, arbeitsscheue und kriminelle Elemente wurden von den Westsektoren her in den demokratischen Teil Berlins eingeschleust. Die Leitung lag in Händen des amerikanischen Geheimdienstes und Bonner Regierungsstellen. Der Putsch wurde von unseren Staatsorganen gemeinsam mit den klassenbewussten Werktätigen niedergeschlagen. Die in der Deutschen Demokratischen Republik stationierten Streitkräfte der UdSSR verhinderten, dass es zu einem militärischen Überfall auf unseren Staat und damit zum Beginn eines neuen Krieges in Europa kam. [...] In geradezu erschreckendem Ausmaß zeigte sich in den letzten Jahren die Durchdringung des gesamten Staatsapparates [der Bundesrepublik] [...] mit ehemaligen aktiven Nazis. In die Bundesregierung kamen ehemalige Nazis, wie Innenminister Schröder und die Minister Oberländer und Seebohm. Von über 70 Botschaften und Gesandtschaften des Bonner Staates werden 54 von Nazidiplomaten geleitet. Zwei Drittel aller westzonalen Richter und Staatsanwälte sind aktive Nazis gewesen. Darunter befinden sich auch etwa 1 000 „Blutrichter“, die in der Zeit des Faschismus an Sondergerichten oder als Wehrmachtsrichter zahlreiche Todesurteile gegen Widerstandskämpfer, ausländische Zwangsarbeiter oder Kriegsgegner verhängt haben. Der Bonner Staat beschäftigte 1956 über 180 000 Beamte und Angestellte, die sich schon während der faschistischen Zeit als ergebene Lakaien des deutschen Imperialismus und Militarismus erwiesen hatten. Am deutlichsten drückte sich der neofaschistische Geist des westdeutschen Staates in seiner Revanchepolitik gegenüber den Nachbarstaaten Deutschlands aus.

Zit. nach: Lehrbuch für Geschichte der 10. Klassen der Oberschule, hg. von Stefan Doernberg u. a., Volk und Wissen, Berlin 1960, S. 311 f. u. S. 332 f.

b) Der Historiker Hermann Weber über die Ausbreitung der Protestbewegung in der DDR, 1999:

Mit dem Streik der Bauarbeiter in der Berliner Stalinallee entwickelte sich der Aufstand in der ganzen DDR, es kam zu Proteststreiks und Demonstrationen. Es waren vor allem die wichtigen Zentren, in denen gestreikt wurde: außer in Ostberlin im mitteldeutschen Industriegebiet sowie im Raum Magdeburg, in Jena, Gera, Brandenburg und Görlitz. Das Rückgrat der Revolution bildeten die diszipliniert aufmarschierenden Arbeiter der Großbetriebe (Leuna, Buna, Wolfen, Hennigsdorf). Außer Zusammenstößen zwischen Demonstranten und Polizei gab es auch Einzelaktionen und erregte Ausschreitungen. In vielen Orten der DDR fanden am 18. Juni weitere Demonstrationen statt. Im Bezirk Halle-Merseburg (Hochburg der KPD in der Weimarer Republik) und in Magdeburg (einer früheren SPD-Hochburg) übernahmen Streikkomitees der Arbeiter zeitweise die Macht. Sie befreiten Gefangene und formulierten die Aufstandsziele. Begonnen hatten die Streiks und Demonstrationen mit wirtschaftlichen Forderungen, doch haben sofort politische Parolen den Aufstand bestimmt: der Ruf nach freien Wahlen und dem Ende der Diktatur. Der Aufstand vom 17. Juni widerlegte die Legende, die DDR sei ein „Arbeiterstaat“. Denn es waren gerade die Arbeiter, die diese SED-Diktatur, die sich mit den Begriffen „Sozialismus“ und „Arbeiterstaat“ tarnte, zerschlagen wollten.

Inzwischen ist der ganze Umfang des Juni-Aufstandes in der DDR bekannt. In etwa 600 Betrieben kam es zu Streiks, an denen sich eine halbe Million Beschäftigte beteiligten. „Vor allem in den Städten der industriellen Ballungsräume entfaltete der Aufstand seine größte Kraft.“ Es gab in über 560 Orten Demonstrationen, Kundgebungen, Streiks, Gewalttätigkeiten gegen offizielle Personen oder Einrichtungen. Der Aufstand hatte „tatsächlich das gesamte Land, und zwar in weitaus stärkerem Maße als bisher angenommen, erfasst“.

Hermann Weber, Geschichte der DDR, dtv, München 1999, S. 165.

1 Erläutern Sie die offizielle Darstellung der DDR über die Ereignisse des 17. Juni 1953 (M 9 a).
2 Vergleichen Sie M 9 a mit der Darstellung in diesem Buch (s. S. 81 f.) und diskutieren Sie über die unterschiedlichen Funktionen des Geschichtsunterrichts in der ehemaligen DDR und der Bundesrepublik.
3 Arbeiten Sie aus M 9 b den Verlauf der Ereignisse, die beteiligten Bevölkerungsgruppen und deren Ziele heraus.

M 10 Plakat des CDU-Pressedienstes zur Wiederbewaffnung, 1953.

Die Idee für das Motiv soll von Adenauer selbst stammen.

1 Interpretieren Sie das Plakat M 10.
2 Erörtern Sie Intention und vermutliche Wirkung auf die Bevölkerung.

M 11 Geschichte kontrovers: Westbindung oder Wiedervereinigung? Die Auseinandersetzung um die Stalin-Note

Während der Schlussphase der Verhandlungen um die Westintegration und die Wiederbewaffnung der Bundesrepublik Deutschland sandte der sowjetische Diktator Josef W. Stalin am 10. März 1952 ein Schreiben an die drei Westalliierten. Er bot ihnen Verhandlungen über die deutsche Frage unter Beteiligung einer (nicht frei gewählten) gesamtdeutschen Regierung an. Ohne die genauen Beweggründe Stalins zu kennen, lehnten die Westmächte wie die Regierung Adenauer das Angebot ab. Neuere historische Forschungen haben die Stalin-Note als Taktik entlarvt, um die DDR bzw. das kommunistische Lager unter Leitung der Sowjetunion zu stabilisieren. Nach der Ablehnung der Note durch den Westen konnte die Führung der DDR z. B. behaupten, mit dem Aufbau einer eigenen Armee nur auf den Westen zu reagieren.

a) Aus der Stalin-Note vom 10. März 1952:

Politische Leitsätze [für einen zukünftigen Friedensvertrag]:

Deutschland wird als einheitlicher Staat wiederhergestellt. Damit wird der Spaltung Deutschlands ein Ende gemacht und das geeinigte Deutschland gewinnt die Möglichkeit, sich als unabhängiger, demokratischer, friedliebender Staat zu entwickeln. Sämtliche Streitkräfte der Besatzungsmächte müssen spätestens ein Jahr nach Inkrafttreten des Friedensvertrages aus Deutschland abgezogen werden. Gleichzeitig werden sämtliche ausländischen Militärstützpunkte auf dem Territorium Deutschlands liquidiert.

Dem deutschen Volk müssen die demokratischen Rechte gewährleistet sein, damit alle unter deutscher Rechtsprechung stehenden Personen, ohne Unterschied der Rasse, des Geschlechts, der Sprache oder Religion, die Menschenrechte und die Grundfreiheiten genießen, einschließlich der Redefreiheit, der Pressefreiheit, der politischen Überzeugung und der Versammlungsfreiheit.

In Deutschland muss den demokratischen Parteien und Organisationen freie Betätigung gewährleistet sein; sie müssen das Recht haben, über ihre inneren Angelegenheiten frei zu entscheiden, [...] Versammlungen abzuhalten, Presse- und Publikationsfreiheit zu genießen. Auf dem Territorium Deutschlands dürfen Organisationen, die der Demokratie und der Sache der Erhaltung des Friedens feindlich sind, nicht bestehen. Allen ehemaligen Angehörigen der deutschen Armee [...], allen ehemaligen Nazis, mit Ausnahme derer, die nach Gerichtsurteil eine Strafe für von ihnen begangene Verbrechen verbüßen, müssen die gleichen bürgerlichen und politischen Rechte wie allen anderen deutschen Bürgern gewährt werden zur Teilnahme am Aufbau eines friedlichen, demokratischen Deutschlands.

Deutschland verpflichtet sich, keinerlei Koalitionen oder Militärbündnisse einzugehen, die sich gegen irgendeinen Staat richten, der mit seinen Streitkräften am Krieg gegen

Deutschland teilgenommen hat. Das Territorium Deutschlands ist durch die Grenzen bestimmt, die durch die Beschlüsse der Potsdamer Konferenz der Großmächte festgelegt wurden. [...]

Militärische Leitsätze:

Es wird Deutschland gestattet sein, eigene nationale Streitkräfte (Land-, Luft- und Seestreitkräfte) zu besitzen, die für die Verteidigung des Landes notwendig sind.

Deutschland wird die Erzeugung von Kriegsmaterial und -ausrüstung gestattet werden, deren Menge oder Typen nicht über die Grenzen dessen hinausgehen dürfen, was für die Streitkräfte erforderlich ist, die für Deutschland durch den Friedensvertrag festgesetzt sind.

Zit. nach: Bundesministerium für gesamtdeutsche Fragen (Hg.), Die Bemühungen der Bundesrepublik um Wiederherstellung der Einheit Deutschlands durch gesamtdeutsche Wahlen, Teil 1, 4. Aufl., Deutscher Bundes-Verlag, Bonn 1958, S. 85 ff.

b) Aus den Memoiren Konrad Adenauers (CDU):

Sowjetrussland versuchte offensichtlich, die Integration Europas zu hemmen mit all den Konsequenzen, die sich daraus ergeben würden. Das beste Mittel, dies zu erreichen, war tatsächlich die von sowjetischer Seite geplante Neutralisierung Deutschlands. Ohne Deutschland war die Integration Europas von Anfang an zum Scheitern verurteilt. Der von allen als richtig erkannte und allein in eine bessere Zukunft weisende Gedanke, dass die europäischen Völker sich auf gleicher Grundlage zusammenschließen müssten, wenn sie ihre Freiheit und Wohlfahrt bewahren wollten, würde aufgegeben werden müssen. Der Rückfall in einen unzeitgemäßen, unfruchtbaren Nationalismus wäre unvermeidlich. Die Folgen wären mit einiger Sicherheit vorauszusehen: Angesichts der kleinlichen europäischen Händel und der Unmöglichkeit, ein vereintes Europa zu schaffen, würde sich das amerikanische Volk enttäuscht von Europa abwenden. Ein wichtiges Ziel Sowjetrusslands wäre erreicht. Der Weg für eine schrittweise erfolgende kommunistische Unterminierung der einzelnen europäischen Staaten läge frei. Das Endergebnis wäre die völlige Abhängigkeit Europas von der Sowjetunion. [...] Die sowjetische Note stellte ferner einen Versuch dar, auf den deutschen Nationalismus einzuwirken. Man bemühte sich, uns Deutsche in der Note dadurch zu locken, dass man sagte: Ihr Deutsche sollt nationale Streitkräfte bekommen [...]. Ein wieder vereinigtes, neutralisiertes Deutschland würde aber weder wirtschaftlich noch aufgrund unseres Zurückbleibens in der modernen Forschung in der Lage sein, durch eigene Streitkräfte sein Territorium zu schützen.

c) Aus einem Brief Kurt Schumachers (SPD) an Adenauer vom 22. April 1952:

Meines Erachtens ist es notwendig, den Regierungen der drei Westmächte als gemeinsamen deutschen Standpunkt vorzutragen, dass nichts unversucht bleiben darf festzustellen, ob die Sowjetnote eine Möglichkeit bietet, die Wiedervereinigung Deutschlands in Freiheit durchzuführen. [...] Für die zur Gewährleistung der gleichen Bedingungen in allen vier Zonen und Berlin erforderliche internationale Kontrolle sollten von deutscher Seite einige Alternativmöglichkeiten zur Diskussion gestellt werden. Solche Möglichkeiten wären: Die vier Mächte nehmen die guten Dienste der Vereinten Nationen (UN) zur internationalen Kontrolle der Wahlen in Anspruch. Die vier Mächte einigen sich auf eine aus neutralen Staaten zusammenzusetzende Kommission zur Durchführung der internationalen Kontrolle der Wahlen. Falls die vier Mächte selbst die Kontrolle ausüben wollen, kommt es darauf an zu gewährleisten, dass keine der vier Mächte eine deutsche Partei benachteiligen oder bevorzugen kann.

M 11 b und c zit. nach: Konrad Adenauer, Erinnerungen 1953–1955, DVA, Stuttgart 1968, S. 70 f., 84 f.

1 Fassen Sie die zentralen Vorschläge der Stalin-Note und die wichtigsten Argumente Adenauers und Schumachers zusammen (M 11 a–c).

2 Diskutieren Sie über die Chancen und Risiken der politischen Vorschläge Adenauers und Schumachers.

M 12 Plakat von Herbert Sandberg, DDR, 1958

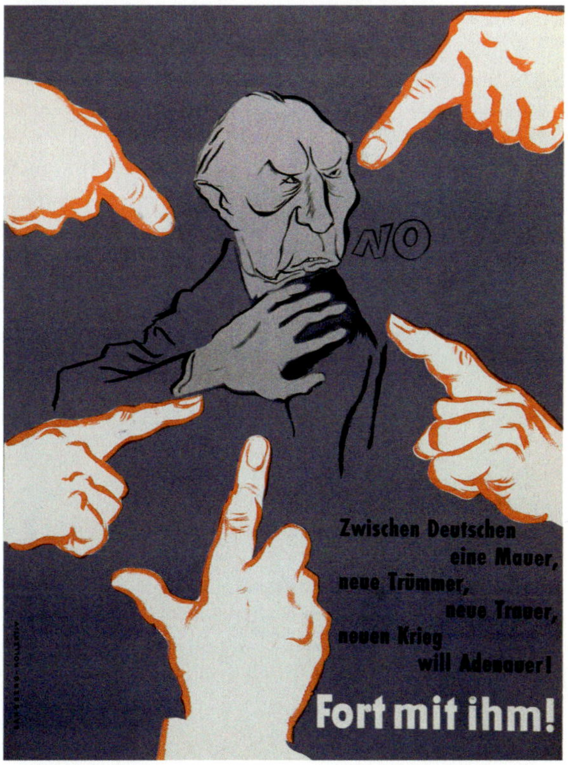

1 Beurteilen Sie die Botschaft von M 12 vor dem Hintergrund Ihrer Kenntnis des gesamten Unterkapitels.

Fotografien als historische Quellen

M 1 Die Berliner Mauer in Berlin-Neukölln/Treptow, Fotografie, 1961 (Ausschnitt)

„Es ist fotografiert worden, also existiert es!“
Inwieweit kann der Historiker dieser plakativen Äußerung des bedeutenden österreichischen Fotografen Karl Pawlek zustimmen? Sicherlich dokumentiert jedes Foto Wirklichkeit. Was nicht existiert, kann auch nicht fotografiert werden. Aber gibt die Fotografie die Wirklichkeit objektiv wieder? Das darf bezweifelt werden, denn ein Fotograf bestimmt nicht nur das **Motiv**, sondern auch die **Perspektive**, aus der er seinen **Bildinhalt** darstellt. Dennoch sind Fotografien wichtige Quellen für die Geschichtsforschung, weil sie vergangene Ereignisse im Bild festhalten, diese dadurch für die Nachwelt bewahren. Fotografen haben die politische Geschichte der letzten hundert Jahre dokumentiert, eigene Interpretationen von Politik und Gesellschaft gegeben oder Missstände offengelegt. Ihre Fotos haben sie oft auch mit der **Absicht** erstellt, politische Propaganda zu betreiben. Daher muss auch die **Herkunft** des Bildes überprüft werden: Wann und wo ist die Fotografie entstanden? Wer hat das Foto gemacht und weiterverbreitet? Foto M 2 verdeutlicht darüber hinaus, dass man für eine Interpretation auch den **historischen Kontext** eines Bildes kennen sollte.
Bei der Interpretation von Fotografien sind daher, wie bei jeder anderen Quelle, die Methoden der Quellenkritik zu beachten. Die Arbeitsschritte unten bieten eine systematische Anleitung, wie man von der Untersuchung der **formalen Merkmale** bis zur Formulierung einer **Gesamtaussage** gelangt.

Arbeitsschritte

1. Formale Merkmale
- Wer ist der Fotograf/die Fotogafin bzw. der Auftraggeber/die Auftraggeberin?
- Wann ist die Fotografie entstanden?
- Wann, wo und von wem ist das Foto veröffentlicht worden?
- Für welche(n) Adressaten ist das Foto gemacht worden?
- Welche Funktion besitzt das Foto (Gebrauchs- oder professionelle Fotografie, z. B. von Fotoreportern, Modefotografen, Amateurfotografie, Kunstwerk)?

2. Bildinhalt
- Was wird auf dem Foto gezeigt?
- Welche Inhalte/Motive werden in den Vordergrund gerückt?
- Welchen Bildausschnitt und welchen Blickwinkel hat der Fotograf bestimmt?
- Wie hat der Fotograf das Objekt zur Geltung gebracht (Nähe oder Ferne bzw. Dehnung oder Stauchung des Objektes)?
- Welche Retuschierung wurde möglicherweise vorgenommen?

3. Historischer Kontext
- Auf welches Ereignis, welche Epoche, welchen Konflikt bezieht sich das Foto?

4. Aussageabsicht
- Welche Absichten bzw. Ziele verfolgen Fotograf und/oder Auftraggeber?
- Welche mögliche Wirkung sollte (beim zeitgenössischen Betrachter) erzielt werden?

5. Fazit
- Welche Gesamtaussage lässt sich formulieren?

Übungsaufgabe mit Lösungshinweisen

M2 An der Berliner Mauer, Bernauer Straße/Ecke Schwedter Straße, Fotografie, 26. Mai 1962.

Die Fotoagentur dpa schreibt zu M 2, dass unter Bewachung von sowjetischen Grenzpolizisten Bauarbeiter Sprengstoffschäden beseitigen. Eine Explosion kurz nach Mitternacht riss ein zwei Meter breites Loch in die Mauer, zwei Minuten zuvor hatte es eine ähnliche Detonation am Gleimtunnel im Sowjetsektor gegeben. Eine dritte Explosion hörten Westberliner Grenzposten etwa eine Stunde später aus der Gegend hinter dem Weddinger Bahngelände zwischen Bernauer und Gleimstraße.

1 Interpretieren Sie M 2 mithilfe der Arbeitsschritte und der Lösungshinweise. Gehen Sie dabei auf die Frage ein, ob M 2 als ein Dokument des Mauerbaus zu deuten ist.

2 Interpretieren Sie nach der Übungsaufgabe 1 die Fotografie M 3 selbstständig. Vergleichen Sie dabei auch die Aussageabsichten der beiden Fotografien M 2 und M 3.

M3 Norwegische Schülerreisegruppe an der Gedenkstätte der Berliner Mauer an der Bernauer Straße, Fotografie, 9. November 2006

1. **Formale Merkmale von M 2**
   Fotograf/Auftraggeber: unbekannt. *Entstehung:* 26. Mai 1962, nach Sprengstoffanschlägen auf die Mauer. *Umstände:* unbekannt. *Adressat:* nicht näher bekannt. *Funktion:* Pressefoto.

2. **Bildinhalt von M 2**
   Zwei Maurer, die eine Mauer hochziehen, ein Soldat mit Gewehr im Anschlag hinter ihnen; Stacheldraht, etliche Spanische Reiter und ein Straßenschild „Bernauer Straße". Bild ist im Vordergrund zweigeteilt: links die hochaufragende fertige Mauer, rechts die vom Soldaten bewachten Maurer bei der Arbeit. Bildausschnitt ist so gewählt, dass das Straßenschild die Authentizität des Geschehens absichert. Fotograf steht leicht erhöht (Aufsicht) – „Überblick". Keine Anzeichen für Retusche.

3. **Historischer Kontext zu M 2**
   Ausbesserungsarbeiten an der Berliner Mauer nach einem Sprengstoffanschlag, ein dreiviertel Jahr nach dem Mauerbau.

4. **Aussageabsicht von M 2**
   Es gibt gewaltsamen Widerstand gegen den Mauerbau in der DDR; die Schutzmacht Sowjetunion befürwortet und sichert den Mauerbau. Foto soll beim westdeutschen Betrachter Wut auf das SED-Regime und deren Schutzmacht Sowjetunion auslösen, evtl. Mitleid mit den DDR-Bewohnern.

5. **Fazit zu M 2**
   Unmenschlichkeit und mangelhafte Legitimität des SED-Staates.

2.2 Wirtschaftsentwicklung und Wirtschaftsordnung

M 1 Sonntagsausflug in die Eifel, Fotografie von Josef H. Darchinger, 1957

Das „Wirtschaftswunder" der Bundesrepublik

In den 1950er-Jahren erlebten die Bürger der Bundesrepublik Deutschland einen raschen **Wirtschaftsaufschwung**, der bis Anfang der 1970er-Jahre andauerte und vielen Menschen als „Wirtschaftswunder" erschien. Die Industrieproduktion stieg an, die Arbeitslosigkeit sank, die Einkommen und die Kaufkraft der neuen DM nahmen zu. Der Lebensstandard der Bundesbürger verbesserte sich nachhaltig. Zu Beginn der 1950er-Jahre konnte eine westdeutsche Durchschnittsfamilie nicht nur die Grundbedürfnisse befriedigen, sondern sich auch einmal „etwas leisten". Kaffee oder Apfelsinen galten noch als „Luxus"-Lebensmittel. Seit Mitte des Jahrzehnts war der Wohlstand bereits so angestiegen, dass eine wachsende Zahl von Haushalten größere Konsumartikel wie Staubsauger, Kühlschränke und Fernseher anschaffen oder in den Urlaub fahren konnte (M 9, M 10). Der Wirtschaftsaufschwung wurde begleitet von **„Konsumwellen"** – von der Fress- über die Bekleidungs- und Haushalts- bis hin zur Verkehrs- und Reisewelle (M 1). Diese waren jedoch keine automatische Abfolge. Der Wohlstand war und blieb ungleich verteilt (M 10).

Lebensstandard in der DDR

Auch in der DDR stieg der Lebensstandard an. Zu Beginn der 1950er-Jahre führte das steigende Wirtschaftswachstum zur Verbesserung der Grundversorgung der Bevölkerung. Allerdings erreichte der private Pro-Kopf-Verbrauch in der DDR bis 1952 nur etwa 50 bis 75 Prozent des westdeutschen Niveaus. Ab 1953 verschlechterte sich vor allem die Versorgung mit Textilien und Lebensmitteln in der DDR zeitweilig. Erst 1958 konnte die Ende der 1940er-Jahre eingeführte Lebensmittelrationierung endgültig aufgehoben werden. Trotz einiger Versorgungslücken verbesserte sich die Lebenssituation der DDR-Bevölkerung in der zweiten Hälfte der 1950er-Jahre nicht nur bei der Grundversorgung, sondern auch bei den technischen Konsumgütern und Haushaltsgeräten. Dabei blieb das Warenangebot jedoch deutlich hinter der Nachfrage zurück. Die Menschen besaßen durchaus Geld zum Konsumieren, aber die Produktion konnte mit der Nachfrage nicht Schritt halten (**Mangelwirtschaft**). Das galt vor allem für höherwertige Konsumgüter. Entwickelte sich die Bundesrepublik Deutschland während der 1950er-Jahre zu einer Massenkonsumgesellschaft, stand in der DDR die Bedarfsdeckung im Vordergrund. Den Menschen im Osten blieb nicht verborgen, dass ihr Lebensstandard hinter dem der Bundesbürger zurückblieb. Die Propaganda der SED versuchte dem wachsenden Unmut in der Bevölkerung zu begegnen, indem sie die westliche Massenkonsumgesellschaft als künstlich und oberflächlich kritisierte, die „hektischen Modewechsel" und „Kitschproduktion" als Dekadenz verdammte. Anders als die Bundesrepublik Deutschland erlebte die DDR **kein „Wirtschaftswunder"** – weder in den 1950er-Jahren noch danach. Der wirtschaftliche Rückstand gegenüber dem Westen zeigte sich nicht nur beim Konsum (M 11), sondern in allen Bereichen: Trotz Wirtschaftswachstum veralteten Produktionsanlagen und Infrastruktur und die Altbausubstanz in den Städten verfiel zusehends.

M 2 Käuferschlange vor einem HO-Geschäft in Leipzig, Fotografie, 1959

Handelsorganisation (HO) war die Bezeichnung für die als Volkseigentum geführten staatlichen Einzelhandelsunternehmen.

Wirtschaftliche Ausgangslage in der DDR

Im Vergleich zu Westdeutschland hatte der Osten zwar geringere industrielle Substanzverluste zu beklagen, aber die Startbedingungen in der unmittelbaren Nachkriegszeit waren viel ungünstiger. Der wirtschaftliche Wiederaufbau wurde erschwert durch die **sowjetischen Demontagen** von Industrieanlagen und die Entnahme von Reparationen aus der laufenden Produktion. Noch 1950 mussten 33 Prozent des DDR-Inlandsproduktes für **Reparationen und Besatzungskosten** aufgewendet werden. Die Wirtschaft im Ostteil verlor wichtige industrielle Produktionskapazitäten und litt

Internettipp
www.mdr.de/damals-in-der-ddr/lexikon/1601736.html
Informationen zur Wirtschaft der DDR bei einem Multimedia-Projekt von MDR, WDR und LOOKS Film & TV GmbH zum Alltag in der DDR.

zudem an **Kapitalmangel**. Anders als der Westen durfte die SBZ bzw. die DDR den Marshall-Plan (s. S. 35) nicht in Anspruch nehmen. Außerdem kämpfte die ostdeutsche Wirtschaft bis zum Mauerbau 1961 mit dem **Verlust zahlreicher qualifizierter Arbeitskräfte**, die in den Westen flohen. Die sozialistische Wirtschaftspolitik der sowjetischen Besatzungsmacht bzw. der DDR, vor allem die Enteignungen, **verunsicherte die unternehmerischen und die wissenschaftlich-technischen Eliten.** Diese wurden zudem immer mehr zugunsten unerfahrener SED-Funktionäre ausgeschaltet. Die Versorgungsengpässe in den 1950er-Jahren resultierten vor allem aus steigenden Militärausgaben und der von der Sowjetunion diktierten Bevorzugung der Schwerindustrie. Traditionelle Handelsbeziehungen zwischen Ost und West, z. B. zwischen Ruhrgebiet und Oberschlesien (Kohle, Eisen, Stahl), waren infolge von Krieg und deutscher Teilung zerstört worden. Ein zentrales Ziel der DDR-Regierung war die Steigerung der Arbeitsleistungen. Um die Wirtschaftspläne zu erfüllen, schuf die SED seit 1948 **Leistungsanreize für Arbeiter** und honorierte das Engagement einzelner „Aktivisten" oder Kollektive, die sich durch Leistungsrekorde, Betriebsverbesserungen und Erfindungen hervortaten. Da Arbeit als wichtigstes Mittel zur Entfaltung der sozialistischen Persönlichkeit galt, wurden Frauen und Männer mit Geldprämien belohnt und zu „Helden der Arbeiterklasse" stilisiert. Sie sollten als Vorbilder zur Steigerung der Arbeitsleistungen anspornen (M 3).

M 3 Der Bergmann Adolf Hennecke (links) während der ersten „Hennecke-Konferenz" am 4. und 5. Februar 1949 in Ostberlin, Fotografie

Das Wandbild zeigt Adolf Hennecke bei der Arbeit. Am 13. Okt. 1948 hatte er in einer Steinkohlegrube 387 Prozent des Tagessolls gefördert. Daraufhin entstand im Osten Deutschlands die „Hennecke-Bewegung" zur Förderung des Wettbewerbs.

Planwirtschaft

Die entscheidenden Gründe für die Ineffizienz der ostdeutschen Wirtschaft und ihr Zurückbleiben gegenüber der Bundesrepublik Deutschland sehen Wissenschaftler in der **kommunistischen Planwirtschaft (Zentralverwaltungswirtschaft)**, die die sowjetische Besatzungsmacht und die SED durchsetzten. Schon vor der Staatsgründung der DDR legten sie mit der **Änderung der Eigentumsverhältnisse** durch die Enteignung bzw. Verstaatlichung von Grund und Boden sowie von Industriebetrieben die Grundlagen für diese Wirtschaftsordnung (s. S. 42). In den 1950er-Jahren wurde die Kollektivierung der Landwirtschaft systematisch vorangetrieben, auch wurden mittlere Betriebe enteignet und die Bauern gegen ihren Willen in **Landwirtschaftlichen Produktionsgenossenschaften** (LPG) zusammengeschlossen. Zwischen 1950 und 1960 stieg der Anteil der sozialistischen Betriebe an der landwirtschaftlichen Nutzfläche von 6 auf 92 Prozent. Die SED-Führung beschleunigte nach sowjetischem Vorbild den Aufbau der Schwerindustrie auf Kosten der Leicht- und Konsumgüterindustrie. Bis Ende der 1950er-Jahre stieg der Anteil der in „Volkseigenen Betrieben" erzeugten Industrieproduktion auf über 90 Prozent. Auch im Handel entwickelte sich der staatliche oder halb-staatliche genossenschaftliche Sektor zur vorherrschenden Wirtschaftsform, während das Handwerk zunächst noch weitgehend von Verstaatlichungsmaßnahmen ausgenommen blieb. Mit der Änderung der Eigentumsverhältnisse ging die Neuorganisation der gesamten Wirtschaft einher: Nicht mehr der Markt, sondern der Staat bestimmte Produktion und Verteilung der Waren und Güter. Das Privateigentum an Produktionsmitteln galt nach der marxistisch-leninistischen Lehre als Ursache für die „Ausbeutung des Menschen durch den Menschen". Allein eine staatlich gelenkte Volkswirtschaft sei in der Lage, so die Theorie, für Vollbeschäftigung, Krisenfreiheit und Bedürfnisbefriedigung zu sorgen. Nach dieser Ideologie war der Markt als Koordinierungsinstrument wirtschaftlichen Handelns entbehrlich. Der Staat sollte nach einem Gesamtplan die wirtschaftliche und gesellschaftliche Entwicklung gestalten. Die SED glaubte, sie könne auf der Grundlage des Marxismus-Leninismus eine ideale Wirtschaftsordnung schaffen. Ideologischer Anspruch und wirtschaftliche Realität klafften jedoch auseinander. Tatsächlich war die DDR-Wirtschaft eine schlecht koordinierte Mangelwirtschaft (M 12).

Internettipp
www.deutschegeschichten.de
Das Internetprojekt zur deutschen Geschichte von Cine Plus Leipzig und der Bundeszentrale für politische Bildung mit einem Dossier zum „Wirtschaftswunder".

M4 Plakat zur Bundestagswahl 1957

Ludwig Erhard (1897–1977)
1928–1942 Wissenschaftlicher Assistent und Leiter des Instituts für Industrieforschung der Handelshochschule in Nürnberg
ab 1945 Wirtschaftlicher Berater der US-amerikanischen Militärregierung
1945/46 Bayerischer Wirtschaftsminister
1948/49 Direktor der Verwaltung des Vereinigten Wirtschaftsgebiets (Bizone)
1949–1976 Mitglied des Deutschen Bundestages
1949–1963 Bundeswirtschaftsminister
1963–1966 Bundeskanzler
1966/67 Vorsitzender der CDU
Erhard setzte die Soziale Marktwirtschaft um und gilt als der „Vater" des „Wirtschaftswunders".

Alfred Müller-Armack (1901–1978)
1934–1950 Professor für Wirtschaftswissenschaften in Köln und Münster
nach 1945 Entwurf der Idee einer „sozialen Marktwirtschaft"
1952–1963 Unter Ludwig Erhard Leiter der Abteilung Wirtschaftspolitik im Bundeswirtschaftsministerium, dann Staatssekretär für europäische Angelegenheiten
1974 Müller-Armack veröffentlicht das Buch „Genealogie der Sozialen Marktwirtschaft" über Grundlagen und Konzepte dieser Wirtschaftsordnung

Soziale Marktwirtschaft

Das westdeutsche „Wirtschaftswunder" war weder vorhersehbar noch die zwangsläufige Folge einzelner Maßnahmen, sondern das Ergebnis einer Vielzahl von Entscheidungen und Entwicklungen. Bereits vor der Gründung der Bundesrepublik Deutschland hatte die **Währungsreform** von 1948 (s. S. 51) die wirtschaftlichen Rahmenbedingungen grundlegend verändert: Mit ihr endeten Zwangsbewirtschaftung und Rationierung, der freie Markt bestimmte seitdem das wirtschaftliche Denken und Handeln. Preise und Löhne wurden nicht länger festgesetzt, die Waren standen zur freien Verfügung. Das großzügige Hilfsprogramm des **Marshall-Plans** ermöglichte der westdeutschen Wirtschaft, aus eigener Kraft Fortschritte zu machen und die Wirtschaft zu konsolidieren. Wenige Jahre nach der Gründung der Bundesrepublik Deutschland 1949 löste der Koreakrieg (1950–1953) eine weltweite Hochkonjunktur aus und eröffnete der deutschen Wirtschaft neue Exportmärkte. Besonders die Nachfrage nach westdeutschem Stahl schnellte in die Höhe, wodurch das Wirtschaftswachstum stark anstieg. Zwar war die wirtschaftliche Situation nach Kriegsende verheerend – die Industrieproduktion betrug in der zweiten Jahreshälfte 1945 nur noch 20 Prozent des Standes von 1936 –, aber die Ausgangsbedingungen für den Wiederaufbau der Wirtschaft waren günstig. Trotz der Zerstörungen verfügte sie über ein **hoch entwickeltes Produktionspotenzial**. Die Kriegsschäden an Fabriken und Maschinen waren weniger stark als zunächst befürchtet. Hinzu kam der durch die Kriegswirtschaft bewirkte Modernisierungsschub, der sich nach dem Zweiten Weltkrieg fortsetzte. Zerstörte oder demontierte alte Produktionsanlagen wurden durch moderne ersetzt. Und mit den Millionen von Flüchtlingen und Vertriebenen sowohl aus den ehemaligen deutschen Ostgebieten als auch aus der DDR kamen **gut ausgebildete, flexible und aufstiegswillige Menschen** in die Bundesrepublik Deutschland. Viele von ihnen nahmen niedrigere Löhne in Kauf, wodurch Kapital für Investitionen freigesetzt wurde.

M5 Schaufensterauslage eines Textilgeschäftes in der Bundesrepublik, Fotografie, um 1949/50

1 Interpretieren Sie die Fotografie. Lassen sich auf der Grundlage von M 5 Aussagen über die westdeutsche Gesellschaft machen? Wenn ja, welche?

Eine weitere Voraussetzung für den Wirtschaftsaufschwung war der Wandel der ökonomischen Leitideen, der Wirtschaftsordnung und -politik. Im Westen Deutschlands setzte sich das von **Ludwig Erhard*** und seinem Mitarbeiter und späteren Staatssekretär im Wirtschaftsministerium, **Alfred Müller-Armack***, vertretene Ordnungsmodell der Sozialen Marktwirtschaft durch. Mit dieser Wirtschaftsordnung, in der Freiheit und soziale Gerechtigkeit zu Wohlstand für alle führen sollten, wurde sowohl einem reinen liberalkapitalistischen Wirtschaftssystem als auch einer Planwirtschaft nationalsozialistischer wie kommunistischer Herkunft eine entschiedene Absage erteilt (M 14). In der Sozialen Marktwirtschaft hatte sich die Produktion an der Nachfrage auszurichten und nicht umgekehrt. Allein die freie Preisbildung durch den Markt garantierte nach dieser Wirtschaftsauffassung die beste Befriedigung der individuellen Bedürfnisse der Verbraucher. Allerdings sollte der Markt einer gesetzlichen Rahmenordnung unterworfen werden, um Absprachen zwischen den Unternehmern und damit Wettbewerbsverzerrungen zulasten der Verbraucher zu verhindern. Daher verbot ein Gesetz 1957 Wettbewerbsbeschränkungen durch marktwidrige Absprachen und Kartelle. Um das Konkurrenz- und Leistungsprinzip zu erhalten, war der Markt für neue Bewerber offenzuhalten. Die Aufgabe des Staates bestand vor allem darin, den freien Wettbewerb durch kontrollierende Institutionen und eine aktive Wirtschaftspolitik zu gewährleisten. Dazu gehörte die Geldwertstabilität, für die nach einem Gesetz aus dem Jahre 1957 die an Weisungen der Regierung nicht gebundene, also politisch unabhängige Deutsche Bundesbank verantwortlich ist. Zu den Bedingungen eines funktionierenden Leistungswettbewerbs gehörten überdies das grundgesetzlich garantierte Recht auf Privateigentum an Produktionsmitteln, die Berufs- und Gewerbefreiheit sowie die Konsum- und Vertragsfreiheit einschließlich freier Preisgestaltung. Der Wirtschaftsaufschwung wurde zudem begünstigt durch eine Liberalisierung des Weltmarkts, die hohe Stabilität der Wechselkurse und geringe Inflationsraten. Auch von der **europäischen Integration** profitierte der westliche deutsche Teilstaat: Mit der Gründung der Europäischen Gemeinschaft für Kohle und Stahl (Montanunion) 1951 und der Europäischen Wirtschaftsgemeinschaft (EWG) 1957 wurde ein großer Wirtschaftsraum geschaffen, der die Ausweitung der Wirtschaft und die Anhebung des Lebensstandards ermöglichte (s. S. 172 ff.).

Sozialpolitik als Integrationsklammer

Die westdeutsche Gesellschaft wurde in den späten 1940er- und frühen 1950er-Jahren entscheidend durch die Folgen des Zweiten Weltkrieges geprägt. Der Krieg hatte Millionen von Menschen um Heimat, Gesundheit, Eigentum, Beruf und Wohnung gebracht. Breite Bevölkerungsschichten drohten zu verarmen, weil sie Existenzgrundlage und soziale Sicherheiten verloren hatten. Der **staatlichen Sozialpolitik*** im „Sozialstaat" Bundesrepublik Deutschland kam daher ein besonderer Stellenwert zu: Die Politik musste die Notlage vieler Menschen entschärfen, um eine politische Radikalisierung zu vermeiden, die Gesellschaft zusammenzuhalten und den sozialen Frieden zu sichern. Diesen Zielen diente die intensive staatliche Sozialpolitik der Jahre zwischen 1949 und 1966. Ihre herausragenden Leistungen waren das Lastenausgleichsgesetz von 1952 und die Rentenreform von 1957 (M 15). Das **Lastenausgleichsgesetz**, das seit Kriegsende gefordert und heftig diskutiert worden war (M 6), gehört zu den wichtigsten Mitteln zur Eingliederung der Vertriebenen, Flüchtlinge und Spätaussiedler in die bundesrepublikanische Gesellschaft. Es sah die Entschädigung für kriegsbedingte Vermögensverluste vor. Zwar profitierten lediglich 22 Prozent der Vertriebenen von den finanziellen Leistungen. Aber von diesem Gesetz ging eine große psychologische Wirkung aus. Die Neuankömmlinge fühlten sich nicht alleingelassen mit ihren Sorgen und Nöten, sondern spürten

Sozialpolitik in der frühen Bundesrepublik Deutschland

1949 Tarifvertragsgesetz: Abschluss von Tarifverträgen durch Gewerkschaften und Arbeitgeber (Tarifverträge sind geltendes Recht und werden dem Arbeitsminister mitgeteilt)
1950 Bundesversorgungsgesetz: Versorgung der Kriegsbeschädigten und -hinterbliebenen
1952 Lastenausgleichsgesetz, Wohnungsbauprämiengesetz: Förderung des Bausparens durch staatliche Zulagen
1954 Wiedereinführung des von den Alliierten abgeschafften Kindergeldes ab dem 3. Kind, seit 1961 ab dem 2. Kind
1957 Lohnfortzahlung im Krankheitsfall für Arbeiter, Rentenanpassungsgesetz: „Dynamisierung" der Renten, d. h. Anpassung an die Lohnentwicklung
1959 Sparprämiengesetz: Förderung des Sparens durch staatliche Zulagen, 5-Tage-Woche im Steinkohlebergbau erreicht
1961 Vermögensbildungsgesetz (312-DM-Gesetz): staatliche Zulagen für Arbeitnehmer bei langfristigem Sparen, Sozialhilfegesetz: erstmals einklagbarer Rechtsanspruch auf Unterstützung für Bedürftige
1967 40-Stunden-Woche
1969 Lohnfortzahlung stellt Arbeiter und Angestellte gleich

M 6 Lastenausgleich, Karikatur von H. M. Brockmann, 1947

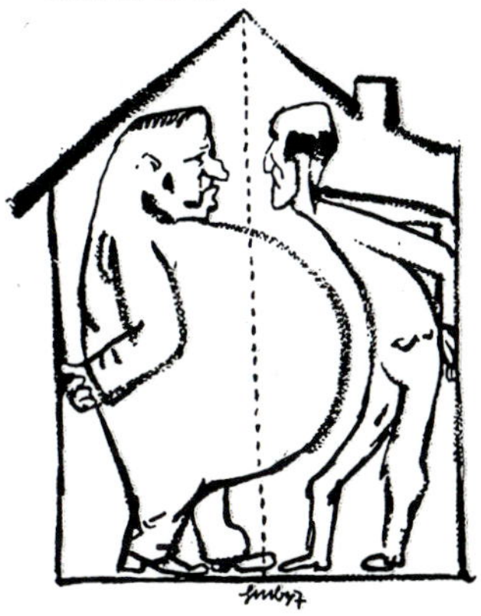

im Gegenteil die Solidarität von Politik und Gesellschaft. Ein Meilenstein in der Geschichte des bundesrepublikanischen Sozialstaats bildete das 1957 von Regierung und Opposition gemeinsam erarbeitete **Rentenreformgesetz**, das die bedrückende materielle Not im Alter minderte. Kern der Rentenreform war die **„Dynamisierung“** der Renten, die seitdem den durchschnittlichen Lohn- und Gehaltserhöhungen folgten. Gleichzeitig trat an die Stelle des bis dahin gültigen Versicherungsprinzips, d.h. der Rentenzahlung aus angesparten Versicherungsbeiträgen, der **„Generationenvertrag“**. Danach werden die Renten aus den aktuellen Versicherungsbeiträgen der Arbeitnehmer finanziert.

1 Stellen Sie die wirtschaftliche Entwicklung der beiden deutschen Staaten anhand der wesentlichen Ereignisse, Prozesse und Modelle in einer Übersicht gegenüber.

M7 Wachstumsraten des Bruttosozialprodukts in den Westzonen und der Bundesrepublik 1945–199

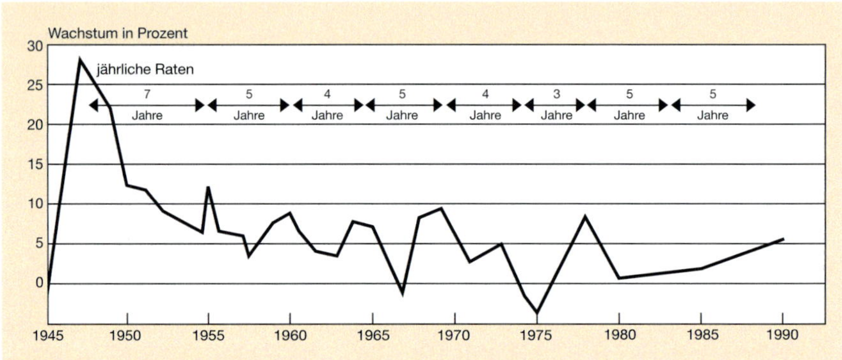

M8 Arbeitslosigkeit und Beschäftigungssituation in Westdeutschland 1944 bis 1975

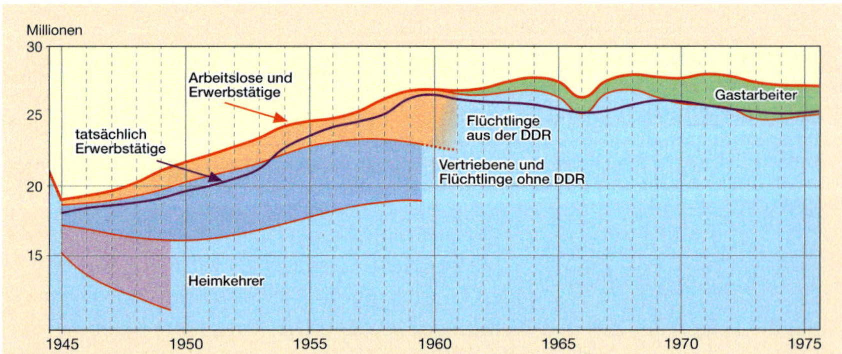

M9 Langlebige Konsumgüter in Haushalten der Bundesrepublik Deutschland 1949–1962 (in Prozent)

Konsumgut	Bestand 1962	Anschaffungen vor 1949	1949–1952	1953–1957	1958–1960	1961–1962
Fernsehgerät	34	–	–	15	52	32
Radio	80	6	22	40	22	8
Plattenspieler	18	1	7	32	40	19
Kühlschrank	52	1	4	25	45	24
Staubsauger	65	7	14	36	29	12
Waschmasch.	25	2	8	38	34	16
Tiefkühltruhe	3	–	1	16	50	31
Fotoapparat	42	9	14	30	31	14

M 7–M 9 nach: Werner Abelshauser, Die langen Fünfziger Jahre, Schwann, Düsseldorf 1987, S. 88.

M 10 Besitz langlebiger Konsumgüter, abhängig von sozialer Schicht und Jahreseinkommen 1968 (in %)

Konsumgut	PKW		Fernseher	
Jahreseinkommen (in DM)	7 200 bis unter 9 600	9 600 bis unter 18 000	7 200 bis unter 9 600	9 600 bis unter 18 000
Arbeiter	27	45	82	84
Angestellte	33	56	65	85

Nach: Christian Kleinschmidt, Konsumgesellschaft, Vandenhoeck & Ruprecht, Göttingen 2008, S. 140.

M 11 Ausstattungsgrad mit Konsumgütern in der DDR in den 1950er- und 1960er-Jahren (je 100 Haushalte)

	1955	1960	1966	1970
PKW	0,2	3,2	9	15
Fernsehgerät	1	18,5	54	69
Waschmaschine	0,5	?	32	53
Kühlschrank	0,4	6,1	31	56

Nach: Hermann Weber, Kleine Geschichte der DDR, Verl. Wiss. u. Pol., Köln 1980, S. 136, und: Gunnar Winkler (Hg.), Geschichte der Sozialpolitik der DDR 1945–1985, Akademie Verlag, Berlin (Ost) 1989, S. 127.

1 Setzen Sie sich anhand von M 7–M 10 mit dem Begriff des „Wirtschaftswunders“ auseinander, indem Sie
a) den Wirtschaftsaufschwung der Bundesrepublik Deutschland untersuchen (M 7 und M 8),
b) anhand von M 9 und M 10 erörtern, inwiefern der Wirtschaftsaufschwung mit einer Wohlstandssteigerung verbunden war und wer davon profitierte.

2 a) Vergleichen Sie die Ausstattung der DDR mit Konsumgütern (M 11) mit der Entwicklung in der Bundesrepublik (M 9).
b) Erläutern Sie das Ergebnis des Vergleichs.

M 12 Der Historiker André Steiner über die DDR-Planwirtschaft, 2007

Das planwirtschaftliche System wies von Anfang an zwei grundlegende Probleme auf: das Informations- und das Anreizproblem. In Marktwirtschaften richten die Unternehmen ihre Entscheidungen an den Preisen aus, die sich nach Angebot und Nachfrage frei herausbilden. Das ist eine nicht sicher vorhersagbare Informationsquelle. Da die Planung den wirtschaftlichen Prozess bewusst und im Vornherein gestalten sollte, durften die Preise nicht mehr Quelle für Unsicherheiten sein. Das bedeutete den Verzicht auf die Preise als unabhängige, aus dem Wirtschaftsprozess selbst gewonnene Informationsquelle. Die für die wirtschaftlichen Entscheidungen der Zentrale erforderlichen Informationen musste der Planungsprozess bereitstellen. Allerdings wurden sie in dem bürokratischen und hierarchischen Prozess durch die verschiedenen Interessen der nach- und übergeordneten Ebenen verfälscht […]. Da es der Zentrale angesichts der Vielfalt und der Komplexität des Wirtschaftsprozesses unmöglich war, alle erforderlichen Informationen in der notwendigen Qualität zu erhalten, konnte sie keine wirtschaftlich optimalen Entscheidungen treffen. So verwundert es nicht, dass sie sich entsprechend ihrem Führungsanspruch vornehmlich an politisch gesetzten Prioritäten orientierte. Das Wirtschaftssystem erforderte also politische Entscheidungen über wirtschaftliche Belange.
Darüber hinaus barg die gegebene Systemstruktur ein Anreizproblem: Es war schwierig, Betriebe und Beschäftigte zu höchsten Leistungen zu motivieren. Das anfänglich bemühte Idealbild vom „neuen Menschen“ erwies sich schnell als Fiktion, denn der fiktive Besitz[1] von Maschinen und Fabriken war kein Garant für eine höhere Arbeitsmotivation. Daher entstand das Anreizproblem aus dem Widerspruch zwischen dem wirtschaftlich notwendigen Leistungsdruck und den Legitimationsgrundlagen des Systems. Zu Letzteren gehörte der Anspruch, Vollbeschäftigung zu realisieren. Er stand jedoch einer Anwendung der ultima ratio bei wirtschaftlich unzureichenden Ergebnissen – für den Betrieb der Konkurs und für die Beschäftigten die Entlassung – entgegen. Außerdem legitimierte die SED-Spitze ihre Herrschaft als „Arbeiter-und-Bauern-Macht“, musste gleichzeitig den Arbeitern aber als eine Art Gesamtunternehmer gegenübertreten, der immer höhere Leistungen forderte. Jeder zusätzliche Leistungszwang gefährdete daher potenziell die Legitimität der SED-Macht; ein Verzicht auf ihn hatte aber die gleichen Folgen, denn er schwächte die wirtschaftliche Leistungsfähigkeit. Diesem Dilemma versuchte man mit vielfältigen Mechanismen beizukommen, um Betriebe und Beschäftigte über den bloßen Zwang und ideologisch verbrämten Druck hinaus zu höherer Leistung anzuhalten.
Der Planungsmechanismus war in den 1950er-Jahren so gestaltet, dass die Betriebe vor allem dafür belohnt wurden, wenn sie ihre Brutto-Produktion quantitativ erfüllt hatten. Qualitative Aspekte waren nachgeordnet. In dieser Perspektive erschien jede Neuerung bei den Produkten und im Fertigungsprozess als eine Störung, weshalb die Betriebe – von Ausnahmen abgesehen – kaum an Innovationen interessiert waren und diese eher vermieden. Das war für sie auch nicht problematisch, weil sie bei dem allgemeinen Warenmangel ihre Produkte ohnehin absetzen konnten. Der Mangel entstand systemisch durch das nicht knapp gehaltene Geld und durch die damit zusammenhängenden allgegenwärtigen Hortungserscheinungen und die geringen Anreize zum sparsamen Ressourceneinsatz bei den Betrieben. Das staatliche Außenhandelsmonopol, gedacht als Schutz der Volkswirtschaft vor „Störungen“ von außen, tat das seine, denn es schottete die Betriebe von der internationalen Konkurrenz ab. Aus beiden Systemelementen folgte die systemimmanente Innovationsschwäche.

Die Ressourcenvorräte der Betriebe gaben ihnen die Chance, Defizite in der Ausstattung mit Rohstoffen und Vorleistungen oder mit Konsumgütern für die Beschäftigten eigenständig – außerhalb der Pläne – zu schließen. Spontan und frei von zentraler Administration tauschten die Betriebe ihre gehorteten Produkte untereinander. Das war aufwändig, aber der Nutzen war ebenfalls hoch und sicherte die Planerfüllung, das entscheidende Kriterium, für das die Betriebsverantwortlichen belohnt bzw. bestraft wurden. Gesamtwirtschaftlich trug dieser graue Markt nicht unerheblich zum Funktionieren des Systems bei. Solche Marktelemente blieben in den 1950er-Jahren ganz eindeutig den planwirtschaftlichen Instrumenten nachgeordnet, und so konnten sie die Ineffizienz nicht aufheben, die sich im Verlauf der 1950er-Jahre zeigte. Die Ressourcen der Volkswirtschaft waren nicht nur nicht optimal verteilt, sie wurden zudem oft nur unzureichend ausgenutzt. Anders formuliert: Die Volkswirtschaft der DDR zeichnete sich gleichzeitig durch permanenten Mangel und – wegen der Hortungen – scheinbaren ständigen Überfluss aus.

Mit der Planwirtschaft sowjetischen Typs konnten in den 1950er-Jahren zunächst brachliegende Produktionsfaktoren mobilisiert und hohe Wachstumsraten erreicht werden. Im Zuge dieses extensiven Wachstums wurde – verstärkt durch die innerdeutschen Wanderungsverluste – die Arbeitslosigkeit reduziert und schließlich beseitigt. Ab der zweiten Hälfte der 1950er-Jahre zeigte sich ein akuter Mangel an Arbeitskräften. Das löste zwar die versprochene Vollbeschäftigung ein. Aber dahinter verbargen sich die Hortung von Arbeitskräften in den Betrieben und damit erhebliche Produktivitätsreserven. Auch die Effektivität der Investitionen sank Ende der 1950er-Jahre. Die Grenzen des extensiven Wachstums waren erreicht, und die Wirtschaft war mit dem etablierten Lenkungsmechanismus nicht auf einen intensiven Wachstumspfad – also überwiegend durch Produktivitätssteigerung bewirktes Wachstum – zu bringen. Ein solcher Übergang konnte mit der in den 1950er-Jahren typischen Tendenz, die Planung möglichst auf alle wirtschaftlichen Aktivitäten auszudehnen, nicht gelingen, weil damit die benannten systemimmanenten Probleme nur auf weitere Bereiche ausgedehnt wurden.

André Steiner, Möglichkeiten und Grenzen einer Planwirtschaft, in: Helga Schultz, Hans-Jürgen Wagener (Hg.), Die DDR im Rückblick. Politik, Wirtschaft, Gesellschaft, Kultur, Ch. Links Verlag, Berlin 2007, S. 140–143.

1 Als „fiktiven Besitz" bezeichnet der Autor den Sachverhalt, dass in der DDR Maschinen und Fabriken offiziell Volkseigentum waren („Volkseigene Betriebe"). Tatsächlich waren sie Staatseigentum.

1. Erarbeiten Sie anhand von M 12 die zentralen Strukturelemente der Planwirtschaft.
2. Stellen Sie die Chancen staatlicher Planung bzw. ihre Risiken und Mängel dar.
3. Erläutern Sie die wirtschaftlichen und politischen Folgen der Planwirtschaft in der DDR.

M 13 „Von den Sowjetmenschen lernen heißt siegen lernen", Propagandaplakat, DDR, um 1952.

Das integrierte sowjetische Originalplakat zeigt den Hilfsmeister und Stalinpreisträger A. Tschutkich.

1. Interpretieren Sie das Plakat. Überprüfen Sie seine Aussage mithilfe des Darstellungstextes und M 12.
2. Vergleichen Sie M 13 mit M 4 und M 5.

M 14 Alfred Müller-Armack über die Soziale Marktwirtschaft, Mai 1948

Die Lage unserer Wirtschaft zwingt uns zu der Erkenntnis, dass wir uns in Zukunft zwischen zwei grundsätzlich voneinander verschiedenen Wirtschaftssystemen zu entscheiden haben, nämlich dem System der antimarktwirtschaftlichen Wirtschaftslenkung und dem System der auf freie Preisbildung, echten Leistungswettbewerb und soziale Gerechtigkeit gegründeten Marktwirtschaft. Alle Erfahrungen mit wirtschaftlichen Lenkungssystemen verschiedenster Schattierungen haben erwiesen, dass sie unvermeidlich zu einer mehr oder weniger weitgehenden Vernichtung der Wirtschaftsfreiheit des Einzelnen führen, also mit demokratischen Grundsätzen unvereinbar sind, und zweitens mangels zuverlässiger Maßstäbe infolge der Aufhebung des Preismechanismus nicht in der Lage sind, die verschiedenen Knappheitsgrade zuverlässig zu erkennen. Jede Lenkungswirtschaft hat daher in der Praxis am wirklichen volkswirtschaftlichen Bedarf „vorbeigelenkt".

Die angestrebte moderne Marktwirtschaft soll betont sozial ausgerichtet und gebunden sein. Ihr sozialer Charakter liegt bereits in der Tatsache begründet, dass sie in der Lage ist, eine größere und mannigfaltige Gütermenge zu Preisen anzubieten, die der Konsument durch seine Nachfrage entscheidend mitbestimmt und die durch niedrige Preise den Realwert des Lohnes erhöht und dadurch eine größere und breitere Befriedigung der menschlichen Bedürfnisse erlaubt. Durch die freie Konsumwahl wird der Produzent gezwungen, hinsichtlich Qualität, Sortiment und Preis seiner Produkte auf die Wünsche der Konsumenten einzugehen, die damit eine echte Marktdemokratie ausüben. Eine ähnliche, die Wirtschaft maßgeblich bestimmende Stellung vermag eine Lenkungswirtschaft der Masse der Verbraucher nicht einzuräumen. Demokratie und Lenkungswirtschaft sind eben nicht vereinbar. Um den Umkreis der Sozialen Marktwirtschaft ungefähr zu umreißen, sei folgendes Betätigungsfeld künftiger sozialer Gestaltung genannt:

1. Schaffung einer sozialen Betriebsordnung, die den Arbeitnehmer als Mensch und Mitarbeiter wertet, ihm ein soziales Mitgestaltungsrecht einräumt, ohne dabei die betriebliche Initiative und Verantwortung des Unternehmers einzuengen.
2. Verwirklichung einer als öffentliche Aufgabe begriffenen Wettbewerbsordnung, um dem Erwerbsstreben der Einzelnen die für das Gesamtwohl erforderliche Richtung zu geben.
3. Befolgung einer Antimonopolpolitik zur Bekämpfung möglichen Machtmissbrauches in der Wirtschaft.
4. Durchführung einer konjunkturpolitischen Beschäftigungspolitik mit dem Ziel, dem Arbeiter im Rahmen des Möglichen Sicherheit gegenüber Krisenrückschlägen zu geben. Hierbei ist außer kredit- und finanzpolitischen Maßnahmen auch ein mit sinnvollen Haushaltssicherungen versehenes Programm staatlicher Investitionen vorzusehen.
5. Marktwirtschaftlicher Einkommensausgleich zur Beseitigung ungesunder Einkommens- und Besitzverschiedenheiten, und zwar durch Besteuerung und durch Familienzuschüsse, Kinder- und Mietbeihilfen an sozial Bedürftige.
6. Siedlungspolitik und sozialer Wohnungsbau.
7. Soziale Betriebsstrukturpolitik durch Förderung kleinerer und mittlerer Betriebe und Schaffung sozialer Aufstiegschancen.
8. Einbau genossenschaftlicher Selbsthilfe in die Wirtschaftsordnung.
9. Ausbau der Sozialversicherung.
10. Städtebauplanung.
11. Minimallöhne und Sicherung der Einzellöhne durch Tarifvereinbarungen auf freier Grundlage. Es kommt also darauf an zu erkennen, dass der Übergang zur Marktwirtschaft als einem System freiheitlicher und demokratischer Wirtschaftsordnung zugleich die Gewinnung der deutschen Menschen für die Ideale der persönlichen Freiheit und Selbstbestimmung in sich schließt. Die letzten Ziele staatsbürgerlicher Freiheit müssen mit den Zielen der wirtschaftlichen Freiheit des Einzelnen übereinstimmen.

Alfred Müller-Armack, Vorschläge zur Verwirklichung der Sozialen Marktwirtschaft, in: Genealogie der Sozialen Marktwirtschaft, Verlag Paul Haupt, Bern 1974, S. 98ff.

1 **Beschreiben Sie Voraussetzungen und Ziele der Sozialen Marktwirtschaft (M 14).**

2 **Erläutern Sie, von welchen Wirtschaftsformen sich die Soziale Marktwirtschaft abgrenzt. Nennen Sie Beispiele aus der Geschichte.**

3 **Erklären Sie das Menschenbild, das der Sozialen Marktwirtschaft zugrunde liegt.**

4 **Erörtern Sie die These Müller-Armacks, Demokratie und Lenkungswirtschaft seien unvereinbar (Z. 32 f.).**

M 15 Bundestagsdebatte zur Rentenreform, 1956

Storch, Bundesminister für Arbeit (CDU): Ich sagte bereits, dass die Diskussion um die Sozialreform sich vor allem mit dem Funktionswandel beschäftigte, den das System der sozialen Sicherung in der jüngsten Vergangenheit durchgemacht hat. [...]

Seit der Zeit der Schaffung der deutschen Sozialversicherung [unter Bismarck] ist die Mehrheit der Bevölkerung von der ländlichen Lebens- und Arbeitsweise zu einer städtisch und industriell geprägten Lebensführung übergegangen. [...] Es entsprach also den damaligen Gegebenheiten, wenn man die Rente aus der sozialen Rentenversicherung entsprechend der Vorstellungswelt, wie sie um die Jahrhundertwende herrschte, als einen Zuschuss zur Lebenshaltung ansah. Inzwischen ist aus der damaligen Minderheit der abhängigen Beschäftigten eine überwiegende Mehrheit geworden. Die Menschen haben sich vereinzelt. Die wirtschaftliche Einbettung in den Schoß der Familie kann nicht mehr als Regel gelten. Auch hohe und wachsende Einkommen schützen den Menschen nicht mehr vor der Unsicherheit des Daseins. Eher ist sogar das Gegenteil richtig. Je besser man verdient, umso härter empfindet man den Verlust eines regelmäßigen Arbeitsentgeltes.

Wir könnten also feststellen, dass sich mit zunehmendem Wohlstand auch ein zunehmendes Sicherheitsbedürfnis geltend macht. [...] Deshalb gilt es, eine gesellschaftspolitische Entscheidung zu fällen. Es entspricht unserer heutigen Auffassung von der Würde des Menschen und seiner Arbeit, wenn wir uns bemühen, ein Auseinanderfallen von Verdienenden und Nichterwerbstätigen zu beseitigen und für die Zukunft zu verhindern. Wir müssen dabei helfen, dass sichergestellt wird, dass jeder Rentenbezieher am Aufstieg seines Standes oder seines Berufes teilnimmt, und zwar nach Maßgabe seiner individuellen Position im Sozialgefüge, die er sich und den Seinen während der Dauer seines Arbeitslebens erarbeitet hat. Wenn wir uns vergegenwärtigen, dass die alten Menschen in der Zeit, als sie selbst noch im arbeitsfähigen Leben standen, das Ihrige zur Verbesserung der allgemeinen Lebensverhältnisse beigetragen haben und dass die gegenwärtig schaffende Bevölkerung zum Teil von ihren Vorleistungen zehrt, dann ist es, glaube ich, selbstverständlich, dass auch sie im Ruhestand an den Früchten der gemeinsamen Anstrengungen der Generationen teilhaben. Die Sicherstellung des einmal erworbenen Lebensstandards ist dann nicht ein Akt der Barmherzigkeit seitens der jeweils Erwerbstätigen oder gar des Staates, sondern die Erfüllung einer geschuldeten Pflicht und der Ausdruck einer von den Umständen begründeten Solidarität zwischen den Generationen. Auf diesem Wege wird es uns gelingen, den Riss, der sich in unserer Gesellschaft zwischen den Verdienenden und den nicht mehr Verdienenden abzuzeichnen droht, zum Verschwinden zu bringen. So wie die Gemeinschaft das Eigentum des Einzelnen schützt, muss sie auch das Arbeitseinkommen schützen. Unser Ziel muss sein, den Menschen das Bewusstsein zu geben, dass sie sich auch nach Ausscheiden aus dem Arbeitsleben den Lebensunterhalt selbst verdient haben. *(Beifall in der Mitte.)* Ich hoffe, hiermit deutlich gemacht zu haben, dass es uns um mehr als um die Lösung des Problems des Alters- und Invalidenrentners und der Hinterbliebenen geht. [...]

Dr. Schellenberg (SPD): [...] Ich nehme davon Abstand, hier die Unterschiede zwischen dem Grundentwurf vom April – angeblich nach eingehender Vorarbeit erarbeitet – und dem Regierungsentwurf vom Mai im Einzelnen darzulegen. [...] Ich stelle lediglich fest, dass das Bundesarbeitsministerium jedenfalls teilweise unserer Bitte entsprochen hat, nämlich bei nochmaliger Bearbeitung der Materie den Gesetzentwurf der SPD zu Rate zu ziehen, und einige, wenn auch viel zu wenige Gedanken noch nachträglich in den Grundentwurf hineingearbeitet hat. *(Beifall bei der SPD)* [...]

Dr. Dehler (FDP): [...] Der Regierungsentwurf zur Reform der gesetzlichen Rentenversicherung packt ebenso, wie es die Vorlage der sozialdemokratischen Fraktion bereits getan hat, eines der überfälligen sozialpolitischen Probleme an. Die beiden Lösungsversuche, die uns vorgelegt werden, decken sich, man kann fast sagen, überraschend in der Grundkonzeption. [...] Aber beide Entwürfe wenden sich von dem bisherigen System der deutschen Sozialversicherung grundlegend ab. Beide Entwürfe überbieten sich nach meinem Gefühl im Angebot angeblicher „sozialer Sicherung". Beide Entwürfe setzen sich, wie es die Bundesregierung in der Begründung ihres Entwurfes auch selbst hervorhebt, nur oder doch wenigstens überwiegend sozialpolitische Ziele, ohne die zu erwartenden, ich möchte meinen, zu befürchtenden wirtschaftlichen Folgen hinreichend zu bedenken. Wir, die Freien Demokraten, begrüßen den Willen, die gegenwärtig unzureichenden Renten aufzubessern. Wir sind aber betroffen, meine Damen und Herren, über die Unbedenklichkeit, über die Unbekümmertheit, mit der gerade auch die Regierung in ihrer Vorlage der besorgniserregenden Neigung unserer Zeit zu kollektiver Sicherung um jeden Preis nachgibt und die individuelle Selbstverantwortung, dieses große soziale Stimulans, preiszugeben bereit ist. Wir wissen von der Hilflosigkeit der Menschen unserer Zeit gegenüber der Forderung „Sorge dich um deine Zukunft, sichere dich vor Not!". Daraus wird aber in den Vorlagen nicht etwa der Schluss gezogen: „Ich, die Gemeinschaft, der Staat, helfen dir mit allen unseren Möglichkeiten, damit du dir selbst helfen kannst." Nein, man will durch immer weitergehende Ausdehnung der Versicherungspflicht den Menschen zur Unselbstständigkeit zwingen, selbst da, wo ein Schutzbedürfnis nicht mehr gegeben ist. Das ist ein wesentlicher Einwand, den wir gegen die Grundtendenz der beiden Vorlagen erheben. Beide Vorlagen haben einen gefährlichen Zug zu dem, was man – etwas schlagwortartig und vielleicht auch etwas irreführend – als „Vermassung" bezeichnet; sie wissen nichts von dem Geheimnis des Lebens, das dem Menschen sagt: du findest weder Wohlstand noch Glück noch Freiheit, wenn du nicht bereit bist, das Risiko der eigenen Verantwortung, der eigenen Entscheidung und der eigenen Leistung auf dich zu nehmen; *(Beifall bei der FDP)* willst du die eigene Verantwortung, die eigene Entscheidung, die eigene Leistung auf fremde Schultern abwälzen, dann kommen sie als Gebote und Verbote einer bösen Apparatur zu dir zurück und unterjochen dich.

Zit. nach: Werner Abelshauser, Die langen Fünfziger Jahre, Schwann, Düsseldorf 1987, S. 141–143.

1 Arbeiten Sie die zentralen Argumente der Befürworter und Gegner der Rentenreform heraus (M 15).
2 Bewerten Sie die Motive und Ziele der Rentenreform unter Berücksichtigung der Zeitumstände.
3 In seiner ersten Regierungserklärung sagte Adenauer 1949: „Die beste Sozialpolitik ist eine gesunde Wirtschaftspolitik." Diskutieren Sie diese These am Beispiel der frühen Bundesrepublik.

M 16 Geschichte kontrovers: Über die Ursachen des Demokratieerfolgs in der Bundesrepublik

a) Karlheinz Niclauß, Politikwissenschaftler, 2004:

Obwohl wichtige wirtschaftspolitische Entscheidungen bereits gefallen waren, als sich die Bundesrepublik konstituierte, lässt sich hieraus kaum ein Vorrang der Wirtschaft gegenüber der Politik ableiten. Es ist auch keineswegs so, dass mit der Währungsreform und der Weichenstellung zur Wettbewerbswirtschaft die politische Entwicklung Westdeutschlands präjudiziert [= vorherbestimmt] wurde. Politische und wirtschaftliche Faktoren griffen vielmehr ineinander. Auch nach Gründung der Bundesrepublik beeinflussten die politischen Entscheidungen in Bonn durch Steuerpolitik und planende Elemente den Wiederaufbau der westdeutschen Wirtschaft und die Verteilung des Wohlstands. Die allgemeine Zustimmung zur Wirtschaftspolitik der Fünfzigerjahre erweckte den Eindruck, in der prosperierenden Bundesrepublik hätten die Unterschiede der Klassen und Schichten an Bedeutung verloren. Die vermeintlich gleichen Startbedingungen am Tage der Währungsreform mit 40 DM „Kopfgeld" schienen in der Einheitlichkeit des Konsums und des Lebensstils ihre Fortsetzung zu finden. [...] Das „Wirtschaftswunder" der Fünfzigerjahre verführt zu der Annahme, die politische Stabilität der Bundesrepublik sei auf günstige ökonomische Bedingungen zurückzuführen. Eine genauere Untersuchung der Ausgangssituation von 1949/50 zeigt allerdings ein differenzierteres Verhältnis von Politik und Wirtschaft. Obwohl der wirtschaftliche Aufstieg eine wichtige Grundlage der Kanzlerdemokratie bildete, kann diese Frage kaum im Sinne einer einseitigen Kausalität beantwortet werden. Ein Blick auf den Ablauf der Ereignisse zeigt vielmehr, dass man die Eigendynamik des politischen Systems und den Einfluss führender Politiker nicht unterschätzen darf: Als Mitte 1952 mit der Auslastung der westdeutschen Industrie, mit dem Rückgang der Arbeitslosigkeit und mit steigenden Einkommen der wirtschaftliche „Durchbruch zu einem sich selbst tragenden Wachstum" erfolgte, war der Regierungstyp der Kanzlerdemokratie in Bonn bereits fest etabliert. Konrad Adenauer bestimmte [...] mit Unterstützung einer sicheren parlamentarischen Mehrheit die Richtlinien der inneren und äußeren Politik. Unabhängig von der Steigerung des Lebensstandards deutete sich hier bereits ein „Regierungswunder" an, welches den Unterschied zwischen der Bonner und der Weimarer Demokratie deutlich erkennen ließ. Dass die politischen Parteien eine Mehrheitsregierung bilden konnten, die über eine volle Legislaturperiode im Amt blieb, war in Deutschland eine völlig neue Erfahrung. Die Zustimmung der Westdeutschen zur zweiten Republik wurde durch das Funktionieren der politischen Institutionen im gleichen Maße gefördert wie durch den wirtschaftlichen Wiederaufstieg.

Karlheinz Niclauß, Kanzlerdemokratie. Regierungsführung von Adenauer bis Gerhard Schröder, Schöningh, Paderborn 2004, S. 23 f.

b) Hans-Ulrich Wehler, Historiker, 2008:

Statt [nach 1945] einem Horrorszenario beizuwohnen, konnte man jedoch bereits zehn Jahre nach dem Kriegsende die Bundesrepublik als gefestigtes, leistungsfähiges Gemeinwesen auf dem Weg nach oben beobachten. Vergegenwärtigt man sich die chaotischen Verhältnisse der letzten Kriegs- und der ersten Nachkriegsjahre, wird die Antwort auf die Frage nach den Gründen für die Abwendung der befürchteten Desintegration umso dringender.

1. An erster Stelle der Ursachenerklärung steht das beispiellose Wirtschaftswachstum, das im Gefolge des Korea-Booms in den Jahren zwischen 1950 und 1965 zu einer jährlichen Steigerung des Bruttosozialprodukts um durchschnittlich 5,6 %, manchmal sogar um 8 % führte. [...] Die Arbeitslosigkeit sank von 1950 = 1,9 Millionen auf 1960 nurmehr 1,3 % der Erwerbstätigen, sodass faktisch die Vollbeschäftigung erreicht wurde. Insofern trug das „Wirtschaftswunder", das Weimar versagt geblieben war, das „Demokratiewunder" der zweiten Republik.

2. Die ökonomische Erfolgswelle unterstützte die antikommunistische Abgrenzung vom Osten, der so evident unfähig blieb, den westlichen Vorsprung einzuholen. Der grelle Kontrast zwischen der Bundesrepublik und der Diktatur der deutschen Bolschewiki nährte das Selbstbewusstsein der Westdeutschen [...] und ihren Zukunftsoptimismus, der bedrohliche Protestneigungen auflöste.

3. Die politische Verfassungsordnung erwies ihre Funktionstüchtigkeit. Man kann ihre Integrationsstärke etwa daran ablesen, dass die drei dominierenden Parteien, CDU/CSU, SPD und FDP, bis 1961 volle 94 % der Wählerschaft an sich zu binden vermochten. [...]

4. Die effektive staatliche Machtausübung auf dem weiten Feld der Innen- und Außenpolitik mit ihren furchterregenden Problemen wurde als weiterer Beweis politischer Leistungsfähigkeit angesehen.

5. Die politische Führung durch die Bundesregierung, häufig personalistisch als zielbewusste Leitung der Kanzlerdemokratie durch den rheinischen Patriarchen [Adenauer] wahrgenommen, flößte ganz so Vertrauen ein wie die Gewöhnung an eine neue politische Kultur. Vor allem die denkwürdigen sozialstaatlichen Leistungen auf den Gebieten der Rentenpolitik mit dem Höhepunkt um 1957, als die dynamische Rente die Altersarmut faktisch beseitigte, des Lastenausgleichs mit seiner historisch beispiellosen Umverteilung der materiellen Kriegsbelastungen, der Neuregulierung des Verhältnisses von Kapital und Arbeit im „rheinischen Kapitalismus" durch die Mitbestimmung wirkten entspannend; hinzu kam die eindrucksvolle Leistungsbilanz im Zeichen des Kalten Krieges, die politische Neuorientierung hin auf ein zusammenwachsendes Europa, der Ausgleich mit Frankreich und die Integration in das westliche Bündnissystem, die Aufwertung als Wirtschaftspartner und der Vorstoß in die Führungsgruppe der Handelsmächte auf dem Weltmarkt. Die Gesamtwirkung dieser günstigen Rahmenbedingungen für den auffälligen Entwicklungsschub eines extrem gefährdeten Neustaates lief auf eine erstaunliche Integration [...] hinaus.

Hans-Ulrich Wehler, Deutsche Gesellschaftsgeschichte, Bd. 5, C. H. Beck, München 2008, S. 15 f.

1 **Partnerarbeit:** Erarbeiten Sie aus M 16 a, b den Stellenwert, den die Autoren dem „Wirtschaftswunder" als Faktor der Demokratisierung beimessen.

2 **Essay:** Regierungswunder oder Wirtschaftswunder? Erörtern Sie die Ursachen des Demokratieerfolgs in der Bundesrepublik.

2.3 Sozialstruktur und Geschlechterverhältnisse

Internettipp
www.destatis.de
Das Statistische Bundesamt und weitere Kooperationspartner stellen alle zwei Jahre den „Datenreport" mit der amtlichen Statistik und sozialwissenschaftlichen Analysen zum gesellschaftlichen Wandel in Deutschland bereit. Zahlen über Bevölkerung, Bildung, Gesundheit, Umwelt und Arbeitsmarkt werden ergänzt durch die Ergebnisse systematischer Befragungen über die Themen Armut, soziale Mobilität und Integration.

Marktgesellschaft und soziale Ungleichheit

In der Bundesrepublik hat das „Wirtschaftswunder" in Verbindung mit der staatlichen Sozialpolitik nicht nur zu einer allgemeinen Wohlstandssteigerung geführt, sondern auch die mit der Industrialisierung im 19. Jahrhundert entstandenen Klassengegensätze abgeschwächt. Von der allgemeinen Verbesserung des Lebensstandards und der stärkeren sozialen Absicherung profitierte besonders die Arbeiterschaft, deren Selbstwertgefühl zunahm. Immer mehr Menschen interpretierten die Verbesserung ihres Realeinkommens als sozialen Aufstieg und fühlten sich den Mittelschichten zugehörig. Der Soziologe Helmut Schelsky hat die westdeutsche Gesellschaft 1953 daher als **„nivellierte Mittelstandsgesellschaft"** bezeichnet. Doch müssen bei einer Analyse der bundesrepublikanischen Gesellschaft auch objektive Daten wie Einkommens- und Vermögensunterschiede berücksichtigt werden. In einer modernen Markt- und Industriegesellschaft hängen die Lebenschancen und Lebensrisiken unter anderem von den Marktchancen des Einzelnen oder gesellschaftlicher Gruppen ab. Nach dieser Interpretation, die durch Max Weber (1864–1920), den Gründervater der modernen deutschen Soziologie beeinflusst wird, gibt es in der Gesellschaft der Bundesrepublik nach wie vor soziale Ungleichheit bzw. abgrenzbare **Schichten** und marktbedingte **Klassen**.

Kommunistische Diktatur und soziale Ungleichheit

Nach ihrer Verfassung von 1974 war die DDR ein „sozialistischer Staat der Arbeiter und Bauern". Zuvor hatte die SED vom Staat der DDR als „Arbeiter-und-Bauern-Macht" gesprochen. Diese Formulierungen sollten verdeutlichen, dass die bisher im Kapitalismus herrschenden Klassen, Wirtschaftsbürgertum und Adel, entmachtet worden seien. Die Herrschaft in Staat und Gesellschaft liege in den Händen der Arbeiterklasse sowie des Kleinbürgertums, der Intelligenz und anderer nicht-proletarischer Werktätiger, z. B. der Bauern. Sie alle bzw. ihre parteipolitische Vertretung, die SED als führende Partei der Arbeiterklasse, kontrollierten nach der marxistisch-leninistischen Ideologie alle Produktionsmittel. Diese Propagandathese diente der SED zur Legitimierung ihrer Macht und sollte die Illusion weitgehender sozialer Gleichheit erzeugen. Die DDR verstand sich als eine Gesellschaft, die gesellschaftliche Unterschiede einebnen wollte. Als Ziel ihrer Politik gab die SED den Übergang zur kommunistischen, klassenlosen Gesellschaft aus. Aber auch in der DDR gab es soziale Ungleichheit. Jedoch war sie nicht wie im Westen das Ergebnis marktwirtschaftlicher Strukturen und Prozesse, sondern ergab sich aus den politischen Herrschaftsverhältnissen. An der Spitze stand die Parteielite der SED, die alle Führungspositionen in Politik, Gesellschaft, Wirtschaft und Kultur übernahm. Danach folgten unterschiedliche „Dienstklassen" sowie die industrielle „Arbeiterklasse" und die ländliche „Arbeiterklasse" der „Genossenschaftsbauern".

M 1 Trümmerfrauen in Berlin, Fotografie, 1945

Geschlechterverhältnisse in den späten 1940er-Jahren

In der unmittelbaren Nachkriegszeit galt es in Ost und West, vor allem das Überleben der Familien zu sichern. Diese Aufgabe oblag überwiegend den Frauen, da nahezu vier Millionen Männer im Krieg gefallen und Hunderttausende durch Kriegsverletzungen arbeitsunfähig waren. Rund zwölf Millionen Männer befanden sich noch in Gefangenschaft, etwa 2,5 Millionen Frauen waren Kriegswitwen. Im Nachkriegsdeutschland gab es einen „Frauenüberschuss" von 7 Millionen. Überall verrichteten Frauen Schwerstarbeit, so bei der Schuttbeseitigung („Trümmerfrauen"), in Fabriken und auf dem Bau. Das hatte die Auflösung der überkommenen geschlechtsspezifischen Verhaltensmuster zur Folge. **Die Berufstätigkeit**, mit der viele Frauen in der Wiederaufbauphase ihre Familien allein finanzierten, **stärkte ihr Selbstbe-**

wusstsein. Allerdings setzten sich mit der Rückkehr der Männer aus dem Krieg und aus der Kriegsgefangenschaft besonders im Westen die **alten Rollenmuster** vorübergehend noch einmal durch: Der Mann sorgte mit seinem Beruf für den Lebensunterhalt, die Frau betreute Haus und Familie. Doch langfristig veränderten die Kriegs- und Nachkriegserfahrungen die Geschlechterverhältnisse.

Rechtliche Gleichstellung

Das Grundgesetz der **Bundesrepublik Deutschland** verfügt in Artikel 3 die volle Gleichberechtigung von Mann und Frau. Ursprünglich wollte die Mehrheit im Parlamentarischen Rat nur die politische Gleichberechtigung wie in der Weimarer Verfassung verankern. Damit hätten Frauen das Wahlrecht besessen, wären aber im Wirtschafts- und Familienleben nicht gleichberechtigt gewesen. Der **Gleichheitsgrundsatz** „Männer und Frauen sind gleichberechtigt" kam erst nach massiven Protesten der vier „Mütter" des Grundgesetzes – **Elisabeth Selbert*** (SPD), Helene Wessel (Zentrum), Helene Weber (CDU) und Friederike Nadig (SPD) – in die endgültige Fassung und ist seither für die gesamte Rechtsprechung verbindlich. Besonders das Bundesverfassungsgericht hat in seinen Entscheidungen die Anpassung des Rechts an den Gleichheitsgrundsatz erzwungen. Die Reformen des Ehe- und Familienrechts von 1957 und 1959 entzogen dem Patriarchat in der Familie die Rechtsgrundlage, aber erst die **Ehe- und Familienrechtsreform von 1977** gab die Hausfrauenehe als Leitbild auf (M 5 a, b). Gleichzeitig sorgte diese Reform durch die Neuregelung des Scheidungsrechts für eine größere Unabhängigkeit des sozial Schwächeren – in der Regel war das die Frau. Das Zerrüttungsprinzip ersetzte das Verschuldungsprinzip, Unterhalt und Versorgung wurden nach sozialen Kriterien geregelt.
Auch die Verfassung der **DDR** von 1949 schrieb in Artikel 7 die **volle rechtliche, ökonomische und politische Gleichberechtigung** von Mann und Frau fest. Dieses Verfassungsgebot beruhte auf der sozialistischen Theorie, nach der die Emanzipation der Frau nur in einer sozialistischen Gesellschaft möglich sei. Grundlage wirklicher Gleichberechtigung war danach nicht nur die Emanzipation der Arbeit vom Kapital, sondern auch die wirtschaftliche Unabhängigkeit der Frau vom Mann, die durch die Teilnahme der Frauen am Produktionsprozess garantiert werde. Auf der Grundlage dieser Doktrin organisierte die SED bereits in den 1950er-Jahren eine Gleichstellungskampagne, die sich auch in der Gesetzgebung niederschlug. So forderte das Familiengesetzbuch von 1966 von den Ehegatten, ihre Beziehung so zu gestalten, „dass die Frau ihre berufliche und gesellschaftliche Tätigkeit mit der Mutterschaft vereinbaren kann". Mit der Aufforderung, Frauen in den Produktionsprozess zu integrieren, verfolgte die SED mehrere Zielsetzungen. Die durch Krieg und Massenflucht in den Westen entstandenen Verluste an Arbeitskräften sollten ausgeglichen sowie die Frauen und deren Kinder im sozialistischen Sinne erzogen bzw. kontrolliert werden.

Frauenerwerbstätigkeit

Seit der Gründung der **Bundesrepublik Deutschland** hat sich die Erwerbstätigkeit der Frauen kontinuierlich erhöht (M 6 a, b). Dies resultierte weniger aus finanziellen Zwängen, sondern entsprach dem Wunsch der Frauen nach größerer Selbstständigkeit und Unabhängigkeit. Die öffentliche Einstellung zu berufstätigen Frauen hat sich dabei stark gewandelt. In den 1950er- und 1960er-Jahren sahen sich erwerbstätige Mütter, vor allem mit Kleinkindern, zum Teil scharfer Kritik ausgesetzt, weil sie als vermeintliche „Rabenmütter" ihre Interessen über das Kindeswohl stellten. Erst seit den 1970er-Jahren veränderte sich die Einstellung. Frauen, die Familienleben und Beruf miteinander verbinden wollen, werden heute von der überwiegenden Mehrheit der Gesellschaft akzeptiert. Dagegen war in der **DDR** mütterliche Erwerbstätigkeit wie selbstverständlich verbreitet. Sie wurde durch die Einrichtung

M 2 Elisabeth Selbert (1896–1986), Fotografie, 1953

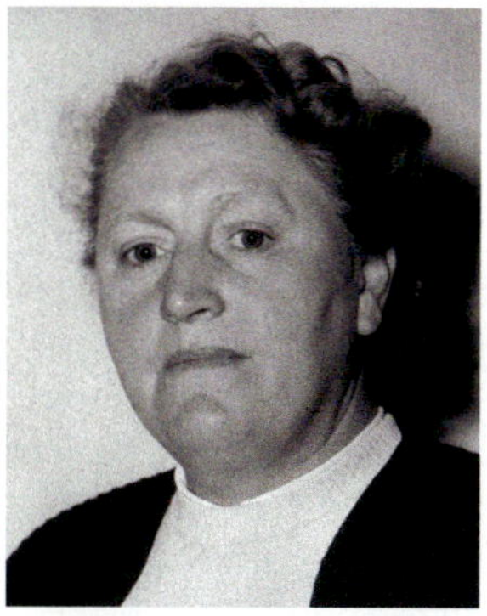

1918 Eintritt in die SPD
1926 Abiturprüfung als Externe, anschließend Jurastudium (als Mutter von zwei Söhnen)
1934 Eröffnung einer Anwaltskanzlei in Kassel, kurz bevor das NS-Regime Frauen den Zugang zum Anwaltsberuf verwehrte
1948/49 Mitglied des Parlamentarischen Rates
bis 1958 Mitglied des Hessischen Landtages

Literaturtipp
Ute Frevert, Frauen-Geschichte. Zwischen bürgerlicher Verbesserung und neuer Weiblichkeit, Neuaufl., Frankfurt 2008.
Die Historikerin beschreibt die Veränderungen des Rollenverständnisses seit dem 18. Jahrhundert.

M 3 Betriebskindergarten des Kalibetriebes „Werra" in Tiefenort/Thüringen, Fotografie, 1986

von Kinderkrippen und Horten (M 3) sowie durch sogenannte familienergänzende Dienstleistungen wie Wäschereien oder Reinigungsdienste unterstützt. Eine Folge des Arbeitskräftemangels in der DDR bestand darin, Frauen früher und rascher als im westlichen Teil Deutschlands den Zugang zu typischen „Männerberufen" zu ermöglichen: Sie arbeiteten z. B. als Kranführerinnen, Ingenieurinnen oder Architektinnen. Da sich das Rollenverständnis von Männern und Frauen jedoch nur langsam änderte, mussten berufstätige Frauen die Doppelbelastung von Beruf und Haushalt bewältigen.

M4 „Fackeln wir nicht länger": Teilnehmerinnen der „Aktion 218" verbrennen in der Hamburger Innenstadt Ermittlungspapiere, Fotografie, 4. März 1972

Etwa 30 Frauen, die sich öffentlich zu einer Abtreibung oder Hilfeleistung dazu bekannt hatten, steckten die ihnen von der Hamburger Staatsanwaltschaft zugestellten Ermittlungsformulare in Brand.

Frauenpolitik und Frauenbewegung

Obwohl Frauen gleichberechtigten Zugang zu allen politischen Positionen haben, waren und sind sie auf allen Ebenen stark unterrepräsentiert, besonders in den höheren Entscheidungsgremien (M 6 d, M 7). In der **DDR** war die einzige offiziell zugelassene Interessenorganisation von Frauen der Demokratische Frauenbund Deutschlands (DFD). Er durfte jedoch keine eigenständige Politik betreiben, sondern war eine Vermittlungsinstanz zwischen SED und Frauen. Der DFD hatte die marxistisch-leninistische Ideologie und die Beschlüsse der SED zu propagieren und sollte dabei vor allem die Frauen für den Einsatz in der Produktion mobilisieren.

In der **Bundesrepublik Deutschland** entwickelte sich dagegen Ende 1960er-Jahre eine eigenständige und immer selbstbewusster auftretende Frauenbewegung. Sie entstand während der Studentenbewegung und trat in den frühen 1970er-Jahren hervor mit spektakulären Aktionen gegen den Paragrafen 218, der den Schwangerschaftsabbruch unter Strafe stellte (M 4). Frauen forderten Chancengleichheit in Beruf und Politik sowie die Vereinbarkeit von Familie und Beruf für Frauen und Männer. Der Erfolg dieser Frauenbewegung in den 1970er- und 1980er-Jahren lag in der Erzeugung eines neuen gesellschaftlichen Problembewusstseins. Trotz rechtlicher Gleichstellung werden Frauen nach wie vor in vielen gesellschaftlichen Bereichen benachteiligt. Aber die sozialen Ungleichheiten zwischen den Geschlechtern erscheinen heute nicht mehr als naturgegeben, sondern als begründungs- und korrekturbedürftig.

1 Stellen Sie die gesellschaftlichen Unterschiede zwischen der Bundesrepublik Deutschland und der DDR am Beispiel der Familienpolitik gegenüber.

M5 Die Reformen des Ehe- und Familienrechts 1957 und 1977 in der Bundesrepublik Deutschland

a) Auszug aus dem Ehegesetz von 1957 (BGB):

§ 1356. (1) Die Frau führt den Haushalt in eigener Verantwortung. Sie ist berechtigt, erwerbstätig zu sein, soweit dies mit ihren Pflichten in Ehe und Familie vereinbar ist. […]

§ 1360. Die Ehegatten sind einander verpflichtet, durch ihre Arbeit und mit ihrem Vermögen die Familie angemessen zu unterhalten. Die Frau erfüllt ihre Verpflichtung, durch Arbeit zum Unterhalt der Familie beizutragen, in der Regel durch die Führung des Haushalts; zu einer Erwerbsarbeit ist sie nur verpflichtet, soweit die Arbeitskraft des Mannes und die Einkünfte der Ehegatten zum Unterhalt der Familie nicht ausreichen.

b) Auszug aus dem Ehegesetz von 1977 (BGB):

§ 1356. Die Ehegatten regeln die Haushaltsführung in gegenseitigem Einvernehmen. Ist die Haushaltsführung einem der Ehegatten überlassen, so leitet dieser den Haushalt in eigener Verantwortung. Beide Ehegatten sind berechtigt, erwerbstätig zu sein. Bei der Wahl und Ausübung einer Erwerbstätigkeit haben sie auf die Belange des anderen Ehegatten und der Familie die gebotene Rücksicht zu nehmen. […]

§ 1360. Die Ehegatten sind einander verpflichtet, durch ihre Arbeit und mit ihrem Vermögen die Familie angemessen zu unterhalten. Ist einem Ehegatten die Haushaltsführung überlassen, so erfüllt er seine Verpflichtung […] in der Regel durch die Führung des Haushaltes.

Susanne Asche/Anne Huschens, Frauen – Gleichberechtigung, Gleichstellung, Emanzipation?, Diesterweg, Frankfurt/Main 1990, S. 125.

1 Fassen Sie die Neubestimmungen von 1957 und 1977 zusammen und vergleichen Sie sie (M 5 a, b).

M6 Weibliche Erwerbstätigkeit in der Bundesrepublik Deutschland und der DDR

a) Weibliche Erwerbsbeteiligung in der Bundesrepublik Deutschland 1950–1980:

	1950	1961	1970	1980
Weibliche Wohnbevölkerung (in Mio.)	27,09	29,77	31,78	32,18
Weibliche Erwerbspersonen (in Mio.)	8,48	9,94	9,58	10,48
Weibliche Erwerbsquote (in %)	31,3	33,4	30,2	32,6
Erwerbsquote der Frauen im erwerbsfähigen Alter	44,4	48,9	49,6	52,9
Erwerbsquote verheirateter Frauen unter 60 Jahren	26,4	36,5	40,9	48,3

b) Strukturen weiblicher Erwerbsarbeit in der Bundesrepublik Deutschland 1950–1980:

Weibliche Erwerbspersonen (in %)	1950	1961	1970	1980
Mithelfende Familienangehörige	32	22,1	14,5	7,9
Dienstmädchen/ Hausangestellte	9	3,4	1,4	
Arbeiterinnen in Industrie und Handel		30,9	34,2	
Arbeiterinnen in der Landwirtschaft	51,4	1,1	0,6	31,4
Angestellte und Beamtinnen		29,8	44,4	55,9
Selbstständige	7,6	7,3	5	4,8

M6a und b: Ute Frevert, Frauen-Geschichte. Zwischen Bürgerlicher Verbesserung und Neuer Weiblichkeit, edition suhrkamp, Frankfurt/Main 1986, S. 290f.

c) Frauen im arbeitsfähigen Alter und erwerbstätige Frauen in der DDR 1955–1988:

	Weibliche Bevölkerung im arbeitsfähigen Alter (in 1000)	Weibliche Erwerbstätige (in 1000)	Anteil der weiblichen Erwerbstätigkeit an der weiblichen Bevölkerung (in %)
1955	6182	3244	52,5
1970	5011	3312	66,1
1980	5257	3848	73,2
1989	5074	3962	78,1[1]

Matthias Judt (Hg.), DDR-Geschichte in Dokumenten. Beschlüsse, Berichte, interne Materialien und Alltagszeugnisse, Ch. Links Verlag, Berlin 1997, S. 214.

1 Bezieht man Lehrlinge und Studierende ein, so betrug der Beschäftigungsgrad der Frauen im Jahre 1989 91,2 %.

d) Qualifikationsniveau von Frauen in den 1980er-Jahren im Ost/West-Vergleich:

Frauenanteil in Bildung, Beruf, Politik (in %)	Bundesrepublik Deutschland	DDR
Studierende an Hochschulen (1989)	41	59
Promotionen (1988)	26	38
Habilitationen (1988)	9	15
Richter (1989)	18	50
Schuldirektoren (1988 bzw. 1982)	20	32
Gewerkschaftsmitglieder (1989 bzw. 1988)	25	53
Betriebsrat/Vorsitz der Betriebsgewerkschaftsleitung (1986/1987)	21	50

Rainer Geißler, Die ostdeutsche Sozialstruktur unter Modernisierungsdruck, in: Aus Politik und Zeitgeschichte 19–30/1992, S. 18.

1 Vergleichen Sie arbeitsteilig die weibliche Erwerbstätigkeit in beiden deutschen Staaten miteinander, indem Sie: a) den Anteil der Frauen an der Erwerbsbevölkerung untersuchen (M6a, c), b) die beruflichen Aufstiegschancen analysieren (M6b, d).

2 Bewerten Sie Ihre Untersuchungsergebnisse.

M7 Frauen im deutschen Parlament 1919–2005

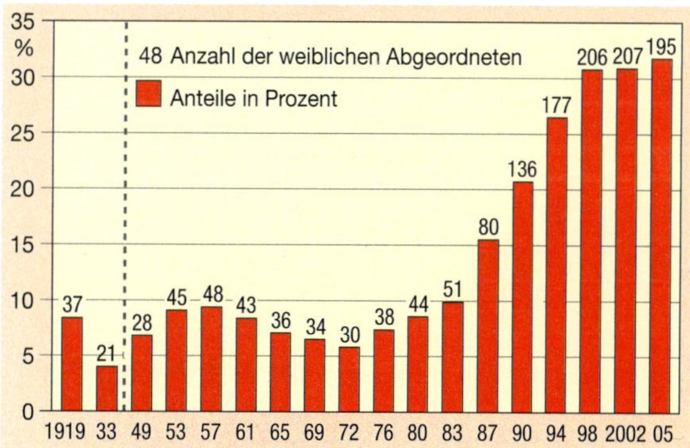

1 Analysieren Sie die Präsenz von Frauen im politischen Leben der Bundesrepublik Deutschland.

Weiterführende Arbeitsanregung

2 Untersuchen Sie, ob und inwieweit sich die Lebensverhältnisse der Frauen in Ost und West nach der Wiedervereinigung 1989/90 angeglichen haben. Konzentrieren Sie sich dabei auf die Entwicklung der Frauenerwerbstätigkeit sowie die Einstellungen der Frauen zu Ehe, Familie und Kinderbetreuung.

Literaturtipp
Klaus Schroeder, Die veränderte Republik. Deutschland nach der Wiedervereinigung, Verlag Ernst Vögel, München 2006, S. 408ff.

3 Zwischen Abgrenzung und Entspannung: Die Geschichte der innerdeutschen Beziehungen

Hallstein-Doktrin
Die nach dem Staatssekretär im Auswärtigen Amt, Walter Hallstein, benannte außenpolitische Maxime erklärte 1955 die Aufnahme diplomatischer Beziehungen mit der DDR durch dritte Staaten als „unfreundlichen Akt“ gegenüber der Bundesrepublik, der den Abbruch diplomatischer Beziehungen nach sich ziehe. Bereits im Oktober 1957 wurde die Doktrin gegenüber Jugoslawien angewandt. Die Sowjetunion als Siegermacht des Zweiten Weltkriegs war von ihr ausgenommen, ebenfalls Polen, trotz der ungeklärten Oder-Neiße-Grenze. Im Zuge der Neuen Ostpolitik (S. 111) wurde die Hallstein-Doktrin aufgegeben.

Die 1950er-Jahre

Grundlage der Deutschlandpolitik der Regierung Adenauer war die **Westbindung der Bundesrepublik Deutschland**. Sie sollte politisch, militärisch und wirtschaftlich in die westeuropäische und atlantische Staatengemeinschaft integriert werden. Diese Politik wirkte sich auch auf das Verhältnis zwischen DDR und Bundesrepublik aus. Überzeugt von der politisch-ökonomischen Überlegenheit und demokratischen Anziehungskraft der westlichen Gesellschaft, betrieb die Bonner Regierung eine selbstbewusste Deutschlandpolitik, die sich als **„Politik der Stärke“** charakterisieren lässt. Sie beruhte auf der Erwartung, ein starker und attraktiver Weststaat könne das von der Sowjetunion gestützte System der DDR destabilisieren. Entweder werde das kommunistische Herrschafts- und Wirtschaftssystem von alleine zusammenbrechen oder die Sowjets würden unter dem Druck des Westens ihr Satellitenregime in Deutschland aufgeben. Mit dieser Politik eng verbunden war die **Ablehnung des DDR-Regimes**, weil ihm die demokratische Legitimation durch freie und geheime Wahlen fehlte. Die demokratisch organisierte Bundesrepublik Deutschland beanspruchte völkerrechtlich und politisch den **Alleinvertretungsanspruch für Gesamtdeutschland**, dessen außenpolitischer Ausdruck die **Hallstein-Doktrin*** war. Der Anspruch der Bundesregierung, alle Deutschen zu vertreten, verbot jeglichen formellen Kontakt zwischen den Regierungen in Bonn und Ostberlin. Die Regierung Adenauer lehnte es strikt ab, mit der DDR-Führung zu sprechen, die gesamtdeutsche freie Wahlen verweigerte und ihre diktatorische Herrschaft nur mit Gewalt aufrechterhalten konnte. Nur eine aus freien Wahlen hervorgegangene gesamtdeutsche Regierung, die völlige außen- und innenpolitische Handlungsfreiheit besäße, durfte nach Auffassung Adenauers und des Westens einen Friedensvertrag für das ganze Deutschland aushandeln.

Die **Deutschlandpolitik der DDR** war durch einen Grundwiderspruch geprägt: Auf der einen Seite bekannte sich die SED zur Wiedervereinigung. Die kommunistische DDR galt dabei als „deutsches Kerngebiet“ in einem „einheitlichen demokratischen Deutschland“, das in den Augen der SED-Führung kommunistisch sein sollte. In der ersten Hälfte der 1950er-Jahre forderte die DDR gesamtdeutsche Beratungen auf Regierungsebene. Das lehnte die Regierung Adenauer ab, weil solche Verhandlungen die politische Anerkennung der DDR durch die Bundesregierung bedeutet hätten. Auf der anderen Seite vertiefte das SED-Regime die deutsche Spaltung, indem es das eigene Herrschaftssystem festigte. Die **Wiedervereinigungs-Rhetorik** der SED darf nicht darüber hinwegtäuschen, dass die Staats- und Parteiführung vorrangig die **Stabilisierung und Konsolidierung der DDR** – mit oder ohne Anerkennung durch den Westen – vorantrieb. Denn seit dem Aufstand von 17. Juni 1953 wussten die Führungen der DDR und der UdSSR, dass die SED über keine Massenbasis verfügte (s. S. 81). Der Bau der Mauer 1961 zementierte die deutsche Teilung (s. S. 83 f.).

Internettipp
www.dhm.de/lemo/html/teilung/DieZuspitzungDesKaltenKrieges/StaatsmannAdenauer/alleinvertretungsanspruch.html
Informationen des Deutschen Historischen Museums zum Alleinvertretungsanspruch.

Die 1960er-Jahre

Nach dem Mauerbau verzichtete das **SED-Regime** zunehmend auf Schuldzuweisungen an den Westen. Die SED legitimierte nun die DDR als historisch gesetzmäßiges Ergebnis der deutschen Geschichte. 1967 erklärte Ulbricht die „Vereinigung“ als „nicht real“, sie werde „es erst im Sozialismus geben“. Die Ostberliner Regierung konzentrierte sich zunehmend darauf, aus ihrer diplomatischen Isolierung auszubrechen und die **völkerrechtliche Aufwertung der DDR** voranzutreiben. Zahlreiche Regelungen, die Kontakte zwischen den Bürgern beider deutschen Staaten erschwerten, sollten der Bundesregierung verdeutlichen, dass allein die völkerrechtliche Anerkennung der DDR die Folgen der deutschen Teilung mindern könnte. Im Jahre 1969 forderte die DDR offiziell die Aufnahme diplomatischer Beziehungen mit Botschafteraustausch. Zwar machte die SED im Verlauf der 1960er-Jahre einige Zugeständnisse bei Reisemöglichkeiten zwischen Ost und West, doch betrachtete sie die Teilung als endgültig und wollte die in Aussicht gestellten Erleichterungen zum Hebel ihrer Anerkennungsforderungen machen.

Die **Bundesregierung** hielt auch während der 1960er-Jahre am Alleinvertretungsanspruch fest. Allerdings überdachten Regierung, Parlament und Parteien seit dem Mauerbau 1961 ihre deutschlandpolitischen Prinzipien. Die Diskussionen kreisten um die Frage, ob der nationale Zusammenhalt der beiden deutschen Teilstaaten nicht besser durch eine Intensivierung der innerdeutschen Kontakte garantiert werden könne. Die Große Koalition (1966–1969) unter Bundeskanzler Kurt Georg Kiesinger (CDU) leitete einen vorsichtigen Wandel ein, der sich als **„Alleinvertretung ohne Bevormundung"** charakterisieren lässt. Verwirklichen wollte die Große Koalition ihre Ziele durch eine größere Freizügigkeit zwischen den beiden deutschen Staaten, die zu vermehrten Kontakten führen sollte. Gedacht war an eine verstärkte wirtschaftliche und verkehrspolitische Zusammenarbeit wie auch Vereinbarungen zum wissenschaftlichen, technischen und kulturellen Austausch. Dies erschien als Voraussetzung für spätere Verhandlungen auf Verwaltungs- und Regierungsebene.

Die 1970er-Jahre

Zu Beginn der 1970er-Jahre profitierten die deutsch-deutschen Beziehungen von der Entspannung der internationalen Beziehungen zwischen den USA und der Sowjetunion (s. S. 75 f.). Die sozial-liberale Koalition (1969–1974) Brandt/Scheel rückte von der starren Abgrenzungspolitik der vergangenen Jahrzehnte ab. Ihre **neue Ost- und Deutschlandpolitik** (s. S. 111) unterstützte und initiierte außenpolitische Entspannungsbemühungen. Einen tiefen Einschnitt in den innerdeutschen Beziehungen bewirkte der **Grundlagenvertrag von 1972*** (M 3, M 4), in dem die Bundesrepublik Deutschland die DDR als zweiten deutschen Staat akzeptierte, aber deren völkerrechtliche Anerkennung vermied: Der Vertrag markierte den Übergang vom Alleinvertretungsanspruch zum Status der Gleichberechtigung zwischen beiden deutschen Staaten. Diese Politik war verbunden mit der Hoffnung auf normale, gutnachbarliche Beziehungen zwischen der Bundesrepublik Deutschland und der DDR. Das Viermächteabkommen vom September und das Transitabkommen zwischen der Bundesrepublik und der DDR vom Dezember 1971 garantierten die von der So-

Maßnahmen der DDR-Regierung zur Erschwerung innerdeutscher Kontakte

Nov. 1964 Einführung eines zwangsweisen Devisenumtausches für Besuchsreisen in die DDR

Jan. 1967 Einstellung der Mitarbeit im alliierten Abrechnungsbüro für den innerdeutschen Post- und Fernmeldeverkehr zum Jahresende 1967

Febr. 1967 Verabschiedung eines „Gesetzes über die Staatsbürgerschaft der DDR", das die seit 1913 bestehende einheitliche deutsche Staatsbürgerschaft aufhob

Juni 1968 Einführung eines Reisepasszwanges für Ein- und Durchreise, von Ein- und Ausreisevisa und von Tagesaufenthaltsgenehmigungen für den Besuch von Ostberlin

Grundlagenvertrag und weitere Abkommen zwischen DDR und Bundesrepublik

1971 Transitabkommen (erleichtert den Personen- und Güterverkehr zwischen der Bundesrepublik und Westberlin)

1972 Verkehrsvertrag (ermöglicht unter Auflagen Reisen in das jeweils andere Land), Grundlagenvertrag zur Herstellung „gutnachbarschaftlicher Beziehungen" auf der Grundlage der Gleichberechtigung

1975–1980 Mehrere Abkommen über die Verbesserung des Transitverkehrs nach Westberlin

1978 Festlegung des genauen Grenzverlaufs (mit Ausnahme an der Elbe)

1979 Abkommen über die Erweiterung des „kleinen Grenzverkehrs"

1983 Regelung der Übernahme der Westberliner S-Bahn durch die Deutsche Reichsbahn der DDR

1986 Kulturabkommen

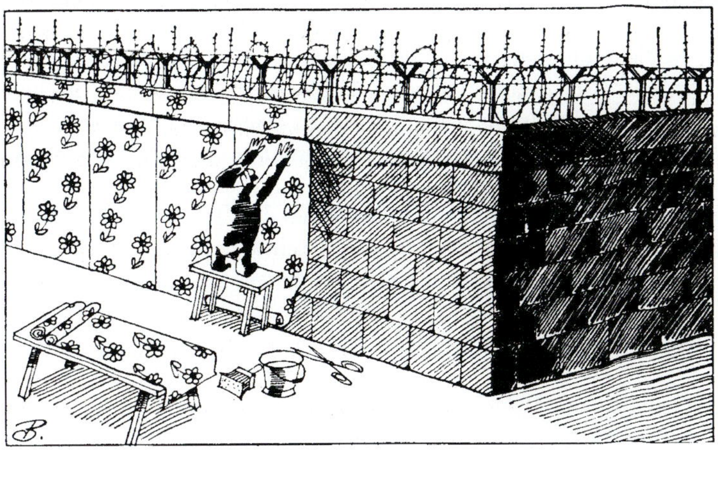

M 1 Karikatur zu den Ostverträgen mit dem Titel „Menschliche Erleichterungen" aus dem Jahre 1973

1 Interpretieren Sie die Intention des Karikaturisten (M 1) hinsichtlich seiner Haltung gegenüber den Ostverträgen.

M2 Empfang des DDR-Staats- und Parteichefs Erich Honecker durch Bundeskanzler Helmut Kohl in Bonn 1987, Fotografie

Honecker wurde in Bonn wie ein Staatsgast, mit allen militärischen und protokollarischen Ehren, empfangen: zwei Fahnen, zwei Staatssymbole, zwei Hymnen. Für die SED-Führung ging damit ein lang ersehnter Wunsch in Erfüllung – die Anerkennung durch die Bundesrepublik Deutschland.

Devisen-Zwangsumtausch
Bezeichnung für den seit 1964 verbindlichen Mindestumtausch (1:1) von Mark der DDR für einreisende Bundesbürger, Westberliner und Besucher aus dem „nicht sozialistischen Ausland".

Deutsche Frage
Der Begriff kam Anfang des 19. Jahrhunderts im Zuge der napoleonischen Kriege auf und wurde zum politischen Schlagwort für die Problematik der nationalen Einheit Deutschlands. Mit der deutschen Teilung nach der Niederlage im Zweiten Weltkrieg rückte die Deutsche Frage wieder in den Blickpunkt der Politik. Die Aufforderung des Grundgesetzes der Bundesrepublik, „in freier Selbstbestimmung die Einheit und Freiheit Deutschlands zu vollenden", konnte vor allem wegen der jahrzehntelangen Ost-West-Konfrontation erst nach der friedlichen Revolution in der DDR erfüllt werden. Mit der Zustimmung der ehemaligen Siegermächte zur Wiedervereinigung und der Vereinigung am 3. Oktober 1990 ist die deutsche Frage gelöst.

wjetunion und der DDR bisher immer bestrittenen Bindungen Westberlins an die Bundesrepublik Deutschland. Das schloss die Sicherung der Zugangswege zu dieser Stadt ein.
Auch die **DDR** passte ihre Deutschlandpolitik der internationalen Lage an und ging auf die Entspannungspolitik der Regierung Brandt/Scheel ein. Die Beziehungen zwischen der DDR und der Bundesrepublik Deutschland blieben auch nach Unterzeichnung des Grundlagenvertrages „besondere", nicht völkerrechtliche Beziehungen. Das schlug sich in der Errichtung „Ständiger Vertretungen" des jeweils anderen deutschen Teilstaates anstelle der von der DDR gewünschten Botschaften nieder. Insgesamt kam die SED-Regierung dem Ziel der Aufwertung ihres Staates näher. Gemeinsam mit der Bundesrepublik Deutschland wurde die DDR 1973 in die **UNO** aufgenommen und konnte dadurch gleichberechtigt an internationalen Konferenzen, z. B. der Konferenz über Sicherheit und Zusammenarbeit (KSZE) in Europa in Helsinki von 1973 bis 1975 (s. S. 77), teilnehmen. Bis 1988 erkannten 135 Staaten die DDR völkerrechtlich an. Damit war sie Mitglied der internationalen Staatenwelt geworden. Die Entspannungspolitik besaß jedoch für die DDR eine gefährliche Kehrseite: Die Zunahme der innerdeutschen Kontakte sowie die Unterzeichnung der Helsinki-Schlussakte stärkten die oppositionellen Kräfte. Diese forderten eine Liberalisierung der SED-Herrschaft und größere Freizügigkeit, etwa bei den Reisemöglichkeiten zwischen Ost und West. Zahlreiche DDR-Bürger verlangten außerdem die Übersiedlung in die Bundesrepublik Deutschland. Die Machthaber in Ostberlin reagierten darauf mit **Maßnahmen, die die deutsch-deutschen Beziehungen belasteten**. So erschwerten sie z. B. 1979 die Berichterstattung westlicher Korrespondenten in der DDR und erhöhten im Oktober 1980 den **Devisen-Zwangsumtausch*** für westliche Besucher. Das richtete sich gegen ein zentrales Ziel der Bundesregierung, die Erleichterung des individuellen Reise- und Besuchsverkehrs. Die Einschränkungen bewirkten auf westdeutscher Seite eine **Ernüchterung**, die während der zweiten sozial-liberalen Koalition (1974–1982) zur Stagnation der deutsch-deutschen Beziehungen führte. Nicht davon betroffen waren die Handelsbeziehungen zwischen der Bundesrepublik Deutschland und den Mitgliedsstaaten des Rats für gegenseitige Wirtschaftshilfe (RGW) (s. S. 82), die sich positiv entwickelten.

Die 1980er-Jahre

Die Deutschlandpolitik der **christlich-liberalen Koalition** unter Bundeskanzler Helmut Kohl (seit 1982) garantierte Vertragstreue, warnte aber die DDR-Regierung davor, bisher ungeklärte Fragen wieder aufzurollen, insbesondere die völkerrechtliche Anerkennung der DDR. Die **deutsche Frage*** sei, betonte Kohl, „rechtlich offen". Die Regierung Kohl/Genscher intensivierte die deutsch-deutschen Beziehungen mit einem Kulturabkommen im Mai 1986 und mit vertrauensbildenden Maßnahmen wie einer Bürgschaft für **Milliardenkredite** westlicher Banken an die DDR von 1983 und 1984. Diese finanzielle Großzügigkeit trug zur Stabilisierung der DDR-Wirtschaft bei und kam damit auch der Bevölkerung zugute. Das Geflecht zwischen beiden deutschen Staaten wurde enger. Ungeachtet der pragmatischen Weiterentwicklung der innerdeutschen Beziehungen betonte die Bundesregierung jedoch die grundlegenden Unterschiede zwischen der Bundesrepublik Deutschland und der DDR: Freiheit und Verwirklichung der Menschenrechte im Westen, Unfreiheit und fehlende Umsetzung der Menschenrechte im Osten. Die deutsche Einheit war für Kohl nur in Freiheit denkbar, wobei Deutschland fest in der europäischen Staatengemeinschaft verankert sein sollte.

1 Stellen Sie die innerdeutschen Beziehungen in einem Kurvendiagramm dar.
2 Stellen Sie die Entwicklung in den Kontext des Kalten Krieges.

M3 Stellungnahmen zum Grundlagenvertrag

a) Bundesaußenminister Walter Scheel (FDP) bei der Paraphierung (Unterzeichnung) Nov. 1972:

Der Grundvertrag ist kein Schlussstein im Verhältnis zwischen den beiden Teilen Deutschlands. Er ist das für uns wichtigste Stück einer Entspannungspolitik, die in die Zukunft weist. Der Vertrag ist nur möglich geworden, weil wir vorher unsere Politik der Entspannung gegenüber Osteuropa auf breiter Front betrieben haben und mit den Verträgen von Moskau und Warschau zu einem konkreten Ergebnis kommen konnten. Der Vertrag enthält zwei Elemente, die auch unsere Deutschlandpolitik kennzeichnen. Er ändert nichts an der rechtlichen Lage in Deutschland. Dazu gehört:

1. Beide Staaten sind Teil einer Nation mit gemeinsamer Sprache, gemeinsamer Geschichte und einem engen Geflecht von Bindungen.
2. Es gibt für Deutschland noch keinen Friedensvertrag; deshalb bestehen die Rechte und Verantwortlichkeiten der vier Mächte fort. Diese Rechtspositionen haben wir im Vertrag aufrechterhalten. – Unsere Politik bleibt, auf einen Zustand des Friedens in Europa hinzuwirken, in dem das deutsche Volk in freier Selbstbestimmung seine Einheit wiedererlangt.

Aus: Weltgeschehen IV/1972.

b) Professor Karl Carstens (CDU) zur Ablehnung des Vertrages durch die Opposition (Juni 1973):

(In dem Vertrag ist) sehr viel die Rede von den beiden Staaten, der BRD (Bundesrepublik Deutschland) und der DDR. Sie bekräftigen einander die Unverletzlichkeit ihrer Grenzen, sie erklären, dass keiner den anderen international vertreten kann. [...] Die Begriffe „Deutsche Nation", „Deutsche Einheit" suchen Sie in diesem Vertrag vergebens. Ja, da, wo offenbar dem Sinne nach von Deutschland als Ganzem die Rede ist, wenn nämlich von den Verantwortlichkeiten und Rechten der vier Mächte gesprochen wird, wird sorgfältig vermieden zu sagen, um welche Verantwortlichkeiten und Rechte es sich handelt, nur damit das Wort „Deutschland" in diesem Vertrag nicht erscheint. Darin, in der Nichterwähnung unseres politischen Zieles der deutschen Einheit in diesem Vertrag, liegt ein schweres, möglicherweise nicht wieder gutzumachendes historisches Versäumnis.

Aus: Weltgeschehen II/1973.

c) Heinz Barche, Direktor der SED-Parteischule, in der SED-Zeitung „Freie Erde" im Dezember 1970:

Wir entlarven dieses Gerede sozialdemokratischer Führer von der „Einheit der Nation" als Heuchelei. [...] Der Vertrag selbst ist die Abgrenzung von der BRD und hat nichts zu tun mit einer einfach illusionären Tendenz zur Annäherung an die BRD oder zur „Wiedervereinigung Deutschlands". Und wenn verwandtschaftliche Beziehungen beim einen oder anderen Bürger der DDR zu Bürgern der BRD bestehen, dann ist es unsere Aufgabe mitzuhelfen, dass sich diese Verwandten einreihen in die Schar der friedliebenden, progressiven, demokratischen und revolutionären Kräfte der BRD.

In der SED-Zeitung „Freie Erde"; zit. nach: Der Spiegel 1972, Nr. 52, S. 44.

1 Vergleichen Sie die Stellungnahmen zum Grundlagenvertrag (M 3 a–c). Berücksichtigen Sie dabei besonders die Frage nach der „Einheit der Nation".

2 Arbeiten Sie die Einwände der Opposition gegen den Grundlagenvertrag heraus. Ziehen Sie auch das Urteil des Bundesverfassungsgerichts hinzu (M 4) und beurteilen Sie, inwieweit die Einwände dort Berücksichtigung gefunden haben.

M4 Aus dem Urteil des Bundesverfassungsgerichts vom 31. Juli 1973 über die Rechtsgültigkeit des Grundlagenvertrags

(Die DDR) ist im Sinne des Völkerrechts ein Staat und als solcher Völkerrechtssubjekt. Diese Feststellung ist unabhängig von einer völkerrechtlichen Anerkennung der [DDR] durch die Bundesrepublik Deutschland. Eine solche Anerkennung hat die Bundesrepublik Deutschland [...] nie förmlich ausgesprochen. [...] Das Besondere dieses Vertrags ist, dass er [...] ein bilateraler Vertrag zwischen [...] zwei Staaten ist [...], die Teile eines noch immer existierenden, wenn auch handlungsunfähigen, weil noch nicht reorganisierten umfassenden Staates Gesamtdeutschland mit einem einheitlichen Staatsvolk sind. [...] Die Bundesregierung verliert durch den Vertrag nicht den Rechtstitel, überall im internationalen Verkehr, auch gegenüber der [DDR], nach wie vor die staatliche Einheit des deutschen Volkes im Wege seiner freien Selbstbestimmung fordern zu können und in ihrer Politik dieses Ziel mit friedliebenden Mitteln und in Übereinstimmung mit den allgemeinen Grundsätzen des Völkerrechts anzustreben. Für die Frage, ob die Anerkennung der Grenze zwischen den beiden Staaten als Staatsgrenze mit dem Grundgesetz vereinbar ist, ist entscheidend die Qualifizierung als staatsrechtliche Grenze zwischen zwei Staaten, deren „Besonderheit" ist, dass sie auf dem Fundament des noch existierenden Staates „Deutschland als Ganzes" existieren, dass es sich also um eine staatsrechtliche Grenze handelt ähnlich denen, die zwischen den Ländern der Bundesrepublik Deutschland verlaufen. [...] Sie ist in (dieser) Qualifizierung (und nur in dieser Qualifizierung) mit dem Grundgesetz vereinbar.

Bundesministerium für innerdeutsche Beziehungen (Hg.), DDR-Handbuch, Bd. I, 3. Aufl., Verlag Wissenschaft und Politik, Köln 1985, S. 192 ff.

1 Arbeiten Sie heraus, wie das Bundesverfassungsgericht den Grundlagenvertrag bewertet (M 4).

2 Stellen Sie dar, welchen Rechtsstatus die DDR aufgrund des Urteils hatte.

4 Konkurrenz der Systeme in Deutschland 1961–1989

4.1 Bundesrepublik Deutschland – die geglückte Demokratie

Liberalisierung

Der Bau der Mauer löste in der Bundesrepublik Deutschland einen Schock aus. Dass Bundeskanzler Adenauer Berlin erst neun Tage nach dem Mauerbau besuchte, empörte viele Menschen. Diese mangelnde Solidarität mit den Westberlinern erwies sich als schwerer politischer Fehler und leitete den raschen **Autoritätsverfall des Bundeskanzlers** ein. In der Bundestagswahl vom September 1961 verlor die CDU/CSU ihre absolute Mehrheit im Bundestag, während die Sozialdemokraten nun von Wahl zu Wahl Stimmengewinne erzielten (M 2). Das lag nicht nur an ihrem Kanzlerkandidaten, dem Westberliner Regierenden Bürgermeister Willy Brandt. Die **SPD** hatte sich darüber hinaus seit Verabschiedung des **Godesberger Programms** 1959 von ihrer marxistischen Vergangenheit losgesagt. Sie verstand sich nicht länger als Partei der Arbeiterklasse, die den Kapitalismus verdammte und dem Klassenkampf sowie der starren Planung der Wirtschaft das Wort redete. Vielmehr wandelte sich die SPD nun zu einer modernen Volkspartei und bekannte sich zu Privateigentum, Marktwirtschaft, Reformpolitik und dem demokratischen Wettstreit der Ideen. Adenauers Ansehensverlust wurde durch die **„Spiegel-Affäre"*** vom Oktober 1962 verstärkt. Landesweit wurde gegen das Vorgehen der Regierung protestiert (M 1). Prominente solidarisierten sich mit dem „Spiegel", die gesamte deutsche Medienlandschaft verwahrte sich gegen Eingriffe in die Pressefreiheit, und in zahlreichen Städten fanden große Demonstrationen statt. Diese außerordentliche öffentliche Resonanz verdeutlichte einen grundlegenden Wandel in der Bundesrepublik Deutschland: Alte obrigkeitsstaatliche Mentalitäten wichen zunehmend freiheitlich-liberalen Denk- und Verhaltensmustern. Dieser **Liberalisierungsschub** schlug sich auch in einem Wandel von Einstellungen und Vorstellungen der Bevölkerung während der 1960er-Jahre nieder, wie Meinungsumfragen zeigen. **Normen und Werte** wie Disziplin, Gehorsam und Unterordnung verloren an Bedeutung, während Ideale wie Emanzipation, Mitbestimmung und Individualismus das Leben zunehmend bestimmten.

Zeit des Übergangs

1963 endete nach 14 Jahren die Ära Adenauer, **Ludwig Erhard** (s. S. 92) übernahm das Kanzleramt. Der langjährige Wirtschaftsminister galt als Vater des „Wirtschaftswunders" und war ausgesprochen beliebt. Obwohl er 1965 wegen dieser Popularität einen glänzenden Wahlsieg für die CDU/CSU bei den Bundestagswahlen erkämpfte (M 2), verlor er in seiner Partei zunehmend an Rückhalt. Nachdem die FDP im Oktober 1966 aus der Regierungskoalition ausgetreten war, zwangen seine Parteifreunde Erhard zum Rücktritt. Er erschien den Unionsparteien nicht geeignet für den von ihnen angestrebten Aufbruch. Noch schwerer wog, dass der Bundeskanzler in Wirtschaftsfragen an Autorität verlor. Während seiner Regierungszeit zeigten sich Wachstumsschwächen. In den Bergbauregionen des Ruhrgebiets setzte ein Zechensterben ein, da die heimische Kohle nicht mehr mit dem auf dem Weltmarkt preiswerten Heizöl konkurrieren konnte. Erhard schätzte die Krise falsch ein und vertraute auf die Wirksamkeit des Marktes, anstatt konjunkturstützende Maßnahmen einzuleiten. Diese Politik erschien nicht mehr zeitgemäß und rief Verunsicherung und Ärger bei vielen Menschen hervor. Auch wenn sich die Rezession als vorübergehender Wachstumseinschnitt in einem langen Wirtschaftsaufschwung

M 1 Protest gegen die Durchsuchung der „Spiegel"-Redaktion in München, Fotografie, 1962

„Spiegel-Affäre"
Nach einem kritischen Bericht des Nachrichtenmagazins „Der Spiegel" über ein NATO-Manöver wurden auf Veranlassung des CSU-Politikers und Verteidigungsministers Franz-Josef Strauß (1915–1988) die Redaktionsräume der Wochenzeitschrift besetzt und der Herausgeber Rudolf Augstein sowie mehrere Redakteure wegen des Verdachts auf Landesverrat verhaftet. Der Koalitionspartner FDP, auf den die CDU seit den Bundestagswahlen von 1961 angewiesen war, sah darin eine Verletzung von Grundrechten und zog seine Minister aus dem Kabinett zurück. Adenauer konnte die Regierungskrise nur überwinden, indem er Strauß zum Rücktritt drängte und einen Wechsel im Kanzleramt für den Herbst 1963 ankündigte, was von der FDP akzeptiert wurde.

Literaturtipp
Manfred Görtemaker, Kleine Geschichte der Bundesrepublik Deutschland, München 2002.

M2 Bundestagswahlen 1949–1987 (Ergebnisse in Prozent der gültigen Zweitstimmen)

	1949	1953	1957	1961	1965	1969	1972	1976	1980	1983	1987
Wahlber. (Mio.)	**31,2**	**33,1**	**35,4**	**37,4**	**38,5**	**38,7**	**41,4**	**42,1**	**43,2**	**44,1**	**45,3**
Wahlbet. (%)	**78,5**	**86,0**	**87,8**	**87,7**	**86,8**	**86,7**	**91,1**	**90,7**	**88,6**	**89,1**	**84,3**
CDU/CSU	31,0	45,2	50,2	45,4	47,6	46,1	44,9	48,6	44,5	48,8	44,3
SPD	29,2	28,8	31,8	36,2	39,3	42,7	45,8	42,6	42,9	38,2	37,0
FDP	11,9	9,5	7,7	12,8	9,5	5,8	8,4	7,9	10,6	7,0	9,1
Die Grünen	–	–	–	–	–	–	–	–	1,5	5,6	8,3
DP	4,0	3,3	3,4	–	–	–	–	–	–	–	–
GB/BHE	–	5,9	4,6	2,8	–	0,1	–	–	–	–	–
Zentrum	3,1	0,8	0,3	–	–	–	–	–	–	–	–
Bayernpartei	4,2	1,7	0,5	–	–	0,2	–	–	–	–	–
DRP, NPD, Republikaner	1,8	1,1	1,0	0,8	2,0	4,3	0,6	0,3	0,2	0,2	0,6
KPD, DFU, DKP	5,7	2,2	–	1,9	1,3	–	0,3	0,3	0,2	0,2	–
Sonstige	9,1	1,5	0,5	0,1	0,3	0,8	–	0,3	0,1	–	0,2

Quelle: Statistische Jahrbücher für die Bundesrepublik Deutschland; Bundeswahlleiter Roderich Egeler, 2009.
DP = Deutsche Partei; GB/BHE = Gesamtdeutscher Block/Bund der Heimatvertriebenen und Entrechteten; DRP = Deutsche Reichspartei; DFU = Deutsche Friedensunion

von den 1950er- bis Anfang der 1970er-Jahren herausstellte, profitierte die rechtsradikale NPD von dieser Stimmung und zog vorübergehend in einige Landesparlamente ein.

Innere Reformen

Von 1966 bis 1969 wurde die Bundesrepublik Deutschland von einer **Großen Koalition** unter Bundeskanzler Kurt-Georg Kiesinger regiert, denn die CDU/CSU wollte nicht länger mit der FDP regieren. Die SPD, vor allem ihr Fraktionsvorsitzender Herbert Wehner, hatte schon seit Jahren auf eine Große Koalition hingearbeitet, um ihre Regierungsfähigkeit zu beweisen. Diese Regierung zeigte sich außerordentlich reformfreudig. Unter Wirtschaftsminister Karl Schiller (SPD) begann eine neue Phase der Wirtschaftspolitik, die dem Staat eine wichtige Funktion bei der Steuerung der Wirtschaft zusprach. Eine **antizyklische Wirtschaftspolitik***, die auf den Lehren des englischen Ökonomen John Maynard Keynes beruhte, trug maßgeblich zur Überwindung der Wirtschaftskrise bei. Statt den Markt „dem freien Spiel der Kräfte" zu überlassen, plädierte Schiller für vorausschauende Arbeitsmarktpolitik, mittelfristige Finanzplanung und staatliche Globalsteuerung. Diese Ziele, die er 1967 in dem gemeinsam mit Finanzminister Franz-Josef Strauß (CSU) durchgesetzten Stabilitätsgesetz umriss, werden als „magisches Viereck" bezeichnet: Preisstabilität, außenwirtschaftliches Gleichgewicht, gleichmäßiges Wirtschaftswachstum und hoher Beschäftigungsstand.

Außerdem reformierte die Große Koalition 1969 die Rechte und Pflichten von Bund und Ländern. Mit der Neuregelung des **Länderfinanzausgleichs**, nach dem die „reichen" den „armen" Bundesländern Geld zur Verfügung zu stellen hatten, vertrat sie einen **„kooperativen Föderalismus"**. Rechtspolitische Reformen liberalisierten das Strafrecht. Eine der wichtigsten Neuerungen bestand darin, künftig weniger den Sühnegedanken als vielmehr den Grundsatz der Resozialisierung – der Wiedereingliederung des Täters in die Gesellschaft – in den Mittelpunkt der Rechtsprechung zu stellen. Eine der umstrittensten Reformen war die Verabschie-

Antizyklische Wirtschaftspolitik
Der Staat unterstützt die Wirtschaft in Zeiten der Rezession durch Investitions- und Arbeitsbeschaffungsmaßnahmen sowie Steuersenkungen. Ziel ist die Steigerung der gesamtwirtschaftlichen Nachfrage, um so einen konjunkturellen Aufschwung in Gang zu bringen. Die notwendigen finanziellen Mittel sollen in Zeiten der Hochkonjunktur angespart werden. Maßnahmen staatlicher Globalsteuerung dienen der Verstetigung des Aufschwungs durch Beeinflussung z. B. von Volkseinkommen, Preisniveau, Außenhandel und Beschäftigung.

Notstandsgesetze
Die Notstandsgesetze wurden als Ergänzung zum Grundgesetz von der Großen Koalition mit der erforderlichen Zweidrittelmehrheit im Bundestag am 30. Mai 1968 verabschiedet. Die Notstandsverfassung kann bei Naturkatastrophen, im Verteidigungsfall oder bei inneren Unruhen in Kraft gesetzt werden. Sie erlaubt
- die Ausweitung der Gesetzgebungskompetenz des Bundes,
- die Ausweitung der Weisungskompetenz gegenüber den Ländern,
- die Möglichkeit zur Einschränkung bestimmter Grundrechte (Post-, Fernmeldegeheimnis),
- den Einsatz der Bundeswehr und des Bundesgrenzschutzes im Innern.

dung der **Notstandsgesetze*** 1968, die alliierte Souveränitätsrechte ablösen sollten. Zwar verfügte die Bundesrepublik seit Inkrafttreten des Deutschlandvertrags 1955 weitgehend über staatliche Souveränität. Die drei Westmächte behielten sich jedoch neben den Rechten über „Deutschland als Ganzes" Sonderrechte im Falle eines Notstandes wie Naturkatastrophen oder militärische Angriffe vor. Die Kritik an den Notstandsgesetzen richtete sich weniger gegen die Regelungen für den „äußeren Spannungsfall". Der Protest zielte vielmehr auf die im Gesetz vorgesehenen Maßnahmen bei „inneren Unruhen". Viele Bürger befürchteten einen schleichenden Übergang in die Diktatur, die Gewerkschaften den Einsatz von Polizei und Bundeswehr bei Streiks. Erst nachdem in Artikel 9 des Grundgesetzes die Geltung von Notstandsregelungen für Arbeitskämpfe ausgeschlossen und in Artikel 20 ein Widerstandsrecht der Bürger gegen eine missbräuchliche Anwendung der Notstandsgesetze eingeführt worden war, erhielten die Notstandsgesetze im Deutschen Bundestag die erforderliche Zweidrittelmehrheit. Nur die Große Koalition konnte diese Grundgesetzänderungen durchsetzen. Die bisherigen CDU/CSU-FDP-Koalitionen besaßen die notwendige Mehrheit nicht.

Außerparlamentarische Opposition

Mit der Bildung der Großen Koalition übernahmen die 49 FDP-Abgeordneten die Aufgabe der parlamentarischen Opposition. Viele Bürger fragten sich, ob diese Minderheit eine echte Oppositionsarbeit leisten könne. Dieses Unbehagen sowie die Verabschiedung der Notstandsgesetze trugen mit zur Entstehung einer **außerparlamentarischen Opposition (APO)** bzw. der Studentenrebellion bei, die 1968 ihren Höhepunkt erlebte. Die **„1968er-Bewegung"** war eine weltweite Protestbewegung, besaß aber auch spezifisch deutsche Wurzeln: Sie richtete sich nicht nur gegen die Notstandsgesetze, sondern auch gegen Missstände an den Universitäten und gegen die unzureichende Auseinandersetzung der Elterngeneration mit der nationalsozialistischen Vergangenheit. Darüber hinaus protestierten die Studenten gegen den immer brutaler werdenden Vietnamkrieg (s. S. 70 f.) und die Ausbeutung der Dritten Welt. Eine einheitliche Protestbewegung war die 68er-Bewegung nicht. Die „Kinder von Marx und Coca Cola", wie sie der französische Filmregisseur Jean-Luc Godard einmal nannte, vertraten unterschiedliche Ideen, die sich aus Marxismus, Kapitalismuskritik, Klassenkampf und Imperialismustheorie speisten. „In den Unruhen", so lautet die Bilanz des Historikers Edgar Wolfrum, „bestand die bundesdeutsche Demokratie ihre Feuertaufe, und es gab einen Schub hin zu einer langfristigen Verwestlichung. Aber man kann 1968 schwer auf einen einzigen Nenner bringen: Es war vieles zugleich: Protestbewegung, Generationenkonflikt, Kulturrevolution, Renaissance marxistischen Denkens, Auseinandersetzung mit dem Nationalsozialismus, Durchbruch einer liberaleren Sexualmoral, Verharmlosung und Legitimierung von Gewalt bis hin zum Terrorismus."

M3 Anti-Vietnam-Demonstration in Stuttgart, Fotografie, 1969

Als die Scheiben des Amerika-Hauses eingeworfen wurden, kam es zu Auseinandersetzungen zwischen Demonstranten und der Polizei. Polizisten führen einen Studenten ab, der verdächtigt wird, Steine geworfen zu haben.

Entspannung und internationale Aussöhnung

Die 1970er-Jahre waren geprägt durch **internationale Entspannung** (s. S. 75 f.), die sich auch auf die innerdeutschen Beziehungen auswirkte (s. S. 104 ff.) und eine **neue Ostpolitik** ermöglichte. Sie legte das Fundament für die Verständigung mit dem Osten und ergänzte **Adenauers Politik der Westintegration**. Die nach Westen orientierte Politik des ersten Bundeskanzlers zielte sowohl auf eine enge politische, militärische und wirtschaftliche Ausrichtung an die westliche Führungsmacht USA als auch auf die Integration der Bundesrepublik Deutschland in die europäische Staatengemeinschaft (s. S. 172 ff.). Ein Schwerpunkt bestand dabei in der Aussöhnung mit dem angeblichen „Erbfeind" Frankreich, der seit den 1950er-Jahren zu einer Politik der Kooperation mit der Bundesrepublik im Rahmen der nun beginnenden europäischen Einigung übergegangen war. Die Annäherung beider Staaten gipfelte 1962 in gegenseitigen Staatsbesuchen der Regierungschefs und im Vertrag über die deutsch-französische Zusammenarbeit, dem **Élysée-Vertrag von 1963**. Das Abkommen sah regelmäßige deutsch-französische Konsultationen und Absprachen vor und legte als besonders wichtige Bereiche die europäische Zusammenarbeit, die Ost-West-Beziehungen, die NATO, den Jugendaustausch und die Kulturbeziehungen fest.

Neue Ostpolitik und Ostverträge

Die **Ostpolitik der sozial-liberalen Koalition** (SPD/FDP) unter Bundeskanzler **Willy Brandt*** (SPD), die Deutschland von 1969 bis 1974 regierte, verfolgte zwei grundlegende Ziele: Die durch den Zweiten Weltkrieg in Europa geschaffenen Realitäten sollten anerkannt und die politischen, wirtschaftlichen und kulturellen Beziehungen zwischen Ost und West vertieft werden, um die zunehmende Entfremdung zwischen den Menschen aufzuhalten. Ein „geregeltes Nebeneinander" zwischen den Machtblöcken bot auch die Chance, Spannungen zwischen den Militärallianzen zu vermindern und ein Klima des Vertrauens für Verhandlungen und gesellschaftliche Veränderungen im Ostblock zu schaffen. Zwischen 1969 und 1979 vereinbarten die sozialliberalen Regierungen – seit 1974 unter dem sozialdemokratischen Bundeskanzler **Helmut Schmidt*** (s. S. 112) – mit allen Ostblockstaaten die Aufnahme diplomatischer Beziehungen und regelten in mehreren Verträgen die Deutschland- und Ostpolitik neu. Grundlage aller Verträge war der Verzicht auf Gewalt zur Durchsetzung von Grenzveränderungen. Im **Moskauer Vertrag** vom August 1970 erkannte die Bundesrepublik Deutschland gegenüber der Sowjetunion die bestehenden Grenzen in Europa einschließlich der Oder-Neiße-Grenze und der Demarkationslinie zwischen beiden deutschen Staaten faktisch an. Die UdSSR verzichtete ihrerseits auf das ihr als Siegermacht zustehende Interventionsrecht in der Bundesrepublik Deutschland.
Die im Moskauer Vertrag enthaltene Erklärung, dass die Bundesrepublik Deutschland keinerlei Gebietsansprüche habe und die Grenze zwischen Polen und Deutschland „unverletzlich" sei, bildete auch den Kern des **Warschauer Vertrages** (M 10). Vielleicht noch wichtiger als der Vertrag selbst, der im Dezember 1970 zwischen Westdeutschland und Polen abgeschlossen wurde, war eine weltweit beachtete spontane Geste Willy Brandts: Er kniete vor dem Denkmal nieder, das an den Warschauer Getto-Aufstand von 1943 erinnerte (M 11). Brandts Kniefall verhalf der neuen Ostpolitik zum Durchbruch. Zwar gab es in der Bundesrepublik heftige Diskussionen über die Ratifizierung der Verträge von Moskau und Warschau. Doch immer mehr Menschen im Westen sahen ein, dass sie die Folgen des Zweiten Weltkrieges akzeptieren mussten. Dieser Krieg war von Deutschland begonnen und mit beispielloser Brutalität im Osten geführt worden. Das Umdenken erleichterte die Versöhnung mit den östlichen Nachbarn. Verträge und Konferenzen bildeten dabei die Grundlage für die Begegnung der Bürger, die allmählich ihre gegenseitigen Feindbilder und Vorurteile abbauten. Die neue Ostpolitik festigte so den bereits in der Adenauerzeit begründeten Ruf der Bundesrepublik Deutschland als Friedensmacht.

„Modell Deutschland"

Als im März 1969 der Kandidat der SPD, **Gustav Heinemann**, mit den Stimmen der FDP zum Bundespräsidenten gewählt wurde, interpretierte er seine Wahl als **„ein Stück Machtwechsel"**, der nach den Bundestagswahlen im Herbst 1969 weitergeführt werden sollte. Tatsächlich reichte die dünne Mehrheit im neu gewählten Parlament für einen Regierungswechsel: 251 von 495 Abgeordneten wählten im Oktober 1969 Willy Brandt zum Bundeskanzler; Vizekanzler und Außenminister wurde der FDP-Politiker Walter Scheel. Brandt wollte nicht nur einen friedens- bzw. außen-

M 4 SPD-Wahlplakat zur Bundestagswahl 1972

Willy Brandt (1913–1992)
Seit 1930 SPD-Mitglied
1933 Emigration nach Norwegen
1938 Ausbürgerung durch den NS-Staat
1940–1945 Exil in Schweden
1945 Rückkehr nach Deutschland
1947 Wiedereinbürgerung
1949–1957 und 1969–1983 Mitglied des Deutschen Bundestages
1955–1957 Präsident des West-Berliner Abgeordnetenhauses
1957–1966 Regierender Bürgermeister von West-Berlin
1964–1987 Vorsitzender der SPD
1966–1969 Außenminister und Vizekanzler in der Großen Koalition
1969–1974 Bundeskanzler der sozial-liberalen Koalition
1971 Friedensnobelpreis

M5 Helmut Schmidt (geb. 1918), Fotografie, 1979

seit 1946 Mitglied der SPD
1953–1962 und 1965–1987 Abgeordneter des Deutschen Bundestages
1961–1965 Innensenator von Hamburg
1968–1984 Stellvertretender Parteivorsitzender der SPD
1969–1972 Verteidigungsminister
1972 Wirtschafts- und Finanzminister
1972–1974 Finanzminister
1974–1982 Bundeskanzler
seit 1983 Mitherausgeber der Wochenzeitung „Die Zeit"

M6 Helmut Kohl (geb. 1930), Fotografie, 1986

seit 1947 Mitglied der CDU
1966–1973 CDU-Vorsitzender in Rheinland-Pfalz
1969–1976 Ministerpräsident von Rheinland-Pfalz
1969–1973 Stellvertretender Bundesvorsitzender der CDU
1973–1998 CDU-Vorsitzender
1976–1982 Vorsitzender der CDU/CSU-Bundestagsfraktion
1982–1998 Bundeskanzler

politischen Aufbruch in der Bundesrepublik Deutschland durchsetzen, sondern auch einen gesellschaftspolitischen Neuanfang einleiten. In seiner Regierungserklärung rief er 1969 zu **„mehr Demokratie wagen"** (M 12) auf. Tatsächlich nahmen das Interesse der Bürger an Politik und das politische Engagement zu. Die „Basis" der Parteien und Gewerkschaften wurde aktiver und verlangte Mitsprache. Viele Bürger organisierten sich in Bürgerinitiativen, um ihre Interessen direkt zu vertreten. Außerdem setzte die sozial-liberale Koalition zwischen 1969 und 1973/74 zahlreiche **sozialpolitische Reformen** durch, die den Wohlfahrtsstaat großzügig ausbauten: Die Regierung führte eine Mindestrente ein und erhöhte das Rentenniveau, schuf das Bafög (Studienförderung für Schüler und Studenten) und gewährte einkommensunabhängig Kindergeld, weitete die Krankenversicherung aus und erhöhte das Wohngeld, verbesserte den Arbeitsschutz und die Arbeitssicherheit. Friedenspolitik, Demokratisierung sowie der Ausbau des Sozialstaats bei gleichzeitiger Vollbeschäftigung verbanden sich in dem Begriff vom „Modell Deutschland". Viele Bürger, ob sie nun den Sozialdemokraten nahestanden oder nicht – fühlten sich von dem SPD-Slogan im Wahlkampf 1972 angesprochen: „Deutsche, wir können stolz sein auf unser Land" (M 4). Doch die Reformen kosteten Geld. Innerhalb von nur fünf Jahren stieg das Sozialbudget des Staates um mehr als ein Drittel. Gleichzeitig verengten in den 1970er-Jahren Wirtschaftskrisen die haushaltspolitischen Spielräume, sodass immer weniger Geld für die steigenden Sozialausgaben zur Verfügung stand.

Weltwirtschaftskrisen und Krisenmanagement

In den Jahren 1973/74 endete der Wirtschaftsaufschwung, der in den 1950er-Jahren begonnen hatte. Ausgelöst wurde der Konjunktureinbruch, der mit steigenden Arbeitslosenzahlen einherging, durch den **Ölpreisschock von 1973**, der die gesamte Weltwirtschaft traf. Ursache der Ölkrise war der Nahost-Konflikt (s. S. 164 ff.). Während des sogenannten Jom-Kippur-Krieges zwischen Israel und einigen arabischen Staaten im Oktober 1973 und noch einmal Ende der 1970er-Jahre versuchten mehrere Mitgliedsländer der Organisation Erdöl exportierender Staaten (OPEC), Öl als politische Waffe gegen westliche, pro-israelische Staaten einzusetzen: Sie drosselten die Fördermenge und trieben so den Ölpreis nach oben. Die Bundesrepublik musste erhebliche Summen für Ölimporte ausgeben. Dieses Geld fehlte dem Staat zur Finanzierung der Reformen und des Sozialstaates. Auch die Bürger litten unter den erhöhten Ausgaben für Heizöl und Benzin. Die Bundesregierung reagierte auf die verschlechterte wirtschaftliche Lage mit Maßnahmen zur Energieeinsparung. Hierzu gehörten auch Fahrverbote an vier Sonntagen. Dem Krisenmanagement des seit 1974 amtierenden Bundeskanzlers **Helmut Schmidt** gelang es, die Bundesrepublik Deutschland relativ unbeschadet durch die Weltwirtschaftskrisen zu manövrieren. Bis 1977 konnte die SPD/FDP-Koalition den Bundeshaushalt konsolidieren, indem sie die Beiträge zur Arbeitslosenversicherung erhöhte und Sozialleistungen kürzte. Dennoch stiegen die Staatsschulden.
Auch die seit 1982 regierende **christlich-liberale Koalition** aus CDU/CSU und FDP unter Bundeskanzler **Helmut Kohl*** (CDU) stand vor der Aufgabe, die deutsche Volkswirtschaft an die neuen weltwirtschaftlichen Anforderungen im Zeitalter der Globalisierung anzupassen und die öffentlichen Haushalte weiter zu konsolidieren (M 8, M 9). Zwar erholte sich die Wirtschaft in den 1980er-Jahren wieder und die Wachstumsraten stiegen. Davon profitierten in erster Linie die klassischen deutschen Industriezweige Auto, Chemie und Maschinenbau, während sich der Niedergang von Branchen wie Kohle, Stahl und Werften fortsetzte oder beschleunigte. Neu an der wirtschaftlichen Situation war, dass der Konjunkturaufschwung kaum Arbeitsplätze schuf. Die anhaltende Massenarbeitslosigkeit blieb das zentrale Problem der Wirtschaftspolitik.

Terrorismus

Überschattet wurden die 1970er- und 1980er-Jahre in der Bundesrepublik Deutschland durch den Terrorismus der **„Rote-Armee-Fraktion" (RAF)**, die mit Bombenanschlägen und Attentaten auf führende Personen des öffentlichen Lebens, wie z. B. 1977 auf den Arbeitgeberpräsidenten Hanns-Martin Schleyer, die Bundesrepublik Deutschland erschütterte. Insgesamt tötete die RAF bis 1993 34 Menschen und verletzte über 200 zum Teil schwer. Obwohl die Terroristen keinen Rückhalt in der Bevölkerung besaßen, brachten die staatlichen Reaktionen wie polizeiliche Aufrüstung, verschärfte Haftbedingungen und eingeschränkte Verteidigerrechte der Bundesregierung den Vorwurf ein, die Bundesrepublik sei auf dem Weg in den Polizeistaat. Insgesamt hat der Rechtsstaat der Herausforderung durch den Terrorismus jedoch standgehalten.

Internettipp
www.bpb.de/themen/TSS56U,0,Die_Geschichte_der_RAF.html
Ein Dossier der Bundeszentrale für politische Bildung zur Geschichte der RAF. Außerdem auf den Seiten der BPB: ein Dossier zur 68er-Bewegung.

Neue soziale und politische Bewegungen

Die Ölkrise 1973/74 leitete nicht nur eine Reihe von Weltwirtschaftskrisen ein, sondern bewirkte auch einen Mentalitätswandel, der sich in folgenden Fragen verdichten lässt: Wie zukunftsfähig ist die konsumorientierte Industriegesellschaft, die Berge von Müll produziert und eine zerstörte Natur hervorbringt? Sind die Rohstoffvorkommen auf der Welt unerschöpflich oder gibt es Grenzen des Wachstums? In den 1970er-Jahren begann eine bis heute anhaltende intensive Diskussion über umweltzerstörende Produktionstechniken oder die Auswirkungen des Autoverkehrs. Das Verhältnis von Ökonomie und Ökologie entwickelte sich zu einem zentralen gesellschaftlichen Problem. Das wachsende Bewusstsein für ökologische Themen führte bereits in den beginnenden 1970er-Jahren zur Entstehung **„neuer sozialer"** oder **„alternativer" Bewegungen**, die sich für die Erhaltung der natürlichen Umwelt einsetzten, gegen Atomkraftwerke protestierten oder sich in der Friedensbewegung engagierten. Diese mobilisierte in den 1970er- und 1980er-Jahren breite Bevölkerungsschichten, als sie gegen die von der Regierung Schmidt durchgesetzte und von der Regierung Kohl konsequent verfolgte Nachrüstungspolitik protestierte. Der Widerstand richtete sich gegen den sogenannten **NATO-Doppelbeschluss** von 1979: Weil der Warschauer Pakt die Westeuropa bedrohenden Mittelstreckenraketen vermehrt und modernisiert hatte, beschloss die NATO zur Abschreckung die Aufstellung von 572 nuklearen US-Gefechtsköpfen in Westeuropa; gleichzeitig betonte sie ihre Verhandlungsbereitschaft über die Begrenzung der Raketenrüstung. In der Tradition der Studentenbewegung waren Straßendemonstrationen, symbolische Besetzungen und Mahnwachen Ausdrucksmittel der neuen Protestbewegung. Einige Mitglieder dieser außerparlamentarischen Bewegungen wollten die Politik wirksamer als bisher mitgestalten und gründeten im Frühjahr 1979 die **„Grüne Partei"**, die bei Wahlen in Bremen und Baden-Württemberg auf Anhieb den Sprung in die Länderparlamente schaffte. Ursache für den Erfolg der Grünen (seit 1993 „Bündnis 90/Die Grünen") war deren entschiedenes Eintreten für Umweltfragen und die Enttäuschung besonders jüngerer Wählerinnen und Wähler über den in ihren Augen mangelnden Reformwillen der SPD.

M7 „Die Grenzen des Wachstums", deutsche Ausgabe des Berichts des Club of Rome zur Lage der Menschheit, 1973

Der 1968 gegründete Club of Rome ist eine internationale Vereinigung von renommierten Vertretern aus Wissenschaft, Kultur, Wirtschaft und Politik, die sich für eine lebenswerte und nachhaltige Zukunft der Menschheit einsetzen. In seinem ersten, 1973 erschienenen Bericht veröffentlichten die Autoren präzise Prognosen über die Langzeitentwicklung der weltweit verflochtenen Probleme Industrialisierung, Bevölkerungszunahme, Unterernährung, Rohstoffverknappung und Umweltzerstörung. Der millionenfach verkaufte Bericht förderte die Entstehung eines ökologischen Bewusstseins.

Die geglückte Demokratie

Als im Jahre 1989 die Mauer fiel und die friedliche Revolution in der DDR die Wiedervereinigung Deutschlands ermöglichte, hatte sich die Bundesrepublik zu einer erfolgreichen und weltweit geachteten Demokratie entwickelt. Aus dem ursprünglichen Provisorium des Weststaates war eine reformfähige Wohlstandsgesellschaft und Marktwirtschaft geworden. Auch in schwierigen Zeiten blieben existenzgefährdende Systemkrisen aus, bekannten sich die Bundesbürger zu einem demokratischen und zivilisierten Staat, zu Friedfertigkeit und Internationalismus sowie zu sozialer Marktwirtschaft und Rechtsstaatlichkeit. „Das Aufregende an der Geschichte der

Bundesrepublik ist", schreibt der Historiker Edgar Wolfrum 2006 in seinem Buch „Die geglückte Demokratie", „dass die Katastrophe ausblieb und dass dieser Staat zu einer der stabilsten und angesehensten westlichen Demokratien geworden ist. Der Weg dorthin war – nach Nationalsozialismus, Zivilisationsbruch und Zäsur von 1945 – alles andere als selbstverständlich."

1 Erstellen Sie eine Zeitleiste zur politischen Geschichte der Bundesrepublik Deutschland in den 1960er-Jahren.
2 Charakterisieren Sie die Politik der Bundesregierungen zwischen 1961 und 1989.
3 Erläutern Sie die globalen Herausforderungen, mit denen die Bundesrepublik Deutschland in den 1970er- und 1980er-Jahren konfrontiert war. Zeigen Sie auf, wie Staat und Gesellschaft mit diesen Herausforderungen umgegangen sind.

M8 Gesamtwirtschaftliche Entwicklung der Bundesrepublik 1969–1990

Jahr	Inflation[1] (Veränderung in %)	Arbeitslosenquote[2] (in %)	Arbeitslose (in Tsd.)	Erwerbspersonen[3] (in Tsd.)	Wachstumsrate (in % BSP)[4]	Nettoinvestitionen (in % NSP)[5]
1969	2,1	0,8	179	26 535	7,4	19,5
1970	3,3	0,7	149	26 817	5,4	18,2
1971	5,4	0,8	185	26 957	3,1	17,2
1972	5,5	1,1	246	27 121	4,3	16,5
1973	7,0	1,2	273	27 433	4,7	12,4
1974	7,0	2,5	582	27 411	0,0	9,4
1975	5,9	4,6	1074	27 184	–1,1	11,6
1976	4,3	4,5	1060	27 034	5,5	10,9
1977	3,7	4,3	1030	27 038	2,6	11,2
1978	2,7	4,1	993	27 212	3,4	13,5
1979	4,1	3,6	876	27 528	4,1	13,0
1980	5,5	3,6	889	27 948	0,9	9,6
1981	6,3	5,1	1272	28 305	0,0	7,5
1982	5,2	7,2	1833	28 558	–1,1	8,5
1983	3,3	8,8	2258	28 605	2,1	8,4
1984	2,4	8,8	2266	28 659	3,1	7,6
1985	2,0	8,9	2304	28 897	1,9	7,8
1986	– 0,1	8,5	2228	29 188	2,3	7,6
1987	0,2	8,5	2229	29 386	1,5	8,5
1988	1,3	8,4	2242	29 608	3,7	9,4
1989	2,8	7,6	2038	29 799	4,2	10,1
1990	2,7	6,9	1883	30 369	5,5	10,3

Dieter Grosser u. a. (Hg.), Deutsche Geschichte in Quellen und Darstellung, Bd. 11, Reclam, Stuttgart 1996, S. 84 f. und 137.

1 Preissteigerungen der Gesamtlebenshaltung aller privaten Haushalte
2 Anteil der Erwerbslosen an der Zahl der abhängigen Erwerbspersonen (beschäftigte Arbeitnehmer plus Arbeitslose)
3 Beschäftigte Arbeitnehmer plus Arbeitslose
4 Prozentuale Veränderungen des Bruttosozialprodukts (BSP)
5 Prozentualer Anteil der Nettoinvestitionen (Anlageveränderungen und Vorratsveränderung jeweils abzüglich Abschreibungen) am Nettosozialprodukt (NSP)

1 Untersuchen Sie die einzelnen Wirtschaftsdaten (M 8): Wo beobachten Sie deutliche Zu- und Abnahmen, wo Zäsuren? Begründen Sie diese Veränderungen aus der politischen und wirtschaftlichen Situation.
2 Beschreiben Sie mithilfe Ihrer Untersuchungsergebnisse und des Darstellungstextes die wirtschaftliche Entwicklung der Bundesrepublik. Erstellen Sie dazu eine Übersicht (Tabelle) mit den einzelnen Phasen der Entwicklung.

M9 Ausgaben und Einnahmen des öffentlichen Haushalts in der Bundesrepublik 1969–1989 (in Mrd. DM; in laufenden Preisen)

Jahr	Ausgaben	Einnahmen	Finanzierungssaldo	Kredite (netto)
1969	174,55	176,93	+2,46	2,46
1970	196,32	188,29	−8,09	6,49
1971	226,48	211,18	−15,61	13,93
1972	252,12	239,22	−13,09	15,38
1973	280,49	271,48	−8,82	11,40
1974	318,26	290,88	−27,26	22,46
1975	360,51	296,65	−63,84	53,63
1976	376,76	328,70	−48,03	46,75
1977	395,17	364,00	−31,18	31,69
1978	433,40	393,74	−39,62	40,65
1979	469,85	423,50	−46,57	43,44
1980	509,24	452,15	−57,07	53,76
1981	541,77	466,09	−75,65	69,56
1982	561,61	491,64	−69,64	68,20
1983	570,08	514,77	−55,29	56,16
1984	583,58	537,06	−46,50	49,78
1985	604,40	565,07	−39,30	40,49
1986	628,60	586,27	−42,30	41,60
1987	651,33	600,24	−51,07	48,69
1988	671,47	619,66	−51,78	55,61
1989	701,48	674,38	−27,07	33,61

Dieter Grosser u. a. (Hg.), Deutsche Geschichte in Quellen und Darstellung, Bd. 11, Reclam, Stuttgart 1996, S. 84f. und 137.

1 Vergleichen Sie die Entwicklung von Ausgaben und Einnahmen des Bundeshaushaltes 1969–1989 (M 9).

M10 Aus der Rede Willy Brandts zum Warschauer Vertrag vom 7. Dezember 1970

Die Zeit ist gekommen für einen Schlussstrich und für einen Neubeginn [...]. Das polnische Volk hat Unsagbares erleiden müssen. Der Krieg und seine Folgen haben beiden Völkern, auch uns Deutschen, unendlich viele Opfer abverlangt. Jetzt geht es um die friedliche Zukunft zwischen den beiden Ländern und Völkern. Wer seine Angehörigen verloren hat, wem seine Heimat genommen wurde, der wird nur schwer vergessen können, und wir müssen Verständnis und Achtung aufbringen für eine Last, die für uns alle mitgetragen wird. Trotzdem muss ich gerade in dieser Stunde die heimatvertriebenen Landsleute bitten, nicht in Bitterkeit zu verharren, sondern den Blick in die Zukunft zu richten [...]. Dem polnischen Volk gibt der Vertrag die Gewissheit, dass es in gesicherten Grenzen leben kann. Und dass, was an uns liegt, in Europa überhaupt das Prinzip des Gewaltverzichts gelten soll. Die Geschichte allein kann erweisen, ob dies, wie wir hoffen, der Beginn der eigentlichen Aussöhnung sein wird. So wie wir sie im Westen, gegenüber unseren französischen Nachbarn, glücklicherweise erreicht haben. Der Vertrag bedeutet selbstverständlich nicht, dass Unrecht nachträglich legitimiert wird. Er bedeutet also auch keine Rechtfertigung der Vertreibung. Worum es geht, ist der ernste Versuch, ein Vierteljahrhundert nach dem Krieg der Kette des Unrechts politisch ein Ende zu setzen [...]. Unserem Volk wird nicht heute aus heiterem Himmel ein Opfer abverlangt. Dies hat längst gebracht werden müssen als Ergebnis der Verbrechen Hitlers.

Zit. nach: Bulletin des Presse- und Informationsamtes der Bundesregierung, N. 161, Bonn 1970, S. 1693f.

1 Benennen Sie die von Brandt angesprochenen Ereignisse und Entwicklungen und bestimmen Sie ihre Bedeutung für das deutsch-polnische Verhältnis (M 10).

2 Erläutern Sie mithilfe von M 10 und M 11 die Bedeutung des Kniefalls von Brandt (für Deutschland, Polen bzw. die östlichen Nachbarn).

3 Diskutieren Sie die These Brandts, der Kette des Unrechts solle politisch ein Ende gesetzt werden (Z. 23f.).

M11 Bundeskanzler Willy Brandt am Mahnmal für die Opfer des Warschauer Getto-Aufstandes, Fotografie, 7. Dezember 1970

M 12 „Mehr Demokratie wagen" – Aus der Regierungserklärung Willy Brandts (SPD) am 28. Okt. 1969

Unsere parlamentarische Demokratie hat 20 Jahre nach ihrer Gründung ihre Fähigkeit zum Wandel bewiesen und damit ihre Probe bestanden. Dies ist auch außerhalb unserer Grenzen vermerkt worden und hat unserem Staat zu neuem Vertrauen in der Welt verholfen. Die strikte Beachtung der Formen parlamentarischer Demokratie ist selbstverständlich für politische Gemeinschaften, die seit gut 100 Jahren für die deutsche Demokratie gekämpft, sie unter schweren Opfern verteidigt und unter großen Mühen wieder aufgebaut haben. Im sachlichen Gegeneinander und im nationalen Miteinander von Regierung und Opposition ist es unsere gemeinsame Verantwortung und Aufgabe, dieser Bundesrepublik eine gute Zukunft zu sichern. [...] Unser Volk braucht, wie jedes andere, seine innere Ordnung. In den Siebzigerjahren werden wir aber in diesem Lande nur so viel Ordnung haben, wie wir an Mitverantwortung ermutigen. Solche demokratische Ordnung braucht außerordentliche Geduld im Zuhören und außerordentliche Anstrengung, sich gegenseitig zu verstehen. Wir wollen mehr Demokratie wagen. Wir werden unsere Arbeitsweise öffnen und dem kritischen Bedürfnis nach Information Genüge tun. Wir werden darauf hinwirken, dass durch Anhörungen im Bundestag, durch ständige Fühlungnahme mit den repräsentativen Gruppen unseres Volkes und durch eine umfassende Unterrichtung über die Regierungspolitik jeder Bürger die Möglichkeit erhält, an der Reform von Staat und Gesellschaft mitzuwirken. Wir wenden uns an die im Frieden nachgewachsenen Generationen, die nicht mit den Hypotheken der Älteren belastet sind und belastet werden dürfen; jene jungen Menschen, die uns beim Wort nehmen wollen – und sollen. Diese jungen Menschen müssen aber verstehen, dass auch sie gegenüber Staat und Gesellschaft Verpflichtungen haben. Wir werden [...] ein Gesetz unterbreiten, wodurch das aktive Wahlalter von 21 auf 18, das passive von 25 auf 21 Jahre herabgesetzt wird. Wir werden auch die Volljährigkeitsgrenze überprüfen. Mitbestimmung, Mitverantwortung in den verschiedenen Bereichen unserer Gesellschaft werden eine bewegende Kraft in den kommenden Jahren sein. Wir können nicht die perfekte Demokratie schaffen. Wir wollen eine Gesellschaft, die mehr Freiheit bietet und mehr Mitverantwortung fordert. Diese Regierung sucht das Gespräch [...] mit allen, die Verantwortung tragen, sei es in den Kirchen, der Kunst, der Wissenschaft und der Wirtschaft oder in anderen Bereichen der Gesellschaft.

Bundeskanzler Brandt, Reden und Interviews, Hoffmann und Campe, Hamburg 1971, S. 11 f.

1 Fassen Sie die Kernaussagen der Rede (M 12) in Thesen zusammen.
2 Charakterisieren Sie das Demokratieverständnis Brandts.
3 Ordnen Sie die Rede in die Geschichte der 1960er- und 1970er-Jahre ein.
4 Diskutieren Sie, ob bzw. inwiefern die Rede heute noch aktuell ist.

M 13 Bekämpfung des Terrorismus (1977)

a) Fahndungsplakat des Bundeskriminalamtes, 1972.
Noch in den 1980er-Jahren waren solche Plakate in der westdeutschen Öffentlichkeit vielerorts präsent und riefen zur Mitwirkung der Bevölkerung auf: „Für Hinweise, die zur Ergreifung der Gesuchten führen, sind insgesamt 100 000 DM Belohnung ausgesetzt, die nicht für Beamte bestimmt sind, zu deren Berufspflichten die Verfolgung strafbarer Handlungen gehört."

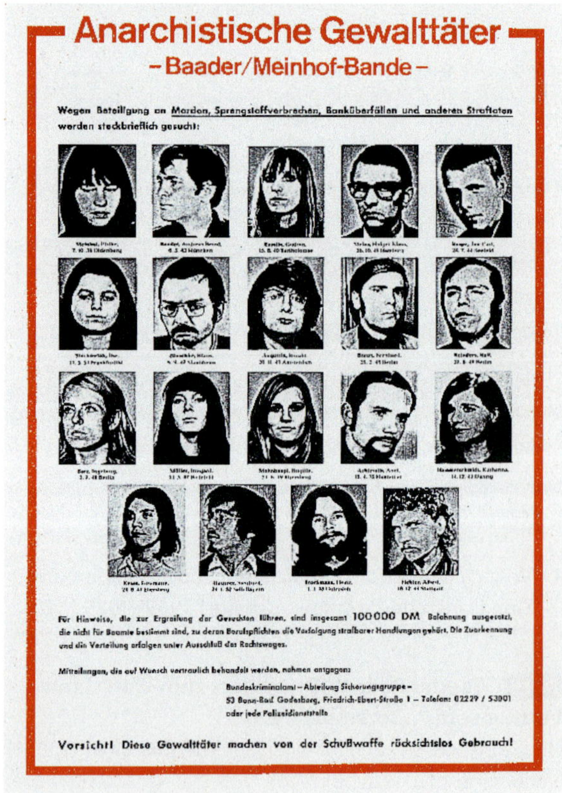

b) Aus der Regierungserklärung Helmut Schmidts:
Jedermann hat Anspruch auf ein ordnungsgemäßes Gesetzesverfahren. Ein Sonderprozessrecht für Terroristen darf es nicht geben. [...] Wer einer falschen und verhängnisvollen Solidarisierung mit Desperados von großer krimineller Energie entgegenwirken will und wer die Täter von der Gemeinschaft total isolieren will, darf dabei nicht riskieren, dass die Freiheit der Person zu einem Ausstellungsstück wird, das nicht mehr berührt, sondern nur noch in der Vitrine besichtigt werden kann. Wir haben in Wahrheit zwei Aufgaben zu

leisten: zum Ersten den Terrorismus ohne Wenn und ohne Aber und ohne jede sentimentale Verklärung der Tätermotive zu verfolgen, bis er aufgehört haben wird, ein Problem zu sein. Aber die andere Aufgabe muss es sein, die Meinungsfreiheit kämpferisch und entschlossen zu verteidigen und über jeden Zweifel klarzumachen, dass Kritik an den vielerlei Obrigkeiten nicht nur statthaft ist, sondern dass sie für jeden demokratischen Staat prinzipiell erwünscht ist.

c) Aus der Antwort Helmut Kohls, des Vorsitzenden der CDU/CSU-Bundestagsfraktion:

Leider müssen wir feststellen, dass bestimmte Kreise innerhalb der Sozialdemokratie immer noch ein gestörtes Verhältnis zur Ausübung rechtsstaatlicher Macht haben, die notwendig ist, um diesem Staat seine Zukunft zu garantieren. Staatliche Macht erscheint diesen Kreisen als etwas Anstößiges. Sie unterliegen immer noch dem Vorurteil, dass nur der Staat Freiheit und Sicherheit gefährden könne. Hier herrscht doch noch die Utopie von der herrschaftsfreien Gesellschaftsordnung, in der sich alle Bürger friedlich der Einsicht in das Notwendige beugen. Ideologisches Vorbild ist eine marxistische Doktrin vom Absterben des Staates. Der Staat erscheint solchen Leuten immer noch als ein Herrschaftsinstrument der Privilegierten, als eine Form gewaltsamer Unterdrückung. [...] Die Gefahren, die von einzelnen Gruppen ausgehen, die sich verbunden haben, diesen Staat zu zerstören, werden [...] unterschätzt. Solche ideologischen Konzepte sind nicht geeignet, notwendiges Vertrauen in die Autorität des demokratischen Rechtsstaats zu stärken. Sie sind immer und stets der Versuchung ausgesetzt, die Legitimität der staatlichen Macht infrage zu stellen. Sie sind ein ideologischer Nährboden auch für manchen Sympathisanten, der in der gewaltsamen Auflehnung gegen unseren Staat eine Fortsetzung der Politik mit anderen Mitteln sieht.

M 47 a und b zit. nach: Keesings Archiv der Gegenwart, 1977, S. 20 968 ff.

1. **Charakterisieren Sie die beiden Standpunkte zur Terrorismusbekämpfung (M 13 b, c).**
2. **Erörtern Sie die Lage, in die die Bundesrepublik durch den Terrorismus versetzt wurde (M 13 a–c).**
3. **Entwickeln Sie ausgehend von M 13a–c ein Projekt zum Thema „Die RAF und die Bundesrepublik." Nutzen Sie dafür auch S. 191–195.**

M 14 Der Grünen-Politiker Joschka Fischer (Außenminister 1998–2005) schreibt über die Bedeutung die 68er-Bewegung, 1998 (Auszug)

Das Jahr 1968 enthält mehr an Bedeutung. Es ist bis heute neben den damaligen konkreten Ereignissen Metapher für eine fundamentale Veränderung der westlichen Gesellschaften geblieben, die der Übergang vom klassischen Industriekapitalismus zum Konsumkapitalismus mit sich gebracht hat, in Westeuropa zudem noch geprägt durch das Ende des Wiederaufbaus nach dem Zweiten Weltkrieg. [...] Insofern war 1968 vor allem eine Kulturrevolution [...], und genau in diesem Faktum liegt auch die anhaltende und mittlerweile historisch zu nennende Wirkung der damaligen Zäsur. All dies galt auch und gerade im Westen Deutschlands, nur dass dort noch zwei zusätzliche politische Faktoren eine prägende Rolle spielen sollten: erstens die langsam sich durchsetzende Demokratisierung der von den Westalliierten den Westdeutschen aufgezwungenen Bundesrepublik Deutschland. Denn man vergesse nicht, dass noch 1969, bei der ersten von Sozialdemokraten geführten Bundesregierung, ernsthaft die Frage aufgeworfen wurde, ob die deutschen Konservativen den demokratischen Machtwechsel akzeptieren würden oder nicht. Heute erscheint dies von unwirklicher Absurdität. Ebenso wenig darf man vergessen, dass nahezu alle westdeutschen Eliten durchwebt waren von den Mitläufern und Mittätern des Adolf Hitler. Und dies führt direkt zum zweiten Punkt, an dem sich die Bundesrepublik von ihren westlichen Nachbarn unterschied, nämlich dem bitteren Konflikt zwischen den Generationen, der Hitler-Generation und ihren erwachsen gewordenen Kindern. Die Geschichte von 1968 in Westdeutschland und vor allem die folgenden Jahre bis hin zum linksradikalen Terrorismus ist ohne diesen Generationenkonflikt nicht zu verstehen. Das Deutschland vor der Studentenrevolte und das Deutschland danach waren zwar dasselbe geblieben, und doch hatte sich die Alltagskultur, das normative Gefüge der Gesellschaft und ihr gesamter Lebensrhythmus, grundlegend geändert. Vieles von dem, was in diesen magischen Jahren und seinen Folgen zusammenfloss, war zuvor in der westdeutschen Republik entwickelt worden.

Andere Tendenzen und Kräfte wirkten von außen – etwa der Vietnamkrieg, der Übergang zum westlichen Konsumkapitalismus, die Popkultur. Aber es war das Jahr 1968, in dem all diese Kräfte, Tendenzen, Strömungen und Ereignisse sich zu einem explosionsfähigen Gemisch verbunden hatten und dann auch explodierten. [...] Dass das politische System und die demokratische Kultur heute weitaus durchlässiger, anpassungsfähiger und offener gegenüber neuen Herausforderungen geworden sind, als dies für das damalige politische System Westdeutschlands galt, ist eine bleibende Leistung des magischen Jahres 1968. Ansonsten riecht die heutige Zeit nach großen Veränderungen und damit nach Zukunft, und das ist gut so.

Spiegel-Spezial Nr. 9 (1998), S. 59–61.

1. **Stellen Sie dar, worin die Zäsur bestand, die das Jahr 1968 nach Fischer bedeutet, und welche Langzeitwirkungen die Ereignisse hatten.**
2. **Überprüfen Sie Fischers Haltung anhand des Darstellungstextes.**

4.2 DDR – das Scheitern einer Diktatur

M1 Stasi-Observanten, fotografiert aus der Ständigen Vertretung der Bundesrepublik Deutschland in Ostberlin, Fotografie, 1982

Das Leben in einer „Nischengesellschaft"

Für die Menschen in der DDR war die Mauer nicht nur Symbol für die menschenverachtende Brutalität und den Unrechtscharakter des SED-Regimes, sondern sie beeinflusste ihr Leben unmittelbar. Konnten sie vor dem Mauerbau notfalls den ungeliebten Staat verlassen, mussten sie sich nun in ihr Schicksal fügen. Die DDR-Regierung ließ die Grenzbefestigungen ausbauen. Seit dem 6. Oktober 1961 wurde der Schusswaffengebrauch bei Grenzdurchbrüchen von „Republikflüchtlingen" durch die Nationale Volksarmee (NVA) vorgeschrieben. Diese mörderische Grenze zwischen der DDR und der Bundesrepublik geriet damit zur undurchlässigsten Grenze in Europa. Das Empfinden, eingesperrt, eingeschränkt und von der Welt abgeschottet zu sein, prägte seit dem Mauerbau das Lebensgefühl in der DDR.

Nach dem Mauerbau hielt die SED an ihrem Ziel fest, den Aufbau des Sozialismus voranzutreiben – wenn nötig mit Zwang und Gewalt. Die **Überwachung** durch die Staatssicherheit wurde ausgeweitet, die Bevölkerung wurde von der Staatsmacht kontrolliert und eingeschüchtert. Zeitungen berichteten über „Hetzer" und „Saboteure" im Volk, die die „harte Faust der Arbeiter" zu spüren bekommen hätten. Angehörige der FDJ zerstörten Fernsehantennen, die auf den Empfang von Westfernsehen ausgerichtet waren. Jeglicher Fluchtmöglichkeit beraubt, resignierten viele Menschen innerlich und arrangierten sich äußerlich mit dem SED-Staat. Sie nahmen an betrieblichen Pflichtversammlungen, verordneten Demonstrationen und staatlichen Veranstaltungen wie den jährlichen Feiern zum internationalen Frauentag am 8. März oder dem Nationalfeiertag am 7. Oktober teil. Bei den Wahlen stellte die Nationale Front (Dachverband aller Parteien und gesellschaftlichen Gruppen) eine **Einheitsliste** auf (s. S. 61). Nach dem Wahlgesetz konnte geheim gewählt werden. Als „normaler" Wahlakt galt jedoch das öffentliche Einwerfen des unveränderten Stimmzettels. Wer sich im Wesentlichen konform verhielt und Kritik nur im Sinne sozialistischer Staatstreue übte, konnte meist unbehelligt leben. Die Folge der erzwungenen Loyalität zu Staat und Partei war ein gespaltenes Bewusstsein vieler DDR-Bürger: Öffentliches Wohlverhalten kompensierten sie durch private „Nischen" im Familien- und Freundeskreis (M 8).

M2 „Abstimmungsmaschine", Karikatur des DDR-Künstlers Hans-Joachim Jordan, 1979.

Die Zeichnung entstand für die Ausstellung „Karikatur und Cartoon" 1979 in Leipzig. Die SED-Kulturfunktionäre verlangten beim Rundgang vor der Eröffnung ihre Entfernung. Das Werk durfte hängen bleiben, nachdem Jordan es durch Ergänzung in einen westlichen Aufsichtsrat verlegt hatte.

Integration und Wirtschaftsreformen

Die DDR-Regierung wollte Staat und Gesellschaft durch die Integration der Bevölkerung stabilisieren und konzentrierte sich dabei auf die junge Generation. Das **Bildungsangebot** wurde verbessert, allerdings verstärkte das SED-Regime durch die Einführung des allgemein verbindlichen Schulfaches „Staatsbürgerkunde" die **politisch-ideologische Indoktrination**. Dafür nutzte die SED alle Möglichkeiten von der Kleinkinderziehung über die Hochschulbildung bis zur FDJ. Unter der Propagandaformel „Der Jugend Vertrauen und Verantwortung" erhöhte sie die Freiräume der Jugendlichen, die zwar gern das Freizeitangebot der FDJ nutzten, sich der politischen Indoktrination aber zu entziehen versuchten.
Zur Verbesserung der materiellen Lebensbedingungen rief die SED eine **„wissenschaftlich-technische Revolution"** aus. Sie förderte die Wissenschaften und räumte technologischen Fachkompetenzen Vorrang vor ideologischer Dogmatik ein. Um Anschluss an das „Weltniveau" zu finden, propagierte der SED-Staat die **„sozialistische Leistungsgesellschaft"**. Zu deren Durchsetzung führte das **„Neue ökonomische System der Planung und Leitung"** (NÖSPL) 1963 materielle Anreize für die Beschäftigten ein und gestand den Betrieben größere Spielräume bei Investitionen, Rohstoff- und Materialbeschaffung, Produktion und Warenabsatz zu. Zwar stieg in den Jahren 1964 und 1965 die Arbeitsproduktivität um 6 bis 7 Prozent, das gesamte Wirtschaftswachstum erreichte im gleichen Zeitraum 5 Prozent. Aber schon im Herbst 1965 zeichnete sich ab, dass die großen Erwartungen nicht erfüllt wurden. Um die Modernisierung der Wirtschaft voranzutreiben, übertrug der Staat 1968 weiteren Wirtschaftsbereichen wie Landwirtschaft, Banken, Handel und kommunalen Einrichtungen größere Eigenverantwortlichkeit. Wenngleich sich während der 1960er-Jahre die Gesamtproduktion der DDR erhöhte, blieb die Arbeitsproduktivität im Vergleich zur Bundesrepublik Deutschland zurück. Das galt ebenfalls für den Lebensstandard der DDR-Bürger, der sich zwar verbesserte, aber mit dem der Westdeutschen nicht Schritt halten konnte. Die DDR-Wirtschaft blieb eine Mangelwirtschaft (M 9 a–b).
Um die Unzufriedenheit der DDR-Bürger abzubauen, beschritt **Erich Honecker***, der 1971 Staats- und Parteichef geworden war, neue Wege. Die von ihm propagierte **„Einheit von Wirtschafts- und Sozialpolitik"** (M 10) sollte die Versorgungslage und den Lebensstandard der Bevölkerung anheben. Zwar stieg der allgemeine Wohlstand in der DDR, doch gleichzeitig auch die Staatsverschuldung. Diese wurde durch die wirtschaftlichen Veränderungen seit der Ölkrise 1973/74 noch verstärkt. Die Sowjetunion verlangte von der „Brudernation" DDR für Erdöl- und Erdgaslieferungen den Weltmarktpreis in Dollar und eine stärkere Einbindung in den Rat für gegenseitige Wirtschaftshilfe (RGW), sodass der Westhandel eingeschränkt werden musste und die ohnehin knappen Devisenvorräte für eine Modernisierung der DDR-Industrie zurückgingen.

Opposition und Staatssicherheit

Seit den 1970er-Jahren war die DDR nicht nur ein **Versorgungsstaat**, der durch den Ausbau der Sozialpolitik die Bevölkerung an sich zu binden suchte, sondern auch ein **Überwachungsstaat**. Mithilfe eines flächendeckenden Überwachungs- und Spitzelsystems sollte die Opposition erfasst, beobachtet und unterdrückt werden. Das dafür zuständige Ministerium für Staatssicherheit (s. S. 80) steigerte in den 1980er-Jahren seine Macht. Am Ende der DDR soll es 85 000 hauptamtliche und 108 000 inoffizielle Mitarbeiter beschäftigt haben (M 11, M 12).
Während ihrer gesamten Herrschaft konnte sich die SED der Loyalität der Bevölkerungsmehrheit nie sicher sein. Dies zeigte sich bereits beim Aufstand vom 17. Juni 1953 (s. S. 81). Die kommunistischen Machthaber der DDR mussten im Gegenteil stets das Volk fürchten, das sie beherrschten. Aus der Staatsideologie

M 3 Erich Honecker (1912–1994), Fotografie, 1976

1929 Eintritt in die KPD
1930 Besuch der Internationalen Lenin-Schule in Moskau
1931–1935 Funktionärstätigkeit für den Kommunistischen Jugendverband Deutschlands
1935–1945 Verhaftung und Zuchthaus
1949–1989 Mitglied im Zentralkomitee der SED
1958–1989 Mitglied im Politbüro der SED
1971–1989 1. Sekretär, ab 1976 Generalsekretär der SED, also „erster Mann" im SED-Staat
seit 1971 Staatsratsvorsitzender und Leiter des Nationalen Verteidigungsrates
1989 Sturz (17. 10.) durch eine Gruppe innerhalb der SED-Spitze und Ausschluss aus der SED (3. 12.)

Internettipp
www.jugendopposition.de
Gemeinschaftsprojekt der Robert-Havemann-Gesellschaft und der Bundeszentrale für politische Bildung mit Dossiers, Zeitzeugenaussagen, Lexikon und Chronologie.

M4 Der Button „Schwerter zu Pflugscharen“ war das Symbol der Friedensbewegung in der DDR

des Marxismus-Leninismus leitete das SED-Regime die entscheidenden Argumente ab, um die Situation zu beschönigen. Die kommunistische Propaganda behauptete, dass mit dem Aufbau des Sozialismus und der Abschaffung der auf dem Privateigentum an Produktionsmitteln beruhenden Klassengesellschaft die sozialen Grundlagen für politische Konflikte verschwinden würden. Weder innerhalb noch außerhalb der Partei duldeten die Machthaber daher Widerspruch oder Opposition. Da Widerstand, Opposition oder Verweigerung Sanktionen zur Folge hatten, die von politisch-sozialer Diskriminierung und Ausgrenzung bis zu strafrechtlicher Verfolgung mit langjährigen Haftstrafen reichten, wagten nur wenige Menschen offenen Protest.

Formen und Möglichkeiten der Opposition

Einer der bekanntesten Oppositionellen der DDR war der Physiker **Robert Havemann**. Die vorsichtige Öffnung des Systems als Folge der Entspannungspolitik und der KSZE-Schlussakte von Helsinki 1975 (s. S. 77) ermutigte ihn, eine Liberalisierung des politisch-gesellschaftlichen und kulturellen Lebens zu fordern. 1976 verlangte Havemann die Zulassung unabhängiger Oppositionsparteien und Zeitungen. Das 1977 im Westen erschienene Buch des Dissidenten **Rudolf Bahro** „Die Alternative“ erregte Aufsehen, weil es vom marxistischen Standpunkt aus eine radikale Kritik am **„real existierenden Sozialismus“*** der DDR formulierte. Die SED reagierte mit Repression: Havemann wurde unter Hausarrest gestellt, Bahro zu acht Jahren Zuchthaus verurteilt, der Dichter und Liedermacher **Wolf Biermann** 1976 nach einem Konzert in Köln ausgebürgert. Proteste von Schriftstellern und Künstlern gegen die Ausbürgerung ihres Kollegen wurden z. B. mit Berufsverbot bestraft und 1979 wurde das politische Strafrecht der DDR verschärft. Grundsätzlich lassen sich drei Formen von Widerstand oder Distanz zum System der DDR unterscheiden: Ausreisebegehren, praktiziertes Christentum und politische Opposition.

Nachdem bereits 1976 ca. 100 000 DDR-Bürger einen Antrag auf Übersiedelung in die Bundesrepublik Deutschland gestellt hatten, erreichte die **Ausreisewelle** in den 1980er-Jahren eine neue Qualität. Nicht nur die Zahl der Anträge auf „Entlassung aus der Staatsbürgerschaft“ stieg, nun schlossen sich Ausreisewillige auch in Gruppen zusammen, suchten die Öffentlichkeit und besetzten spektakulär Botschaften westlicher Staaten. Die **Kirchen** bildeten den einzigen staatsfreien Raum in der DDR, von der SED anders als in der Sowjetunion im Großen und Ganzen geduldet, solange sie sich auf kirchliche und karitative Aufgaben beschränkten. 1989 gehörte noch mehr als ein Drittel der DDR-Bürger einer Kirche an, allein 30 Prozent der evangelischen. Ihrem Verständnis von der Aufgabe der Christen in der Welt folgend, ließ sich die evangelische Kirche die Grenzen ihres Handelns nicht von der SED vorschreiben und geriet zunehmend in Konflikt mit der „Obrigkeit“. Es waren hauptsächlich Proteste aus den Reihen der Kirche, die die DDR 1964 bewogen, als einziger Ostblockstaat einen zivilen Ersatzdienst einzuführen, bei dem religiös motivierte Pazifisten als „Bausoldaten“ eingesetzt wurden. Bis 1969 bildeten die evangelischen Kirchen Deutschlands in der EKD eine gesamtdeutsche Einheit, erst dann erfolgte mit der Gründung des „Bundes der evangelischen Kirchen in der DDR“ die Spaltung. Seit 1971 benutzten die kirchlichen Vertreter die mehrdeutige Formel „Kirche im Sozialismus“. Das eröffnete Freiräume der Kritik, auch am „real existierenden Sozialismus“. Obwohl die meisten evangelischen Gemeinden sich eher als „unpolitisch“ verstanden, solange Staat und Partei sie in Ruhe ließen, engagierte sich eine wachsende Zahl überwiegend jüngerer Menschen in kirchlichen Bürgerrechts-, Ökologie- und Friedensgruppen. Kirchengruppen und Kirchenleitungen forderten Reisefreiheit sowie die Achtung von Menschenrechten und entwickelten sich zum Kristallisationspunkt oppositionellen Verhaltens. Seit Ende der 1970er-Jahre entstanden auch **unabhängige**

Real existierender Sozialismus
Begriff für die kommunistischen Parteidiktaturen in den osteuropäischen Ländern und der DDR, der auf die Diskrepanz zwischen der Theorie demokratisch freiheitlicher Sozialismusvorstellungen und deren praktischer Umsetzung verweist.

M5 Plakat von der Konzertreise Wolf Biermanns in die Bundesrepublik im November 1976

Oppositionsgruppen wie die „Initiative Frieden und Menschenrechte“. Neben dem unterschiedlich motivierten Widerstand bzw. der Distanz zum System provozierten auch scheinbar unpolitische Widersetzlichkeiten das SED-Regime. In Leipzig organisierten 1985 einige Maler staatsunabhängige Ausstellungen, die Zehntausende besuchten. 1987 versammelten sich bei Rockkonzerten vor dem Berliner Reichstag auf Ostberliner Seite der Mauer Tausende von Jugendlichen und riefen: „Die Mauer muss weg!“ Die DDR-Führung reagierte auf den zivilen Ungehorsam mit Verhaftungen und Ausweisungen.

1 Erläutern Sie, mit welchen Mitteln und welchem Erfolg das SED-Regime die DDR nach dem Mauerbau zu stabilisieren versuchte.
2 Definieren Sie die Begriffe „Überwachungsstaat“ und „Versorgungsstaat“.
3 Erläutern Sie Formen, Möglichkeiten und Grenzen der Opposition im SED-Staat.

M6 Aus einem Interview mit einer früheren Pfarrfrau aus einer kleinen Landgemeinde, 1990

Auf dem Dorf war das politische Interesse nicht groß. Die Leute waren sehr mit sich beschäftigt, mit ihren Äckern und Tieren. Zur Zeit der Aktion „Schwerter zu Pflugscharen“ lebten wir noch in Granzow. Ich hatte dieses Zeichen an meiner Postjacke, ich habe dreieinhalb Jahre Post ausgefahren, jeden Tag siebzehn Kilometer mit dem Fahrrad über Land […]. Für die Leute da war ich eigentlich ein großes Fragezeichen. Viele haben mich gefragt, warum ich das Schild an der Jacke habe. Die Junge Gemeinde war natürlich aufgeklärt, aber für die Älteren war ich – sagen wir, – ein Denkanstoß. Schließlich haben uns zwei Männer vom Rat des Kreises aufgesucht, aber keine Frage, dass das Staatssicherheitsdienstleute waren. Sie haben es als große Provokation empfunden, dass ich dieses Zeichen an meiner Postjacke trug. Ich würde damit deutlich Widerspruch demonstrieren, ich sei den Leuten ein Dorn im Auge. Zuerst habe ich versucht, mich zu wehren und zu diskutieren, aber das ist mir nicht geglückt. Ich habe gesagt: „Später lachen Sie darüber, dass Sie gegen ein Zeichen vorgegangen sind, das vor dem UNO-Gebäude in New York steht.“ Ja, die politische Zeit sei eben so, wir seien in einer Art Krise und könnten uns das nicht leisten, und ich möchte das doch bitte entfernen. Als ich das nicht wollte, haben sie mir angeboten, eine Hausdurchsuchung durchzuführen. Auf die war ich deshalb nicht scharf, weil ich genau weiß, dass bei Hausdurchsuchungen garantiert etwas gefunden wird, wenn was gefunden werden soll. Das zweite Angebot war ein Verhör über Nacht. Da hat mich mein Mann unter dem Tisch an das Schienbein gestoßen und gesagt, dass er das Zeichen jetzt entfernt und den Herren bringt. Ich war etwas enttäuscht, habe aber dann gesehen, dass er es rausgeschnitten und den Rand drangelassen hatte. Die Leute haben mich in den Tagen danach erst recht angesprochen: „Wo haben Sie denn Ihr Zeichen?“ Und ich habe ihnen alles schön breit erzählt.

M. Richter/E. Zylla (Hg.), Mit Pflugscharen gegen Schwerter. Erfahrungen in der evangelischen Kirche in der DDR 1949–1990. Bremen 1991, S. 202 f.

M7 Wahlwerbung in der Tageszeitung „Neues Deutschland“, dem Zentralorgan der SED, 23. September 1976

Sozialistische Demokratie – lebendige Wirklichkeit in unserem Staat

- Den 7910 Volksvertretungen – von der Volkskammer bis zu den Gemeindevertretungen – gehören 194 235 Abgeordnete an.
  Ihre Kraft wird durch Hunderttausende Bürger, die verschiedenste gesellschaftliche Funktionen ausüben, vervielfacht.
- 458 200 Bürger arbeiten in ständigen Kommissionen und Aktivs der örtlichen Volksvertretungen mit.
- 335 000 Bürger wirken in Ausschüssen der Nationalen Front mit.
- 176 000 Werktätige gehören Ständigen Produktionsberatungen an.
- 234 000 Werktätige sind Bevollmächtigte für Sozialversicherung.
- 50 200 Bürger sind Schöffen an Kreis- und Bezirksgerichten.
- 53 400 Bürger sind Mitglieder der Schiedskommissionen.
- 217 900 Werktätige gehören den Konfliktkommissionen an.
- 196 000 Werktätige arbeiten in der Arbeiter-und-Bauern-Inspektion mit.
- 676 900 Mütter und Väter sind in Elternbeiräten und Klassenelternaktivs tätig.
- 300 000 Bürger gehören HO-Beiräten, Verkaufsstellenausschüssen und Gästebeiräten an.

Unsere Sache — das ist das Miteinander aller Bürger

Wir stimmen für die Festigung der sozialistischen Staatsmacht, die allen Bürgern Freiheit und Menschenwürde, Recht und Sicherheit gewährleistet, und für die ständige Vertiefung der sozialistischen Demokratie, in der sich die zentrale staatliche Leitung und Planung mit den Ideen und Initiativen der Werktätigen vereint.

Wir wählen die Kandidaten der Nationalen Front

1 Charakterisieren Sie die Opposition der Pfarrfrau (M 6).
2 Erläutern Sie mithilfe des Darstellungstextes, M 4 und M 6 die politische Brisanz des Symbols „Schwerter zu Pflugscharen“.
3 Erarbeiten Sie die Botschaft der Wahlwerbung (M 7).
4 Vergleichen Sie Anspruch und Wirklichkeit des Sozialismus in der DDR (M 7, Darstellungstext).

M8 Aus den Erinnerungen von Wolfgang Kil „Als die Mauer gebaut wurde, war ich zwölf", 1992 (Auszug)

Ich bin im Jahr 1948 geboren und am Stadtrand von Berlin aufgewachsen. [...] Als die Mauer gebaut wurde, war ich zwölf. Es war August und ich kam aus dem Betriebsferienlager zurück mit dem diffusen Gefühl, hinter das Ende der Welt verschlagen worden zu sein. Doch die Aufregung schwand und für uns Kinder stellte sich der neue Alltag schneller wieder her als für die Erwachsenen. [...]

Studiert habe ich in Thüringen und in einer Zeit, da die „Jugendrevolte" vorn Paris bis Prag durch die Schlagzeilen ging. Wir hörten die Musik von Woodstock, lasen Hesse und Camus, Christa Wolf und Volker Braun, einige später Marcuse und Mitscherlich. Marx war Pflichtlektüre in allen Studiengängen, aber so absurd es klingt: Wer sich freiwillig mit ihm beschäftigte, machte sich den Dozenten gegenüber verdächtig. Angesichts des Krieges in Vietnam schlug unser Herz für den Norden, und das nicht nur, weil wir Kommilitonen aus Hanoi unter uns hatten. Das Kultkleiderstück jener Jahre, der olivgrüne Parka aus US-Army-Beständen, war uns trotzdem heilig. Wir erschreckten die Weimarer Kleinbürger mit unseren Happenings und träumten vom Leben in Kommunen. Wir waren neugierig und voller Tatendurst, gebärdeten uns ein bisschen wild und waren doch eigentlich brav – genau wie die Beatles auf den Hüllen ihrer ersten Platten.

So sahen sie aus, meine „wunderbaren Jahre". Wir hatten herumgetobt und uns die eine oder andere Schramme mit dem Staat geholt. Mit dem Blick zurück muss ich sagen: verhältnismäßig gelinde Schrammen. Einen Einzigen von uns hatten sie damals abgeholt – als Wehrdienst-Totalverweigerer saß er zwei Jahre. (Alle übrigen meiner Freunde sind „zur Fahne" gegangen, und auch mich hätten sie dorthin gekriegt, wenn die Ärzte es zugelassen hätten.) Aber vor allem hatten wir einen Beruf gelernt, zu dem uns stets versichert worden war, wir würden gebraucht. Das war unsere feste Überzeugung geworden: Was immer uns an diesem Land und seinen Verhältnissen störte, WIR würden es ändern. Wenn SIE uns endlich ranlassen würden, müsste doch alles umzukrempeln sein. Und die Welt zum Guten wenden sowieso.

Aber SIE haben uns nicht gelassen. Es hat ein paar Jahr zermürbenden Alltags und viele Nächte der Verzweiflung gebraucht, bis wir endlich begriffen: Mit uns wurde nicht gerechnet. Wir waren nur Störenfriede, wenn wir uns einzumischen versuchten, und unser gutwilliger Elan machte uns in DEREN Augen zu Gegnern IHRES Systems, das unwiderruflich am Althergebrachten klebte. Wir waren, was die politische wie die technokratische Hierarchie dieser Gesellschaft betraf, in eine Lücke geraten. Kurz vor unserem Eintritt in das, was man gemeinhin den „Ernst des Lebens" nennt, hatte der letzte Generationswechsel an den Schaltstellen gerade stattgefunden. Wer jetzt dort saß und das Sagen hatte, würde noch lange aushalten. Aufstieg durch Leistung war nur in den seltensten Fällen vorgesehen. Für die Parteibuchkarriere bedurfte es schon einer ganz besonderen Stromlinienförmigkeit. Der Normalfall war das Abwarten und Älterwerden.

Von den persönlichen Schlussfolgerungen aus dieser Ernüchterung hingen für meine Generation die weiteren Lebensläufe ab. Die einen zogen sich bald in die Familie zurück und waren bemüht, sich die Zumutungen eines wenig geliebten Arbeitsalltags nach Möglichkeit vom Halse zu halten. Andere nahmen einen neuen Anlauf und versuchten sich in anderen Berufen, die größeren individuellen Spielraum versprachen – eine überdurchschnittlich breite Kunst- und Kulturszene in der DDR war nicht zuletzt die Folge davon. Wem aber die auf beiden Wegen nötige Anpassung nicht gelang, der ging schließlich weg ... in den Westen. Dorthin gingen später auch viele der anderen; weil es ihnen in ihren Familien und ihren Nischen zu stickig geworden war oder weil sie ihre einstigen Hoffnungen auf politischen Wind an den Nagel gehängt hatten. [...] Neben der ständigen inneren Spannung, sich mit dem unbeweglichen System und seiner immer weiter aufklaffenden Differenz zwischen Propaganda und Realität auseinandersetzen zu müssen, war dies wohl für die meisten meiner Generation die nachhaltigste Schmerzerfahrung: dieser ständige Verlust von Menschen, die einem nahestanden und dann eines Tages, ob mit oder ohne Vorankündigung, „nach drüben" verschwanden. Die waren nicht einfach in eine andere Stadt umgezogen, sondern die waren aus dieser in eine andere Welt gewechselt. [...]

Und doch hatte ich meine Schwierigkeiten mit denen, die jünger waren. Denen schien es eher egal zu sein, ob sie hier oder dort oder irgendwo lebten. Das „Weggehen" war ihnen eine von vornherein rnitgedachte Alternative. Für uns „Alte" hatten sie nur ein Schulterzucken übrig, wahrscheinlich waren wir in ihren Augen ausnahmslos Opportunisten. Manchmal beneidete ich sie um ihre innere Freiheit, an diesem Staat nicht zu leiden, sondern ihn schlichtweg zu verachten. Das gab ihren Erfindungen eine erfrischende Frechheit und ihrer Widersetzlichkeit einen schwer zu brechenden Trotz. Was mich und viele meiner Freunde noch an dieses Land DDR fesselte – der einstmals angenommene Vorsatz, hier als die „besseren Nachfolger" anzutreten –, war ihnen niemals auch nur in den Sinn gekommen. Sie grübelten nicht länger darüber nach, wie die bestehende Gesellschaft zu verbessern sei, sondern sie bauten sich ihre eigene neue Welt hinter dem Rücken der alten. Ob diese existenzielle Verweigerungsstrategie letztendlich erfolgreich oder nur eine vom Aufpasserstaat geduldete Variante der Anpassung war, lässt sich selbst heute nur schwer entscheiden.

Zit. nach: Eberhard Wilms (Hg.), Deutschland seit 1945, Cornelsen Verlag, Berlin 2002, S. 176 f.

1 Charakterisieren Sie die Stimmung, aus der heraus Wolfgang Kil seine DDR-Vergangenheit beschreibt.
2 Erläutern Sie die Einstellungen zum System, die es laut Kil in seiner Generation gegeben hat.
3 Untersuchen Sie, welche Folgen diese Einstellungen für die persönliche Lebensgestaltung hatten.

M 9 Die Unzufriedenheit der DDR-Bürger mit der Mangelwirtschaft des Sozialismus

a) „Wir modernisieren nur die Fassade, gute Frau. Es bleibt ein Saftladen.", Karikatur des DDR-Künstlers Heinz Behling, 1977

b) Die „Frankfurter Rundschau" zur Mangelwirtschaft, 1980:

„Aushalten" und „Durchstehen": Daran haben sich die Bürger [...] in 30 Jahren DDR durchaus gewöhnt. Man weiß längst, dass die beste Qualitätsarbeit der Betriebe des Landes nie auf den heimischen Markt kommt. Beliefert wird in der Regel in dieser Reihenfolge: Armee, NSW (nichtsozialistisches Wirtschaftsgebiet, also westliche Länder), Sowjetunion, SW (sozialistisches Wirtschaftsgebiet), DDR. Mit anderen Worten: Die DDR-Betriebe liefern ihre beste Qualitätsware [...] für den Westexport oder in die Sowjetunion, sieht man einmal von der Armee ab.

Frankfurter Rundschau, 18. Februar 1980.

1 Analysieren Sie M 9 a und b hinsichtlich der Ursachen für die Unzufriedenheit der DDR-Bürger.

M 10 Der Historiker Günther Heydemann über Honeckers Wirtschafts- und Sozialpolitik, 2003

Tatsächlich bestand in der Steigerung sozialpolitischer Leistungen durchaus eine gewisse Chance, sich die Loyalität oder zumindest Neutralität der Bevölkerungsmehrheit zu sichern. Auf dieser Basis beschloss der VIII. Parteitag im Juni 1971 ein ganzes Bündel derartiger Maßnahmen. Es sah als Kernstück die Verbesserung der Wohnbedingungen durch ein umfassendes Bauprogramm vor. Weiterhin gehörten dazu: die Erhöhung der Mindestlöhne und Mindestrenten; die Arbeitszeitverkürzung für Frauen, insbesondere mit Kindern, einschließlich verlängertem Mutterschaftsurlaub und Geburtenbeihilfe, um Berufstätigkeit und Mutterschaft besser vereinbaren zu können; großzügige, z. T. zinslose Kredite sowie bevorzugte Wohnungszuteilung bei Eheschließungen; eine Verbesserung der medizinischen Versorgung und Betreuung und schließlich Ausbau und Ausweitung des Erholungswesens.
Das eigentliche Problem dieses sozialpolitischen Leistungskonzeptes lag jedoch in seiner Finanzierbarkeit. Denn das Ansinnen, durch Intensivierung des Arbeitseinsatzes und des Produktionsprozesses, „sozialistische Rationalisierung" genannt, den erhöhten Finanzbedarf abzudecken, war mit einem enormen Risiko behaftet. Bereits im Herbst 1971, nur ein halbes Jahr nach Honeckers Machtübernahme, hatte die Staatliche Plankommission (SPK) zu konstatieren, dass der Export von DDR-Waren in westliche, Devisen bringende Länder wahrscheinlich um 390 Millionen Mark verfehlt werden würde, Importe in die DDR aber um 100 Millionen Valutamark[1] über dem Plan lägen. Zunächst jedoch wurde das Defizit durch Kredite aus dem nichtsozialistischen Wirtschaftsbereich (NSW) gedeckt. Im Frühjahr 1972 ließ Honecker die rasche Verstaatlichung der letzten noch bestehenden, rund 11 400 mittelständischen Industriebetriebe durchführen. Zwar besaßen diese – unter ihnen ca. 6 500 halbstaatliche Betriebe – nur noch etwa 10 % Anteil an der Gesamtproduktion, aber in der Textil- und Bekleidungsindustrie, bei Leder-, Schuh- und Rauchwaren nahmen sie mit ca. 30 % noch immer eine beachtliche Position ein. Das Ziel einer verbesserten Versorgung durch Unterstellung dieser Betriebe unter die staatliche Planung wurde jedoch verfehlt.

Günther Heydemann, Die Innenpolitik der DDR, Oldenbourg Verlag, München 2003, S. 29.

1 Valutamark: Bezeichnung in der DDR für die westdeutsche Währung Deutsche Mark (DM)

1 Erläutern Sie die Konzeption Honeckers einer „Einheit von Wirtschafts- und Sozialpolitik" (M 10). Berücksichtigen Sie Ziele, Maßnahmen, Wirkung.
2 Erörtern Sie, ob diese Konzeption zur Stabilisierung der DDR beitrug.

M 11 Aus einem MfS-Lagebericht über die Motive für Ausreiseanträge und „Republikflucht", 1989

Die zu diesem Komplex in den letzten Monaten zielgerichtet erarbeiteten Erkenntnisse beweisen erneut, dass die tatsächlichen Handlungsmotive zum Verlassen der DDR sowohl bei Antragstellungen auf ständige Ausreise als auch für das ungesetzliche Verlassen im Wesentlichen identisch sind. [...] Im Wesentlichen handelt es sich um ein ganzes Bündel im Komplex wirkender Faktoren.

Es zeigt sich, dass diese Faktoren unter dem Einfluss der ideologischen Diversion des Gegners, insbesondere über die Massenmedien, und durch andere westliche Einflüsse – zunehmend vor allem über Rückverbindungen von ehemaligen Bürgern der DDR, Besuchsaufenthalte von DDR-Bürgern im westlichen Ausland bzw. von Personen des nicht sozialistischen Auslandes in der DDR usw. – bei einer nicht unerheblichen Anzahl von Bürgern der DDR als Gründe/Anlässe sowohl für Bestrebungen zur ständigen Ausreise als auch des ungesetzlichen Verlassens der DDR genommen werden. Die überwiegende Anzahl dieser Personen wertet Probleme und Mängel in der gesellschaftlichen Entwicklung, vor allem im persönlichen Umfeld, in den persönlichen Lebensbedingungen und bezogen auf die sogenannten täglichen Unzulänglichkeiten, im Wesentlichen negativ und kommt, davon ausgehend, insbesondere durch Vergleiche mit den Verhältnissen in der BRD und in Westberlin, zu einer negativen Bewertung der Entwicklung in der DDR.

Die Vorzüge des Sozialismus, wie z. B. soziale Sicherheit und Geborgenheit, werden zwar anerkannt, im Vergleich mit aufgetretenen Problemen und Mängeln jedoch als nicht mehr entscheidende Faktoren angesehen. Teilweise werden sie auch als Selbstverständlichkeiten betrachtet und deshalb in die Beurteilung überhaupt nicht mehr einbezogen oder gänzlich negiert. Es kommt zu Zweifeln bzw. zu Unglauben hinsichtlich der Realisierbarkeit der Ziele und der Richtigkeit der Politik von Partei und Regierung, insbesondere bezogen auf die innenpolitische Entwicklung, die Gewährleistung entsprechender Lebensbedingungen und die Befriedigung der persönlichen Bedürfnisse. Das geht einher mit Auffassungen, dass die Entwicklung keine spürbaren Verbesserungen für die Bürger bringt, sondern es auf den verschiedensten Gebieten in der DDR schon einmal besser gewesen sei. Derartige Auffassungen zeigen sich besonders auch bei solchen Personen, die bisher gesellschaftlich aktiv waren, aus vorgenannten Gründen jedoch „müde" geworden seien, resigniert und schließlich kapituliert hätten. Es zeigt sich ein ungenügendes Verständnis für die Kompliziertheit des sozialistischen Aufbaus in seiner objektiven Widersprüchlichkeit, wobei aus ihrer Sicht nicht erreichte Ziele und Ergebnisse sowie vorhandene Probleme, Mängel und Missstände dann als fehlerhafte Politik interpretiert und gewertet werden. Diese Personen gelangen in einem längeren Prozess zu der Auffassung, dass eine spürbare, schnelle und dauerhafte Veränderung ihrer Lebensbedingungen, vor allem bezogen auf die Befriedigung ihrer persönlichen Bedürfnisse, nur in der BRD oder Westberlin realisierbar sei.

Obwohl in jedem Einzelfall ganz konkrete, individuelle Fakten [...] im Komplex auf die Motivbildung zum Verlassen der DDR einwirken, wird im Folgenden eine Zusammenfassung wesentlicher, diesbezüglicher zur Motivation führender Faktoren vorgenommen. Als wesentliche Gründe/Anlässe für Bestrebungen zur ständigen Ausreise bzw. das ungesetzliche Verlassen der DDR – die auch in Übereinstimmung mit einer Vielzahl Eingaben an zentrale und örtliche Organe/Einrichtungen stehen – werden angeführt:

- Unzufriedenheit über die Versorgungslage;
- Verärgerung über unzureichende Dienstleistungen;
- Unverständnis für Mängel in der medizinischen Betreuung und Versorgung;
- eingeschränkte Reisemöglichkeiten innerhalb der DDR und nach dem Ausland;
- unbefriedigende Arbeitsbedingungen und Diskontinuität im Produktionsablauf;
- Unzulänglichkeiten/Inkonsequenz bei der Anwendung/Durchsetzung des Leistungsprinzips sowie Unzufriedenheit über die Entwicklung der Löhne und Gehälter;
- Verärgerung über bürokratisches Verhalten von Leitern und Mitarbeitern staatlicher Organe, Betriebe und Einrichtungen sowie über Herzlosigkeit im Umgang mit den Bürgern;
- Unverständnis über die Medienpolitik der DDR.

Dieter Grosser u. a. (Hg.), Deutsche Geschichte in Quellen und Darstellung, Bd. 11, Reclam, Stuttgart 1996, S. 320–323.

1 **Bewerten Sie die Analyse der Stasi unter der Fragestellung, inwieweit sie die Kritik am SED-Regime und die Motive der ausreisewilligen Menschen angemessen berücksichtigt hat. Überlegen Sie dabei, ob die Stasi ein realistisches Bild von der DDR entwarf.**

2 **Vergleichen Sie die Stasi-Analyse mit den Erinnerungen von Wolfgang Kil (M 8).**

M 12 Das Stasi-Spitzelsystem: Aus einem Interview mit einer ehemaligen „IM", 1990

Monika H. war seit 1981 inoffizielle Mitarbeiterin (IM) der Stasi. In deren Auftrag ging sie 1983 in die Oppositionsgruppe „Frauen für den Frieden" und später in die „Initiative Frieden und Menschenrechte". Ende Mai 1989 offenbarte sie selbst ihre Stasi-Mitarbeit. Im Frühjahr 1990 führten Irena Kukutz und Katja Havemann, über deren oppositionelle Aktivitäten Monika H. jahrelang der Stasi berichtet hatte, mehrere Gespräche mit ihr.

Red.: Also, wie hast du dich eigentlich anfangs der Stasi verpflichtet?

Monika H.: Ich habe ganz zu Anfang eine Erklärung geschrieben. Die haben sie mir diktiert. Es stand darin, dass ich für sie arbeite, dass ich das freiwillig tue und dass ich mit niemandem darüber rede [...].

Red.: Ich stelle mir vor, dass sie dir auch gesagt haben, was auf dich zukommt.

Monika H.: Nein, die wollten nur, dass ich ihnen berichte, was ich höre.

Red.: Hast du zu dieser Zeit Zweifel gehabt, ob du das Richtige tust?

Monika H.: Offen gestanden, nein. Ich habe mich im Gegenteil gewundert, dass die Stasi nicht schon viel früher auf mich gekommen ist. Weil ich doch wirklich eine absolut zuverlässige Genossin war. [...]

Red.: Bist du später in Zweifel gekommen?

Monika H.: Na, und ob.

Red.: Wie kam das?

Monika H.: Ihr wart nicht die Feinde, wie ich mir Feinde vorgestellt hatte. Ich musste mir das immer wieder kräftig einreden, dass ihr was ganz Schlimmes gegen den Staat tut. [...]

Red.: Bei den „Frauen für den Frieden" und dann in der „Initiative Frieden und Menschenrechte", welche speziellen Aufgaben hattest du da?

Monika H.: Ich bin nie auf jemanden angesetzt worden. [...] Natürlich habe ich von der „Initiative" erzählt, natürlich habe ich erzählt, was die „Frauen" vorhaben. Meine Aufgabe bestand darin, Gerüchte zu streuen und dies und jenes zu stören. [...] Berichte schreiben musste ich nicht. [...]

Red.: Du hast uns für deine Feinde gehalten. War da Verachtung oder Überlegenheit? Ich kann mir nicht vorstellen, mit welchen Gefühlen du uns gesehen hast.

Monika H.: Ihr wart Feinde, obwohl ich wusste, dass ihr nicht den Staat stürzen wolltet. [...] Ich habe doch viele Dinge, die wir gemeinsam gemacht haben, wirklich ehrlich mitgetragen. Das war ja auch die fiese Praxis, wie ich es heute sehe: Genossen, die innerhalb der Partei kritisch, aufmüpfig waren, zur Stasi zu bringen. Dann konnten die in den „feindlichen" Gruppen voll agieren, unter der schützenden Hand der Stasi ihr kritisches Potenzial verwirklichen. Das ist ja der Wahnsinn, diese Schizophrenie. [...]

Red.: Fühlst du dich heute mehr als Täter oder als Opfer?

Monika H.: Das ist wirklich eine schwierige Frage. Ich bin Opfer meiner Erziehung, meines ganzen bisherigen Lebens. Und auf diesem Hintergrund war das eigentlich nur möglich. Zugleich fühle ich mich auch sehr als Täter. Ich empfinde mich immer stärker als Täter. Heute habe ich eine riesengroße Scham, die Schuld, Vertrauen benutzt zu haben. [...]

Red.: Es waren ja nicht nur unsere politischen Aktivitäten, an denen du beteiligt warst. Auch persönlich hast du uns gut kennengelernt. Welche Bedeutung hatte das für deine Auftraggeber?

Monika H.: Soweit ich über persönliche Dinge was erzählt habe, war das schon interessant für die. Aber ich habe mich da immer zurückgehalten. [...] Es ging denen immer darum, in der Intimsphäre Zwiste zu säen, zu zerstören, wo man konnte.

Red.: Also war dieser Bereich für die Stasi sehr wohl interessant?

Monika H.: Er war äußerst interessant, wenn nicht interessanter als andere. Denn dort wart ihr ja zu treffen. [...] Aber ich habe da nicht mitgemacht. [...]

Red.: Hast du nicht selbst bemerkt, wie man entwurzelt wird, wenn man in diese Stasi-Arbeit einsteigt?

Monika H.: Ich war vorher entwurzelt. Und die Stasi hat mir die Wurzeln gegeben. [...] Für mich war das damals keine scheinbare Geborgenheit, sondern eine ganz reale Geborgenheit. Ich war ja wirklich mit Leib und Seele dabei: Ich war ja auch bei euch ganz dabei, aber renne gleichzeitig dahin und erzähle alles. [...] Wenn ich mit euch spreche, schäme ich mich so. Ihr sitzt mir gegenüber, ich habe euch im Grunde genommen ständig missbraucht. [...]

Red.: Ich habe einen schönen Satz gehört, der zu dem passt, worüber wir die ganze Zeit reden, und zwar: Geschichte kann man nicht bewältigen, weil Geschichte Erfahrung ist, mit der man täglich leben muss. Was sagt dir dieser Satz?

Monika H.: Das ist eine Aussage, die ich nicht teilen kann. Wenn ich aus der Geschichte, die ich erlebt habe, gewisse Erfahrungen ziehe, schlussfolgere, dann bewältige ich sie doch auch. [...] Bewältigen würde für mich heißen, dass ich damit umgehen kann.

Red.: Was meinst du mit diesem Umgehenkönnen?

Monika H.: Dass ich jedem sagen kann, wer ich bin und was ich getan habe. Und auch welche Schlussfolgerungen ich aus meinen Erfahrungen gezogen habe, damit ich wieder ein normales Leben führen kann. Ich will offen sagen: Ich bin Monika H., ich habe für die Stasi gespitzelt, aus guten Gründen und bestem Gewissen heraus. Nun habe ich erkannt, dass es das Schlimmste war, was ich tun konnte. Eine ganz üble Geschichte. Mir hilft es, dass gerade du mit mir redest, der ich das angetan habe. Das ist der Versuch, dies gemeinsam zu bewältigen, denn es ist auch zugleich deine Erfahrung. – Jedoch wenn einer unter Bewältigung versteht, dass dann alles wieder gut ist und er genauso ein feiner Kerl ist wie vorher, dann ist das falsch. Mich bestraft ja nun keiner, ich kann mich nur selber bestrafen. Das kann mitunter quälender sein, als wenn du bestraft wirst. Dieses Schuldgefühl, ich weiß nicht, wie man das loswerden kann. Ich denke schon, ich muss an die Öffentlichkeit gehen, ich denke das wirklich. [...] Mir helfen ja keine Ausflüchte. Ich habe ja auch mit dazu beigetragen, dass Leute in den Knast gekommen sind, egal, ob direkt oder nicht. Das ist so fürchterlich. Damit kann ich nur schlecht leben. Ich werde damit nicht fertig. Ich habe ja nicht im Affekt irgendjemandem geschadet, ich habe doch viel Schlimmeres gemacht. Das kann man nicht entschuldigen.

Irena Kukutz/Katja Havemann, Geschützte Quelle. Gespräche mit Monika H. alias Karin Lenz, Basisdruck, Berlin 1990, S. 35 ff.

1 Untersuchen Sie anhand von M 12 die konkrete Praxis der Stasi-Arbeit.
2 Versetzen Sie sich in die Rolle eines ausländischen Journalisten und schreiben Sie einen Bericht über die Folgen der Aufdeckung privater Bespitzelungen durch „IMs" in der ehemaligen DDR.

M 13 Das Scheitern der DDR-Diktatur

a) Der Historiker Stefan Wolle, 1999:

Es wäre falsch, die innere Festigkeit des SED-Regimes bestreiten zu wollen, auch wenn es am Ende wie ein Kartenhaus zusammenstürzte. Stabilität und Instabilität stellten eine dialektische Einheit dar. Der DDR-Sozialismus ist nicht an seinen Fehlern, sondern an seiner Vollendung gescheitert. Wie könnte man sonst erklären, dass ein derartig geschlossenes, militärisch durchorganisiertes und bis in den letzten Winkel der Gesellschaft kontrolliertes Staatswesen innerhalb weniger Wochen fast widerstandslos auseinanderbrach? Wo blieben die mehreren hunderttausend hauptamtlichen und inoffiziellen Mitarbeiter der Staatssicherheit, die Kampfgruppen der Arbeiterklasse, die Funktionäre der SED und der Massenorganisationen? Jahrzehntelang hatten sie den „Ernstfall" geprobt, atomsichere Führungsbunker und Lager für 85 000 Oppositionelle standen bereit, jetzt mussten sie nur noch die jedes Detail berücksichtigenden Alarmpläne aus der Schublade ziehen. Eines hatten sie jedoch nicht vorgesehen – die Möglichkeit selbstständiger Entscheidungen. Zu lange hatte man den Menschen Eigeninitiative, Verantwortungsbewusstsein und Risikobereitschaft ausgetrieben und ihnen so den Willen genommen, den Sozialismus zu verteidigen. Weit eher wirkten der noch bestehende Privatsektor, die geduldete Feierabendarbeit und der gänzlich illegale Handel mit knappen Gütern dem Untergang entgegen.

Noch deutlicher trat die eigenartige Dialektik von Stabilisierung und Destabilisierung in der Außen- und Deutschlandpolitik zutage. Mit jedem Abkommen verlor der Kalte Krieg an Schärfe. Die völkerrechtliche Anerkennung, die Aufnahme diplomatischer Beziehungen zu vielen Staaten der Welt, der Eintritt in die UNO, die Gleichberechtigung mit der Bundesrepublik stärkten die Souveränität der DDR. Die entsprechend gefeierten Erfolge untergruben aber gleichzeitig ihre Existenzgrundlage. Die SED-Führung erstrebte die Normalisierung der Lage in Europa und hatte doch nichts mehr zu fürchten als ihre Verwirklichung. Der deutsche Halbstaat mit dem Unruheherd Westberlin in der Mitte war historisch absurd und konnte nur in einer auf Konfrontation beruhenden internationalen Situation überleben. Mit dem Ost-West-Gegensatz musste auch er von der politischen Bühne verschwinden. Deshalb betrieb er eine Schaukelpolitik, indem er die Entspannung begrüßte und gleichzeitig die ideologische Koexistenz bekämpfte. Auf die Dauer konnte dies nicht gelingen. Als schließlich die Feindbilder und Bedrohungsängste verblassten, lockerte sich langsam, aber unaufhaltsam die Klammer, die den Staat zusammenhielt.

Obwohl in der DDR keine Öffentlichkeit, kein gesellschaftlicher Diskurs, keine allgemein zugänglichen Meinungsumfragen existierten, war ihre Führung gezwungen, die in der Bevölkerung vorherrschenden Stimmungen und Ansichten zur Kenntnis zu nehmen und nach Möglichkeit zu berücksichtigen. Dem dienten die entsprechenden Berichte des MfS, sozusagen als Spiegelbilder täglicher Plebiszite. Ein wesentlicher Wunsch musste jedoch unerfüllt bleiben, nämlich der nach Aufgabe der Macht. Insofern handelte es sich immer um eine heimliche Abstimmung ohne jegliche Chance der Abwahl. Trotz des allgemeinen Stillstands fand durchaus vielfältige Bewegung statt. Seit 1971 gab es eine kulturpolitische Lockerung, mehr Toleranz, größere Freiheit im Alltag, vor allem mehr materiellen Wohlstand. Bezahlt wurde dies alles mit erhöhter Kontrolle, stärkerer Disziplinierung und mit dem Ausbau des gesamten Sicherheitsapparats. Auch innerhalb der DDR wirkte eine Art „Wandel durch Annäherung". Der Kalte Krieg zwischen Obrigkeit und Untertanen machte einer mehr oder weniger friedlichen Koexistenz Platz, die durch erfolgreiche Schritte der Stabilisierung zu längerfristiger Destabilisierung führte. Je entspannter beispielsweise das Verhältnis zur Kirche wurde, desto mehr verringerte sich der Bewegungsspielraum gegenüber den oppositionellen Gruppen, die unter ihrem Schutzmantel agierten. Angesichts dieses Widerspruchs blieb auch hier nur die Option der [...] letztlich für die Staatsmacht tödlichen systematischen Unterwanderung.

Der Untergang der DDR war Teil eines welthistorischen Vorgangs. Die sozialistische Diktatur hat sich als schwach und hilflos erwiesen. Keines der Probleme der modernen Gesellschaft hat der Sozialismus besser gelöst als Marktwirtschaft und Demokratie. Nach sieben Jahrzehnten Terror, Lüge und wirtschaftlicher Katastrophen stahlen sich die Protagonisten davon wie kleine Ganoven. Zurückgeblieben ist eine Landschaft seelischer, ökonomischer und ökologischer Verwüstungen sowie ein Heer greinender Mitläufer. Die seltsame Hilflosigkeit des furchteinflößenden Monstrums staatlicher Allmacht bestimmte auch den Gang der Ereignisse in der DDR. So wie die Sphinx der griechischen Sage verlor es seine Kraft, als sein Rätsel gelöst war. [...]

Die Moral des Stücks jedenfalls war einfach und für jedermann leicht verständlich. Sie lautet, dass die Doktrin der Freiheit nicht wichtiger sein kann als die konkrete Freiheit des Individuums, dass die Gleichheit keinesfalls das Recht auf Ungleichheit beseitigen und die Brüderlichkeit sich niemals gegen den Bruder richten darf.

Stefan Wolle, Die heile Welt der Diktatur. Alltag und Herrschaft in der DDR 1971–1989, Econ u. List Taschenbuch Verlag 1999, S. 574–577.

b) Der Historiker Hans-Ulrich Wehler, 2008:

Wegen der Wirtschaftskrise in den frühen 70er-Jahren [...] kletterten auch die Schulden im Tempo einer galoppierenden Schwindsucht weiter in die Höhe [...]. Zwei von dem CSU-Chef Strauß 1983/84 vermittelte Kredite von je einer Mrd. DM retteten die Kreditwürdigkeit der DDR, wirkten aber nur wie der Tropfen auf den heißen Stein. Im Inneren des Landes hatte die SED, die sich seit jeher mit der Verfechtung der wahren Volksinteressen gebrüstet hatte, in einem beispiellosen Maße von der Substanz gezehrt. Der Kern der Städte war bis zum Ende der 80er-Jahre verfallen, da die eingefrorenen Mieten den privaten Hausbesitzern keine angemessene Reparatur ermöglichten, während die staatlich beschlagnahmten Gebäude genauso wenig modernisiert wurden. Mehr als die Hälfte aller Straßen litt an schweren Schäden, 18 % dieses Verkehrsnetzes waren nach Expertenmeinung kaum mehr befahrbar. [...] Diese Mängel der Infrastruktur verblassten aber vor den Dimensionen der immer schmerzhafter spürbaren Umweltkatastrophe. Die SED hatte durch ihre ungeschützte Industrialisierung und rücksichtslose Braunkohleverwendung, mit ihrer Vergiftung der Luft und der Gewässer den Ruin ganzer Landstriche, Dörfer und Städte herbeigeführt, vor allem aber die Gesundheit und das Alltagsleben von Millionen Menschen schwersten Belastungen ausgesetzt. Zahllose Krankheiten wurden durch die ökologischen Probleme verursacht [...]. Diesen menschenfeindlichen Folgen ihrer eigenen Politik wollte sich die Parteidiktatur aber nicht stellen, da die Alternative einer aktiven Umweltpolitik eine Kürzung der Finanzierung der inzwischen umfänglichen sozialpolitischen Leistungen bedeutet hätte, die für die Legitimierung des Regimes und seine verbissene Machtbehauptung als unabdingbar galten. Dieser Parteiegoismus lief im Kern auf eine unaufhaltsame Selbstzerstörung des Landes hinaus.

Unter diesen Bedingungen kann es nicht überraschen, dass zum einen die Anzahl der Ausreiseanträge, erleichtert durch die KSZE-Akte, weiterhin stetig anwuchs. [...] Zum anderen dehnte sich das Milieu der Systemkritiker aus, das wegen der unübersehbaren Risiken zwar nicht zu einer offenen Dissidentenbewegung wie in Polen oder der ČSSR führte, aber doch Reformprobleme und Umweltfragen, Friedens- und Frauenpolitik im kleinen Kreis erörterte. Namentlich die Friedensbewegung des Westens fand eine erhebliche Resonanz. Diesen Kleingruppen boten mutige protestantische Pfarrer häufig einen Schutzraum in den Gemeindehäusern. Im Juli 1989 glaubte die Stasi jedoch, nicht mehr als 2500 Dissidenten identifizieren zu können. Diese Zirkel besaßen, wie es ihr schien, noch kein bedrohliches Ausmaß. Doch fast ebenso viele junge Männer (2300) verweigerten in dieser Zeit, ein Musterbeispiel von Zivilcourage, den Dienst in der NVA. [...] Die Loyalitätserosion erfasste alsbald auch die SED: 1988 verließen sie 11000 Mitglieder. Gegen 23000 Mitglieder wurde eine Gesinnungsüberprüfung eingeleitet, die zum Ausschluss von 13000 Parteiangehörigen führte. 1989 setzte sich der Zerfall trotzdem in erhöhtem Tempo fort. Ob Ausreisewillige, Systemkritiker, Wehrdienstverweigerer oder Parteimüde – die in der DDR vibrierende Unruhe veranlasste die Parteispitze, das Personal der Stasi kontinuierlich weiter aufzustocken. [...]

War es für die Staatsorgane schon schwierig genug, die offenbar unterschätzte Einflusszone des Dissidententums effektiv einzuschränken, stellten sich ihnen ganz neuartige Probleme, als Michail Gorbatschow, seit 1985 neuer Generalsekretär der KPdSU, in der Zentrale des Sowjetimperiums Reformvorstellungen öffentlich verfocht, die bald auch auf die DDR ausstrahlten. Die „überalterte Herrenriege" der Gerontokratie[1] um Honecker riskierte einen Blockadekurs gegen den existenzgarantierenden Hegemon. Die mit „Glasnost" und „Perestroika" sympathisierende russische Zeitschrift „Sputnik" wurde im November 1988 in der DDR verboten. Ein ZK-Mitglied spottete: Wenn der Nachbar seine Wohnung neu tapeziere, brauche man, wenn doch das eigene Haus in Ordnung sei, ihn nicht nachzuahmen. Die Gerontokratie hielt den neuen mächtigen Mann der Sowjetunion für einen Konterrevolutionär, den eigenen paranoiden Krakenstaat aber für den Spitzenreiter des Staatskommunismus. Dagegen empfanden die Dissidenten [...] auch der DDR, dass Gorbatschow ihren Veränderungsdruck unterstützte. Das löste Wellen der Sympathie, ja erstmals der genuinen Zuneigung zu einem russischen Spitzenpolitiker aus. Im Herbst 1989 sollte die Mobilisierungskraft, die Gorbatschows Programmatik auch in der DDR entfaltete, unmissverständlich zutage treten. Der Moskauer Kurswechsel kulminierte darin, dass die sowjetische Protektoratsherrschaft der DDR unmittelbar nach den bombastischen Feierlichkeiten zu ihrem 40-jährigen Bestehen die Existenzgrundlage in Gestalt der russischen Truppenunterstützung entzog. Was der Schriftsteller Stefan Heym als bange Frage aufgeworfen hatte, erwies sich seither als Faktum: Die kurzlebige DDR, sie war nur „eine Fußnote der Weltgeschichte".

Hans-Ulrich Wehler, Deutsche Gesellschaftsgeschichte, Fünfter Bd.: Bundesrepublik und DDR 1949–1990, C.H. Beck, München 2008, S. 359–361.

1 Gerontokratie: Herrschaft der Alten

1 **Arbeiten Sie in arbeitsteiliger Gruppenarbeit heraus, welche Ursachen für den Niedergang und Verfall der DDR die Historiker Wolle und Wehler nennen.**

2 **Vergleichen Sie beide Positionen miteinander.**

3 **Ziehen Sie eine kritische Bilanz der Geschichte der DDR seit dem Mauerbau: Diskutieren Sie, ob der DDR-Sozialismus in erster Linie an seinen Mängeln oder seiner Konsequenz gescheitert ist.**

4 **Erörtern Sie, ob die DDR eine „Fußnote" in der deutschen Geschichte war. Berücksichtigen Sie dabei auch die Jahre 1989/90, also friedliche Revolution und Wiedervereinigung (s. S. 141 ff.).**

Das geteilte Deutschland im Kalten Krieg 1949–1989

Die Auseinandersetzung zwischen den beiden Supermächten USA und UdSSR und ihren jeweiligen Machtbereichen prägte zwischen 1945 und 1989 die gesamte Weltpolitik. Die immer schärfere Abgrenzung voneinander schlug sich in der Gründung zweier feindlicher Militärallianzen nieder: 1949 wurde im Westen die NATO, 1955 im Osten der Warschauer Pakt ins Leben gerufen. Die Konfrontation der Supermächte und permanente Aufrüstung gaben dem Ost-West-Konflikt seit Ende der 1940er-Jahre den Charakter eines Kalten Krieges, der erst in den Jahren 1990/91 endete. Es gab in dieser Zeit aber auch „heiße Kriege" wie den Koreakrieg (1950–1953) und den Vietnamkrieg (1964–1973). Während der Kubakrise 1962 stand die Welt sogar an der Schwelle eines „heißen" Atomkriegs. Aber die beiden Supermächte fanden sich in Phasen der Entspannung und Kooperation – sie prägten besonders die 1960er- und 1970er-Jahre – auch zur Abrüstung bzw. Rüstungskontrolle bereit.

Das geteilte Deutschland befand sich im Zentrum des Ost-West-Konflikts, der die innenpolitische Entwicklung wie auch die deutsch-deutschen Beziehungen prägte. Von der doppelten Staatsgründung 1949 bis zum Mauerbau 1961 vertieften sich die Gegensätze zwischen den deutschen Staaten, die in die beiden militärischen Blocksysteme integriert wurden. Die Bundesrepublik entwickelte sich zu einer modernen Gesellschaft, in der Sozialstaat und Bürgerrechte kontinuierlich ausgebaut wurden und das „Wirtschaftswunder" für wachsenden Wohlstand sorgte. Obwohl es auch der DDR-Bevölkerung wirtschaftlich besser ging, verhinderte die Planwirtschaft einen vergleichbaren Wirtschaftsaufschwung. Aus politischer Unzufriedenheit und wirtschaftlichem Mangel flüchteten zahlreiche Menschen in den Westen. Der Mauerbau 1961 beendete diese Massenflucht. Seitdem mussten sich die Menschen in der DDR mit dem SED-Regime arrangieren. Trotz Mauerbau und Abschottung der DDR vom Westen gelang es der SED-Führung nicht, die Verbindungen auf menschlicher und institutioneller Ebene zwischen beiden deutschen Staaten zu unterbrechen. Diese Kontakte und die gemeinsame Kultur hielten das Bewusstsein nationaler Zusammengehörigkeit wach. Die unter Bundeskanzler Adenauer (CDU) betriebene Westintegration der Bundesrepublik traf auf breite Zustimmung der Bevölkerung und wurde schließlich auch von der oppositionellen SPD akzeptiert. Die Deutschlandpolitik der Großen Koalition seit Ende der 1960er-Jahre, insbesondere die „neue Ostpolitik" Willy Brandts, verbesserte die deutsch-deutschen Beziehungen nachhaltig. Mit dem Grundlagenvertrag von 1972 akzeptierte die Bundesrepublik die DDR als zweiten deutschen Staat.

Der Erfolg der Bundesrepublik Deutschland beruht im Wesentlichen auf ihrer Reformfähigkeit. Freiheitlich-liberale sowie rechtsstaatliche Denk- und Verhaltensmuster prägten seit den 1960er-Jahren die Lösung gesellschaftlicher Konflikte. Staat, Gesellschaft und Wirtschaft zeigten sich den Herausforderungen der modernen Industriegesellschaft gewachsen, wie sich z. B. während der Ölkrise 1973/74 zeigte. Diese Eigenschaft fehlte der DDR-Diktatur. Die in den Machtwechsel von Ulbricht zu Honecker (1971) gesetzten Hoffnungen erfüllten sich nicht: Ende der 1970er-Jahre verschlechterte sich die wirtschaftliche Situation und die ideologischen Auseinandersetzungen mit den Regimekritikern verhärteten sich. Die friedliche Revolution in der DDR 1989/90 beendete die geteilte Geschichte Deutschlands. Ermöglicht wurde sie durch die Reformpolitik Gorbatschows in der Sowjetunion, die das Ende des Ost-West-Konflikts einleitete.

M1 Ursachen und Folgen des „Wirtschaftswunders" in der Bundesrepublik Deutschland

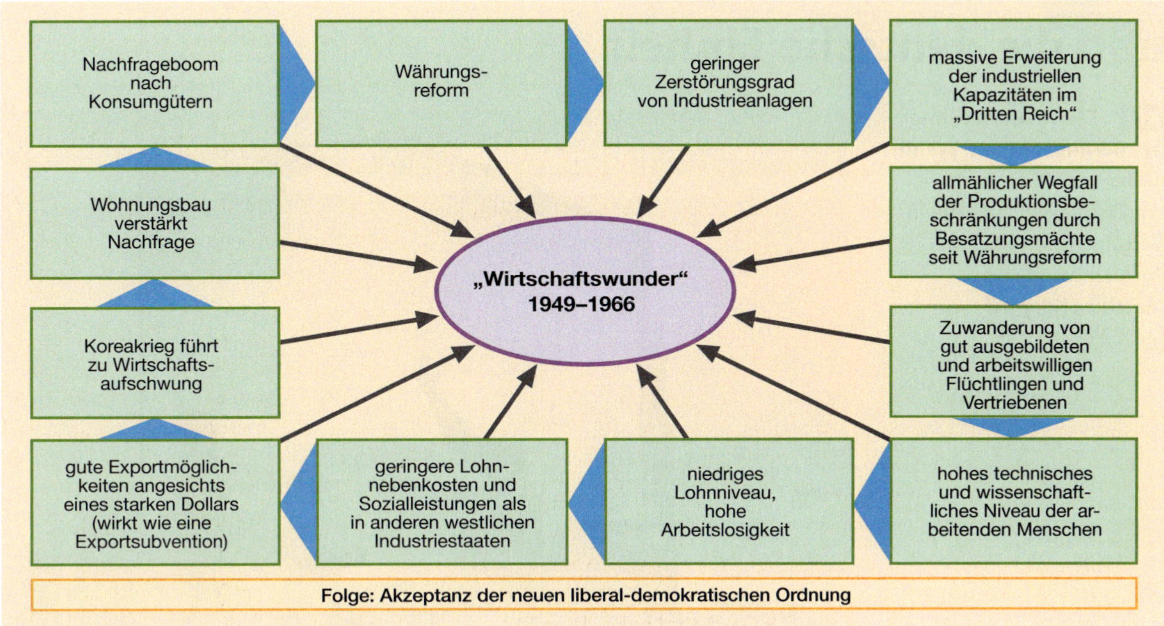

Zeittafel

1949 Gründung der Bundesrepublik und der DDR
1949–1963 Ära Adenauer
1949–1966 Wirtschaftsaufschwung in der Bundesrepublik
1949–1969 Sozialgesetzgebung in der Bundesrepublik
1949–1971 Ära Ulbricht
1950 Gründung des Ministeriums für Staatssicherheit (Stasi)
seit 1950 Wettrüsten zwischen den weltpolitischen Machtblöcken, Vertiefung der deutschen Teilung durch Westintegration der Bundesrepublik und Ostintegration der DDR
1950–1953 Koreakrieg
1950–1960 Kollektivierung der Landwirtschaft in der DDR
17. Juni 1953 Volksaufstand in der DDR
1955 Aufnahme der Bundesrepublik und der DDR in die NATO bzw. den Warschauer Pakt
seit 1960 Rüstungskontrollmaßnahmen
13. Aug. 1961 Bau der Berliner Mauer
1962 Kubakrise
1964–1973 Vietnamkrieg
1966–1969 Große Koalition (SPD, CDU), Außerparlamentarische Opposition (APO), Studentenproteste
Mai 1968 Notstandsgesetze
Aug. Niederschlagung des „Prager Frühlings" in der Tschechoslowakei
Nov. Breschnew-Doktrin
1969–1982 Sozial-liberale Koalition (SPD, FDP) unter Brandt bzw. Schmidt (seit 1974)
seit 1969 Neue Ostpolitik der Regierung Brandt
um 1970 Beginn des RAF-Terrorismus in der Bundesrepublik (Auflösung der RAF 1998)
1970 Atomwaffensperrvertrag
seit 1970 Entwicklung der DDR zum Überwachungsstaat
1970–1972 Ostverträge der Bundesrepublik mit der Sowjetunion bzw. Polen
1971–1986 Abkommen zur Reiseerleichterung zwischen Bundesrepublik und DDR
1971–1989 Ära Honecker
1972 Grundlagenvertrag zwischen Bundesrepublik und DDR
1973 Aufnahme der Bundesrepublik und der DDR in die UNO
1973/74 Wirtschaftskrise infolge weltweiter Ölkrise
1979 NATO-Doppelbeschluss
1980 Gründung der Partei „Die Grünen"
seit 1980 Systemkrise in der DDR, zunehmende Opposition gegen den SED-Staat, Ausreisewelle
1982–1998 Christlich-liberale Koalition (CDU, FDP)

3 Das Ende des Ost-West-Konflikts und die deutsche Einheit

M1 **Die Niederreißung der Berliner Mauer, Wandbildentwurf für das Haus am Checkpoint Charlie in Berlin, Ölgemälde auf Fotoleinwand von Matthias Koeppel (geb. 1937), 1979**

1981
Gründung der Solidarność in Polen

1985
Gorbatschow wird Generalsekretär der KPdSU, DDR-Führung lehnt Glasnost und Perestroika ab

1989
Friedliche Revolutionen in Osteuropa, Fall der Berliner Mauer

1990
Abschluss der 2 + 4-Verhandlungen, Wiedervereinigung, erste gesamtdeutsche Wahl

1991
Ende des Warschauer Paktes, Auflösung der Sowjetunion

1971–1989 Regierungszeit Honeckers

1982–1998 Christlich-liberale Koalition unter Helmut Kohl

1985–1991 Reformpolitik Gorbatschows

1980 1985 1990 1995

„Mr. Gorbatschow, tear down this wall!", forderte der amerikanische Präsident Ronald Reagan in einer Rede am Brandenburger Tor 1987. Nur zwei Jahre später war die Berliner Mauer, das Symbol des Kalten Krieges, gefallen. Dies wäre undenkbar ohne die Reformpolitik Gorbatschows in der Sowjetunion, die zu tief greifenden Umwälzungen in allen osteuropäischen Staaten und schließlich zur Auflösung der Sowjetunion und des Warschauer Paktes führte. Die DDR-Führung verschloss sich zunächst der Reformbewegung, die seit den 1980er-Jahren fast alle Staaten des Ostblocks erfasste. Doch die Bürger der DDR wurden von der Aufbruchsstimmung erfasst und forderten immer lauter grundlegende Freiheits- und Mitbestimmungsrechte. Der Widerspruch zwischen der von der SED-Führung offiziell vertretenen Ideologie und der Alltagswirklichkeit im „real existierenden Sozialismus" wurde immer augenfälliger. Immer mehr Menschen flüchteten in die Bundesrepublik, deren Staats-, Gesellschafts- und Wirtschaftsordnung eine große Anziehungskraft ausübte. Die Führung der SED gab schließlich dem Druck der Protestbewegung nach und öffnete in der Nacht vom 9. auf den 10. November 1989 die Mauer. Mit einer friedlichen Revolution hatten die Bürger der DDR ein Ende der vierzigjährigen kommunistischen Diktatur herbeigeführt – der Weg zur Demokratie war frei. Zugleich wurde die Forderung nach einer Wiedervereinigung der beiden deutschen Staaten lauter. Aus dem Slogan der Protestbewegung „Wir sind das Volk" entstand der Ruf „Wir sind ein Volk". Am 3. Oktober 1990 wurde durch den Beitritt der DDR zur Bundesrepublik aus dem geteilten Deutschland wieder ein Staat. Mit den Worten „Jetzt wächst zusammen, was zusammengehört" hatte Willy Brandt bereits am Tag nach der Maueröffnung seine Hoffnung ausgedrückt. Doch der Prozess des Zusammenwachsens ist auch heute noch nicht abgeschlossen. Und auch außenpolitisch steht das wiedervereinigte Land vor neuen Herausforderungen: Das Ende der alten Weltordnung des Ost-West-Konflikts fordert eine Neudefinition der deutschen Position innerhalb der internationalen Staatengemeinschaft.

Kompetenzerwerb: Nach Bearbeitung des Kapitels 3 können Sie ...

- die Auflösung des Ostblocks erläutern und Ansätze einer Neuordnung des internationalen Systems erörtern,
- die von den Machthabern der DDR erhobenen programmatischen Ansprüche mit der Wirklichkeit vergleichen,
- Ursachen, Verlauf und Besonderheiten der friedlichen Revolution in der DDR darstellen und erörtern,
- den Prozess der deutschen Einigung im internationalen Rahmen erläutern,
- Chancen und Probleme des vereinigten Deutschland diskutieren,
- sich kritisch mit der Erinnerung an die DDR-Vergangenheit auseinandersetzen,
- Spielfilme als historische Quelle auswerten.

1998
Gerhard Schröder wird Bundeskanzler

2005
Angela Merkel wird Bundeskanzlerin

1998–2005 Rot-grüne Koalition unter Schröder

2005–2009 Große Koalition unter Merkel

seit 2009 Schwarz-gelbe Koalition unter Merkel

2000 | 2005 | 2010

1 Das Ende des Ost-West-Konflikts

M 1 Michail Gorbatschow (geb. 1931), Fotografie, 1990

1952 Eintritt in die Kommunistische Partei der Sowjetunion (KPdSU)
1971–1991 Mitglied des Zentralkomitees (ZK) der KPdSU
1980–1991 Mitglied des Politbüros der KPdSU
1985–1991 Generalsekretär der KPdSU („Glasnost" und „Perestroika", Entspannungspolitik); Vorsitz im Nationalen Verteidigungsrat
Febr. 1990 Zustimmung zu einer deutschen Wiedervereinigung
Mai 1991 Umsturzversuch gegen Gorbatschow scheitert; Rücktritt

Aus der Helsinki-Schlussakte der Konferenz über Sicherheit und Zusammenarbeit in Europa/KSZE vom 1. August 1975:
Die Teilnehmerstaaten werden die Menschenrechte und Grundfreiheiten einschließlich der Gedanken-, Gewissens-, Religions- oder Überzeugungsfreiheit für alle ohne Unterschied der Rasse, des Geschlechts, der Sprache oder der Religion achten. Sie werden die wirksame Ausübung der zivilen, politischen, wirtschaftlichen, sozialen, kulturellen sowie anderen Rechte und Freiheiten, die sich alle aus der dem Menschen innewohnenden Würde ergeben und für seine freie und volle Entfaltung wesentlich sind, fördern und ermutigen. In diesem Rahmen werden die Teilnehmerstaaten die Freiheit des Individuums anerkennen und achten, sich allein oder in Gemeinschaft mit anderen zu einer Religion oder einer Überzeugung in Übereinstimmung mit dem, was sein Gewissen ihm bietet, zu bekennen und sie auszuüben.
Zit. nach Europa-Archiv, Jg. 30, 1975, S. D 441.

„Völkerfrühling"

Im Jahre 1989 fiel die Berliner Mauer, 1990 erklärten Russland und alle anderen Sowjetrepubliken ihre Souveränität im Rahmen der Sowjetunion, 1991 wurden die Sowjetunion und der Warschauer Pakt aufgelöst. Diese Daten markieren das Ende des Ost-West-Konfliktes bzw. des Kalten Krieges. Der Systemkonflikt zwischen westlichen Demokratien und kommunistischen Parteidiktaturen bestimmte nicht länger die internationale Politik. Viele Völker feierten diese Jahre zwischen 1989 und 1991 als große Jahre in der Geschichte von Freiheit und Demokratie. Der **Zusammenbruch des Kommunismus** sowjetischer Prägung und des Sowjetimperiums brachte besonders den Staaten Osteuropas (M 4–M 6) einen „Völkerfrühling". Sie konnten sich nun von der Herrschaft der Sowjetunion befreien und eine eigenständige Außenpolitik betreiben. Dabei entschieden sie sich für eine enge Anlehnung an die USA und die Europäische Union. Diese **Verwestlichung** bestimmte auch die Innenpolitik: Die Demokratisierung des politischen Systems, die Übernahme der Marktwirtschaft und die Liberalisierung des öffentlichen Lebens brachten der Bevölkerung Freiheiten, die bisher nur die Bürger der westlichen Nationen kannten, wie die Meinungs- und Versammlungsfreiheit.

Perestroika und Glasnost

Der Triumph der bürgerlich-liberalen Demokratie über den Kommunismus war das Ergebnis eines tief greifenden Wandels im Ostblock. Zu den wichtigsten längerfristigen Veränderungen gehört der **KSZE-Prozess***, der die Handlungsspielräume der Opposition in den kommunistischen Staaten vergrößerte. Aber vor allem die **Reformpolitik in der Sowjetunion** unter **Michail Gorbatschow***, der ab 1985 die Politik seines Landes maßgeblich prägte, verlieh der Opposition in den osteuropäischen „Bruderstaaten" großen Auftrieb und Legitimation. Die Dringlichkeit grundlegender Umwälzungen in der Sowjetunion wurde zusätzlich erhöht durch die amerikanische Politik der Stärke unter US-Präsident Ronald Reagan. In dem dadurch dramatisch verschärften Rüstungswettlauf konnte die Sowjetunion nicht mehr mithalten (s. S. 75 f.). Gorbatschow war überzeugt, dass die Erhaltung der sowjetischen Macht nur durch einen umfassenden innenpolitischen Umbau zu erreichen sei, der entsprechend außenpolitisch von einem Kurs der Entspannung begleitet werden müsse. Seine auch im Westen populär gewordenen Leitbegriffe lauteten *„Perestroika"* (= Umbau), *„Glasnost"* (= Öffentlichkeit) und „Neues Denken". Die beiden ersten Begriffe bezogen sich vornehmlich auf die Innenpolitik und benannten einen Prozess, der sich mit einer marktwirtschaftlichen und demokratischen Öffnung der sowjetischen Gesellschaft verband – allerdings immer zentral gelenkt durch die Kommunistische Partei. Im Begriff des **„Neuen Denkens"** wurde eine neue Konzeption der sowjetischen Außen- und Sicherheitspolitik erkennbar. Eine defensive Militärdoktrin sollte das Streben nach militärischer Dominanz ablösen. Gorbatschow betonte die Einheit der Welt und die globale Geltung des Prinzips der „friedlichen Koexistenz". Seit 1987 baute Gorbatschow auch das weltpolitische Engagement der Sowjetunion ab, indem er z. B. die Truppen aus Afghanistan zurückzog. Seit den 1970er-, vor allem aber in den 1980er-Jahren wuchsen in der Sowjetunion und den osteuropäischen Staaten die **wirtschaftlichen Probleme**. Der allgemeine Lebensstandard sank, die Versorgung mit Konsumgütern verschlechterte sich und der Abstand zum Westen wurde größer. Die Unzulänglichkeiten der kommunistischen Planwirtschaft waren für jedermann sichtbar. Der Anspruch der Kommunisten, mehr Wohlstand und Gleichheit zu schaffen, geriet immer mehr in Widerspruch zur Realität. Mit dem ökonomischen Niedergang büßten auch die kommunistischen Eliten und die Partei schnell und nachhaltig an Ansehen und Legitimität ein. Partei- und Staatsführung trugen immer weniger zur Lösung der gesellschaftlichen und wirtschaftlichen Schwierigkeiten bei, sondern isolierten sich zunehmend von Bevölkerung und Wirklichkeit.

M2 Unterzeichnung der KSZE-Schlussakte in Helsinki, Fotografie, 1975

V.l.n.r.: Bundeskanzler Helmut Schmidt, der DDR-Staatsratsvorsitzende Erich Honecker, US-Präsident Gerald Ford

Osteuropa

All diese Entwicklungen trugen mit zur **Aushöhlung der Autorität der kommunistischen Herrschaft** bei und begünstigten die revolutionären Veränderungen. Sie verliefen in den osteuropäischen Staaten jedoch nicht gleichmäßig und gleichförmig, sondern unterschieden sich vor allem im Tempo des Wandels. Der Historiker und Publizist Timothy Garton Ash hat dabei eine Beschleunigung der Veränderungen festgestellt: Was in Polen zehn Jahre, in Ungarn zehn Monate und in der DDR zehn Wochen dauerte (s. S. 141 ff.), geschah in Prag in zehn Tagen, nämlich die Entmachtung der kommunistischen Parteien. Und das kommunistische Regime in Rumänien fiel in nur wenigen Stunden.

In **Polen** entwickelte sich seit 1980 die unabhängige Gewerkschaft ***„Solidarność“**** (= Solidarität) zur entscheidenden Kraft des antikommunistischen Widerstandes. Starken Auftrieb und internationale Unterstützung erhielt die Organisation, der sich viele Arbeiter und Intellektuelle anschlossen, durch den 1978 zum Papst gewählten polnischen Kardinal Karol Wojtyla. In Polen, wo die katholische Kirche auch zu kommunistischen Zeiten immer eine relativ starke Stellung gegenüber der Staatsmacht innehatte, empfanden viele den Papstbesuch 1979 als Bestätigung ihrer oppositionellen Haltung. Die Verhängung des Kriegsrechts 1981 und das Verbot der Solidarność 1982 konnten das Anwachsen der Oppositionsbewegung nicht stoppen. 1989 verloren die Kommunisten ihre beherrschende Stellung, demokratische Wahlen brachten nicht kommunistische Kräfte an die Macht. Der Gewerkschaftsführer **Lech Wałesa** übernahm 1990–1995 das Präsidentenamt.

Solidarność (dt.: Solidarität)
Die unabhängige Gewerkschaft Solidarność wurde 1980 nach einer landesweiten Streikwelle, ausgelöst durch Preiserhöhungen, auf der Grundlage eines Abkommens zwischen der polnischen Regierung und dem unabhängigen Streikkomitee gegründet. Bald zählte die Gewerkschaft 10 Mio. Mitglieder. Sie wurde 1982 verboten, ihr Vorsitzender Lech Wałesa inhaftiert. Dennoch entwickelte sich die Solidarność zum Zentrum der Opposition und zur Triebkraft des politischen Wandels in Polen. Lech Wałesa erhielt 1983 den Friedensnobelpreis und war von 1990 bis 1995 Staatspräsident der Republik Polen.

In **Ungarn** erreichte die wieder erstarkte Reformbewegung 1988 den Rücktritt des kommunistischen Parteichefs. Nach dem offiziellen Verzicht der Kommunisten auf ihr Machtmonopol organisierten die neu gegründeten demokratischen Parteien den Übergang zu Demokratie und Marktwirtschaft. Der Abbau der Grenzsperren zu Österreich im September 1989 öffnete nicht nur den Ungarn den Weg in den Westen: DDR-Bürger reisten zu Tausenden nach Ungarn, um von dort über Österreich in die Bundesrepublik Deutschland zu gelangen (s. S. 141).

In der **Tschechoslowakei** gelang im Herbst 1989 eine **„samtene Revolution“**. Mit Massendemonstrationen und Generalstreik konnten die Reformer eine rasche Wende zu Demokratie und Marktwirtschaft durchsetzen. Die Forderung der slowakischen Nationalbewegung nach einem eigenen Staat führte 1992 zur Aufhebung der Föderation mit der Tschechischen Republik, wie sie seit 1990 bestanden hatte. In **Rumänien** wurde der stalinistische Diktator **Nicolae Ceauşescu** (1908–1989) im Jahr 1989 gewaltsam gestürzt und erschossen. Eine „Front zur Nationalen Rettung“ aus ehemaligen Kommunisten und Teilen der Oppositionsbewegung, die bei den Parlamentswahlen am 20. Mai 1990 gesiegt hatte, leitete den Systemwandel ein. Eine 1991 verabschiedete Verfassung führte das Mehrparteiensystem ein. **Bulgarien** benötigte eine längere Übergangszeit, bis es 1996 die kommunistische Herrschaft endgültig abschüttelte und mit der Verwestlichung des Landes begann. **Albanien** versank nach dem Tod des langjährigen kommunistischen Diktators Enver Hoxha 1985 in Chaos und Terror, die besonders in den 1990er-Jahren die inneren Verhältnisse prägten. Internationale Truppenkontingente mussten im Auftrag der UNO eingreifen, damit 1997 die ersten freien Wahlen stattfinden konnten. Und in **Jugoslawien** entwickelten die Nationalitätenkonflikte eine solche Kraft, dass die vormalige Sozialistische Föderative Republik 1991/92 auseinanderbrach.

M3 Papst Johannes Paul II. in Polen, Fotografie, 1979

Literaturtipp
Ernst-Otto Czempiel, Weltpolitik im Umbruch. Die Pax Americana, der Terrorismus und die Zukunft der internationalen Beziehungen, München 2003.
Der Politologe und Friedensforscher Czempiel über eine neue Weltordnung nach dem Ende des Ost-West-Konflikts.

Perspektiven einer neuen Weltordnung

Mit dem Zusammenbruch des Sowjetimperiums 1991 und der Auflösung des Warschauer Paktes endete die Geschichte der bipolaren Weltordnung. Wie wird sich das internationale System weiterentwickeln? Bietet eine multipolare Weltordnung mehr Chancen oder Risiken für den Weltfrieden? Durch welche Gefahren wird der Weltfriede in Zukunft bedroht? Für abschließende Antworten ist es noch zu früh. Aber zwei Jahrzehnte nach dem Ende des Ost-West-Konfliktes scheint eine Diskussion über die wissenschaftlichen Prognosen sinnvoll, die einige Forscher nach den Wendejahren zwischen 1989 und 1991 formuliert haben (M 7 a, b).

1 Erläutern Sie mithilfe des Darstellungstextes, welche Faktoren zum Ende des Ost-West-Konfliktes führten.

M 4 Der polnische Arbeiterführer Lech Wałesa spricht in Danzig vor Anhängern der Gewerkschaft „Solidarność", Foto, Herbst 1988. Übersetzung des Textes auf dem Transparent: „Keine Freiheit ohne Gott und Solidarność".

M 5 Ungarn: Demonstration in Budapest zum Jahrestag der Revolution 1848, Fotografie, 15. März 1988

M 6 Tschechoslowakei: Demonstration vor dem Denkmal König Wenzels in Prag, Fotografie, Dezember 1989. Am Sockel Bilder von T. Masaryk, dem ersten Präsidenten der Republik (Reg. 1918–1935), und A. Dubček, Reformpolitiker aus dem „Prager Frühling" 1968.

1 Beschreiben Sie mithilfe von M 4 bis M 6 die Hoffnungen, Ziele und politischen Ideen, die die Reformbewegungen in den osteuropäischen Staaten 1988/89 besaßen.

2 Erörtern Sie, warum die Menschen während des Umbruchs 1989–1991 auf historische Vorbilder zurückgriffen.

M 7 Wissenschaftliche Prognosen für die zukünftige Weltordnung

a) Der deutsche Friedensforscher Karl Kaiser, 1993:

An die Stelle der theoretischen Möglichkeit des großen Krieges im Norden ist die grausame Realität einer Vielfalt zwischenstaatlicher und ethnischer Konflikte sowie von Bürgerkriegen getreten. [...]

– Massive Menschenrechtsverletzungen, Unterdrückung und Vernichtung von Minderheiten, „ethnische Säuberungen" und Völkermord haben zugenommen, auch in Europa.

– Das militärische Zerstörungspotenzial [...] ist massiv angewachsen, quantitativ wie qualitativ. Moderne konventionelle Waffen aus den Arsenalen des Kalten Krieges sind billig und überall verfügbar. Die verdeckte und offene [Weiterverbreitung] von nuklearen und chemischen Waffen, oft in der Nachbarschaft schwelender Konflikte, [erzeugt] [...] eine nicht gekannte Brisanz. [...]

– Die Verelendung in großen Teilen der Dritten Welt nimmt zu. In Verbindung mit mannigfachen ungelösten zwischenstaatlichen Problemen, inneren Wirren und leichter Verfügbarkeit von Waffen bilden diese Regionen Herde der Instabilität und von Konflikten, die globale Wirkung haben können.

– In [vielen] Regionen des ehemaligen Sozialismus wie der Dritten Welt findet ein rapider Verfall politischer Autorität mit zunehmender Unregierbarkeit, Kriminalisierung und Ausbreitung anarchischer Zustände statt. [...] Als Partner für internationale Abkommen [...] fallen derartige Regionen aus, da die Regierungen über die zur Umsetzung notwendige Autorität nicht mehr verfügen. [...]

– Ökologische Krisen können bei einer weiteren Verschärfung Frieden bedrohende Dimensionen annehmen. [...]

– Die [Wanderung] wird [...] zu einem [schwerwiegenden] Problem der Weltpolitik. Die Bevölkerungsexplosion in den armen Regionen der Welt drängt zunehmend in die [...] reichen Regionen und führt zu Belastungen, die Abschottungseffekte sowie innere Konflikte zur Folge haben. Von politischer Unterdrückung, Katastrophen und Kriegen ausgelöste Flüchtlingswellen verstärken diese Problematik.

Karl Kaiser, Die ständige Mitgliedschaft im Sicherheitsrat, in: Europa-Archiv, Nr. 19/1993, S. 542 f.

b) Die Prognosen der amerikanischen Sozialwissenschaftler Francis Fukuyama und Samuel P. Huntington:

Diese Tabelle beruht auf folgenden Büchern: Francis Fukuyama, Das Ende der Geschichte. Wo stehen wir?, München 1992; Samuel P. Huntington, Der Kampf der Kulturen. Die Neugestaltung der Weltpolitik im 21. Jahrhundert, München 1997.

Francis Fukuyama	Samuel P. Huntington
1. Die moderne, liberale Demokratie stellt den Endpunkt der ideologischen Evolution dar, es gibt keine Alternativen zu ihr. 2. Die Naturwissenschaft und das Grundbedürfnis nach Anerkennung waren die bestimmenden Faktoren bei der Entwicklung der liberalen Demokratie. 3. Die Nationen werden einander immer ähnlicher, sie zeigen eine deutliche Tendenz zum westlichen System, nämlich Demokratie und freie Marktwirtschaft. Durch die Globalisierung werden sie miteinander verbunden. 4. Die liberale Demokratie ist das beste aller Systeme, weil es die Grundbedürfnisse der Menschen berücksichtigt und befriedigt. Durch die Ausbreitung der liberalen Demokratie ist die Gefahr von Kriegen deutlich verringert.	1. In Zukunft wird es mehr Konflikte geben aufgrund der vielen kulturellen Unterschiede der Menschheit. 2. Der Westen beeinflusst zwar die gesamte Welt, jedoch unterscheiden sich die westlichen Werte grundlegend von denen der islamisch, orthodox oder konfuzianisch geprägten Welt. Durch die Zunahme der internationalen Beziehungen wird das Kulturbewusstsein besonders gestärkt werden. 3. Konflikte zwischen Zivilisationen sind schwieriger beizulegen als politische oder ökonomische Konflikte, und sie tendieren eher dazu, durch Krieg ausgetragen zu werden. 4. Die nicht-westlichen Systeme werden ihre militärische und wirtschaftliche Stärke erhöhen und Bündnisse schließen, um mit dem Westen konkurrieren zu können. 5. Um größere Eskalationen zu vermeiden, müssen die verschiedenen kulturellen Gruppen lernen, nebeneinander zu leben und ein Grundverständnis für die jeweils anderen Zivilisationen zu entwickeln („*Peaceful Coexistance*").
Gesamtbild: sehr optimistisch und harmonisch; (zu) sehr am westlichen Denken orientiert	Gesamtbild: sehr pessimistisch, global orientiert

Zit. nach: Peter Filzmaier u. a., Internationale Politik. Eine Einführung, UTB, Wien 2006, S. 30.

1 a) Arbeiten Sie die zentralen Aussagen dieser Prognosen (M 7 a, b) heraus.
b) Vergleichen Sie die Prognosen miteinander: Welche Gemeinsamkeiten und Unterschiede gibt es?
c) Diskutieren Sie, welche der prognostizierten Entwicklungen bis heute eingetreten sind und welche nicht. Formulieren Sie gegebenenfalls eine eigene Prognose für das 21. Jahrhundert, die die weltpolitischen Entwicklungen seit 1990/91 berücksichtigt.

2 Niedergang und Krise der DDR – eine Folge wirtschaftlicher Unzufriedenheit?

Wirtschaftsgeschichte der DDR
Sommer 1945 Bodenreform
1945/46 Schwerindustrielle Betriebe in sowjetische Aktiengesellschaften überführt, Verstaatlichungen
Okt. 1947 Deutsche Wirtschaftskommission (DWK): erste zentrale Planungsbehörde der SBZ
Juni 1948 Währungsreform
Okt. 1949 Gründung der DDR: Planwirtschaft, Recht auf Arbeit
1951 Erster Fünfjahresplan
1952–1960 Kollektivierung der Landwirtschaft
Mai 1953 Normerhöhung um 10%
1958 Einführung des „Unterrichtstages in der Produktion"
1963 „Neues System der ökonomischen Planung und Leitung"
1968 „Ökonomisches System des Sozialismus"
1971 Ausbau der Sozialpolitik unter Honecker
1973/74 Weltweite Ölkrise
1980 Zwangsumtausch für westliche Reisende in die DDR erhöht
1982 Finanzkrise der DDR
1983/84 Milliardenkredite der BRD

Die DDR in der Krise

Der politische, wirtschaftliche und soziale Niedergang und Verfall der DDR seit den ausgehenden 1970er-Jahren mündete in den 1980er-Jahren in eine allgemeine **Systemkrise.** Sie konnte lange Zeit verschleiert werden durch die Routine des Partei- und Staatsapparats. Dieser milderte die wirtschaftlichen Schwierigkeiten oder die wachsende Staatsverschuldung durch die Wirtschaftsbeziehungen zur Bundesrepublik, denen die Europäische Gemeinschaft (EG) einen privilegierten Status eingeräumt hatte. Aber auch glanzvolle Ereignisse wie die Eröffnung der wiederaufgebauten Semper-Oper in Dresden 1985 oder der Besuch **Erich Honeckers** (s. S. 117) in Bonn 1987 lenkten von den Problemen ab.

(1) Die Systemkrise zeigte sich erstens als **Wirtschaftskrise.** Schon 1982 drohte der DDR ein finanzieller Ruin, der 1983 und 1984 durch Milliardenkredite bundesdeutscher Banken, für die die Bundesregierung bürgte, abgewendet werden konnte. Diese materielle Unterstützung verhinderte jedoch nicht den ökonomischen Niedergang der veralteten und technologisch rückständigen DDR-Industrie und auch nicht die sich ausweitende Umweltkatastrophe, weil für Umweltschutz kein Geld vorhanden war. Die Bürger verdienten zwar gut, hochwertige Konsumgüter waren aber teuer und nur schwer zu bekommen.

(2) Die Unzufriedenheit der DDR-Bürger mit der wirtschaftlichen und sozialen Situation führte zweitens zu einer **Glaubwürdigkeitskrise** (M 6). Viele Bürger gaben die Hoffnung auf bessere Verhältnisse auf. Die politische Distanz zum Staat wuchs, vor allem bei den Jüngeren. Mitverantwortlich dafür waren die „bedarfsgerecht" gelenkte Berufsausbildung und die eingeschränkte Möglichkeit zu studieren. 1972 gab es insgesamt rund 150 000 Studierende in der DDR, 1984 nur noch 130 000. Junge Menschen fühlten sich um ihre Zukunft betrogen: Weder sozialen Aufstieg wie den Älteren noch die Verwirklichung individueller Lebensentwürfe gestand ihnen das SED-Regime zu. Es wurde immer deutlicher, dass die kommunistischen Machthaber nicht in der Lage waren, die Versprechungen auf eine Verbesserung der allgemeinen Lage einzulösen.

(3) Die innere Krise wurde drittens verstärkt durch die zunehmende **außenpolitische Isolierung** der DDR. Ängstlich auf ihre Macht bedacht, vergaß die kommunistische Elite, wer diese Macht garantierte: die Sowjetunion. Zwar begrüßte die SED die vom sowjetischen Parteichef **Michail Gorbatschow** 1985 eingeleitete neue Runde der Entspannungspolitik, weigerte sich aber, die innenpolitischen Reformen, **„Perestroika"** und **„Glasnost"** (s. S. 132), auf die DDR zu übertragen. Staats- und Parteichef Honecker war bewusst, dass eine Öffnung der DDR das Ende dieses Staates einläuten würde. Er propagierte den „Sozialismus in den Farben der DDR", also die Fortsetzung eines dogmatischen Staatssozialismus. Und die SED gab die Devise aus: „Keine Fehlerdiskussion". Damit begab sich die DDR-Führung in einen ideologischen Zweifrontenkrieg. Wie sollte sie ihren Bürgern klarmachen, dass nicht nur der „imperialistische Westen", sondern auch die „brüderliche Schutzmacht" Sowjetunion eine Gefahr für die DDR darstellte?

Mangelwirtschaft

Die Unzufriedenheit der DDR-Bürger mit der wirtschaftlichen und sozialen Situation im **real existierenden Sozialismus** (s. S. 120) war also nicht die alleinige, wohl aber eine wesentliche Ursache für den Zusammenbruch des Systems 1989/90. Zwar verbesserte sich der Lebensstandard in der DDR seit den 1950er-Jahren kontinuierlich, er

M 1 Karikatur von Karl Heinz Schoenfeld, 1988

blieb jedoch weit hinter dem der Westdeutschen zurück. Die **Planwirtschaft** (s. S. 91) der DDR mit ihren hohen **staatlichen Subventionen*** für Waren und Güter des täglichen Bedarfs war und blieb eine **Mangelwirtschaft** (M 2–M 5), die an die Leistungen der westdeutschen Markt- und **Konsumgesellschaft** nicht heranreichte. Um die Unzufriedenheit der DDR-Bürger abzubauen, beschritt Erich Honecker in den 1970er-Jahren neue Wege. Die von ihm propagierte „Einheit von Wirtschafts- und Sozialpolitik“ (M 7) diente dem Ziel, die Versorgungslage und den Lebensstandard der Bevölkerung anzuheben. So stieg der allgemeine Wohlstand in der DDR, doch gleichzeitig auch die Staatsverschuldung. Diese wurde zusätzlich vergrößert durch die wirtschaftlichen Veränderungen seit der **Ölkrise 1973/74**. Die Sowjetunion verlangte jetzt von der „Brudernation“ DDR für Erdöl- und Erdgaslieferungen den Weltmarktpreis in Dollar. Die DDR musste deswegen den Westhandel einschränken, sodass auch die ohnehin knappen Devisenvorräte für eine Modernisierung der DDR-Industrie zurückgingen.

Gegen Ende der 1980er-Jahre hatten die Wirtschaftsprobleme in der DDR Ausmaße erreicht, die ohne grundlegende Strukturreformen nicht mehr zu bewältigen waren. Die Planwirtschaft erwies sich als unfähig, die Bevölkerung flexibel mit den benötigten Gütern und Waren zu versorgen. Ohne den Lebensstandard der Bevölkerung drastisch abzusenken, hätte die DDR ihre hohen **Schulden im Westen** nicht mehr bezahlen können. Hinzu kam, dass viele Wohnungen kaum oder nicht mehr bewohnbar waren und die Städte zunehmend verfielen. Außerdem nahmen aufgrund der wachsenden **Umweltprobleme** die Sorgen vieler Menschen um ihre Gesundheit zu. Dieser Niedergang von Wirtschaft und Gesellschaft beschleunigte das Ende der kommunistischen Diktatur in der DDR dramatisch (M 7, M 8).

Staatliche Subventionen
Hilfsleistungen des Staates an die Wirtschaft, um die Marktpreise für politisch erwünschte Zwecke künstlich zu senken. Der SED-Staat subventionierte zum Beispiel
- Nahrungsmittel mit 46 %,
- Verkehrsleistungen mit 65 %,
- Wohnungsmieten mit 70 %.

Literaturtipps
Siegfried Wittenburg, Stefan Wolle, Die sanfte Rebellion der Bilder. DDR-Alltag in Fotos und Geschichten, Darmstadt 2008.

Edgar Wolfrum, Die DDR. Eine Geschichte in Bildern, Darmstadt 2008.

1 Stellen Sie die wirtschaftliche und soziale Situation der DDR in den 1980er-Jahren ausgehend vom Begriff der „Krise“ mithilfe einer Mindmap dar.
2 Interpretieren Sie die Karikatur M 1. Erläutern Sie die Position des Zeichners unter Berücksichtigung Ihrer Kenntnisse der wirtschaftlichen und politischen Situation der DDR in den 1980er-Jahren.

M2 Käuferschlange vor einem Ost- und Gemüsestand in Leipzig, Fotografie, 3. September 1989

M3 Konsumgüter in Privathaushalten der DDR 1960–1987 im Vergleich zur Bundesrepublik (in %)

Konsumgut	DDR				BRD
	1960	1970	1980	1987	1987
Pkw	3	16	37	50	95
Fernseher, davon	17	69	88	95	100
– Farbfernseher	–	0	17	47	91
Kälteschränke, davon	6	56	99	99	100
– Gefrierschränke	–	1	13	38	76
Waschmaschinen	6	54	80	97	98
Telefone	–	10	12	16	97

Nach: Werner Weidenfeld/Hartmut Zimmermann (Hg.), Deutschland-Handbuch, Bonn 1989, S. 300.

M4 Wirtschaftsentwicklung in der DDR 1970–1987

Jahr	Auslandsschulden (in Mrd. Mark)*	Investitionen (in Mrd. Mark)*	Investitionsquote (Invest. in % des Sozialproduktes)
1970	2,2	34,4	19,4
1975	11,0	42,0	17,1
1980	25,3	46,9	16,5
1985	30,0	39,6	12,0
1987	34,7	45,5	11,4

Nach: Konrad H. Jarausch, Die unverhoffte Einheit. 1989–1990, Frankfurt (Suhrkamp) 1995, S. 154.

* **1 Deutsche Mark = 0,51 Euro**

1 .a) Beschreiben Sie mithilfe von M3 die Entwicklung der Verbreitung von Konsumgütern in der DDR.
b) Vergleichen Sie mit der Bundesrepublik.

2 Analysieren Sie die Daten zur Wirtschaftsentwicklung in der DDR (M4). Diskutieren Sie mögliche Auswirkungen dieser Entwicklung.

M5 Wolfgang Hinkeldey (geb. 1952 in Jena), Zwei Gedichte zur Planwirtschaft, undatiert

a) „ERFOLGSMELDUNG“

Auch in diesem Jahr traten
Beim Zersägen unserer Bretter
Keinerlei Späne auf

b) „ERFOLG UNSER“

ERFOLG UNSER, der
Du stehst in der Zeitung
Geheiligt werde dein Wortlaut
Deine Ziffer melde
Dein Optimismus blühe
Wie im Rundfunk
Also auch im Fernsehen
Unser ruhiges Gewissen
Gib uns täglich
Und vergib uns unsere Kritik
Wie wir vergeben
Unseren Kritikern
Und führe uns
Nicht in Versuchung
Sondern erlöse uns
Von allen Zweifeln
Denn dein ist die Genehmigung
Und unsere Karriere
Also auch unser Beifall
In Ewigkeit
Hurra

Thomas Auerbach, DDR-Konkret, Olle & Wolter, Berlin 1984, S. 61.

1 Skizzieren Sie die Kritik in den Gedichten M 5 a und b.

2 Erklären Sie die Ursachen für die Unzufriedenheit der DDR-Bürger (M 1–M 5).

M6 Geld und Tausch in der DDR-Wirtschaft

1982 schrieb die Schriftstellerin Irene Böhme zwei Jahre nach ihrer Übersiedlung in den Westen über die Auswirkungen der DDR-Mangelwirtschaft auf das Konsumverhalten der Menschen:

In der DDR regiert Geld die Welt nicht. Man hat ausreichend, um durchschnittlich zu leben, Wohnung und Grundnahrungsmittel zu bezahlen. Für Geld lässt sich wenig kaufen. Auf ein Auto wartet man zehn bis zwölf Jahre, eine Nacht und einen Tag steht man vor dem Laden Schlange, um einen Farbfernseher zu erwerben, Grund und Boden sind nicht käuflich, Häuser und Segelboote sind rar.

Da Geld nicht viel wert ist, muss „der Rubel rollen". Man lebt für den Tag, die Stunde, isst und trinkt viel. [...]

Geld wäre kein Problem, gäbe es nur die Mark der DDR. Jedoch kursiert die D-Mark [West]. Sie ist bei staatlichen Umtauschstellen in das staatliche Spielgeld „Forum-Scheck" einzutauschen. Mit „Forum-Schecks" zahlt der DDR-Bürger in „Intershop"-Läden und erhält Jeans, Kaffee, Schnaps, Süßigkeiten, Kosmetika, Autozubehör der westlichen Hersteller. Das Westgeld, im Volksmund „buntes Geld" oder „blaue Fliesen" genannt, öffnet dem Besitzer viele Türen, beschafft rare Ersatzteile, lässt Handwerker pünktlich erscheinen. [...]

Die Ware ist das wahre Zahlungsmittel des Landes. Wer etwas zu geben hat, hat Aussicht, etwas zu kriegen. Nach dem Zweiten Weltkrieg schossen Tauschzentralen aus dem Untergrund, die seriösen Schwestern des „Schwarzen Marktes". Man tauschte Wecker gegen Schuhe, Schuhe gegen Töpfe, Töpfe gegen Wecker. Die DDR hat sich diesem Nachkriegszustand genähert. Mehr noch, sie macht den Warentausch zur hauptsächlichen wirtschaftlichen Verkehrsform. [...] Ein Normalfall verläuft so: Ein Mann braucht eine Etagenheizung, der Heizungsinstallateur braucht einen „Trabant" [Auto] für seine Frau. Der Mann hat eine Tiefkühltruhe zu bieten. Er sucht den Tauschpartner „Tiefkühltruhe gegen Auto" (bei Wertausgleich), tauscht dann „Auto gegen Etagenheizung" (bei Wertausgleich). [...] Die wirkliche Kunst ist, mit dem Warentausch zu spielen, Versorgungsketten aufzubauen, die neben den offiziellen verlaufen und funktionieren. [...] Gibt es im Autogeschäft Ersatzteile, stellen sich ganze Familien an, um größere Mengen für späteren Tausch einzukaufen. [...] Menschen, die etwas „besorgen" können, sind angesehen.

Zit. nach: Christoph Kleßmann, Georg Wagner (Hg.), Das gespaltene Land. Leben in Deutschland 1945–1990. Texte und Dokumente zur Sozialgeschichte, München (C. H. Beck) 1993, S. 380–382.

1 **Beschreiben Sie Auswirkungen der DDR-Wirtschaft auf das Konsumverhalten der Menschen.**

2 **Erörtern Sie anhand von M2 bis M6, inwieweit in der DDR eine Mangelwirtschaft herrschte.**

M7 Interview mit Rudi Rosenkranz, einem ehemaligen Kombinatsdirektor, 1993

Wir bekamen Auflagen, in denen vorgegeben war, was wir im Verlauf des Folgejahres zu produzieren hatten, welches Material wie einsetzen durften, welche Investitionen möglich waren und viele derlei Punkte noch dazu. Trotz aller Plandiskussionen hat sich an diesen Auflagen eigentlich nichts geändert, man erwartete allerdings, dass im Ergebnis der Plandiskussion höhere Zielstellungen entstehen würden. Dort, wo ich gearbeitet habe, war es immer so, dass schon die Vorgaben nicht erreichbar waren. Wir haben uns eigentlich von der ersten Stunde an, wo wir uns mit dem Folgejahr beschäftigten, bis zur letzten Stunde des Folgejahrs mit diesem Plan beschäftigt, den wir nie geschafft haben. Aber das Allerschlimmste war, dass wir, ich würde mal sagen, den Plan ideologisiert haben. Mir wurde bei einer solchen Planverteidigung einmal gesagt, auf deinem Rechenschieber ist nicht die Kraft der Arbeiterklasse. Mit dieser Ideologisierung hat man den Plan, der ja eigentlich sein muss, ganz heruntergewirtschaftet. Und je kritischer die Lage wurde, desto unmöglicher wurden die Planmethoden.[...]

Also, für einen Industrieminister, für einen Generaldirektor, für einen Betriebsdirektor war der Plan, ich muss das mal sagen, Lohn der Angst. Wir alle wurden daran gemessen, das Öffentlichkeitsbild in einem Dorf, in einer Stadt, im ganzen Land wurde dadurch bestimmt, dass man sagte, wie ist seine Planerfüllung. Und das Schlimmste, was passieren konnte, war, dass man den Plan nicht erfüllte. Die Information ging dann herum wie ein Lauffeuer: Von den Maidemonstrationen bis zu allen möglichen öffentlichen Konferenzen hieß es eben, das Unternehmen erfüllt den Plan nicht. Dann fühlten sich auch alle gesellschaftlichen Organisationen ringsherum dazu bemüßigt, auf den Plan-Nichterfüller einzugehen. Man lebte tatsächlich in Angst vor jedem Rapport; den gab es ja nicht nur im Ministerium, sondern den gab es auch in Gremien der Partei, den gab es im Bezirk, auf staatlicher Ebene, auf Parteiebene. Man wanderte also von Plankontrolle zu Plankontrolle, um zu begründen, warum der Plan nicht erfüllt wurde. Es ging so weit, dass Männer, die das nicht durchgestanden haben, versucht waren, Pläne abzurechnen, die so gar nicht gekommen waren, also Zahlen zu manipulieren, und damit hat sich diese Wirtschaft natürlich selbst ins Abseits gebracht. Pläne wurden erfüllt, indem man irgendwelche Maschinen von einem Unternehmen zum anderen geschoben und drei-, viermal abgerechnet hat. Das vernebelte das Bild über die wahre Situation der Wirtschaft im Lande, und nichts anderes ist geschehen.

Zit. nach: Wolfgang Kenntemich, Manfred Dumiok, Thomas Karlauf (Hg.), Das war die DDR. Eine Geschichte des anderen Deutschland. Berlin (Rowohlt) 1993, S. 72 f.

1 **Erörtern Sie die Schwierigkeiten in der Planung, die in M7 geschildert werden.**

M8 Die wirtschaftliche und soziale Situation der DDR Ende der 1980er-Jahre

Aus einem Bericht führender Wirtschaftsfunktionäre der DDR (Gerhard Schürer, Gerhard Beil, Alexander Schalck-Golodkowski, Ernst Höfner, Arno Donda), 27. Oktober 1989.

Infolge der Konzentration der Mittel [auf den Wohnungsneubau] wurden [...] dringendste Reparaturmaßnahmen nicht durchgeführt und in solchen Städten wie Leipzig und besonders in Mittelstädten wie Görlitz u.a. gibt es Tausende von Wohnungen, die nicht mehr bewohnbar sind. [...]

Die Feststellung, dass wir über ein funktionierendes System der Leitung und Planung verfügen, hält einer strengen Prüfung nicht stand. [Es] entwickelte sich ein übermäßiger Planungs- und Verwaltungsaufwand. Die Selbstständigkeit der Kombinate und wirtschaftlichen Einheiten sowie der Territorien wurde eingeschränkt. [...] Dadurch trat u.a. eine Tendenz der Kostenerhöhung ein, wodurch die internationale Wettbewerbsfähigkeit abnahm. Das bestehende System der Leitung und Planung hat sich hinsichtlich der notwendigen Entwicklung der Produktion der „1000 kleinen Dinge" sowie der effektiven Leitung und Planung der Klein- und Mittelbetriebe [...] nicht bewährt, da ökonomische und Preis-Markt-Regelungen ausblieben. [...] Im [...] Vergleich der Arbeitsproduktivität liegt die DDR gegenwärtig um 40% hinter der BRD zurück. [...] Die Verschuldung im nichtsozialistischen Wirtschaftsgebiet [NSW] ist seit [1971] auf eine Höhe gestiegen, die die Zahlungsfähigkeit der DDR infrage stellt. [...]

Die Konzentration der ohnehin zu geringen Investitionen auf ausgewählte Zweige hat zum Zurückbleiben in anderen Bereichen, darunter der Zulieferindustrie, geführt. Dazu kommt, dass große Investitionsobjekte mit bedeutendem Aufwand nicht den geplanten Nutzen erbracht haben. [...]

In bestimmten Bereichen der Volkswirtschaft sind die Ausrüstungen so verschlissen, woraus sich ein überhöhter und ökonomisch uneffektiver Instandhaltungs- und Reparaturbedarf ergibt. [...] Im Zeitraum seit [1971] wuchs insgesamt der Verbrauch schneller als die eigenen Leistungen. [Die Verschuldung im NSW erhöhte] sich von 2 Mrd. VM 1970 auf 49 Mrd. VM 1989. [Die] Sozialpolitik seit [1971 basierte] nicht in vollem Umfang auf eigenen Leistungen [und führte] zu einer wachsenden Verschuldung im NSW. [...]

Die Verbindlichkeiten des Staatshaushaltes gegenüber dem [inländischen] Kreditsystem entwickelten sich aufgrund der höheren Ausgaben gegenüber den erreichten Einnahmen von rd. 12 Mrd. M 1970 auf [...] 123 Mrd. M 1988. In den Jahren 1989 und 1990 können die höheren Ausgaben des Staatshaushaltes gegenüber den Einnahmen nur durch zusätzliche Kreditaufnahme in Höhe von 20 Mrd. M erreicht werden, sodass die Gesamtverschuldung 1990 insgesamt 140 Mrd. M beträgt. [...] Die ungenügende Erhöhung der Effektivität im volkswirtschaftlichen Reproduktionsprozess, die Angleichung der Industrieabgabepreise an den im internationalen Vergleich zu hohen Aufwand sowie die wachsende Verschuldung des Staatshaushaltes hat zu einer Schwächung der Währung der DDR geführt. [...]

[In] den Jahren 1971–1980 wurden [Waren im Werte von] 21 Mrd. VM mehr [aus dem NSW] importiert als [dorthin DDR-Waren] exportiert. [Die daher notwendige Kreditaufnahme und die erforderlichen Zinszahlungen] sind die Hauptursache des heutigen außergewöhnlich hohen Schuldenberges. [...] Exportüberschüsse [in den Jahren 1981 bis 1986] ermöglichten es, den [Schuldensaldo in diesen Jahren] etwa auf gleichem Niveau in Höhe von 28 Mrd. VM zu halten. [Eine] grundlegende Änderung der ökonomischen Situation in der DDR [trat ein, als die] Exportziele des Fünfjahrplanes 1986–1989 [...] aufgrund der fehlenden Leistung und ungenügenden Effektivität mit 14 Mrd. VM unterschritten und der Import mit rd. 15 Mrd. VM [darunter 6,9 Mrd. VM für Importe zur Leistungssteigerung in der metallverarbeitenden Industrie und der Mikroelektronik] überschritten [wurden. Anstelle] des geplanten [NSW-]Exportüberschusses von 23,1 Mrd. VM [trat] ein Importüberschuss im Zeitraum 1986–1989 von 6 Mrd. VM [ein]. [...] Die DDR hat, bezogen auf den NSW-Export, 1989 eine Schuldendienstrate von 150%. Die Lage in der Zahlungsbilanz wird sich [...] 1990 weiter verschärfen. [Zur] Aufrechterhaltung der Zahlungsfähigkeit [der DDR müssten hohe] Exportüberschüsse erreicht werden. [...]

1. [...] Es ist eine grundsätzliche Änderung der Wirtschaftspolitik der DDR verbunden mit einer Wirtschaftsreform erforderlich. [...] 2. Durchführung einer Wirtschaftsreform: Abschaffung der zentralen Planung und Abrechnung der Tagesmeldungen sowie der zentralen Dekaden- und Monatsplanung. [...] Der Wahrheitsgehalt der Statistik und Information ist auf allen Gebieten zu gewährleisten. Insgesamt geht es um die Entwicklung einer an den Marktbedingungen orientierten Planwirtschaft. [...]

Allein das Stoppen der Verschuldung würde im Jahre 1990 eine Senkung des Lebensstandards um 25–30% erfordern und die DDR unregierbar machen. [...] Aus diesem Grunde wird [...] vorgeschlagen: [...] ein konstruktives Konzept der Zusammenarbeit mit der BRD und mit anderen kapitalistischen Ländern [...] auszuarbeiten.

Zit. nach: Matthias Judt (Hg.), DDR-Geschichte in Dokumenten, Ch. Links, Berlin 1997, S. 145–147.

1 Versetzen Sie sich in die Lage eines Referenten im Bundeswirtschaftsministerium: a) Verfassen Sie anhand von M8 eine Beurteilung für die Bundesregierung. b) Erörtern Sie Maßnahmen, wie die Bundesregierung auf die Situation reagieren sollte.

2 **Essay:** Diskutieren Sie ausgehend von der Schlussthese in M8, Z. 83–88, ob und inwieweit das kommunistische System der DDR 1989 reformfähig war.

3 Die friedliche Revolution in der DDR: Wege und Ziele

1989: Montagsdemonstrationen und „Wende"*

Der zunehmende Unmut der Bevölkerung, das wachsende Selbstbewusstsein der Opposition und der anhaltende Autoritätsverlust von Staat und Partei wurden erstmals bei den **Kommunalwahlen am 7. Mai 1989** offensichtlich. Bürgerrechtsgruppen gelang es, den Machthabern Fälschungen nachzuweisen. Außerdem konnten sie auf die Abweichungen des offiziellen (99 Prozent für den „gemeinsamen Wahlvorschlag der Nationalen Front") vom tatsächlichen Wahlergebnis (sie sollen teilweise bis zu 20 Prozent betragen haben) aufmerksam machen. Die schwelende politische Krise wurde verschärft durch die erneute **Massenflucht** aus der DDR im Sommer 1989. Um in den Westen zu gelangen, flüchteten darüber hinaus Tausende Ostdeutsche in die bundesdeutschen Botschaften in Budapest, Warschau und Prag sowie in die Ständige Vertretung in Ostberlin. Am 2. Mai 1989 begann Ungarn mit dem Abbau seiner Grenzbefestigungen zu Österreich; am 10. September 1989 entschied die ungarische Regierung, dass Ostdeutsche das Land frei in Richtung Westen verlassen durften. Die Flüchtlingszahlen schwollen lawinenartig an. Am 30. September 1989 konnte Bundesaußenminister Hans-Dietrich Genscher den Flüchtlingen in den überfüllten BRD-Botschaften in Prag und Warschau verkünden, dass sie in den Westen ausreisen dürften.

In der DDR meldeten sich **Bürgerrechtsgruppen** immer selbstbewusster zu Wort. Sie und neue Parteien, wie die am 7. Oktober 1989 gegründete Sozialdemokratische Partei (SDP, im Januar 1990 in SPD umbenannt), traten in Konkurrenz zur kommunistischen Staatspartei der DDR. Aber auch die Bürger selbst wiesen den umfassenden Regelungsanspruch der SED zurück, indem sie öffentlich demonstrierten. Im Anschluss an ein Friedensgebet in der Nikolaikirche gingen in Leipzig Montag für Montag immer mehr Bürger auf die Straße. Obwohl Gerüchte über den Einsatz der Volksarmee gegen die Demonstranten umliefen, versammelten sich am **9. Oktober 1989** schließlich 70 000 Menschen zur **Leipziger Montagsdemonstration** (M 1). Als der befürchtete Eingriff der Sicherheitskräfte ausblieb, begriffen die Menschen, dass sie keine Angst mehr vor der Staatsmacht zu haben

„Wende" oder friedliche Revolution?
Egon Krenz, der Nachfolger Honeckers, sprach im Oktober 1989 erstmals von einer „Wende", um den Reformwillen der SED auszudrücken. Der Begriff wurde bald in den allgemeinen Sprachgebrauch als Bezeichnung für die Ereignisse in der DDR 1989/90 übernommen. In der Geschichtswissenschaft ist er jedoch wegen seiner Unschärfe umstritten. Viele Historiker bevorzugen den Begriff „friedliche Revolution", da die Protestbewegung einen radikalen Neuanfang anstrebte.
Im Unterschied zu älteren Revolutionen (Französische Revolution 1789, Russische Oktoberrevolution 1917) verzichtete die DDR-Opposition auf Gewalt – daher die Bezeichnung „friedliche Revolution".

M 1 Montagsdemonstration, Leipzig, 9. Oktober 1989, Fotografie

M2 Grenzübergang Checkpoint Charlie in Berlin am Morgen nach der Maueröffnung, Fotografie, 10. November 1989

brauchten. Der Oppositionsbewegung war ein Durchbruch gelungen. Die friedliche Revolution hatte den Weg zur Demokratie frei gemacht.
Zum friedlichen Verlauf hatte beigetragen, dass die Initiatoren der Friedensgebete und eine Gruppe um den Leipziger Gewandhauskapellmeister Kurt Masur zur Gewaltlosigkeit aufgerufen hatten. Außerdem gab es in der Leipziger SED-Bezirksleitung besonnene Kräfte, die den „Aufruf zum Dialog" unterstützten. Hinzu kam, dass in der herrschenden SED niemand bereit war, die Verantwortung für eine gewaltsame Unterdrückung der Demonstrationen zu übernehmen.
Am **9. November 1989 fiel die Mauer**, wie sie am 13. August 1961 gekommen war: nachts und unerwartet. Am Abend des 9. November gab die SED-Führung eine im Fernsehen übertragene Pressekonferenz. In einem beiläufigen Ton kündigte SED-Politbüromitglied Günter Schabowski an, es werde für DDR-Bürger sehr bald befriedigende Regelungen für Westreisen geben – ein Satz, der innerhalb weniger Stunden zur faktischen Öffnung der DDR-Grenzen führte (M 2).

Egon Krenz (geb. 1937)
1953 Eintritt in die FDJ
1964–1967 Besuch der Parteihochschule in Moskau
1971–1990 Volkskammerabgeordneter
1973–1989 Mitglied des Zentralkomitees (ZK) der SED
1984–1989 SED-Politbüromitglied („zweiter" Mann hinter Honecker)
Nov./Dez. 1989 Generalsekretär des ZK der SED (Nachfolger Honeckers)

Hans Modrow (geb. 1928)
1949 Eintritt in SED, FDJ, FDGB
1952/53 Besuch der Parteihochschule in Moskau
1958–1990 Volkskammerabgeordneter
1967–1989 Mitglied des Zentralkomitees (ZK) der SED
1971–1973 Leiter der Abteilung Agitation des ZK der SED
1973–1989 Erster Sekretär der SED-Bezirksleitung Dresden
Nov./Dez. 1989 SED-Politbüromitglied
Nov. 1989–März 1990 Vorsitzender des DDR-Ministerrates

Blockparteien
Die vier Parteien, die in der DDR neben der SED existierten, die aber der „SED-Linie" folgen mussten (Christlich Demokratische Union/CDU; Liberal-Demokratische Partei/LDP bzw. LDPD; National Demokratische Partei/NDPD; Demokratische Bauernpartei Deutschlands/DBD). Seit 1950 bildeten sie gemeinsam mit SED und Massenorganisationen (s. S. 60) die Nationale Front.

Das SED-Regime im Jahre 1989

Vor dem Hintergrund der oben beschriebenen Herausforderungen zeigten die Feierlichkeiten zum 40. Jahrestag der DDR-Gründung am 7. Oktober 1989, dass die Staats- und Parteiführung der DDR den Bezug zur Realität verloren hatte. Anstatt die tief greifende Krise (s. S. 136) zu erkennen, feierte die politische Prominenz den „Sieg des Sozialismus" im „Arbeiter-und-Bauern-Staat": In Ostberlin salutierte die Führungsgarde von Partei und Staat in Hut und Mantel wie eh und je den vorbeiziehenden Militärkolonnen. Dass der Osten nicht mehr das war, was die SED-Führungsriege glaubte bzw. glauben machen wollte, sprach sogar der bei den Jubiläumsfeierlichkeiten anwesende sowjetische Staats- und Parteichef **Michail Gorbatschow** (s. S. 132) offen aus: Er ermahnte die Machthaber der DDR zu Reformen: „Gefahren warten nur auf jene, die nicht auf das Leben reagieren." Daraus entstand in der volkstümlichen Überlieferung das geflügelte Wort: „Wer zu spät kommt, den bestraft das Leben." Überzeugt vom Fortbestand des Staates zu seinen Bedingungen, lehnte das SED-Regime eine grundlegende Umgestaltung ab. Zwar wollte die Partei ihre Reformfähigkeit und -willigkeit demonstrieren, als sie am 18. Oktober 1989 Erich Honecker zum Rücktritt zwang – im Dezember wurde er sogar aus der Partei ausgeschlossen. Aber sein Nachfolger **Egon Krenz*** war und blieb ein Mann des alten Systems, der die Schaffung einer parlamentarischen Demokratie ablehnte. Seine Ernennung löste daher in der Bevölkerung Proteste aus. Bereits am 13. November 1989 wählte die Volkskammer **Hans Modrow*** zum neuen Ministerpräsidenten der DDR. Der Reformkommunist handelte jedoch zaghaft und wollte keine grundlegende Reform der Wirtschaftsordnung anstreben. Auch die Eigenständigkeit der DDR sollte so lange wie möglich gewahrt bleiben.
Inzwischen hatten die neuen politischen Kräfte der Bürgerbewegung und die SPD zusammen mit Vertretern der **Blockparteien*** in Berlin nach polnischem Vorbild einen **„Runden Tisch"*** ins Leben gerufen (M 3). Wichtige Etappen auf dem Weg zur Demokratie waren die Streichung der „führenden Rolle" der SED aus der DDR-Verfassung am 1. Dezember 1989 sowie die Vereinbarung vom 28. Januar 1990, mit der Vertreter der Oppositionsgruppen in die Regierung Modrow eintraten. Der darin vorgesehene Termin für die Neuwahl der Volkskammer, der 6. Mai 1990, wurde allerdings auf den 18. März vorgezogen.

Debatten über die Zukunft der DDR

Der Weg zur Demokratie war seit dem 9. November 1989 frei. Aber wie sollte die neue demokratische Ordnung aussehen? Und mit welchen Mitteln sollte sie durchgesetzt werden? Darüber haben die Parteien und politisch-sozialen Gruppen 1989/90 intensiv diskutiert. Die Vertreter der alten **SED**, auch ihre reformbereiten Kräfte, wollten das kommunistische System nur geringfügig reformieren, um es und damit auch die DDR als zweiten deutschen Staat zu erhalten. Nach der organisatorischen und programmatischen Neuausrichtung der SED sowie ihrer Umbenennung in **SED-PDS** im Dezember 1989 – seit Februar 1990 nannte sich die Partei nur noch **Partei des Demokratischen Sozialismus (PDS)** – plädierte ihr neuer Vorsitzender **Gregor Gysi** für einen „dritten Weg jenseits von stalinistischem Sozialismus und Herrschaft transnationaler Monopole". Allerdings gab es innerhalb der PDS unterschiedliche Strömungen: Die Bandbreite reichte von den „Reformern", die politischen Pluralismus, Rechtsstaat und Marktwirtschaft prinzipiell akzeptierten, bis hin zu den unbelehrbaren Anhängern des alten stalinistischen Systems in der „Kommunistischen Plattform". Die PDS lehnte die Vereinigung mit der Bundesrepublik Deutschland ab, hielt jedoch langfristig einen Staatenbund für wünschenswert.

Die programmatischen Erklärungen innerhalb der Bürgerrechtsbewegung vom Sommer und Herbst 1989 verdeutlichen, dass auch für sie die Verbesserung des Sozialismus ein wesentliches Ziel blieb. Ihr Kampf für Menschenrechte und Demokratie war verbunden mit der Suche nach neuen Formen des Sozialismus. Ausdrücklich verwahrte sich das am 9./10. September 1989 gegründete **Neue Forum** in einer Erklärung zum 40. Jahrestag der DDR dagegen, als „sozialismusfeindlich" zu gelten. Es sei die SED, die sozialistische Ideale diskreditiere. Ähnlich bekannte sich die im Oktober 1989 ins Leben gerufene und im August 1990 der CDU beigetretene Bürgerrechtsvereinigung **Demokratischer Aufbruch** während ihrer Gründungsphase zum Sozialismus. In einer Erklärung vom 2. Oktober 1989 hieß es: „Wir wollen neu lernen, was Sozialismus für uns heißen kann." Dieses Denken prägte auch die Initiativgruppe **Demokratie Jetzt**, die sich 1989 konstituierte und seit Februar 1990 Teil der Listenverbindung und späteren Partei **Bündnis 90** war. Einige ihrer Vertreter waren überzeugt von der Notwendigkeit „einer sozialistischen Alternative zum westlichen Konsumkapitalismus". Anhänger der sozialistischen Plattform **Vereinigte Linke** (gegründet im September/Oktober 1989), behaupteten sogar, in der DDR werde darum gerungen, „die weltweite Perspektive des Kommunismus zu rehabilitieren". Das Bekenntnis all dieser Gruppen zum Sozialismus schloss die Annahme ein, dass es in Deutschland noch längere Zeit zwei Staaten geben müsse bzw. werde.

Dagegen setzten sich die **Sozialdemokraten** der DDR für staatliche Einheit und parlamentarische Demokratie ein. Unter der Parole „Freiheit und Wohlstand – nie wieder Sozialismus" trat die **Allianz für Deutschland** zur Volkskammerwahl im März 1990 an und forderte eine möglichst schnelle Vereinigung mit der Bundesrepublik. In diesem Wahlbündnis hatten sich zusammengeschlossen: die ehemalige Blockpartei **CDU**, die 1990 entstandene **Deutsche Soziale Union (DSU)**, die christlich-konservativ und strikt marktwirtschaftlich orientiert war, sowie der **Demokratische Aufbruch**, der nun für die deutsche Einheit eintrat (M 4–M 6).

Politik der DDR-Regierung 1990

Den Wahlsieg bei der ersten freien **Volkskammerwahl** am 18. März 1990 trug die CDU-dominierte „Allianz für Deutschland" davon, die 48 Prozent der Stimmen erhielt. Ihr Erfolg war ein deutliches Votum für eine rasche Vereinigung der beiden deutschen Teilstaaten und die zügige Einführung der Sozialen Marktwirtschaft (M 7). Der Ostberliner Soziologe Heinz Kallabis beschrieb in seinem Tagebuch treffsicher die Wünsche der Mehrheit der DDR-Bürger: „Sie wollen keine neuen sozialen Experimente mehr. Sie wollen den Lebensstandard wie ihre Brüder und Schwestern in der BRD. Sie wollen das heute und nicht erst morgen. Sie wollen nicht allein die ‚Karre aus dem Dreck ziehen'." Die Volkskammer wählte am 12. April 1990 den im November 1989 zum Vorsitzenden der Ost-CDU gewählten Rechtsanwalt

M3 Der „Runde Tisch" in der DDR 1989/90

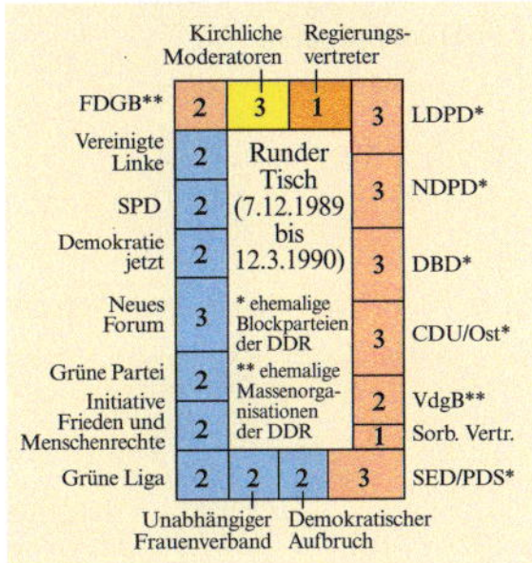

„Runder Tisch"
Vom Dezember 1989 bis zu den ersten freien Wahlen im März 1990 war das Gremium eine Art Ersatzparlament und Kontrollinstanz für die Regierung Modrow, das auch die freien Wahlen vorbereitete. Auf regionaler und lokaler Ebene entstanden ebenfalls „Runde Tische", deren Mitglieder die Verwaltung kontrollierten und die Demokratisierung vorantrieben.

M4 Transparent von einer Demonstration in der DDR, Fotografie, Anf. 1990

Internettipp
www.chronik-der-wende.de
Eine Dokumentation des RBB zur Wiedervereinigung.

Lothar de Maizière zum Ministerpräsidenten. Er bildete eine Koalitionsregierung aus CDU, SPD, DSU, DA und Liberalen. Bereits im Wahlkampf war die Wiedervereinigung Deutschlands das alles beherrschende Thema gewesen. Dieses Ziel bestimmte auch die Politik der neuen Regierung. In seiner Regierungserklärung bekannte sich de Maizière zur Herstellung der staatlichen Einheit Deutschlands. Diese solle mit „Tempo und Qualität" gestaltet werden, und die Ostdeutschen dürften nicht das Gefühl bekommen, „Bürger zweiter Klasse" zu sein.

1 Erörtern Sie, wie realistisch Gegner und Befürworter der parlamentarischen Demokratie und Wiedervereinigung die Stimmung in der Bevölkerung einschätzten.

M5 Entwicklung der Aussagen von Parteien und politischen Gruppen in der DDR 1989/90

Wahllisten für die Volkskammerwahl im März 1990	Parteien und politische Gruppen	Aussagen zur Wirtschaft	Aussagen zur deutschen Einheit bzw. zum Verhältnis DDR-Bundesrepublik	Wahlkampfhilfe aus der Bundesrepublik
	Neues Forum (NF) vor dem 9. Nov. 1989	persönliche Initiative, aber keine „Ellenbogengesellschaft"; Verringerung der Umweltverschmutzung	reformierte DDR soll keine Kopie der BRD werden	
	Demokratie Jetzt (DJ) vor dem 9. Nov. 1989	Marktwirtschaft, in der die staatliche Rahmenplanung die Umwelt- und Sozialverträglichkeit sichert	gleichberechtigte Nachbarschaft von DDR und BRD, die sich aufeinander zu entwickeln	
Bündnis 90	NF, DJ, Initiative Frieden und Menschenrechte	soziale und ökologische Marktwirtschaft, staatliche Garantie für sozialen Mindeststandard	kein Anschluss an die BRD; Einheit nicht so schnell, sondern so schonend wie möglich	nein
	Demokratischer Aufbruch (DA) vor dem 9. Nov. 1989	Marktwirtschaft mit demokratischen, sozialen und ökologischen Zügen	DDR soll Alternative zur BRD bilden	
	Christlich Demokratische Union (CDU) vor dem 9. Nov. 1989	wie SED		
Allianz für Deutschland	DA, CDU, DSU	soziale Marktwirtschaft; Sofortprogramm für die Umwelt	Einheit Deutschlands so schnell wie möglich	ja
	Sozialdemokratische Partei (SDP) vor dem 9. Nov. 1989	soziale und ökologische Marktwirtschaft	für Zweistaatlichkeit; für Veränderung im Rahmen einer europäischen Friedensordnung	
SPD	SPD	wie oben	Einheit so schonend wie möglich	ja
	Deutsche Forumspartei (DFP) vor dem 9. Nov. 1989	wie Neues Forum	wie Neues Forum	
	LDPD vor dem 9. Nov. 1989	wie SED; Reformbereitschaft in Richtung Marktwirtschaft	wie SED	
Bund freier Demokraten	DFP, LDPD, FDP	soziale, ökologische Marktwirtschaft; Wirtschafts- und Währungsunion	schnelle Herstellung der deutschen Einheit	ja
	SED vor dem 9. Nov. 1989	Zentralverwaltungswirtschaft	Beibehaltung von zwei deutschen Staaten	
PDS	PDS	soziale, ökologische Marktwirtschaft, öffentliche Kontrolle, Dominanz des gesellschaftlichen Eigentums	schrittweiser Übergang zu einem Staatenbund	nein

1 Fassen Sie anhand von M5 die Ziele und das Vorgehen der Parteien und Gruppen während der friedlichen Revolution 1989/90 zusammen.

M6 Geschichte kontrovers: Debatte um Demokratie und Wiedervereinigung in der DDR 1989/90

a) Künstlerappell, Berlin, 26. November 1989:

Entweder: können wir auf der Eigenständigkeit der DDR bestehen und versuchen, mit allen unseren Kräften und in Zusammenarbeit mit denjenigen Staaten und Interessengruppen, die dazu bereit sind, in unserem Land eine solidarische Gesellschaft zu entwickeln, in der Frieden und soziale Gerechtigkeit, Freiheit des Einzelnen, Freizügigkeit aller und die Bewahrung der Umwelt gewährleistet wird. Oder: wir müssen dulden, dass, veranlasst durch starke ökonomische Zwänge und durch unzumutbare Bedingungen, an die einflussreiche Kreise aus Wirtschaft und Politik in der Bundesrepublik ihre Hilfe für die DDR knüpfen, ein Ausverkauf unserer materiellen und moralischen Werte beginnt und über kurz oder lang die Deutsche Demokratische Republik durch die Bundesrepublik vereinnahmt wird. Lasst uns den ersten Weg gehen.

Zit. nach: Charles Schüddekopf (Hg.), Wir sind das Volk!, Rowohlt, Reinbek 1990, S. 240.

b) „Allianz für Deutschland" zur Volkskammerwahl:

Wir streben die Einheit Deutschlands auf der Grundlage des Grundgesetzes an. Das Grundgesetz für die Bundesrepublik Deutschland hat sich in den 40 Jahren seines Bestehens bewährt. Es ist weltweit als vorbildliche demokratische Verfassung anerkannt und war die Grundlage der friedlichsten und freiheitlichsten politischen Ordnung, die es je auf deutschem Boden gab. Sie soll auch für die Menschen in der DDR Wirklichkeit werden. Dazu gehören insbesondere bindende Grund- und Menschenrechte, die Wiederherstellung der Länder und ihrer Rechte sowie die Gewährleistung der kommunalen Selbstverwaltung. Übergangsregelungen und Harmonisierungsbestimmungen müssen die besondere Rechtssituation der DDR berücksichtigen und ihrer Realität angepasst sein. Wir treten für die sofortige Einführung der D-Mark ein. [...] Wir setzen auf Privateigentum und uneingeschränkte Gewerbefreiheit. Mit einem Förderungsprogramm und deutlichen steuerlichen Entlastungen wollen wir Selbstständige besonders fördern und eine Gründerwelle für Klein- und Mittelbetriebe in Gang setzen. Die Staatsunternehmen müssen entflochten und Zug um Zug in Privathand überführt werden. Die Privatisierung des Volksvermögens in der DDR muss mit der Beteiligung der Arbeitnehmerschaft an diesen Unternehmen gekoppelt werden.

Wahlaufruf der „Allianz für Deutschland", 1990.

1 Arbeiten Sie aus M6a, b die Argumente der Befürworter und Gegner der Wiedervereinigung heraus.
2 Ordnen Sie die Positionen in M6a, b mithilfe von M5 in das Meinungsspektrum der DDR 1989/90 ein.

M7 Die Volkskammerwahl vom 18. März 1990

a) Endergebnis der Volkskammerwahl (in %):

Christlich Demokratische Union Deutschlands (CDU)	40,6
Sozialdemokratische Partei Deutschlands (SPD)	21,8
Partei des Demokratischen Sozialismus (PDS)	16,3
Deutsche Soziale Union (DSU)	6,3
Bund Freier Demokraten (Deutsche Forumspartei, Liberal-Demokratische Partei, Freie Demokratische Partei)	5,3
Bündnis 90 (Neues Forum, Demokratie Jetzt, Initiative Frieden und Menschenrechte)	2,9
Demokratische Bauernpartei Deutschlands (DBD)	2,2
Grüne-UFV (Grüne Partei, Unabhängiger Frauenverband)	1,9
Demokratischer Aufbruch (DA)	0,9
Sonstige	1,3
Wahlbeteiligung	93,4

Nach: Das Parlament, Nr. 14, 30. März 1990.

b) Analyse des Meinungsforschungsinstituts INFAS:

Auf der einen Seite standen die politischen Gruppierungen, die sich nach Bonner Muster formiert hatten: Sozialdemokraten, Liberale sowie die in der „Allianz für Deutschland" verbündeten drei Parteien (CDU, DSU und Demokratischer Aufbruch). Erklärtes Ziel dieser drei Parteien war der rasche Zusammenschluss der beiden Staaten. [...] Im anderen Lager waren jene Gruppen versammelt, die auf eine gewisse Eigenständigkeit der DDR beim Aushandeln der Modalitäten und Wahrung von Besitzständen Wert legten. Hier trafen sich die Kontrahenten von gestern: die PDS und „Bündnis 90", [...] ferner [...] Nationaldemokraten und Demokratische Bauernpartei [...]. Alle Befragungsergebnisse verweisen darauf, dass es bei dieser Wahl ein einziges Thema gab, [...] die rasche Einigung. [...] CDU und DSU versprachen glaubwürdiger als alle anderen den zügigsten Fahrplan. [...] Die SPD saß am Ende zwischen den Stühlen [...]. In der Kombination der Programmpunkte „Einheit" und „soziale Abfederung" schien sie unschlagbar zu sein – und wurde in der einen Frage rasch von der Allianz überholt, in der anderen von der PDS bedrängt.

Aus: Frankfurter Rundschau, 19. März 1990.

1 Erörtern Sie die Wünsche und Sehnsüchte der DDR-Bevölkerung Anfang 1990 mithilfe von M7a, b.
2 Bewerten Sie das Ergebnis bei der Volkskammerwahl vom 18. März 1990 (M7a). Untersuchen Sie dabei die Frage, inwieweit es legitim ist, die DDR als eine „deutsche Alternative" zu bezeichnen.
3 **Podiumsdiskussion:** Führen Sie eine Podiumsdiskussion durch zum Thema: „Das Ende der DDR – Revolution oder Zusammenbruch?"

4 Die Vereinigung der beiden deutschen Staaten: „Beitritt“ oder neue Verfassung?

M 1 Bundeskanzler Helmut Kohl (geb. 1930) auf einer Wahlveranstaltung in Erfurt, 20. Febr. 1990, Fotografie

Ein Bedürfnis nach nationaler Einheit?

Mit dem Fall der Berliner Mauer am 9. November 1989 änderte sich von einem zum anderen Tag fast alles, auch für die Westdeutschen. Bis zum 9. November hatten sie die Ereignisse in der DDR fasziniert, aber in sicherer Entfernung am Fernsehschirm verfolgt. Die Ereignisse betrafen sie nun unmittelbar und sie ahnten, dass dieser Tag Deutschland verändern werde. „Jetzt wächst zusammen, was zusammengehört“, mit diesem Worten drückte der ehemalige Bundeskanzler Willy Brandt am 10. November auf einer Kundgebung in Berlin aus, dass die nationale Einheit auf der politischen Tagesordnung stand. Aber auch die Bürgerinnen und Bürger der DDR kämpften nicht nur für Freiheit und Demokratie in der DDR. Schon wenige Wochen nach dem 9. November ging es auch um die Vereinigung der beiden deutschen Staaten (M 1). Statt **„Wir sind das Volk“** hieß es auf den Demonstrationen bald **„Wir sind ein Volk“**. Der in beiden Teilstaaten zu vernehmende Wunsch nach **Freiheit** und **Einheit** zeigte eindrucksvoll, dass das nationale Zusammengehörigkeitsgefühl in den mehr als vierzig Jahren getrennter deutscher Geschichte erhalten geblieben war. Ein eigenständiger zweiter deutscher Staat besaß keine Legitimität mehr – die SED-Diktatur hatte diese Legitimität nie besessen.

Die Reaktion der Bundesregierung

Die Bundesregierung, die sich zunächst überrascht von den Ereignissen in der DDR zeigte, ergriff spätestens am 28. November 1989 die Initiative im Prozess der deutschen Vereinigung. An diesem Tag veröffentlichte sie das **„Zehn-Punkte-Programm“**, das Bundeskanzler **Helmut Kohl** (s. S. 112) mit seinem engsten Beraterkreis unter strenger Geheimhaltung im Bundeskanzleramt ausgearbeitet hatte. Der Plan sah ein schrittweises Vorgehen vor: Sofortigen humanitären und Wirtschaftshilfen für die DDR sollte langfristig eine bundesstaatliche Ordnung in einem vereinten Deutschland folgen. Angesichts des raschen Zerfalls der wirtschaftlichen und gesellschaftlichen Verhältnisse in der DDR schien ein Festhalten an der Idee einer Vertragsgemeinschaft und der Schaffung konföderativer Strukturen nicht länger möglich. Stattdessen setzte die Bundesregierung nun auf eine Beschleunigung des Vereinigungsprozesses. Ein wichtiger Schritt auf dem Weg zur deutschen Einheit war der Staatsvertrag zur **Wirtschafts-, Währungs- und Sozialunion***, der am 1. Juli 1990 in Kraft trat. Er regelte die Einführung der DM in der DDR und schuf die Grundlagen für die Übernahme der Sozialen Marktwirtschaft und des westdeutschen Sozialsystems in Ostdeutschland. Schon im März 1990 hatte die **Treuhandgesellschaft*** damit begonnen, die mehr als 4 000 volkseigenen Betriebe und Kombinate der DDR zu privatisieren, zu sanieren oder stillzulegen.

Wirtschafts-, Währungs- und Sozialunion
Staatsvertrag zwischen der DDR und der Bundesrepublik, mit dem die DDR zum 1. Juli 1990 große Teile der Wirtschafts- und Rechtsordnung der Bundesrepublik übernahm. Zahlungsmittel wurde in der DDR die D-Mark. Löhne, Gehälter, Renten, Mieten und andere „wiederkehrende Zahlungen“ wurden 1 : 1 umgestellt. Beim Bargeldumtausch wurde unterschieden: Kinder unter 14 Jahren konnten 2 000 DDR-Mark 1 : 1 umtauschen, 15–59-Jährige 4 000, Ältere 6 000 DDR-Mark; weitere Beträge wurden 2 : 1 umgestellt.

Treuhandgesellschaft
siehe S. 152

2 + 4-Gespräche mit den Siegermächten

Die Vereinigung setzte die Zustimmung der Siegermächte des Zweiten Weltkrieges voraus. Hatte der Beginn des Kalten Krieges zur deutschen Spaltung geführt, war das Ende des Ost-West-Konfliktes 1990 die Voraussetzung für die Vereinigung der beiden deutschen Staaten. Die außenpolitische Absicherung der deutschen Einheit gelang der Bundesregierung überraschend schnell, nachdem sich die CDU/CSU im Westen nach anfänglichem Zögern zur Anerkennung der **Oder-Neiße-Grenze** als deutsch-polnischer Grenze durchgerungen hatte. Die uneingeschränkte Unterstützung der USA unter Präsident **George Bush sen.** für den Vereinigungsprozess beseitigte auch einige Zweifel bei der französischen Regierung unter Staatspräsident

M2 Demonstration in Westberlin am 9. Dezember 1989, Fotografie

1 Ordnen Sie M 2 in den historischen Kontext ein und interpretieren Sie das Foto mithilfe der Arbeitsschritte auf der Methodenseite (S. 88).

François Mitterand und der britischen Regierung unter Premierministerin **Margaret Thatcher.** Entscheidend war danach die Zustimmung der Sowjetunion unter Führung **Michail Gorbatschows.** Würde sie die NATO-Mitgliedschaft eines vereinten Deutschlands und das Vorrücken des NATO-Gebietes bis an die Oder akzeptieren? Wie konnte die Bundesrepublik die legitimen Sicherheitsbedürfnisse der UdSSR befriedigen? Die Einigung zwischen der deutschen und der sowjetischen Regierung Mitte Juli 1990 bestand darin, dass die Sowjetunion dem neuen Staat in der Frage der Bündniszugehörigkeit freie Hand ließ. Die Bundesrepublik ihrerseits garantierte die Abrüstung der gesamtdeutschen Bundeswehr auf 370 000 Mann und die Finanzierung des Rückzugs der sowjetischen Truppen aus der DDR mit 14 Mrd. DM (rd. 7,1 Mrd. Euro). Am 12. September 1990 unterzeichneten die Außenminister der Siegermächte und der beiden deutschen Staaten in Moskau den „Vertrag über die abschließende Regelung in Bezug auf Deutschland", den sogenannten **Zwei-plus-vier-Vertrag***.

Der Weg zur deutschen Einheit

Sowohl in der Bundesrepublik Deutschland als auch in der DDR gab es intensive und leidenschaftliche Diskussionen über die Art des Vereinigungsprozesses (M 2–M 4, M 6). **Artikel 146 Grundgesetz** sah die Ausarbeitung einer neuen Verfassung und deren Bestätigung durch eine Volksabstimmung in beiden Teilen Deutschlands vor. Dagegen ermöglichte **Artikel 23 Grundgesetz** einen sofortigen Beitritt der DDR zum Geltungsbereich des Grundgesetzes. Am 23. August 1990 entschied sich die Volkskammer der DDR für das Verfahren nach Artikel 23. Der Beschluss legte den 3. Oktober als Beitrittstermin fest. Von diesem Zeitpunkt an verabschiedete sich die DDR Schritt für Schritt von der politischen Bühne: Am 31. August 1990 unterzeichneten die Unterhändler **Wolfgang Schäuble** für die Bundesrepublik Deutschland und **Günter Krause** für die DDR den **Einigungsvertrag** (M 5). Er behandelte manches sehr detailliert, manches ungenau und ließ einige Fragen wie z. B. die Regelung von Schwangerschaftsabbrüchen offen. Unklar blieben besonders Finanzfragen. Am 24. September verließ die DDR den Warschauer Pakt. Und am

Zwei-plus-vier-Vertrag

Verpflichtungen Deutschlands:
- Das vereinte Deutschland umfasst die Bundesrepublik, die DDR und ganz Berlin.
- Bestehende Grenzen sind endgültig; keine Gebietsansprüche Deutschlands gegen andere Staaten; Bestätigung der Oder-Neiße-Grenze durch deutsch-polnischen Vertrag.
- Deutschland bekräftigt sein Bekenntnis zum Frieden und seinen Verzicht auf ABC-Waffen.
- Beschränkung der deutschen Streitkräfte auf 370 000 Mann.

Verpflichtungen der Siegermächte:
- Abzug der sowjetischen Truppen aus der DDR und Ostberlin bis Ende 1994. Danach dürfen deutsche Truppen, aber keine ausländischen Streitkräfte auf ostdeutschem Gebiet stationiert werden.
- Beendigung der Viermächterechte in Bezug auf Deutschland als Ganzes und Berlin.
- Volle Souveränität des vereinten Deutschland.

2. Oktober 1990 löste sich die Volkskammer auf. Seit dem **3. Oktober 1990** ist Deutschland wieder ein Nationalstaat – der 3. Oktober ist seitdem als **Tag der Deutschen Einheit** Nationalfeiertag. Bereits am 2. Dezember fanden die ersten gesamtdeutschen Wahlen statt, aus denen CDU/CSU und FDP als stärkste Fraktion hervorgingen. Helmut Kohl wurde erneut Bundeskanzler.

1 Erläutern Sie anhand des Darstellungstextes die Probleme, die nach dem Fall der Mauer auf dem Weg zur deutschen Einheit gelöst werden mussten.
2 Stellen Sie die Lösungen dar, die die deutschen Politiker bei der Vorbereitung und Durchführung der deutschen Einheit gewählt haben. Berücksichtigen Sie dabei auch das Verhalten der Siegermächte des Zweiten Weltkrieges.

M3 Geschichte kontrovers: Staatliche Vereinigung oder eine neue Verfassung durch das Volk?

a) Der „Runde Tisch", 1990:

Anlässlich der Einbringung eines Verfassungsentwurfes für den „Runden Tisch" in der DDR am 4. April 1990 führte Gerd Poppe, Vertreter der „Initiative Frieden und Menschenrechte" und seit dem 5. Februar 1990 „Minister der nationalen Verantwortung", aus (Tonbandmitschnitt):

Niemand darf dem Volk, das in einer friedlichen Revolution seine Fesseln selbst gesprengt hat, dieses Recht bestreiten. Diejenigen, die die Voraussetzung für eine neue Ordnung geschaffen haben, dürfen ihres Rechts nicht beraubt werden. Deshalb legt der Runde Tisch als der legitime Sachwalter derjenigen Kräfte, die die Erneuerung bewirkten, einen Entwurf für eine neue Verfassung vor, über deren Annahme nach öffentlicher Diskussion ein Volksentscheid befinden soll. Dabei handelt es sich um eine Verfassung für die DDR, mit deren Annahme wir eine gegenüber der durch das Grundgesetz für die Bundesrepublik gegebenen gleichrangige und damit gleichberechtigte Ordnung schaffen. Mit diesem Entwurf einer neuen Verfassung tritt der Runde Tisch Bestrebungen entgegen, sich durch die Abgabe von Beitrittserklärungen einer anderen Verfassungsordnung, dem Grundgesetz der BRD, nach Artikel 23 zu unterwerfen. Wer auf einen solchen Weg der Einheit Deutschlands zustrebt, verletzt [...] das Selbstwertgefühl und damit die Würde dieses Volkes.

Zit. nach: Uwe Thaysen, Der Runde Tisch, Westdeutscher Verlag, Opladen 1990, S. 146.

b) Josef Isensee, Professor für Öffentliches Recht in der Bundesrepublik, 8. Juni 1990:

Da sich [...] in Ost und West keine ernsthafte Alternative zum Grundgesetz zeigt, beschränkt sich manche Forderung nach einem Verfassungsreferendum darauf, dieses solle das Grundgesetz nur bestätigen und ihm neue Legitimation zuführen. Die weit hergeholte Begründung für einen Legitimationsbedarf lautet dann: Das Grundgesetz sei im Jahre 1949 in Unfreiheit unter der Besatzungsmacht zustande gekommen. Doch was immer an anfänglicher Entscheidungsfreiheit gefehlt haben mag – das Grundgesetz hat in den vier Jahrzehnten seiner Geltung ein Maß an Zustimmung des Volkes erreicht wie keine deutsche Verfassung zuvor. [...] Was dem Grundgesetz in vier Jahrzehnten an demokratischer Akzeptanz zugewachsen ist, lässt sich nicht mit einer Volksabstimmung aufwiegen, die nicht mehr ist als Momentaufnahme einer bestimmten politischen Stimmungslage. Ein Volksentscheid aber, der nichts entscheiden, sondern nur einlösen soll, was die führenden Kräfte im Lande vorgeben, kann nicht Integration fördern, wie manche Demokratietheoretiker erhoffen. Ein Volksentscheid, der nichts zu entscheiden hat, ist nicht Demokratie, sondern demokratisches Placebo. Die Deutschen der DDR, demnächst um ihrer demokratischen Integration willen zum gesamtdeutschen Volksentscheid vergattert, könnten böse erinnert werden an die Akklamationsprozedur des weiland real existierenden Sozialismus.

c) Ernst Gottfried Mahrenholz, Vizepräsident des Bundesverfassungsgerichts, 8. Juni 1990:

Das Wort „Wir sind das Volk", das so unbezähmbar schien, soll offenbar doch noch gezähmt werden. Seine Kraft hatte es aus der Idee der Volkssouveränität empfangen, es nahm den grotesken Begriff „Volksdemokratie" beim Wort. „Genug des Volkes" – so lässt sich die Diskussion darüber verstehen, ob eine Verfassung für das ganze deutsche Volk auch von diesem gebilligt werden muss. [...] An den Fernsehern konnten die Bürger der Bundesrepublik noch einmal sehen, was es heißt, dass die Staatsgewalt vom Volke ausgeht. Gleichsam handgreiflich war, dass der Staat ein freiheitlicher Staat sein muss, wenn es der Staat des Volkes sein soll [...]. Es gibt also eine notwendige Beziehung zwischen Volk und Verfassung. Sie hat mit freier Wahl, freier Meinungsäußerung und unabdingbarer Rechtsstaatlichkeit zu tun, mit der Absage an jede auch noch so verborgene Nische willkürlicher Herrschaft; sie betrifft die Gleichheit aller Menschen vor dem Gesetz, das freie Bekenntnis jeder Überzeugung, Respektierung des Elternrechts, Sozialstaat und einiges mehr. All dies hatte drüben gefehlt, all dies ist in genauem Sinne in dem Wort „Wir sind das Volk" enthalten. Hier scheint mir kein Ausweichen möglich. Entweder ist die

Verfassung die des Volkes (und nichts anderes besagt der Begriff der Volkssouveränität), dann muss das Volk zu ihr „Ja“ gesagt haben; oder es ist die Verfassung seiner Vertreter, die gewiss trotz allen Streits nach bestem demokratischem Gemeinsinn entscheiden, aber doch nicht „wissen, was für das Volk gut ist“. Denn dann wären sie das Volk der Verfassung. […] Artikel 23 des Grundgesetzes steht im Abschnitt „Der Bund und die Länder“. Der Artikel spricht vom Geltungsbereich des Grundgesetzes und niemand hat bei den Beratungen dieses Artikels darauf hingewiesen, dass hier die Alternative zum Artikel 146 formuliert werde. Das Grundgesetz kann also nicht – auch nicht nach einem Beitritt gemäß Artikel 23 – neue gesamtdeutsche Verfassung sein.

M 3 b und c zit. nach: Die Zeit, 8. Juni 1990.

1 **a) Stellen Sie die Argumente für die Beitritts- bzw. die Volksabstimmungslösung zusammen (M 3 a–c).**
b) Erläutern Sie in diesem Zusammenhang die Begriffe „Volkssouveränität“ und „Volksentscheid“.

M 4 Wolfgang Schubert, Schlager des Jahres, 1990

1 **Interpretieren Sie M 4 im historischen Kontext.**

M 5 „Vertrag zwischen der Bundesrepublik Deutschland und der DDR über die Herstellung der Einheit Deutschlands“, 31. August 1990 (Auszug)

Art. 3 Inkrafttreten des Grundgesetzes.

Mit dem Wirksamwerden des Beitritts tritt das Grundgesetz für die Bundesrepublik Deutschland […] in den Ländern Brandenburg, Mecklenburg-Vorpommern, Sachsen, Sachsen-Anhalt und Thüringen sowie in dem Teil des Landes Berlin, in dem es bisher nicht galt, mit den sich aus Artikel 4 ergebenden Änderungen in Kraft, soweit in diesem Vertrag nichts anderes bestimmt ist. […]

Art. 4 Beitrittsbedingte Änderungen des Grundgesetzes […]

„Artikel 146

Dieses Grundgesetz, das nach Vollendung der Einheit und Freiheit Deutschlands für das gesamte deutsche Volk gilt, verliert seine Gültigkeit an dem Tage, an dem eine Verfassung in Kraft tritt, die von dem deutschen Volke in freier Entscheidung beschlossen worden ist.“

Art. 5 Künftige Verfassungsänderungen.

Die Regierungen der beiden Vertragsparteien empfehlen den gesetzgebenden Körperschaften des vereinten Deutschlands, sich innerhalb von zwei Jahren mit den im Zusammenhang mit der deutschen Einigung aufgeworfenen Fragen zur Änderung oder Ergänzung des Grundgesetzes zu befassen, insbesondere […]

- in Bezug auf die Möglichkeit einer Neugliederung für den Raum Berlin-Brandenburg, abweichend von den Vorschriften des Artikels 29 des Grundgesetzes durch Vereinbarung der beteiligten Länder,
- mit den Überlegungen zur Aufnahme von Staatszielbestimmungen in das Grundgesetz sowie
- mit der Frage der Anwendung des Artikels 146 des Grundgesetzes und in deren Rahmen einer Volksabstimmung.

Zit. nach: Die Verträge zur Einheit Deutschlands, München 1990, S. 44 ff.

M 6 Der Historiker Jürgen Kocka zur Einigung, 1995

Damit waren die Weichen für die innere Entwicklung im Grunde gestellt. Die Bundesregierung und die neue Ostberliner Regierung unter de Maizière, zwei sehr ungleiche Partner, […] regelten die Vereinigung als Beitritt der DDR zur Bundesrepublik nach Art. 23 GG. Die vorangehenden Monate hatten zur Selbstaufgabe der DDR geführt, zugleich die Leistungskraft der Bundesrepublik bestätigt und ihr Selbstbewusstsein bekräftigt. Kein Wunder also, dass die Wiedervereinigung weitestgehend als Übertragung des fortbestehenden westdeutschen Systems auf die neuen Länder im Osten angelegt wurde. Die bisweilen auf der Linken favorisierte Alternative, in der neuen historischen Situation eine neue Verfassung für ganz Deutschland auszuhandeln und sie in einer Volksabstimmung legitimieren zu lassen, hatte keine Chance. Diese Lösung hätte das neue Deutschland weniger klar in der Tradition der alten Bundesrepublik verankert und vielleicht die Möglichkeit geboten, das „Erbe“ der DDR in stärkerem Maß aufzubewahren. Eben deshalb lehnten viele diese nach Art. 146 GG durchaus mögliche Lösung ab, die lange Zeit benötigt, auch die außenpolitische Stellung Deutschlands neu zur Disposition gestellt und damit den recht unüberschaubaren Prozess der Wiedervereinigung noch riskanter gemacht hätte.

J. Kocka, Vereinigungskrise, Vandenhoeck & Ruprecht, Göttingen 1995, S. 40.

1 **Erklären Sie die zentralen Inhalte von M 5.**

2 **Recherche: a) Informieren Sie sich über Stand und Ausgang der in M 5 vorgesehenen Grundgesetzänderungen. b) Beurteilen Sie anschließend jeweils das Verfahren der Änderung und die Lösung.**

3 **Essay: Erörtern Sie ausgehend von M 6 die Vor- und Nachteile der beiden Wege zur Vereinigung.**

Filmanalyse: Spielfilme als historische Quelle

Der Film prägt zunehmend die Vorstellungen über die Vergangenheit. Historische Themen erfreuen sich bei Filmemachern und Fernsehanstalten großer Beliebtheit und erzielen hohe Zuschauerquoten. Beispiele sind die Fernsehserie „Holocaust“ (1978) oder die TV-Dokumentation „Die Deutschen“ (2008), Filme wie „Schindlers Liste“ (1994), „Der Name der Rose“ (1986) oder „Troja“ (2004). Zwei Gattungen sind zu unterscheiden: **Dokumentarfilme** versuchen, historische Themen anhand originaler Filmaufnahmen – zum Teil ergänzt durch Standfotos, aktuelle Aufnahmen, nachgespielte Szenen, Trickaufnahmen oder Interviews mit Zeitzeugen oder Experten – authentisch aufzuarbeiten. Historische **Spielfilme** erzählen, personalisieren und dramatisieren Geschichte. Dabei verbreiten sie Geschichtsbilder und tragen zur Legendenbildung bei. Obwohl Spielfilme eine hohe Realitätsnähe vermitteln, darf der Zuschauer die zum Teil sehr suggestiven Bilder nicht mit der geschichtlichen Wirklichkeit verwechseln. Historische Spielfilme liefern häufig mehr Erkenntnisse über die Zeit, die sie abbilden und in der sie entstanden sind, als über die Zeit der Filmhandlung. So spiegeln zum Beispiel deutsche Spielfilme aus den 1930er-Jahren über den preußischen König Friedrich II. oder Reichskanzler Otto von Bismarck das Weltmachtstreben der Nationalsozialisten wider. Hollywood-Produktionen aus den 1950er-Jahren geben Auskunft über den Zeitgeist im Kalten Krieg. Daher müssen Spielfilme – wie jede Quelle – kritisch analysiert werden.

Arbeitsschritte für die Analyse

1. Formale Merkmale
- Wer ist der Regisseur? Gab es Auftraggeber, die den Film finanzierten?
- Wer ist der Autor des Drehbuchs?
- Wann ist der Film entstanden und aufgeführt worden?
- Aus welchem Anlass wurde der Film gedreht?
- Mit welchem historischen Thema setzt sich der Film auseinander?

2. Inhaltliche Aspekte
- Wie lässt sich die Handlung kurz zusammenfassen?
- Wer sind die Hauptfiguren?
- Welche szenischen Gestaltungsmittel (Großaufnahmen, Kameraposition und -bewegungen, Steuerung der Blickrichtung des Zuschauers, Schnitte, Verhältnis von kurzen und langen Einstellungen) sind verwendet worden?
- Wie werden Ton (Geräusche, Musik, Sprache und Dialoge, Kommentare) und Beleuchtung (Hell-Dunkel bzw. Farbkontraste) eingesetzt?
- Welche Sequenzen des Films kann man als Schlüsselszenen bezeichnen?

3. Interpretation
- Ist die Handlung logisch und glaubhaft?
- Wie werden die Hauptfiguren charakterisiert? In welchem Verhältnis stehen sie zueinander?
- Nimmt der Film die Perspektive der Hauptfigur ein oder werden auch andere Sichtweisen dargestellt?
- Welche Bedeutung besitzen die Gestaltungsmittel?
- Was zeichnet die Schlüsselszenen im Hinblick auf die Thematik des Films aus?
- Auf welche Konflikte in der Gegenwart spielt der Film an?

4. Aussageabsicht
- Welche Intentionen verfolgt der Film?
- Wie wirkt der Film auf den Betrachter?
- Welche Reaktionen rief der Film nach der Uraufführung in der Öffentlichkeit hervor?

5. Fazit
- Welche Gesamtaussage lässt sich formulieren?

Übungsbeispiel „Good Bye, Lenin!" (2003)

Der Spielfilm „Good Bye, Lenin!" von Regisseur Wolfgang Becker aus dem Jahr 2003 erzählt die fiktive Geschichte der Familie Kerner: Kurz vor dem Fall der Mauer fällt die Mutter, eine überzeugte Bürgerin der DDR, nach einem Herzinfarkt ins Koma. Als sie nach acht Monaten wieder ihr Bewusstsein erlangt, erwacht sie in einem neuen Land – dem wiedervereinten Deutschland. Da jede Aufregung für ihr schwaches Herz tödlich enden könnte, beschließt Sohn Alex, ihr die neue politische Situation zu verheimlichen und lässt auf 79 Quadratmetern Plattenbau die DDR wieder auferstehen. Der Film beschäftigt sich mit den komplexen Veränderungen, die die deutsche Vereinigung im Leben einer DDR-Familie auslöst, und thematisiert mit dem Verschwinden der DDR-Alltagskultur auch das Vergessen individueller Werte und Biografien.

M1 Szenenbilder aus „Good Bye, Lenin!"

a) Alex' Freund Denis als Nachrichtensprecher in einer selbst gedrehten Sendung der „Aktuellen Kamera"

b) Alex beobachtet seine Mutter während der „Aktuellen Kamera"-Sendung

Weiterführende Arbeitsanregung

1 Der Film beschreibt Identitätskonflikte, die durch die „friedliche Revolution" in der DDR und die Wiedervereinigung ausgelöst werden. Untersuchen Sie arbeitsteilig, wie die Figuren mit der veränderten politischen Situation umgehen. Vergleichen Sie Ihre Ergebnisse im Plenum, indem Sie Gemeinsamkeiten und Unterschiede, z. B. bei Altersgruppen, gegenüberstellen und diskutieren.

2 Analysieren Sie, mit welchen filmischen Darstellungsmitteln die Zeit der DDR und die Zeit nach dem Mauerfall umgesetzt werden?

3 Erörtern Sie, ob der Film beide deutsche Wirklichkeiten charakterisiert. Wie werden die Ost- bzw. Westdeutschen im Film gezeigt? Welche sozial-, alltags- und mentalitätsgeschichtlichen Aussagen macht der Film?

4 Schreiben Sie eine Rezension über den Film. Erläutern Sie dabei, wie sich der Film mit der jüngsten deutsch-deutschen Geschichte auseinandersetzt, und bewerten Sie, ob ihm diese Auseinandersetzung gelungen ist.

Literaturhinweis

Bundeszentrale für politische Bildung (Hg.), Filmheft „Good Bye, Lenin!", Bonn 2003; online erhältlich unter: *www.bpb.de/files/RQZRHU.pdf*

5 Herausforderungen des vereinigten Deutschland

Treuhandgesellschaft
Die 1990 gegründete Treuhandgesellschaft sollte unter Aufsicht des Finanzministeriums die Volkseigenen Betriebe in marktfähige Unternehmen umwandeln, sie privatisieren oder stilllegen. Zudem verwaltete sie rund 30 000 Einzelhandelsgeschäfte, Hotels, Gaststätten und landwirtschaftliche Nutzflächen. Die Verkaufserlöse aus der Privatisierung des volkseigenen Vermögens konnten jedoch die wirtschaftlichen Folgelasten der Wiedervereinigung im Osten nicht kompensieren. Probleme entstanden aus der geringen Produktivität der Betriebe, ökologischen Altlasten, ungeklärten Eigentumsfragen und dem Zusammenbruch der osteuropäischen Märkte. Millionen von Arbeitsplätzen gingen verloren. Am 31. Dezember 1994 wurde die Treuhandgesellschaft aufgelöst.

Wirtschaft und Wohlstand

Mit der am 1. Juli 1990 in Kraft getretenen Wirtschafts-, Währungs- und Sozialunion (s. S. 146) und der Einführung der Sozialen Marktwirtschaft war die Hoffnung auf raschen wirtschaftlichen Aufschwung und die Angleichung der Lebensverhältnisse in Ost und West verbunden. Doch schnell wurden allzu hohe Erwartungen enttäuscht. Die Privatisierung der Wirtschaft in der DDR durch die **Treuhandgesellschaft*** war oft mit einer starken Reduzierung der Belegschaft oder der Stilllegung ganzer Industriezweige verbunden, da sich zahlreiche frühere DDR-Staatsbetriebe unter markwirtschaftlichen Bedingungen als nicht konkurrenz- und existenzfähig erwiesen. In der DDR war Arbeitslosigkeit nahezu unbekannt. Daher traf es viele DDR-Bürger wie ein Schock, als nach der Wende viele Menschen ihren Arbeitsplatz verloren. In den ersten Jahren nach der Vereinigung konnte ein Teil der Arbeitsplatzverluste aufgefangen werden durch staatliche Arbeitsmarktpolitik oder andere Maßnahmen, die z. B. Personen über 55 Jahren den Übergang in den Vorruhestand erleichterten. Besonders betroffen von der nach wie vor anhaltenden Beschäftigungskrise und dem Mangel an regulären Arbeitsplätzen sind Frauen.
Zwar stieg im Osten Deutschlands das Bruttoinlandsprodukt in den 1990er-Jahren stark an, doch war die Wirtschaft nach 1990 auf einem sehr geringen Niveau gestartet. Das Wirtschaftswachstum glich sich seit Ende der 1990er-Jahre dem des Westens an. Dennoch gelang in einigen Regionen im Osten noch kein sich selbst tragender Wirtschaftsaufschwung, auch wenn sich die Wirtschaftsstruktur der neuen Bundesländer insgesamt verbesserte. Die Modernisierung sowie die beträchtlichen Finanzhilfen, die von den alten in die neuen Bundesländer flossen, haben der Mehrheit der ostdeutschen Bevölkerung insgesamt jedoch einen bedeutenden Wohlstandsgewinn gebracht. Trotzdem verloren die neuen Bundesländer Teile ihrer Bevölkerung an den Westen der Republik. Zwischen 1990 und 2003 gewannen die zehn alten Bundesländer etwa vier Millionen Einwohner hinzu, ein knappes Drittel davon aus Ostdeutschland. Vor allem gut ausgebildete junge Fachkräfte suchten im Westen neue berufliche und private Perspektiven, darunter viele Frauen.

M1 Angela Merkel (geb. 1954), Fotografie, 2006

Die in Hamburg geborene Tochter eines evangelischen Pfarrers und promovierte Physikerin wuchs in der DDR auf.
seit 1968 Aktives Mitglied der FDJ
1973–1986 Physikstudium, Kontakte zur evangelischen Studentengemeinde
1989/90 Engagement in der Bürgerbewegung und in der CDU für die Wiedervereinigung
1991–1994 Ministerin für Frauen und Jugend im Kabinett Kohl
1994–1998 Umweltministerin
2000–2005 Vorsitzende der CDU/CSU-Bundestagsfraktion
seit 2005 Bundeskanzlerin (Wiederwahl 2009)

Neue politische Herausforderungen

Die Wiedervereinigung veränderte die innenpolitische Landschaft der Bundesrepublik und stellte das Land auch vor neue außenpolitische Herausforderungen. 1998 entstand zum ersten Mal in der Geschichte der Bundesrepublik eine neue Regierung nicht durch Koalitionswechsel, sondern durch Abwahl der Regierungskoalition. Nach 16 Jahren Regierungszeit wurde die Koalition aus CDU/CSU und FDP abgelöst. Der Sozialdemokrat Gerhard Schröder übernahm als Kandidat der stärksten Fraktion das Kanzleramt und bildete mit Bündnis 90/Die Grünen eine Regierung. Ein außenpolitischer Einschnitt in der bundesrepublikanischen Entwicklung war 1999 die Beteiligung der Bundeswehr an NATO-Luftangriffen auf Serbien, um im zerfallenden Jugoslawien die von Serben bedrohte albanische Bevölkerung im Kosovo zu schützen. Dieser Kampfeinsatz bedeutete für die pazifistisch orientierten Grünen und die teilweise pazifistisch geprägten Sozialdemokraten eine Neuorientierung. Eine Beteiligung am Irakkrieg 2003 lehnte die rot-grüne Regierung jedoch ab – trotz der deutschen Bereitschaft, größere Verantwortung in der internationalen Politik, auch mit militärischen Mitteln, zu übernehmen. Ähnlich wie die Vorgängerregierungen musste das Kabinett Schröder die Staatsfinanzen sanieren sowie Wirtschaft und Gesellschaft den Erfordernissen der Globalisierung anpassen. Um die Massenarbeitslosigkeit abzubauen, verabschiedete die rot-grüne

Koalition 2004 die Hartz-Gesetze, die die bestehenden sozialen Sicherungssysteme grundlegend veränderten. Die Modernisierung Deutschlands bleibt nach wie vor die zentrale Aufgabe deutscher Politik. Wirtschaft und Gesellschaft müssen auf die veränderten globalen Wettbewerbsbedingungen und Herausforderungen wie Finanz- und Wirtschaftskrisen eingestellt werden. Zum ersten Mal wurde mit der CDU-Vorsitzenden **Angela Merkel*** 2005 eine Frau ins Kanzleramt gewählt.

1 Nennen Sie die wirtschaftlichen und politischen Herausforderungen, mit denen die Bundesrepublik nach der Wiedervereinigung konfrontiert wurde.
2 Erklären Sie grundlegende innen- und außenpolitische Veränderungen.

M2 Erwerbstätige nach Wirtschaftsbereichen im Ost-West-Vergleich (in Prozent)

Jahr	1989		1992		1995		1999		2003	
Region	W	O	W	O	W	O	W	O	W	O
Primärer Sektor	4	11	3,5	4,9	3,1	3,9	2,6	3,9	2,3	3,2
Sekundärer Sektor	41	50	40	39	36	36	34	31	31,6	28,8
Tertiärer Sektor	55	40	57	57	61	60	64	65	66	68

nach: Klaus Schroeder, Die veränderte Republik. Deutschland nach der Wiedervereinigung, Verlag Ernst Vögel, München 2006, S. 210, 226.

1 Beschreiben und erklären Sie die Modernisierung der Wirtschaftsstruktur in Deutschland (M 2).

M3 Der ostdeutsche Theologe und Publizist Richard Schröder zieht 2005 eine Bilanz der Vereinigung

Der Osten hat seit 1990 zwei Prozesse zu durchlaufen, den Einigungsprozess, also die Übernahme der westdeutschen politischen, sozialen und wirtschaftlichen Ordnungen, und den Transformationsprozess von Diktatur und Planwirtschaft zu Demokratie und Marktwirtschaft, einen gewaltigen Umbruch. [...] Alle ehemals sozialistischen Länder durchlaufen [den Transformationsprozess]. Überall ist dieser Prozess mit schweren wirtschaftlichen Verwerfungen und hoher Arbeitslosigkeit, auch mit Abwanderung verbunden. Überall sitzen postkommunistische Parteien in den Parlamenten, öfter auch in Regierungen. Überall sind das Wahlverhalten und die Wahlbeteiligung sehr wechselhaft. Überall gibt es das Problem des Elitenwechsels, zermürbende Auseinandersetzungen um die Vergangenheit und um Eigentumsfragen. All das und mehr erscheint [...] als typisch Ost, ist aber in Wahrheit typisch posttotalitär. Bei diesen Vergleichspunkten schneidet Ostdeutschland übrigens recht gut ab. [...] Von allen ehemals sozialistischen Ländern hat Ostdeutschland den höchsten Lebensstandard und die beste Infrastruktur. Aber dieser Vergleich wird in Ost und West vermieden. Im Westen fragt man: Warum sind die noch nicht wie wir? [...] Im Osten: Warum leben wir noch nicht wie sie, sondern mit 70 Prozent Westlohn und doppelt so vielen Arbeitslosen? Der Blick nach Westen verdeckt im Osten auch den Vergleich mit den DDR-Verhältnissen. Manche – eine Minderheit – verklären sie. [...] Die westlichen Nord-Süd-Unterschiede sind auch erheblich, mental wie ökonomisch, und übrigens älter noch als die Reformation. Aber diese Unterschiede ist man gewöhnt. Nur das Unvertraute wirkt unheimlich. Deshalb eignet sich der Osten vorzüglich zur Projektionsfläche für allerlei Ängste und als negative Folie vorteilhafter Selbstwahrnehmung. Ja, es gibt „die Frustrierten" im Osten. Das hat zu tun mit anfänglichen Übererwartungen und weit überzogenen Versprechungen, auch mit enttäuschtem Vertrauen. Viele im Osten haben tatsächlich geglaubt, was die Politiker versprochen haben, dass sie nämlich schnell Arbeitsplätze schaffen können und die „Angleichung der Lebensverhältnisse". In der DDR war ja tatsächlich der Staat für alles zuständig: Löhne, Preise, Warenangebot, Arbeitsplätze. Der Glaube an die Allmacht der Politik erzeugt zwangsläufig Politikverdrossenheit. [...] Nicht die Mehrheit, aber eine beachtliche Anzahl sieht sich durch den Einigungsprozess enttäuscht. [...] Und warum eigentlich dankt niemand den Ostdeutschen, deren Zivilcourage im Herbst 1989 die deutsche Einheit möglich machte und die eine unglaubliche Umstellungsleistung erbracht haben? Zweifellos haben sie den größeren Teil der Kriegsfolgelasten zu tragen gehabt. [...] Die deutsche Einheit ist weiter vorangeschritten als die italienische, hat ein Italiener bemerkt. Bloß die Deutschen glauben das nicht [...]. Im Ausland hält man die deutsche Einigung für gelungen.

Frankfurter Allgemeine Zeitung vom 25. August 2005, S. 9.

1 Ist die deutsche Einigung gelungen? Erarbeiten Sie die Position und Argumentation Schröders (M 3).
2 **Präsentation:** Die Bundesregierung veröffentlicht jährlich einen „Bericht zum Stand der Deutschen Einheit" (www.bmvbs.de/-,302.1079724/doc.htm).
a) Wählen Sie einen der untersuchten Bereiche (z. B. Wirtschaft, Politik) aus und vergleichen Sie mit dem Stand früherer Jahre. b) Präsentieren Sie Ihre Ergebnisse im Plenum. c) Diskutieren Sie die Position Schröders.

6 Die Auseinandersetzung mit der DDR-Vergangenheit: Erinnerungen und Debatten

Gab es eine DDR-Identität?

In den Jahrzehnten der deutschen Teilung wollte die DDR bei ihren Bürgern Gefühle nationaler Zusammengehörigkeit unterdrücken, indem sie das Bewusstsein von einer gemeinsamen deutschen Geschichte auszulöschen suchte (M 1). Nach dem Willen der SED sollte die Bundesrepublik Deutschland als Erbe aller reaktionären Traditionen erscheinen. Die DDR galt dagegen als Staat des sozialistischen Fortschritts, der alle progressiven und humanistischen Ideale der Vergangenheit verwirklichte. Historische Forschung und Lehre an Universitäten und Schulen wurden konsequent zur Verbreitung dieses Geschichtsbildes genutzt. Forscher und Lehrer hatten die Geschichte nach den Richtlinien der SED, also „parteilich", darzustellen. Sie mussten die Ideologie des Marxismus-Leninismus und das auf ihm beruhende Selbstverständnis der SED bestätigen und so die kommunistische Diktatur historisch rechtfertigen.

Die massenhafte Forderung nach staatlicher Einheit in Freiheit, die die DDR-Bürger während der friedlichen Revolution 1989/90 erhoben (s. S. 141 ff.), verdeutlichte das Scheitern aller Bemühungen, eine eigene **Identität*** als DDR-Bürger durchzusetzen. „Erst als die DDR gestorben war", urteilt der Historiker Stefan Wolle, „entstand so etwas wie eine ‚DDR-Identität', jenes Gefühl der Zusammengehörigkeit, das die SED-Propaganda vergeblich zu erzeugen versucht hatte." Im Laufe der vergangenen Jahre wuchs das Gefühl einer Schicksalsgemeinschaft, deren Angehörige oftmals mit dem Beiwort ‚ehemalig' bezeichnet werden. Ein Grund für diese „Ost-Identität" liegt sicherlich in dem mit der Wiedervereinigung einsetzenden beschleunigten und revolutionären Wandel, der das Leben in allen Bereichen von Grund auf veränderte. Die Menschen im Osten Deutschlands mussten viele alte Gewohnheiten aufgeben und sich neu orientieren. Dieser Prozess rief in weiten Teilen der Bevölkerung Ängste hervor, da gewachsenes Vertrauen und Selbstsicherheiten erschüttert wurden.

Identität
Das Bestimmte, Unverwechselbare und Individuelle von einer Person oder Sache. Menschen können sich über eine oder mehrere Identitäten definieren, z. B. als Angehörige eines Staates, als Frauen, als Angehörige einer Glaubensgemeinschaft, als Wissenschaftler, als Angehörige einer Berufsgruppe. Manche Identitäten können dominant sein. Nationale Identität meint die Selbstzuordnung einer Person zu einer Nation bzw. einem Staat.

M 1 „Die nennen wir ab heute einfach Rotbuche", Karikatur von Klaus Pielert zur neuen DDR-Verfassung von 1974, Bundesrepublik, 1974

1 Erläutern Sie anhand der Karikatur M 1, welche Ziele das SED-Regime beim Umgang mit der Geschichte unter anderem verfolgte.

„Ostalgie" oder Westorientierung?

Die Ungewissheit, ob in der neuen demokratischen und marktwirtschaftlichen Gesellschaft Chancen oder Risiken überwiegen, machte die Menschen in Ostdeutschland unsicher. Ein Ausweg aus dieser Krise war der verklärende Blick auf die untergegangene DDR. So betrachten manche ehemaligen DDR-Bürger die Vereinigung als einen einseitigen Vorgang, bei dem ihnen das westdeutsche System übergestülpt worden sei. Denn sie mussten sich nach Regeln ändern, die sie nicht selbst geschaffen hatten. Bei einigen entstand das Gefühl von Abwertung der eigenen Biografie, von Abhängigkeit und zweitklassigem Status. Aber schließt **„Ostalgie"**, d.h. das Festhalten an überkommenen Verhaltensmustern oder die Vorliebe für „Ost-Produkte" (M 2), den Wunsch nach der Wiederherstellung der kommunistischen SED-Diktatur ein?

Nicht alle Ostdeutschen pflegen eine romantische Verklärung der DDR. Viele Menschen wissen nach wie vor von den dunklen Seiten der Diktatur – von Überwachung und Unterdrückung, Verfolgung und Mangelwirtschaft. Mit ihren individuellen Erinnerungen, die sie im privaten Kreis weitererzählen oder in Büchern einer breiteren Öffentlichkeit zugänglich machen, entlarven sie nicht nur die Illusionen der „Ostalgiker", sondern tragen auch zum besseren Verständnis zwischen Ost- und Westdeutschen bei (M 3–M 6).

Vieles spricht dafür, dass die überwiegende Mehrheit der deutschen Bevölkerung die Wiedervereinigung und den 1990 gegründeten Nationalstaat nach wie vor befürwortet. Und es besteht in der Bundesrepublik Deutschland ein breiter Konsens über die Westorientierung dieses Nationalstaates.

M 2 T-Shirts, in Berlin 2004 zum Verkauf angeboten, Fotografie

1 Erläutern Sie mithilfe des Darstellungstextes die Begriffe „DDR-Identität" und „Ostalgie".
2 Erörtern Sie die Frage im Darstellungstext (S. 155, Z. 9 ff.). Berücksichtigen Sie die Perspektiven verschiedener gesellschaftlicher Gruppen (z. B. Schüler, Arbeitslose).

M 3 Zur Beurteilung von Erinnerungen an die DDR – Kriterien und Probleme

a) Die Historikerin Annette Leo schreibt 2003:

Die Geschichte der SBZ/DDR ist ein schwieriges Feld für die Erinnerungsarbeit. Es ist eine Geschichte, die historisch noch frisch ist, die sehr fragmentiert erinnert und sehr kontrovers diskutiert wird. Für die Mehrheit der ehemaligen DDR-Bürger steht im Rückblick vor allem der eigene Alltag im Vordergrund. Der Geschichtsdiskurs in der Öffentlichkeit wird aber bestimmt vom Thema Machtstrukturen, Repression und Verfolgung. Von diesem Thema handeln die bisher eingeweihten Gedenkstätten, die aufgestellten Gedenktafeln und Denkmäler: das ehemalige Untersuchungsgefängnis der Staatssicherheit in Berlin-Hohenschönhausen, das Internierungslager und Zuchthaus Bautzen, das Mauermuseum oder das Denkmal für die Opfer des 17. Juni 1953.

Annette Leo, Keine gemeinsame Erinnerung, in: Aus Politik und Zeitgeschichte, Nr. 40/41, 2003, S. 32.

b) Die Historiker Thomas Ahbe und Michael Hofmann, die mit ehemaligen DDR-Bürgern Interviews geführt haben, schreiben 2002:

Alltagserinnerungen an goldene Jahre [d. h. Erinnerungen an Phasen, die Menschen im Rückblick als „gute Zeiten" beurteilen] erhellen die integrativen Potenziale bestimmter Gesellschaften. Denn das Erlebnis von guten Jahren hängt eben nicht nur von Jugend, Gesundheit und glücklichen Fügungen ab, sondern auch von den Chancen und Integrationsangeboten, die eine Gesellschaft zu bieten vermag.

In der DDR bildete seit den Fünfzigerjahren der Kompromiss zwischen den Interessen des Staates und den traditionellen Arbeiterinteressen ein alltägliches Integrationsangebot, dessen Bindekraft erst in den Achtzigerjahren nachließ. Bei den Kleingewerbetreibenden und Selbstständigen war es genau umgekehrt, sie konnten sich erst am Ende der DDR halbwegs integriert fühlen. Die Alltagserinnerungen von Verkäuferinnen und Angestellten zeigen wiederum vor allem die Sechzigerjahre als goldene Jahre, während Angehörige der Intelligenz und Intellektuelle häufig von den Siebzigerjahren als ihrer besten Zeit schwärmen. Auf der Alltagsebene erwies sich die DDR zu unterschiedlichen Zeiten für jeweils verschiedene Generationen und soziale Milieus als ein Land mit Integrationskraft. In den Achtzigerjahren jedoch konnte die DDR kaum noch zeitgemäße Beteiligungs- und Integrationsangebote offerieren. Im Jahr 1989 sah so gut wie niemand mehr in der DDR eine Zukunft und eine persönliche Chance für sich.

Thomas Ahbe/Michael Hofmann, „Eigentlich unsere beste Zeit". Erinnerungen an den DDR-Alltag in verschiedenen Milieus, in: Aus Politik und Zeitgeschichte, Nr. 17, 2002.

1 **Beschreiben Sie anhand von M 3 a, b Probleme und Kriterien, die bei der Analyse und Beurteilung von Erinnerungen an die DDR zu berücksichtigen sind.**

M 4 Erinnerungen von Herrn Z. an die DDR, ca. 1995

Herr Z., der im Osten ein Häuschen geerbt und aus dem Westen übergesiedelt war, erinnert sich:

Ich wollte ja was verdienen und habe mich mächtig ins Zeug gelegt. Nach sechs Wochen sagte der Baustellenleiter zu mir: „Karl, wenn du so arbeitest, kannst du bei uns was werden." Ich habe wirklich geschuftet. Mein Baustellenleiter, er war parteilos, kam eines Tages zu mir und sagte, wenn du meine Stelle haben willst, er wollte nämlich weg, dann wäre es besser, in die Partei einzutreten. Ich sagte: „Du bist doch auch nicht in der Partei." Aber er sagte: „Bei mir ist das was anderes, ich bin noch ein Alter." 1957 trat ich in die Partei ein, und tatsächlich, ein halbes Jahr später wurde ich Baustellenleiter. Da habe ich mich schnell eingefuchst. [...]

Wir waren eine gute Truppe, und Politik spielte bei uns kaum eine Rolle. Ich war ja nun in der Partei, einer der hat das immer wieder erzählt und gerufen: „Die Kommunistenschweine haben meinen Vater erschossen." Ich sagte zu ihm: „Gerhard, ich möchte nicht, dass du das in meinem Beisein äußerst. Ich bin in der Partei, ich bin also auch so ein Kommunist. Wenn du dieser Meinung bist, dann bitte äußere sie woanders." Und dann ging das. Der war nämlich ein sehr guter Arbeiter. Wir spielten nach der Schicht oft miteinander Skat.

Zit. nach: Thomas Ahbe/Michael Hofmann, „Eigentlich unsere beste Zeit". Erinnerungen an den DDR-Alltag in verschiedenen Milieus, in: Aus Politik und Zeitgeschichte, Nr. 17, 2002.

1 **Analysieren Sie die Quelle M 4 mithilfe von M 3 a, b.**

M 5 Der Kabarettist und Schriftsteller Peter Ensikat (geb. 1941) war in der DDR als scharfsinniger Theaterautor bekannt, vor allem mit seinen Stücken für das Ostberliner Kabarett „Die Distel", dessen Leitung er 1999 übernahm. Über die DDR schrieb Ensikat 2008:

Die Behauptung, die DDR sei ein Arbeiter-und-Bauern-Staat, war kein Irrtum, sondern eine vorsätzliche Täuschung von Anfang an. Um sie als solche nicht von vornherein kenntlich werden zu lassen, rühmten sich die Parteioberen der DDR gern ihrer lange zurückliegenden proletarischen Herkunft. [...] Aus dem proletarischen Stammbaum der Parteiführung suchte man die Rechtfertigung für ihren Führungsanspruch herzuleiten. So wie die Hohenzollern mit ihrer adligen Herkunft ihren Herrscheranspruch einst im Kaiserreich begründet hatten, so taten es die DDR-Fürsten nun mit ihren proletarischen Geburtsurkunden. Nach diesen noch zu belegenden proletarischen Anfängen war aber in den folgenden Jahrzehnten eine Funktionärsgeneration herangewachsen, die ihre proletarischen Wurzeln allenfalls noch bei Groß- oder Urgroßeltern nachweisen konnte. Da auch die Logik im Arbeiter-und-Bauern-Staat aufseiten der Partei stand, ernannten sich die Parteifunktionäre kurzerhand parteilogisch zu Parteiarbeitern. Das hatte den Vorteil, dass auch die Kinder dieser Parteiarbeiter nun automatisch wieder zu Arbeiterkindern wurden. Arbeiterkind – das war in der Tat so etwas wie ein Adelstitel im feudalsozialistischen Staat DDR. Man war privilegiert, wurde bevorzugt zu Abitur und Studium zugelassen, erhielt mehr Stipendium als die Kinder derer, die nicht aus der „herrschenden Klasse" hervorgegangen waren. Natürlich waren die mit dem nachträglich proletarisierten Stammbaum dann auch dazu berufen, in diesem fiktiven Arbeiter-und-Bauern-Staat die führenden Rollen einzunehmen.

Und weil das so war, fürchtete die Partei der Arbeiterklasse nichts so sehr wie den Unwillen der an der Basis hängengebliebenen Arbeiter und Bauern. Weil nicht sein durfte, was nach Parteilogik nicht sein konnte, durften die Arbeiter auch nicht streiken. Denn sie hätten ja gegen sich selbst, gegen ihre Arbeiter-und-Bauernmacht gestreikt. Die Vorstellung, dass es nach dem 17. Juni 1953 noch einmal zu ähnlichen Arbeiterunruhen kommen könnte, versetzte die Arbeiter- und Bauernfunktionäre in panische Angst. Mit den Intellektuellen wurde man leichter fertig. Denen konnte man mit Folgen für ihre Karriere drohen, wenn sie allzu sehr aufmuckten. Oder man bestach sie mit allerlei Privilegien. Womit sollte man aber einem Bauarbeiter drohen? Und womit hätte man ihn bestechen können? Wegen des Mangels an schöneren Autos oder besseren Wohnungen versuchte man es mit immer schöneren Worten und immer weniger Erfolg. So kam es, dass die Arbeiter und Bauern der DDR, auch wenn sie den Staat nicht regierten, eine unsichtbare Macht ausübten, von der der einzelne Arbeiter oder Bauer gar nichts ahnte. Woher sollte er auch wissen, dass Partei- und Staatsführung ihn mehr fürchtete als den Klassenfeind? Den konnte man offen bekämpfen. Die Arbeiter, wenn sie aufmuckten, musste man beruhigen. Man musste Zugeständnisse machen, war sogar hier und da gezwungen, bereits beschlossene Norm- oder Preiserhöhungen wieder zurücknehmen, wenn die Stimmung allzu schlecht wurde. Ja, man musste auch alle Augen zudrücken, wenn die heilige Arbeiterklasse die ebenso heiligen staatlichen Pläne nicht mehr erfüllte, weil das Material fehlte und der Maschinenpark hoffnungslos veraltet war. Das zehrte an der Arbeitsmoral der angeblich herrschenden Klasse, die nach Feier-

abend lieber etwas für ihren privaten Wohlstand tat, als sich während der Arbeitszeit für das Wohl der sozialistischen Gesellschaft ein Bein auszureißen. [...]
So kam es denn, dass dieser Arbeiter-und-Bauern-Staat ausgerechnet von eben diesen Arbeitern und Bauern im brüderlichen Bündnis mit der Intelligenz und den anderen Schichten der Bevölkerung gestürzt wurde.

Peter Ensikat, Populäre DDR-Irrtümer. Ein Lexikon, edition q im be.bra verlag, Berlin 2008, S. 11–14.

1 **Erläutern Sie den Satz von Ensikat (M5): „Die Behauptung, die DDR sei ein Arbeiter-und-Bauern-Staat, war kein Irrtum, sondern eine vorsätzliche Täuschung von Anfang an."**

M6 Geschichte kontrovers: Online-Leserkommentare zur ehemaligen DDR, anonym, Juli 2008

a) Theo: In der DDR gab es auch eine hohe Arbeitslosigkeit. Ich war in der Produktion tätig und kann mich an Zeiten erinnern, in denen wir Feste und andere Dinge organisiert haben, da nichts zu tun war. Wir lagen dabei dem Staat genauso auf der Tasche, der zwar kein ALG zahlen musste, aber nicht benötigte Arbeitsplätze subventionierte. Dies war auch eine Art von „Stütze".

b) syntron-de: Das angeblich bessere Sozialsystem in der DDR wurde erkauft durch Gleichmacherei auf niedrigstem Niveau und einen Stasi- und Spitzelstaat, der jeden Kritiker sofort ins Gefängnis schickte und viele Flüchtlinge an der Grenze erschoss. Auch die angeblich so gute Gesundheitsvorsorge war nicht so gut. Das finanziell ständig klamme System hatte kein Geld für gute Medikamente oder Untersuchungsgeräte aus dem Westen. Noch schlimmer waren die extremste Umweltverschmutzung und sehr schlechte Gesundheitsbedingungen an vielen Arbeitsplätzen. Beim Uranabbau in Wismut sind deswegen hunderte Menschen gestorben. Das einzige, was im Osten wirklich funktioniert hat, waren die Menschen, die mit Fleiß und Wissen trotz Sozialismus zumindest innerhalb des Ostblocks den höchsten Lebensstandard erreicht hatten.

c) elvismoni: Es schreien wieder mal die am lautesten, die nie dort gelebt haben. [...] Klar war der Alltag grau, aber man konnte trotzdem leben. Die große Mehrheit hatte keine Existenzängste. Werde nie die Worte der Kinderärztin unseres Sohnes vergessen. Leute schreien nach Bananen, die sollen lieber einen Apfel in die Hand nehmen. Der ist noch gesünder für die Zähne und Möhren tun es auch. Recht hatte sie. Ich möchte die DDR nicht unbedingt zurückhaben, obwohl ich da nie gelitten habe. Es stinkt mich nur an, dass alles schlecht geredet wird. Sicherlich gab es viel Unrecht, aber das gibt es heute auch. Nur nennt sich das Kind heute anders.

d) sbkmannie: Viele der über die DDR Schreibenden kennen doch die DDR nur aus der Bildzeitung oder von im Fernsehen agierenden DDR-Vorzeigeobjekten, welche zur Wende gerade mal Kleinkinder waren und sich nur profilieren wollen [...]. Die meisten, welche sich hier über die DDR auslassen, waren weder vor noch nach der Wende länger als ein oder zwei Tage in dem Gebiet der DDR. Fakt ist eins, in der DDR war das Leben lebenswerter als in der BRD und dort wurden auch kranke Menschen als Menschen behandelt, auch wenn der medizinische Standard tief unter dem jetzigen lag, welchen sowieso nur Privatpatienten genießen können. Weiterhin gab es nicht die Angst um Arbeit und man fiel nicht ab 40 in die Armut.

1 **Prüfen Sie mithilfe des Darstellungstextes, welche der Positionen in M6a bis d Sie als „ostalgisch" bezeichnen würden. Begründen Sie Ihre Entscheidungen.**
2 **Verfassen Sie zu einem der Kommentare (M6a bis d) eine Gegenposition.**

M7 „Ossi-Party" in einer Diskothek in Neubrandenburg, 1996. Der Schauspieler Kurt Schmidt, als Erich Honecker verkleidet, ist der Stargast.

1 **Charakterisieren Sie den Umgang mit der DDR-Vergangenheit, wie er in M7 zum Ausdruck kommt.**
2 **War die DDR ein „Unrechtsstaat"? Erörtern Sie diese in der politischen Öffentlichkeit viel diskutierte Frage und erklären Sie, warum dieser Begriff so umstritten ist. Beziehen Sie auch M6 mit ein.**

Ein Denkmal für die deutsche Einheit

Denkmäler
unterscheiden sich von anderen Objekten der bildenden Kunst durch
- ihren historischen Bezug, indem sie an bedeutende Ereignisse (z. B. Völkerschlachtdenkmal in Leipzig) oder Persönlichkeiten (z. B. Bismarcktürme und -säulen) erinnern,
- ihren öffentlichen und publikumswirksamen Aufstellungsort wie zentrale Stadtplätze (z. B. Holocaust-Denkmal in Berlin), Anhöhen (z. B. Kyffhäuser-Denkmal in Thüringen) oder historische Orte (z. B. Kollwitz-Denkmal auf dem Soldatenfriedhof Vladslo in Belgien),
- ihre ausdrucksvolle Symbolik und häufig erzieherische Funktion und
- ihre – in der Regel – politischen Auftraggeber wie Monarchen, demokratische Regierungen, Kommunen oder Vereine.

Wie kann an die friedliche Wende in der DDR und die deutsche Einheit erinnert werden? Die Abgeordneten des Bundestages haben entschieden: mit einem **Denkmal***! Entsprechend des Parlamentsbeschlusses vom 7. November 2007 soll das neu zu erbauende „Freiheits- und Einheitsdenkmal" jedoch nicht nur „an die friedliche Revolution im Herbst 1989 und an die Wiedergewinnung der staatlichen Einheit Deutschlands", sondern auch an „die freiheitlichen Bewegungen und die Einheitsbestrebungen der vergangenen Jahrhunderte" erinnern. Ostdeutsche Abgeordnete schlugen vor, ein „Denkmal-Paar" in Berlin und Leipzig zu errichten, um die Bedeutung der Montagsdemonstrationen in der sächsischen Stadt zu würdigen (M 2). Im Sommer 2008 verfehlte ein entsprechender parteiübergreifender Antrag im Bundestag knapp die Mehrheit, trotzdem plant die Bundesregierung „den Beitrag der Bürgerinnen und Bürger der Stadt Leipzig zu Freiheit und Einheit" zu würdigen.
In Berlin wurden zunächst mehrere Standorte für das Denkmal favorisiert. Der Kulturausschuss des Bundestages entschied sich letztlich für den Sockel des ehemaligen Kaiser-Wilhelm-Denkmals auf der „Schlossfreiheit" zwischen der Spree und der geplanten Rekonstruktion des Berliner Stadtschlosses in der Mitte. Dieser Standort ist umstritten: Während die Bundesregierung ihn „unter Abwägung historischer, inhaltlicher und bautechnischer Aspekte [für] am besten geeignet" hält, beanstanden Kritiker diesen Standort, vor allem aufgrund seiner Bezüge zur Hohenzollern-Dynastie (M 3).

Die Idee eines deutschen Einheits- oder Nationaldenkmals geht zurück auf den Beginn der deutschen Einheitsbewegungen nach den napoleonischen Kriegen Anfang des 19. Jahrhunderts. Der Architekt Friedrich Schinkel entwarf beispielsweise einen gewaltigen Freiheitsdom für den Leipziger Platz in Berlin, als dessen Minimalversion 1821 die gotische Turmspitze des Kreuzbergdenkmals eingeweiht wurde. Nach der Reichseinigung 1871 entstanden zahlreiche Nationaldenkmäler, z. B. die Siegessäule in Berlin (1873), das Niederwald-Denkmal bei Rüdesheim am Rhein (1883), das Kyffhäuser-Denkmal in Thüringen (1896) oder das Völkerschlachtdenkmal in Leipzig (1913).

M 1 Entwurf von Bernadette Boebel, 1. Preis beim Gestaltungswettbewerb deutscher Kunsthochschulen für ein Freiheits- und Einheitsdenkmal, 2007

M 2 Der Theologe und Publizist Richard Schröder über ein deutsches Freiheits- und Einheitsdenkmal, 2006

Im Jahr 2000 wurden Franzosen nach den wichtigsten Ereignissen des 20. Jahrhunderts befragt. An erster Stelle nannten sie den Mondflug, an zweiter Stelle den Fall der Mauer. Zur selben Zeit wurden Deutsche nach dem prägenden Ereignis der deutschen Geschichte des 20. Jahrhunderts gefragt. Westdeutsche nannten die Nazizeit, Ostdeutsche mehrheitlich die deutsche Teilung. [...] Aber weder in Ost noch in West wurde der Fall der Mauer als prägendes Ereignis genannt. [...] Wir haben diese Zeit [seit 1989] gemeinsam erlebt, aber noch nicht eine gemeinsam erzählbare Geschichte daraus gemacht jedenfalls keine, die uns erfreut und ermuntert. Was wollen wir eigentlich unseren Kindern und Jugendlichen erzählen, die die Jahre 1989 und 1990 nicht erlebt haben? [...]

Ein Denkmal für Freiheit und Einheit oder für die Einheit in Freiheit wäre auch der Art nach etwas Neues in Deutschland. Das Kaiserreich war sehr denkmalsfreudig und hat vor allem Siegerdenkmäler und Heldendenkmäler hinterlassen. Wenn es um Opfer ging, waren damit diejenigen gemeint, die ihr Leben für das Vaterland geopfert haben, wie man sagte. Auch die Gedenkkultur der DDR war ausschließlich Heldengedenken. In der Bundesrepublik ist eine Gedenkkultur entstanden, die einer anderen Art von Opfern gilt, den Opfern von Staatsverbrechen. Mahnmale sind das, und das ist so in Ordnung. Aber kein Mensch und kein Volk kann allein aus seinem Versagen Orientierung gewinnen und schon gar nicht Ermunterung. Deshalb könnte ein Denkmal für Freiheit und Einheit helfen. Nach zwei Kriegen und zwei deutschen Diktaturen hat uns das letzte Jahrzehnt des 20. Jahrhunderts die Einheit in Freiheit geschenkt. Ein Denkmal für einen erfreulichen Anlass, das sind wir nicht gewöhnt. Wir können es aber gebrauchen. Wir sind zum Trübsinn nicht verpflichtet.

www.zeit.de/2006/48/Wir_sind_zum_Truebsinn_nicht_verpflichtet (Download vom 8. September 2008).

M 3 Der Journalist Michael Lühmann kommentiert den Denkmalsbeschluss, 2008

Die Erinnerung an die friedliche Revolution von 1989 soll ab 2009 auf preußischem Fundament thronen – mitten in Berlin. Mit der Umwidmung des Sockels, auf dem bis 1950 das Reiterstandbild von Kaiser Wilhelm I. stand, werde nun ein zeitgemäßes Gedenken möglich. [...] Natürlich besitzt ein Denkmal auf preußischem Fundament seinen Reiz, welches die Freiheit eines Volkes gegen seine antidemokratischen Herrscher feiern soll. Schließlich war es der preußische König Wilhelm IV., der die deutsche Kaiserkrone vom revolutionär gestimmten Volke nicht annehmen wollte. 160 Jahre nach 1848 beschließt nun der Urahn des Frankfurter Paulskirchen-Parlaments, der Deutsche Bundestag, dass das Volk mit der friedlichen Revolution von 1989 doch Recht hatte. Mithin besäße ein Denkmal für eine Revolution von unten auf dem Sockel eines Denkmals für die preußische Revolution von oben seinen Reiz. Dieses Denkmal jedoch direkt gegenüber dem wieder zu errichtenden Hohenzollern-Schloss aufzustellen, macht die ganze Entscheidung dann doch zur Farce. Verstehen muss man das alles nicht. Schließlich haben die Bürger der DDR nicht gegen das SED-Regime gemeutert, weil es 1950 das Reiterstandbild abtragen ließ oder weil sie die Revolutionäre von 1848 doch noch zu seinem Recht kommen lassen wollten. Überdies haben auch nicht die Berliner Bürger den SED-Staat auf dem Schlossplatz niedergerungen, sondern zuvorderst die Leipziger am 9. Oktober 1989 rund um die Nikolaikirche und auf dem Stadtring. Doch ein Einheits- und Freiheitsdenkmal in Leipzig passte nicht ins zentralisierte Berliner Gedenkstättenkonzept. [...]

Doch der eigentliche Fehler am gesamten Konzept des Freiheits- und Einheitsdenkmals liegt in der Verkettung zweier Ereignisse, die eigentlich eine getrennte Würdigung finden müssten: Freiheit und Einheit. Denn am Anfang der Revolution stand der Ausspruch: „Wir sind das Volk" und nur der steht für Freiheit. Freiheit und Einheit sind mithin nicht ein Geschwisterpaar, sondern Mutter und Tochter. Selbst Helmut Kohl, der die Einheit als sein Werk betrachtet, wirft die beiden Begriffe nicht in eins, sondern lässt dem Streben nach Freiheit den historischen Vortritt. Eben dies hätte auch im gesamten Denkmalsstreit passieren müssen. Dann hätte das Freiheitsdenkmal in Leipzig und das Einheitsdenkmal in Berlin errichtet werden können und man hätte sowohl der historischen Realität als auch den unterschiedlichen Befindlichkeiten im historischen Streit zwischen Leipzig und Berlin Rechnung tragen können.

http://hermes.zeit.de/pdf/archiv/online/2008/12/denkmal-berlin-leipzig.pdf (Download vom 8. September 2008).

1 **Recherche:** Informieren Sie sich über die Intentionen der Bundesregierung für ein Einheitsdenkmal (*www.bundesregierung.de*; Stichwort: Einheitsdenkmal) und den aktuellen Stand der Planungen.
2 Arbeiten Sie aus den Texten von Schröder und Lühmann (M 2, M 3) die Positionen und die wesentlichen Argumente der beiden Autoren heraus.
3 **Debatte:** Ist ein Denkmal eine geeignete Form für die Erinnerung an die friedlichen Revolution von 1989? Falls ja, wie sollte dieses Denkmal aussehen? Beziehen Sie bei Ihren Positionen M 2 und M 3 sowie weitere Argumente aus der Geschichte mit ein; berücksichtigen Sie auch den Entwurf in M 1.
4 **Präsentation/Denkmalsentwurf:** Entwerfen Sie im Anschluss an Arbeitsauftrag 3 in arbeitsteiliger Gruppenarbeit ein Denkmal für die deutsche Einheit.

Das Ende des Ost-West-Konflikts und die deutsche Einheit

Zentrale Begriffe Kapitel 3

Blockparteien → S. 142
Deutsche Einheit → S. 147 f.
Einigungsvertrag → S. 149
Friedliche Revolution → S. 141
KSZE-Prozess → S. 132
Montagsdemonstrationen → S. 141
Perestroika und Glasnost → S. 132
„Runder Tisch" → S. 143
Solidarność → S. 133
Treuhandgesellschaft → S. 152
Wende → S. 141
Wirtschafts-, Währungs- und Sozialunion → S. 146
Zwei-plus-vier-Vertrag → S. 147

Personen Kapitel 3

Gorbatschow, Michail → S. 132
Krenz, Egon → S. 142
Merkel, Angela → S. 152
Modrow, Hans → S. 142

Die friedliche Revolution in der DDR 1989/90 wurde ermöglicht durch die Reformpolitik Gorbatschows in der Sowjetunion. Die Reformen leiteten das Ende des Ost-West-Konflikts ein, ohne „Perestroika" und „Glasnost" wäre es vermutlich nicht zum Fall der Berliner Mauer 1989 und zur Auflösung des Warschauer Pakts und der Sowjetunion 1991 gekommen. Die Neuorientierung der sowjetischen Innen- und Außenpolitik eröffnete Ende der 1980er-Jahre allen Staaten des Ostblocks Freiräume, die von den erstarkenden Oppositionsbewegungen in Osteuropa genutzt wurden. Endlich konnten diese Länder, in denen die Sowjetmacht bisher zum Teil mit brutaler Gewalt alle Reformbewegungen unterdrückt hatte, eine eigenständige Politik betreiben. Sie entschieden sich in der Regel rasch für eine enge Anlehnung an den Westen, d. h. die USA und die Europäische Gemeinschaft bzw. Union. Die Führung der DDR unter Erich Honecker verschloss sich zunächst der Reformbewegung und verweigerte jede Änderung ihrer Politik, obwohl das Land bereits seit den 1970er-Jahren einen Niedergang erlebte, der sich in den 1980er-Jahren zu einer Systemkrise entwickelte. Die hohe Verschuldung der DDR im Westen verschärfte die Probleme der Planwirtschaft. Der mit einer Umweltkatastrophe verbundene wirtschaftliche Niedergang erschütterte die ohnehin geringe Glaubwürdigkeit der kommunistischen Elite. Hoffnungen auf Besserung schwanden. Der Druck auf die SED-Führung wuchs, als Ungarn die Grenze zum Westen öffnete und es im Sommer 1989 zu einer Massenflucht von DDR-Bürgern über Ungarn in die Bundesrepublik kam. Die Opposition im Land erhielt immer mehr Unterstützung in der Bevölkerung und forderte zunehmend selbstbewusster Freiheits- und Mitbestimmungsrechte. Die „Montagsdemonstrationen" weiteten sich von Leipzig auf das ganze Land aus, immer mehr Menschen gingen auf die Straße und forderten Reformen. Am 9. November gab die DDR-Führung dem Druck der Opposition nach und öffnete die Mauer in Berlin. Die friedliche Revolution hatte den Weg für einen politischen Neuanfang frei gemacht. Während Teile der Bürgerrechtsbewegung noch für einen besseren Sozialismus bzw. den Erhalt eines zweiten deutschen Teilstaates als Alternative zur Bundesrepublik kämpften, wurde bald deutlich, dass die Mehrheit der Bevölkerung keine sozialistischen Experimente mehr wollte. Der sicherste Weg zu Demokratie und Wohlstand bestand für die meisten DDR-Bürger in der raschen Vereinigung mit der Bundesrepublik. Diese Möglichkeit des „Beitritts" der DDR eröffnete Artikel 23 des Grundgesetzes. Am 3. Oktober 1990 wurde auf Beschluss der DDR-Volkskammer und des Deutschen Bundestages sowie mit Zustimmung der Siegermächte die staatliche Einheit Deutschlands wieder hergestellt. Nach der Wiedervereinigung mussten sich besonders die Menschen in Ostdeutschland neu orientieren. Die Umstellung von der Plan- auf die Marktwirtschaft löste bei vielen Unsicherheiten aus. Ein Ausweg aus dieser Krise war für manche ein verklärender Blick auf die untergegangene DDR. Diese „Ostalgie" bestimmt jedoch nicht die Sicht der Bevölkerungsmehrheit, die den Gewinn an Freiheit und Wohlstand im vereinigten Deutschland schätzt.

M1 **Der Zwei-plus-vier-Vertrag (Friedensvertrag), 12. September 1990**

Zeittafel

1980 Gründung der freien Gewerkschaft Solidarność in Polen
seit 1980 Wirtschaftskrise in der DDR wird zur Systemkrise
1982–1998 Christlich-liberale Koalition unter Helmut Kohl
1985 „Perestroika" und „Glasnost" in der UdSSR, DDR-Führung lehnt Reformpolitik Gorbatschows ab
1989 Sturz der kommunistischen Regime in Osteuropa
2. Mai Ungarn beginnt Grenzanlagen zu Österreich abzubauen
7. Mai Bürgerrechtler weisen Fälschungen bei den Kommunalwahlen in der DDR nach
3. Sept. Beginn der Montagsdemonstrationen in Leipzig
Sept. Ausreise tausender DDR-Bürger über Ungarn in die Bundesrepublik, Gründung des „Neuen Forums"
Okt. Offizielle Feierlichkeiten zum 40. Jahrestag der Gründung der DDR, Gründung der Sozialdemokratischen Partei in der DDR, Gründung des „Demokratischen Aufbruchs", Rücktritt Honeckers, Nachfolger Egon Krenz
9. Nov. Fall der Berliner Mauer
13. Nov. Der Reformkommunist Modrow wird Vorsitzender des DDR-Ministerrats (bis März)
28. Nov. „10-Punkte-Programm" der Bundesregierung stellt Weichen für Wiedervereinigung
Febr. 1990 Umbenennung der SED in PDS nach programmatischer Neuausrichtung
März Erste freie Volkskammerwahl der DDR
Juni Treuhandgesellschaft beginnt volkseigene Betriebe zu privatisieren
Juli Wirtschafts-, Währungs- und Sozialunion
Aug. Einigungsvertrag regelt Beitritt der DDR zur Bundesrepublik
Sept. Unterzeichnung des Zwei-plus-vier-Vertrags, die DDR verlässt den Warschauer Pakt
3. Okt. „Tag der Deutschen Einheit"
2. Dez. Erste gesamtdeutsche Wahl
1991 Ende des Warschauer Paktes, Auflösung der Sowjetunion
1998 Rot-grüne Koalition unter Gerhard Schröder, Beteiligung der Bundeswehr an NATO-Einsatz in Serbien
2005 Große Koalition unter Angela Merkel
seit 2009 Schwarz-gelbe Koalition unter Merkel

4 Entwicklungen und Brennpunkte der Gegenwart in historischer Perspektive

M1 **Tagesthemen, Ölgemälde von Harald Duwe, 1982**

1945
Gründung der UNO

1945–1952
Besetzung Japans durch die USA

1947
UN-Beschluss, Palästina in einen arabischen und einen jüdischen Staat zu teilen

1949
Mao Zedong proklamiert die Volksrepublik China

1951
Sicherheitspakt zwischen Japan und den USA

1955
Bandung-Konferenz der Blockfreien

1956
Suezkrise

1957
Römische Verträge: Gründung der EWG

1958
Chinas „großer Sprung nach vorn"

1960
Gründung der OPEC

1964
Gründung der PLO

1966–1976
Kulturrevolution in China

1967
Sechs-Tage-Krieg

1971
UN-Mitgliedschaft der VR China statt Taiwan

1945 | 1950 | 1955 | 1960 | 1965 | 1970 | 1975

Im Jahr 1945, nach den verheerenden Erfahrungen zweier Weltkriege, wollten die Gründungsstaaten der UNO ein System kollektiver Sicherheit aufbauen, das eine friedlichere Welt garantiert. Bis heute suchen die Mitgliedsstaaten der Vereinten Nationen nach Möglichkeiten der Herstellung eines dauerhaften Friedens. Diesem Ziel sowie einem Leben in Wohlstand diente auch die europäische Integration. Bis zum Ende des Ost-West-Konfliktes 1990/91 profitierten davon zunächst die west-, danach auch die osteuropäischen Staaten. Das Ende des Ost-West-Konflikts bedeutete für die Weltgemeinschaft das Ende eines „permanenten Ausnahmezustands", gleichzeitig wurde sie vor neue Herausforderungen gestellt. Die Bürger der Europäischen Union sind unmittelbar von den Krisen und Konflikten in der Welt betroffen. Zum Beispiel wenn ihre Regierung entscheidet, sich an militärischen Einsätzen der NATO oder an UN-Missionen auch außerhalb Europas zu beteiligen. Zudem beeinflusst der Aufstieg außereuropäischer Staaten wie China oder Japan zu modernen Industriestaaten bzw. Weltmächten sowohl das Leben der Europäer als auch die weltpolitischen Konstellationen. Auch der Nahostkonflikt strahlt in seiner politischen Bedeutung weit über die Region hinaus und droht die Welt erneut in zwei Lager zu spalten: hier die eng mit Israel verbundenen westlichen Staaten, dort die arabisch-muslimische Welt, die sich für die Interessen der Palästinenser stark macht. Eine weitere Herausforderung für die internationale Staatengemeinschaft stellt der Terrorismus dar. Auch die Bürger der Europäischen Union sind betroffen: direkt, durch Anschläge wie in Madrid (2004) und London (2005), indirekt, durch Anti-Terrorgesetze, die z. B. den Datenschutz einschränken. Zudem sind, wie in Afghanistan, Soldaten der internationalen Gemeinschaft weltweit gegen den internationalen Terrorismus im Einsatz.

Kompetenzerwerb: Nach Bearbeitung des Kapitels 4 können Sie ...

- die weltpolitische Rolle der UNO darstellen,
- den Prozess der europäischen Einigung beschreiben und die Chancen der EU im internationalen Rahmen beurteilen,
- die historische Dimension des Nahost-Konflikts erklären und Lösungsmöglichkeiten erörtern,
- die weltpolitische Rolle Japans und Chinas erläutern,
- am Beispiel des Terrorismus ein Problem internationaler Politik aus historischer Perspektive in selbstständiger Projektarbeit untersuchen.

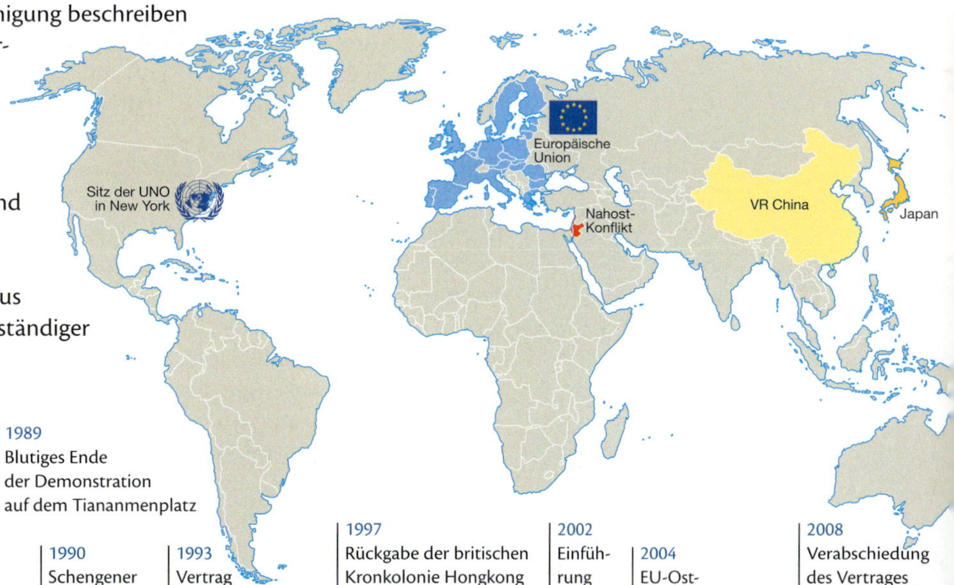

…schaftliche Moderni-…ng in China

1979 Israelisch-ägyptischer Friedensvertrag

1987 Beginn der Intifada (bis 1993)

1988 PLO erkennt Existenzrecht Israels an

1989 Blutiges Ende der Demonstration auf dem Tiananmenplatz

1990 Schengener Abkommen

1993 Vertrag von Maastricht

1997 Rückgabe der britischen Kronkolonie Hongkong an China

2002 Einführung des Euro

2004 EU-Osterweiterung

2008 Verabschiedung des Vertrages von Lissabon

1980 1985 1990 1995 2000 2005 2010

1 Die UNO in internationalen Konflikten: das Beispiel des Nahost-Konfliktes

M1 „Non Violence", Skulptur von Carl F. Reuterswärd vor dem UN-Gebäude in New York, Fotografie, 2003

Die Skulptur des schwedischen Künstlers steht auch im Garten des Kanzleramts in Berlin.

Entstehung der UNO

Der 26. Juni 1945, als die Delegierten von 51 Staaten auf der Konferenz von San Francisco ihre Unterschrift unter die Charta der Vereinten Nationen setzten, gilt vielen Menschen als eine **Sternstunde der internationalen Politik**. Besser als der nach dem Ersten Weltkrieg ins Leben gerufene und bei der Friedenssicherung gescheiterte Völkerbund wollte die UNO (*United Nations Organization*) Kriege verhindern helfen und zur Schaffung einer friedlicheren Welt beitragen.
Bereits während des Zweiten Weltkrieges erörterten die Regierungen Großbritanniens und der USA, wie das Staatensystem der Zukunft aussehen sollte. In der **Atlantikcharta** vom 14. Oktober 1941 umrissen der britische Premierminister Winston Churchill und US-Präsident Franklin D. Roosevelt (s. S. 33) die Aufgaben der künftigen Weltfriedensordnung, wobei sie die zu schaffende Organisation nur indirekt ansprachen: „Der künftige Friede kann nicht erhalten werden", hieß es in Punkt 8, „wenn die Rüstung zu Lande, zu Wasser und in der Luft durch Nationen weitergeführt wird, die mit Angriffen über ihre Grenzen hinaus drohen oder zu drohen bereit sind, [...] daher glauben sie, dass Abrüstung dieser Nationen nötig ist, solange nicht ein umfassendes und dauerhaftes System allgemeiner Sicherheit besteht. Sie werden in gleicher Weise alle anderen praktischen Maßnahmen fördern und ermutigen, den friedliebenden Völkern die erdrückenden Rüstungslasten zu erleichtern." Nach dem Kriegseintritt der Vereinigten Staaten in den Zweiten Weltkrieg (Dezember 1941) schlossen sich der am 1. Januar 1942 abgegebenen **„Erklärung der Vereinten Nationen"** 26 weitere Staaten an, die sich damit gleichzeitig zur Unterstützung des Krieges gegen Deutschland, Italien und Japan verpflichteten. Zwar war auch in diesem Vertrag noch nicht von der neuen Weltorganisation die Rede. Aber die Selbstbezeichnung der 26 Mitglieder dieser Kriegsallianz als „Vereinte Nationen" gab der späteren UNO den Namen.
Weitere Konferenzen waren notwendig, um die Grundprinzipien für Organisation und Politik der UNO genau zu bestimmen. Auf der **Konferenz von Dumbarton-Oaks** (21. August bis 9. Oktober 1944) verständigten sich Experten aus den USA, Großbritannien, der Sowjetunion und China über die Satzung der UNO. Im **Abkommen von Bretton Woods** (Juli 1944) beschlossen 44 Staaten die Errichtung des Internationalen Währungsfonds (IWF) und der Weltbank.

Aufgaben und Ziele der UNO

Die UNO verstand sich von Anfang an als eine Organisation, die die **Herrschaft des Rechts** über die ungezügelte Machtkonkurrenz der Staaten in den internationalen Beziehungen stellen wollte (M 4a–c). Unter Frieden verstanden die Vereinten Nationen stets mehr als nur die Abwesenheit von Krieg. Das verdeutlicht ihre Satzung, die die Organisation auf die Durchsetzung von vier Zielen verpflichtet: Sicherung des Weltfriedens, Schutz der Menschenrechte, Gleichberechtigung aller Völker und Verbesserung des allgemeinen Lebensstandards in der Welt. Die Mitgliedsstaaten verpflichten sich zu aktiver Friedenssicherung mit friedlichen Mitteln (Art. 35), durch politische und wirtschaftliche Sanktionen (Art. 41) oder durch den Einsatz von Streitkräften (Art. 42), die von den Mitgliedsstaaten gestellt werden. Dabei wird zwischen dem Instrument der **Friedenssicherung** *(peace keeping)* durch Friedenstruppen („Blauhelme") und dem der **Friedenserzwingung** *(peace enforcement)* durch Kampftruppen unterschieden.
Die Friedenstruppen werden nicht nur in zwischenstaatlichen, sondern auch in innerstaatlichen Konflikten eingesetzt. War lange Zeit die Verletzung der Men-

Literaturtipp
Sven Bernhard Gareis, Johannes Varwick, Die Vereinten Nationen. Aufgaben, Instrumente und Reformen, 4. Aufl., Opladen 2006.
Eine faktenreiche Darstellung zentraler Herausforderungen der UNO.

schenrechte in autoritären oder totalitären Staaten kein Interventionsgrund, so hat in diesem Punkt seit dem zweiten Golfkrieg (1990/91), in dem der Irak Kuwait überfiel und die Kurden im Norden seines Landes brutal bekämpfte, ein Umdenken eingesetzt. So hat der UN-Sicherheitsrat mit seiner berühmten Resolution 688 vom 5. April 1991 und mit der Errichtung von Schutzzonen für die vom Völkermord bedrohten Kurden in die „inneren Angelegenheiten" des Irak eingegriffen. Diese Ausweitung von UN-Missionen auf innerstaatliche Konflikte zeigt deutlich: Das allgemeine Völkerrechtsdenken ist so weiterentwickelt worden, dass die Durchsetzung und Bewahrung der Menschenrechte dem innenpolitischen Gestaltungsmonopol des Staates ansatzweise übergeordnet wird. Das aus dem Souveränitätsprinzip des Staates historisch hervorgegangene Verbot, das die äußere Einmischung in die inneren Angelegenheiten untersagt, gilt im ausgehenden 20. und beginnenden 21. Jahrhundert bei Menschenrechtsverletzungen, Terrorismus und verbotenem Nuklearbesitz nicht mehr uneingeschränkt.
Eine Lehre aus dem Scheitern des Völkerbundes lautete, dass alle Staaten in das kollektive Sicherheitssystem eingebunden und auf Gewaltverzicht eingeschworen werden müssten. Anders als beim Völkerbund waren deswegen bei der UN-Gründung die Großmächte USA und Sowjetunion von Beginn an dabei. Das entsprach dem erklärten Ziel der **Universalität**, das die Weltfriedensorganisation anstrebte und das sie inzwischen auch erreichte. Seit 1945, als 51 Staaten die UNO gründeten, stieg die Zahl der Mitgliedsstaaten kontinuierlich an: 1960 gehörten ihr 99 Nationen an, 1970 waren es 127, 1980 154 und 1990 159 Staaten. Nachdem im Jahre 2006 auch Montenegro den Vereinten Nationen beitrat, zählt die Organisation derzeit 192 Mitglieder (2008).
Auf der Konferenz von Jalta im Februar 1945 erhielt die endgültige Charta einen Passus, der vor allem die amerikanische Konzeption der Regelung von Konflikten und der Gewährleistung kollektiver Sicherheit widerspiegelte: Beschlussfassungen über Zwangsmaßnahmen gegen Mitgliedsländer bedürfen stets der Zustimmung aller fünf ständigen Mitglieder des Sicherheitsrates (M 4 c) USA, Großbritannien, Frankreich, Sowjetunion bzw. heute Russland und China (1945 Taiwan bzw. Nationalchina, seit 1971 die Volksrepublik China). Die Struktur der UNO spiegelt dabei die weltpolitische Situation am Ende des Zweiten Weltkrieges wi-

Internettipps
www.dadalos-d.org/uno/grundkurs_2/un-chronologie.htm
Meilensteine der Geschichte der Vereinten Nationen beim UNESCO-Bildungsserver Dadalos.

www.un.org
Informationsportal der Vereinten Nationen (engl.)

M 2 **Der Aufbau der UNO (Stand 2008)**

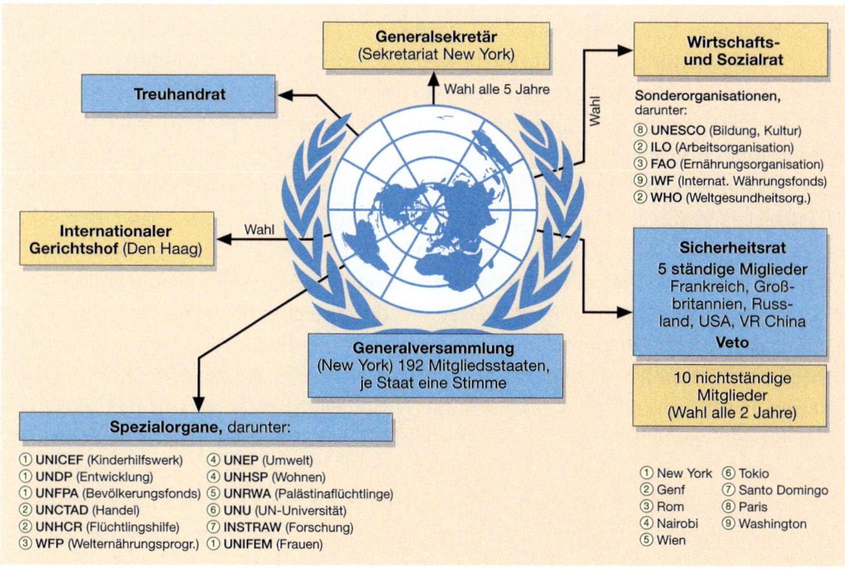

1. Arbeiten Sie aus dem Schema die Aufgaben der UNO heraus.
2. Erläutern Sie die politische Bedeutung des Sicherheitsrates, des Generalsekretariats und der Generalversammlung der UNO.
3. Diskutieren Sie die These: „Es ist möglich, die UNO zu einer Weltregierung auszugestalten."

M3 Gründung des Staates Israel, Fotografie, 20. Mai 1948.
Ministerpräsident David Ben Gurion verliest die Unabhängigkeitserklärung. Im Hintergrund ein Porträt Theodor Herzls, dem geistigen Vater des Zionismus.

der: Die „Siegerstaaten" erhielten einen ständigen Sitz im Sicherheitsrat. Sie bestimmten als „Weltpolizisten" maßgeblich die Friedenspolitik der Vereinten Nationen und konnten durch ihr **Vetorecht** jederzeit Beschlüsse verhindern. Während des Kalten Krieges entwickelte sich das Vetorecht zu einem Mittel, mit dem die Supermächte den Sicherheitsrat in seiner Handlungsfähigkeit blockierten. Zwischen 1946 und 1964 wurde das Veto von der Sowjetunion, die sich im Sicherheitsrat und in der Vollversammlung stets einer westlichen Mehrheit gegenübersah, 103-mal ausgesprochen, von Großbritannien vier- und von Frankreich dreimal.

Die UNO im Nahost-Konflikt

Seit ihrer Gründung im Jahre 1945 beschäftigt sich die UNO mit dem **Nahost-Konflikt**. Dieser Begriff bezeichnet die politischen und kriegerischen Auseinandersetzungen zwischen Israel und seinen arabischen Nachbarn sowie den Palästinensern. Der Konflikt begann nicht erst mit der Ausrufung des Staates Israel durch den späteren israelischen Ministerpräsidenten Ben Gurion im Jahre 1948 (M 3), sondern mit der Entstehung des **Zionismus*** im späten 19. Jahrhundert. Die Zionisten, wie sich die nationaljüdische Siedlungsbewegung nannte, wollten wieder „zurück" in das Land ihres historisch-religiösen Ursprungs: *„Erez Israel"*, das Land der Bibel. Israel leitete aus der Geschichte das moralische Recht der Juden ab, nach jahrhundertelanger Unterdrückung und Verfolgung in Palästina einen selbstständigen Staat mit der Hauptstadt Jerusalem zu gründen. Dagegen betrachteten die Araber Palästina als arabisches Land, das nur unter osmanischer und später britischer Fremdherrschaft gestanden habe. Völkerrechtliche Vereinbarungen erkannten die Araber nicht an, da sie an ihnen nicht beteiligt gewesen seien und die daher ihr Selbstbestimmungsrecht verletzt hätten. Weder Kriege oder terroristische Gewalt noch diplomatische Verhandlungen haben bis heute die Nahost-Region dauerhaft befrieden können. Im Kern geht es nach wie vor um die politisch-staatliche Organisation im früheren britischen Mandatsgebiet Palästina, d. h. um das Existenzrecht Israels sowie den künftigen staatlichen Zusammenschluss der palästinensisch-arabischen Bevölkerung (M 5, M 6).

Zionismus
Moderne jüdische Nationalbewegung, die gegen Ende des 19. Jahrhunderts in Mittel- und Osteuropa entstand. Sie wollte durch kulturelle Wiederbelebung, politische Organisation, Einwanderung und Ansiedelung von Juden in Palästina die Basis für die Gründung des Staates Israel legen. Geistiger Führer war Theodor Herzl.

Am Nahost-Konflikt sind mehrere **Akteure** beteiligt. Hierzu gehört der demokratisch organisierte Staat **Israel**, der wegen seines hohen Standes von Wissenschaft und Technik eine wirtschaftlich blühende Industriegesellschaft geschaffen hat.

Die äußere Sicherheit wird durch starke und moderne Streitkräfte gewährleistet, die vermutlich mit Atomwaffen ausgerüstet sind. Mit den USA pflegt Israel besonders intensive politische, militärische und wirtschaftliche Beziehungen.
Im Gegensatz zu den Israelis besitzen die **Palästinenser** keinen eigenen Staat. Im Westjordanland oder im Gazastreifen leben sie teilweise unter israelischer Besatzung und verfügen lediglich über eine Autonomiebehörde. Die internationale Verhandlungsposition der Palästinenser hängt wesentlich von ihrem jeweiligen Verhältnis zu anderen Groß- und Weltmächten sowie zu den arabischen Staaten ab. Die Entstehung rivalisierender palästinensischer Organisationen wie der islamisch-fundamentalistischen Hamas-Bewegung, die seit den 1980er-/1990er-Jahren mit der **Palästinensischen Befreiungsorganisation (PLO)*** konkurrieren, erschwert zusätzlich den Friedensprozess. Die **arabischen Staaten** bilden keine Einheit. Das verdeutlicht bereits der Blick auf die Nachbarstaaten Israels: Ägypten hat 1979, Jordanien 1994 einen Friedensvertrag mit Israel abgeschlossen. Beide Staaten setzen im Nahost-Konflikt auf Verhandlungen. Dagegen verfolgen Syrien und – bis zum Sturz des diktatorischen Regimes von Saddam Hussein 2003 im dritten Golfkrieg – der Irak sowie – im außerarabischen Raum – der Iran eine starre anti-israelische Politik, die einen Verständigungsfrieden ablehnt. Diese Staaten betrachten den Kampf gegen den „zionistischen Feind" Israel als einen Kampf ums Dasein, nicht um Grenzen. Syrien ist darüber hinaus bestrebt, eine regionale Vormachtstellung zu verwirklichen. Die westlichen Staaten, allen voran die USA, beschuldigen diese Länder, durch die Unterstützung terroristischer Gruppierungen für Unruhe im Nahen Osten zu sorgen. Saudi-Arabien konzentriert sich darauf, seine Position als Hüterin der Heiligen Stätten des Islam zu festigen. Im Nahost-Konflikt spielen die **Groß- und Weltmächte** eine herausragende Rolle. Beeinflussten bis in die 1950er-Jahre Großbritannien und Frankreich maßgeblich die Entwicklung dieser Region, bestimmten während des Ost-West-Konfliktes die – Israel nahestehenden – USA und die – die Palästinenser und einige arabischen Staaten unterstützende – Sowjetunion maßgeblich die politische Konstellation im Nahen Osten. Seit dem Zusammenbruch der Sowjetunion 1990/91 sind die USA zur stärksten Macht im israelisch-arabischen Konflikt geworden. Auch die **UNO** war von Anfang an mit der Lösung des Nahost-Konfliktes befasst. Die Geschichte ihrer Friedensbemühungen verdeutlicht, dass die Vereinten Nationen nie mächtiger sein konnten als ihre Mitgliedsstaaten und die Konfliktparteien es zuließen (M 7).

PLO (Abk. für *Palestine Liberation Organization*)/Palästinensische Befreiungsorganisation
Dachorganisation der Palästinensischen Befreiungsbewegung. Sie wurde 1964 gegründet und verfolgte ursprünglich das Ziel, den Staat Israel zu beseitigen und einen arabischen, ganz Palästina umfassenden Staat zu errichten. Seit 1994 erkannte sie das Existenzrecht Israels an. Die zentrale Führungspersönlichkeit war von 1968 bis zu seinem Tod 2005 Yassir Arafat.

Internettipp
www.sueddeutsche.de/ausland/schwerpunkt/696/9687/3
Dossier der „Süddeutschen Zeitung" zur Geschichte des Nahost-Konfliktes (2001).

1 Erläutern Sie mithilfe des Darstellungstextes Aufgaben und Ziele der UNO.
2 Erörtern Sie auf der Grundlage des Darstellungstextes die Schwierigkeiten eines stabilen und dauerhaften Friedens im Nahen Osten.

M4 Aus der Charta der Vereinten Nationen, 1945

a) Über die Ziele der UNO in Artikel 1:

Die Vereinten Nationen setzen sich folgende Ziele:
1. Den Weltfrieden und die internationale Sicherheit zu wahren und zu diesem Zweck wirksame Kollektivmaßnahmen zu treffen, um Bedrohungen des Friedens zu verhüten und zu beseitigen, Angriffshandlungen und andere Friedensbrüche zu unterdrücken und internationale Streitigkeiten oder Situationen, die zu einem Friedensbruch führen könnten, durch friedliche Mittel nach den Grundsätzen der Gerechtigkeit und des Völkerrechts [...] beizulegen.
2. Freundschaftliche, auf der Achtung vor dem Grundsatz der Gleichberechtigung und Selbstbestimmung der Völker beruhende Beziehungen zwischen den Nationen zu entwickeln und andere geeignete Maßnahmen zur Festigung des Weltfriedens zu treffen.
3. Eine internationale Zusammenarbeit herbeizuführen, um internationale Probleme wirtschaftlicher, sozialer, kultureller und humanitärer Art zu lösen und die Achtung vor den Menschenrechten und Grundfreiheiten für alle ohne Unterschied der Rasse, des Geschlechts, der Sprache oder der Religion zu fördern und zu festigen.

b) Über die Grundsätze der Organisation und die Aktivitäten der UNO in Artikel 2:

Die Organisation und ihre Mitglieder handeln im Verfolge der in Artikel 1 dargelegten Ziele nach folgenden Grundsätzen:

1. Die Organisation beruht auf dem Grundsatz der souveränen Gleichheit aller ihrer Mitglieder.
2. Alle Mitglieder erfüllen, um ihnen allen die aus der Mitgliedschaft erwachsenen Rechte und Vorteile zu sichern, nach Treu und Glauben die Verpflichtungen, die sie mit dieser Charta übernehmen.
3. Alle Mitglieder legen ihre internationalen Streitigkeiten durch friedliche Mittel so bei, dass der Weltfrieden, die internationale Sicherheit und die Gerechtigkeit nicht gefährdet werden.
4. Alle Mitglieder unterlassen in ihren internationalen Beziehungen jede gegen die territoriale Unversehrtheit oder die politische Unabhängigkeit eines Staates gerichtete oder sonst mit den Zielen der Vereinten Nationen unvereinbare Androhung oder Anwendung von Gewalt.
5. Alle Mitglieder leisten den Vereinten Nationen jeglichen Beistand bei jeder Maßnahme, welche die Organisation im Einklang mit dieser Charta ergreift; sie leisten einem Staat, gegen den die Organisation Vorbeugungs- oder Zwangsmaßnahmen ergreift, keinen Beistand.
6. Die Organisation trägt Sorge dafür, dass Staaten, die nicht Mitglieder der Vereinten Nationen sind, insoweit nach diesen Grundsätzen handeln, als dies zur Wahrung des Weltfriedens und der internationalen Sicherheit erforderlich ist.
7. Aus dieser Charta kann eine Befugnis der Vereinten Nationen zum Eingreifen in Angelegenheiten, die ihrem Wesen nach zur inneren Zuständigkeit eines Staates gehören, oder eine Verpflichtung der Mitglieder, solche Angelegenheiten einer Regelung aufgrund dieser Charta zu unterwerfen, nicht abgeleitet werden.

c) Über „Maßnahmen bei Bedrohung oder Bruch des Friedens und bei Angriffshandlungen" in Kapitel VII:

Artikel 39: Der Sicherheitsrat stellt fest, ob eine Bedrohung oder ein Bruch des Friedens oder eine Angriffshandlung vorliegt; er gibt Empfehlungen ab oder beschließt, welche Maßnahmen aufgrund der Artikel 41 und 42 zu treffen sind, um den Weltfrieden und die internationale Sicherheit zu wahren oder wiederherzustellen.

Artikel 40: Um einer Verschärfung der Lage vorzubeugen, kann der Sicherheitsrat, bevor er nach Artikel 39 Empfehlungen abgibt oder Maßnahmen beschließt, die beteiligten Parteien auffordern, den von ihm für notwendig oder erwünscht erachteten vorläufigen Maßnahmen Folge zu leisten. Diese vorläufigen Maßnahmen lassen die Rechte, die Ansprüche oder die Stellung der beteiligten Parteien unberührt. Wird den vorläufigen Maßnahmen nicht Folge geleistet, so trägt der Sicherheitsrat diesem Versagen gebührend Rechnung.

Artikel 41: Der Sicherheitsrat kann beschließen, welche Maßnahmen – unter Ausschluss von Waffengewalt – zu ergreifen sind, um seinen Beschlüssen Wirksamkeit zu verleihen; er kann die Mitglieder der Vereinten Nationen auffordern, diese Maßnahmen durchzuführen. Sie können die vollständige oder teilweise Unterbrechung der Wirtschaftsbeziehungen, des Eisenbahn-, See- und Luftverkehrs, der Post-, Telegrafen- und Funkverbindungen sowie sonstiger Verkehrsmöglichkeiten und den Abbruch der diplomatischen Beziehungen einschließen.

Artikel 42: Ist der Sicherheitsrat der Auffassung, dass die in Artikel 41 vorgesehenen Maßnahmen unzulänglich sein würden oder sich als unzulänglich erwiesen haben, so kann er mit Luft-, See- oder Landstreitkräften die für die Wahrung oder Wiederherstellung des Weltfriedens und der internationalen Sicherheit erforderlichen Maßnahmen durchführen. Sie können Demonstrationen, Blockaden und sonstige Einsätze der Luft-, See- oder Landstreitkräfte von Mitgliedern der Vereinten Nationen einschließen.

Artikel 43: Alle Mitglieder der Vereinten Nationen verpflichten sich, zur Wahrung des Weltfriedens und der internationalen Sicherheit dadurch beizutragen, dass sie nach Maßgabe eines oder mehrerer Sonderabkommen dem Sicherheitsrat auf sein Ersuchen Streitkräfte zur Verfügung stellen, Beistand leisten und Erleichterungen einschließlich des Durchmarschrechtes gewähren, soweit dies zur Wahrung des Weltfriedens und der internationalen Sicherheit erforderlich ist.

M 4 a–c zit. nach: Politische, militärische, wirtschaftliche Zusammenschlüsse und Pakte der Welt, 12. Aufl., Siegler, Bonn 1979, S. 126–128.

1 Stellen Sie nach M 4 a–c Ziele und Grundsätze der UNO in einer Liste zusammen. Erläutern Sie die Unterschiede zwischen Grundsätzen und Zielen.

2 Arbeiten Sie die Maßnahmen heraus, zu der sich die Mitgliedsstaaten der UNO nach M 4 a–c verpflichten, um den Weltfrieden zu erhalten.

3 Fassen Sie die Möglichkeiten zusammen, die der UNO zur Verfügung stehen, um in die inneren Angelegenheiten eines Staates einzugreifen.

4 Stellen Sie in einem Ablaufschema die nach M 4 c vorgesehenen Zwangsmaßnahmen der UNO gegen einen Angreifer zusammen. Erläutern Sie dabei die Rolle des Vetorechtes.

5 **Präsentation (Gruppenarbeit):** Informieren Sie sich über einen aktuellen Beschluss des UN-Sicherheitsrats. Stellen Sie seine politischen Hintergründe und die Folgen dar. Tipp: Beziehen Sie die Beurteilung des Beschlusses in der deutschen Presseberichterstattung ein. (Recherchehilfe: www.un.org/Depts/german/sr/sr_res.html#Anfang)

M5 Der Nahe Osten 1949–1990

1 Erarbeiten Sie mithilfe der Karten (M5) und der Chronik (M6) die Entwicklung des Nahost-Konfliktes.

M6 Die Geschichte des Nahost-Konfliktes – eine Chronik

1887 Baseler Programm der zionistischen Weltorganisation: Beschluss zur Besiedelung Palästinas

1916 Sykes-Picot-Abkommen: Aufteilung des Nahen Ostens in ein französisches und britisches Interessengebiet

1917 Balfour-Deklaration: Zusage Großbritanniens für eine jüdische „nationale Heimstätte" in Palästina

1920 Errichtung eines britischen Völkerbundmandats (d.h., die ehemalige Kolonie wird im Auftrag des Völkerbunds verwaltet) über Palästina; arabische Unruhen in Jerusalem

1936–1939 Großer arabischer Aufstand gegen Briten und Juden

1947 Beschluss der britischen Regierung, das Mandat zu beenden und das Palästinaproblem der UNO zu übergeben; UN-Vollversammlung beschließt Teilung Palästinas in einen jüdischen und einen palästinensischen Staat; seit 1916 ca. 520000 jüdische Einwanderer

1948/49 Die Gründung des Staates Israel (14. Mai 1948) löst den 1. Nahostkrieg aus; Flucht und Vertreibung der arabischen Bevölkerung; bis 1966 ca. 1250000 jüdische Einwanderer

1956 2. Nahostkrieg: Britisch/französisch-ägyptischer Konflikt um die Verstaatlichung des Suezkanals durch Ägypten; Israel besetzt den Gazastreifen und die Sinai-Halbinsel

1957 Rückzug Israels vom Sinai und aus dem Gazastreifen

1959 Yassir Arafat (1929–2005), der spätere Führer der Palästinenser, übernimmt die Führung der Fatah (palästinensische Kampforganisation)

1964 Gründung der Palästinensischen Befreiungsorganisation (PLO), deren Kern die Fatah bildet

1967 3. Nahostkrieg (Sechs-Tage-Krieg); Israel siegt über Ägypten, Syrien und Jordanien; Besetzung Westjordaniens, der Sinai-Halbinsel, des Gazastreifens und der Golan-Höhen durch israelische Truppen, Beginn der israelischen Siedlungspolitik

1968 Die PLO spricht Israel das Existenzrecht ab und fordert die Wiedergewinnung Palästinas durch bewaffneten Kampf

1973 Jom-Kippur-Krieg: Sieg Israels über Ägypten und Syrien

1979 Unterzeichnung des israelisch-ägyptischen Friedensvertrages (26. März): Räumung des Sinai (1982 abgeschlossen), Aufnahme diplomatischer Beziehungen

1982 Einmarsch Israels in den Libanon, von dessen Staatsgebiet aus die PLO Israel immer wieder angegriffen hat; die PLO muss den Libanon verlassen

1988 PLO-Chef Arafat erkennt das Existenzrecht Israels an und schwört dem Terrorismus ab

1994 Unterzeichnung des Gaza-Jericho-Abkommens, in dem sich Israel und die PLO gegenseitig anerkennen; Vereinbarung palästinensischer Autonomie; Unterzeichnung des Friedensvertrages zwischen Israel und Jordanien

2003 USA, UNO, Europäische Union und Russland legen Friedensplan („Roadmap") vor; Ziel: Errichtung eines palästinensischen Staates im Jahr 2005; Israel beginnt mit dem Bau von Sperranlagen zur räumlichen Trennung von Israelis und Palästinensern

2005 Israel beendet mit dem vollständigen Abzug die 38-jährige Besatzung des Gazastreifens; die jüdischen Siedler werden in Israel angesiedelt

M7 Der Historiker Rolf Steininger über die Rolle der UNO im Nahost-Konflikt, 2003

Mit keinem Krisengebiet der Welt hat sich die UNO so oft beschäftigt wie mit dem Nahen Osten und da in erster Linie mit dem israelisch-arabischen Konflikt [...]. Fast die Hälfte der insgesamt von der UNO-Vollversammlung und dem UNO-Sicherheitsrat verabschiedeten Resolutionen bezieht sich darauf. Wenn man so will, kann man die Vorläuferorganisation der UNO, den Völkerbund, dafür mitverantwortlich machen. Er übertrug nämlich Großbritannien und Frankreich 1922 das Mandat für die später so umstrittenen Gebiete. Für Palästina wurde dabei die Balfour-Deklaration vom November 1917 in den Mandatstext übernommen, das heißt, Großbritannien war von nun an verantwortlich für die Errichtung der „nationalen Heimstätte für das jüdische Volk in Palästina".

Die britische Regierung gab diesen Auftrag im Frühjahr 1947 zurück, die UNO setzte eine Sonderkommission (UNSCOP) ein, die sich mit dem Problem beschäftigen sollte. Ihre Empfehlung floss in den Beschluss der UNO-Vollversammlung vom 29. November 1947 ein, der die Teilung Palästinas in zwei Staaten vorsah. In der Folge der sich daran anschließenden Konflikte wurde die UNO immer wieder aktiv: 1948/49 (1. israelisch-arabischer Krieg), 1956 (Suezkrieg), 1967 (Sechs-Tage-Krieg), 1973 (Jom-Kippur-Krieg), 1982 (Libanonkrieg), dann 1980–1988 im Krieg Iran–Irak, 1990/91 im Golfkrieg und 2003 im Irakkrieg. Erfolg hatte sie meist nur, wenn alle Beteiligten zustimmten, was zwar selten genug der Fall war, aber dennoch so manchen Konflikt entschärfte.

Es begann am 17. April 1948, als der Sicherheitsrat die Einstellung aller Kampfhandlungen forderte und zu diesem Zweck die Waffenstillstandskommission *„United Nations Truce Commission"* (UNTC) zur Schaffung und Überwachung eines Waffenstillstandes bildete, den es dann aber nicht gab. Als der Krieg nach Ausrufung des Staates Israel offen ausbrach, stellte der Sicherheitsrat am 29. Mai die Beobachtergruppe *„United Nations Truce Supervision Organization"* (UNTSO) auf; sie war die erste UN-Truppe in der Geschichte der UNO und sollte den schwedischen Vermittler Graf Falke Bernadotte und die UNTC unterstützen. Sie wurde an den Grenzen zwischen Israel und seinen Nachbarn auf dem Gebiet aller fünf Staaten verteilt. Einen Waffenstillstand gab es aber erst, als Israel dem zustimmte. (Die UNTC mit Hauptquartier Jerusalem gibt es bis heute.)

Ein besonderes Anliegen der UNO waren von Anfang an auch die palästinensischen Flüchtlinge (Resolution 194 vom 11.12.1948). Die damalige Weigerung Israels, diesen Flüchtlingen (und jenen des Sechs-Tage-Krieges) die Rückkehr zu gestatten, ist bis heute der entscheidende Streitpunkt bei einer möglichen Friedensregelung geblieben. Israel erließ am 5. Juli 1950 ein anderes Rückkehrgesetz (*„law of return"*): für alle Juden der Welt, da Israel die Heimat aller Juden sei. Die UNO selbst errichtete am 8. Dezember 1949 das UNO-Hilfswerk für Palästinaflüchtlinge im Nahen Osten (*United Nations Relief and Works Agency for Palestine Refugees in the Near East*, UNRWA). Die Zahl der Flüchtlinge stieg nach jedem Krieg. Das UNO-Hilfswerk besteht immer noch; es betreut heute etwa 3,6 Millionen Flüchtlinge.

Nach dem Suezkrieg zogen Briten und Franzosen im Dezember 1956 ihre Truppen zurück, nicht jedoch die Israelis, die den ganzen Sinai, den Gazastreifen und die Straße von Tiran kontrollierten. Ben Gurion wollte für den Rückzug vom Sinai die Garantie für eine freie Durchfahrt in der Straße von Tiran. Vier Monate dauerte es, bis auf Vermittlung von Kanadas Außenminister Lester „Mike" Pearson eine Lösung gefunden wurde. Auf seine Initiative hin wurde eine multinationale *United Nations Emergency Force* (UNEF I) gebildet, die zunächst den anglo-französischen Rückzug überwachen sollte.

Nasser lehnte dann den Vorschlag ab, diese Truppe auch für die israelisch-ägyptische Grenze einzusetzen. Der tote Punkt wurde schließlich durch zwei Vereinbarungen überwunden: Zum einen sagte UNO-Generalsekretär Dag Hammarskjøld Nasser zu, dass Ägypten das Recht habe, den Abzug der Truppe zu fordern, nachdem die Generalversammlung geklärt hatte, ob die Friedenstruppe ihre Aufgabe erfüllt habe. Zum anderen sicherte US-Außenminister John Foster Dulles seiner israelischen Kollegin Golda Meir zu, dass die USA jeden Versuch Ägyptens, die Straße von Tiran erneut zu blockieren, als Kriegshandlung interpretieren würden, auf die Israel im Sinne des Artikels 51 der UNO-Charta reagieren könne (was 1967 geschah). Am 11. März 1957 gab es damit auf dem Sinai die erste Peace-Keeping-Truppe der UNO, die allerdings im Vorfeld des Sechs-Tage-Krieges abgezogen wurde. Am 22. November 1967 verabschiedete der Sicherheitsrat die Resolution 242, die bis heute die völkerrechtliche Grundlage aller Bemühungen um eine Friedenslösung im Nahen Osten geblieben ist. Sie bekräftigte als Grundsätze eines gerechten und dauerhaften Friedens in Nahost einerseits den „Rückzug israelischer Streitkräfte aus Gebieten, die während des jüngsten Konfliktes besetzt wurden", und andererseits die „Anerkennung der Souveränität der territorialen Unversehrtheit und der politischen Unabhängigkeit eines jeden Staates in dem Gebiet und seines Rechts, innerhalb sicherer und anerkannter Grenzen in Frieden zu leben, frei von Drohungen und Akten der Gewalt". Die Resolution war von Anfang an umstritten, da die offizielle englische Version Israels Rückzug „aus Gebieten" (*from territories*), nicht jedoch aus allen Gebieten forderte.

Während des Jom-Kippur-Krieges 1973 einigten sich Amerikaner und Sowjets am 21. Oktober auf einen Text, der vom Sicherheitsrat noch in der folgenden Nacht als Resolution 338 übernommen wurde. Die Parteien wurden aufgefordert, das Feuer einzustellen, gleichzeitig „mit der Erfüllung der Resolution 242 des Sicherheitsrates in allen ihren Bestandteilen zu beginnen". Syrien nahm die Resolution 338 an und damit auch die Resolution 242. Die PLO lehnte beide kompromisslos ab. Fast gleichzeitig wurde der erneute Einsatz jener *United Nations Emergency Force* (UNEF II) gefordert, die bei der Suezkrise eingesetzt worden war. Von Zypern aus wurden daraufhin UN-Soldaten in die Krisenregion verlegt. Auch für die syrische Front, und zwar am Golan, wurde eine UNO-Puffertruppe aufgestellt, die *United Nations Disengagement Observer Force* (UNDOF), die dort bis heute den Waffenstillstand überwacht. Ähnlich die *United Nations Interim Force in Lebanon* (UNIFIL), die im Süden des Libanon stationiert ist. 1974 kam der Durchbruch für Yassir Arafat. Am 13. November sprach er vor der UNO-Vollversammlung. Israel war zwar für die PLO nach wie vor nur jenes „zionistische Gebilde", aber Arafat bot den Juden Partnerschaft „in einem demokratischen Palästina" und „bei gerechten Friedensvereinbarungen" an und appellierte gleichzeitig „an das amerikanische Volk, dem Recht und der Gerechtigkeit beizustehen". Er forderte schließlich die Auflösung Israels und die Gründung eines neuen Staates im ehemaligen britischen Mandatsgebiet. Damit verlangte er nichts anderes als die Aufhebung der Resolution von 1947; trotzdem erntete er Beifall. Die UNO, die letztlich die Gründung des Staates Israel erst ermöglicht hatte, applaudierte jetzt bei der Forderung, ihn abzuschaffen. Die UNO von 1974 war eben nicht mehr die UNO von 1947. Zehn Tage nach Arafats Rede verabschiedete die Generalversammlung zwei Resolutionen zur Palästina-Frage: Mit 89 Stimmen gegen die Stimmen Israels, der USA und sechs weiterer Staaten (bei 37 Enthaltungen) wurden „die unveräußerlichen Rechte des palästinensischen Volkes in Palästina, darunter
a) das Recht auf Selbstbestimmung ohne Einmischung von außen,
b) das Recht auf nationale Unabhängigkeit und Souveränität bestätigt und gleichzeitig anerkannt, „dass das palästinensische Volk bei der Schaffung eines gerechten und dauerhaften Friedens im Nahen Osten ein Hauptbeteiligter ist". Die Palästinenser waren damit erstmals international als „Volk mit berechtigten Ansprüchen" anerkannt worden; sie waren nicht mehr nur Flüchtlinge, die zerstreut in verschiedenen Ländern lebten und in verschiedenen Lagern lebten. Ein Jahr später kam es fast zum Skandal. Mit 72 Ja- und 35 Nein-Stimmen bei 32 Enthaltungen stellte die UNO-Vollversammlung am 10. November 1975 fest, „dass der Zionismus eine Form des Rassismus und der rassischen Diskriminierung ist". Diese Resolution wurde allerdings am 16. Dezember 1991 von der Vollversammlung für ungültig erklärt. Erst 1988, ein Jahr nach Beginn der Intifada, akzeptierte dann die PLO die Resolutionen 242 und 338, die nach wie vor die Grundlage einer zukünftigen Friedensregelung sind. Seit dem Ende des Kalten Krieges stand und steht der Irak im Mittelpunkt zahlreicher Resolutionen. [...] Die wichtigste Resolution in dem Zusammenhang ist 1441 vom November 2002. Auf ihrer Basis wurde das diktatorische Regime Saddam Husseins im März/April 2003 von anglo-amerikanischen Truppen in der Operation „*Iraqi Freedom*" beseitigt. Die UNO war erst gar nicht mehr gefragt worden. Welche Rolle sie in Zukunft im Friedensprozess für den Nahen Osten spielen wird, muss abgewartet werden.

Rolf Steininger, Der Nahostkonflikt, Fischer Taschenbuch, Frankfurt/Main [5]2009, S. 104–109, .

1 Erörtern Sie Möglichkeiten und Grenzen der UN-Friedensbemühungen im Nahen Osten (M 7):
a) Arbeiten Sie die wichtigsten Etappen des Engagements der UNO heraus.
b) Analysieren Sie für jede Etappe die Ziele und Mittel der UN-Vermittlungspolitik.
c) Beschreiben und erklären Sie für jede Etappe Erfolge und Misserfolge der UNO.

2 **Recherche:** Informieren Sie sich in den Medien über den aktuellen Stand des Nahost-Konflikts und ergänzen Sie die Chronik (M 6) bis heute.

3 **Diskussion:** Veranstalten Sie eine Podiumsdiskussion und erörtern Sie als Vertreter der Hauptakteure im Nahost-Konflikt Wege zum Frieden in der Region.

2 Die europäische Integration

Europa-Bewegungen in der unmittelbaren Nachkriegszeit (1945–1949)

Juni 1946 „Europa-Liga für wirtschaftliche Zusammenarbeit" (unter dem belgischen Politiker Paul van Zeeland)

Sept. 1946 Hertensteiner Programm der Europäischen Föderalisten

Dez. 1946 „Union Europäischer Föderalisten" (Paris)

Jan. 1947 „Vereintes Europäisches Komitee" oder „United Europe Movement" (London; angeregt von Winston Churchill)

Sept. 1947 „Europäische Parlamentarier-Union" (Graf Coudenhove-Kalergi)

Mai 1948 Erster „Haager Kongress" für europäische Einheit

Mai 1949 „Deutscher Rat der Europäischen Bewegung"

Sept. 1949 „Europa-Kolleg" (Brügge)

Geschichte der Europaideen

Ideen für ein engeres Zusammenwachsen Europas gab es bereits seit dem Mittelalter und der Frühen Neuzeit. Doch erst zu Beginn des 20. Jahrhunderts nahmen die Bemühungen zur Schaffung einer kulturellen, wirtschaftlichen und politischen Einheit Europas konkrete Gestalt an. Eine der bekanntesten Vereinigungen, die sich für die europäische Integration stark machten, war die **Paneuropa-Union**. Sie wurde 1922 von **Richard Coudenhove-Kalergi** (1894–1972) gegründet und von Politikern, Wissenschaftlern und Geschäftsleuten unterstützt. Besonders der französische Außenminister **Aristide Briand** (1862–1932) engagierte sich für eine **europäische Föderation**. Friedenssicherung bzw. die grundsätzliche Abschaffung des Krieges als Mittel der Politik war dabei sein wichtigstes Motiv. Im Einzelnen plante Briand die Einrichtung einer parlamentarischen Beratungsgruppe innerhalb des Völkerbundes sowie die Errichtung einer Zollunion – und entwarf damit die Vorformen des Europarates und der Europäischen Wirtschaftsgemeinschaft. Briands Projekt einer europäischen Föderation blieb in der Zwischenkriegszeit zwar eine viel diskutierte Idee. Sie wurde aber erst nach dem Zweiten Weltkrieg als Chance für eine friedliche Gestaltung der internationalen Beziehungen genutzt.

Überzeugt davon, dass der Nationalstaat des 19. Jahrhunderts Frieden, Wohlstand und Demokratie nicht mehr allein sichern könne, entwickelten während des Zweiten Weltkrieges vor allem Vertreter der west- und osteuropäischen **Widerstandsbewegungen gegen den Nationalsozialismus das Konzept einer überstaatlichen europäischen Ordnung**. Die europäische Integration besaß für ihre Befürworter auch machtpolitische Vorteile: Nur durch die enge Zusammenarbeit der verschiedenen Staaten war aus ihrer Sicht sowohl das internationale Gewicht Europas gegenüber den Weltmächten USA und UdSSR zu bewahren als auch die potenziell mächtigste Nation auf dem Kontinent, Deutschland, zu kontrollieren.

Schumann-Plan

Der 9. Mai 1950 gilt als Geburtstag der EU: Robert Schumann stellte auf einer Pressekonferenz seinen Plan vor, „die gesamte deutsch-französische Kohle- und Stahlproduktion einer Hohen Behörde zu unterstellen, in einer Organisation, die den anderen Ländern Europas zum Beitritt offensteht". Der Vorschlag sollte den „Grundstein einer europäischen Föderation bilden, die zur Bewahrung des Friedens unerlässlich ist". Die Zusammenarbeit mit Deutschland in den Bereichen Kohle und Stahl ermöglichte Frankreich die Kontrolle der für Rüstungsgüter notwendigen Schwerindustrie. Andererseits bot der Plan der 1950 noch unter Besatzungsrecht stehenden Bundesrepublik die Chance zur Rückkehr in die internationale Politik und war ein Schritt hin zur völkerrechtlichen Souveränität. Der 9. Mai wird jedes Jahr als Europatag gefeiert.

Europäische Integration nach 1945

Die Furcht vor einem Dritten Weltkrieg ließ nach 1945 die **Europa-Bewegung** erstarken: Politiker sowie weite Teile der Bevölkerung setzten auf die Einigung Europas. Hinzu kamen das wirtschaftliche Interesse an einem größeren europäischen Markt sowie das Bestreben, Deutschland fest in die europäische Politik einzubinden. Außerdem schlossen sich die Westeuropäer während der Zeit des Ost-West-Konflikts enger zusammen, weil sie sich von der kommunistischen Sowjetunion und den von ihr beherrschten osteuropäischen Staaten bedroht fühlten. Schon 1946 forderte der frühere britische Premierminister **Winston Churchill** (s. S. 33) die Schaffung der **Vereinigten Staaten von Europa**. Zwei Jahre später, 1948, ergriff der Haager Kongress die Initiative zu einem ersten politischen Zusammenschluss, dem **Europarat**, der 1949 als beratende Versammlung gegründet wurde. Weitergehende Pläne wie z. B. die Gründung einer föderalistisch organisierten „Europa-Union" scheiterten 1950/51 am Widerstand Großbritanniens. Der französische Außenminister **Robert Schuman** (1886–1963) entschloss sich daraufhin, die politische zugunsten der wirtschaftlichen Integration zunächst zurückzustellen und die überstaatliche (supranationale) Einigung auch ohne Großbritannien voranzutreiben. Mitstreiter für seinen 1950 vorgestellten **„Schumann-Plan"*** fand er im deutschen Bundeskanzler Konrad Adenauer (s. S. 79), der Deutschland in die westliche Staatengemeinschaft integrieren wollte, und im italienischen Ministerpräsidenten Alcide de Gasperi (1881–1954). Ihre Bemühungen führten im Jahr 1951 zur Entstehung der **Europäischen Gemeinschaft für Kohle und Stahl/EGKS** (Montanunion) und begründeten den ersten gemeinsamen Markt für die damaligen Schlüsselindus-

trien. 1957 unterzeichnete die „Gemeinschaft der Sechs" – Frankreich, Bundesrepublik Deutschland, Italien und die drei Benelux-Staaten (Belgien, Niederlande, Luxemburg) die **„Römischen Verträge"** (M 4). Das Vertragswerk regelte die Nutzung der Atomenergie **(Europäische Atomgemeinschaft/EURATOM)** und rief die **Europäische Wirtschaftsgemeinschaft (EWG)** ins Leben. Ein gemeinsamer Markt sollte den Boden für engere Beziehungen der europäischen Staaten untereinander bereiten. Großbritannien, Dänemark, Norwegen, Schweden, Portugal, Österreich und die Schweiz, die sich aus nationalpolitischen Vorbehalten nicht an der EWG beteiligten, schlossen sich zu einer „Europäischen Freihandelszone" **(*European Free Trade Association*/EFTA)** zusammen. Sie sollte den Rückgang ihres Handels mit der EWG teilweise ausgleichen. 1967 beschlossen die „Sechs", EWG, EGKS und EURATOM zur **Europäischen Gemeinschaft (EG)** zusammenzufassen.
Der wirtschaftliche Zusammenschluss in der EWG beflügelte nicht nur die Handelsbeziehungen zwischen ihren Mitgliedern, er ließ die EWG zudem mit einem Anteil von ca. 30 Prozent eine Spitzenstellung im Welthandel erreichen und trug entscheidend zur Vermehrung des Wohlstandes in den beteiligten Staaten bei. Daher wurde die EWG zunehmend auch für andere europäische Länder attraktiv. Das zeigte sich bei der Nord- und Süderweiterung in den 1970er- und 1980er-Jahren. Durch den Beitritt von Irland, Großbritannien und Dänemark wurde aus dem Europa der Sechs ein Europa der Neun und schließlich – als Griechenland, Spanien und Portugal beitraten – ein Europa der Zwölf. Anfang 1995 schlossen sich Schweden, Finnland und Österreich an und wurden Mitglied in der seit den **Verträgen von Maastricht** in **Europäische Union (EU)** umgestalteten Gemeinschaft. Die am 7. Februar 1992 im niederländischen Maastricht verabschiedeten Verträge traten zum 1. November 1993 in Kraft.

M 1 „Europäische Gemeinschaft souveräner Nationalstaaten", Karikatur, ca. 1980

M 2 Zusammenschlüsse in Europa nach dem Zweiten Weltkrieg (Stand 2008)

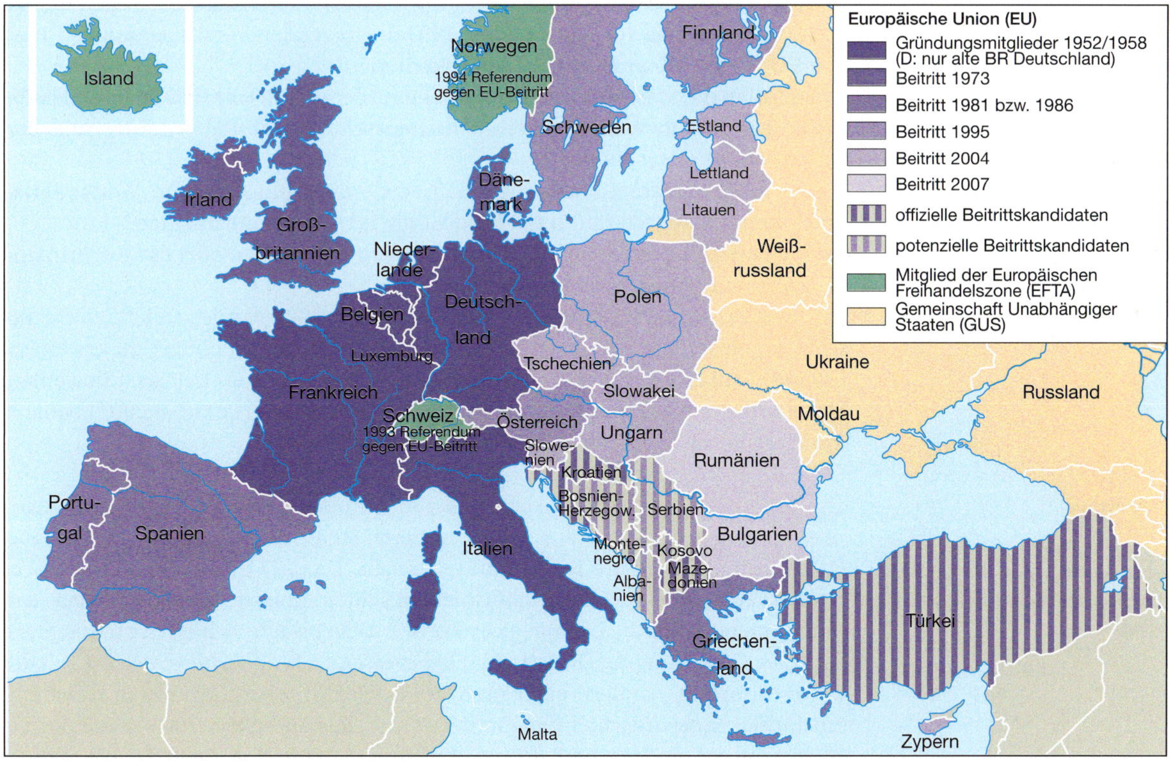

1 Beschreiben Sie das Zusammenwachsen Europas seit 1952.

Der Vertrag von Maastricht (offiziell: „Vertrag über die europäische Union") stellt eine neue Stufe der europäischen Integration und die umfassendste Reform des europäischen Gemeinschaftsrechts seit den Anfängen der europäischen Integration dar. Die damals 12 Staats- und Regierungschefs der Mitgliedsstaaten schrieben folgende Ziele und Aufgaben für die EU fest:
- Schaffung eines gemeinsamen Binnenmarktes,
- Wirtschafts- und Währungsunion mit dem Euro als gemeinsamer Währung (seit 1. Jan. 1999),
- gemeinsame Außen- und Sicherheitspolitik,
- engere Zusammenarbeit in den Bereichen Justiz und Inneres,
- Vertiefung der europäischen Zusammenarbeit in den Bereichen Industriepolitik, Bildung, Sozial- und Kulturpolitik.

Der **Maastrichter Vertrag*** bedeutet aber mehr als nur eine Umbenennung. Er legte Grundsätze für eine gemeinsame Wirtschafts-, Währungs-, Außen- und Sicherheitspolitik fest und übertrug damit – in Teilbereichen – die klassischen Felder des modernen Nationalstaats auf das vereinigte Europa. Zudem wurden die Kompetenzen des **Europäischen Parlamentes** erweitert. Es konnte jetzt auch einen Gesetzentwurf gegen das Votum des Ministerrates zu Fall bringen. Indem der am 1. Mai 1999 in Kraft getretene **Amsterdamer Vertrag** die Mitbestimmungsrechte des Parlamentes von 15 auf nunmehr 38 Sachgebiete ausdehnte, erhielt es zusätzliche Macht. Außer bei Landwirtschaftsfragen kann das Parlament seitdem bei so gut wie allen Fragen mitsprechen, in denen der Europäische Rat per Mehrheitsvotum beschließt. Die Europaabgeordneten müssen außerdem allen Gesetzen zustimmen, die jeden Bürger betreffen. Hierzu gehören Fragen des Binnenmarktes, des Verbraucher- und Umweltschutzes sowie der Gesundheits- und Verkehrspolitik. Wo die Souveränität der Mitgliedsstaaten berührt wird und diese daher auf ihrem Vetorecht beharren, kann das Europaparlament jedoch nicht mitsprechen. Das gilt besonders für die Steuer- sowie die Außen-, Sicherheits- und Verteidigungspolitik. Und dem Europäischen Parlament fehlt mit dem Initiativrecht nach wie vor das wichtigste Parlamentsrecht: Es kann keine eigenen Gesetze einbringen, sondern muss den Rat und die Kommission auffordern, Gesetzentwürfe auszuarbeiten.

Osterweiterung

Das Europäische Parlament entschied auch über die **Osterweiterung** der EU, die seit dem Zusammenbruch des Sowjetimperiums 1989/90 auf der politischen Tagesordnung stand. Die osteuropäischen Staaten, die vorher im Machtbereich der Sowjetunion lebten, strebten alle in die EU. Bei diesen Ländern handelte es sich jedoch zumeist um strukturschwache, von der Landwirtschaft geprägte Gesellschaften, die eine grundlegende und umfassende Modernisierung nachzuholen hatten. Deswegen formulierte der EU-Gipfel von Kopenhagen 1993 die folgenden Voraussetzungen für einen EU-Beitritt **(Kopenhagener Beitrittskriterien)**:
– institutionelle Stabilität als Garantie für eine demokratische und rechtsstaatliche Ordnung, für die Wahrung der Menschenrechte sowie die Achtung und den Schutz von Minderheiten;
– eine funktionsfähige Marktwirtschaft sowie die Fähigkeit, dem Wettbewerbsdruck und den Marktkräften der Europäischen Union standzuhalten;
– die Übernahme eines Regelwerks, des *Acquis Communautaire*, das die Prinzipien, Ziele und Politikfelder der EU regelt.
Auf dem EU-Gipfel in Kopenhagen im Dezember 2002 wurde schließlich der Beschluss gefasst, die EU am 1. Mai 2004 von 15 auf 25 Mitglieder zu erweitern: Estland, Lettland, Litauen, Polen, Tschechien, die Slowakei, Ungarn, Slowenien, Malta und Zypern wurden aufgenommen. Unter Auflagen konnten 2007 ebenfalls Rumänien und Bulgarien Mitglieder werden (M 2).

Internettipp
http://europa.eu/abc/history/index_de.htm
Website der Europäischen Union zur Geschichte der europäischen Integration.

Verfassungsdiskussion

Als die EU die Voraussetzungen für ihre Osterweiterung formulierte, stellte sie sich selbst die Aufgabe, Erweiterung und innere Reform zu verbinden. Da die Organe der EU in einem erweiterten Europa handlungsfähig bleiben sollten, musste ihre Arbeitsweise den veränderten Bedingungen angepasst werden. Dabei stellte sich nicht nur die Frage nach der Gestaltung der Entscheidungsprozesse (z. B. Mehrheitsbeschlüsse oder Einstimmigkeit), sondern auch nach der demokratischen Legitimität ihrer Entscheidungsstrukturen und den Grenzen ihrer Zuständigkeit. 2001 setzte die EU einen Konvent ein, der die Reform vorzubereiten hatte. Das Reformwerk sollte in einer **Verfassung** zusammengefasst werden, die den Rahmen für die zukünftige

Entwicklung der EU bilden sollte. Der Konvent erarbeitete von Februar 2002 bis Juli 2003 einen Verfassungsentwurf, der bis zum Oktober 2006 in allen EU-Staaten ratifiziert werden sollte. 2005 stimmte jedoch bei Referenden in den Niederlanden und Frankreich eine Mehrheit gegen die Europäische Verfassung.
Im Jahre 2007 einigten sich die Staats- und Regierungschefs daher auf einen neuen EU-Grundlagen- bzw. Reformvertrag, den **Vertrag von Lissabon***. Das Vertragswerk, das in einigen Ländern auf Vorbehalte stieß – z. B. lehnte Irland 2008 den Vertrag in einer Volksabstimmung zunächst ab –, wurde inzwischen von allen 27 Mitgliedsstaaten ratifiziert. Die Ratifizierung erfolgte je nach verfassungsrechtlichen Bestimmungen der einzelnen Staaten entweder per Volksabstimmung oder durch einen Parlamentsbeschluss. Am 1. Dezember 2009 trat der Vertrag inkraft.
Bereits auf dem Gipfel von Nizza im Jahre 2000 hatten die Staats- und Regierungschefs der EU eine **Grundrechtecharta** verabschiedet, deren Rechtsverbindlichkeit im Vertrag von Lissabon anerkannt wird. Diese Charta umfasst eine Reihe von Grundrechten, so z. B. die Einhaltung der Menschenwürde, Grundfreiheiten, soziale und bürgerliche Grundrechte. Sie sind teils in der Konvention des Europarates zum Schutz der Menschenrechte, teils in Verträgen der Gemeinschaft und teils in den Verfassungen der Mitgliedsstaaten schon enthalten. Der Europäische Gerichtshof orientiert sich bei seiner Rechtsprechung an der Grundrechtecharta.

Der Vertrag von Lissabon
- Die EU wird von einem Vorsitzenden geführt (Amtszeit: 2 ½ Jahre).
- Die Koordination der Außenpolitik übernimmt ein „EU-Außenminister".
- Beschlüsse der EU benötigen ab 2014 künftig eine „doppelte Mehrheit" von 55 % der Staaten, die gleichzeitig 65 % der Bevölkerung vertreten müssen.
- Das Vetorecht der Mitgliedsstaaten gilt nur noch in Ausnahmefällen.
- Die Kommission wird verkleinert und die Rechte des Europa-Parlaments werden gestärkt.
- Die Parlamentarier erhalten größere Mitspracherechte in Haushaltsfragen, der Zusammenarbeit der Justizbehörden und bei der inneren Sicherheit.

Türkei-Beitritt

Seit den 1960er-Jahren **strebt die Türkei nach einer Mitgliedschaft*** in der Europäischen Gemeinschaft bzw. der Europäischen Union. Von den anderen EU-Mitgliedsstaaten wird diese Frage sehr leidenschaftlich und kontrovers diskutiert. Die Debatte berührt nicht nur das Problem, welche Staaten oder Völker zu Europa gehören, sondern auch das Verhältnis der Europäer zu den „Anderen". Ähnlich wie bei der Auseinandersetzung um die Osterweiterung müssen Politik und Öffentlichkeit klären, welche Chancen und Gefahren die Vergrößerung der EU mit sich bringt.
Seit 2005 ist das EU-Beitrittverfahren der Türkei offiziell eröffnet. Der Türkei ist dabei bewusst, dass sie das Land durchgreifend reformieren muss, wenn die Verhandlungen zum Erfolg führen sollen. Die Garantie bürgerlicher Freiheitsrechte und Minderheitenrechte für die Kurden sind ebenso notwendig wie die Anpassung der Wirtschaft an marktwirtschaftliche Bedingungen. Wenngleich Regierung und Parlament seit 2001/02 wichtige Reformen in die Wege geleitet haben, bleibt offen, wie weit sie Staat und Gesellschaft nach westlichen Vorbildern umgestalten wollen oder können. Eine Frage aber gewann in den letzten Jahrzehnten immer größeres Gewicht in der öffentlichen Diskussion: Nähert sich die Türkei auch kulturell dem Westen an oder entwickelt sich eine eigenständige Kultur, in der der Islam eine prägende Rolle spielt? Dieses Problem spielt eine zentrale Rolle in der deutschen Debatte über den EU-Beitritt der Türkei.

Europa und die Türkei
1963 Die EG schließt mit der Türkei das Ankara-Abkommen, das drei Phasen der Annäherung vorsieht.
1982 Die EG setzt das Abkommen nach dem dritten türkischen Militärputsch aus.
1987 Nach freien Parlamentswahlen kommt es zu einer erneuten Annäherung zwischen EG und Türkei; die Türkei reicht ihren Antrag auf Vollmitgliedschaft ein.
1988 Das Ankara-Abkommen wird wieder in Kraft gesetzt.
1989 Die EG lehnt den türkischen Mitgliedsantrag ab.
1995 Eine Zollunion wird zwischen Türkei und EU geschlossen.
1999 Neue Verhandlungen beginnen.
2002 Die Türkei erhält den offiziellen Kandidatenstatus und sucht offiziell um Eröffnung des EU-Beitrittsverfahrens nach.
3. Oktober 2005 Die Beitrittsverhandlungen werden eröffnet.

Europäische Identität oder „Europa der Vaterländer"?

Zwar spielen Nation und Nationalstaat im Bewusstsein vieler Menschen nach wie vor eine bedeutende Rolle. Doch gleichzeitig wird Europa durch eine Vielfalt an ethnischen, sprachlichen und regionalen Einheiten geprägt, die das Alltagsleben und darüber hinaus das politische Denken und Handeln vieler Menschen beeinflussen. Und dennoch haben die Mitgliedsstaaten wichtige Kompetenzen an europäische Entscheidungsgremien abgegeben. Alle Regierungen müssen daher zugleich national und europäisch denken.
Aber hat sich in den Mitgliedsstaaten der EU eine übernationale europäische Identität herausgebildet? Fühlen sich die Bürgerinnen und Bürger der einzelnen Länder auch als Europäerinnen und Europäer? Ist Europa ein Teil ihrer Identität geworden? Und weiter gefragt: Werden sich die nationalstaatlichen Bindungen,

M3 Die Europäische Union (Stand 2008)

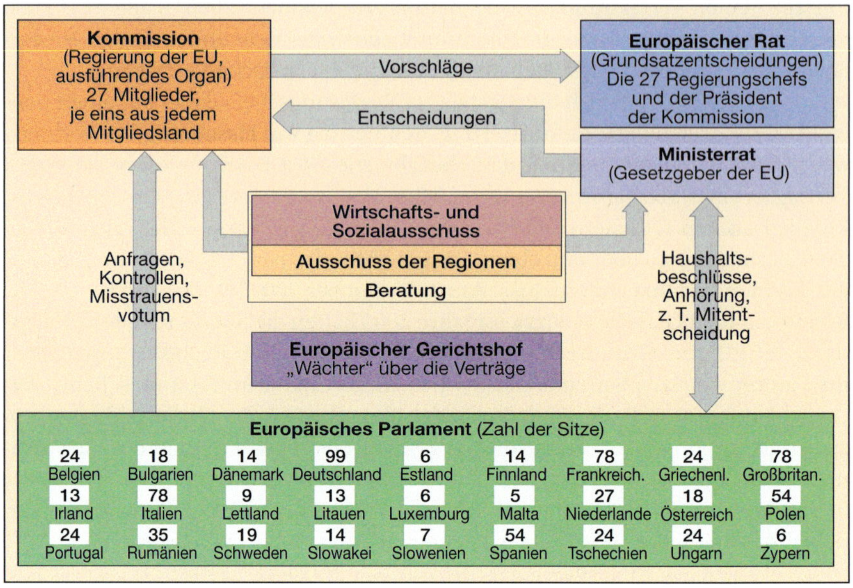

1 Arbeiten Sie heraus, welche Einrichtungen der EU an der Formulierung einer gemeinsamen Außen- und Sicherheitspolitik beteiligt sind (M 3, Darstellungstext).

die seit dem 19. Jahrhundert gewachsen sind, zugunsten der europäischen lockern? Wird sich die EU gar zu einem Hoffnungsträger in Politik und Wirtschaft, in der Umwelt und im Wohlfahrtswesen entwickeln? Alle diese Fragen lassen sich jedoch nicht beantworten ohne das Wissen, was eigentlich „europäisch“ sei. Darüber wird in Europa heftig diskutiert (M 6 a–c), und das Ergebnis ist offen.

Westeuropäische Union (WEU)
Die WEU ist ein kollektiver Beistandspakt der westeuropäischen NATO-Mitgliedsstaaten, der 1954 durch die Aufnahme Italiens und der Bundesrepublik Deutschland in den „Brüsseler Pakt“ (Pakt zur wirtschaftlichen, sozialen und kulturellen Zusammenarbeit und zur kollektiven Verteidigung zwischen Großbritannien, Frankreich und den Benelux-Staaten) gebildet wurde. Er sollte sowohl der Verteidigung und der Förderung der Integration durch wirtschaftliche, politische und militärische Kooperation als auch der Einbindung der Bundesrepublik in den Kreis der westlichen Industrieländer dienen.
Mit Beschluss des Ministerrates der WEU vom 13. 11. 2000 in Marseille wurden die operativen Funktionen des Bündnisses auf die Europäische Union (EU) übertragen, als Gremium bleibt die WEU jedoch bestehen.

Europa in der internationalen Politik

Die Umbrüche in Osteuropa seit 1989/90 haben die Aufgaben der **Konferenz für Sicherheit und Zusammenarbeit in Europa (KSZE)** (s. S. 132) bisher stärker verändert als die Aufgaben der NATO und der EU. Das liegt auch daran, dass die KSZE das einzige Forum war, auf dem sich alle Staaten Europas und die USA sowie die UdSSR trafen. Mit der **Charta von Paris** vom November 1990 wurde die KSZE so weiterentwickelt, dass durch sie die Spaltung Europas beendet werden konnte: Vereinbart wurde die Einrichtung eines ständigen Sekretariats in Prag, eines Zentrums für Konfliktverhinderung in Wien und eines Büros für freie Wahlen in Warschau. Die Charta verpflichtete alle KSZE-Mitgliedsstaaten zur Verwirklichung von Menschenrechten, Demokratie und Marktwirtschaft als unverzichtbare Elemente einer europäischen Friedensordnung. Nach der offiziellen Auflösung des Warschauer Paktes und dem Ende der UdSSR (s. S. 132 ff.) stieg die Zahl der Mitglieder auf 53 Staaten. Mit der **OSZE** – wie sich die KSZE seit dem 1. Januar 1995 nennt – ist jetzt ein Rahmen für eine europäische Sicherheitspolitik geschaffen. Ob es der OSZE in Zukunft immer gelingen wird, zwischenstaatliche oder auch innerstaatliche – man denke hier an die Kriege im ehemaligen Vielvölkerstaat Jugoslawien, wo sich immer mehr Staaten für unabhängig erklärten – Konflikte friedlich zu lösen, lässt sich heute nicht beurteilen.
Die EU-Staaten stimmen ihre Außen- und Sicherheitspolitik nicht nur innerhalb der OSZE ab, sondern haben sich in den Verträgen von Maastricht (1992/93) auch zu einer **Gemeinsamen Außen- und Sicherheitspolitik (GASP)** verpflichtet. Die europäischen Politiker bekundeten dabei die Absicht, die 1954 entstandene **Westeuropäische Union (WEU)*** zu einem „bewaffneten Arm“ der Europäischen Union auszubauen, und leiteten konkrete Planungen in die Wege (M 5). Da die WEU-Einsätze nicht an einstimmige Beschlüsse des WEU-Rates, sondern nur an die

Zustimmung der sich beteiligenden Staaten gebunden sind, könnte mit der Aufwertung der WEU ein sicherheits- und militärpolitisches Instrument entstehen. Es soll allerdings die NATO nicht ersetzen; die NATO wird nach wie vor für die Verteidigung der Atlantischen Gemeinschaft zuständig bleiben.

Die USA und Europa

Die USA betrachteten die Versuche, mit der WEU und der EU eine spezifisch europäische Außen- und Sicherheitspolitik zu betreiben, sehr kritisch, hatten sie doch mehr als vierzig Jahre als Führungsmacht der NATO unter erheblichem Aufwand die Sicherheit Europas garantiert. Auch nach der Auflösung des Warschauer Paktes und dem Zerfall der Sowjetunion besaß die NATO aus amerikanischer Sicht die unverzichtbare Funktion als Bindeglied zwischen Nordamerika und Westeuropa. Sie blieb das Standbein für die amerikanische Europapolitik, über das Washington seinen Einfluss auf die zukünftige europäische Friedensordnung ausüben konnte. Allerdings versuchten die USA, der NATO eine stärkere politische Rolle zuzuschreiben: zum Beispiel bei Herausforderungen durch regionale Konflikte oder der Nichtverbreitung von Massenvernichtungswaffen. Die USA und die EU lehnten – teilweise aus Rücksicht auf Russland – einen NATO-Beitritt der osteuropäischen Staaten zunächst ab. Mit der Gründung eines **Nordatlantischen Kooperationsrates** 1991 (seit 1997: Euro-Atlantischer Partnerschaftsrat) und der „Partnerschaft für den Frieden" (der 1995 schon 26 europäische Nicht-NATO-Staaten beigetreten waren) wurden aber Foren geschaffen, die die Beziehungen zwischen der NATO, Russland und den osteuropäischen Staaten klären können. Ein erster Schritt war 1997 die Gründung des **NATO-Russland-Rats** (M 5). Damit wurde Russland ein privilegierter Sonderstatus zugebilligt und der Weg frei für die Aufnahme von Beitrittsverhandlungen mit Polen, Tschechien und Ungarn, die inzwischen mit weiteren osteuropäischen Ländern Mitglied der NATO sind.

Europäische Projekte für Schülerinnen und Schüler (Auswahl)

http://europa.eu/youth/index.cfm?l_id=de
Das „Europäische Jugendportal" bietet Informationen, Nachrichten und Austauschmöglichkeiten zum Thema Europa.

www.eyp.de/index.php
Das Europäische Jugendparlament in Deutschland lädt Schülerinnen und Schüler ein, in deutschland- und europaweiten Parlamentssimulationen über europäische Themen zu diskutieren.

www.fplusd.de
Das deutsch-französische Sprachenportal informiert über die Aspekte „Sprache lernen", „Kultur und Alltagsleben", „Austausch und Begegnungen", „Schule und Studium" sowie „Arbeit und Beruf".

1 Skizzieren Sie mithilfe des Darstellungstextes die wichtigsten Stationen der europäischen Integration seit 1945.

2 Nach dem Ende des Ost-West-Konfliktes 1989/90 muss Europa seine Rolle in der internationalen Politik neu bestimmen. Erläutern Sie die Probleme, die die EU dabei zu diskutieren und zu lösen hat.

M 4 Aus den „Römischen Verträgen", mit denen 1957 die Europäische Wirtschaftsgemeinschaft (EWG) gegründet wurde

Artikel 3: Die Tätigkeit der Gemeinschaft umfasst:
a) die Abschaffung der Zölle und mengenmäßigen Beschränkungen bei der Ein- und Ausfuhr von Waren sowie aller sonstigen Maßnahmen gleicher Wirkung zwischen den Mitgliedsstaaten;
b) die Einführung eines gemeinsamen Zolltarifs und einer gemeinsamen Handelspolitik gegenüber dritten Ländern;
c) die Einführung einer gemeinsamen Politik auf dem Gebiet der Landwirtschaft; [...]
e) die Einführung einer gemeinsamen Politik auf dem Gebiet des Verkehrs;
f) die Errichtung eines Systems, das den Wettbewerb innerhalb des Gemeinsamen Marktes vor Verfälschungen schützt;
g) die Anwendung von Verfahren, welche die Koordinierung der Wirtschaftspolitik der Mitgliedsstaaten und die Behebung von Störungen im Gleichgewicht ihrer Zahlungsbilanzen ermöglichen;
h) die Angleichung der innerstaatlichen Rechtsvorschriften, soweit dies für das ordnungsgemäße Funktionieren des Gemeinsamen Marktes erforderlich ist;
i) die Schaffung eines Europäischen Sozialfonds, um die Beschäftigungsmöglichkeiten der Arbeitnehmer zu verbessern und zur Hebung ihrer Lebenshaltung beizutragen;
j) die Errichtung einer Europäischen Investitionsbank, um durch Erschließung neuer Hilfsquellen die wirtschaftliche Ausweitung in der Gemeinschaft zu erleichtern;
k) die Assoziierung der überseeischen Länder und Hoheitsgebiete, um den Handelsverkehr zu steigern und die wirtschaftliche und soziale Entwicklung durch gemeinsame Bemühungen zu fördern.

Europa, Verträge und Gesetze, Bonn 1972, S. 75 f.

1 Beurteilen Sie die Bedeutung der Römischen Verträge (M 4, Darstellungstext) für den weiteren Prozess der europäischen Integration.

M5 Mitgliedschaft in den Institutionen der euro-atlantischen Sicherheitsordnung (Stand 2008)

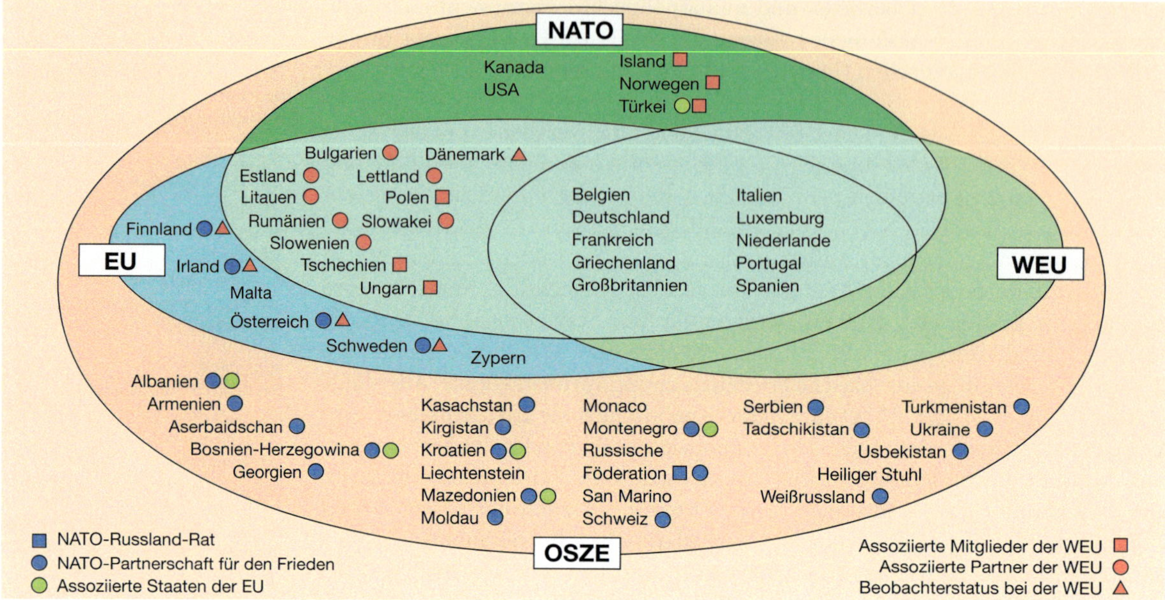

1 Erörtern Sie mit Blick auf eine europäische Außen- und Sicherheitspolitik die Handlungsspielräume der EU, der WEU und der OSZE (M 5, Darstellungstext).

M6 Was ist „europäisch"? Antworten auf die Frage nach der „europäischen" Identität

a) Der italienische Philosoph Gianni Vattimo, 1994:

Wenn es heute eine europäische Identität gibt, dann ist es eine Identität der Differenzen. Europa ist ja in seiner Geschichte dadurch entstanden, dass es sich auf die Idee seiner Unterschiede gründete; erst auf diesem Boden ist die Idee einer einheitlichen Kultur entstanden und gewachsen. In einer anderen Welt gibt es dieses Konzept nicht: Der Gedanke einer einheitlichen Kultur hat sich durch eine ständige Diskussion über und zwischen verschiedenen Identitäten herausgebildet. Europa rekonstruiert sich also durch einen ökonomischen Prozess hindurch als eine kulturelle Einheit. Die beiden Dimensionen Ökonomie und Kultur sind in Wirklichkeit engstens miteinander verbunden: Die europäische Kultur organisiert sich ja gleichsam wie ein Markt, auf dem jeder in einer Art freiem Wettbewerb oder freier Konfrontation das Seine anbietet. Darin liegt weniger eine Begrenzung als vielmehr ein Vorteil.

Zit. nach: Hans-W. Ballhausen u. a., Geschichte und Geschehen II, Oberstufe Ausgabe A/B, Klett, Stuttgart 1995, S. 523.

b) Aus der Rede des früheren Staatspräsidenten von Tschechien, Vaclav Havel, gehalten am 8. März 1994 vor dem Europäischen Parlament in Straßburg:

Die Europäische Union beruht auf einem großen Ensemble zivilisatorischer Werte, deren Wurzeln zweifellos auf die Antike und das Christentum zurückgehen und die sich durch zwei Jahrtausende hindurch zu der Gestalt entwickelt haben, die wir heute als die Grundlagen der modernen Demokratie, des Rechtsstaates und der Bürgergesellschaft begreifen. Das Ensemble dieser Werte hat sein klar umrissenes sittliches Fundament und seine manifeste metaphysische Verankerung, und zwar ungeachtet dessen, inwieweit der moderne Mensch sich das eingesteht oder nicht. Man kann also nicht sagen, der Europäischen Union mangele es an einem eigenen Geist, aus dem alle ihre konkreten Prinzipien, auf denen sie beruht, hervorgegangen sind. Nur scheint es, dass dieser Geist zu wenig sichtbar wird. [...] Und so kann bei manchen Menschen der durchaus begreifliche Eindruck entstehen, die Europäische Union bestehe – etwas vulgarisierend[1] formuliert – aus nichts anderem als aus endlosen Debatten darüber, wie viele Mohrrüben irgendwer irgendwoher irgendwohin ausführen darf, wer diese Ausfuhrmenge festlegt, wer sie kontrolliert und wer im Bedarfsfall den Sünder zur Rechenschaft zieht, der gegen die erlassenen Vorschriften verstößt. [...]

Deswegen scheint mir, dass die wichtigste Anforderung, vor welche die Europäische Union sich heute gestellt sieht, in einer neuen und unmissverständlich klaren Selbstreflexion dessen besteht, was man europäische Identität nennen könnte, in einer neuen und wirklich klaren Artikulation europäischer Verantwortlichkeit, in verstärktem Interesse an einer eigentlichen Sinngebung der europäischen Integration und aller ihrer weiteren Zusammenhänge in der Welt von heute und in der Wiedergewinnung ihres Ethos oder – wenn Sie so wollen – ihres Charismas. Wenn die Einwohner

Europas begreifen, dass es sich hier nicht um ein bürokratisches Monstrum handelt, das ihre Eigenständigkeit einschränken oder gar leugnen möchte, sondern lediglich um einen neuen Typus menschlicher Gemeinschaft, der ihre Freiheit vielmehr wesentlich erweitert, dann braucht der Europäischen Union um ihre Zukunft nicht bange zu sein.

Vaclav Havel, Über europäische Identität, Rede vor dem Europäischen Parlament vom 8. März 1994 (Übersetzungsdienst d. Europ. Parlaments), zit. nach: www.europa-web.de/europa/02wwswww/ 203chart/chartade.htm (Stand: 26. Juli 2009).

1 vulgarisieren: unzulässig vereinfachen, oberflächlich darstellen

c) Der deutsche Historiker Jürgen Kocka, 2002:

Man weiß aus der Geschichte, wie normal der Krieg als Geburtshelfer von Nationalstaaten ist. Kaum einer der westlichen Nationalstaaten ist ohne Krieg entstanden. [...] Die Erinnerung an Blut, Sieg oder Niederlage, an Triumphe und Katastrophen hat im kollektiven Gedächtnis der Nationen immer eine zentrale Rolle gespielt, oft mythisch überhöht, in Denkmälern verkörpert, auch instrumentalisiert. Das stärkte den inneren Zusammenhalt, bis hin zur Bereitschaft der Einzelnen, für ihr Land, falls nötig, zu sterben. Kann sich eine europäische Identität, eine staatsähnliche europäische Union ohne die Geburtshilfe des Krieges herausbilden – auf Dauer, stabil und verankert nicht nur in den Köpfen, sondern auch in den Herzen der Europäer? Die kurze Antwort: Krieg und Kriegsgefahr haben bereits kräftig zur Herausbildung eines europäischen Selbstverständnisses, eines europäischen Zusammenhalts beigetragen. [...]

Aber zwei entscheidende Einschränkungen sind am Platz. Erstens antworteten der Appell an Europa, die Hoffnung auf Europa, die Betonung der europäischen Gemeinsamkeit meist nicht auf die Erfahrung des Kriegs mit anderen, sondern auf das Leiden am Krieg innerhalb Europas. Auf die blutigen Religionskriege und den Dreißigjährigen Krieg folgten Beschwörungen Europas als eines gemeinsamen Friedensraums. Nachdem Ludwig XIV. und Napoleon Europa mit Kriegen überzogen hatten, wurde im Gegenzug die Besinnung auf das gemeinsame Europa stärker. Auch die beiden Weltkriege des 20. Jahrhunderts, die Schübe des Europabewusstseins und der Europabewegung auslösten, waren zunächst und vor allem innereuropäische Kriege. In den folgenden Generationen hat die Furcht vor einer Wiederkehr der blutigen Exzesse des Nationalismus dazu geführt, auf die Vereinigung Europas zu setzen. Weniger der äußere Feind als vielmehr die innere Zwietracht hat blutige Geburtshelferdienste für Europa geleistet.

Zweitens sollte die Analogie zwischen Nationalstaatsbildung und europäischer Integration nicht überstrapaziert werden. Die europäische Integration verläuft in vieler Hinsicht anders als die Konstituierung der Nationalstaaten. Sie ist etwas Neues, und historische Parallelen zu ziehen führt deshalb rasch in die Irre. Insgesamt ist die Hoffnung berechtigt, dass sich europäische Identität und Europäische Union zukünftig ohne den großen äußeren Feind vorantreiben lassen, ohne Krieg und ohne den Zusammenstoß der Zivilisationen [...].

Ohne Krieg wird es hoffentlich gehen, ohne Differenz und Differenzbestimmung aber nicht. Europabewusstsein bildete sich im Vergleich, im Selbstvergleich mit anderen heraus, durch Betonung der Unterschiede zwischen Europa und den nicht-europäischen Teilen der Welt. [...]

Zwei Referenzregionen sind heute wie früher zentral: die islamische Welt und das nördliche Amerika. Die ausgeprägte Differenz zwischen Europa und der islamischen Welt ist unübersehbar, erfahrbar und nicht wegzureden. Die Differenz zu Amerika ist subtiler, fragwürdiger und ungesicherter. Zur Befestigung europäischer Identität und gesamteuropäischer Handlungsfähigkeit ist die Abgrenzung gegenüber Amerika jedoch unabdingbar, auch wenn in Bezug auf grundsätzliche Werte Übereinstimmung besteht. An relevanten amerikanisch-europäischen Unterschieden fehlt es keineswegs. Europa hat auf dem Weg zu seiner Einheit mit erheblich mehr eingeschliffener und institutionalisierter Vielfalt von Nationen und Traditionen zurechtzukommen. Anders als in Amerika ist der europäische Einigungsversuch durch die Erfahrung vorangegangener Katastrophen geprägt. Er ist der Versuch, daraus zu lernen. Das Verhältnis von individueller Freiheit und Solidarität, von Konkurrenz und Wohlfahrt wird in Europa anders bestimmt als in den USA. Durch den Sozialstaat unterscheiden wir uns von den Amerikanern. Dessen gegenwärtige Krise gefährdet nicht nur Wachstum und Wohlstand, sondern auch das sich mühsam herausbildende europäische Selbstbewusstsein. Leider sieht es jedoch zurzeit nicht danach aus, dass der nötige Umbau des Sozialstaats gelingen wird.

Jürgen Kocka, Wo liegst du, Europa?, in: Die Zeit, 28. November 2002, zit. nach: www.zeit.de/2002/49/Essay_Kocka (Stand: 26. Juli 2009).

1 Gruppenarbeit: Arbeiten Sie die zentralen Merkmale der Vorstellungen europäischer Identität bei Vattimo, Havel und Kocka (M 6 a–c) heraus.

2 Vergleichen Sie die Konzepte europäischer Identität miteinander. Berücksichtigen Sie dabei vor allem die Rolle der Geschichte.

3 Diskutieren Sie mithilfe der Materialien, ob sich bereits eine europäische Identität herausgebildet hat. Zeigen Sie anhand von Beispielen, wo es (noch) Unterschiede zwischen den Nationen und Regionen gibt. Erörtern Sie abschließend, ob weitere Annäherungen sinnvoll und wünschenswert sind.

3 Die Entstehung neuer Machtzentren in Asien: China und Japan

3.1 China – die kommende Groß- und Weltmacht?

Literaturtipp
Hans van Ess, Die 101 wichtigsten Fragen. China, München, 2008.

Aufbau des Kommunismus

Nach der **Gründung der sozialistischen Volksrepublik China 1949** gestalteten die Kommunisten das Land von Grund auf um. China war seitdem eine kommunistische Diktatur, in der weder die Menschen- und Bürgerrechte respektiert wurden noch die Gewaltenteilung zwischen Legislative, Exekutive und Judikative galt. So tagte der Volkskongress zeitweise über Jahre hinweg nicht, und wenn diese Volksvertretung zusammenkam, hatte sie lediglich die Parteitagsbeschlüsse abzusegnen. Die Macht lag beim **Politbüro** mit 26 Vollmitgliedern und dessen etwa fünfköpfigem Ständigen Ausschuss unter Leitung des Parteivorsitzenden Mao Zedong. Dieser Politiker prägte wie kein anderer die Politik Chinas bis zu seinem Tod 1976 (M 6 a, b). Von seinen und den Weisungen der obersten Führungsspitze waren alle regionalen und lokalen Parteiorganisationen abhängig. Die Massenorganisationen vom Gewerkschaftsbund über die Berufsverbände bis hin zu Sicherheitsdiensten und Jugend- wie Frauenverbänden dienten lediglich zur Übermittlung der Parteibeschlüsse. Eine Opposition wurde nicht zugelassen.

Modernisierungspolitik

Nach dem Tod Mao Zedongs 1976 wandte sich die neue politische Führung rasch von dessen Kurs ab und leitete 1978 das **Programm der vier Modernisierungen** ein. Treibende Kraft dieser Politik, die China immer stärker gegenüber dem Westen öffnete, war **Deng Xiaoping***. Die „vier Modernisierungen" betrafen:

1. **Die Landwirtschaft:** Um die landwirtschaftliche Produktion zu steigern, erhielten die Bauern in den Volkskommunen kleinere Anteile des Ackerlandes zur privaten Nutzung.
2. **Die Industrie:** Besonders die Konsumgüterindustrie wurde gefördert. Beim Aufbau der Schwerindustrie sollten in Zukunft auch Firmen aus dem kapitalistischen Ausland ihr „Know-how" zur Verfügung stellen und in China investieren dürfen.
3. **Die Landesverteidigung:** Armee und Luftwaffe sollten mit modernsten technischen Geräten und Waffen ausgerüstet werden, notfalls auch aus dem Ausland.
4. **Die Wissenschaft:** In den Schulen und Hochschulen sollten nicht mehr die Schriften Maos im Mittelpunkt stehen und die Partei den Ton angeben. Begabung und Leistung wurden aufgewertet, damit China Anschluss an den Stand der Wissenschaft und der Technologie in der übrigen Welt finden könne.

Dieses Programm zielte auf eine marktorientierte sozialistische Wirtschaft. Anstatt des bisher streng angewandten Prinzips zentraler Lenkung sollten Produktionsentscheidungen auch auf unteren Ebenen getroffen werden können (Dezentralisierung). Deshalb wurden etwa die Volkskommunen in kleinere Einheiten aufgeteilt, die eigenverantwortlich arbeiten und nach Erfüllung des Plans Gewinne aus zusätzlicher Produktion behalten durften.

In der Industrie setzte man ebenfalls auf materielle Anreize. Nach Erfüllung des Plansolls standen den Produzenten zusätzliche Mengen zur eigenen Verwertung frei. Zudem erhielten sie die Möglichkeit, die Kapazität für zusätzliche Produkte nach eigener Markteinschätzung zu nutzen. Das bisherige System vollständiger Gewinnabführung an den Staat wurde nun durch ein Besteuerungssystem ersetzt, das den Betrieben einen Teil des Nettogewinns überließ. Beim Übergang von der staatlichen Industrie zur Marktwirtschaft kam den **Sonderwirtschaftszonen** große

M 1 Deng Xiaoping (1904–1997), Fotografie, um 1990

1920–1926 Studium in Frankreich und der Sowjetunion
1924 Beitritt zur KPC
1934/35 Teilnahme am „Langen Marsch"
ab 1956 Als Generalsekretär der KPC zweitmächtigster Mann Chinas
seit 1966 Politische Ächtung Dengs während der Kulturrevolution
1973 Politische Rehabilitierung
1976 Erneute Entmachtung
1977 Rückkehr in die Politik
1978 Einleitung eines marktwirtschaftlichen Reformkurses
1981–1989 Vorsitzender der politisch wichtigen Militärkommission im Zentralkomitee der KPC, mitverantwortlich für die Niederschlagung der Demokratiebewegung 1989

Bedeutung zu, in denen die Regierung günstige Bedingungen für die exportorientierte Produktion schuf. Ausländischen Kapitalanlegern wurde der Zugang zum chinesischen Markt erleichtert.

Die wirtschaftliche Modernisierung ging jedoch nicht mit einer Demokratisierung des politischen Lebens einher. Im Gegenteil: Die absolute Macht der Kommunistischen Partei durfte nicht angetastet werden. Doch zeigte sich schon bald, dass sich die Erneuerung nicht auf Wirtschaft, Technik und Wissenschaft eingrenzen ließ. **Forderungen nach einer „fünften Modernisierung“**, d. h. nach **Freiheit und Demokratie**, wurden laut. Sie mündeten im Frühjahr 1989 in Studentenproteste, in denen mehr politische Rechte verlangt wurden (M 5). Dafür demonstrierten am 4. Mai in Peking etwa 500 000 Menschen. Prominente Mitglieder der KPCh, darunter Deng Xiaoping, mussten sich öffentliche Kritik anhören. Daraufhin entbrannte in der chinesischen Führung ein heftiger Streit, wie die Partei reagieren sollte. Viele ältere Führungsmitglieder sahen in den Demonstrationen eine Bedrohung der Herrschaft der Kommunistischen Partei.

Am 3./4. Juni 1989 schlug das Militär brutal zu. Mit Panzern und Waffen ging es – unter anderem in Peking auf dem Platz des Himmlischen Friedens – gegen die Demonstranten vor. Über 1400 Zivilisten starben. Mit Gewalt wollten die chinesischen Machthaber verhindern, dass im Zuge des Wandels in der Sowjetunion und Osteuropa nun auch in China demokratische Bewegungen an Einfluss gewannen. Seither steckt die chinesische Führung in einem Dilemma: Sie kann und will den wirtschaftlichen Reformkurs nicht aufgeben, aber ihre politische Macht behalten.

Außenpolitik

Nachdem Mao Zedong 1949 die Volksrepublik China ausgerufen hatte, floh sein politischer Gegner Chiang Kaishek mit dem Rest seiner Armee und dem chinesischen Staatsschatz auf die Insel Formosa (Taiwan). Seitdem beanspruchen sowohl das kommunistische Regime in Peking als auch die nationalchinesische Regierung auf Taiwan, das chinesische Volk zu vertreten. Die westlichen Staaten versagten nach dem Zweiten Weltkrieg der kommunistischen Volksrepublik die politische Anerkennung und sprachen Chinas ständigen Sitz im UN-Sicherheitsrat dem Inselstaat Taiwan zu. Auf diese Weise hofften die USA, Peking international isolieren und das Ende der kommunistischen Herrschaft herbeiführen zu können. Darauf reagierte die Volksrepublik, indem sie sich in das von der Sowjetunion beherrschte **„sozialistische Lager“** einordnete. Moskau unterstützte mit Geldern und Fachkräften den Aufbau des Sozialismus in China, das sich damals noch am sowjetischen Gesellschaftsmodell orientierte. Zwischen 1958 und 1966 löste sich China allmählich von der Sowjetunion. Die Gruppe um Mao Zedong befürchtete die Entmündigung Chinas durch die Sowjetunion und forderte eine eigenständige Politik. Trotz mancher Differenzen zu Stalin sah Mao in der sowjetischen „Entstalinisierung“ eine Abkehr vom sozialistischen Weg, was zur Abkehr vom sowjetischen Modell bzw. zur Propagierung eigener Sozialismusvorstellungen führte. Nach dem endgültigen **Bruch mit Moskau** Anfang der 1960er-Jahre eskalierte außerdem ein lange Zeit mühsam verdeckter Grenzkonflikt zwischen beiden Staaten bis zum militärischen Zusammenstoß. Diese Ereignisse sowie der Einmarsch der UdSSR in die Tschechoslowakei 1968 leiteten zwischen Moskau und Peking eine „Eiszeit“ ein. Die Sowjetunion galt bei den chinesischen Kommunisten seitdem als Hegemonialmacht, die nach Weltherrschaft strebe und zu diesem Zweck China einkreisen wolle.

Bereits in den ersten Jahren der Volksrepublik fühlte sich China nicht nur dem „sozialistischen Lager“, sondern auch der **Dritten Welt** zugehörig. Während der Kulturrevolution sorgte Ministerpräsident Zhou Enlai (1898–1976, Min.-präs. von 1949 bis 1976) insofern für außenpolitische Kontinuität, als er die Zusammenar-

M 2 Finanzzentrum Lujiazui im Stadtbezirk Pudong in Shanghai, Fotografie, 1998

M 3 Nordchinesisches Bauernhaus, Fotografie, 2000

M 4 Straßenhändler in einer chinesischen Stadt, Fotografie, 1997

M5 „Göttin der Demokratie", aufgestellt von Studenten vor dem Kaiserpalast in Peking, Mai 1989

beit mit den anderen Entwicklungsländern weiter vorantrieb. Mit großem propagandistischen Aufwand wurden sozialistische und nationale Erhebungen unterstützt, an erster Stelle der „Volkskrieg" in Vietnam (s. S. 71 f.).
Nach dem Bruch mit Moskau erweiterte China schrittweise seine internationalen Beziehungen bis zur Aufnahme in die UNO (1971), die mit dem gleichzeitigen Ausschluss Taiwans gekoppelt war. Die **USA** stimmten zwar dagegen und unterstützten Taiwan militärisch und politisch. Doch nach dem Rückzug aus Vietnam zeigten sie sich zunehmend an einer Normalisierung der Beziehungen zu China interessiert. Mit dem Besuch des amerikanischen Präsidenten Richard Nixon in Peking im Februar 1972 war China endgültig zu einem weltpolitischen Faktor geworden. Grundlage für die Annäherung war das gemeinsame Interesse an einer Eindämmung des sowjetischen Einflusses. Mit **Japan** schloss China 1978 ein Friedens- und Freundschaftsabkommen, das einen Ausgleich in den historisch belasteten Beziehungen herbeiführte und eine gegen die Sowjetunion gerichtete Antihegemonieklausel enthält. Seitdem fällt Japan für die Modernisierung der chinesischen Wirtschaft eine entscheidende Rolle zu. Nach der außenpolitischen Öffnung bemühte sich Peking auch um intensivere Beziehungen zu **Europa**. China unterstützte die westeuropäische Integration, um langfristig die Einflussmöglichkeiten beider Supermächte zu beschneiden, wobei zunächst die antisowjetische Perspektive Vorrang hatte.
Seit der Modernisierungspolitik Deng Xiaopings in den 1970er-Jahren verschwanden zunehmend die weltrevolutionären Töne in der außenpolitischen Rhetorik. Ausschlaggebend blieb das chinesische Interesse, durch vielfältige politische und wirtschaftliche Beziehungen die eigene Unabhängigkeit zu sichern und sich einen großen Handlungsspielraum zu erhalten. Die brutale Niederschlagung der Demokratiebewegung 1989 bedeutete einen Rückschlag für die außenpolitischen Bemühungen. Die westlichen Staaten reagierten vorübergehend mit spürbarer Distanzierung, ohne aber mit China zu brechen. Zu groß ist die Faszination, die vom riesigen Marktpotenzial der Volksrepublik ausgeht.

Zukünftige Weltmacht?

Die in den 1970er-Jahren unter Deng Xiaoping eingeleiteten Reformen brachten China ein hohes Wirtschaftswachstum, steigenden Wohlstand und den Aufstieg zu einer Weltwirtschaftsmacht. Seit 2004 ist der „chinesische Drachen" die drittgrößte Handelsnation der Welt hinter den USA und Deutschland, aber vor Japan, Frankreich, Italien und Großbritannien. Die erstarkende Wirtschaft ist wiederum eine entscheidende Voraussetzung für die begonnene Modernisierung der Volksbefreiungsarmee, sodass Chinas Gewicht sowohl außen- wie sicherheitspolitisch zunehmen dürfte. Die immer selbstbewusster auftretende politische Führung sieht sich auf dem natürlichen Weg zu einer Groß- und auch Weltmacht und damit in einer wachsenden Rivalität besonders mit den USA. Diesen unterstellt Peking, dass sie Chinas Macht- und Bedeutungszuwachs verhindern wolle. Ein zentraler Streitpunkt zwischen beiden Staaten ist Taiwan, das von amerikanischer Seite militärisch unterstützt wird. Für die Volksrepublik bleibt die Wiedervereinigung mit dem Inselstaat, den sie als Provinz betrachtet, eines der Hauptziele.

Internettipp
www.faz.net
Unter der Suchoption „Chinas langer Weg zur Weltmacht" findet sich ein Dossier der „Frankfurter Allgemeinen Zeitung" zu unterschiedlichen Aspekten der chinesischen Wirtschaft, Politik und Gesellschaft.

1 Arbeiten Sie die Grundlinien der innenpolitischen und wirtschaftlichen Entwicklung Chinas von 1949 bis heute heraus. Ziehen Sie dazu auch M 6 a, b heran.
2 Erläutern Sie die politischen Ziele der chinesischen Demokratiebewegung (M 5, Darstellungstext).
3 Stellen Sie die wichtigsten Etappen der chinesischen Außenpolitik von 1949 bis heute dar. Zeigen Sie auf, mit welchen Ländern China in seiner neueren Geschichte eng zusammengearbeitet hat bzw. zu welchen Staaten es Abstand hielt.

M6 Die Volksrepublik China unter Mao Zedong

a) Der Chinaforscher Hans van Ess über den Machtpolitiker Mao Zedong und seine Politik, 2008:

Natürlich war Mao Zedong ein skrupelloser Machtpolitiker, dem seine eigene Stellung über das Wohl der Partei ging. Schon der Lange Marsch, auf dem Mao seine Getreuen 1933/34 ins nordchinesische Yan'an führte, konnte nur deshalb zum Erfolg werden, weil er keinerlei Rücksicht auf seine Anhänger nahm. Der Tod zehntausender Gefolgsleute bedeutete ihm offenbar nichts. Nachdem die kommunistischen Machthaber ihre ersten Jahre nach 1949 behutsam angegangen waren, wurde danach zuerst eine von einer brutalen Kampagne gegen Großgrundbesitzer begleitete Landreform durchgeführt. [...] Der 1958 begonnene, aber schlecht organisierte sogenannte „Große Sprung nach vorn" endete mit einer Hungersnot von gigantischen Ausmaßen, die wahrscheinlich zwanzig Millionen Menschen das Leben kostete. Mao und seine Berater hatten die „Volkshochofenkampagne" entfacht und die schon damals für ein Land, das sich entwickeln wollte, zu zahlreiche Landbevölkerung dazu angeregt, ihr Werkzeug einzuschmelzen und zu Stahlerzeugern zu werden. Bis heute wird dieses Desaster in der chinesischen Geschichtsschreibung kaum erwähnt. Mao verlor das Amt des Staatspräsidenten und behielt nur den Parteivorsitz. Doch seine Fraktion in der Partei blieb stark. Er wartete auf eine Gelegenheit, um die Führung des Landes zurückzuerobern. 1966 war es so weit: Der Historiker und stellvertretende Bürgermeister von Peking, Wu Han, hatte ein Theaterstück verfasst, in dem es um die Entlassung eines loyalen Beamten durch einen Kaiser der Dynastie Ming geht. Dieses Drama wurde sofort als direkte Kritik an Mao Zedong aufgefasst. [...] In den Parteimedien begann alsbald ein Gegenschlag, der dazu führte, dass Wu Han entlassen wurde. Dies löste einen Dominoeffekt aus, bei dem schnell die gesamte Staatsführung kippte. Mao konnte seine eigenen Getreuen in die höchsten Ämter einsetzen. Gestützt auf die ihm aus Kriegstagen loyale Armee, aber auch auf in Gardeuniformen gesteckte junge Schüler, die ihre Lehrer und Vorgesetzten angreifen durften, entfesselte er die „Große Kulturrevolution". [...] Unter dem Vorwand, dass Intellektuelle das Landleben kennenlernen müssten, um zu verstehen, wie das einfache Volk lebte, entsandte Mao große Teile der städtischen Jugend, deren bloße Herkunft sie verdächtig machte, ebenfalls aufs Land. [...] Ziel war nicht nur, den Städtern das Landleben nahezubringen, sondern auch, das in zahlreiche Lokalkulturen zersplitterte Land zu vereinheitlichen: eine einheitliche, multikulturelle Gesellschaft zu schaffen, in der es möglichst wenig völlig selbstständige Enklaven gab. Die Städter hatten also auch eine zivilisatorische Aufgabe. Durchaus nicht alle Chinesen, die diese Erfahrung mitmachen mussten, sind heute deshalb gegen Mao eingestellt. [...] Doch gibt es eine große Zahl von chinesischen Intellektuellen, die in jenen Jahren als vermeintliche oder echte Anhänger der 1966 von Mao beseitigten Staatsführung unvorstellbar gelitten haben. Obwohl viele von ihnen rehabilitiert wurden, hat es nie eine echte Bewältigung dieser Vergangenheit gegeben, bei der die Verantwortlichen, die zum Teil viele Menschenleben auf dem Gewissen hatten und haben, zur Rechenschaft gezogen worden wären. Daher finden wir in China heute einen nicht ausgefochtenen Gegensatz zwischen Opfern auf der einen Seite und Mitläufern und Nutznießern der Kulturrevolution auf der anderen Seite [...].

Hans van Ess, Die 101 wichtigsten Fragen. China, C.H. Beck, München 2008, S. 33 ff.

b) Chronologie der revolutionären Kampagnen Maos:

1949/50	– Kampagne zur Niederwerfung der Gegenrevolutionäre: Massenprozesse gegen Großgrundbesitzer, öffentliche Hinrichtungen (geschätzt werden eine bis fünf Mio.) – Reform der Gedanken: Bewegung gegen die Intellektuellen; ideologische Umerziehung – Bodenreform: Ausdehnung der Agrarreform auf ganz China
1950–1953	Erfolgreiche Unterstützung der nordkoreanischen Kommunisten im Koreakrieg
1955	– Kollektivierung der Landwirtschaft. Kampagne zum freiwilligen Zusammenschluss der Bauern (Kooperation), – Säuberungen an Schulen, Universitäten, kulturellen Institutionen
1956	„Lasst 100 Blumen blühen": Ermunterung zur freien Meinungsäußerung und Kritik. Sie fördert viel Unzufriedenheit zutage und wird abgebrochen. Zahlreiche Bestrafungen
1958	„Großer Sprung nach vorn". Gründung der Volkskommunen. Versuch, durch gewaltige Anstrengungen den Rückstand Chinas aufzuholen; dezentralisierte Industrialisierung und gleichzeitige Entwicklung der Landwirtschaft; die Sowjetunion zieht ihre Techniker ab; nach schweren Rückschlägen abgebrochen
1966–1969	Große proletarische Kulturrevolution: Teils gelenkte, teils spontane Massenbewegung zum Aufbrechen von Erstarrungen in Partei, Wirtschaft und Bildung und zur „radikalen Umgestaltung des Bewusstseins". Rotgardisten (junge Maoisten) erzwingen durch Anschuldigungen in Wandzeitungen den Rücktritt zahlreicher Funktionäre. Die Gefahr des Chaos wird durch gemeinsames Eingreifen der Roten Garden, der revolutionären Kader und vor allem der Armee verhindert.
1976	– Gegen Deng Xiaoping: Der Kritiker Mao Zedongs wird der Rechtsabweichung beschuldigt und verliert seine Ämter. – Tod Mao Zedongs. Im Kampf um die Nachfolge wird Maos Witwe ausgeschaltet (Kampf gegen die „Viererbande"); 1980/81 zum Tod verurteilt, wird die Strafe jedoch ausgesetzt.
1977	Deng Xiaoping wird wieder in seine Ämter eingesetzt. Nach dem Tod Mao Zedongs wird die Politik der vorsichtigen Öffnung nach Westen fortgesetzt.

1 a) Arbeiten Sie die wichtigsten Maßnahmen heraus, mit denen China in eine kommunistische Gesellschaft umgestaltet wurde (M6a und b).
b) Stellen Sie dar, mit welchen Mitteln die KPCh ihr Ziel, den Kommunismus, erreichen wollte.
c) Beschreiben Sie die Rolle Mao Zedongs in der Volksrepublik China. Erläutern Sie dabei die These vom skrupellosen Machtpolitiker (M6a, Z. 1).

M 7 Karikatur von Felix Mussil aus der Frankfurter Rundschau, 1978

1 Interpretieren Sie die Karikatur M 7.
2 Ordnen Sie die Karikatur mithilfe des Darstellungstextes und M 6 in den historischen Kontext ein.

M 8 Aus einem „Spiegel"-Interview mit dem Staatspräsidenten Chinas, Jiang Zemin, März 2002:

SPIEGEL: Müssen die wirtschaftlichen Umwälzungen nicht notwendigerweise auch Veränderungen im politischen System nach sich ziehen? [...]

JIANG ZEMIN: Wir haben bereits in der Vergangenheit viele Reformen verwirklicht. In Form und Inhalt entsprechen sie allerdings nicht immer den westlichen Vorstellungen.

SPIEGEL: Ist das Einparteiensystem wirklich unabdingbar für die Entwicklung Ihres Landes?

JIANG ZEMIN: Denken Sie daran, dass China mehr als 1,2 Milliarden Einwohner hat. Unser Land ist arm. Wir müssen geschlossen für Wohlstand kämpfen. Nur die KP ist in der Lage, das Volk dazu zu führen. [...]

SPIEGEL: Sie haben sich stets gegen Mehrparteiensystem und Gewaltenteilung ausgesprochen. Brauchen Menschen, die relativ frei wirtschaften dürfen, nicht politische Rechte und unabhängige Gerichte?

JIANG ZEMIN: Die Welt zeichnet sich durch Vielfalt aus. Es hat sich doch längst gezeigt, dass es schnell zu sozialen Erschütterungen kommen kann, wenn Entwicklungsländer ohne Rücksicht auf die heimischen Bedingungen politische Systeme anderer Länder kopieren. [...] Die Tatsache, dass in unserer Partei Diskussionen geführt werden, zeigt doch nur, wie demokratisch die KP ist. Daneben gibt es Einzelne oder Gruppen, [...] denen es [...] nicht um eine Verbesserung von Partei und Staat geht, sondern um ihre eigenen politischen Ziele. Das werden wir nicht zulassen.

Der Spiegel Nr. 15 vom 8. März 2002, S. 159–161.

1 Erläutern Sie, was für die chinesische Regierung „Modernisierung" bedeutet (M 8, Darstellungstext).

M 9 Markus Taube, Professor für Ostasienwirtschaft, schreibt 2003 über die weltpolitische Bedeutung Chinas

Die Attraktivität Chinas als billiger Produktionsstandort und potenzialreicher Absatzmarkt sind seitens der chinesischen Außenpolitik bislang sehr erfolgreich zur effektiveren Durchsetzung chinesischer Interessen instrumentalisiert worden. Insbesondere die europäischen Staaten haben sich aufgrund ökonomischer Begehrlichkeiten immer wieder zu Konzessionen auf verschiedenen Politikfeldern (Festlandchina als alleiniger Vertreter Chinas, Menschenrechtsfragen, Tibetproblematik etc.) verleiten lassen. Das auf der ökonomischen Ebene gelegte Fundament hat somit in entscheidendem Maße dazu beigetragen, dass der chinesischen Außenpolitik ein Spielraum eröffnet wurde, der zur Stärkung chinesischer Interessen in der Weltgemeinschaft und Steigerung des chinesischen Einflusses auf die Weltpolitik genutzt werden konnte. In Hinblick auf die globale und auch regionale sicherheitspolitische Konstellation bleibt die VR China aber auf absehbare Zeit nur ein vergleichsweise unbedeutender Akteur. Denn die im Zuge der Reform- und Öffnungspolitik geschaffene neue ökonomische Leistungsfähigkeit geht trotz der sehr erfolgreichen Attraktion von ausländischen Direktinvestitionen nicht mit einer entsprechenden Ausbildung technologischem Know-hows, geschweige denn Innovationskraft einher. Letztere Aspekte sind jedoch unabdingbar für militärische Machtprojektion in einer modernen Welt, in der Kriege nicht mehr mit Gewehrläufen, sondern mit Computern entschieden werden. Aufgrund ihrer unzureichenden technologischen Kapazitäten mag es der chinesischen Volkswirtschaft in der näheren Zukunft zwar gelingen, in der Weltwirtschaft zu einem einflussreichen Akteur aufzusteigen. Diese ökonomische Größe wird jedoch nicht mit einer entsprechenden Aufwertung von Rolle und Einfluss Chinas auf die globale und regionale Sicherheitskonstellation einhergehen.

In der Gesamtschau gilt jedoch uneingeschränkt, dass China innerhalb von zwei Jahrzehnten zu einem Akteur herangewachsen ist, der in Weltwirtschaft und Weltpolitik nicht ignoriert werden kann. China matters.

Markus Taube, Chinas Rückkehr in die Weltgemeinschaft. Triebkräfte und Widerstände auf dem Weg zu einem „Global Player", in: Margot Schüller (Hg.), Strukturwandel in den deutsch-chinesischen Beziehungen. Mitteilungen des Instituts für Asienkunde Nr. 370, Hamburg, S. 35 f.

1 Arbeiten Sie heraus, wie Taube die Rolle Chinas in der Welt einschätzt.
2 „China matters" – diskutieren Sie das abschließende Urteil des Wissenschaftlers.
3 **Präsentation:** Werten Sie aktuelle Presseberichte über China und die weltpolitische Bedeutung des Landes aus. Nutzen Sie die Informationen zur Gestaltung eines „chinesischen Drachen" (M 7) heute. Begründen Sie Ihre Motivwahl.

3.2 Japan – Weltwirtschaftsmacht und Demokratie

Demokratisierung

Die beiden Atombomben auf **Hiroshima** und **Nagasaki** am 6. und 9. August 1945 zwangen die japanische Führung, den Krieg verloren zu geben. Mit der **bedingungslosen Kapitulation** vom 2. September war auch für Japan der Zweite Weltkrieg beendet. Die amerikanischen Streitkräfte besetzten das Land und bestimmten für fast sieben Jahre dessen Politik. Ziel der **amerikanischen Besatzungspolitik** unter General Douglas MacArthur war die Demokratisierung des gesamten öffentlichen Lebens). Rund 180 000 Personen, die an der japanischen Expansionspolitik mitgewirkt hatten, wurden aus Verwaltung, Wirtschaft und Erziehungswesen entfernt. Das Internationale Militärtribunal Fernost verurteilte 25 ehemalige Angehörige der japanischen Regierung wegen Verschwörung, Verbrechens gegen den Frieden, Kriegsverbrechen und Verbrechen gegen die Menschlichkeit; sieben Verurteilte wurden gehängt. Auch außerhalb Japans stellten die Siegermächte etwa 5 000 Personen vor Gericht; dabei ergingen 920 Todesurteile. Mit besonderem Nachdruck verlangten die USA eine Entmilitarisierung Japans, die Entflechtung der Großkonzerne sowie die Stärkung der Arbeitnehmerrechte in den Betrieben und eine Bildungsreform, die die Grundlagen für eine demokratische Gesellschaft legen sollte. Um ein demokratisches Japan zu schaffen, ordnete General MacArthur schon bald nach der Kapitulation die Gründung von Gewerkschaften und neuen politischen Parteien an. Im Rahmen einer umfassenden **Bodenreform** mussten Großgrundbesitzer einen Teil ihres Landes an den Staat abtreten, der es an Kleinbauern und Pächter weitergab. Die Schulpflicht wurde von vier auf neun Jahre erhöht, die Gliederung des Schulsystems nach amerikanischem Vorbild umgestaltet und endlich die Mädchenerziehung der Ausbildung von Jungen gleichgestellt. Die Paragrafen des **Bürgerlichen Gesetzbuches**, die in Japan bisher die patriarchalische Stellung des Ehemannes und Vaters in der Familie geschützt hatten, wurden abgeschafft und die Gleichheit der Eheleute vor dem Gesetz erlassen.

Der Entwurf für eine neue Verfassung wurde innerhalb von nur einer Woche im amerikanischen Hauptquartier ausgearbeitet und am 3. November 1946 vom ersten frei gewählten Parlament und vom Kaiser verabschiedet. 1947 trat die Verfassung in Kraft und machte das Land zu einer **parlamentarischen Demokratie** nach englischem Muster: Die Legislative, das Parlament, bestand künftig aus zwei Kammern: dem Unterhaus (Repräsentantenhaus, Abgeordnetenhaus) und dem Oberhaus (Haus der Staatsräte, Senat). Die Abgeordneten erhielten das Recht, Gesetze zu beschließen, den Haushalt festzulegen, Verträge zu ratifizieren, die Einberufung des Parlamentes zu verlangen sowie die Dauer und eine mögliche Verlängerung der Sitzungsperiode zu bestimmen. Die neue Verfassung brachte für die Exekutive weitreichende Veränderungen. Der Premierminister und sein Kabinett waren von nun an nicht mehr dem Kaiser, sondern dem Parlament gegenüber verantwortlich. Alle ausführende Macht wurde der Regierung zugesprochen. Da der Premierminister die Minister ernennen und entlassen konnte und außerdem das Recht zur Parlamentsauflösung in seiner Hand lag, nahm er eine Vorrangstellung ein. Allerdings wurde und wird seine Macht dadurch beschränkt, dass er bei allen Entscheidungen den Rückhalt in seiner eigenen Fraktion innerhalb der Partei bzw. eine Mehrheit von Fraktionen hinter sich bringen muss. Dem Kaiser nahm die Verfassung alle politischen Befugnisse. Übte er vorher als oberster Souverän Herrschaftsfunktionen aus, war er fortan nur noch Repräsentant der Einheit der Nation. Die Frauen erhielten im Nachkriegsjapan das Wahlrecht. Auch ein beachtlicher Katalog von **Bürger- und Menschenrechten** wurde in der Verfassung verankert. Zu den Besonderheiten der Verfassung gehört die Ächtung des Krieges als Mittel der Politik in Artikel 9.

M1 Hiroshima nach dem Abwurf der ersten Atombombe am 6. August 1945, Fotografie

Literaturtipp
Reinhard Zöllner, Geschichte Japans. Von 1800 bis zur Gegenwart, Paderborn, 2006.

Äußere Sicherheit

Der Beginn des Kalten Krieges veranlasste die Amerikaner, ihr innenpolitisches Reformprogramm zu modifizieren. Außen- und sicherheitspolitische Erwägungen erhielten den Vorrang vor der Demokratisierung von Wirtschaft und Gesellschaft. Besonders der Sieg der Kommunisten in China 1949 veränderte die Haltung der USA gegenüber dem besiegten Japan. Washington wollte jetzt Japan als neuen Bundesgenossen im pazifischen Raum gewinnen. Deshalb wurden bereits 1949 Japan alle Reparationsleistungen erlassen und viele der Umerziehungsmaßnahmen rückgängig gemacht. Auch das Entflechtungsprogramm zur Zerschlagung der Großkonzerne ließ man weitgehend fallen. Nur neun von den vorgesehenen 1200 Konzernen wurden tatsächlich entflochten. Um die Ausdehnung des sowjetischen Einflussbereiches in Ostasien zu verhindern und Japan in das westliche Bündnissystem einzubinden, bereitete die US-Regierung seit Anfang 1950 den Abschluss eines Friedensvertrages zwischen Japan und seinen ehemaligen Kriegsgegnern vor. Nur die Sowjetunion und die Volksrepublik China unterzeichneten Anfang September 1951 den **Friedensvertrag von San Francisco** nicht. Mit diesem Vertrag kehrte Japan als gleichberechtigter Partner in die Gemeinschaft der Völker zurück. Allerdings führte Artikel 9 des Vertrags zu Sonderabkommen zwischen den USA und Japan. Die Amerikaner gewährten den Japanern das Recht, eine „Nationale Polizeireserve“ aufzubauen, die mit Panzern, Flugzeugen und Marineeinheiten ausgestattet werden konnte. Zugleich erhielten die USA die Möglichkeit, auch nach dem Ende der Besatzungszeit ihre Militärbasen zu behalten. Sie verpflichteten sich, die Verteidigung Japans zu übernehmen.

Wirtschaftlicher Wiederaufstieg

Während des Koreakrieges 1950 (s. S. 70) kauften die Truppen der UNO viele Bedarfsgüter in Japan ein. Diese Nachfrage kurbelte die Wirtschaft so an, dass sie schon sechs Jahre nach Kriegsende den Vorkriegsstand erreichte. Die Wachstumsraten betrugen in den 1950er-Jahren fast 9 Prozent und über 11 Prozent in den 1960er-Jahren. Unausgesprochenes nationales Leitbild der Politik war der Aufbau einer **wettbewerbsfähigen Wirtschaft** – allerdings **ohne militärische Macht**. Zu diesem Zweck förderte die Regierung planmäßig ausgewählte Industrien. Hierzu gehörten zunächst die Energie-, Schwer- und Grundstoffgüterindustrie (Chemie, Eisen- und Stahlindustrie, Schiffbau, Automobilindustrie), danach die Elektroindustrie. Diese Industriezweige erhielten Subventionen und Steuervorteile und wurden durch den Import von Technologien unterstützt. Eigene Erzeugnisse schützte man vor dem internationalen Wettbewerb durch Schutzzölle und Importquoten. Bis 1973 holte die japanische Wirtschaft ihren technischen und Qualitätsrückstand gegenüber dem Westen auf. Es entstand eine Industrie, die für ihre Exportoffensiven berühmt ist. Zunehmend setzte Japan hochwertige Fertigprodukte auf dem Weltmarkt ab, die aufgrund der Kostenvorteile moderner Massenproduktion preisgünstig hergestellt werden konnten. Japan entwickelte sich zwar zu einem **wirtschaftlichen Riesen**, aber das rasche Wirtschaftswachstum forderte auch seinen Preis, den die Bevölkerung zahlte. Sie sparte ein Fünftel ihres Einkommens und stellte es der Industrie als billiges Kapital zur Verfügung. Die Löhne sind in Japan zwar beinahe so hoch wie in Europa, aber die Lebenshaltung ist teuer und die Wohnungen sind klein, sodass der Lebensstandard nicht im gleichen Maße anstieg wie die gesamtwirtschaftliche Produktivität.

M2 Fabrikation von Fernsehgeräten bei der Firma Toshiba in Japan, Fotografie, 1966

Seit Beginn der 1970er-Jahre erlebte Japan mehrere Krisen. Der **„Ölschock“** 1973/74 und die zweite Ölpreiskrise 1978 beendeten für das rohstoffarme Japan den schnellen Aufschwung der Nachkriegszeit. Die Wirtschaft musste beträchtliche Wachstumseinbußen hinnehmen. Weil sie aber ihr bisheriges, an „purem Wachstum“ orientiertes Leitbild aufgab, fand sie erstaunlich rasch zu hohen

Wachstumsraten zurück. Sie reduzierte den gesamtwirtschaftlichen Energieverbrauch und ersetzte energie- und rohstoffintensive Produktionen durch „wissensintensive" Wirtschaftszweige mit hohem technologischen Niveau. Den insgesamt schwersten Einbruch erlitt Japan jedoch 1985, als die USA, Frankreich, Deutschland, Großbritannien und Japan den Dollar abwerteten. Dadurch stieg der Außenwert des japanischen Yen und die Importe verteuerten sich. Japan reagierte erneut mit der Anpassung seiner Wirtschaft an die veränderten Rahmenbedingungen. Es konzentrierte sich jetzt auf die Herstellung von Massenwaren in der Unterhaltungselektronik, im Büromaschinen- und Automobilmarkt sowie auf hochtechnologische Computerhard- und -software (M 3). So konnte Japans Position als Weltwirtschaftsmacht gefestigt werden. In den 1990er-Jahren geriet die Wirtschaft Japans in eine schwere Krise, die grundlegende Reformen im politischen, sozialen und wirtschaftlichen Bereich erforderte. Japan ist zwar nach wie vor die wichtigste Regionalmacht Ostasiens und – neben China und Indien – die dritte Großmacht. Einiges spricht aber dafür, dass das Land an internationaler wirtschaftlicher Bedeutung und Wachstumsdynamik einbüßen wird (M 4).

M 3 Humanoid („Menschenroboter") einer japanischen Firma, Fotografie, Dezember 2007

1 Erläutern Sie mithilfe des Darstellungstextes die Ziele der amerikanischen Besatzungspolitik in Japan.
2 Stellen Sie anhand der Bereiche Demokratisierung, wirtschaftliche Entwicklung und äußere Sicherheit die Grundlinien der japanischen Geschichte von 1945 bis heute dar.

M 4 Der Politologe Hanns W. Maull über die japanische Wirtschaft, 2002

Vor allem jedoch mehrten sich im Verlauf der [19]90er-Jahre die Anzeichen dafür, dass Japans bis dahin so erfolgreiches wirtschaftspolitisches Modell in einer schweren Krise steckte […]. Dieses japanische Modell […] setzte auf eine aktiv gestaltende Rolle des Staates in der nachholenden Industrialisierung und Modernisierung des Landes. Die Kehrseite der – lange insgesamt durchaus erfolgreichen – Orchestrierung der Wirtschafts- und Gesellschaftsentwicklung Japans durch den Staat war allerdings die zunehmende Erstarrung der bestehenden Wirtschaftsstrukturen in einem Filz von Wirtschaft, Politik, Interessensverbänden und Bürokratie, der auf gegenseitigen Gefälligkeiten und massiver Korruption beruhte. […] Unter den gegenwärtigen Rahmenbedingungen der Globalisierung haben Japans wichtigste Wettbewerbsvorteile – seine Lern- und Innovationsfähigkeit und seine Fähigkeit zur sozialen Organisation – also (zeitweilig?) an Bedeutung eingebüßt. Zum einen gehört Japan nun selbst zur Spitzengruppe der Technologiemächte und kann deshalb seine Talente zur nachholenden Entwicklung nicht mehr nutzen. Zum anderen scheinen die Entwicklungstendenzen globaler Märkte unter den Bedingungen rapiden technologischen Wandels derzeit eher Individualität und unternehmerische Risikobereitschaft zu erfordern. Und drittens schließlich verschiebt sich der Schwerpunkt der weltwirtschaftlichen Aktivitäten tendenziell von der Industrieproduktion zur Informations- und Kommunikations- sowie zur Finanzwirtschaft – Sektoren, die nicht zu Japans traditionellen Stärken gehören.

Aber auch andere, grundsätzlichere Erwägungen sprechen dafür, dass Japans Wirtschaftsdynamik in den kommenden Jahren hinter den historischen Werten der vergangenen 120 Jahre zurückbleiben dürfte. Zu nennen ist hier erstens die Last der wirtschaftspolitischen Fehler der Vergangenheit, die sich besonders anschaulich in Problemen exzessiver Staatsverschuldung und unzureichend abgedeckter öffentlicher und privater Verbindlichkeiten niederschlagen. […] Drittens schließlich spricht der bereits erreichte Lebensstandard und vor allem die Demografie gegen eine dynamische Wirtschaftsentwicklung: Japan ist heute eine reiche, rasch alternde und zunehmend auch eine schrumpfende Gesellschaft, die sich zugleich jedoch äußerst schwer mit einer Öffnung für die – demografisch unerlässliche – Zuwanderung tut. […] So spricht einiges dafür, dass Japans relative Position in Ostasien sich in den kommenden Jahrzehnten demografisch, wirtschaftlich und damit letztlich auch politisch abschwächen wird […]. Demnach dürfte Ostasien zur Mitte des 21. Jahrhunderts nicht mehr länger durch die Rivalität zweier Großmächte (Japan und China) dominiert werden, sondern durch das Mit- und Gegeneinander von einer Großmacht (China) und zwei Mittelmächten (Japan und Korea) – wobei die USA wohl auch zu dieser Zeit noch als ostasiatische Macht eine herausragende Rolle spielen werden.

Hanns W. Maull, Japan – Gescheiterte Ambitionen als globale und regionale Zivilmacht in Ostasien, in: Mir A. Ferdowsi (Hg.), Internationale Politik im 21. Jahrhundert, UTB, München 2002, S. 252 f.

1 Fassen Sie die Prognose Maulls (M 4) über die Zukunft Japans thesenartig zusammen.

4 Projekt: Geschichte des Terrorismus

M 1 Hinrichtung König Ludwigs XVI. (Reg. 1754–1793) am 21. Januar 1793, aus einem zeitgenössischen Bilderbogen

1 Interpretieren Sie M 1 und erklären Sie den Zusammenhang zum Projektthema.
2 Vergleichen Sie M 1, M 2 und M 3 unter dem Aspekt, wie sich im Laufe der letzten gut 200 Jahre die Formen und Motive des Terrorismus verändert haben.
3 Informieren Sie sich über die Hintergründe von M 2 und M 3. Versuchen Sie Querverbindungen zum ersten Bild herzustellen: Existieren auch Ähnlichkeiten der Terrorphänomene?
4 Gestalten Sie auf der Grundlage Ihrer Ergebnisse aus Arbeitsauftrag 1–3 eine Mindmap zum Thema „Terrorismus". Ergänzen Sie die Mindmap nach Bearbeitung des Darstellungstextes bzw. im Anschluss an die Projektarbeit.

Terrorismus (von lat. *terror* = Schrecken, Entsetzen)
Im antiken römischen Strafrecht bedeutete *terror* die Androhung sowie den Vollzug der Folter. 1796 wird der Begriff erstmals in ein (französisches) Lexikon aufgenommen: *régime de la terreur* bezeichnete die Herrschaft Robespierres. Heute versteht man unter Terror ein brutales, rücksichtsloses Handeln; Ziel: Vernichtung oder Unterdrückung anderer.

Stadtguerilla (span. *guerra* = Krieg)
Mit dieser Bezeichnung stellte sich die RAF in die Tradition (südamerikanischer) Guerillakämpfer, die für (nationale) Unabhängigkeit, Selbstbestimmung und die Durchsetzung von Sozialreformen kämpften.

Was ist Terrorismus?

Das Wort **Terrorismus*** ist heute in aller Munde. Kein Tag vergeht, an dem die Medien nicht von Terroranschlägen, vom „Kampf gegen den Terrorismus" oder der Festnahme Terrorverdächtiger berichten. Immer wieder warnen Politiker und Geheimdienste vor erhöhter Terrorgefahr. Mit dem Einsturz des World Trade Centers in New York am 11. September 2001, den große Teile der Welt als „Liveerlebnis" an den Bildschirmen verfolgen konnte, ist der Terrorismus als globale, scheinbar allgegenwärtige Bedrohung ins Bewusstsein auch der westlichen Welt gerückt. Betrachtete man Terrorismus Ende des 20. Jahrhunderts in erster Linie als Problem instabiler Staaten oder von Entwicklungsländern, so zeigte sich nun die Angreifbarkeit demokratischer, rechtsstaatlicher Gesellschaften. Der einzelne Bürger ist auch im Alltag betroffen: bei jeder Urlaubsreise durch verschärfte Kontrollen am Flughafen, durch Einführung des biometrischen Passes oder durch Anti-Terror-Gesetze, die den Datenschutz einschränken. Doch was ist überhaupt gemeint, wenn von Terrorismus die Rede ist? Der vielzitierte Satz, „dem einen ein Freiheitskämpfer, dem anderen ein Terrorist" zeigt, wie stark das Verständnis davon, was Terrorismus und wer ein Terrorist ist, von der jeweiligen Perspektive und Interpretation abhängt. Die Terroristen der Rote Armee Fraktion (RAF) sahen sich als Opfer staatlichen Terrorismus der Bundesrepublik und bezeichneten sich selbst als **„Stadtguerilla"***. Palästinensische Selbstmordattentäter in Israel sehen sich als Märtyrer im Kampf für die Freiheit. Manche Beobachter bezeichnen dagegen das israelische Vorgehen in den besetzten palästinensischen Gebieten als Staatsterrorismus. Selbst in den USA, in dem Land, dass sich den „Kampf gegen den Terrorismus" nach dem 11. September auf seine Fahnen schrieb, existieren unterschiedliche Vorstellungen davon, was Terrorismus und wer ein Terrorist ist: Das US-Außenministerium bezeichnet Terrorismus als illegale Gewalt nichtstaatlicher Gruppen. Für die CIA kann Terrorismus dagegen auch von Regierungen ausgehen. Die Problematik setzt sich in der Wissenschaft fort: Jedes Werk, das sich mit dem Phänomen befasst, schickt eine eigene Begriffsbestimmung voraus. Der Terrorismusforscher Walter Laqueur stellte 1998 fest, dass „es *den* Terrorismus nicht gibt, sondern eine Vielzahl von Terrorismen, und was für die eine Spielart gilt, muss nicht notwendigerweise für alle gültig sein". Als kleinsten gemeinsamen Nenner schlägt er vor, Terrorismus „als Anwendung von Gewalt durch eine Gruppe [zu] bezeichnen, die zu politischen oder religiösen Zwecken gewöhnlich gegen eine Regierung, zuweilen auch gegen andere ethnische Gruppen, Klassen, Religionen oder politische Bewegungen vorgeht". An der Frage, ob auch die Gewalt von Regierungen gegen politische Gegner als Terrorismus bezeichnet werden kann, scheiterte eine allgemein verbindliche Definition von Terrorismus durch die Mitgliedsstaaten der UNO. Der Orientalist Wolfgang G. Schwanitz löst das Problem durch folgende Unterscheidung: **Terror** bezeichnet er als **repressive Strategie**, als Mittel. Machthaber setzten sie ein, um Menschen so zu manipulieren, dass sie Schreckensregimes aufrichten oder dulden. **Terrorismus** hingegen „ist eine **kommunikative Taktik** der schockierenden Gewaltanschläge durch **Unterlegene**, die dabei hinterhältig vor allem Zivilisten bedrohen oder töten, um andere einzuschüchtern oder zu gewinnen. Beides geht von Gruppen oder Einzelnen mit Ideologien aus."

M2 **Anflug der zweiten Maschine auf den Südturm des World Trade Center, Fotografie, 11.9.2001**

Motive und Formen des Terrorismus

Der chinesische Krieger Sun Tzu brachte bereits im 4. Jh. v. Chr. Motiv und Mittel des Terrorismus eindrücklich auf den Punkt: „Töte einen, ängstige zehntausend." Angst und Schrecken verbreiten auch die Taten „gewöhnlicher" Krimineller. Terroristen haben jedoch immer **politische Ziele**, die sie ideologisch begründen. Ihre Aktionen sollen nicht nur den politischen Gegner verunsichern oder politische Systeme destabilisieren, zugleich zielen Terroristen immer auch darauf, Sympathie und Unterstützungsbereitschaft für ihre Überzeugungen hervorzurufen. Die verschiedenen Spielarten des Terrorismus lassen sich entsprechend ihren Zielen und Motiven in drei Kategorien unterscheiden:

1. Der **Religiös motivierte Terrorismus** islamischer Extremisten steht heute im Zentrum der öffentlichen Aufmerksamkeit. Als Inbegriff und Symbol gelten das Terrornetzwerk Al-Qaida und dessen Begründer **Osama Bin Laden*** (s. S. 190). Es gibt aber auch Terrorismus christlicher Fundamentalisten (z. B. radikale Abtreibungsgegner in den USA) oder hinduistischer Extremisten in Indien. Auch wenn Terroristen ihre Ziele religiös begründen, geht es ihnen letztlich um eine Umgestaltung des politischen Systems entsprechend ihren Ordnungs- und Moralvorstellungen. Keine Religion, so betont der Terrorismusforscher Johannes Dillinger, „hat sich den Terrorismus auf ihre Fahnen geschrieben".

„Schlaglichter" des Terrorismus:
1793/94 *„Régime de la terreur"* in Frankreich
1881 Attentat auf den russischen Zaren Alexander II.
1914 Attentat auf den österreichischen Thronfolger in Sarajevo löst des Ersten Weltkrieg aus
1917 Nach der Oktoberrevolution in Russland Terror der Tscheka im Namen der Diktatur des Proletariats
1970 Gründung der RAF in der Bundesrepublik
1972 Überfall palästinensischer Terroristen auf die israelische Mannschaft bei den Olympischen Spielen in München
1977 „Deutscher Herbst": Höhepunkt des RAF-Terrorismus in der Bundesrepublik
1997 Bei einem Terroranschlag bei Luxor in Ägypten sterben 58 Touristen.
9. Sept. 2001 Islamistische Terroristen verüben Anschläge auf das World Trade Center und das Pentagon. Über 3000 Menschen kommen ums Leben.
2001 Einmarsch der USA in Afghanistan; Kampf gegen die extremistischen Taliban und das Terrornetzwerk Al-Qaida auf Grundlage eines UNO-Mandats
2002 Anschlag auf eine Synagoge in Djerba, 21 Opfer, Einrichtung des Gefangenenlagers Guantanamo auf Kuba
2003 Beginn des Irakkriegs der USA ohne UN-Mandat, der Terror im Irak eskaliert, seither vergeht kaum ein Tag ohne Anschläge.

2. **Ethnisch-nationalistisch begründeter Terrorismus** verfolgt häufig separatistische Ziele – so z. B. die baskische Untergrundorganisation **ETA**, die eine Loslösung des Baskenlandes von Spanien anstrebt. Weitere Beispiele sind die **IRA** in Nordirland oder die **PKK** in der Türkei. Ziel ist neben der Befreiung von „Fremdherrschaft" meist zugleich die Befreiung von sozialem Unrecht.
3. **Sozialrevolutionärer Terrorismus** zielt ebenfalls auf die Umgestaltung einer ungerechten, ausbeuterischen und repressiven Gesellschaftsordnung. **Linksextremistische Sozialrevolutionäre** begründen ihren Terror meist mit der Theorie des **Marxismus**. So verstand sich beispielsweise die RAF als Avantgarde der Arbeiterklasse im Kampf gegen den Kapitalismus, den sie als Ursache für Armut und Ungerechtigkeit in der Welt ansah. In die Kategorie des sozialrevolutionären Terrorismus lassen sich aber auch **rechtsextremistische Terroristen** einordnen. Die von ihnen propagierte Gesellschaftsordnung ist geprägt von Rassismus, Antisemitismus und Militarismus.
So vielfältig die Motive terroristischer Gruppen oder Einzeltäter sind, alle bedienen sich der gleichen **Formen des Terrors**. Typische Mittel sind Attentate auf einzelne Politiker, Bombenanschläge, Flugzeugentführungen oder andere Formen der Geiselnahme. So soll ein möglichst großer Effekt im Fühlen und Denken des Gegners erzielt werden. Dies kann auch durch Angriffe auf Versorgungs- und Informationssysteme, auf Einkaufszentren oder Transportwege erreicht werden. Dabei nutzen Terroristen die moderne Infrastruktur, die sie zugleich zu zerstören suchen. Neue Formen terroristischer Gewalt sind der Angriff auf Computersysteme durch Viren, der potenzielle Einsatz von Massenvernichtungswaffen und Selbstmordattentate.

Beispiele früher Formen des Terrorismus

Terrorismus ist kein Phänomen des 20. oder 21. Jahrhunderts. Der Begriff wurde zwar erst zur Zeit der Französischen Revolution als politischer Begriff geprägt, Berichte über politische Gewalttaten sind jedoch auch aus früheren Zeiten überliefert. Umstritten ist, ob der Tyrannenmord in der Antike als Vorform des Terrorismus gelten kann, da die Beseitigung eines despotischen Herrschers als **legitimer Widerstand*** galt und sogar geboten war.
Als frühe Beispiele einer terroristischen Gruppierung gelten die **Sikarier** (von lat. *sica* = Dolch), eine jüdische Sekte, die im 1. Jahrhundert das jüdische Volk zum Aufstand gegen die römischen Besatzer aufrief. Die Sikarier ermordeten zahlreiche römische Politiker und Kollaborateure aus den eigenen Reihen. Als weiteres Beispiel für eine frühe Form des Terrorismus gilt die islamische Splittergruppe der **Assasinen**. Mit Attentaten gegen muslimische und christliche Würdenträger versuchten sie ihre strengen Moralvorstellungen durchzusetzen. Sie wandten Täuschungsmanöver an (engl. *assasin* = Meuchelmörder) und waren bereit, für ihre Ziele in den Tod zu gehen. Daher gelten die Assasinen oft als Vorläufer heutiger Selbstmordattentäter.

Widerstandsrecht
Der römische Philosoph Seneca schrieb im 1. Jahrhundert, dass kein Opfer den Göttern so angenehm sei wie das Blut des Tyrannen.
Ins Grundgesetz wurde das Recht auf Widerstand nach der Erfahrung mit der NS-Diktatur aufgenommen: Gegen jeden, der es unternimmt, die demokratische, rechtsstaatliche Ordnung der Bundesrepublik zu beseitigen, „haben alle Deutschen das Recht zum Widerstand, wenn andere Abhilfe nicht möglich ist" (Art. 20).

„Geburtsstunde" des Terrorismus: *La grande Terreur*

Der Begriff „Terrorismus" ist seit der **Terrorherrschaft Robespierres** 1793/94 (*régime de la terreur*) allgemein gebräuchlich. Der Terror war ein Instrument der Revolutionsregierung, um die erkämpfte Freiheit zu sichern und eine neue, bessere Gesellschaftsordnung anstelle des korrupten, undemokratischen Ancien Régime zu schaffen. Terror wurde gegen sogenannte „Feinde des Volkes" angewandt. Durch seinen Zusammenhang mit Tugend und Demokratie hatte der Begriff – im Unterschied zu heute – einen **positiven Beiklang** (M 6).
Doch gibt es wichtige **Gemeinsamkeiten** des „Terrorismus" der Französischen Revolution und seiner modernen Variante: Zum einen setzten Robespierre und sei-

ne Anhänger den Terror organisiert, zielbewusst und systematisch ein. Zudem diente wie heute die Errichtung einer besseren Gesellschaft als Rechtfertigung und zugleich Ziel der Gewalt. Letztlich zerstörte der Terror jedoch die Ideale, zu deren Durchsetzung er angewandt wurde. Er löste zwar Furcht und Schrecken unter den politischen Gegnern aus, doch auch viele Sympathisanten wandten sich ab. Seit dem Ende der Schreckensherrschaft ist Terrorismus untrennbar mit **Machtmissbrauch** verbunden. Schon 1795 machte der englische Philosoph Edmund Burke den Begriff in seiner heutigen negativen Bedeutung populär. Er bezeichnete die französischen Revolutionäre als „tausende von jenen Höllenhunden, die man Terroristen nannte [...] und auf das Volk losließ".

Terrorismus im 20. und 21. Jahrhundert

Die Zeit des **RAF-Terrorismus** vom Ende der 1960-Jahre bis zur Auflösung der Terrororganisation 1998 (M 7) war eine Ausnahmesituation für die Bundesrepublik. „Weder davor noch danach hat es eine größere Herausforderung der politischen Ordnung gegeben", stellte der Politologe Wolfgang Kraushaar 2007 fest. Für die RAF war der demokratische Rechtsstaat der Bundesrepublik ein faschistisches und imperialistisches Herrschaftssystem, gegen das man Widerstand leisten müsse. Die Terroristen versuchten den Staat, dem sie sogar den „Krieg" erklärten, mit Anschlägen auf prominente Persönlichkeiten aus Politik und Wirtschaft in seinen Grundfesten zu erschüttern. Die Regierung reagierte mit Anti-Terrorismus-Gesetzen und groß angelegten Rasterfahndungen. Der harte Kern der RAF bestand aus einem kleinen Personenkreis, der aus dem Untergrund heraus agierte. Dabei waren sie auf die Unterstützung einer Vielzahl von Sympathisanten angewiesen, bei denen sie untertauchen konnten. Die heute noch „prominentesten" Mitglieder der „1. Generation" der RAF (Ulrike Meinhoff, Andreas Baader, Gudrun Ensslin) wurden bereits 1972 verhaftet. Für sie wurde im Gefängnis Stuttgart-Stammheim ein Hochsicherheitstrakt gebaut, in dem die Terroristen zeitweilig in Isolationshaft saßen. Mit ihrer Inhaftierung endete der linksextremistische Terrorismus in der Bundesrepublik jedoch nicht: 34 Morde und Sachschäden in Höhe von 200 Mio. Euro werden der RAF bis zu ihrer Auflösung 1998 angelastet.

Mit den Anschlägen vom 11. September 2001 scheint das Phänomen „Terrorismus" eine **neue Qualität** bekommen zu haben. Mehr als 3 000 Menschen starben bei den Anschlägen des Terrornetzwerks Al-Qaida auf das World Trade Center. Al-Qaida wurde zum Symbol für den religiös begründeten Terrorismus islamistischer Fundamentalisten, der heute als eine der größten Herausforderungen für die Weltgemeinschaft gilt. Politiker sprechen häufig von einem **asymmetrischen Krieg***, den die Terroristen gegen die demokratisch-pluralistischen Gesellschaften der westlichen Welt führten. Auch die islamistischen Terroristen selbst sehen sich in einem „heiligen Krieg" gegen eine Gesellschaftsordnung, deren Wertvorstellungen sie ablehnen. Schon seit den 1990er-Jahren beobachten Terrorismusforscher die Tendenz zur **Entstaatlichung** und **Entterritorialisierung** des Terrorismus. Anders als die RAF agiert Al-Qaida (arab. = „die Basis") weltweit. Der Name steht nicht für eine zentral gelenkte Organisation, sondern für ein loses Netzwerk. Die gemeinsame ideologische Grundlage der im Namen Al-Qaidas agierenden Terroristen ist eine Mischung aus Anti-Amerikanismus, Anti-Zionismus und einer strikten Auslegung des Islam. Das Motto des Kampfes gab Osama Bin Laden bereits in den 1990er-Jahren aus: *The struggle against the Jews and Crusaders.*

Der **Netzwerkcharakter** Al-Qaidas macht es schwer, die Aufenthaltsorte der Terroristen ausfindig zu machen und gegen sie vorzugehen. Manche leben unauffällig und scheinbar integriert in den westlichen Gesellschaften („Schläfer"). Zudem gibt es Staaten, in denen die Terroristen Rückzugsräume finden (z. B. Afghanistan, Pakistan) und die Sympathie von Teilen der Bevölkerung genießen.

M3 Attentat der RAF auf Alfred Herrhausen, Fotografie, 30. Nov. 1989

Der Vorstandssprecher der Deutschen Bank wurde auf dem Weg zu seinem Frankfurter Büro bei dem Bombenattentat in Bad Homburg getötet.

Asymmetrischer Krieg
Krieg zwischen ungleichen Gegnern

M4 Osama Bin Laden (geb. 1957), Fotografie, um 1998

Der Milliardär und radikalislamische Terrorist wird in Saudi-Arabien als Sohn eines Bauunternehmers aus dem Jemen und einer Palästinenserin geboren.
1979 Studienabschluss in Wirtschaftswissenschaften, Beginn der politischen Aktivität
seit 1982 Kampf gegen sowjetische Besatzung in Afghanistan (1979 bis 1989), unterstützt von der CIA
1989 Tätigkeit als Bauunternehmer in Saudi-Arabien
seit 1996 Bin Laden kehrt nach Afghanistan zurück und richtet Ausbildungslager für Terroristen ein. Die US-amerikanische Suche nach Bin Laden in Afghanistan ist bis heute erfolglos.

M5 Häftlinge im US-Gefangenenlager Guantanamo auf Kuba, Fotografie, 2002

Auf Initiative der britischen Regierung lassen die USA fünf terrorverdächtige britische Häftlinge frei, die ohne Gerichtsurteil und Rechtsbeistand auf unbestimmte Zeit inhaftiert waren.

Die **neue Qualität des transnationalen Terrorismus** des 21. Jahrhunderts zeigt sich auch in neuen Formen der terroristischen Gefahr, z. B.

- die Gefährdung weltweiter Kommunikationssysteme durch Computerviren (**Cyberterrorismus**),
- die Versuche terroristischer Gruppen, sich **Massenvernichtungswaffen** zu beschaffen (z. B. waffenfähiges Uran oder Giftgas, das Mitglieder der Aum-Sekte bei einem Anschlag auf die U-Bahn in Tokio 1999 einsetzten),
- die Gefahr von Angriffen auf **Energieversorgungssysteme** (z. B. Atomkraftwerke) oder **Verkehrssysteme** wie bei den Anschlägen in London und Madrid.

Der Kampf gegen den Terrorismus

Viele Beobachter betrachten den Terrorismus heute als Gefahr für den Weltfrieden. Am 20. September 2001 sagte George W. Bush in einer Rede vor dem US-Kongress: „Der einzige Weg, den Terrorismus als Bedrohung unserer Lebensweise zu bekämpfen, ist, ihn [...] auszumerzen, wo immer er entsteht." Die Konsequenz, die die USA aus den Anschlägen des 11. September zogen, war der Einmarsch im Irak (ohne UN-Mandat) und in Afghanistan (mit UN-Mandat). Die US-Regierung errichtete spezielle Gefängnisse für mutmaßliche Terroristen, die nicht den rechtsstaatlichen Bedingungen der USA unterliegen. So wurden beispielsweise in dem Gefangenenlager Guantanamo auf Kuba Terrorverdächtige teilweise seit Jahren ohne Gerichtsverfahren festgehalten. Doch kann ein solcher „Krieg gegen den Terrorismus" des 21. Jahrhunderts erfolgreich sein (M 8 a)? Heiligt der Zweck jedes Mittel? Darf der Staat, um sich und seine Bürger vor Angriffen zu schützen, die Verletzung von Menschenrechten in Kauf nehmen? Rechtfertigt der Kampf gegen den internationalen Terrorismus die Missachtung des Völkerrechts? Inwieweit sind Beschränkungen der bürgerlichen Freiheiten zulässig, um Terrorismus zu verhindern?
Fünf Wochen nach dem 11. September 2001 verabschiedete der US-Kongress mit dem *„Patriot Act"* ein Gesetz, das die Überwachung von Telefongesprächen und des E-Mail-Verkehrs sowie die Einsicht in Bankkonten oder medizinische Daten erleichtert. Auch die Bundesrepublik reagierte mit Antiterrorgesetzen. Die Diskussion um Online-Durchsuchungen (M 8 c) verstummt nicht, obwohl das Bundesverfassungsgericht diese Maßnahme 2008 für verfassungswidrig erklärt hatte.

1. „Terrorismus ist eine kommunikative Taktik" (Darstellungstext, S. 189). Erklären Sie das Zitat von Schwanitz anhand der Bilder M 1, M 2, M 3.
2. Ergänzen Sie Ihre Mindmap mithilfe des Darstellungstextes.
3. Formulieren Sie eine eigene Definition von Terrorismus.

M6 Maximilien de Robespierre spricht vor dem Nationalkonvent über das Verhältnis von Revolution und Terror, 25. Dez. 1793 (Auszug)

Die Theorie der revolutionären Regierung ist ebenso neu wie die Revolution, aus der diese Regierung entstanden ist. Man darf sie weder in den Büchern der politischen Schriftsteller suchen, die diese Revolution nicht vorausgesehen haben, noch in den Gesetzbüchern der Tyrannen, die sich damit zufrieden geben, ihre Macht zu missbrauchen, und die sich wenig um deren Legitimität kümmern. [...]
Die Revolution ist der Krieg der Freiheit gegen ihre Feinde; die Verfassung ist die Herrschaft der siegreichen und friedlichen Freiheit. Die revolutionäre Regierung muss daher außerordentlich aktiv sein, denn sie führt Krieg. Sie ist nicht einheitlichen und starren Regeln unterworfen, denn die Umstände, in denen sie sich befindet, sind stürmisch und bewegt, und sie ist ständig genötigt, neue und wirksame Kräfte gegen neue und dringende Gefahren zu entfalten. Die konstitutionelle Regierung befasst sich hauptsächlich mit der Freiheit der Bürger, die revolutionäre Regierung mit der Freiheit des Staates. Unter dem konstitutionellen Regime genügt es fast, die einzelnen Bürger vor den Übergriffen der Staatsgewalt zu schützen; unter dem revolutionären Regime dagegen muss sich die Staatsgewalt selbst gegen alle Parteien, die sie angreifen, verteidigen. Die revolutionäre Regierung schuldet allen guten Bürgern den ganzen Schutz der Nation; den Feinden des Volkes schuldet sie den Tod. [...]
Wenn die revolutionäre Regierung in ihrer Arbeit aktiver

und freier sein muss als die gewöhnliche Regierung, ist sie deshalb weniger gerecht und weniger legitim? Nein, sie stützt sich auf das heiligste aller Gesetze, nämlich auf das Wohl des Volkes, und auf die unbestreitbarste aller Vollmachten, nämlich auf die Notwendigkeit. Ihr Ziel ist die Beseitigung der Anarchie und der Unordnung, um die Herrschaft der Gesetze herbeizuführen und zu festigen. Sie hat nichts mit Willkür gemein, denn es sind keine persönlichen Leidenschaften, die sie leiten sollen, sondern das öffentliche Interesse. Sie muss sich an die gewöhnlichen und allgemeinen Grundsätze in all jenen Fällen halten, in denen diese streng angewendet werden können, ohne die öffentliche Freiheit zu gefährden. Ihre Kraft muss sich nach der Kühnheit und der Perfidie[1] ihrer Feinde richten. Je grausamer sie gegenüber böswilligen Menschen auftritt, desto günstiger ist sie für die guten Bürger. Je mehr ihr die Umstände unerbittliche Härte diktieren, desto behutsamer muss sie vor Maßnahmen zurückschrecken, die unnötigerweise die Freiheit einschränken und die privaten Interessen antasten, ohne dass sich ein Vorteil für die Allgemeinheit zeigt. [...] Wenn die revolutionäre Regierung nicht von der Energie, dem Scharfsinn, dem Patriotismus und dem Wohlwollen aller Volksvertreter unterstützt wird, wie kann sie dann die nötige Widerstandskraft haben, den Anfeindungen ganz Europas und den von allen Seiten gegen die Freiheit geführten Angriffen gewachsen zu sein?

Zit. nach: Walter Grab (Hg.), Die Französische Revolution. Eine Dokumentation, Nymphenburger, 1973, S. 215 f.

1 Perfidie: Gemeinheit, Hinterlist

1 Arbeiten Sie aus M 6 heraus, wie Robespierre die Anwendung von Gewalt legitimiert.

2 Vergleichen Sie Robespierres Ausführungen mit dem Anspruch der Französischen Revolution, die Menschenrechte durchzusetzen. Erklären Sie, inwiefern der Zweck die Mittel heiligen soll.

3 Markieren Sie Textstellen (M 6), anhand derer sich Parallelen zum Phänomen des Terrorismus heute herstellen lassen (Darstellungstext). Begründen Sie Ihre Textauswahl.

M 7 Projektvorschlag 1: Die RAF – eine Herausforderung für die Bundesrepublik

a) Bundeskanzler a. D. Helmut Schmidt über den „Heißen Herbst" 1977 in einem Interview mit der Wochenzeitung „Die Zeit", 1998:

Die Zeit: Herr Schmidt, 1977, im Jahr der Entführung von Hanns Martin Schleyer, waren Sie Bundeskanzler. Die RAF hat Ihre Regierung schwer herausgefordert. Nun sieht es so aus, als habe sich die RAF aufgelöst. Sind Sie froh über diesen Schlusspunkt?

Helmut Schmidt: Ich bin froh über jeden Menschen, der einsieht, dass der Weg der Gewalt ein moralisch unzulässiger Weg ist. [...]

Zeit: Die Terroristen resignieren. Empfinden Sie darüber Genugtuung?

Schmidt: Nein. Ich mag dieses Wort in diesem Zusammenhang nicht. Wenn es einen Grund zur Genugtuung gäbe, dann läge er in der Nachricht, dass alle Täter vor Gericht gestellt wurden.

Zeit: Warum hat die RAF Ihrer Ansicht nach resigniert?

Schmidt: Die Regierungen, die mit der RAF zu tun hatten, haben den Weg des Rechts nicht verlassen. Sie haben sich nicht erpressen lassen. Außerdem war die Sympathie für die RAF immer beschränkt auf ein paar Tausende junger Leute. Die deutsche Gesellschaft war relativ immun gegen die Vorstellungen der Terroristen, Gott sei's gedankt. Wie es sich entwickelt hätte, wenn wir nachgegeben hätten, das weiß der Kuckuck. Das macht sich ja von den Kritikern unserer unnachgiebigen Haltung im Herbst 77 keiner klar, was hätte passieren können, wenn wir die Häftlinge aus Stammheim rausgelassen hätten. Wer weiß denn, welche Verbrechen sie danach begangen hätten und wen sie hinter ihrer Fahne versammelt hätten.

Zeit: In dem Brief heißt es: „Wir stehen zu unserer Geschichte". Und: „Wir sind froh, Teil dieses Versuchs gewesen zu sein."

Schmidt: Das zeigt nur, [...] dass diese Leute moralisch noch nichts begriffen haben. Sie haben resigniert ihrer Erfolglosigkeit wegen, aber sie haben offenbar noch nicht kapiert, dass Mord moralisch nicht gerechtfertigt werden kann.

Zeit: Könnte nicht trotzdem jetzt ein Dialog mit den ehemaligen Terroristen beginnen?

Schmidt: Für mich gehören die Leute zuallererst vor ein Gericht.

Zeit: Im Herbst des vergangenen Jahres, als die Entführung Schleyers zwanzig Jahre zurücklag, sagten Sie in einem Interview, dass Sie niemals mit einem der Terroristen reden würden. Gilt das auch jetzt noch?

Schmidt: Wie komme ich dazu, mit einem Mörder zu reden? Worüber? [...]

Zeit: Carl Christian von Braunmühl, der Bruder des von der RAF ermordeten Diplomaten Gerold von Braunmühl, hat Ihnen vorgeworfen, dass Sie sich zuwenig mit den Motiven der Täter auseinandersetzen würden. [...]

Schmidt: Das mag die Aufgabe von Seelsorgern oder von Psychopathologen sein. Es ist nicht die Aufgabe eines Bundeskanzlers, auch nicht eines ehemaligen. [...]

Zeit: Hat der Terrorismus der RAF die Bundesrepublik verändert?

Schmidt: In gewisser Weise schon. Seit 1945 hatte es in der Bundesrepublik keine politische Gewalt gegen Sachen und Personen gegeben. Dies ist ein Phänomen, das erst im Laufe der Sechzigerjahre aufgetreten ist und in Gestalt der RAF seine extremste Ausprägung gefunden hat. Wenn Sie sich bitte daran erinnern, dass auch heutzutage noch junge Leute Leitungsmasten der Eisenbahn umlegen, dann wäre es überoptimistisch anzunehmen, wir hätten dieses Phänomen vollständig hinter uns gelassen. Insofern kann man schon sagen, dass die RAF dazu beigetragen hat, die Gesellschaft zu beeinträchtigen. […]

Zeit: War die RAF eine direkte Folge von 68?

Schmidt: Wahrscheinlich hat der Terrorismus eine ganze Menge mit 1968 zu tun. Die Studenten waren idealistisch, haben sich vorgestellt, sie seien die Vorkämpfer der Freiheit. Die schreckliche Bereitschaft von jungen Deutschen, einer Ideologie anheimzufallen, hat hier wieder ihre Urstände gefeiert. Das hatten wir vor 33 schon einmal erlebt. Die einen Idealisten gingen zum kommunistischen Rotfrontkämpferbund und die anderen zur SA […]. Das waren alles Idealisten, völlig irregeleitet. Sehr deutsch. Die Deutschen neigen dazu, ihre Ideale für etwas Wirkliches zu halten. […]

Zeit: Sehen Sie Keime für einen neuen Terrorismus?

Schmidt: Ich fürchte, dass der Terrorismus nicht ausgerottet werden wird, nicht zuletzt wegen der dauernden Berieselung insbesondere junger Menschen mit Gewalt im Fernsehen.

Zeit: Entsteht so Terrorismus?

Schmidt: Es gibt auch unpolitischen Terrorismus. Das ist ein Streit um Definitionen. Das Schlimme ist, dass die Bereitschaft zur Gewalt zugenommen hat.

ZEIT Geschichte, 3/2007, S. 52 f.

1 **Charakterisieren Sie die Haltung der Bundesregierung bzw. Schmidts gegenüber der RAF (M 7 a).**

2 **Erläutern Sie, wie die RAF „dazu beigetragen hat, die Gesellschaft zu beeinträchtigen" (Z. 64 f.).**

3 **Recherche: Informieren Sie sich über die Geschichte der RAF. Erstellen Sie eine Zeitleiste mit den bedeutendsten Aktionen der Terrorgruppe und den Maßnahmen der Bundesregierung gegen den Terrorismus.**

4 **Diskutieren Sie die Aussagen Schmidts zur Entstehung von Terrorismus.**

b) Hans-Eberhard Schleyer, Sohn des ermordeten Arbeitgeberpräsidenten Hanns Martin Schleyer, über seine Gefühle während der Entführung, 2007:

Hanns Martin Schleyer wurde am 5. September 1977 von der RAF entführt, um inhaftierte Gesinnungsgenossen freizupressen. Dabei starben drei Polizisten und der Fahrer Schleyers im Kugelhagel der Terroristen. Am 19. Oktober wurde Schleyer ermordet.

Jeder Moment damals, während der Entführung meines Vaters, war beklemmend und trostlos. Was man empfindet, wenn man den eigenen Vater so sieht, fotografiert in seiner Geiselhaft, das kann man nicht in Worte fassen. […] Ich wusste, wie quälend die Ungewissheit für meinen Vater war. Bonn hatte eine Nachrichtensperre verhängt, hatte immer wieder von den Entführern neue Lebenszeichen von meinem Vater gefordert, spielte auf Zeit. Die Fehler, die die Sicherheitsorgane bei der Suche nach meinem Vater machten, waren eklatant. Doch auch davon erfuhren wir das meiste erst viel später, nach seiner Ermordung.

Die Erinnerung an diese Wochen im Herbst […] lässt einen nie mehr los. Ich denke regelmäßig an die Entführung und das Ende meines Vaters […], weil es im Alltag so viele Bezugspunkte zu der Zeit damals und zu meinem Vater gibt. […] In manchen Momenten kommen auch die Fragen nach dem „Wie" und „Warum" wieder auf. Zuletzt, als Jürgen Chrobog[1] Ende 2005 mit seiner Familie im Jemen entführt worden war und unser Außenminister mit unbeugsamer Selbstverständlichkeit forderte, dass die jemenitische Regierung mit den Entführern verhandeln solle. […] Diese Selbstverständlichkeit, mit der in ihrem Fall Verhandlungen gefordert wurden, hat es bei meinem Vater indes nicht einmal im Ansatz gegeben. Ich bin nach dem 5. September 1977 an keinen der verantwortlichen Politiker mehr wirklich herangekommen. Hans-Jochen Vogel hatte den Auftrag, den Kontakt zu unserer Familie zu halten. Ich telefonierte täglich mit ihm. Es brauchte bei den Gesprächen keine großen Worte. Wir wussten beide, wie es sich verhielt. Ich fragte immer wieder, ob wir dieses quälende Warten nicht abkürzen könnten. Vogel antwortete: „Ich bitte Sie, wir haben Verantwortung Ihrem Vater gegenüber, aber auch gegenüber denen, die in Gefahr sind, wenn wir die Terroristen freilassen." Sich nicht auf Verhandlungen mit den Terroristen einzulassen war […] eine Entscheidung, die von allen politischen Parteien damals getragen wurde. […] Regierung und Opposition verständigten sich nach der Entführung meines Vaters schnell darauf, es zu ihrer gemeinsamen Verantwortung zu machen, dass der Staat nicht erpressbar sein dürfe. So lautete die Kernformel damals. Dagegen kann man kaum ankommen, ich konnte es nicht. Trotz aller Bemühungen. Aber man darf sich nichts vormachen: Die politische Auseinandersetzung war auch deshalb schwer zu führen, weil die Mehrheit der Bevölkerung das Argument, der Staat dürfe nicht erpressbar sein, teilte.

Hanns-Eberhard Schleyer, „Keiner hatte gedacht, dass es tatsächlich passieren würde", in: Anne Siemens, Für die RAF war er das System, für mich der Vater. Die andere Geschichte des deutschen Terrorismus, Piper, München 2007, S. 147 ff.

1 Jürgen Chrobog: ehemaliger deutscher Spitzendiplomat und Staatssekretär im Auswärtigen Amt

1 **Vergleichen Sie die Haltung Helmut Schmidts (M 7 a) gegenüber den Terroristen mit der Sicht Hanns-Eberhard Schleyers (M 7 b).**

2 **Recherche: Informieren Sie sich über die Hintergründe der Schleyer-Entführung. Erläutern Sie das Dilemma des Staates und diskutieren Sie Handlungsalternativen.**

c) Der entführte Arbeitgeberpräsident Hanns Martin Schleyer, Fotografie, Oktober 1977.

Das Bild wurde zusammen mit einem Bekennerschreiben an die französische Zeitung *Liberation* geschickt.

1 Interpretieren Sie die Fotografie.
2 Am 12. September veröffentlichte das Magazin „Der Spiegel" das Foto des entführten Hanns Martin Schleyer als Titelbild. Diskutieren Sie die gesellschaftliche Bedeutung und die Legitimität der Veröffentlichung. Berücksichtigen Sie dabei die Perspektive der Opfer, des Staates und der Entführer.

M8 Projektvorschlag 2: Strategien im Antiterrorkampf

a) Kann der Terrorismus mit militärischen Mitteln besiegt werden?

Michael Scheuer, bis 1999 Leiter einer CIA-Spezialeinheit, die Jagd auf Osama Bin Laden machte, in einem Spiegel-Interview 2006 über den Anti-Terrorkampf in Afghanistan (Auszug).

SPIEGEL: Herr Scheuer, die Anschläge des 11. September liegen fünf Jahre zurück, Osama Bin Laden ist noch immer frei, Al-Qaida quicklebendig. Wagen Sie doch mal einen Blick nach vorn – wie wird es in weiteren fünf Jahren aussehen?

Scheuer: Sehr viel schlechter. Es gibt keinen Zweifel, dass die Vereinigten Staaten die Kriege im Irak und in Afghanistan verlieren, und unsere Politiker haben nicht den Willen oder die Unterstützung der Bevölkerung, mehr Soldaten zu entsenden. In fünf Jahren, so fürchte ich, werden wir uns aus beiden Ländern zurückgezogen haben, und beide werden mehr oder weniger in der Hand von Leuten sein, die wir nicht mögen – Islamisten.

SPIEGEL: Und wie wird Al-Qaida aussehen?

Scheuer: So wie heute auch. Es gibt eine Menge Wunschdenken: Bin Laden und Aiman al-Sawahiri[1] hätten keine Kontrolle mehr über Al-Qaida, die Organisation sei zerschlagen. Wir haben taktische Erfolge für einen strategischen Sieg gehalten: Wir haben einen guten Job gemacht und eine Reihe Qaida-Führer getötet oder gefangengenommen. Im Grunde zählen wir nur die Leichen, aber das sagt uns nichts über den Fortschritt, den wir tatsächlich machen. Al-Qaida ist hervorragend darauf vorbereitet, solche Verluste in der Führungsmannschaft zu kompensieren. Also haben wir bisher nicht viel Erfolg gehabt.

SPIEGEL: Nach Bin Laden wird seit Jahren fieberhaft gesucht. Es ist schwer vorstellbar, dass die US-Regierung keine Ahnung hat, wo er sich verbirgt.

Scheuer: Ich glaube, das ist auch für die Regierung selbst schwer zu glauben. Aber soweit ich weiß, haben wir wirklich keine Ahnung, und mich überrascht das auch nicht. Wir denken, Bin Laden und seine Anhänger seien Gangster, niemand dürfe sie mögen, weil sie doch Flugzeuge in unsere Gebäude gerammt haben. Aber es ist nun mal eine Tatsache, dass wir viel mehr gehasst werden als er. Und wie wollen Sie jemanden inmitten einer Bevölkerung finden, die Sie nicht mag, den Gesuchten aber als Verteidiger ihres Glaubens sieht.

SPIEGEL: Werden Ihre ehemaligen Kollegen ihn eines Tages erwischen?

Scheuer: Ich hoffe sehr, aber die Kriege in Afghanistan und im Irak haben alles schwerer gemacht. Es stehen nur noch bescheidene Ressourcen zur Verfügung, Manpower, Satellitenkapazität ist begrenzt. [...]

SPIEGEL: Die CIA hat Ende vergangenen Jahres die einst von Ihnen geleitete Station „Alec" geschlossen, die für die Jagd auf Bin Laden verantwortlich war. Ein Fehler?

Scheuer: Eine Katastrophe, ich würde vermuten, dass der Präsident davon nichts gewusst hat. Sie können doch nicht jemanden zum Staatsfeind Nummer eins erklären und dann die Kapazitäten für die Jagd auf ihn zusammenstreichen.

SPIEGEL: Ist Pakistan ein treuer Verbündeter bei der Jagd nach Bin Laden?

Scheuer: Jedes Land hat seine eigenen nationalen Interessen. Ich hätte nie geglaubt, dass uns Pakistans Präsident Pervez Musharraf so weit entgegenkommt: Wir haben Überflugrechte, er hat uns geholfen, sehr, sehr wichtige Qaida-Kämpfer festzunehmen. Aber es liegt einfach nicht in Pakistans nationalem Interesse, Bin Laden zu finden, zu verhaften und uns zu überstellen. Das wird nicht passieren, und wenn wir darauf hoffen, sind wir Idioten. Es würde Pakistan zerreißen, und Musharraf ist doch kein Selbstmörder.

SPIEGEL: Glauben Sie den Gerüchten, dass sich Bin Laden in einer Höhle versteckt, von jeder Kommunikation abgeschnitten?

Scheuer: Es gibt viele solcher Märchen. Politiker wie George

W. Bush oder Tony Blair verbreiten gern das Bild von einem durch die Berge hetzenden Bin Laden, die Häscher nur einen Schritt hinter ihm. Wenn es so wäre, hätten wir ihn, denn jeder Aufständische weiß, dass ihm größte Gefahr droht, sobald er sich bewegt. Wir sehen doch all die hochprofessionellen Video- und Audiobotschaften von Bin Laden und Sawahiri. Den beiden geht es gut.

Spiegel Special 6/2006, S. 122.

1 Der ägyptische Arzt gilt neben Osama Bin Laden als wichtigste Führungsperson von Al-Qaida.

b) Kämpfer der radikalislamischen Taliban in Afghanistan, Fotografie, 2007

1 Arbeiten Sie aus M 8 a die Schwierigkeiten im „Kampf gegen den Terrorismus" von Al-Qaida heraus.
2 Der Kampf der Terroristen wie auch der Kampf gegen die Terroristen wird häufig als „asymmetrischer Krieg" bezeichnet. Erklären Sie den Begriff anhand von M 8 b und mithilfe des Darstellungstextes.

c) Innere Sicherheit auf Kosten bürgerlicher Freiheitsrechte?

Constanze Kurz, die Sprecherin des Chaos Computer Clubs, in einem Interview mit der Wochenzeitung „Freitag" über Maßnahmen der Bundesregierung (Auszug).

FREITAG: Was könnte der Staat über Sie erfahren, wenn er Ihre Daten des heutigen Tages auswerten würde?

Kurz: Solange mein Handy angeschaltet ist, ortet mein Telefonanbieter meine Position und speichert diese ein halbes Jahr lang – der Staat darf die Daten anfordern, wenn er mich einer Straftat verdächtigt. Fahnder würden dann schnell entdecken, dass wir uns getroffen haben: Sie sehen an meinen Verbindungsdaten, dass wir telefoniert haben. Nun müssten sie nur noch Ihre Positionsdaten abfragen und mit meinen vergleichen. Heute morgen habe ich meine E-Mails abgefragt und später werde ich wohl noch mit der Kreditkarte zahlen – auch das kann der Staat erfahren.

FREITAG: Wissen Sie etwas über Versuche des Staates, alle diese Informationen zu bündeln?

Kurz: Zumindest steht im neuen Gesetzentwurf für das Bundeskriminalamt, dass der Staat nicht nur selbst Daten sammeln will, sondern auf private Sammlungen zugreifen darf, da diese oft qualitativ besser sind. Es wird auch diskutiert, wie Ermittlungsbehörden künftig übers Netz auf die Meldedaten jedes Bürgers zugreifen können. Bei den biometrischen Daten der Gesichtsmerkmale ist der Polizei dies erlaubt.

FREITAG: Nun verspricht sich Innenminister Schäuble dadurch mehr Sicherheit vor Terrorattacken. Wie bewerten Sie seinen Vorschlag, mit Bundestrojanern Computer-Festplatten zu durchstöbern?

Kurz: Zunächst werden wohl nur wenige dieser Trojaner eingesetzt, schon weil sie derzeit noch sehr teuer sind: Laut Bundesregierung kostet es 200 000 Euro, eine Festplatte mit einem Trojaner zu durchsuchen. Wir werten Schäubles Pläne dennoch als einen Angriff auf die Privatsphäre. Für junge Menschen ist der Computer ohnehin eine Art ausgelagertes Gehirn. Was sich unsere Eltern im Schlafzimmer erzählt haben, flüstern wir uns übers Netz zu und speichern es ab.

FREITAG: BKA-Chef Jörg Ziercke sagt, man wolle die Trojaner allenfalls fünf- bis zehnmal jährlich einsetzen. Trauen Sie ihm nicht?

Kurz: Bei der Telefondatenspeicherung handelte es sich zunächst auch nur um ein paar Fälle. Mittlerweile speichert der Staat alle Verbindungsdaten. Wir sind zudem absoluter Weltmeister im Abhören von Telefongesprächen, noch vor den USA. Und vermutlich werden auch die Trojaner zu einem normalen Ermittlungswerkzeug. [...]

FREITAG: Glauben Sie, dass Schäuble einen Überwachungsstaat aufbauen will?

Kurz: Er argumentiert mit Freund-Feind-Begriffen [und] propagier[t] einen wehrhaften Staat. Und dazu muss, was Schäuble versucht, die Verfassung robuster gemacht werden: Mehr Staat, weniger Freiheitsrechte. Bereits jetzt gibt es eine Überwachungspraxis, die es so in der DDR nicht gab, wie die biometrische Erfassung der Bürger und die verdachtsunabhängige Speicherung der Verbindungsdaten. Zum Glück hat das Bundesverfassungsgericht einige Gesetze kassiert wie den großen Lauschangriff, den Spähangriff oder das Luftsicherheitsgesetz, das den Abschuss von vermeintlich entführten Flugzeugen gestatten sollte. Karlsruhe könnte auch die Vorratsdaten-Speicherung stoppen.

FREITAG: Also keine Tendenz zum Sicherheitsstaat?

Kurz: Schäuble wie auch Schily[1] haben einiges durchgesetzt: Seit 2007 besitzt jeder Bürger eine Steueridentifikations-Nummer, die eine eindeutige Zuordnung eines Menschen ermöglicht, was zuvor aufgrund der nationalsozialistischen Vergangenheit nicht legitim war. Des Weiteren überwacht der Staat mittlerweile, was die Bürger übers Internet und Telefon kommunizieren. Wir debattieren in Deutschland die Online-Überwachung und es können die Bankkonten abgefragt werden. Schon bei einem vagen Verdacht [...] wird die ganze Überwachungsmaschine hochgefahren, inklusive Videokameras und GPS-Wanze. [...]

FREITAG: Die Regierung verspricht mehr Sicherheit – wer profitiert davon?

Kurz: Die Sicherheitsbranche ist im Goldrausch [...]. Derzeit übt die Industrie massiv Druck auf die Politik aus, einen biometrischen Personalausweis einzuführen. Dabei wurde bei der Debatte um die biometrischen Pässe bereits unglaublich gelogen. Eine Anfrage im Bundestag ergab, dass zuvor in fünf Jahren nur sechs Pässe gefälscht wurden.

Zit. nach: www.freitag.de/2008/05/08050602.php (Stand: 22. 5. 2009).

1 Otto Schily war Innenminister der rot-grünen Koalition (1998–2005) unter Bundeskanzler Gerhard Schröder.

1 Erstellen Sie anhand von M 8 c eine Übersicht der Maßnahmen der Bundesregierung zur Terrorismusbekämpfung.
2 Erklären Sie die Haltung von Constanze Kurz zur Legitimität der Maßnahmen.
3 **Recherche:** Informieren Sie sich genauer über die umstrittene Online-Durchsuchung (Z. 66). Erörtern Sie, ob diese Methode ein wirksames und legitimes Mittel zur Terrorismusbekämpfung darstellt.

Weitere Projektvorschläge:

1 Attentate, die Geschichte machten: Die Zahl terroristischer Mordanschläge auf prominente Politiker in der Geschichte ist Legion. Stellen Sie einen ausgewählten Fall und seine politischen Folgen vor (Beispiele: Attentat auf Kaiser Wilhelm I., Mord an Martin Luther King, Attentat auf Yizzak Rabin).
2 Erstellen Sie eine Präsentation über eine der im Darstellungstext genannten Terrorgruppen unter einer selbst gewählten Frage-/Problemstellung. Berücksichtigen Sie die Geschichte der Bewegung, die Ziele und ihre politische und gesellschaftliche Bedeutung heute.
3 Freiheitskämpfer oder Terrorist? Informieren Sie sich über Ernesto Che Guevara und seine sozialrevolutionäre Bewegung.
4 Wer war die RAF? Erstellen Sie ein biografisches Porträt eines Mitglieds der RAF. Berücksichtigen Sie Herkunft, Motive und das Leben der Person heute.
5 Mythos RAF? Gehen Sie diesen Fragen anhand ausgewählter Spielfilme nach (z. B.: „Der Baader-Meinhof-Komplex", „Schattenwelt"). Analysieren Sie die Filme mithilfe der Methodenseite (s. S. 150) und diskutieren Sie die Darstellung der Täter.
6 Terrorismus und Medien: „Attentäter sind auf die Massenmedien angewiesen", so der Terrorismusforscher Andreas Elter. Erörtern Sie diese These anhand ausgewählter Beispiele der Medienberichterstattung über terroristische Anschläge.
7 Cyber-Terrorismus – eine neue Bedrohung für die Weltgemeinschaft?
8 Selbstmordattentäter. Wer sind die Täter(innen), was sind ihre Motive?
9 „Die Sicherheit Deutschlands wird am Hindukusch verteidigt" (Peter Struck, ehemaliger Verteidigungsminister). Stellen Sie die Hintergründe des Bundeswehreinsatzes in Afghanistan vor. Veranstalten Sie eine Pro-und-Kontra-Diskussion zum Thema.
10 Rechtsextremer Terrorismus in Deutschland – die unterschätzte Gefahr?

Literaturtipps

Alexander Demandt (Hg.), Das Attentat in der Geschichte, Köln 1996.
Johannes Dillinger, Terrorismus. Wissen, was stimmt, Freiburg 2008.
Peter Heine, Terror in Allahs Namen. Extremistische Kräfte im Islam, Freiburg 2004.
Walter Laqueur, Die globale Bedrohung. Neue Gefahren des Terrorismus, Berlin 1998.
Walter Laqueur (Hg.), Zeugnisse politischer Gewalt. Dokumente zur Geschichte des Terrorismus, Kronberg/Taunus 1978.
Wolfgang Kraushaar (Hg.): Die RAF und der linke Terrorismus, Hamburg 2007.
Ulrich Schneckener, Transnationaler Terrorismus. Charakter und Hintergründe des „neuen" Terrorismus, Suhrkamp, Frankfurt/Main 2006.
Ute Meck, Selbstmordattentäter – sterben, um zu töten. Eine psychologische Analyse, Verlag für Polizeiwissenschaft, Frankfurt a. M. 2007.
Anne Siemens, Für die RAF war er das System, für mich der Vater. Die andere Geschichte des deutschen Terrorismus, München 2007.
Charles Townshend, Terrorismus, Stuttgart 2005.

Internettipps

www.swp-berlin.org/brennpunkte/dossier.php?id=2486
Eine Seite der Stiftung Wissenschaft und Politik mit vielen weiterführenden Links.
www.bpb.de/themen/TSS56U,0,0,Die_Geschichte_der_RAF.html
Die Geschichte der RAF wird ausführlich auf den Seiten der Bundeszentrale für politische Bildung vorgestellt.
www.uni-kassel.de/fb5/frieden/themen/Terrorismus/Welcome.html
Beiträge der AG-Friedensforschung der Uni Kassel zu Wurzeln und Formen des Terrorismus.
www.fr-online.de/islam/
Ein Dossier der Frankfurter Rundschau über Islam, Islamismus und religiös motivierten Terrorismus.

Anforderungsbereiche und Operatoren in der Abiturprüfung

Drei Anforderungsbereiche

Aufgabe verstanden?

Die Anforderungen im Abitur sind im „Basisoperatorenkatalog für das schriftliche Abitur in den gesellschaftswissenschaftlichen Fächern in Baden-Württemberg" festgelegt. Unterschieden werden drei Anforderungsbereiche (AFB). Grundsätzlich gilt, dass im Abitur Anforderungen aus allen drei Bereichen abverlangt werden, insbesondere auch aus dem höchsten Bereich, dem AFB III. Die im Folgenden aufgeführten Beschreibungen der drei Bereiche und der Operatoren entsprechen dem „Basisoperatorenkatalog".

Anforderungsbereich I
Der AFB I umfasst das Wiedergeben und Beschreiben von fachspezifischen Sachverhalten aus einem abgegrenzten Gebiet und im gelernten Zusammenhang unter rein reproduktivem Benutzen eingeübter Arbeitstechniken. Dies erfordert vor allem **Reproduktionsleistungen**:
- Wiedergeben von grundlegendem Fachwissen unter Verwendung der Fachterminologie,
- Bestimmen der Art des Materials,
- Entnehmen von Informationen aus unterschiedlichen Materialien,
- Benennen und Anwenden von Arbeitstechniken und Methoden.

Anforderungsbereich II
Der AFB II umfasst das selbstständige Erklären, Bearbeiten und Ordnen bekannter fachspezifischer Inhalte und das angemessene Anwenden gelernter Inhalte und Methoden auf andere Sachverhalte. Dies erfordert vor allem **Reorganisations- und Transferleistungen**:
- Erklären kategorialer, struktureller und zeitlicher Zusammenhänge,
- sinnvolles Verknüpfen und Einordnen unterschiedlicher, z. B. politischer, ökonomischer, soziologischer, historischer, raumspezifischer Sachverhalte,
- Unterscheiden zwischen Sachurteil und Werturteil.

Anforderungsbereich III
Der AFB III umfasst den reflexiven Umgang mit neuen Problemstellungen, den eingesetzten Methoden und gewonnenen Erkenntnissen, um zu Begründungen, Folgerungen, Beurteilungen und Handlungsoptionen zu gelangen. Dies erfordert vor allem Leistungen der **Reflexion und Problemlösung**:
- selbstständiges Erörtern unterschiedlicher Sachverhalte,
- Entfalten einer strukturierten, multiperspektivischen und problemorientierten Fragestellung,
- Reflektieren der eigenen Urteilsbildung,
- problemorientiertes Umsetzen von Kenntnissen und Erkenntnissen in gestalteter Form.

Was sind Operatoren?

Operatoren sind Verben, die zeigen, welche Tätigkeiten beim Lösen von Prüfungsaufgaben erwartet werden. In der Regel sind sie den einzelnen Anforderungsbereichen zugeordnet.

Operatoren, die Leistungen im Anforderungsbereich I verlangen:

nennen	Entweder Informationen aus vorgegebenem Material entnehmen oder Kenntnisse ohne Materialvorgabe anführen.
herausarbeiten	Informationen und Sachverhalte unter bestimmten Gesichtspunkten aus vorgegebenem Material entnehmen, wiedergeben und/oder gegebenenfalls berechnen.
beschreiben	Wesentliche Informationen aus vorgegebenem Material oder aus Kenntnissen zusammenhängend und schlüssig wiedergeben.
charakterisieren	Sachverhalte und Vorgänge mit ihren typischen Merkmalen beschreiben und in ihren Grundzügen bestimmen.

Operatoren, die Leistungen im Anforderungsbereich II verlangen:

erstellen	Sachverhalte inhaltlich und methodisch angemessen grafisch darstellen und mit fachsprachlichen Begriffen beschriften (z. B. Fließschema, Diagramm, Mindmap, Wirkungsgefüge).
darstellen	Strukturen und Zusammenhänge beschreiben und verdeutlichen.
analysieren	Materialien oder Sachverhalte systematisch und gezielt untersuchen und auswerten.
ein-, zuordnen	Sachverhalte, Vorgänge begründet in einen vorgegebenen Zusammenhang stellen.
begründen	Komplexe Grundgedanken argumentativ schlüssig entwickeln und im Zusammenhang darstellen.
erklären	Informationen durch eigenes Wissen und eigene Einsichten begründet in einen Zusammenhang stellen (z. B. Theorie, Modell, Gesetz, Regel, Funktionszusammenhang).
erläutern	Sachverhalte im Zusammenhang beschreiben und anschaulich mit Beispielen und Belegen erklären.
vergleichen	Gemeinsamkeiten und Unterschiede gewichtend einander gegenüberstellen und ein Ergebnis formulieren.

Operatoren, die Leistungen im Anforderungsbereich III verlangen:

überprüfen	Vorgegebene Aussagen bzw. Behauptungen an konkreten Sachverhalten und innerer Stimmigkeit messen.
beurteilen	Aussagen, Behauptungen, Vorschläge oder Maßnahmen im Zusammenhang auf ihre Stichhaltigkeit bzw. Angemessenheit prüfen und dabei die angewandten Kriterien nennen.
bewerten	Aussagen, Behauptungen, Vorschläge oder Maßnahmen beurteilen, eine persönliche Stellungnahme abgeben und dabei die eigenen Wertmaßstäbe offenlegen.
erörtern	Zu einer vorgegebenen Problemstellung durch Abwägen von Für- und Wider-Argumenten ein begründetes Urteil fällen.
gestalten	Sich produkt-, rollen- bzw. adressatenorientiert mit einem Problem durch Entwerfen z. B. von Reden, Streitgesprächen, Strategien, Beratungsskizzen, Szenarien oder Modellen auseinandersetzen.

Tipps zur Vorbereitung auf die Abiturthemen

Übung 1: Inhalte der Lehrplanthemen wiederholen

Die großen historischen Zusammenhänge der beiden Themen des 12. Jahrgangs werden im vorliegenden Schülerbuch im Themenüberblick S. 8–11 erläutert. Jedes Teilthema des Lehrplans ist in Form eines Kapitels aufbereitet. Jedes Kapitel wiederum ist in kleine Themeneinheiten unterteilt:

Gegenwehr und dem Durchhaltev
terte schließlich 1949 die Berlin-Bl

1 Überprüfen und erläutern Sie die
„Im Anfang waren die Alliierten".
2 Stellen Sie in einer Übersicht die a

1 Im „Themenüberblick" und in jeder „Themeneinheit" finden Sie unter den Darstellungstexten Arbeitsaufträge. Bearbeiten Sie die Arbeitsaufträge. Durch „Querlesen" – das heißt durch das Lesen der Zwischenüberschriften und Fettdrucke – gelangen Sie rasch zu den Einzelabschnitten, die Sie für die Beantwortung von Teilaufgaben benötigen.
2 Arbeiten Sie an den Stellen, an denen es Ihnen sinnvoll erscheint, noch einmal die zugehörigen Materialien im Materialteil durch (Verweise in den Darstellungen).
3 Halten Sie Ihre Ergebnisse auf Karteikarten fest (s. unten).

Übung 2: Wichtige Daten merken und anwenden

Auf den Zusammenfassungsseiten finden Sie immer eine Zeittafel. Auf drei Arten können Sie damit für das Abitur üben:

Zeittafel

1949 Gründung der Bundesrepublik und der DDR
1949–1963 Ära Adenauer
1949–1966 Wirtschaftsaufschwung

1 Geben Sie jeden Eintrag der Zeittafel mit eigenen Worten wieder.
2 Schreiben Sie auf die Vorderseite einer Karteikarte ein Ereignis, auf die Rückseite das Datum (s. unten).
3 Vertiefen Sie Ihre Kenntnisse über zentrale Daten, indem Sie noch einmal die zugehörigen Darstellungen und Materialien aus dem Kapitel durcharbeiten. Schreiben Sie auf Ihre Karteikarten, a) welche Ursachen zu einem Ereignis geführt haben, b) wie es abgelaufen ist, c) welche Folgen es gehabt hat.

Übung 3: Zentrale Begriffe verstehen und erklären

Die zentralen Begriffe eines Kapitels werden in den Randspalten der Darstellungstexte erläutert. Eine Liste, in der alle zentralen Begriffe eines Kapitels mit Seitenverweisen auf die Erläuterungstexte aufgeführt sind, findet sich auf der Zusammenfassungsseite jedes Kapitels:

Zentrale Begriffe Kapitel 1	De
Atlantikcharta → S. 17	ein
Bi-Zone → S. 43	We
Berlin-Blockade → S. 43	un
Entnazifizierung → S. 50	kor

1 Lesen Sie zu jedem Begriff die Erläuterung.
2 Klären Sie Fremdwörter.
3 Erläutern Sie den Inhalt jedes Begriffs anhand von historischen Beispielen. Halten Sie Ihre Ergebnisse auf Karteikarten fest (s. unten).

Ergebnisse sichern: Arbeitskartei anlegen

Halten Sie die Ergebnisse der Übungen 1 bis 3 auf Karteikarten fest:

1 Notieren Sie auf der Vorderseite eine Frage, einen Begriff oder ein Datum, schreiben Sie auf die Rückseite Ihre Erläuterungen.
2 Wiederholen Sie mithilfe Ihrer Arbeitskartei die Inhalte, Daten und Begriffe der Schwerpunktthemen – alleine, in Partnerarbeit oder in kleinen Gruppen.

Übung 4: Methodentraining – Unterscheiden von Textmaterialien

Schriftliche Quellen und Sekundärtexte gehören zu den Materialien, die am häufigsten in Abiturklausuren vorkommen (weitere Materialarten können z. B. Statistiken, Gemälde, Fotografien sein). Damit Sie lernen, schriftliche Quellen und Sekundärtexte auf den ersten Blick voneinander zu unterscheiden, sollten Sie dies mithilfe Ihres Schülerbuches trainieren, z. B. in Partnerarbeit:

TEXTMATERIALIEN

Schriftliche Quellen | **Sekundärtexte**

1 Lesen Sie in den Materialteilen des Kapitels 1 die Überschriften, Einleitungen und Anfänge der Textmaterialien und bestimmen Sie jeweils, ob es sich um eine schriftliche Quelle (= Textquelle) oder einen Sekundärtext handelt.
2 Wiederholen Sie die Übung anhand der Textmaterialien eines anderen Kapitels.

Übung 5: Methodentraining – Sekundärtexte auswerten

Wiederholen Sie mithilfe der folgenden „Checkliste“ die Grundschritte bei der Auswertung von Sekundärtexten:

1 **Thema:** Mit welchem Thema bzw. welcher Frage beschäftigt sich der Autor/die Autorin? Was will er/sie erklären?
2 **Aussagen:** Welche zentralen Aussagen werden von dem Autor/der Autorin getroffen bzw. welche Thesen werden aufgestellt?
3 **Argumente:** Mit welchen Daten bzw. Argumenten belegt der Autor/die Autorin seine/ihre Aussagen und Thesen?
4 **Abgrenzung:** Will sich der Autor/die Autorin gegen eine andere Position absetzen? Wenn ja, gegen welche und aus welchen Gründen?
5 **Interessen:** Von welchen (Wert-)Maßstäben aus werden Ereignisse, Entwicklungen und das Handeln von Personen beurteilt?

Übung 6: Methodentraining – Interpretation schriftlicher Quellen

Die Interpretation schriftlicher Quellen ist eine der zentralen Anforderungen im Abitur. Häufig werden Ihnen auch zwei Quellen zum Vergleich vorgelegt:

„Faustregel“ für die Analyse der formalen Merkmale schriftlicher Quellen:
WER sagt WO, WANN, WAS, WARUM, zu WEM und WIE?

1 Prägen Sie sich die systematischen Arbeitsschritte zum Vergleich zweier schriftlicher Quellen von S. 38 ein. Die Arbeitsschritte für den Quellenvergleich gelten im Grundsatz auch für die Interpretation einer einzelnen schriftlichen Quelle.
2 Merken Sie sich die „Faustregel“ zur Analyse der formalen Merkmale schriftlicher Quellen und üben Sie die Beantwortung der „W-Fragen“ anhand von fünf selbst ausgewählten schriftlichen Quellen des Schülerbuchs.

Checkliste zur Abfassung einer Abiturklausur

Abfassung der Abiturklausur

1 Klausuraufgabe auswählen
Lesen Sie zunächst alle Klausuraufgaben. Machen Sie sich klar, was die jeweilige Aufgabe von Ihnen verlangt. Sie sollten weniger nach spontanen Interessen oder Neugier entscheiden, sondern diejenige Aufgabe auswählen, bei der Sie sich fachlich am sichersten fühlen.

2 Aufgabe verstehen
Achten Sie auf den genauen Wortlaut der Aufgabe, besonders auf die Operatoren (z. B. „Nennen Sie ...“, „Ordnen Sie ein ...“, „Beurteilen Sie ...“; Erläuterungen zu den Operatoren: s. S. 198 f.).

3 Materiallektüre und Randnotizen
Lesen Sie das vorgelegte Material. Unterstreichen Sie dabei wichtige Inhalte, zentrale Begriffe usw. Notieren Sie Stichpunkte am Rand.

4 Gliederung
Entwerfen Sie eine kurze Gliederung. Ordnen Sie die Stichpunkte, die Sie bei der Lektüre notiert haben, Ihren Gliederungspunkten zu. Vervollständigen Sie Ihre Gliederung (historische Hintergrundinformationen, Beurteilungen, Beispiele/Argumente für/gegen eine These usw.).

5 Zeitplan
Schreiben Sie in Ihre Gliederung, wie viel Zeit Sie ungefähr für die Bearbeitung eines Arbeitsauftrags bzw. die Niederschrift der Ergebnisse benötigen. Planen Sie etwas Zeit für eine Schlusskorrektur ein.

6 Niederschrift
Schreiben Sie zunächst eine Einleitung. Belegen Sie Aussagen mit Zitaten aus der Quelle (An- und Abführungszeichen nicht vergessen). Veranschaulichen Sie Ihre Thesen durch Beispiele. Schreiben Sie sachlich. Beachten Sie Ihren Zeitplan.

7 Schlusskorrektur
Lesen Sie zweimal Korrektur: Achten Sie im ersten Durchgang auf sachliche Richtigkeit und die exakte Verwendung von Fachbegriffen. Korrigieren Sie beim zweiten Mal Satzbau, Rechtschreibung und Zeichensetzung.

Probeklausur – einführende Hinweise

Wie kann man mit der Probeklausur für das schriftliche Abitur üben?

Die Probeklausur vermittelt einen ersten ungefähren Eindruck von der Aufgabe in einer schriftlichen Abiturklausur. Genaue Informationen zu den Vorgaben und zum Ablauf der Abiturklausur erteilt die Lehrkraft.
Die folgende Übungsklausur kann auf zweifache Art genutzt werden:

„Bitte Ruhe!"

Schreiben unter „Echtbedingungen"
Die Probeklausur wird unter „Echtbedingungen" geschrieben. Das heißt, die Beteiligten
- haben sich bereits mit dem **Thema** vertraut gemacht und beherrschen die **Fachmethoden** (s. S. 200 f.);
- kennen die drei **Anforderungsbereiche** einer Abiturprüfung und können die entsprechenden **Operatoren** (also die in der Prüfungspraxis verwendeten Arbeitsaufträge) richtig anwenden (s. S. 198 f.);
- wissen, wie sie arbeitstechnisch bei der **Abfassung einer Abiturklausur** vorgehen und was sie formal beachten sollten (s. S. 202);
- halten die vorgeschriebene **Arbeitszeit** ein.

Die Probeklausur als Trainingseinheit
Die folgende Übung führt schrittweise zur Niederschrift einer Klausur, das heißt: Die oben genannten Voraussetzungen werden nach und nach erarbeitet. Das Schülerbuch und andere Hilfsmittel können hinzugezogen werden. Es gibt keine Begrenzung der Arbeitszeit, eine zeitliche Verteilung der Schritte ist sinnvoll:

Schritt 1 Nach der Lektüre der Arbeitsaufträge und Materialien sollte in der Klasse zunächst geklärt werden, welche Leistungserwartungen und Anforderungsniveaus sich mit welchem **Operator** verbinden (s. S. 199).

Schritt 2 Zur Festigung der **Fachmethodenkompetenzen** wird eine Wiederholung der Methodenseite „Vergleich zweier schriftlicher Quellen" (S. 38 f.) empfohlen.

Schritt 3 Ausgehend von den Arbeitsaufträgen sollten Wissenslücken ermittelt und geschlossen werden (s. S. 200). Für den Erwerb der **Sachkompetenzen** kann Kapitel 2 (S. 68–129) und der Themenüberblick 12 (S. 8–11) wiederholt werden.

Schritt 4 Anschließend machen sich die Schülerinnen und Schüler mit der Checkliste zur **Abfassung einer Abiturklausur** vertraut (S. 202).

Schritt 5 Die Bearbeitung der Aufgaben beginnt mit dem Notieren von **Stichpunkten** zu jeder Aufgabe (Materialblatt, Extrablatt).

Schritt 6 Dann sollten knappe, grobe **Gliederungen** erstellt werden.

Schritt 7 Anschließend folgt die **Niederschrift**. Zu achten ist auf eine stimmige Gewichtung von Aspekten und Argumenten, richtige Chronologien und eine strukturierte Darstellung.

Schritt 8 Die Übung endet mit einer **Besprechung der Ergebnisse** (in der Klasse, mit der Lehrkraft, mit Mitschülerinnen und Mitschülern; Hinzuziehen der Lösungsvorschläge S. 205–209).

Probeklausur – Beispielklausur mit Lösungsvorschlägen

1 a) Arbeiten Sie aus M 1 die Position des US-Außenministers zum Verhältnis USA–UdSSR heraus.
b) Beschreiben Sie den Verlauf des Ost-West-Konflikts von der Kubakrise bis zum Jahr 1990 und ordnen Sie Kissingers Text in diesen Zusammenhang ein.

2 a) Erläutern Sie die Gedanken Egon Bahrs (M 2) vor dem Hintergrund der Deutschen Einheit.
b) Stellen Sie dar, wie die sozial-liberale Koalition unter Brandt (SPD) und Scheel (FDP) auf die Änderung der internationalen Rahmenbedingungen in den 1960er- und 1970er-Jahren reagiert hat, und nennen Sie Ziele und Ergebnisse dieser Politik.

3 Erläutern Sie die Faktoren, die aus Ihrer Sicht dazu beigetragen haben, dass die DDR ihr System aufgegeben hat und der Bundesrepublik beigetreten ist.

4 „Der Kalte Krieg war angesichts der machtpolitischen Konstellation, zu der der Zweite Weltkrieg im Ergebnis geführt hatte, durchaus wahrscheinlich, aber er war nicht unvermeidlich." (Wilfried Loth)
Erörtern Sie die Aussage des Historikers. Finden Sie Beispiele, mit denen Sie Ihre Auffassungen belegen können.

M 1 Aus der Erklärung von US-Außenminister Henry Kissinger vor dem Außenpolitischen Ausschuss des Senats, 19. September 1974

Seit dem Anbruch des Nuklearzeitalters haben sich die Ängste der Welt vor einer Katastrophe und ihren Hoffnungen auf Frieden dem Verhältnis zwischen den Vereinigten Staaten und der Sowjetunion zugewandt. [...] So tragisch die Folgen der Gewaltanwendung in der Vergangenheit gewesen sein mögen, heute ist die Frage von Krieg und Frieden von einer bisher nie dagewesenen Dringlichkeit, da zum ersten Mal in der Geschichte zwei Nationen über die Fähigkeit verfügen, die Menschheit zu vernichten. [...]
So sehr die beiden Hauptnuklearmächte auf manchen Ebenen ihrer Beziehungen in Konkurrenz stehen mögen, so müssen sie doch beide in ihrer Politik von der Prämisse ausgehen, dass keine von ihnen erwarten kann, der anderen ihren Willen aufzwingen zu können, ohne ein untragbares Risiko einzugehen. Die Herausforderung unserer Zeit besteht darin, die Realität der Konkurrenz mit dem Imperativ der Koexistenz zu vereinbaren. Es kann keine friedliche internationale Ordnung geben ohne ein konstruktives Verhältnis zwischen den Vereinigten Staaten und der Sowjetunion. Es wird keine internationale Stabilität geben, wenn sich nicht beide, die Sowjetunion und die Vereinigten Staaten, einer Zurückhaltung befleißigen und wenn sie nicht ihre gewaltige Macht zum Wohle der Menschheit einsetzen. [...]
Diese Politik wird von einigen Grundprinzipien geleitet:
Die Vereinigten Staaten können ihre Politik nicht lediglich auf die guten Absichten Moskaus gründen. Aber ebenso wenig können wir uns darauf versteifen, dass jede Bewegung vorwärts auf eine Konvergenz der amerikanischen und der sowjetischen Zielsetzung warten müsste. Was immer die sowjetischen Absichten sein mögen, wir sind bestrebt, dem Frieden durch einen systematischen Widerstand gegen Druck und durch versöhnliche Reaktionen auf gemäßigtes Verhalten zu dienen.
Wir müssen aggressiven Handlungen und verantwortungslosem Handeln entgegentreten. Aber wir dürfen die Konfrontation nicht leichthin suchen. [...]
Was den uralten Antagonismus zwischen Freiheit und Tyrannei angeht, so sind wir nicht neutral. Aber andere zwingende Notwendigkeiten legen unserer Fähigkeit Grenzen auf, innere Veränderungen in anderen Ländern zu bewirken. Das Bewusstsein unserer Grenzen entspringt der Erkenntnis der Notwendigkeit des Friedens – nicht moralischer Gefühllosigkeit. Die Erhaltung des menschlichen Lebens und der menschlichen Gesellschaft sind auch moralische Werte.

Europa-Archiv, Folge 20/1974, S. 463 f.

M 2 Aus einem Artikel Egon Bahrs (SPD) in der Frankfurter Rundschau vom 19. Februar 1992

Bahr gilt als der „Architekt" der neuen Ostpolitik der sozialliberalen Koalition unter Bundeskanzler Willy Brandt. Rückblickend schreibt er über sein Konzept „Wandel durch Annäherung", das nach der Wiedervereinigung kritisiert wurde:

Aber der Vorwurf zielt ja tiefer: Der Kontakt, die Zusammenarbeit mit den regierenden Kommunisten hätten Ihre Regime stabilisiert. Weil die innere Einheit, die nach der staatlichen Einheit so fern gerückt ist, ehrliche Erinnerung an die erlebten Wahrheiten verlangt, möchte ich dazu einen Beitrag leisten. In den frühen 50er-Jahren hörte ich mehrfach aus der Zone, wie die fünf neuen Bundesländer damals genannt wurden: Lieber ein Ende mit Schrecken als ein Schrecken ohne Ende. Keinesfalls dürfte der Westen dem Regime mit Lieferungen helfen; die Menschen seien bereit, den Gürtel enger zu schnallen; notfalls wäre Krieg der Aussicht auf ein großes Gefängnis vorzuziehen. Niemand im Westen ist solchen Ratschlägen gefolgt. Bonn nicht und in den drei westlichen Hauptstädten wollte man sich nicht – weder durch noch wegen der Deutschen – in Abenteuer ziehen lassen. Im Gegenteil: Der Interzonenhandel wurde entwickelt, der Swing, praktisch ein zinsloses Kreditsystem dazu, erhalten trotz des 17. Juni und trotz des Mauerbaus. Die schwierige Lage Westberlins kam dazu. Schon damals hätte das Argument getroffen, Bonn entmutige die Opposition und stabilisiere die DDR-Regierung oder Pankow, wie das vorhandene, aber nicht anerkannte Regime genannt wurde. Es konnte nicht entscheidend getroffen werden, ohne die Menschen zu treffen. Schon damals wurden im Prinzip die Weichen gestellt. Es war eine wirtschaftliche Zusammenarbeit, die niemand so nennen durfte, deren Schmieröl die DM war, gutes Geld, das bekanntlich nicht stinkt. [...] Und die Mauer kam dazu, die kein westlicher Protest wegbrachte, und eine westliche Aktion gegen sie fand nicht statt. Es war eine Machtfrage. Und die Macht garantierte die Regierungen in Warschau, Prag, Budapest und Berlin. Die ohnmächtigen Deutschen mussten sich selbst helfen durch Passierscheine im Interesse der Menschen und dazu mussten sie mit der anderen Seite nicht nur wirtschaftliche, sondern eben auch politische Vereinbarungen treffen. Die Überlegung war, dass keine solche Vereinbarung Ulbricht stärker etablieren konnte, als er durch die sowjetische Macht schon etabliert war, und dass keine solche Vereinbarung ihn beliebter machen würde.

Die kommunistischen Regierungen sollten durch internationale Abkommen gebunden wie verändert werden. Helsinki mit seinen wirtschaftlichen, sicherheitspolitischen, aber auch menschenrechtlichen Verpflichtungen gleichzeitig und nebeneinander wurde ein Muster. Internationale Maßstäbe brachten mehr Respektabilität und Veränderung gleichzeitig und nebeneinander. Veränderung von außen war nicht ohne Stabilisierung erreichbar. Der Bundespräsident hat [...] u. a. gesagt: „Ob nun der Wandel durch Annäherung die Machthaber der SED zunächst stabilisiert und dann aufgeweicht oder beides zugleich bewirkt hat, mag die Geschichte entscheiden."

Frankfurter Rundschau vom 19. Februar 1992.

Lösungshinweise

Die Lösungshinweise sind nur als Vorschläge zu verstehen.

Aufgabe 1 a: Arbeiten Sie aus M 1 die Position des US-Außenministers zum Verhältnis USA – UdSSR heraus.

Zum Operator „Herausarbeiten": s. S. 199.

Zur Wiederholung der Inhalte: s. Kapitel 2, 1.1 und 1.2, S. 70–77.

1. *Formale Merkmale der Quelle*

Henry Kissinger, von 1973 bis 1977 US-Außenminister, spricht 1974 vor dem Auswärtigen Ausschuss des US-Senats über die Beziehungen seines Landes zur UdSSR im „Nuklearzeitalter". Er betont die besondere Bedeutung des Verhältnisses USA – UdSSR, auf das sich die Ängste und Hoffnungen vieler Menschen in der Zeit richteten. Der US-Außenminister legt seine Einschätzung der politischen Situation dar und erklärt Grundprinzipien seiner Politik gegenüber der UdSSR.

2. *Außenpolitischer Hintergrund*

Der Begriff „Nuklearzeitalter" kennzeichnet das Ergebnis des Wettrüstens der beiden Supermächte seit Beginn des Kalten Krieges: USA wie die UdSSR verfügen 1974 über das „volle Repertoire" an Nuklearwaffen („Atomares Patt"). Das Nuklearzeitalter ist gekennzeichnet durch die Möglichkeit, die Welt mehrfach durch Atomwaffeneinsatz zu vernichten („Overkill-Kapazität"). Ziel der Aufrüstung war der Erhalt einer „Zweitschlagkapazität": Nur wenn der Angegriffene das Potenzial zum militärischen Rückschlag hatte, konnte das Prinzip der Abschreckung funktionieren („Gleichgewicht des Schreckens"). Andernfalls müsste der Angreifer keine oder geringere Konsequenzen befürchten.

3. *Kissingers Beurteilung der politischen Lage*

- Frage von Krieg und Frieden von großer Dringlichkeit (Z. 5);
- Herausforderung der Zeit: die Realität der Systemkonkurrenz mit „dem Imperativ der Koexistenz zu vereinbaren" (Z. 11 ff.);
- kein Abbau der prinzipiellen Rivalität, aber: Koexistenz im Interesse der Selbsterhaltung (Z. 8 ff.);
- eine friedliche internationale Ordnung sei undenkbar ohne konstruktives Verhältnis USA–Sowjetunion (Z. 13 f.);
- Forderung Kissingers: Die Supermächte sollten ihre Macht zum Wohl der Menschheit einsetzen (Z. 16 f.).

4. *Grundzüge seiner Politik gegenüber der UdSSR*

- Kein Verlassen auf „die guten Absichten" oder eine Annäherung („Konvergenz") der UdSSR (Z. 27 f.);
- Widerstand gegen Druck und Kompromissbereitschaft („versöhnliches Verhalten") als Antwort auf „gemäßigtes Verhalten" (Z. 24) der Gegenseite;
- keine Provokation der Gegenseite, gegen eine Politik der Konfrontation (Z. 25 f.);
- die USA kämpfen für Freiheit und gegen Tyrannei, doch die politischen Rahmenbedingungen setzen Grenzen im Hinblick auf das Erreichen von „inneren Veränderungen in anderen Ländern." (Z. 27 ff.)

Hinter Kissingers politischer Linie steht die Haltung, dass Realpolitik im Sinne des Erhalts menschlichen Lebens und der menschlichen Gesellschaft moralisch geboten sei. Ideologische Konflikte sollten angesichts der gegenwärtigen Lage zurücktreten. Kissinger begründet mit seiner Erklärung die Notwendigkeit einer Entspannungspolitik. Die Rede knüpft mit dem Begriff der (friedlichen) Koexistenz an Chruschtschows 1956 verkündete politische Leitlinie an.

Aufgabe 1 b: Beschreiben Sie den Verlauf des Ost-West-Konflikts von der Kubakrise bis zum Jahr 1990 und ordnen Sie Kissingers Text in diesen Zusammenhang ein.

Zu den Operatoren „beschreiben" und „einordnen": s. S. 199. Zur Wiederholung der Inhalte: s. Kapitel 2, 1.1 und 1.2, S. 70–77, sowie Kapitel 3, S. 132–135.

1. *Verlauf des Ost-West-Konflikts 1962 bis 1990*

1.1 *Phase der Entspannung*

Nach Kuba-Krise 1962: Die Stationierung sowjetischer Mittelstreckenraketen auf Kuba und die darauf folgende Mobilisierung der US-Streitkräfte bringt die Welt an den Rand eines Atomkriegs. Dieser Höhe- und Wendepunkt des Kalten Krieges führt zu einer Phase der Entspannungspolitik:

- 1963: „Heißer Draht" zwischen Moskau und Washington zur raschen Konfliktentschärfung,
- 1963: Atomwaffenteststopp,
- 1970: Atomwaffensperrvertrag: keine Weitergabe von Atomwaffen,
- 1971: Vier-Mächte-Abkommen über Berlin: Garantien für den Zugang der Alliierten nach Westberlin,
- 1971/1972: Verträge zur Abrüstung bzw. Rüstungskontrolle (ABM-Vertrag, SALT I und II),
- 1975 Konferenz für Sicherheit und Zusammenarbeit in Europa (KSZE) und Schlussakte von Helsinki: Die Unterzeichnerstaaten garantieren sich Unverletzlichkeit ihrer Grenzen, friedliche Regelung von Streitigkeiten, Nichteinmischung in innere Angelegenheiten, Verzicht auf Gewaltanwendung, Gleichberechtigung und Selbstbestimmung der Völker, Achtung der Menschenrechte.

1.2 *„Neue Eiszeit" in der zweiten Hälfte der 1970er-Jahre, durch:*

- Einmarsch der UdSSR in Afghanistan und Angola;
- Weizenembargo der USA gegen die UdSSR;
- Stationierung sowjetischer Mittelstreckenraketen in Europa;
- NATO-Doppelbeschluss;
- Remilitarisierung der US-Außenpolitik unter Reagan (Bezeichnung der Sowjetunion als „Reich des Bösen");
- Steigerung der US-Rüstungsausgaben, Plan einer weltraumgestützten Raketenabwehr (SDI);
- 1983: Abbruch aller Rüstungskontrollverhandlungen.

1.3 *Neue Phase der Entspannung seit Mitte der 1980er-Jahre*

- seit 1985: Gorbatschows Politik von „Glasnost" und „Perestroika" führt auch außenpolitisch zur Entspannung; die USA kehren zur Kooperation zurück,
- 1988: gegenseitiger Besuch der beiden Generalstabschefs der Supermächte,
- 1990: Pariser KSZE-Gipfel: Der Kalte Krieg wird für beendet erklärt,
- 1991: START-Verträge über die Reduzierung strategischer Waffen, Auflösung des „Warschauer Pakts", Kooperation statt Konfrontation als außenpolitisches Prinzip.

2. *Einordnung der Rede*

Kissingers Erklärung fällt in eine Phase der Entspannungspolitik zwischen USA und UdSSR. Allerdings betont Kissinger, dass der grundsätzliche Systemkonflikt („Realität der Konkurrenz") durch die Entspannungspolitik nicht überwunden werden kann. Aber: bestehende Konflikte (1964–1975: Vietnamkrieg der USA, 1968: Einmarsch des Warschauer Pakts in die Tschechoslowakei) dürften nicht zum Krieg zwischen den Supermächten eskalieren.

Der weitere Verlauf des Kalten Krieges bestätigt Kissingers Einschätzung der grundsätzlichen Systemkonkurrenz, die erst durch die Reformpolitik Gorbatschows und die Auflösung des Ostblocks beendet wurde.

Aufgabe 2 a: Erläutern Sie die Gedanken Egon Bahrs (M 2) vor dem Hintergrund der Deutschen Einheit.

Zum Operator „erläutern": s. S. 199. Zur Wiederholung der Inhalte: s. Kapitel 2, S. 104 ff. und S. 108 ff.

1. *Politischer Hintergrund 1992*

- Die christlich-liberale Koalition unter Helmut Kohl („Kanzler der Einheit") erreichte scheinbar mühelos 1990 die deutsche Vereinigung, die von früheren Regierungen höchstens als Fernziel deutsch-deutscher Politik betrachtet wurde.
- Die SPD wird wegen ihrer Politik des „Wandels durch Annäherung", gegenüber der DDR zur Zeit der sozial-liberalen Koalition unter Brandt und Scheel nach 1969 kritisiert.
- Vorwurf von konservativer Seite: Es seien zu viele Zugeständnisse gemacht worden, die Annäherung an die SED-Regierung habe das kommunistische System stabilisiert und die „Lebensdauer" der DDR verlängert.
- Bahr, der „Architekt" der neuen Ostpolitik der sozial-liberalen Koalition rechtfertigt in seinem Artikel rückblickend die Politik des „Wandels durch Annäherung" um einer Verfälschung der Erinnerung entgegenzutreten.

2. *Gedankengang Bahrs*

2.1 *Einordnung der „neuen Ostpolitik" in die Kontinuität der der deutsch-deutschen Politik seit 1945*

- Die Realpolitik gegenüber der DDR war bereits in den 1950er-Jahren bestimmt von Konfliktvermeidung und Zusammenarbeit.
- Eine harte politische Haltung gegenüber der DDR ohne Zugeständnisse, wonach „Krieg der Aussicht auf ein großes Gefängnis vorzuziehen" (Z. 11 ff.) sei, war nie eine realistische Option.
- Bahr übt Kritik an der Doppelzüngigkeit der Deutschlandpolitik der 1950er- und 1960er-Jahre: einerseits Alleinvertretungsanspruch der Bundesrepublik, keine Anerkennung der DDR im öffentlichen Sprachgebrauch, andererseits (wirtschaftliche) Zusammenarbeit mit der DDR-Regierung (Z. 16 f.).

2.2 Bahrs Begründung der „neuen Ostpolitik"

- Schwierige geografische und politische Lage Westberlins, die sich bereits in drei Krisen manifestiert hatte: 1948 Blockade und Luftbrücke, 1958 Ultimatum Chruschtschows, 1961 Mauerbau.
- Eine Politik der Konfrontation hätten die Westmächte nicht mitgetragen (Z. 12 f.).
- Unter einer härteren Haltung gegenüber der Regierung in Ostberlin hätten nur die Menschen in der DDR gelitten (Z. 23 f.).
- Um die Zufahrtswege nach Berlin offen- und die wirtschaftliche Unterstützung der DDR aufrechtzuerhalten, waren auch politische Abkommen notwendig (Z. 35 f.).
- Die Politik des „Wandels durch Annäherung" war eine Machtfrage: Die Stabilität der Regierung Ulbricht zu schwächen oder zu stärken stand nicht in der Macht der bundesrepublikanischen Regierung, sondern hing von der Sowjetunion ab (Z. 36 ff.). Die „neue Ostpolitik" konnte das System in der DDR weder entscheidend schwächen noch stärken.
- Politik eines „Wandels durch Annäherung" auch weltpolitisch erfolgreich: KSZE-Prozess und Schlussakte von Helsinki.
- Veränderung von außen sei nur durch Stabilisierung erreichbar gewesen (Z. 46 f.): Nur ein Verhandlungspartner ist zu Zugeständnissen bereit, der sich nicht in seiner Existenz gefährdet sieht.

Aufgabe 2 b: Stellen Sie dar, wie die sozial-liberale Koalition unter Brandt (SPD) und Scheel (FDP) auf die Änderung der internationalen Rahmenbedingungen in den 1960er- und 1970er-Jahren reagiert hat und nennen Sie Ziele und Ergebnisse dieser Politik.

Zum Operator „darstellen": s. S. 199. Zur Wiederholung der Inhalte: s. Kapitel 2, S. 104 ff.

1. *Politische Rahmenbedingungen der sozial-liberalen Koalition unter Brandt und Scheel (1969–1974)*

1.1 Innerdeutsche Beziehungen

Trotz Grundgesetzpräambel, die als Ziel bundesrepublikanischer Politik die Einheit in Frieden und Freiheit festschreibt, zunehmende Entfremdung der beiden deutschen Staaten, befördert durch:

- Adenauers Politik der Westintegration;
- „Hallstein-Doktrin" (Alleinvertretungsanspruch der Bundesrepublik);
- DDR versucht seit der Berlin-Krise 1961, die bundesrepublikanische Politik der Westbindung zu unterlaufen, z. B. durch Handelskontakte der DDR zu Staaten der „Dritten Welt" seit der Berlin-Krise 1961 (größere wirtschaftliche Unabhängigkeit von der Bundesrepublik), durch neues DDR-Staatbürgerschaftsrecht (1967) und weitere Gesetze, die den Kontakt zwischen Bürgern West- und Ostdeutschlands erschwerten.

1.2 Internationale Politik

- Die Staaten des Warschauer Pakts reagieren auf die Nichtanerkennung der DDR durch die Bundesrepublik mit der Vereinbarung, dass kein Mitgliedsstaat diplomatische Beziehungen zur Bundesrepublik aufnehmen dürfe: Aus dem Versuch, die DDR zu isolieren, drohte eine Selbstisolation der Bundesrepublik zu werden.

Andererseits:

- Phase der Entspannungspolitik im Ost-West-Konflikt Ende der 1960er-, Anfang der 1970er-Jahre *(s. Lösungshinweise zu Aufgabe 1 b bzw. Kap. 2, S. 75 ff.)*,
- Viermächteabkommen über Berlin: Anerkennung der Bindung Westberlins an die Bundesrepublik vonseiten der Sowjetunion,
- Aufnahme der DDR (und der Bundesrepublik) in die UNO 1973.

2. *Politik von Bundeskanzler Willy Brandt (SPD) und Außenminister Walter Scheel (FDP) im Kontext der internationalen Politik*

- Anerkennung der territorialen Folgen des Zweiten Weltkriegs in den Ostverträgen (1970: Moskauer und Warschauer Vertrag, 1973: Prager Vertrag),
- Transitabkommen 1971: Erleichterung des Reise- und Güterverkehrs zwischen Bundesrepublik und DDR,
- Grundlagenvertrag 1972: DDR wird als zweiter deutscher Staat akzeptiert, wenn auch nicht völkerrechtlich anerkannt, Einrichtung „ständiger Vertretungen",
- Aufnahme diplomatischer Beziehungen zu allen Ostblockstaaten.

3. *Ziele der „neuen Ostpolitik"*

- Lösung der „Verkrampfung" in den innerdeutschen Beziehungen,
- Verbesserung der politischen, wirtschaftlichen und kulturellen Beziehungen zur DDR,
- Erleichterung der Kontakte zwischen Bürgern der Bundesrepublik und der DDR,
- Verbesserung der Beziehungen zu den anderen Ostblockstaaten, sodass die Bundesrepublik im Rahmen der weltweiten Entspannungsbemühungen zu einem konstruktiven Faktor in der internationalen Politik werden konnte.

4. *Ergebnisse*

- positive Entwicklung der Wirtschaftsbeziehungen zu den RGW-Staaten,
- starke Zunahme der Kontakte zwischen Bundesrepublik und DDR,
- dadurch: Unzufriedenheit der Menschen in der DDR wächst, Erstarken der Opposition,
- DDR-Regierung reagiert mit schärferen Maßnahmen gegen Oppositionelle, verschärft den „ideologischen Kampf" und erschwert Ende der 1970er-Jahre erneut die Kontakte zwischen den Menschen in Ost- und Westdeutschland.

- Erneute Stagnation der Beziehungen während der zweiten sozial-liberalen Koalition unter Helmut Schmidt (1974–1982),
- längerfristige Wirkung: Schaffung eines Klimas, das die Opposition in der DDR ermutigt und letztlich zur friedlichen Revolution 1989 beiträgt.

Aufgabe 3: Erläutern Sie die Faktoren, die aus Ihrer Sicht dazu beigetragen haben, dass die DDR ihr System aufgegeben hat und der Bundesrepublik beigetreten ist.

Zum Operator „erläutern": s. S. 199.

Zur Wiederholung der Inhalte: s. Kap. 2, S. 118 ff. und 136 ff.

Bei dieser Aufgabe kommt es vor allem auf die schlüssige Begründung der genannten Faktoren, deren ausführliche Erläuterung und (subjektive) Gewichtung an.

Faktoren, die zum Beitritt der DDR zur Bundesrepublik beitrugen

- Neue Ostpolitik der sozial-liberalen Koalition Brandt/Scheel: Zusammen mit dem KSZE-Prozess trug sie zur größeren Öffnung des DDR-Regimes und zu verstärkten Kontakten bei. Dadurch: wachsende Unzufriedenheit der DDR-Bürger mit dem „real existierenden Sozialismus" in der DDR.
- Remilitarisierung der US-Außenpolitik unter Reagan: Rüstungswettlauf der Supermächte überfordert die UdSSR ökonomisch und trägt zur Auflösung des Ostblocks bei (überfordert aber auch die Wirtschaft der USA).
- Reformpolitik Gorbatschows (seit 1985): Liberalisierung in allen Ostblockstaaten führt letztlich zur Öffnung der Grenze zwischen Österreich und Ungarn. Die DDR verweigert sich Reformen und einer Öffnung und wird von den Ereignissen „überrollt".
- Verstärkter Druck der Bevölkerung in der DDR, Fluchtwelle Ende der 1980er-Jahre: Die DDR droht „auszubluten", Unterstützung durch die Sowjetunion ist nicht zu erwarten.
- Rolle der Bürgerbewegung: Die Opposition (bisher vor allem in Künstler-, Intellektuellen- und Kirchenkreisen) wird aufgrund der Reformverweigerung der DDR-Regierung zur Massenbewegung.
- Politik der Bundesregierung: Die christlich-liberale Koalition unter Kohl/Genscher nutzt die Schwäche der Sowjetunion, um die Zustimmung zur Deutschen Einheit zu erreichen. Damit ist der Weg frei für ein Ende der Viermächteverantwortung für Deutschland und eine Regelung der außenpolitischen Aspekte der Deutschen Einheit in den Zwei-plus-vier-Verhandlungen.
- Die erste und letzte frei gewählte DDR-Regierung unter Lothar de Maizière entschließt sich für den Beitritt der DDR zur Bundesrepublik nach Art. 23 des Grundgesetzes. Große Teile der Bürgerbewegung, die eine bessere DDR schaffen wollten, werden dabei übergangen.
- Das Zustandekommen der deutschen Einheit geschieht weitgehend auf Regierungsebene. Erheblich zum schnellen Vollzug der Wiedervereinigung trug jedoch der Druck der demonstrierenden Massen bei, deren Slogans von „Wir sind das Volk" zu „Wir sind ein Volk" und „Kommt die DM nicht zu uns, kommen wir zu ihr" wechseln.

Aufgabe 4:

„Der Kalte Krieg war angesichts der machtpolitischen Konstellation, zu der der Zweite Weltkrieg im Ergebnis geführt hatte, durchaus wahrscheinlich, aber er war nicht unvermeidlich." (Wilfried Loth)

Erörtern Sie die Aussage des Historikers. Finden Sie Beispiele, mit denen Sie Ihre Auffassungen belegen können.

Zum Operator „erörtern": s. S. 199.

Zur Wiederholung der Inhalte: s. Kapitel 1, 2.1 und 2.2, s. S. 30 ff. und Kapitel 2, 1.1 und 1.2, s. S. 70 ff.

1. Erläuterung der These

Die These des Historikers führt den Kalten Krieg auf die machtpolitischen Konstellationen am Ende des Zweiten Weltkriegs zurück. Trotz dieser Konstellationen sei der Kalte Krieg aber vermeidbar gewesen. Diese These wirft die Frage auf, wer schuld am Kalten Krieg war bzw. ob und wodurch er hätte vermieden werden können.

In der historischen Diskussion gibt es darüber zwei Auffassungen, die die machtpolitische Konstellation nach dem Zweiten Weltkrieg unterschiedlich interpretieren:

1.1 „traditionelle Auffassung"

Danach strebt die Sowjetunion grundsätzlich nach Expansion (Ideologie der Weltrevolution und des Weltkommunismus) und nutzt jede Gelegenheit zur Ausdehnung ihres Machtbereichs. Der friedliebende Westen dagegen befinde sich in einer Verteidigungsposition und versuche lediglich mit wirtschaftlichen und militärischen Mitteln den Kommunismus bzw. die sowjetische Expansion einzudämmen (Truman-Doktrin, Containment-Politik seit 1947).

1.2 „revisionistische Auffassung"

Danach liegt die Ursache des Ost-West-Konflikts im System der USA begründet, das zur Vermeidung wirtschaftlicher Krisen auf die Erschließung immer neuer Märkte und Absatzgebiete angewiesen sei. Nach Kriegsende habe sich die Sowjetunion einer ökonomisch erfolgreichen, antisowjetischen Weltmacht USA gegenüber gesehen, die zudem im Besitz von Atomwaffen war. Die Sowjetisierung Osteuropas und die militärische Aufrüstung werden als defensive Maßnahme gewertet.

2. Erörterung der Aussage, die Entstehung des Kalten Krieges war „durchaus wahrscheinlich"

Der Kalte Krieg nach 1945 kann bereits aus der „unnatürlichen Kriegsallianz" der Supermächte USA und UdSSR im Zweiten Weltkrieg hergeleitet werden:

- Systemkonkurrenz entwickelte sich bereits seit 1917,
- 1939 Hitler-Stalin-Pakt,
- 1940 Ausschluss der UdSSR aus dem Völkerbund nach völkerrechtswidrigem Angriff auf Finnland.
- Wende im Verhältnis USA–UdSSR erst 1941 infolge des japanischen Angriffs auf Pearl Harbor: Bildung der „Anti-Hitler-Koalition", aus Gegnern werden Verbündete (US-Kongress 1941: Verteidigung der Sowjetunion als „lebenswichtig für die amerikanische Sicherheit"). Da aber der Aufbau der zweiten Front in Frankreich bis 1944 dauert, wächst das Misstrauen Stalins gegenüber den westlichen Verbündeten.

Dennoch gab es auch Indizien für ein Gelingen der Kooperation nach dem Krieg

- Die UdSSR stimmte den Grundsätzen der Atlantikcharta (1941) zu, die u.a. das Selbstbestimmungsrecht der Völker sowie die Schaffung eines internationalen Sicherheitssystem festschrieb und 1945 zur Grundlage der UNO wurde, deren Gründung die UdSSR begrüßte.

Andererseits zeigten sich Differenzen hinsichtlich der Auslegung der Grundsätze der Atlantikcharta:

- Weigerung der UdSSR, die durch den Hitler-Stalin-Pakt erhaltenen Gebiete wieder freizugeben,
- Errichtung von sogenannten Volksdemokratien in Osteuropa.

Mögliches Fazit: Zu großer Gegensatz nach 1945 zwischen sowjetischem Sicherheitsinteresse (im Sinne der „revisionistischen Haltung") und der „Politik der offenen Tür" und des Freihandels der USA. Geht man von einem Sowjetischen Streben nach Expansion aus, erscheint die US-Politik der Eindämmung und Abgrenzung ohne Alternative.

Weitere Faktoren, die erörtert werden können

- Beginn von Verhandlungen über neue weltwirtschaftliche Strukturen in Bretton Woods (1944) führen zur Gründung der Weltbank, des Internationalen Währungsfonds und später zum internationalen Handelabkommen (GATT): Diese Institutionen entsprechen den Erfordernissen und Bedürfnissen der US-Wirtschaft und werden von den USA dominiert. Die Sowjetunion ratifiziert die Abkommen nicht, sieht sich isoliert und reagiert mit der Gründung des RGW.
- Ablehnung des Marshall-Plans für die osteuropäischen Staaten durch die Sowjetunion (1948) mit der Begründung, das Hilfsprogramm der USA diene der Unterstützung der imperialistischen US-Außenpolitik. Daraufhin: Zuspitzung der antiimperialistischen Rhetorik in der UdSSR: Das imperialistisch-antidemokratische Lager und das antiimperialistisch-demokratische Lager stünden sich unversöhnlich gegenüber (Parteisekretär Shdanow). Nach dieser „Zwei-Lager-Theorie" befand sich die Sowjetunion in einem antiimperialistischen Verteidigungskampf gegen die USA, die Führungsmacht des imperialistischen Lagers.
- Währungsreform in der Bundesrepublik, Einführung der DM (1948): Die Sowjetunion fürchtet die Errichtung eines westdeutschen Teilstaates und reagiert mit der Blockade Westberlins. Die antisowjetische Haltung in Deutschland verstärkt sich, während die USA von Besatzern zu Helfern werden.
- Kommunistische Machtübernahme in China durch Mao (1949): Bedrohung für die westlichen Interessen in Asien bestätigt Containment-Politik der USA.
- Koreakrieg (1950–1953): Die Sowjetunion unterstützt den nordkoreanischen Angriff auf Südkorea. Die USA sehen dies als Beweis der sowjetischen Aggression. Andererseits nutzen die USA die Abwesenheit der UdSSR im UN-Sicherheitsrat zur Verabschiedung einer Resolution, die ein militärisches Eingreifen der USA in Korea legitimiert.
- Stalin-Note (1952): Der Westen lässt sich nicht auf die von Stalin angebotenen Verhandlungen über ein wiedervereinigtes, neutrales Deutschland ein. Unterstellung: Stalin wolle nur die Entstehung eines europäischen Verteidigungsbündnisses (EVG) verhindern.
- US-Regierung verschärft 1953 die antikommunistische Rhetorik (*Roll Back, liberation*). Der Tod Stalins im selben Jahr führt in der UdSSR zu einer Periode des „Tauwetters" (Friedensschluss in Korea, versöhnlichere Politik gegenüber dem Westen), die USA bleiben jedoch bei ihrer harten antisowjetischen Haltung und sehen sich durch die Ereignisse in der DDR am 17. Juni 1953 bestätigt.
- Indochina-Konferenz in Genf (1954): konstruktive Zusammenarbeit mit der Sowjetunion im Indochina-Konflikt: Der in Bedrängnis geratenen Kolonialmacht Frankreich soll ein „ehrenvoller Rückzug" aus Vietnam ermöglicht werden. Der Westen sieht auch hier den Versuch der UdSSR, die Gründung einer europäischen Verteidigungsgemeinschaft zu verhindern.
- Berlin-Ultimatum Chruschtschows (1958): Abzug der Westmächte aus Berlin, das „freie Stadt" werden soll. Die Initiative wird vom Westen als Aggression und als Versuch betrachtet, ganz Berlin in den sowjetischen Einflussbereich einzugliedern.

Mögliches Fazit

Der Kalte Krieg war – entgegen der These Wilfried Loths – kaum vermeidbar, da die ideologischen Differenzen und das gegenseitige Misstrauen der Supermächte weitgehend die Dynamik der internationalen Politik nach 1945 bestimmten und eine Kooperation unmöglich machten. Erst der weltweite „Schock" der Kubakrise, die die Welt an den Rand eines Atomkrieges brachte, führte zu einem Abweichen der Supermächte von ihrem Konfrontationskurs und leitete eine Phase der Entspannung ein.

Klausur und Lösungshinweise teilweise zusammengestellt und bearbeitet nach: Abitur 2009. Geschichte Gymnasium Baden-Württemberg, 6. Aufl., Stark, Freising 2008, S. Ü-47–Ü-57.

Tipps zur Vorbereitung auf das mündliche Abitur

Präsentation gelungen?

Die mündliche Abiturprüfung im Fach Geschichte kann in zwei verschiedenen Formen abgelegt werden:

1 Die Prüfung im **mündlichen Prüfungsfach** besteht aus einer vorbereiteten **Präsentation**, die durch den Einsatz von Medien unterstützt werden kann, und aus einem anschließenden Prüfungsgespräch.
2 Bei der **Zusatzprüfung** zum schriftlichen Prüfungsfach Geschichte (Neigungsfach) bearbeiten Sie während einer kurzen Vorbereitungszeit ein Material (z. B. schriftliche Quelle, Fotografie). Das anschließende Prüfungsgespräch besteht aus einem Kurzvortrag Ihrer Ergebnisse und weiterführenden Fragen zum Themenbereich.

1. Prüfung im mündlichen Prüfungsfach

1.1 Themenwahl

Gemeinsam mit Ihrem Fachlehrer bzw. Ihrer Fachlehrerin legen Sie bis **einige Wochen vor der Prüfung vier Themen** fest. Die Themen können Sie aus **allen Gebieten des Lehrplanes** der Jahrgangsstufen 11 und 12 wählen, einschließlich der Module. Der Prüfungsvorsitzende wählt eines dieser Themen aus, das Ihnen eine Woche vor der Prüfung bekanntgegeben wird. Die Ausarbeitung der Präsentation kann beginnen.
Beachten Sie: Ihr Fachlehrer, der Sie auch prüfen wird, darf Sie nach Bekanntgabe des Themas nicht mehr beraten.

1.2 Dauer und Form der Prüfung

Die Prüfung dauert zwanzig Minuten: Zehn Minuten entfallen auf die **Präsentation**, zehn Minuten auf das daran anschließende **Prüfungsgespräch**. Die Prüfung wird meist als Einzelprüfung durchgeführt, Gruppenprüfungen sind unter bestimmten Bedingungen und nach vorheriger Absprache möglich.
Sie können Ihre Präsentation durch den **Einsatz von Medien** unterstützen (z. B. Folien, Flipchart, Power-Point). Bei der Bewertung liegt der Schwerpunkt auf dem Inhalt. Entscheidend ist, ob der Medieneinsatz die Vermittlung der Inhalte sinnvoll unterstützt. Es kommt nicht auf technische oder gestalterische Perfektion an.
Im Prüfungsgespräch soll das **Thema der Präsentation vertieft** werden: durch die Problematisierung einzelner Aspekte und die Einordnung der Thematik in einen größeren historischen Zusammenhang. Möglich ist zudem eine Diskussion über die angewandten Methoden oder darüber, ob der der Einsatz der Medien für die Vermittlung des Inhalts funktional war.

1.3 Allgemeine Anforderungen

In der Prüfung sollen Sie Ihre **Fachkenntnisse** nachweisen und zeigen, dass Sie diese auch angemessen darstellen können. Dabei kommt es nicht nur auf Faktenkenntnis an, ebenso wichtig sind **Problembewusstsein** und die Fähigkeit, Sachverhalte kritisch zu hinterfragen. Sie sollen zeigen, dass Sie selbstständig recherchieren können und die **Methoden** zur Auswertung der Materialien beherrschen (z. B. Quelleninterpretation, Bildanalyse, Auswertung von Karten). Außerdem wird bei der Bewertung Ihre fachbezogene **Gesprächsfähigkeit** miteinbezogen (korrekte Anwendung von Begriffen, Schlüssigkeit der Argumentation usw.).

1.4 Bewertungskriterien

Die Gesamtnote der Prüfungsleistung setzt sich aus der Bewertung des **Inhalts**, der **Präsentation**, der **Methodenkompetenz** und der **Gesprächsfähigkeit** zusammen. Dabei werden in der Regel folgende Kriterien angewandt:

Inhalt:
- Fachkenntnisse, sachliche Richtigkeit,
- differenzierte Darstellung möglichst vieler Aspekte des Themas unter Berücksichtigung unterschiedlicher Perspektiven,
- klar strukturierter Aufbau,
- korrekte Quellenangaben.

Methodenkompetenz:
- fachgerechter Umgang mit Quellen (z.B. schriftliche Quellen, Gemälde, Fotografien),
- Quellenkritik: Unterscheidung von Fakten, Meinungen, Vermutungen und Urteilen,
- Auswertung von Statistiken, Schaubildern und Karten,
- Erläuterung von Sachverhalten, Herstellung von Zusammenhängen,
- begründetes Urteilen.

Präsentation:
Eine gelungene Präsentation ist **adressatenorientiert** und lässt Ihre „persönliche Handschrift" erkennen: bei der Wahl der Materialien, bei der Herangehensweise an das Thema (Schwerpunktsetzung) und beim Medieneinsatz. Hinsichtlich der **Vortrags- und Sprechweise** ist es wichtig, nicht zu schnell zu sprechen und deutlich zu artikulieren. Sinnvoll sind Pausen zwischen verschiedenen inhaltlichen Abschnitten. Sie sollten sich während des Vortrags stets dem Publikum (der Prüfungskommission) zuwenden und möglichst Blickkontakt zu Ihrem Prüfer aufnehmen. Auch eine sinnvolle **Zeiteinteilung** fließt in die Bewertung ein. Führen Sie daher unbedingt rechtzeitig vor der Prüfung eine „Probepräsentation" durch.
Weitere Kriterien der Bewertung sind:
- die Funktionalität des Medieneinsatzes,
- eine ansprechende, übersichtliche Visualisierung des Inhaltes (z.B. durch Tabellen, Schaubilder).

Prüfungsgespräch:
Beim Prüfungsgespräch sollen Sie zeigen, dass Sie
- das Gespräch selbstständig führen können,
- problembewusst historische Urteile formulieren können,
- flexibel auf Nachfragen eingehen,
- Gelerntes auch auf verwandte Themenbereiche übertragen können.

Eine **gute** oder **sehr gute Prüfung** erfordert Leistungen in allen **drei Anforderungsbereichen** (s. S. 198). Für die mündliche Prüfung ist insbesondere wichtig, dass Sie
- Ihr gelerntes Fachwissen wiedergeben und die eingeübten Arbeitstechniken anwenden können (AFB I),
- bekannte Sachverhalte selbstständig bearbeiten, erklären und ordnen können (AFB II),
- in der Lage sind, das Gelernte (Fachwissen und Methoden) auf vergleichbare Sachverhalte zu übertragen und anzuwenden (AFB II),
- selbstständig Folgerungen, Deutungen und Wertungen formulieren (AFB III),
- Ihr eigenes Urteil, den Umgang mit der Problemstellung und die eingesetzten Methoden reflektieren können (AFB II).

2. Mündliche Zusatzprüfung

Eine mündliche Zusatzprüfung wird im Neigungsfach Geschichte abgelegt, wenn also Geschichte auch schriftliches Prüfungsfach ist. Bei der Prüfung müssen Sie **alle Themengebiete der vier Halbjahre** beherrschen. Grundsätzlich gelten bei dieser Form der Prüfung die gleichen Bewertungskriterien wie für das mündliche Prüfungsfach.
Ablauf und Form der Prüfung unterscheiden sich jedoch:
- Der Prüfungsvorsitzende wählt aus den Vorschlägen Ihres Fachlehrers/der Fachlehrerin unmittelbar vor der Prüfung eine Aufgabe aus: Materialien (Textquellen, Bildmaterialien), zu denen Fragen gestellt werden.
- Für die Vorbereitung der Prüfung haben Sie zwanzig Minuten Zeit.
- Die Prüfung selbst dauert ebenfalls zwanzig Minuten: Die ersten zehn Minuten entfallen auf Ihren Kurzvortrag über das vorgegebene Thema, in dem Sie die Lösung der vorgegebenen Aufgaben möglichst selbstständig präsentieren. Weitere zehn Minuten dauert das anschließende Prüfungsgespräch, bei dem es mehr um die Breite als um die Tiefe Ihres Wissens geht. Wichtig ist, dass Sie das Thema in einen größeren Zusammenhang einordnen und Verbindungen zu thematisch verwandten Bereichen herstellen können.

Zusammengestellt und bearbeitet auf der Grundlage von:
KM Baden-Württemberg (Hg.), Hinweise zur Gestaltung und Durchführung der mündlichen Abiturprüfung 2005, www.juergenkalb.de/hinweise.pdf (Stand: 12.07.09).

3. Tipps für die Vorbereitung der Präsentationsprüfung

- Sprechen Sie mit Ihrem Lehrer/Ihrer Lehrerin eine genaue Formulierung des Themas ab (am besten in Form einer Problemfrage).
- Geben Sie rechtzeitig vor der Prüfung evtl. eine Grobgliederung Ihrer Präsentation ab.
- Machen Sie zunächst ein Brainstorming und notieren Sie alles, was Ihnen zum Thema in den Sinn kommt (z.B. mithilfe einer Mindmap).
- Notieren Sie zunächst ungeordnet Stichpunkte zu den verschiedenen Aspekten des Themas und bringen Sie anschließend die Stichpunkte in eine sinnvolle Reihenfolge (Feingliederung).
- Überlegen Sie, mit welchen Medien sich der Inhalt Ihrer Präsentation optimal darstellen lässt.
- Verwenden Sie verschiedene Materialien (Textquellen, Bildmaterial).
- Achten Sie darauf, dass die Materialien eine inhaltliche Funktion haben und nicht nur der Illustration dienen.
- Üben Sie rechtzeitig (Zeit!).
- Vergessen Sie nicht, Ihre Informationsquellen anzugeben. Benutzen Sie verschiedene Quellen (Lexika, Fachbücher, Internet).
- Wenn Sie das Internet als Informationsquelle nutzen, überprüfen Sie die Seriosität der Seiten (Impressum).
- Notieren Sie die wichtigsten Stichworte Ihres Vortrags übersichtlich auf Karteikarten, die Sie als Grundlage für einen freien Vortrag nutzen können.

4. Tipps für die Präsentation und das Prüfungsgespräch

- Gehen Sie selbstbewusst in die Prüfung. Zeigen Sie mit Ihrer Präsentation, was Sie können, und thematisieren Sie nicht, wenn Sie sich unsicher fühlen.
- Wenn Sie sehr aufgeregt sind, kann es helfen, zu Beginn des Prüfungsgesprächs das Thema vorzulesen.
- Erläutern Sie, warum Sie gerade dieses Thema gewählt haben.
- Stellen Sie kurz Ihre Grobgliederung vor.
- Sprechen Sie möglichst frei.
- Für den Prüfer wird die Struktur Ihres Vortrags klarer, wenn Sie Übergänge zwischen einzelnen Aufgabenteilen oder thematischen Aspekten deutlich machen. Zum Beispiel: *„Dies sind nach meiner Einschätzung die wichtigsten Ursachen für …“, „ich komme nun zu …“, „Wer diesen Text besser verstehen will, muss sich die Frage stellen …“*
- Sprechen Sie deutlich und nicht zu schnell; legen Sie Sprechpausen ein.
- Wenden Sie sich stets Ihrem Publikum zu; nehmen Sie Blickkontakt auf. Wichtigster Ansprechpartner ist der Prüfer, also Ihr Lehrer oder Ihre Lehrerin.
- Wenn Sie nach zehn Minuten noch etwas zu präsentieren haben, bitten Sie freundlich um Erlaubnis, Ihre Präsentation fortsetzen zu dürfen.
- Übernehmen Sie auch im Prüfungsgespräch die Initiative. Lenken Sie möglichst das Gespräch auf Bereiche, in denen Sie stark sind.
- Fragen Sie nach, wenn Sie eine Frage nicht richtig verstanden haben.
- Wenn Sie zu einer Frage nichts sagen können, verschwenden Sie keine Zeit damit, „um den heißen Brei herumzureden“. Bitten Sie einfach um die nächste Frage.

5. Beispiele für die Formulierung eines Prüfungsthemas

- Die Revolution von 1848 – eine gescheiterte Revolution?
- Die Präsidialkabinette der Weimarer Republik – Hauptursache des Scheiterns der ersten deutschen Demokratie?
- Die Deutschen und der Holocaust: „Hitlers willige Vollstrecker?“
- 1989/90 – „friedliche Revolution“ oder „Wende“?

Entwickeln Sie zu einem Thema eine eigene Problemstellung. Diese kann z. B. als Frage formuliert werden. Weniger geeignet ist eine sehr allgemeine, weit gefasste Themenformulierung, da die Gefahr besteht, keinen „roten Faden“ zu finden und nur Fakten aneinanderzureihen (z. B.: Die Deutsche Einheit 1989/90).

Begriffslexikon

Abrüstung/Rüstungskontrolle: S. 75 f.

Allianz für Deutschland: Wahlkampfbündnis von CDU (Ost), Deutsche Soziale Union (DSU) und Demokratischer Aufbruch (DA). Das Bündnis wurde in Anwesenheit von Bundeskanzler Helmut Kohl am 5. 2. 1990 in West-Berlin gegründet, erhielt bei der Volkskammerwahl am 18. 3. 1990 die meisten Stimmen und stellte demzufolge den Ministerpräsidenten Lothar de Maizière von der CDU.

Alliierter Kontrollrat: Der Alliierte Kontrollrat mit Sitz im ehemaligen Berliner Kammergericht war das oberste Regierungsorgan der Besatzungsmächte in Deutschland. Er setzte sich aus den vier Oberbefehlshabern der Besatzungsarmeen zusammen. Gemeinsam und einstimmig sollten sie in allen Deutschland als Ganzes betreffenden Angelegenheiten entscheiden. Der Kontrollrat trat am 30. Juli 1945 erstmalig zusammen, Mitglieder waren Marschall Georgi K. Schukow, der Eroberer Berlins, General Dwight D. Eisenhower, Oberkommandierender der britisch-amerikanischen Invasionsstreitkräfte in Europa, Feldmarschall Sir Bernard L. Montgomery und General Jean Joseph-Marie Gabriel Lattre de Tassigny. Der beginnende Ost-West-Gegensatz lähmte jedoch bald die Arbeit des Kontrollrates. Aus Protest gegen den Beschluss der Londoner Sechsmächtekonferenz, einen westdeutschen Bundesstaat zu gründen, verließ der Vertreter der UdSSR am 20. März 1948 die Sitzung des Alliierten Kontrollrates, der daraufhin nicht mehr zusammentrat.

Al-Qaida (arabisch *„al-qaida"* = „Basis"): Ende der 1980er-Jahre in Afghanistan entstandenes Terrornetzwerk um den islamistischen Extremisten Osama Bin Laden. Vermutlich operiert Al-Qaida global durch voneinander unabhängige Zellen, die genaue Mitgliederzahl ist unbekannt. Hauptgegner sind die USA und Israel. Neben den Anschlägen vom 11. September 2001 zeichnet Al-Qaida für zahlreiche weitere Terroraktionen verantwortlich (z. B. Anschläge auf die US-amerikanischen Botschaften in Kenia und Tansania 1998, auf Pendlerzüge in Madrid 2004 sowie auf öffentliche Verkehrsmittel in London 2005).

Antifaschismus: Der Begriff bezeichnet ursprünglich die Gegnerschaft zum Faschismus und Nationalsozialismus. Vor und nach 1945 benutzte die Sowjetunion und entsprechend die SED ihn als Integrationsideologie, um demokratische Antifaschisten zu einem Bündnis unter kommunistischer Führung („Einheitsfront", „Demokratischer Block") zu bewegen. Während des Ost-West-Konflikts verschmolz der Begriff häufig mit dem des „Antiimperialismus" zu einem ideologischen Kampfbegriff, der die politisch-moralische Überlegenheit des Ostens zum Ausdruck bringen sollte.

Anti-Hitler-Koalition: informelles Zweckbündnis zwischen den USA, Großbritannien und der UdSSR mit dem einzigen Ziel, Hitler zu besiegen. Die USA bauten seit 1939 ihre Neutralitätsgesetzgebung ab, um Großbritannien und seine Verbündeten gegen Deutschland unterstützen zu können. Trotz der Spannungen zwischen Großbritannien und der UdSSR kam es ab 1941 zur Zusammenarbeit zwischen den „Großen Drei". Auf mehreren Konferenzen während des Krieges (Moskau und Teheran 1943; Dumbarton Oaks 1944; Jalta 1945) stimmten die drei Alliierten ihr militärisches Vorgehen ab und berieten darüber, wie Deutschland nach dem Krieg behandelt werden sollte.

Antizyklische Wirtschaftspolitik: S. 109

Asymmetrischer Krieg: S. 191

Ära Adenauer (1949–1963): bezeichnet sowohl eine bestimmte Politik des von 1949 bis 1963 regierenden ersten Bundeskanzlers, deren wichtigste Merkmale der politische und wirtschaftliche Wiederaufstieg sowie die Westintegration und Wiedergewinnung staatlicher Souveränität der Bundesrepublik sind, als auch eine spezifische politische Kultur. In der frühen Zeit der Bundesrepublik besitzt Adenauer praktisch ein „Monopol" in der Außenpolitik, es gibt weder einen Außenminister noch einen Auswärtigen Ausschuss im Bundestag, alle Kontakte zu den Alliierten laufen über den Kanzler. Ebenso mächtig ist Adenauers Position als Parteivorsitzender der CDU, nicht weil die CDU besonders stark, sondern weil sie als Parteiorganisation besonders schwach ist. Der Erfolg Adenauers beruht schließlich darauf, dass er mit seinem großväterlich-strengen Auftreten und seinen volkstümlichen Formulierungen der Sehnsucht vieler in der westdeutschen Nachkriegsgesellschaft nach starker Führung entspricht.

Ära Ulbricht (1949–1971): Fortführung der Stalinisierung der SED; Aufbau des Sozialismus durch Planwirtschaft; Kollektivierung der Landwirtschaft; Bau der Mauer 1961; das 1963 verkündete Neue Ökonomische System der Planung und Leitung (NÖSPL) bringt vorübergehend ein Wachstum der Industrieproduktion und eine Steigerung des Lebensstandards. Wirtschaftsleistung und Lebensstandard sind die höchsten in den Ostblockstaaten, bleiben aber hinter der Bundesrepublik weit zurück.

Arbeiter- und Bauerstaat: nach marxistisch-leninistischer Auffassung ein Staat, in dem die Arbeiterklasse (im Klassenbündnis mit den werktätigen Bauern) über die zu enteignende Kapitalistenklasse (beziehungsweise über deren Reste nach der Enteignung) herrscht. Die Wirtschaft wird vergesellschaftet und staatlich geplant.

Atlantikcharta: S. 17

Atomares Patt: S. 70

Außerparlamentarische Opposition (APO): S. 110

Autokratie: (griech. = Selbstherrschaft): Herrschaftsform, bei der die Staatsgewalt in den Händen eines Einzelnen liegt, der weder durch Einzelgesetze noch durch eine Verfassung in seiner Macht gebunden ist. Bsp.: der russische Zarismus und der Absolutismus.

Bausoldaten: Angehörige der so genannten Baueinheiten der Nationalen Volksarmee (NVA) der DDR. Ein Grundrecht auf Kriegsdienstverweigerung oder einen zivilen Wehrersatzdienst gab es in der DDR nicht. Wer den Wehrdienst auch als Bausoldat nicht ableisten wollte (Totalverweigerer), musste mit einer Verurteilung zu etwa zwei Jahren Gefängnis rechnen. Auch ein Dienst als Bausoldat hatte negative Auswirkungen auf die Ausbildungschancen.

Bedingungslose Kapitulation: Die Verliererpartei räumt der Siegerpartei das Recht ein, alle politischen und gesellschaftlichen Angelegenheiten im Staat zu regeln. Am 9. Mai 1945 unterzeichneten Vertreter der deutschen Wehrmacht die bedingungslose Gesamtkapitulation der deutschen Streitkräfte zu Lande, zu Wasser und in der Luft. Entsprechend der von Alfred Jodl am 7. Mai in Reims unterzeichneten Kapitulati-

onserklärung war die Gesamtkapitulation bereits am 8. Mai um 23.01 Uhr in Kraft getreten.
Berlin-Blockade: S. 43
Berliner Mauer: S. 83 f.
Bilateralismus: S. 10
Bipolarität: bezeichnet eine Struktur des Staatensystems, bei dem sich zwei hegemoniale Machtzentren, wie die USA und die UdSSR von 1945 bis 1991, gegenüberstehen. Die Weltpolitik war in dieser Zeit nahezu vollständig diesem Gegensatz untergeordnet („Kalter Krieg"). Politische, wirtschaftliche und militärische Entscheidungen fielen überwiegend unter der Prämisse der ideologischen und machtpolitischen Parteinahme für je eine Führungsmacht.
Bi-Zone: Zusammenschluss der britischen und der US-amerikanischen Besatzungszone Deutschlands 1947.
Blauhelme: Truppenkontingente der Vereinten Nationen, die man wegen ihrer Kennzeichnung durch blaue Helme „Blauhelme" nennt. Die multinationalen Beobachtergruppen werden zur Friedenssicherung eingesetzt.
Blockfreie Staaten: Die Konferenz von Bandung 1955 war der Beginn der Bewegung der blockfreien Staaten, die sich in der Zeit des Kalten Krieges weder dem Ostblock/UdSSR noch dem Westblock/USA anschließen wollten. Ziele ihrer Politik waren Neutralitätsprinzip, Antiimperialismus, Antikolonialismus und weltweite Abrüstung.
Blockparteien: S. 142
Bolschewiki/Bolschewismus: S. 22
Bundesstaat: aus Einzelstaaten zusammengesetzter Gesamtstaat, wobei die Einzelstaaten einen Teil ihrer souveränen Rechte in der Gesetzgebung und Verwaltung an den Gesamtstaat übertragen, z. B. Außen-, Verteidigungs- und Finanzpolitik, einen anderen Teil aber behalten, z. B. Schul- und Kulturpolitik. Man bezeichnet dieses Gestaltungsprinzip von Staaten als Föderalismus. Zum Beispiel: USA, Bundesrepublik Deutschland, Schweiz.
Bundesverfassungsgericht: S. 54

CIA: Abkürzung für „Central Intelligence Agency", zentrale Geheimdienstorganisation der USA.
Club of Rome: S. 113
Demokratie: (griech. *demokratia* = Herrschaft des Volkes): Demokratie ist eine Regierungsform, in der der Wille des Volkes ausschlaggebend ist. Die direkte Demokratie beruht auf der unmittelbaren Teilhabe der Bürger an den politischen Entscheidungen, sie setzt damit Überschaubarkeit der Bevölkerungszahl, des Staatsgebietes und der politischen Probleme voraus. Die moderne Form der Demokratie entwickelte sich in den europäischen Nationalstaaten als mittelbare oder repräsentative Demokratie, d. h., die Herrschaft wird nicht direkt vom Volk ausgeübt, sondern durch vom Volk gewählte Repräsentanten, die Abgeordneten. Kennzeichen der modernen freiheitlichen Demokratie sind: Garantie der Menschenrechte, allgemeines, gleiches, geheimes und freies Wahlrecht, Gewaltenteilung, Parlamente, Mehrparteiensystem, Minderheitenschutz.

Denkmäler: S. 158
Deutsche Einheit: S. 147
Deutsche Frage: S. 106
Devisen-Zwangsumtausch: S. 106
Diktatur: ein auf Gewalt beruhendes, uneingeschränktes Herrschaftssystem eines Einzelnen, einer Gruppe oder Partei. In modernen Diktaturen ist die Gewaltenteilung aufgehoben; alle Lebensbereiche werden staatlich überwacht; jegliche Opposition wird unterdrückt. Typische Merkmale von Diktaturen im 20. Jh. sind staatliche Propaganda mit Aufbau von Feindbildern sowie Abschaffung der Meinungs- und Pressefreiheit; politische Machtmittel sind die Androhung und/oder die Ausübung von Terror und Gewalt. Beispiele für Diktaturen sind der Nationalsozialismus in Deutschland, der Stalinismus in der Sowjetunion, die Alleinherrschaft Francos in Spanien oder die Herrschaft der SED in der DDR. Wird die uneingeschränkte Staatsgewalt durch Befehlshaber der Streitkräfte ausgeübt, spricht man von einer Militärdiktatur (Junta). (siehe auch S. 100)
Displaced Persons: Personen nicht deutscher Staatsangehörigkeit, die während des Zweiten Weltkrieges von den deutschen Besatzungsbehörden in das Gebiet des Deutschen Reiches verschleppt wurden oder dorthin geflüchtet waren.
Dritte Welt: Dazu gehören alle industriell schwach entwickelten Länder in Afrika, Asien und Lateinamerika. Die Erste Welt bilden die industrialisierten Staaten Europas, die USA, Kanada, Australien, Neuseeland und Japan. Zur Zweiten Welt zählten die später industrialisierten sozialistischen Staaten des Ostblocks. Obwohl es diesen nicht mehr gibt, wird weiterhin von der Dritten Welt im herkömmlichen Sinn gesprochen. Die Dritte Welt fordert von den reichen Industriestaaten mehr Hilfe und Gleichberechtigung auf dem Weltmarkt (Nord-Süd-Konflikt).

EG: Abkürzung für „Europäische Gemeinschaft", seit 1993 EU (Europäische Union).
egalitär: auf politische oder soziale Gleichheit und Gerechtigkeit bedacht.
Eindämmungspolitik (containment): Die Eindämmungs- bzw. Containment-Politik wurde seit 1947 von den USA gegenüber der UdSSR verfolgt. Ziel war es, die Ausbreitung des Kommunismus und Stalinismus zu verhindern bzw. einzudämmen. (siehe auch Truman-Doktrin)
Einheits- oder Nationaldenkmal: S. 158
Einheitsliste: S. 61
Einigungsvertrag: (31. 8. 1990) Vertrag zwischen der Bundesrepublik Deutschland und der DDR über die Herstellung der Einheit Deutschlands, nach dem die DDR gemäß Artikel 23 GG der Bundesrepublik Deutschland beigetreten ist. (siehe auch S. 149)
Emigration: freiwillige oder erzwungene Auswanderung oder Flucht ins Ausland aus politischen, weltanschaulichen, religiösen oder rassischen Gründen.
Entnazifizierung: S. 50
Entspannungsdiplomatie: S. 75 f.
Entwicklungsländer: Länder, die im internationalen Vergleich durch absolute Armut (mangelhafte Befriedigung der elementaren Grundbedürfnisse wie Ernährung, Gesundheit, Wohnung, Ausbildung) eines überdurchschnittlich hohen Bevölkerungsanteils und durch relative Armut des Bevölkerungsdurchschnitts gekennzeichnet sind. Zu den Entwicklungsländern zählen rund 160 Staaten, vor allem auf der Südhalbkugel. Als definierte Schwelle gilt ein Bruttonationaleinkommen pro Kopf von unter 5 000 US-Dollar. Weitere Merkmale sind z. B. Wirtschaftsstruktur, Analphabetenquote, Lebensmittelverbrauch pro Einwohner.
ETA: (baskisch *„Euskadi Ta Askatasuna"* = „baskisches Vaterland und Freiheit"): baskische Untergrundorganisation und nationalistische Autonomiebewegung, die für die Unabhängigkeit des Baskenlandes kämpft. Seit Beginn ihres bewaff-

neten Kampfes in den 1960er Jahren töteten Eta-Anhänger mehr als 800 Menschen.

Euratom (Europäische Atomgemeinschaft): von den Mitgliedstaaten der Montanunion durch Vertrag vom 25. März 1957 (in Kraft seit 1. Januar 1958) begründeter gemeinsamer Markt für Kernbrennstoffe und Ausrüstungen zur friedlichen Nutzung der Kernenergie. (siehe auch Römische Verträge)

Europäische Integration: S. 172 f.

Europarat: am 5. Mai 1949 gegründete Organisation europäischer Staaten auf völkerrechtlicher Grundlage. Gründungsmitglieder waren Belgien, Dänemark, Frankreich, Großbritannien, Irland, Italien, Luxemburg, Niederlande, Norwegen und Schweden.

EWG (Europäische Wirtschaftsgemeinschaft): Der EWG-Vertrag von 1957 (EWGV) bildete die Basis für die heutige, umfassende Integrationsgemeinschaft der EU.

FDJ: (Freie Deutsche Jugend): Massenorganisation der Jugendlichen in der DDR, 1946 in der damaligen SBZ gegründet, hervorgegangen aus den antifaschistischen Jugendausschüssen. Das SED-Regime nutzte die FDJ, um Schule und Erziehungswesen in der DDR zu kontrollieren und für eine vormilitärische Ausbildung in der DDR.

Föderalismus (lateinisch *„foedus"* = „Bund"): Zusammenfassung mehrerer Staaten unter einer gemeinsamen Regierung. Die einzelnen Mitglieder behalten weitgehend ihre Selbstverwaltung. Man unterscheidet Staatenbund und Bundesstaat. Grundsatz ist die Idee, die Eigenständigkeit eines jeden Mitglieds zu bewahren und es zugleich zu Leistungen nach eigenem Vermögen für das Gemeinwohl zu verpflichten (Subsidiaritätsprinzip).

Friedliche Koexistenz: S. 75

Friedliche Revolution: S. 141 f.

GASP (Gemeinsame Außen- und Sicherheitspolitik): Bestimmungen und Zielsetzungen der Außen- und Sicherheitspolitik der EU-Staaten, festgeschrieben durch den Vertrag über die Europäische Union (1993) und den Amsterdamer Vertrag von 1999. Ziele: Stärkung der Sicherheit, Wahrung der gemeinsamen Interessen, Förderung der internationalen Zusammenarbeit.

Generationenvertrag: Rentensystem, in dem die jeweils erwerbstätige Generation über die von ihr aufzubringenden Rentenversicherungsbeiträge für die Alterssicherung der nicht mehr erwerbstätigen Generation aufkommt.

Glasnost: (russ. = Offenheit, Öffentlichkeit, Transparenz): Schlüsselbegriff der Reformen Gorbatschows seit 1985 in der UdSSR; beinhaltete die Überwindung der alten politischen und gesellschaftlichen Strukturen durch freieren Zugang zu Informationen, offene Diskussion von Missständen, Ermutigung zur Kritik, Transparenz staatlicher Entscheidungsprozesse und politische Beteiligung des Volkes. (siehe auch S. 160)

Globalisierung: Prozess der Zunahme und Verdichtung weltweiter Beziehungen in allen Lebensbereichen.

Godesberger Programm: 1959 bis 1989 Parteiprogramm der Sozialdemokratischen Partei Deutschlands (SPD).

Große Koalition: Bündnis der beiden größten Parteien zur Bildung einer Regierung. In der Bundesrepublik Deutschland gab es 1966–1969 eine Große Koalition von CDU/CSU und SPD. 2005–2009 bildeten die beiden Parteien erneut eine Große Koalition.

Grundlagenvertrag: S. 105 ff.

Grundrechte: unantastbare, vom Staat zu achtende Rechte der Bürger, die in der Regel in der Verfassung festgeschrieben sind – in der Bundesrepublik Deutschland im Grundgesetz. Zu den Grundrechten gehören u. a. das Recht auf Leben, Religions-, Meinungs-, Presse-, Versammlungsfreiheit, Freizügigkeit, persönliche Sicherheit, Eigentum. Die Grundrechte gehen zurück auf die Aufklärung und wurden erstmals in der Amerik. und Frz. Revolution mit Verfassungsrang ausgestattet. In der Weimarer Reichsverfassung konnten sie – im Gegensatz zu der Verfassung der Bundesrepublik – abgeändert oder aufgehoben werden.

Guerillakrieg: S. 71

Hallstein-Doktrin: S. 104

Hamas („Harakat Al Muqawama Al Islamija): islamische Widerstandsbewegung, am 10. 12. 1987 von Scheich Ahmad Jassin bei Ausbruch der ersten Intifada gegründet. Die Hamas kämpft für die Errichtung eines islamischen Staates in Palästina und ist gegen eine friedliche Verständigung der Palästinenser mit Israel.

Hegemonie: bez. die Vormachtstellung eines Staates innerhalb einer Gruppe von Staaten. Sie stützt sich in der Regel auf militärische Überlegenheit, die eine politische Führungsrolle begründet. Sie kann sich aber auch nur auf das wirtschaftliche Gebiet beziehen.

Hiroshima und Nagasaki: Auf Hiroshima wurde von den USA am 6. August 1945 die erste Atombombe abgeworfen. Sie zerstörte rund 90 % aller Gebäude und tötete sofort ca. 80 000 Menschen. Bis Ende Dezember 1945 starben weitere 60 000 Bewohner von Hiroshima. Zehntausende erlagen in den nächsten Jahrzehnten den Spätfolgen des Angriffs. Auf Nagasaki wurde am 9. August 1945 die 2. US-amerikanische Atombombe abgeworfen. Am 2. September 1945 unterzeichnete Japan die Kapitulation.

Identität: S. 154

IM (inoffizieller Mitarbeiter): Bezeichnung innerhalb des Ministeriums für Staatssicherheit (MfS) der DDR für Personen, die zur konspirativen Informationsgewinnung verpflichtet wurden, ohne formal dem MfS anzugehören. Neben der politischen Überzeugung basierte das Verpflichtungsverhältnis auf materiellem Interesse bzw. auf Erpressung durch die Staatssicherheit.

Imperialismus: Im neuzeitlichen Verständnis bedeutet Imperialismus zunächst die Ausdehnung der Herrschaft eines Staates über andere Länder durch Eroberung, Annexion und Durchdringung; eine seiner Formen ist der Kolonialismus. Mit Bezug auf die Zeit seit der Hochindustrialisierung (um 1900) bedeutet Imperialismus ein ausgeprägtes, in verschiedenen Formen auftretendes, zugleich wirtschaftliches und politisches Ausnutzungs- und Abhängigkeitsverhältnis zwischen industriell weit fortgeschrittenen und wirtschaftlich wenig entwickelten Staaten und Regionen (besonders in Afrika und Asien). Vor allem die Zeit zwischen 1880 und 1918 gilt als Epoche des Imperialismus.

Indikator: in der Geschichtswissenschaft ein Merkmal (z. B. Zahl der in der Industrie Tätigen, Sozialprodukt), das als beweiskräftiges Zeichen für einen historischen Prozess (z. B. Industrialisierung) dient.

Innerdeutsche Kontakte, Maßnahmen zur Erschwerung: S. 105

Innere Reformen: S. 109

IRA: (Irish Republican Army): 1919 gegründeter militärischer Verband, eine der ältesten Terrororganisationen der westlichen Welt, die die Unabhängigkeit Irlands von Großbritannien mit Terror und brutalen Bombenanschlägen durchsetzen wollte. Seit Juli 2005 schweigen offiziell die Waffen.
Isolationismus: eine Richtung der amerikanischen Politik, die die Fernhaltung der USA von allen Streitigkeiten fremder Mächte, auch in Europa, verlangt.
IWF (Internationaler Währungsfonds): auf der Konferenz von Bretton Woods im Juli 1944 zusammen mit der Weltbank geschaffene multilaterale Institution. Ziel: internationale Währungsstabilität durch Beobachtung der internationalen Währungspolitik und der Wechselkurse zu fördern, z. B. durch Bereitstellung von Krediten (Fazilitäten) bei kurzfristigen Zahlungsbilanzungleichgewichten der Mitglieder.

Jalta, Konferenz von (auch Krimkonferenz): vom 4. bis 11. Februar 1945 zwischen dem US-Präsidenten Roosevelt, dem britischen Premierminister Churchill und dem sowjetischen Regierungschef Stalin. In einer eigenen Erklärung von Jalta wurden die Beschlüsse von Teheran bestätigt und ergänzt, z. B.: bedingungslose Kapitulation Deutschlands, Gebietsabtretungen, Aufteilung in vier Besatzungszonen mit einer interalliierten Zentralkommission in Berlin, Zerschlagung des Nationalsozialismus und des deutschen Militarismus, Aburteilung der Kriegsverbrecher und Reparationen.

Kalter Krieg: westlicher Epochenbegriff für die Zeit zwischen 1946 und 1990/91, in der die Welt weitgehend in zwei Lager eingeteilt war: die westlichen Demokratien unter Führung der USA (NATO-Staaten; Gründung der NATO: 1949) auf der einen und die kommunistischen Staaten unter der Führung der UdSSR (Warschauer-Pakt-Staaten; Gründung des Warschauer Paktes: 1955) auf der anderen Seite.
Kapitalismus: Wirtschaftsordnung, in der sich das Produktivkapital in den Händen von Privatpersonen bzw. -personengruppen befindet, d. h. der Kapitalisten und Unternehmer. Diesen stehen die Lohnarbeiter gegenüber. Der erwirtschaftete Gewinn geht wieder an den Unternehmer und führt zur Vermehrung des Produktivkapitals. Die wichtigsten wirtschaftlichen Entscheidungen werden in den Unternehmen im Hinblick auf den Markt und die zu erwirtschaftenden Gewinne getroffen, nicht aber vom Staat.
Klasse: Klassen sind gesellschaftliche Großgruppen (seit Ende des 18. Jh.), deren Angehörige durch Besitz bzw. Nichtbesitz von Produktionsmitteln und den sich daraus ergebenden gemeinsamen bzw. entgegengesetzten Interessen gekennzeichnet sind. Im 19. Jh. lief in den Industriestaaten ein Prozess der Klassenbildung zwischen Unternehmern (Bourgeoisie) und Arbeitern (Proletariat) ab. Wenn sich Klassenspannungen in einer Gesellschaft oder einem Staat deutlich ausprägen, spricht man von einer Klassengesellschaft oder einem Klassenstaat.
Klassenkampf: grundlegender Begriff der marxistischen Staats- und Geschichtstheorie: Der Marxismus versteht die Geschichte als eine Folge von Klassenkämpfen, hervorgerufen durch die Unterdrückung der arbeitenden Klasse durch die herrschende Klasse (Großgrundbesitz, Kapital). Nach Marx wird das Ende des Klassenkampfs durch die Errichtung der klassenlosen Gesellschaft nach dem Sieg des Proletariats herbeigeführt.

Kominform: S. 35
Komintern: S. 25
Kommunismus: S. 24
Konföderation: Zusammenschluss, organisatorische Verbindung.
Konjunktur: periodisch wiederkehrende Schwankungen einer Volkswirtschaft oder der Weltwirtschaft. Ein Konjunkturzyklus besteht in der Regel aus vier Phasen: 1. Aufschwung (Gewinne, Investitionen und Beschäftigung steigen); 2. Hochkonjunktur (hohe Gewinne und Vollbeschäftigung); 3. Abschwung (sinkende Gewinne und Investitionen, mehr Arbeitslose); 4. Konjunkturkrise oder Depression (wenig Investitionen, hohe Arbeitslosigkeit).
Konstruktives Misstrauensvotum: Durch den Parlamentarischen Rat im Grundgesetz verankertes politisches Mittel, um Gefahr der Instabilität der Regierung vorzubeugen. Nur dem Bundeskanzler (nicht den Ministern) kann das Misstrauensvotum ausgesprochen werden, und auch das nur, wenn der Bundestag mit der Mehrheit seiner Mitglieder einen Nachfolger wählt.
Konsumgesellschaft: siehe Massenkonsumgesellschaft
KSZE-Prozess: S. 132
Kubakrise: S. 71

Länderfinanzausgleich: Maßnahmen, die die finanziellen Wechselbeziehungen zwischen den einzelnen Gebietskörperschaften (Bund, Länder, Gemeinden) regeln. In der Bundesrepublik zum einen der Ausgleichsmechanismus der Länder untereinander, zum anderen das gesamte finanzielle Ausgleichssystem zwischen Bund und Ländern.
LPG: (Landwirtschaftliche Produktionsgenossenschaft): kollektivierter landwirtschaftlicher Großbetrieb, häufigste landwirtschaftliche Betriebsform in der DDR, entstanden durch den Zusammenschluss der vorher selbstständigen Bauern, der Landarbeiter und sonstiger Berufszugehöriger zum Zweck gemeinsamer Bewirtschaftung und Nutzung der eingebrachten und vom Staat bereitgestellten Bodenflächen und Produktionsmittel. Nach dem Ende der DDR wurde die LPG als Betriebsform aufgelöst.
Lissabon, Vertrag von: S. 175

Maastrich, Verträge von: S. 174
Magnettheorie: S. 78
Mangelwirtschaft: S. 136 ff.
Marshall-Plan: S. 35
Marxismus: die von Karl Marx und Friedrich Engels im 19. Jh. begründete Theorie des wissenschaftlichen Sozialismus. Sie entstand in Auseinandersetzung mit der idealistischen deutschen Philosophie. Zentrale Grundlagen sind die Geschichtstheorie des Historischen Materialismus (Gesetzmäßigkeit der Entstehung einer sozialistischen Gesellschaft durch Klassenkämpfe zwischen nicht besitzenden und besitzenden Klassen) und die Politische Ökonomie (Analyse und Kritik der Gesetzmäßigkeit der kapitalistischen Produktionsweise).
Marxismus-Leninismus: offizieller Begriff für die Weltanschauung der Sowjetunion ab Mitte der 1920-er Jahre.
Massenkonsumgesellschaft: Form der kapitalistischen Industrie- und Wohlstandsgesellschaft seit ca. 1900; zuerst in den USA. Merkmale: hohe Massenkaufkraft, Massenproduktion von Verbrauchs- und Gebrauchsgütern. Infolge der weitgehend gesicherten Befriedigung der Grundbedürfnisse (Lebensmittel) richtet sich das Prestige der Bürger z. T. nach

dem Besitz oder Nichtbesitz von bestimmten Konsumgütern (z. B. Autos, Markenbekleidung).
Massenorganisationen: S. 60
Massenvernichtungswaffen (englisch „Weapons of Mass Destruction"): Kategorie bestimmter Waffen, die als besonders zerstörerisch angesehen werden und gravierende Auswirkungen auf Leben, Sachen und Umwelt haben. Dazu zählen heute atomare, biologische, chemische Waffen und radiologische Waffen.
Menschen- und Bürgerrechte: Der durch die Aufklärung verbreitete und in der Amerikanischen Revolution (1775–1783) und in der Französischen Revolution 1789 mit Verfassungsrang ausgestattete Begriff besagt, dass jeder Mensch unantastbare Rechte besitzt, die der Staat achten muss; so z. B. das Recht auf Leben, Glaubens- und Meinungsfreiheit, Versammlungs- und Vertragsfreiheit, Freizügigkeit, persönliche Sicherheit, Eigentum und Widerstand im Fall der Verletzung von Menschenrechten. Im 19. und 20. Jh. wurden auch soziale Menschenrechte, besonders von sozialdemokratisch-sozialistischer Seite, formuliert, so das Recht auf Arbeit, soziale Sicherheit und Bildung.
Militärisch-industrieller Komplex: S. 75
Ministerium für Staatssicherheit (MfS bzw. Stasi): S. 80, 119 f.
Montanunion (EGKS): Auf Initiative des französischen Außenministers Robert Schuman (Schuman-Plan) 1951 von der Bundesrepublik Deutschland, Frankreich, Italien und den Benelux-Staaten gegründete Europäische Gemeinschaft für Kohle und Stahl. Die kriegswichtige und für die allgemeine Wirtschaftsentwicklung zentrale Kohle- und Stahlproduktion wurde einer gemeinsamen Kontrolle unter einer Hohen Behörde unterstellt.
Morgenthau-Plan: S.42

Naher Osten (auch Vorderer Orient): Gebiet der Länder Vorderasiens (einschließlich Ägyptens), durch den Einfluss mehrerer Kulturkreise häufig politischer Brennpunkt.
Nahost-Konflikt: S. 164 ff.
Nation (lat. *natio* = Geburt): Bez. großer Gruppen von Menschen mit gewissen, ihnen bewussten Gemeinsamkeiten, z. B. gemeinsame Sprache, Geschichte, Verfassung sowie innere Bindungen und Kontakte (wirtschaftlich, politisch, kulturell). Diese Bindungen werden von den Angehörigen der Nation positiv bewertet. Nationen haben oder wollen eine gemeinsame staatliche Organisation (Nationalstaat) und grenzen sich von anderen Nationen ab.
Nationale Front: 1949 gegründet von der SED gelenkte Sammelorganisation in der DDR, in der alle Parteien und Massenorganisationen vereinigt wurden, was deren vollständige Gleichschaltung bedeutete. Höchstes Organ der Nationalen Front war der Kongress, der den Nationalrat der Nationalen Front und dessen Präsidenten wählte. Die Einheitsliste der Nationalen Front für Wahlen schloss jede Opposition aus und lieferte absehbare Ergebnisse.
NATO (North Atlantic Treaty Organization): 1949 von Belgien, Dänemark, Frankreich, Großbritannien, Island, Italien, Kanada, Luxemburg, den Niederlanden, Norwegen, Portugal und den USA unterzeichnetes kollektives Verteidigungsbündnis. 1952 Beitritt Griechenlands und der Türkei, 1955 der Bundesrepublik Deutschland. 2004 hatte die NATO 26 Mitglieder, 2009 kamen Albanien und Kroatien hinzu. Das Bündnis wurde mit der Zielsetzung abgeschlossen, die freien Gesellschaften Westeuropas vor einer Ausdehnung des sowjetischen Einflusses zu schützen. Streitigkeiten zwischen den Mitgliedern dürfen nur friedlich beigelegt werden. Beim Angriff auf einen Mitgliedsstaat sind die anderen zum Beistand verpflichtet. Im Verteidigungsfall stehen die nationalen Streitkräfte unter einem gemeinsamen NATO-Oberkommando. Nach 1990 haben sich die Aufgaben der NATO in entscheidender Weise gewandelt und liegen heute im Bereich kollektiver Sicherheit.
Neue Ostpolitik: S. 111
Neues Denken: Der Ausdruck wurde von Michail Gorbatschow geprägt, der von 1985 bis 1990 Generalsekretär der KPdSU war. Er hatte erkannt, dass der Rüstungswettlauf mit den USA zum Ruin der UdSSR führen würde. Durch eine deutliche Deeskalation der Außenpolitik – die „friedliche Koexistenz" sollte weltweit gelten – sollten die Voraussetzungen geschaffen werden, um sein wirtschafts- und innenpolitisches Reformprogramm umzusetzen. Die Verständigung mit den USA führte nicht nur – wie bisher – zur Rüstungsbegrenzung, sondern zur tatsächlichen Abrüstung.
Nischengesellschaft: S. 118
Notstandsgesetze: S. 110
Nürnberger Prozess: S. 50

Oder-Neiße-Genze: entlang der Flüsse Oder und Neiße verlaufende Westgrenze Polens. Sie wurde im Rahmen des Potsdamer Abkommens 1945 von den Alliierten bis zum Abschluss einer endgültigen Friedensregelung festgelegt. Die Bundesrepublik erkannte die Oder-Neiße-Linie erst 1970 infolge der neuen Ostpolitik im „Warschauer Vertrag" an. Aber auch in der Folgezeit kam es immer wieder zu öffentlichen Diskussionen über die Oder-Neiße-Grenze. Im Rahmen des Zwei-plus-vier-Vertrags erklärten die Bundesrepublik und die DDR die bestehenden Außengrenzen beider Staaten als verbindlich. Endgültig anerkannt wurde die Oder-Neiße-Grenze im Deutsch-Polnischen Grenzvertrag vom 14. November 1990, in dem Deutschland alle Ansprüche auf die Ostgebiete des ehemaligen Deutschen Reiches aufgab.
Open door policy: (wörtl.: Politik der offenen Tür): Der Begriff charakterisiert die Politik der USA Ende des 19. Jahrhunderts Sie zielte darauf ab, sich im Wettbewerb mit den europäischen Großmächten gleiche Handelsmöglichkeiten auf dem chinesischen Markt zu sichern. Nach dem Ersten Weltkrieg ist damit allgemein der freie Zugang aller Staaten zu allen Märkten gemeint, um wirtschaftliches Wachstum und internationale Kooperation zu garantieren. Der Politik liegt vonseiten der USA die Überzeugung zugrunde, dass das Land aufgrund seines liberalen Wirtschaftssystems im internationalen Wettbewerb überlegen ist.
Opposition: Gesamtheit der nicht an der Regierung beteiligten oder sie unterstützenden Parteien im Parlament. In Diktaturen wird versucht, die Opposition auszuschalten.
Ostalgie: S. 155
Osterweiterung der EU: S. 174
Ostverträge: S. 111
Ost-West-Konflikt: siehe Kalter Krieg

Parlament, Parlamentarisierung: In parlamentarischen Regierungssystemen ist das Parlament oberstes Staatsorgan. Es bildet die Legislative, entscheidet über den Haushalt und kontrolliert die Regierung. Das Parlament kann aus einer oder zwei Kammern (Häusern) bestehen. Im Einkammersystem besteht das Parlament nur aus der Versammlung der vom Wahlvolk gewählten Abgeordneten (Abgeordnetenhaus), im Zweikammersystem tritt dazu ein nach ständischen oder regionalen Gesichtspunkten gewähltes oder ernanntes Haus. Im demokratischen Parlamentarismus herrscht allgemeines, gleiches Wahlrecht. Im Deutschen Reich bestand seit 1871 ein Zweikammersystem: Reichstag und Bundesrat, heute: Bundestag und Bundesrat.

Partei „neuen Typs“: Umformung der SED zur „Partei neuen Typus“ nach einem Beschluss vom Januar 1949. Merkmale: Partei als Vorhut bei der Stärkung des Klassenbewusstseins der Arbeiterschaft; Verpflichtung aller Mitglieder auf den Marxismus-Leninismus; Einrichtung des Politbüros zur Leitung der Parteiarbeit auf allen Gebieten; „demokratischer Zentralismus“, d.h. straffe Parteidisziplin, d.h. Verpflichtung aller Mitglieder und Funktionäre auf die Parteibeschlüsse; Kontrolle aller Mitglieder durch die Partei, permanente „Säuberung“ und die Verpflichtung zur „Selbstkritik“; Verbot von Fraktionen und Gruppierungen.

Partnerschaft für den Frieden: 1994 begründetes Programm zur Stärkung der Verteidigungsbeziehungen zwischen den damals 16 Mitgliedsstaaten der NATO und anderen Staaten, besonders den Ländern des früheren Warschauer Paktes in Mittel- und Osteuropa, um zur Festigung der globalen Stabilität beizutragen.

Patriot Act: Verschärfung der Sicherheitsgesetze zulasten individueller Freiheitsrechte durch die Bush-Administration 2001 im Zuge des Kampfs gegen den Terrorismus.

Perestroika (russ. = Umgestaltung): Schlüsselbegriff Gorbatschows zur Modernisierung der Sowjetunion. Ziel war die Demokratisierung von Politik (Verfassungsreform) und Wirtschaft (Zulassung von Privatbetrieben, Reduzierung des Staatseinflusses), aber unter Beibehaltung der Grundzüge des Sozialismus. (siehe auch S. 132)

Petersberger Abkommen: Abkommen von 1949 zwischen der Bundesregierung unter Kanzler Konrad Adenauer und den Alliierten Hohen Kommissaren, die ihren Sitz auf dem Petersberg bei Bonn hatten. Inhalt: Einstellung der Demontagen in einigen Teilen Deutschlands, Eingliederung der Bundesrepublik in die Europäische Gemeinschaft, schrittweise Wiederaufnahme konsularischer Beziehungen und Handelsbeziehungen zu anderen Ländern, Förderung der Beziehungen zu allen westlichen Staaten, Aufnahme der Bundesrepublik Deutschland in internationale Organisationen, Entschluss der Bundesregierung, nach den Grundsätzen Freiheit, Toleranz und Menschlichkeit zu handeln und jegliches Wiederaufleben totalitärer Bestrebungen zu verhindern, Akzeptanz der internationalen Kontrolle des Ruhrgebietes, Genehmigung des Marshall-Plans, Gesetzgebung zur Kartellentflechtung. Es gilt als erster Schritt der Bundesrepublik Deutschland hin zu einem eigenständigen Staat.

PKK (Partia Karkaren Kurdistan): 1978 von Abdullah Öcalan in der Türkei gegründete linksnationalistische Organisation, die mit terroristischen Mitteln für die Schaffung eines unabhängigen Kurdenstaates kämpft.

Planwirtschaft: S. 91

PLO: S. 167

Politbüro: oberstes Führungsorgan der meisten kommunistischen Parteien nach dem Vorbild der KpdSU.

Politische Kultur: Begriff, der die Einstellung bezüglich politischer Fragestellungen, insbesondere die Einstellungen zur generellen Ordnung und Organisation des politischen Systems in einer Gesellschaft beschreibt.

Potsdamer Konferenz: S. 34

Propaganda: Die gezielte Verbreitung (politischer, religiöser etc.) Überzeugungen. Der Begriff hat einen negativen Beiklang, da häufig mit der politischen Manipulation in autoritären Regimen in Verbindung gebracht.

RAF (Rote-Armee-Fraktion): Selbstbezeichnung der terroristischen Vereinigung, die in der Anfangsphase nach ihren führenden Mitgliedern Andreas Baader und Ulrike Meinhof auch Baader-Meinhof-Gruppe genannt wurde und die seit 1970 mittels Banküberfällen und Anschlägen einen bewaffneten Kampf gegen die „Gewalt der Herrschenden“ in der Bundesrepublik Deutschland führte.

Rat für gegenseitige Wirtschaftshilfe (RGW): S. 82

Rätesystem: Eine Form der direkten Demokratie, bei der alle Menschen in den jeweiligen Basiseinheiten Räte als ihre Vertreter wählen, die ihnen direkt verantwortlich und jederzeit abwählbar sind. Im Gegensatz zum repräsentativen System der parlamentarischen Demokratie, gibt es keine Gewaltenteilung, sodass die Räte gesetzgeberische, ausführende und rechtsprechende Kompetenzen besitzen. Die politische Theorie der Rätedemokratie geht auf das 19. Jh., vor allem auf Proudhon, Bakunin, Marx und Lenin, zurück. Rätesysteme bildeten sich in den Russischen Revolutionen (hier: Räte = Sowjets) und der deutschen Novemberrevolution.

Real existierender Sozialismus: Sozialismus – der Begriff wird bis ins 20. Jh. synonym mit Kommunismus verwendet – bez. eine politische Theorie und Bewegung. Ursprüngliches Ziel war die Schaffung gesellschaftlicher Gleichheit und Gerechtigkeit durch die Aufhebung des Privateigentums an Produktionsmitteln, die Einführung einer Planwirtschaft und die Beseitigung der Klassenunterschiede. Von Anfang an umstritten war der Weg: Revolution oder Reformen? Der Marxismus-Leninismus verstand Sozialismus als Vorstufe zum Kommunismus. Der Begriff des „real existierenden Sozialismus“ diente nach 1945 zur Abgrenzung der kommunistischen Parteidiktaturen (osteuropäische Länder und DDR) von demokratisch-freiheitlichen Sozialismusvorstellungen (wie sie seit der Spaltung der Arbeiterbewegung zu Beginn des 20. Jh. und im Ersten Weltkrieg von den sozialdemokratischen und den meisten sozialistischen Parteien der westlichen Demokratien vertreten wurden).

Rechtsstaat: ein Staat, in dem die Staatsgewalt mit allen staatlichen Organen, die Grundrechte und die individuelle Rechtssicherheit durch die Verfassung und die unabhängige Rechtsordnung festgelegt, kontrolliert und garantiert werden. Grundlage eines Rechtsstaates ist die Überprüfbarkeit jeglicher Staatsgewalt durch Gerichte und die Bindung der Rechtsprechung an die Verfassung.

Reeducation: Umerziehungsprogramm, mit dem Amerikaner und Briten in der direkten Nachkriegszeit erreichen wollten, dass sich die Mentalität der Deutschen zukünftig von der im Nationalsozialismus gezeigten Autoritätshörigkeit weg entwickelte.

Reform: Neuordnung, Verbesserung und Umgestaltung von politischen und sozialen Verhältnissen im Rahmen der bestehenden Grundordnung; hierin, oft weniger in den Zielen, unterscheiden sich Reformen als politisches Mittel zur Durchsetzung von Veränderungen von Revolutionen.

Regierung Dönitz: S. 40

Reparationen: (von lateinisch: *reparare* = wiederherstellen): Meint Geld-, Sach- und Dienstleistungen, die einem Besiegten nach einem verlorenen Krieg zur Wiedergutmachung der in den Siegerstaaten erlittenen Verluste auferlegt werden. (siehe auch S. 90)

Repräsentative Demokratie: Im Gegensatz zu direkten Formen der Demokratie, wie z. B. dem Rätesystem, wird in der repräsentativen Demokratie die Herrschaft nicht direkt durch das Volk, sondern durch vom Volk gewählte Repräsentanten (Abgeordnete) ausgeübt. Ebenfalls im Gegensatz zum Rätesystem steht hier das Prinzip der Gewaltenteilung.
Republikflucht: Bezeichnung für die in der DDR mit Strafe belegte Abwanderung von Bürgern ohne behördliche Erlaubnis, insbesondere in die Bundesrepublik Deutschland.
Revolution: Am Ende einer Revolution steht der tief greifende Umbau eines Staates und nicht nur ein Austausch von Führungsgruppen. Typisch ist das Vorhandensein eines bewussten Willens zur Veränderung, einer Aktionsgruppe mit Unterstützung im Volk oder in einer großen Bevölkerungsgruppe. Typisch sind auch Rechtsverletzung, Gewaltanwendung und die schnelle Abfolge der Ereignisse. Klassische Beispiele sind die Französische Revolution 1789 und die Russische Revolution 1917. Revolutionen werden auch Vorgänge genannt, die nicht alle o. g. Merkmale aufweisen.
Rezession: Phase des Konjunkturzyklus: Abschwung, Nachlassen der Wachstumsrate; kann zur Depression führen.
Römische Verträge: Am 25. März 1957 von den Benelux-Staaten, der Bundesrepublik Deutschland, Frankreich und Italien in Rom unterzeichnete Verträge über die Gründung der Europäischen Wirtschaftsgemeinschaft und Euratom. Der Vertrag trat am 1. Januar 1958 in Kraft.
Rosinenbomber: im Volksmund Name für die Flugzeuge der Alliierten, die die West-Sektoren während der Berliner Luftbrücke mit Lebensmitteln und anderen lebenswichtigen Hilfsmitteln versorgten. Täglich wurden bis zu 13 000 t Versorgungsgüter transportiert, v. a. Kohle und Nahrungsmittel, bis zum Ende der Blockade am 12. Mai 1949 waren es ca. 280 000 Flüge zu den drei Westberliner Flughäfen.
Rote Armee: 1918–1946 Bezeichnung für das Heer der Sowjetunion; 1946 in Sowjetarmee umbenannt.
Runder Tisch: S. 143
Russische Revolution: S. 22 f.
Rüstungskontrollverträge: S. 75 f.

SED-Staat: S. 80
Solidarność: S. 133
Souveränität, völkerrechtliche: S. 83
Sowjetisierung: S. 59
Soziale Marktwirtschaft: S. 92 f.
Sozialgesetzgebung: Maßnahmen moderner Industriestaaten, um unerwünschte Folgen der „freien Marktwirtschaft" zu korrigieren und die Bürger gegen Krankheit, Unfall, Alter, Invalidität abzusichern; hat sich in den 1880er-Jahren zuerst in Deutschland herausgebildet.
Sozialismus: Im liberal-kapitalistischen Gesellschaftssystem der Industrialisierung entstand der Sozialismus als Antwort auf die soziale Frage. Den verschiedenen Richtungen des Sozialismus geht es um Steuerung des Marktes, um den Abbau bzw. die Beseitigung einer sozial ungleichen, als ungerecht empfundenen Verteilung von Besitz (häufig um die Beseitigung des Privatbesitzes an Produktionsmitteln), um eine am Wohl des Ganzen orientierte Gesellschaftsordnung und um die demokratische Gleichberechtigung der Unterprivilegierten. Die Frage nach Reform oder Revolution der bestehenden Ordnung bestimmte von Anfang an die Überlegungen, Vorschläge und Forderungen der Sozialisten.
Sozialpolitik: S. 93
Speziallager: S. 59
Spiegel-Affäre: S. 108
Stalingrad, Schlacht um: Im Zweiten Weltkrieg war Stalingrad schwer umkämpft. Als die deutschen Truppen 1942 versuchten, die Stadt einzunehmen, wurde die 6. Armee unter Generalfeldmarschall Paulus von sowjetischen Truppen eingekesselt. Ein Ausbruchsversuch wurde von Hitler untersagt. Als die deutschen Truppen am 31. 1./2. 2. 1943 kapitulieren mussten, waren 146 000 deutsche Soldaten gefallen; 35 000 Verwundete wurden ausgeflogen; 90 000 gerieten in Gefangenschaft. Die deutsche Niederlage bei Stalingrad bedeutete den Wendepunkt des Krieges an der Ostfront.
Stalinismus: die unter der Herrschaft Stalins in den 1920er- und 1930er-Jahren in der UdSSR entstandene Staats- und Gesellschaftsordnung. Gestützt auf den zentralistischen Staats- und Parteiapparat war sie durch diktatorische Unterdrückung, Terror und Personenkult gekennzeichnet. Nach 1945 wurde sie auch auf die osteuropäischen Staaten übertragen. Nach Stalins Tod 1953 setzte eine vorsichtige Entstalinisierung ein, allerdings ohne die Grundprinzipien des Stalinismus aufzugeben. Erst die 1985 von Gorbatschow eingeleitete Reformpolitik führte zur Überwindung.
Stalin-Note: Bezeichnung für den sowjetischen Vorschlag vom 10. März 1952 an die drei westlichen Siegermächte des Zweiten Weltkrieges, zusammen mit einer gesamtdeutschen Vertretung über einen Friedensvertrag mit Deutschland zu verhandeln. Die Westmächte und der deutsche Bundeskanzler Konrad Adenauer lehnten die Offerte jedoch ab, die sie als einen Versuch Stalins ansahen, den europäischen Integrationsprozess und die EWG-Gründung zu verzögern.
Ständige Vertretung: Die Ständigen Vertretungen erfüllten im jeweils anderen Teil Deutschlands die Funktionen einer Botschaft. Sie wurden am 2. Mai 1974 in der Folge des Grundlagenvertrags von 1972 in Bonn bzw. Ostberlin eröffnet. „Botschaften" wurden nicht eingerichtet, da die Bundesrepublik Deutschland die DDR völkerrechtlich nicht als Ausland anerkannte. Der „Amtsleiter" (auch „Ständiger Vertreter") der bundesdeutschen Ständigen Vertretung fungierte quasi als Botschafter, wobei man diesen Begriff jedoch bewusst vermied, während der Leiter der Ständigen Vertretung der DDR den Rang eines „Botschafters" hatte, was wiederum von der Bundesregierung ignoriert wurde.
Staatliche Subventionen: S. 137
Stellvertreterkrieg: S. 77
Studentenbewegung: politische Unruhen, die sich in den 1960er-Jahren an den Hochschulen der USA und anderer westlicher Länder ausbreiteten und sich zunächst v. a. gegen schlechte Studienbedingungen, bald aber gegen soziale und politische Verhältnisse (Vietnamkrieg) richteten. In der Bundesrepublik Deutschland wandten sich die Proteste insbesondere gegen das Hochschulsystem und gegen die politischen Verhältnisse im eigenen Land. Ideologisch vertrat die Studentenbewegung weitgehend radikal-sozialistische Vorstellungen. (siehe auch: außerparlamentarische Opposition)
Stunde Null: S. 45
Systemkonkurrenz: weltweit ausgetragene Konkurrenz im Kalten Krieg zwischen Kapitalismus einerseits und Sozialismus/Kommunismus andererseits, v. a. aber zwischen den jeweiligen Führungsmächten USA und Sowjetunion.

Terrorismus: S. 188
Tian'anmen-Massaker: gewaltsame Beendigung des ursprünglich aus einer studentischen Demokratiebewegung hervorgegangenen Volksaufstandes in China auf dem Platz

des Himmlischen Friedens in Peking am 3. und 4. Juni 1989.
Totalitarismus: Herrschaftsprinzip, das die die totale Verfügungsgewalt über die Gesellschaft und ihre Mitglieder beansprucht. Ein totalitaristischer Staat versucht, seine Bürger gleichzuschalten, durch eine Ideologie zu formen und zu mobilisieren. Diejenigen, die sich nicht unterwerfen, werden unterdrückt, ausgegrenzt oder gegebenenfalls vernichtet.
Treuhandgesellschaft: S. 152
Truman-Doktrin: durch Präsident Truman am 12. 3. 1947 verkündetes politisches Grundprinzip der amerikanischen Außenpolitik im Kalten Krieg, den durch kommunistische Bewegungen und Staaten bedrohten Ländern wirtschaftliche, finanzielle und militärische Hilfe zu gewähren.

Unilateralismus: S. 10
UN-Mandat: Auftrag einer langfristig angelegten internationalen (Friedens-)Mission, die von der Generalversammlung der Vereinten Nationen (UNO) oder dem UN-Sicherheitsrat autorisiert wurde.
UNO: siehe Vereinte Nationen
UN-Sicherheitsrat: mächtigstes Organ der Vereinten Nationen, das sich aus fünf ständigen (Frankreich, Russland, USA, Volksrepublik China, Großbritannien) und zehn nichtständigen Mitgliedern beziehungsweise Staaten zusammensetzt. Die fünf ständigen Mitglieder besitzen bei der Verabschiedung von Resolutionen ein erweitertes Vetorecht und werden daher auch als „Vetomächte“ bezeichnet.

Verbrechen gegen die Menschlichkeit: völkerrechtlicher Straftatbestand. Unter Strafe gestellt sind Gewaltakte, insbesondere Mord, Ausrottung, Verschleppung, Freiheitsberaubung, Vergewaltigung, Verfolgung aus politischen, rassischen und religiösen Gründen. Im Völkerrecht wurde der Begriff im Londoner Abkommen über die Verfolgung und Bestrafung von Hauptkriegsverbrechen vom 8. Mai 1945 erstmals erwähnt. Am 17. Juli 1998 wurde in Rom die ständige Einrichtung des Internationalen Strafgerichtshof zur Ahndung von Völkermord, Verbrechen gegen die Menschlichkeit, Kriegsverbrechen und des Verbrechens des Angriffskrieges mit Sitz in Den Haag beschlossen. Das Gründungsstatut wurde von 120 Staaten unterzeichnet; der IStGH nahm nach Ratifizierung durch die erforderlichen 60 Staaten am 1. Juli 2002 seine Arbeit auf.
Vereinte Nationen (eng. *United Nations Organization*, auch UN oder UNO): multilaterale Organisation, gegründet am 26. Juni 1945 auf der UN-Konferenz von San Francisco. Sie steht allen „friedliebenden Staaten“ offen; die Bundesrepublik Deutschland und die DDR wurden 1973 Mitglieder. Am 1. 10. 2008 hatten die Vereinten Nationen 192 Mitglieder. Die Weltorganisation soll sich aller Probleme annehmen, die von internationalem Interesse sind und mit diplomatischen, wirtschaftlichen oder notfalls auch militärischen Mitteln gelöst werden können.
Versorgungsstaat: Der „Versorgungsstaat“ versucht, die Menschen durch Ausbau der Sozialleistungen an sich zu binden. Die Bürger vertrauen eher auf staatliche Hilfe als auf Eigenleistungen.
Vetorecht (lateinisch *„veto“* = „ich verbiete“): Möglichkeit des Einspruchs in einem Kollegialorgan gegen das Zustandekommen einer Maßnahme mit der Rechtsfolge, dass deren Durchführung unterbleibt.
Vietnamkrieg: S. 71
Völkerbund: S. 15

Währungsreform: S. 35, 51
Warschauer Pakt: multilaterale Organisation des Ostblocks. Am 14. Mai 1955 wurde der „Vertrag über Freundschaft, Zusammenarbeit und gegenseitigen Beistand“ zwischen den Volksrepubliken Albanien, Bulgarien, Polen, Rumänien, der Tschechoslowakei, Ungarn, der UdSSR und der Deutschen Demokratischen Republik abgeschlossen. Er sollte die politische und militärische Zusammenarbeit des Ostblocks verbessern und ist das Gegenstück zur NATO, deren Vertragsformulierungen zum Teil fast wörtlich übernommen wurden. Durch den Warschauer Pakt sicherte sich die UdSSR das Recht, Streitkräfte in allen Mitgliedsstaaten zu stationieren.
Weltbank: auf der Konferenz von Bretton Woods im Juli 1944 zusammen mit dem Internationalen Währungsfonds (IWF) geschaffene multilaterale Institution mit Sitz in Washington zum Wiederaufbau und zur Stimulierung ökonomischer Entwicklung durch Vergabe langfristiger, projektbezogener Darlehen.
Wende: S. 141
Westeuropäische Union (WEU): S. 176
Westintegration/Westbindung: S. 82 f.
Wettrüsten: S. 75
Widerstandsrecht: S. 190
Wiederbewaffnung: Bez. für die Aufstellung deutscher Truppen nach 1945. Sie bedeutete die Abkehr von den Entmilitarisierungsbestimmungen des Potsdamer Abkommens. In der sowjetischen Besatzungszone veranlasste die Militäradministration seit 1948 den Aufbau der „Kasernierten Volkspolizei“, die danach zur Nationalen Volksarmee ausgebaut wurde. Während des Koreakrieges (1950–1953) drängten die Westmächte, allen voran die USA, auf eine militärische Stärkung Westeuropas. Auch von der Bundesrepublik forderten sie einen Verteidigungsbeitrag. Bundeskanzler Adenauer selbst hatte die deutsche Wiederaufrüstung angeboten, um dem Ziel der Gleichberechtigung der Bundesrepublik gegenüber den anderen westeuropäischen Staaten näher zu kommen und größere Souveränitätsrechte zu erhalten. Nach heftigen Auseinandersetzungen beschloss der Deutsche Bundestag 1952 die Wiederbewaffnung. Damit begann der Aufbau der Bundeswehr und ihre Einbindung in das westliche Bündnissystem. (siehe auch S. 82)
Wirtschaft-, Währungs- und Sozialunion: S. 146
Wirtschaftswunder: S. 90
Wohlfahrtsstaat: Bezeichnung für einen Staat, der eine Anzahl unterschiedlicher (Fürsorge-)Maßnahmen, Programme und Politiken anwendet, die der sozialen, materiellen und kulturellen Wohlfahrt der Bevölkerung dienen. Kritiker bemängeln individuelle Bevormundung, Einschränkung von Eigeninitiative und Verantwortung im Wohlfahrtsstaat.

Zionismus: S. 166
Zwei-Lager-Theorie: sowjetischen Auffassung vom globalen Klassenkampf und Reaktion auf Truman-Doktrin und Marshall-Plan, wonach sich zwei Lager unversöhnlich gegenüberstehen: das „imperialistische und antidemokratische“ unter Vorherrschaft der USA und das „antiimperialistische und demokratische“ unter Führung der Sowjetunion. Entwickelt in einem Grundsatzreferat vom Leningrader Parteisekretär der KPdSU, Andrej Shdanow, einem der ehrgeizigsten Mitarbeiter Stalins.
Zwei-plus-vier-Vertrag: S. 147

Personenlexikon

Adenauer, Konrad S. 79
Arafat, Yassir (1929–2004), eigentl. Rahman Abdal Rauf Arafat Al Qudwa Al Husseini, Deckname Abu Ammar, palästinensischer Politiker, Gründer und Führer der palästinensischen Untergrundorganisation Al Fatah; seit 1969 Vorsitzender der PLO. 1989 Ernennung zum Präsidenten des 1988 proklamierten Staates Palästina, Arafat setzte sich in der Folgezeit für eine friedliche Verständigung mit Israel ein (Gaza-Jericho-Abkommen 1993). 1994 Friedensnobelpreis gemeinsam mit S. Peres und I. Rabin. Seit Zusammenbruch des israelisch-palästinensischen Friedensprozesses 2000/01 in Ramallah unter Hausarrest.

Baader, Andreas (1943–1977), 1967 Bekanntschaft mit Gudrun Ensslin, Brandanschläge auf zwei Frankfurter Kaufhäuser. Verhaftung 1970 und Befreiung durch Meinhof und Ensslin, was als Beginn der so genannten Baader-Meinhof Gruppe gilt. Erneute Festnahme 1972. 1975 Prozess gegen die Kerngruppe der Roten-Armee-Fraktion. 1977 Verurteilung. Am 18. Oktober 1977 werden Andreas Baader, Gudrun Ensslin und Jan Carl Raspe wenige Stunden nach der Stürmung der entführten Lufthansa-Maschine „Landshut" in ihren Zellen in Stuttgart-Stammheim tot aufgefunden.
Bahro, Rudolf (1935–1997), Schriftsteller und Sozialwissenschaftler, seit 1954 SED-Mitglied, 1965–1967 stellvertretender Chefredakteur der von der FDJ herausgegebenen Studentenzeitschrift „Forum", 1977 erscheint ein Vorabdruck seines Buches „Die Alternative. Zur Kritik des real existierenden Sozialismus" (eine umfassende Kritik am politischen und wirtschaftlichen System der DDR aus marxistisch-kommunistischer Sicht) im Nachrichtenmagazin „Der Spiegel". Bahro wird vom Ministerium für Staatssicherheit (MfS) wegen des Verdachts „nachrichtendienstlicher Tätigkeit" verhaftet und aus der SED ausgeschlossen. 1980–1985 Mitglied der Grünen Partei. 1990 vollständige Rehabilitierung durch das Oberste Gericht der DDR.
Bebel, August (1840–1913), dt. Sozialist, Vorstand des Verbandes dt. Arbeitervereine (1867), maßgebliche Beteiligung an der Gründung der SPD, trat in seinem viel gelesenen Buch „Die Frau und der Sozialismus" (1883) für das Frauenwahlrecht ein.
Ben-Gurion, David (1886–1973), eigentlich D. Grün, israelischer Politiker; 1935–1948 Präsident der Jewish Agency for Palestine; 1948–1953 erster Ministerpräsident und Verteidigungsminister, 1955–1963 Ministerpräsident. 1965 Austritt aus der Mapai und Gründung der Partei Rafi, 1970 Niederlegung des Knesset-Mandats. Ben-Gurion gilt als Vater des modernen Israel und befürwortete eine Aussöhnung mit Deutschland.
Biermann, Wolf (geb. 1936), Liedermacher, hatte 1950 als Junger Pionier aus der Bundesrepublik das Weltjugendtreffen in Ostberlin besucht und war dann 1953 in die DDR übergesiedelt. Trotzdem übte er Kritik am System der DDR, seine Texte und Musik erschienen auch in der Bundesrepublik, worauf Biermann jahrelang Berufsverbot erhielt. 1976 wurde Biermann nach einer Konzertreise in die Bundesrepublik Deutschland von der DDR ausgebürgert.
Bin Laden, Osama S. 191
Bohley, Bärbel (*1945), Bürgerrechtlerin und Malerin, Mitbegründerin des Neuen Forums in der DDR.
Brandt, Willy S. 111
Briand, Aristide (1862–1932), französischer Staatsmann, 1925–1932 Außenminister, arbeitete mit Stresemann zusammen an einer deutsch-französischen Verständigung unter gesamteuropäischen Gesichtspunkten, aber auch unter Wahrung des französischen Sicherheitsanspruchs (Locarnovertrag); 1926 zusammen mit Stresemann Friedensnobelpreis, Initiator des Briand-Kellogg-Pakts.
Bush sen., George H. (geb. 1924), US-amerikanischer Politiker (Republikaner), erfolgreicher Unternehmer in der Ölindustrie. 1966–1970 Mitglied des Repräsentantenhauses, 1971–1973 UNO-Botschafter, 1974/75 Leiter des Verbindungsbüros (d.h. faktisch Botschafter) in Peking, 1976/77 Leiter des Geheimdienstes CIA. 1981–1989 Vizepräsident der USA unter R. Reagan. 1989–1993 41. Präsident der USA. Bush unterstützte nachdrücklich die deutsche Wiedervereinigung.
Bush, George W. (geb. 1946), US-amerik. Politiker (Republikaner), Sohn von George H. Bush; Tätigkeiten in der Öl- und Gasindustrie; 1995–2000 Gouverneur von Texas; 2001–2009 43. Präsident der USA. (Wiederwahl 2004); verkündete nach dem 11. September 2001 den „Krieg gegen den Terrorismus".

Carstens, Karl (1914–1992), 1960–1966 Staatssekretär des Auswärtigen Amtes, 1967–1968 Staatssekretär im Bundesministerium der Verteidigung, 1968–1969 Chef des Bundeskanzleramtes, seit 1972 MdB, 1973–1976 Vorsitzender der CDU/CSU-Fraktion im Deutschen Bundestag, 1976–1979 Präsident des Deutschen Bundestages und 1979–1984 Bundespräsident.
Castro, Fidel S. 71
Ceauçescu, Nicolae (1918–1989), kommunistischer Diktator in Rumänien, seit 1936 Mitglied der KP; 1954 ZK-Sekretär, 1955 Mitglied des Politbüros des ZK; seit 1965 Generalsekretär des ZK, seit 1967 auch Staatsoberhaupt (Vorsitzender des Staatsrats, seit 1974 Präsident der Republik); außenpolitisch bemüht um eine gewisse Eigenständigkeit Rumäniens im kommunistischen Block, regierte Rumänien als „Conducator" (Führer) mit Unterdrückung, Personenkult und Vetternwirtschaft. Nach jahrelangem Terror gegen die eigene Bevölkerung wurde Ceauçescu 1989 gestürzt und zusammen mit seiner Frau hingerichtet.
Chruschtschow, Nikita S. 72
Churchill, Winston S. 33
Clinton, William Jefferson („Bill"; geb. 1946), US-amerik. Jurist und Politiker (Demokrat); 1979 bis 1981, 1983–1993 Gouverneur von Arkansas; 1993–2001 42. US-Präsident.

de Gaulle, Charles (1890–1970), frz. General, Politiker, 1940 Exil in London, 1943 Chef der frz. Exilregierung, 1945/46 provisorisches Staatsoberhaupt, 1958–1969 Präsident der Republik; begründete gemeinsam mit Adenauer die dt.-frz. Freundschaft.
Deng Xiaoping (1904–1997), chinesischer Politiker (Kommunist), nahm 1934/35 am „Langen Marsch" teil; seit 1954 Generalsekretär des ZK, 1955 Mitglied des Politbüros der

KP; während der Kulturrevolution ab 1966 politisch geächtet, 1973 rehabilitiert. Seit 1978 einflussreichster Politiker Chinas. Deng betrieb die Verurteilung der Radikalen (Viererbande) und eine Rehabilitierung der Opfer der Kulturrevolution, er förderte eine pragmatische Wirtschaftspolitik inklusive einer Öffnung nach Westen.

Dubček, Alexander (1921–1992), tschechoslowakischer Politiker, 1963–1968 Sekretär des ZK der slowakischen KP; 1968 Erster Sekretär des ZK der KPČ. Auf seinen Versuch hin, in der ČSSR einen liberaleren Kurs zu steuern, folgte am 21.8.1968 der Einmarsch der Warschauer-Pakt-Staaten. Am 17.4.1969 Rücktritt als Erster Sekretär. Im Zuge der neuen Reformpolitik wurde Dubček 1989 Parlamentspräsident. 1992 trat er der Sozialdemokratischen Partei bei.

Eisenhower, Dwight D. S. 75

Engels Friedrich (1820–1895), Sohn eines rheinischen Textilfabrikanten, engster Weggefährte Karl Marx', theoretischer Mitbegründer des Marxismus.

Ensslin, Gudrun (1940–1977), Studium der Germanistik, Anglistik und Pädagogik. 1967 Bekanntschaft mit Andreas Baader. (siehe Andreas Baader)

Erhard, Ludwig S. 92

Fischer, Joschka (geb. 1948), deutscher Politiker (Bündnis 90/Die Grünen), seit 1982 Mitglied der Grünen, 1983–1985 und 1994–2006 MdB; 1985–1987 Minister für Umwelt und Energie in Hessen, 1991–1994 auch stellvertretender Ministerpräsident und Minister für Umwelt und Bundesangelegenheiten; sprichwörtlich wurden seine unkonventionellen Auftritte („Turnschuhminister"). 1994–1998 Sprecher der Bundestagsfraktion seiner Partei; 1998–2005 Bundesminister des Auswärtigen und Stellvertreter des Bundeskanzlers.

Gorbatschow, Michail S. 132

Grotewohl, Otto (1894–1964), deutscher Politiker, 1925–1933 Mitglied des Reichstags (SPD), 1938 politischer Häftling; 1945 Vorsitzender der SPD in Berlin, Mitgründer und Mitvorsitzender der SED, 1949–1964 Ministerpräsident der DDR.

Gysi, Gregor (*1948), 1990–1998 Vorsitzender der Bundestagsgruppe der PDS, 1998–2000 der PDS-Bundestagsfraktion, seit 2005 gemeinsam mit Oskar Lafontaine Fraktionsvorsitzender der Linksfraktion im Bundestag.

Hamm-Brücher, Hildegard (geb. 1921), deutsche Politikerin (ehemals FDP), 1976 bis 1990 war sie MdB, 1976 bis 1982 Staatsministerin im Auswärtigen Amt, Engagement für Auftritte zur Verwirklichung von Demokratie und Menschenrechten in der Bundesrepublik Deutschland

Havel, Václav (geb. 1936), tschech. Schriftsteller und Politiker; Mitinitiator der Charta '77, 1979–1983 und 1989 als Regimegegner inhaftiert; 1989 zum Staatspräsidenten gewählt, Rücktritt 1992 nach der Unabhängigkeitserklärung der Slowakei; 1993–2002 Staatspräsident von Tschechien; 1991 Karlspreis.

Havemann, Robert (1910–1982), deutscher Chemiker und politischer Philosoph, ab 1932 Mitglied der KPD, leitete in der NS-Zeit die Widerstandsgruppe „Europäische Union", 1943 zum Tod verurteilt, aber wegen Vollstreckungsaufschub bis 1945 in Haft im Zuchthaus Brandenburg. Seit 1947 Professor an der Humboldt-Universität in Berlin (Ost). Havemann strebte einen „demokratischen Sozialismus" an, 1964 aus dem Lehrkörper der Universität und aus der SED ausgeschlossen; 1976–1979 unter Hausarrest in Grünheide bei Berlin; 1989 rehabilitiert.

Heinemann, Gustav (1899–1976), deutscher Politiker, 1949 bis 1950 Bundesminister des Innern, trat 1950 wegen der von Konrad Adenauer eingeleiteten Wiederbewaffnung der Bundesrepublik zurück, verließ 1952 die CDU und gründete die Gesamtdeutsche Volkspartei (GVP), trat 1957 der SPD bei. 1966–1969 in der Großen Koalition Bundesminister der Justiz, 1969–1974 Bundespräsident.

Herzl, Theodor (1860–1904), österreichischer Schriftsteller und Zionist. Unter dem Eindruck des Prozesses gegen A. Dreyfus in Frankreich trat Herzl für die Gründung eines jüdischen Staates ein, gab den Anstoß zur Gründung des politischen Zionismus und berief 1897 den 1. Zionistenkongress nach Basel ein.

Ho Chi Minh S. 71

Honecker, Erich S. 119

Hoxha, Enver (1908–1985), albanischer Politiker, 1941 Mitgründer der illegalen albanischen Kommunistischen Partei, Partisanenführer, 1942 Mitglied des „Nationalen Befreiungsrates", seit 1943 Generalsekretär (seit 1954: Erster Sekretär) der Kommunistischen Partei (seit 1948: Partei der Arbeit) Albaniens; 1944 bzw. 1946–1954 Regierungschef der Volksrepublik Albanien. Hoxha errichtete in Albanien eine Diktatur nach stalinistischem Muster und ließ alle Oppositionsparteien verbieten und politische Gegner verfolgen.

Hussein, Saddam (1937–2006), irakischer Politiker, seit 1979 Staats- und Regierungschef, Generalsekretär der Partei sowie Oberbefehlshaber der Streitkräfte. Errichtung eines totalitären Überwachungsstaats, in dem Regimegegner rücksichtslos ausgeschaltet wurden; Verwicklung in zwei Golfkriege und wirtschaftlicher Niedergang des Landes. Sturz von Husseins Herrschaft durch Einmarsch der US-Armee. Verhaftung Husseins und 2005 Prozess vor einem irakischen Sondertribunal. 2006 Hinrichtung wegen Verbrechen gegen die Menschlichkeit.

Jiang Zemin (geb. 1926), Elektroingenieur und chinesischer Politiker, 1993–2003 Staatspräsident der Volksrepublik China, 1989–2002 Generalsekretär der Kommunistischen Partei Chinas, 1990–2004 Vorsitzender der Zentralen Militärkommission der Chinesischen Volksbefreiungsarmee. Zemin unterstützte 1989 das blutige Massaker der chinesischen Staats- und Parteiführung an den demonstrierende Studenten und Arbeitern auf dem Pekinger „Platz des Himmlischen Friedens".

Johannes Paul II., eigentlich Karol Wojtyla (1920–2005), Papst 1978–2005, 1964 Erzbischof von Krakau, 1967 Kardinal. In mehr als hundert Reisen rund um die Erde versuchte Johannes Paul II., die Einheit der katholischen Kirche zu festigen, konservative Haltung in Glaubens- und Moralfragen, Bemühen um Aussöhnung der katholischen Kirche mit anderen Religionen. 1981 bei einem Attentat auf dem Petersplatz in Rom schwer verletzt. Sein Besuch 1979 in Polen stimulierte eine religiöse Erneuerungsbewegung. Viele Polen verstanden sein „Fürchtet Euch nicht!" als Aufforderung zum Kampf gegen den Kommunismus.

Kennedy, John F. S. 71

Kiesinger, Kurt Georg (1904–1988), 1966–1969 Bundeskanzler, 1967–1971 Bundesvorsitzender der CDU. Er war der erste deutsche Bundeskanzler, der mit einer Großen Koalition regierte, wegen seiner früheren NSDAP-Mitgliedschaft vor allem in linken Kreisen sehr umstritten.

Kohl, Helmut S. 112

Krause, Günther (geb. 1953), deutscher Politiker (CDU), 1990 Parlamentarischer Staatssekretär beim Ministerpräsidenten der DDR; 1990–1994 MdB; 1990/91 Bundesminister für besondere Aufgaben, 1991–1993 Bundesminister für Verkehr.

Krenz, Egon S. 142

Lenin, Wladimir Iljitsch S. 23

MacArthur, Douglas (1880–1964), US-amerikanischer General, Befehlshaber der US-Streitkräfte im Fernen Osten; Oberbefehlshaber der UN-Streitkräfte im Koreakrieg; 1951 wegen seiner von Präsident Truman nicht gebilligten Kriegskonzeption abgesetzt.

Maizière, Lothar de (geb. 1940), deutscher Politiker (CDU), Musiker und Jurist; 1989/90 Vorsitzender der CDU der DDR; 1990 Ministerpräsident der DDR; 1990 stellvertretender Vorsitzender der gesamtdeutschen CDU, Vorsitzender des CDU-Landesverbands in Brandenburg, MdB (bis 1991) sowie Bundesminister für besondere Aufgaben. 1990 Rücktritt wegen des Vorwurfs, inoffizieller Mitarbeiter der DDR-Staatssicherheit gewesen zu sein.

Marshall, George C. (1880–1959), US-amerik. General und Politiker; 1939–1945 Chef des Generalstabs der US-Army, 1950/51 Verteidigungsminister; erhielt für den nach ihm benannten Marshall-Plan den Friedensnobelpreis.

Marx, Karl (1818–1883), dt. Philosoph und Volkswirtschaftler, begründete mit Engels den wissenschaftlichen Sozialismus. Nach dem Verbot der „Rheinischen Zeitung", deren Chefredakteur er war, emigrierte er 1843 nach Paris; 1845 aus Paris ausgewiesen, Übersiedlung nach Brüssel, 1848 Rückkehr nach Deutschland, nach gescheiterter Revolution lebte er bis zu seinem Tod in London. Unter seiner Mitwirkung Gründung der Ersten Internationale 1864 in London.

Meinhof, Ulrike (1934–1976), deutsche Journalistin, 1960 bis 1964 Chefredakteurin der linksgerichteten Zeitschrift konkret. Seit 1970 beteiligte sich Meinhof an Aktionen der terroristischen Baader-Meinhof-Gruppe. Ulrike Meinhof gehört zu den Gründungsmitgliedern der RAF. 1972 wurde sie verhaftet. Vor Abschluss des Hauptprozesses beging Meinhof in Haft Selbstmord.

Merkel, Angela S. 152

Mitterrand, François (1916–1996), frz. Politiker (Sozialist), 1940 in dt. Gefangenschaft, Flucht, Anschluss an den französischen Widerstand; Präsident 1981–1995; erhielt 1988 gemeinsam mit Kohl den Karlspreis.

Mao Zedong (1893–1976), Vorsitzender der Kommunistischen Partei Chinas und Gründer der Volksrepublik China. Er setzte auf eine rigorose sozialistische Umgestaltung von Wirtschaft, Kultur und Gesellschaft, entwickelte die kommunistische Ideologie zum Maoismus weiter. Dem maoistischen Regime fielen in der Volksrepublik China Millionen von Menschen zum Opfer.

Modrow, Hans S. 142

Morgenthau, Henry jr. (1891–1967), US-amerikanischer Politiker, enger Vertrauter und Freund von F. D. Roosevelt, 1934 bis 1945 Finanzminister. Entwicklung des Memorandums zur Behandlung Deutschlands nach dessen Niederlage, des sogenannten Morgenthau-Plans.

Müller-Armack S. 92

Nadig, Friederike (1897–1970) war eine SPD-Politikerin und eine der vier „Mütter des Grundgesetzes".

Nasser, Abd el (1918–1970), ägyptischer Offizier und Politiker, 1954 Sturz General A. M. Nagibs und Übernahme des Staatspräsidentenamtes. 1956 verstaatlichte Nasser den Suezkanal und löste damit die Suezkrise aus. Anerkannter Führer des Panarabismus und maßgebliche Persönlichkeit der Dritten Welt. Nach der Niederlage im Sechstagekrieg im Juni 1967 übernahm Nasser auch die Ämter des Ministerpräsidenten und des Generalsekretärs der Staatspartei Arabische Sozialistische Union (ASU).

Nehru, Jawaharlal (1889–1964), indischer Politiker, Vater von Indira Gandhi; neben Mahatma Gandhi Führungspersönlichkeit der indischen Freiheitsbewegung, im Gegensatz zu Gandhi jedoch mit pragmatischer und sozialistischer Zielsetzung; 1929, 1936, 1937, 1946 und 1951–1954 Präsident der Kongresspartei. 1947–1964 Ministerpräsident und Außenminister. Nehru verfolgte eine Politik des blockfreien Neutralismus, er wurde einer der führenden Repräsentanten der Dritten Welt.

Pieck, Friedrich Wilhelm Reinhold (1876–1960), Mitbegründer der SED und 1949–1960 der erste und einzige Präsident der DDR.

Reagan, Ronald S. 77

Roosevelt, Franklin D. S. 33

Schabowski, Günter (geb. 1929), deutscher Politiker (SED), Journalist; 1978–1985 Chefredakteur der Zeitung „Neues Deutschland"; seit 1984 Mitglied des Politbüros der DDR, seit 1985 Erster Sekretär der Bezirksleitung Berlin, seit 1986 zugleich Sekretär des ZK der SED; 1989 maßgeblich am Sturz E. Honeckers beteiligt. 9. November 1989: Schabowski verkündet während einer vom Fernsehen direkt übertragenen internationalen Pressekonferenz, dass für Privatreisen ab „sofort, unverzüglich" vereinfachte Genehmigungsverfahren gelten. 1990 Ausschluss aus der SED-PDS. 1997 im Zusammenhang mit Todesschüssen an der innerdeutschen Grenze wegen Totschlags zu 3 Jahren Haft verurteilt. Im September 2000 begnadigt.

Schäuble, Wolfgang (geb. 1942), deutscher Politiker (CDU), 1981–1984 Parlamentarischer Geschäftsführer der CDU/CSU-Fraktion; 1984–1989 Bundesminister für besondere Aufgaben, Chef des Bundeskanzleramtes; 1989–1991 Bundesinnenminister, 1991–2000 Vorsitzender der CDU/CSU-Bundestagsfraktion; 1998–2000 Bundesvorsitzender der CDU; 2000 trat er im Zusammenhang mit der CDU-Parteispendenaffäre als Partei- und Fraktionsvorsitzender zurück. 2005–2009 erneut Innenminister, seit 2009 Finanzminister.

Scheel, Walter (geb. 1919), dt. Politiker (FDP), 1969–1974 Außenminister unter der Regierung Brandt, Mitgestalter der neuen Ostpolitik, 1974–1979 Bundespräsident.

Schiller, Karl (1911–1994), Politiker, 1946–1972 SPD-Mitglied, Professor für Nationalökonomie, 1964–1972 Mitglied des SPD-Vorstandes und Leiter des wirtschaftspolitischen Ausschusses beim Vorstand der SPD. 1966–1972 Mitglied des SPD-Präsidiums. 1966–1971 Bundeswirtschaftsminister in der Großen Koalition, seit 1971 Bundesminister für Wirtschaft und Finanzen. 1972 Austritt aus der SPD. 1980 Wiedereintritt in die SPD. 1992 warnt Schiller neben anderen Wirtschaftsexperten vor einer überhasteten Einführung der Europäischen Währungsunion.

Schleyer, Hanns Martin (1915–1977), deutscher Unternehmer, Vorstandsmitglied der Daimler-Benz AG; 1973–1977 Präsident der Bundesvereinigung der Deutschen Arbeitgeberverbände, 1977 auch Präsident des Bundesverbands der Deutschen Industrie. Am 5. 9. 1977 wird Schleyer von linksextremen Terroristen entführt und ermordet.

Schmid, Carlo (1896–1979), Politiker (SPD) und Staatsrechtler, gehört zu den Vätern des Grundgesetzes und des Godesberger Programms der SPD, setzte sich für die deutsch-französische Aussöhnung ein. 1966–1969 Bundesminister für Angelegenheiten des Bundesrates und der Länder.

Schmidt, Helmut S. 112

Schröder, Gerhard (geb. 1944), deutscher Politiker (SPD), seit 1963 Mitglied der SPD, 1978–1980 Vorsitzender der Jungsozialisten, 1980–1986 und 1998–2005 MdB, 1986–1990 Vorsitzender der SPD-Fraktion im niedersächsischen Landtag, 1990–1998 Ministerpräsident von Niedersachsen, 1994 bis 1998 SPD-Landesvorsitzender in Niedersachsen; 1998 bis 2005 Bundeskanzler; 1999–2004 SPD-Vorsitzender.

Schröder, Richard (geb. 1943), 1990 Mitglied der DDR-Volkskammer und SPD-Fraktionsvorsitzender. Von Oktober bis Dezember 1990 gehörte er dem Bundestag an. 1991 wurde er an den Lehrstuhl für Philosophie an der Theologischen Fakultät der Humboldt-Universität berufen. 2007 veröffentlichte er sein Buch: „Die wichtigsten Irrtümer über die deutsche Einheit“.

Schumacher, Kurt (1895–1952), deutscher Politiker (SPD), 1930–1933 Mitglied des Reichstags, 1933–1944 mit kurzer Unterbrechung im KZ; nach 1945 maßgeblich an der Reorganisation der SPD beteiligt, seit 1946 Parteivorsitzender, seit 1949 auch Vorsitzender der SPD-Bundestagsfraktion. Schumacher forderte von den Besatzungsmächten die politische und wirtschaftliche Selbstbestimmung und Einheit Deutschlands, wandte sich gegen einen westdeutschen Teilstaat und lehnte jede Zusammenarbeit mit der KPD ab.

Schuman, Robert (1886–1963), frz. Politiker, 1940 inhaftiert, flüchtete aus deutscher Internierung, 1946–1956 diverse Ministerämter, darunter 1947/48 Ministerpräsident; 1958 bis 1960 Präsident des Europaparlaments; Initiator der EGKS, Anhänger der deutsch-französischen Aussöhnung; 1958 Karlspreis.

Selbert, Elisabeth S. 101

Shdanow, Andrej A. (1896–1948), sowjetischer Politiker enger Mitarbeiter Stalins, seit 1930 Mitglied des ZK der KPdSU, seit 1934 Sekretär des ZK, seit 1939 Mitglied des Politbüros. 1947 Leiter der sowjetischen Delegation auf der Gründungsversammlung des Kominform, wo er seine berühmte Zwei-Lager-Theorie-Rede als Antwort auf die Truman-Doktrin hielt. Shdanow war führender Parteiideologe.

Stalin, Josef W. S. 25

Strauß, Franz-Josef (1915–1988), deutscher Politiker (CSU), Gründungsmitglied der CSU, seit 1961 CSU-Vorsitzender; 1949–1978 MdB, 1953–1955 Bundesminister für besondere Aufgaben, 1955/56 für Atomfragen, 1956–1962 der Verteidigung, 1966–1969 der Finanzen; 1978–1988 Ministerpräsident von Bayern.

Thatcher, Margaret (geb. 1925), britische Politikerin (Konservative), Chemikerin und Rechtsanwältin; 1959–1992 Mitglied des Unterhauses, 1970–1974 Erziehungsministerin, 1975–1990 Parteiführerin, 1979–1990 Premierministerin, „eiserne Lady“ (erste weibliche Regierungschefin Europas). Seit 1992 Mitglied des Oberhauses.

Tito (Broz, Josip 1892–1980), seit 1920 Mitglied der jugoslawischen KP, 1928–1934 im Gefängnis, seit 1934 Mitglied des ZK und des Politbüros, seit 1937 ununterbrochen Generalsekretär bzw. Parteivorsitzender, organisierte 1941 die kommunistischen Partisanen gegen die deutschen Truppen in Jugoslawien, 1945–1953 Ministerpräsident, seit 1953 Staatspräsident (seit 1963 auf Lebenszeit). Tito widersetzte sich der sowjetischen Einflussnahme auf die jugoslawische Politik, worauf 1948 der Bruch mit Stalin folgte. Tito wollte den Kommunismus den nationalen Gegebenheiten Jugoslawiens anpassen (Titoismus), einer der führenden Sprecher der blockfreien Staaten, politische und ideologische Selbstständigkeit nach der Aussöhnung mit der sowjetischen Führung 1955.

Trotzki, Leo S. 24

Truman, Harry S. S. 34

Ulbricht, Walter S. 59

Wałesa, Leszek (Lech) (geb. 1943), polnischer Gewerkschaftsführer und Politiker, 1980 führend in der Danziger Streikbewegung; Mitgründer und bis 1990 Vorsitzender der unabhängigen Gewerkschaft Solidarność (Solidarität); 1981/82 nach Verhängung des Kriegsrechts unter Hausarrest; Führer der Opposition gegen die Kommunisten; 1990–1995 Staatspräsident; Walesa organisierte den politischen Wandel Polens von einem realsozialistischen zu einem demokratisch-marktwirtschaftlichen System. 1983 Friedensnobelpreis.

Washington, George (1732–1799), US-amerikanischer Staatsmann, 1789–1797 erster Präsident der USA. 1796 lehnte er eine erneute Kandidatur ab und schuf damit die Tradition, dass kein Präsident länger als zwei Amtszeiten regieren solle. Nach ihm sind die Hauptstadt und der Bundesstaat Washington benannt.

Weber, Helene (1881–1962), 1919/20 und 1924–1933 MdR (Zentrum); seit 1949 MdB (CDU), im Parlamentarischen Rat als eine der vier „Mütter des Grundgesetzes“ Schriftführerin und Mitglied des Präsidiums. Gründerin und Vorsitzende des Berufsverbands katholischer Fürsorgerinnen; 1952 1. Vorsitzende des Müttergenesungswerks.

Weber, Max (1864–1920), dt. Volkswirtschaftler und Wirtschaftshistoriker, begründete die dt. Soziologie. In Opposition zur marxistische Theorie bezog Weber in seine wirtschaftswissenschaftlichen Untersuchungen die gesellschaftliche und religiöse Entwicklung mit ein.

Weizsäcker, Richard Freiherr von (geb. 1920), deutscher Politiker (CDU), Rechtsanwalt und Wirtschaftsprüfer; 1965–1970 Präsident des Deutschen Evangelischen Kirchentags; 1969–1981 MdB, 1979–1981 Vizepräsident des Bundestags; 1981–1984 Regierender Bürgermeister von Berlin (West), 1984–1994 Bundespräsident.

Wessel, Helene (1898–1969), seit 1915 aktives Mitglied des katholischen Zentrums, 1928–1933 im Preußischen Landtag, 1949–1951 Vorsitzende der Deutschen Zentrumspartei, damit die erste Frau an der Spitze einer Partei in Deutschland und die erste weibliche Fraktionsvorsitzende. Wessel wurde in den Parlamentarischen Rat gewählt und ist damit eine der vier „Mütter des Grundgesetzes“. 1952–1957 Vorstandsmitglied der Gesamtdeutschen Volkspartei, ab 1957 SPD-Mitglied.

Woodrow, Wilson S. 14

Literatur- und Internethinweise

Historische Handbücher, Allgemeine Nachschlagewerke

Der Große Ploetz, hg. vom Verlag Ploetz, 35. Aufl., Freiburg/Br. 2008 (2128 S.). Umfassendes solides Nachschlagewerk zu allen Themen, Ländern und Epochen der Weltgeschichte.

dtv-Atlas Weltgeschichte, 2 Bände, 38. Aufl., München 2005 (662 S.).
Solides Nachschlagewerk mit knappen Informationstexten und zahlreichen historischen Karten zu allen Themen, Ländern und Epochen der Weltgeschichte.

Müller, Helmut M., Schlaglichter der deutschen Geschichte, hg. von der Bundeszentrale für politische Bildung, 2. Aufl., Bonn 2003 (528 S.).
Gut gegliederte und mit Abbildungen und Karten versehene Übersichtsdarstellung zur deutschen Geschichte vom 9. Jahrhundert bis zur Gegenwart.

Woyke, Wichard (Hg.), Handwörterbuch internationale Politik, 11. Aufl., UTB, Opladen, 2008.

Literatur zu Einzelthemen

Kap. 1 und 2: Internationale Politik im Zeitalter des Ost-West-Konflikts

Altrichter, Helmut, Kleine Geschichte der Sowjetunion 1917–1991, München 1993.

Bierling, Stephan, Geschichte der amerikanischen Außenpolitik. Von 1917 bis zur Gegenwart, C. H. Beck, München 2004.

Brown, Archie, Aufstieg und Fall des Kommunismus, Berlin 2009.

Dülffer, Jost, Europa im Ost-West-Konflikt 1945–1990, Oldenbourg, München 2004.

Hildermeyer, Manfred, Geschichte der Sowjetunion 1917–1991, Entstehung und Niedergang des ersten sozialistischen Staates, München 1998.

Hobsbawm, Eric J., Das Zeitalter der Extreme. Weltgeschichte des 20. Jahrhunderts, Hanser, München 1995.

Loth, Wilfried, Die Teilung der Welt. Geschichte des Kalten Krieges 1941–1955, 10. Aufl., dtv, München 2002.

Stöver, Bernd, Der Kalte Krieg, C. H. Beck, München 2003.

Schöllgen, Gregor, Geschichte der Weltpolitik von Hitler bis Gorbatschow 1941–1991, C. H. Beck, München 1996.

Wolfrum, Edgar u. Arendes, Cord, Globale Geschichte des 20. Jahrhunderts, Kohlhammer, Stuttgart 2007.

Kap. 1, 2 und 3: Deutsche Geschichte von 1945 bis zur Gegenwart

Görtemaker, Manfred, Kleine Geschichte der Bundesrepublik Deutschland, C. H. Beck, München 2002.

Kleßmann, Christoph, Die doppelte Staatsgründung. Deutsche Geschichte 1945–1955, 5. Aufl., Vandenhoeck und Ruprecht, Göttingen 1991.

Kleßmann, Christoph, Zwei Staaten, eine Nation. Deutsche Geschichte 1955–1970, Bundeszentrale für politische Bildung, 2. Aufl., Bonn 1997.

Kocka, Jürgen, Vereinigungskrise. Zur Geschichte der Gegenwart, Vandenhoeck & Ruprecht, Göttingen 1995.

Ritter, Gerhard A., Über Deutschland. Die Bundesrepublik in der deutschen Geschichte, C. H. Beck, München 1998.

Schildt, Axel, Ankunft im Westen. Ein Essay zur Erfolgsgeschichte der Bundesrepublik, Fischer, Frankfurt/Main 1999.

Schildt, Axel, Die Sozialgeschichte der Bundesrepublik Deutschland bis 1989/90, Oldenbourg, München 2007.

Schöllgen, Gregor, Die Außenpolitik der Bundesrepublik Deutschland. Von den Anfängen bis zur Gegenwart, C. H. Beck, München 1999.

Schroeder, Klaus, Der SED-Staat. Partei, Staat und Gesellschaft 1949–1990, Propyläen Taschenbuch, München 2000.

Schroeder, Klaus, Die veränderte Republik. Deutschland nach der Wiedervereinigung, Verlag Ernst Vögel, München 2006.

Steininger, Rolf, Deutsche Geschichte. Darstellung und Dokumente in vier Bänden, Fischer Taschenbuch Verlag, Frankfurt/Main 2002.

Weber, Hermann, Die DDR 1945–1990, 4. Aufl., Oldenbourg, München 2006.

Winkler, Heinrich August, Der lange Weg nach Westen, Bd. 2: Deutsche Geschichte vom „Dritten Reich“ bis zur Wiedervereinigung, 4. Aufl., C. H. Beck, München 2002.

Wolfrum, Edgar (Hg.), Die Deutschen im 20. Jahrhundert, Wissenschaftliche Buchgesellschaft, Darmstadt 2004.

Wolfrum, Edgar, Die geglückte Demokratie. Geschichte der Bundesrepublik Deutschland von ihren Anfängen bis zur Gegenwart, Klett-Cotta, Stuttgart 2006.

Wolle, Stefan, Die heile Welt der Diktatur. Alltag und Herrschaft in der DDR 1971–1989, Econ & List, München 1999.

Kap. 4: Brennpunkte der Gegenwart

Czempiel, Ernst-Otto, Weltpolitik im Umbruch. Das internationale System nach dem Ende des Ost-West-Konfliktes, 4. Aufl., C. H. Beck, München 2003.

Debiel, Tobias u. a. (Hg.), Globale Trends 2007. Frieden – Entwicklung – Umwelt, Fischer Taschenbuch Verlag, Frankfurt/Main 2006.

Dillinger, Johannes, Terrorismus. Wissen, was stimmt, Freiburg 2008.

Diner, Dan, Das Jahrhundert verstehen. Eine universalgeschichtliche Deutung, 2. Aufl, Fischer Taschenbuch Verlag, Frankfurt/Main 2001.

Filzmaier, Peter u. a., Internationale Politik. Eine Einführung, UTB, Wien 2006.

Kleinschmidt, Harald, Geschichte der internationalen Beziehungen, Reclam, Stuttgart 1998.

Schmidt-Glintzer, Helwig, Das neue China. Von den Opiumkriegen bis heute, 4. Aufl., C. H. Beck, Chinas Weg in die Moderne, 2006.

Gareis, Sven Bernhard u. Varwick, Johannes, Die Vereinten Nationen. Aufgaben, Instrumente und Reformen, 4. Aufl., UTB, Opladen 2006.

Kenndy, Paul, Parlament der Menschheit. Die Vereinten Nationen und der Weg zur Weltregierung, C. H. Beck, München 2006.

Van Ess, Hans, Die 101 wichtigsten Fragen. China, C. H. Beck, München, 2008.

Gehler, Michael, Europa. Ideen. Institutionen. Vereinigung, Fischer TB, Frankfurt/Main 2002.

Gruner, Wolf D. u. Woyke, Wichard, Europa-Lexikon. Länder. Politik. Institutionen, C. H. Beck, München 2004.

Pfetsch, Frank R., Die Europäische Union. Geschichte, Institutionen, Prozesse, 3. Aufl., UTB, München 2005.

Pfetsch, Frank R., Das neue Europa, Verlag für Sozialwissenschaften, Wiesbaden 2007.

Steininger, Rolf, Der Nahostkonflikt, Fischer Taschenbuch, Frankfurt/Main, 2003.

Townshend, Charles, Terrorismus, Stuttgart 2005.

Zöllner, Reinhard, Geschichte Japans. Von 1800 bis zur Gegenwart, UTB, Paderborn, 2006.

Internetportale

www.bpb.de/publikationen/
Die Bundeszentrale für politische Bildung stellt einige ihrer Publikationen zu historischen Themen online bereit.

www.clio-online.de/
Fachportal für Geschichtswissenschaft der Humboldt-Universität zu Berlin.

www.documentarchiv.de/
Historische Dokumenten- und Quellensammlung zur deutschen Geschichte ab 1800.

www.geschichtsforum.de/
Diskussionsforum zu verschiedenen historischen Themen und Epochen für alle Geschichtsinteressierten.

www.historicum.net
Seite der Bayerischen Staatsbibliothek mit epochen- und themenorientierten Einführungstexten, Quellen, Aufsätzen, Rezensionen, Bildern. Umfangreiche Linksammlungen zu einzelnen Ländern und zu Internetangeboten für das wissenschaftliche Arbeiten.

www.ieg-maps.uni-mainz.de/
Digitale Karten zur deutschen und europäischen Geschichte zu den Themenbereichen Politik, Wirtschaft, Verwaltung und Verkehr, bereitgestellt vom Institut für Europäische Geschichte Mainz.

www.dhm.de/lemo
Auf einer gemeinsamen Website bieten das Deutsche Historische Museum und das Haus der Geschichte unter der Rubrik „Lebendiges Virtuelles Museum Online“ (LeMO) zahlreiche anschauliche Informationen zur deutschen Geschichte.

www.lsg.musin.de/geschichte/
Die übersichtlich gestaltete Website des Luise-Schröder-Gymnasiums München bietet Unterrichtsmaterialien, Quellen und Informationen zu allen Bereichen des Geschichtsunterrichts.

Register

Bildquellen

Agentur Focus: 143/M 4; akg-images: Titelbild, U2 (© Matthias Koeppel/VG Bild-Kunst, Bonn 2009), 3 u. (© VG Bild-Kunst, Bonn 2009), 4 o. (© VG Bild-Kunst, Bonn 2009), 33/M 1, M 2, 34, 42, 62, 68 (© VG Bild-Kunst, Bonn 2009), 71/M 2, M 3, 72/M 4, M 5, 74/M 8 a, 87, 92/M 5, 101/M 3, 119, 130 /© VG Bild-Kunst, Bonn 2009), 186, 188; argus: 203; Associated Press: 134/M 5; aus: E. Angermann, Die Vereinigten Staaten von Amerika als Weltmacht, Klett/Tempora 1987: 20; Blaumeiser/CCC,www.c5.net: 105; bpk: 23/M 2, 24, 25, 50/M 1, 51/M 4, 74/M 8 b; Buchner Verlagsarchiv: 61; Bundesarchiv Koblenz: 60; Bundesbildstelle Berlin: 55/M 8, 79; aus: China heute: 181/M 2 (11/1998), M 3 (8/2000); Collection of Whitney Museum of American Art: 15; Corbis: 16 (Bettmann); Foto: Frank Darchinger: 90/M 1, 118/M 1; aus: Europa 2000. Schritte der europäischen Union, Presse- und Informationsdienst der Bundesregierung, Bonn: 173; Grafiksammlung, Foto: Wolfgang Pulver: 52/M 5; Haus der Geschichte, Bonn: 48, 50/M 2, 65, 86 (Heinz Schwabe), 92/M 4, 111, 113, 154; Historical Pictures/Stock, Montage Inc.: 18/M 4; INTERFOTO: 81; Hans Joachim Jordan: 118/M 2; Keystone Pressedienst: 83, 185/M 1; Rosel Köhler, Herrsching: 78; Konrad Adenauer Stiftung, Archiv für christlich-demokratische Politik, Plakatsammlung: 52/M 6; Murschetz/CCC,www.c5.net: 11/M 5; Mussil/CCC,www.c5.net: 184; picture-alliance/akg-images: 14, 23/M 1, 40, 75, 116; picture-alliance/dpa: 43, 84, 91, 96, 101/M 2, 102, 106, 108, 133/M2, M 3, 146, 158, 191/M 3, 195; picture-alliance/dpa/© dpa: 198; picture-alliance/dpa/AFB: 189/M 2; picture-alliance/dpa/© dpa-Bildarchiv: 89/M 2, 100, 112/M 5, M 6, 134/M 4, 138; picture-alliance/dpa/© dpa-Fotoreport: 115, 142, 157; picture-alliance/dpa/Mahmood: 196; picture-alliance/epa/us-navy: 192; picture-alliance/dpa/Fritz Reiss: 110; picture-alliance/dpa/© dpa – Report: 4 u., 89/M 3, 187; picture-alliance/dpa/dpaweb: 152, 202; picture-alliance/KPA: 151; picture-alliance/KPA/HIP/Jewish Chronicle: 77; Punctum Fotografie: 149; Foto: RIA Nowosti: 26, 27/M 7, 28; Sammlung Horwath, Linz: 29; Satiricum Greiz: 123; Schönfeld/CCC,www.c5.net: 137; aus: Spiegel, Hamburg: 53; Staatsbibliothek zu Berlin – Preußischer Kulturbesitz, Abteilung Historische Drucke: 3 o.; SZ-Photo: 45 (Froese, A./Caro), 46, 166; ullstein bild: 10, 12, 21, 41, 88, 90/M 2 (dpa), 147, 180 (AP), 210; © VG Bild-Kunst, Bonn 2009: 4 M., 162; Weber Museum, Ratzeburg: 9 (© VG Bild-Kunst, Bonn 2009); Wikipedia: 155; Visum/Götz Linzenmeier: 134/M 6

Nicht in allen Fällen war es uns möglich, die Rechteinhaber der Abbildungen ausfindig zu machen. Für eventuell entstandene Fehler oder Auslassungen bitten wir um Verständnis. Berechtigte Ansprüche werden selbstverständlich im Rahmen der üblichen Vereinbarungen abgegolten.